북한의 시학 연구 6

북한시학의 형성과 사회주의 문학

필자

김경훈(金京勛 Xun, Jin-jing) 중국 연변대학교 조선-한국어대학원 교수 · 조선문화연구소 소장
김성수(金成洙 Kim, Seong-su) 성균관대학교 학부대학 교수
김재용(金在湧 Kim, Jae-yong) 원광대학교 국어국문학과 교수
남원진(南元鎭 Nam, Won-jin) 건국대학교 강사
서동주(徐東周 Seo, Dong-ju) 서울대학교 일본연구소 HK연구교수
성근제(成謹濟 Seong, Geun-je) 서울시립대학교 중국어문화학과 교수
신지연(申智姸 Shin, Ji-yeon) 가천대학교 글로벌교양학부 연구교수
오미정(吳美姃 Oh, Mi-jung) 한신대학교 일본학과 교수
유임하(柳壬夏 Yoo, In-ha) 한국체육대학교 교양교직과정부 교수
이경수(李京洙 Lee, Kyung-soo) 중앙대학교 국어국문학과 교수
이상숙(李相淑 Lee, Sang-sook) 가천대학교 글로벌교양학부 교수
이승윤(李承潤 Lee, Seung-yun) 한국방송통신대학교 국어국문학과 전임대우강의교수
정문상(鄭文祥 Chung, Moon-sang) 가천대학교 글로벌교양학부 교수
최　일(崔一 Cui, yi) 중국 연변대학교 조선-한국학학원 부교수
최진이(崔眞伊 Choi, Jin-i) 사단법인 임진강 대표

북한의 시학 연구 6 북한시학의 형성과 사회주의 문학

초판인쇄 2013년 9월 25일 **초판발행** 2013년 9월 30일
지은이 이상숙 외 **펴낸이** 박성모 **펴낸곳** 소명출판 **출판등록** 제13-522호
주소 서울시 서초구 서초동 1621-18 란빌딩 1층
전화 02-585-7840 **팩스** 02-585-7848 **전자우편** somyong@korea.com **홈페이지** www.somyong.co.kr

값 45,000원

ISBN 978-89-5626-848-4 94810
ISBN 978-89-5626-842-2 (세트)

이 책은 2010년도 정부재원(교육과학기술부 인문사회연구역량강화사업비)으로 한국연구재단의 지원을 받아 연구되었음(NRF-2010-32A-A00141).

북한의
시학 연구
6

북한시학의 형성과 사회주의 문학

A Study on Poetics of North Korea 6 :
The Formation of North Korean Poetics and The Socialist Literature

이상숙 외 지음

소명출판

일러두기

- 각 논문의 인용문을 포함한 북한 측 자료들은 북한의 자료를 직접 제시한 관계로 북한식 표기와 부호를 따랐다. 단, 그 외의 자료들은 모두 남한식의 표기와 부호를 따랐다. 단, 독자들의 편의를 위해 띄어쓰기와 약물은 모두 남한식의 표기와 부호로 통일하였다.
- 단어나 문장을 강조하는 경우 및 단체명, 고유명 등을 명기하는 경우 ' ', 직접 인용, 대화 " ", 시, 단편소설, 논문, 노래, 희곡, 결정서 등의 제목 등을 제시하는 경우 「 」, 장편소설, 단행본, 신문, 잡지명 등을 제시하는 경우 『 』, 영화, 연극 제목 등을 제시하는 경우 〈 〉를 사용하였다.

간행사

『북한의 시학 연구』(1~6권)는 한국연구재단 지원으로 진행된 '북한의 시학' 연구팀의 연구 결과물이다. 본 연구팀은 2010년 5월부터 3년간 북한의 시를 모으고 분석하며 북한 시학의 형성과 전개 과정을 일본, 중국, 미국, 러시아와의 관계 안에서 파악하려고 노력했다.

북한시 연구는 북한문학 분야에서도 특히 연구 기반이 취약하므로 1차 자료를 모으는 일부터 시작해야 했다. 보통 북한문학 연구자들은 자료 접근에서 여러 가지 어려움을 겪는다. 북한문학은 모두 특수자료이기 때문에 이에 접근하기 위해서는 까다로운 절차를 거쳐야 하는데 그러고서도 제한된 자료만 제한된 방식으로 얻을 수밖에 없다. 기존 연구 성과가 많지 않아 참조할 선행연구가 부족한 현실, 문학성이 떨어지고 정치성 강한 북한문학 연구 방법론에 대한 고민 등도 북한문학 연구의 어려움이다. 여기에 하필 왜 그런 문학에 관심을 두느냐는 특별한 시선까지 감당해야 하는 것이 사실이다. 특히 연구자가 적은 북한시 연구의 사정은 더욱 심각하다. 북한시 연구를 위해 시와 시인, 시론에 대한 자료가 축적되고 이에 대한 통시적 · 공시적 연구가 이루어져야 하는데, 시 연구를 위한 기본적 자료, 즉 시, 시집, 시인, 문예이론, 창작법, 장르 명칭, 예술 용어에 대한 기본 정보가 정리는커녕 집적조차 되어 있지 않기 때문이다.

연구팀은 먼저 시와 시 비평에 대한 1차 자료를 확보하는 일에 주력하였다. 시집, 잡지, 신문 등에 게재된 시의 목록 및 비평 목록을 작성하고 본문을 확보하였다. 더불어 시에 대한 문학사 서술 부분을 시기 구분에 따라 정리하였다. 북한시에 대한 기본적 이해와 평가를 위해 꼭 필요한 일이라 생각했다. 이 일만으로도 연구 기간 3년이 촘촘히 흘러갔다.

북한의 문예지 『조선문학』과 『문학신문』, 『청년문학』, 『문학예술』 등에 실린 시들을 모아 입력하고, 개인시집과 종합시집을 확보하였다. 이 작업을 위해 국립 중앙도서관 북한자료센터, 국회도서관, 대학도서관들을 정기적으로 방문하였다. 일본, 중국, 러시아, 미국에 산재한 자료들은 현지 유학생의 도움을 받아 목록을 조사하고 복사본을 입수하였으며, 방학을 이용해 연구팀이 직접 방문하여 자료 발굴과 수집 작업을 진행하였다. 이 과정에서 국내에 처음 소개되는 몇몇 시집과 문예지 수록 시편들을 확보할 수 있었다. 일본 방문 시에는 동경대 도서관이나 학습원대학 등 북한 관련 자료 소장처로 이미 알려진 곳보다 지바현의 아시아경제연구소에서의 성과가 컸다. 문헌이나 복사본으로만 보았던 뜻밖의 시집 원본들을 대면하는 기쁨도 맛보았다. 문학 도서관이 아닌 경제연구소 도서관에 자리한 북한시집들은 찾는 이가 없어서인지 보관 상태도 좋았고 자료 접근성도 좋았다. 중국에서는 연변대 도서관과 주립도서관에서 많은 시집을 볼 수 있었다. 러시아의 모스크바대학 도서관과 레닌도서관, 외국문학도서관에 소장된 북한문학 관련 목록은 현지 유학생의 도움을 받아 정리하였는데 이는 아마도 처음 시도하는 목록 작업이 아니었을까 생각한다. 이 책들 또한 복사본을 우편으로 받아 보았고 연구팀이 방문하여 실물을 확인하고 추가 자료를 수집하였다.

또 미국의 워싱턴 DC의 국립문서보관소를 방문하여 6 · 25전쟁 당시 노획문서 중에서 국내에 소장되지 않은 『조소문화』 6집 및 몇몇 미공개 시집들을 찾아내었다. 몇몇 시집 앞에는 '박헌영 외무상' 소장이었음을 증명하는 수기(手記)가 선명하였다. 60여 년 전 전쟁포로처럼 봉인되어 태평양을 건너 워싱턴 DC 외곽의 자료실에서 갇혀 있던 시집과 문예지들은 어쩌다 한 번 들르는 북한 연구자들이 호명할 때만 회색 박스 안에서 나올 수 있었다. 우리의 호출이 몇 번째였는지 알 수 없으나 연구팀은 이국(異國)에 가서야 또 하나의 한국문학, 다른 체제의 우리 문학을 만날 수 있었다.

3년간의 자료 수집 작업으로 300여 권의 북한시집, 수천 편의 문예지 수록 시, 수백 편의 북한시 관련 평론들이 수집되었고 파일 형태로 입력되었다. 북한에서 발행된 몇 편의 문학사 중 시문학 관련 서술 부분도 시대별로 정리되었다. 연구팀의 여정이 끝나갈 때쯤에는 방대한 자료 중에 무엇을 추려 결과물로 묶어 낼 것인가의 고민이 커졌다. 그러나 곧 자료 수집 과정이 곧 연구의 과정이며 자료의 취사선택에 학문적 판단이 개입될 수밖에 없으며 그것이 연구 결과를 좌우할 수 있다는 것을 깨닫게 되었다. 무엇을 싣든 무엇을 싣지 않든, 중요한 것은 자료 수집과 정리 과정 중에 이미 연구가 시작되고 이루어졌으며 후속 연구에 도움이 될 것이라는 사실이다.

국내외에서 자료를 모아 입력 · 분류하는 작업과 함께 본 연구팀은 전문가 자문회와 학술세미나를 정기적으로 개최하였다. 이를 바탕으로 2011년 1월 우리어문학회 전국학술대회에 '북한문학' 분과로, 2011년 12월 한국근대문학회 학술대회에는 '북한시학과 동아시아' 분과로 참여하여 연구 성과를 발표하였다. 북한시학의 형성과 전개 과정을 한반도를 둘러싼 주변국 및 그 문학계와의 영향관계 안에서 파악하려는 본 연구팀의 기획을 위해 공동연구원으로 참여한 일본문학 전공자 오미정 교수와 중국사 전공자 정문상 교수의 연구가 그 중심에 있었다. 이분들과의 공동연구를 통해 본 연구팀의 시각은 한반도의 경계를 벗어나 넓고 깊어질 수 있었다. 한국, 중국, 일본은 근대화와 제국주의, 전쟁과 재건, 사회주의와 자본주의 갈등, 냉전체제의 긴장과 자위권 문제 등을 나란히 경험했다. 그런 점에서 일본과 중국은 우리에게 타자인 동시에 현대사를 함께 겪으며 서로의 운명에 개입한 동아시아적 공동주체이기도 하다. 한반도를 둘러싼 여러 국가의 평행한 시간을 이해하는 것이 남북문학을 이해하는 시작임을 느리게나마 깨달을 수 있었다.

3년간 연구의 결실로 제출하는 『북한의 시학 연구』 1, 2권에는 북한의 대표 시인 50인의 작품과 관련 평론을 수록하였다. 북한의 시를 소개하고 연구한 선행 업적에 힘입어 『북한의 시학 연구』 1, 2권이 시작될 수 있었다. 북한의 대표 시인 50인을 고르고 비중에 따라 작품 수에 차등을 두어 수록한 『북한의 시학 연구』 1, 2권이 기존 북한시 총서 혹은 자료집과의 다른 점은 시인별로 작품을 모았다는 점과 기존 문헌에서 찾아볼 수 없는 많은 작품을 대거 수록하고 관련 평론을 함께 수록하였다는 점이다. 특히 해당 시인, 해당 작품을 언급한 평론에서 대표적인 목적문학인 북한문학의 존재와 활용방식을 확인하는 것은 물론 기본 자료에 목마른 연구자들이 도움을 얻으리라 자부한다. 50인을 고르는 과정에서 선택되지 못한 시인들에 대한 아쉬움이 있지만 북한의 시인 모두를 망라할 수는 없고 그럴 필요도 없으리라 판단했다. 선택의 과정에 이미 남한 연구자가 북한의 시를 바라보는 시각과 북한 문학계에서 평가받는 시의 요건이 드러나 있고, 그것이 연구의 과정이라고 생각하기 때문이다.

3권과 4권에서는 북한의 시문학 관련 주요 비평문과 함께 강령, 규약, 결정서, 보고문, 문예이론 등을 수록하였다. 북한의 문학 비평은 문학작품이 추구해야 할 바를 제시하고 평가하고 질책하여 창작의 방향을 선도하는 이른바 지도비평의 범주에 있다. 이러한 북한 비평에서 강령, 결정서, 보고문 등은 비평의 현상으로서뿐 아니라 작가의 창작 방향을 제시 또는 제한하는 텍스트로 의미가 있다. 권력자의 선언과 교시, 당의 정치적 결정, 문예당국의 결정과 보고가 창작을 지도하고 제한하며 감독하는 견인차가 되는 북한문학의 특징을 잘 보여주는 구성이라 할 수 있다. 3권과 4권에는 시 관련 비평만이 수록되었지만 문학 비평 전반의 주제와 주장을 충실히 반영하고 있어 북한문학의 흐름과 변화를 감지할 수 있다.

5권에서는 기존의 북한문학사에서 시문학사 관련 부분만을 추려 북한학계의 문학사 시기 구분에 맞추어 재구성하였다. 동일 시기를 설명하는 문학사 서술 방식의 변화와 거론되는 작품의 차이점 등이 드러나고 있어 연구자에게 시사하는 바가 적지 않을 것이다.

6권에서는 본 연구팀의 구성원들이 중심이 된 학술대회, 전문가 자문회, 라운드테이블 등을 통해 산출한 연구 성과를 묶었다. 북한의 시학이 형성되는 과정의 정치성과 평론의 역할, 미-소와 북한문학의 관계 및 일본문학계의 북한문학 수용, 북한문학과 중국과의 연관성 등을 이 연구서를 통해 살펴볼 수 있을 것이다.

북한시, 북한시 관련 평론, 북한시문학사와 북한시학 관련 연구 논문을 결집한 『북한의 시학 연구』(1~6권)가 북한시 연구의 기반이 되기를 바란다. 그리고 언제일지 알 수 없으나 남북의 시와 문학이 '통일문학사'의 이름으로 논의될 때 충실한 자료로서 활용되기를 기대한다.

그동안 함께 '북한의 시학 연구팀'을 이끌어온 연구원들께 감사의 말씀을 드리고 싶다. 연구의 중추였던 남원진 연구교수와 신지연 연구교수, 공동연구원으로 연구의 진폭을 넓혀준 이승윤 교수와 이경수 교수, 낯선 국문학회 발표를 두 번이나 감당하신 오미정 교수와 정문상 교수, 처음부터 끝까지 성실하게 임해준 김승일 연구원, 연구 성과를 품격있게 마무리해 준 신철규 연구원, 김기희, 정미선, 김규헌, 박해든실, 안우상 등 궂은일을 함께 해준 여러 연구보조원에게 감사한다. 국외 자료의 문헌 조사를 맡아주신 일본 동경대의 김주현 선생님, 중국 연변대의 이미숙 선생님, 러시아 모스크바대의 김동희 선생님께도 감사드린다. 김성수, 김재용, 유임하 선생님을 비롯하여 10년을 함께 마음을 모아 북한문학을 공부해나가는 남북문예연구팀, 그 외에도 저희의 부름에 흔쾌히 응해주신 모든 연구자분들께 감사드린다.

출판사에 득이 될 리 없는 무모한 출간 기획서를 망설임 없이 받아 결실로 만들어 주신 소명출판 박성모 사장님과 임직원 여러분, 이예은 편집자께 특별한 감사를 드린다.

이분들 모두의 최선이 여기에 담겨 있다.

2013년

연구책임자 이상숙

책머리에

이 책은 '북한의 시학 연구팀'의 학술적 연구 성과를 모은 것이다. 본 연구팀은 북한의 시학 연구 기반을 위해 국내외의 자료를 축적하여 목록화하고 그에 따른 연구 성과를 학술대회를 통해 발표하였다. 2011년 1월 '우리어문학회 전국학술대회' 와 12월 '한국근대문학회 전국학술대회'에 북한문학 분과로 전 연구원이 참여하여 16편의 논문을 발표하고 이를 학술지에 게재하였다. 더불어 매년 자문회와 기획 토론회인 라운드테이블을 개최하여 여러 분야의 전문가들이 북한의 시에 집중하여 논의하는 소중한 기회를 만들었다. 이 책을 위해 북한시, 북한 비평, 남한시 연구자와 함께 일본문학 연구자, 중국 사회주의 문학 연구자, 중국 역사학자, 중국의 북한문학 연구자, 탈북 시인 등이 필자로 참여하였다. 이분들은 이 연구팀의 공동연구원, 전문가 자문회 연사, 전문가 라운드테이블 발제자들로 연구팀의 발표에 흔쾌히 참여해 준 것은 물론 소중한 연구 논문의 재수록도 허락해주었다. 덕분에 북한시의 미시적 분석과 함께 북한의 시를 주변국의 시각에서 다면적으로 접근하려는 이 책의 기획이 실현될 수 있었다.

이 책은 3부로 구성된다. 1부에는 북한문학사 검토와 북한시, 시인, 시학 관련 연구를 배치하였다. 해방기(1945~1950)의 남북한 문학사 서술의 방향을 살핀 논문과 『문화전선』을 고찰한 논문을 통해 북한문학 초기의 구도를 조감할 수 있다. 북한시인으로 살아간 뛰어난 시인 백석과 이용악에 대한 연구, 1950년대 북한시의 서정과 운율의 문제를 고찰한 연구는 북한시문학 초기의 모습을 미시적으로 분석하고 있다.

2부의 논문들에서는 소련, 미국, 일본, 중국 등 주변국과 북한문학의 관계가 다각적으로 조명되었다. 신생 사회주의 국가였던 북한에 불었던 소련 열풍의 이면에 대한 지식인의 현실인식을 살펴본 논문과 북한에게는 적대적 타자였던 미국에 대한 인식을 연구한 논문을 나란히 읽어 보면 미소냉전의 구도 안에 있었던 북한문학의 모습이 새롭게 보일 것이다. 일본 프롤레타리아문학, 일본에 소개된 북한문학의 양상, 중국 사회주의 문학의 양상을 다룬 논문과 함께 북한이 인식한 중국의 모습을 다룬 논문들은 북한문학 연구를 위해 매우 소중한 성과이다. 여태까지 시도된 바 없는 논문이기도 했거니와 입체적인 북한문학 연구를 위해 꼭 필요한 동아시아적 인식과 역사적 관점을 제시해주었기 때문이다. 이들 논문의 필자이신 오미정, 정문상, 서동주, 성근제 선생님께서는 한국문학연구자는 아니시지만 한국문학 연구를 위해 기꺼이 기획논문을 집필해주시고 기존의 논문 재수록을 허락해주셨다.

3부에서는 북한문학의 이해에 필요한 좀 더 다양한 시각을 제시하고 있다. 탈북시인 최진이 선생님은 연구팀 자문회에서 북한시, 시인, 작가 동맹에 대한 생생한 말씀을 전해주셨고 이를 '북한의 작가와 조선작가동맹'이라는 글로 완성하여 보내주셨다. 이는 지금까지 어떠한 연구나 조사로도 알 수 없는 내용으로 북한문학 연구자들에게 큰 도움이 될 것으로 믿는다. 북한문학의 선도적 연구자들이신 김재용, 김성수, 유임하 선생님은 북한문학의 위상과 의미에 대한 묵직한 견해를 보내주셨다. 중국의 연변대학교에서 북한문학을 연구하시는 최일, 김경훈 선생님은 자료 수집을 위해 연구팀이 연변을 방문하였을 때 많은 도움을 주셨고, 북한시인들의 친일행적과 북한시의 변화를 탐구한 논문까지 보내주셨다. 두 분 교수님들 덕분에 북한문학을 바라보는 또 다른 시각이 있음을, 또 남북한 문학만이 우리문학이 아님을 알 수 있었다. 이 책이 북한시 연구를 위한 새로운 시작이 될 것으로 기대한다.

이 책을 위해 소중한 연구 성과를 모아 주신 필자들께 깊이 감사드린다. 여러 명의 고르지 않은 원고를 잘 가다듬어 준 신철규 연구원에게 감사드린다.

2013년

이상숙

차례

2부

3부

제1부

북한문학사 서술의 특징과 변모 양상*

'평화적 민주건설시기(1945.8~1950.6)'를 중심으로

이승윤

1. 해방공간, 혹은 평화적 민주건설시기

20세기 초를 전후하여 자행된 조선에 대한 제국주의의 침탈은 36년간 일제의 강점으로 이어졌다. 1945년 식민지 조선은 해방을 맞이하였으나 국토는 미·소 양군에 의해 분할 점령되었으며, 결국 민족자주적인 독립국가를 수립하려는 노력은 외압에 의해 좌절될 수밖에 없었다. 이로써 우리 민족은 전후 세계체제 내에서 다시 한 번 반제·반봉건의 과제를 떠맡게 되었다. 즉, 해방 이후 우리 사회가 직면한 기본 과제는 자주적 민족독립국가의 건설, 진보적 민주주의의 실현, 철저한 토지개혁을 중심으로 한 봉건제 타파, 식민지적 통치기구와 친일지주, 민족반역자의 청산 등 반제·반봉건이라는 명제로 요약할 수 있을 것이다. 이

* 이 글은 「북한문학사 서술의 특징과 변모양상 : '평화적민주건설시기(1945.8~1950.6)'(『우리어문연구』 40호, 우리어문학회, 2011.6)를 수정하여 재수록한 것이다.

러한 민족사적 과제는 이른바 '해방공간' 혹은 '평화적 민주건설시기'의 문학에도 그대로 반영된다.

'해방공간' 혹은 '평화적 민주건설시기'는 정치에 문학이 휩쓸릴 수밖에 없었다. 각각의 문학 단체는 정치 현실과 밀접하게 관련되었으며, 그런 와중에도 좌익과 우익 모두 '민족문학건설'이란 거창한 슬로건을 내걸고 있었다. 이때 '민족문학건설'이란 결국 새로운 국가 건설이라는 정치적인 과제에 직결될 수밖에 없었다. 새로운 민족국가 건설을 위해 낡은 것들을 청산하고, 민중의 자기 해방을 기도하며, 그것을 당대 현실의 객관적 발전 과정의 추동력 위에서 형상화하는 것은 해방 후 남·북한 문학의 공통된 과제였다. 변혁에 대한 요구는 낡은 것과 새로운 것 사이의 대립과 교체로 구체화되었지만, 그것은 남과 북으로 나뉘어 각자의 방식으로 진행될 수밖에 없었다.

해방 후 북한에서 제일 먼저 만들어진 문학 단체가 '평양예술문화협회'이다. 최명익을 회장으로 유항림, 주엽섭, 김동진 등 순수예술가로 이루어진 이 단체에 맞서 만들어진 조직이 '프로예맹'이었으며, 1946년 3월 김창만의 지도 밑에 이들 두 단체가 '북조선예술총련맹'으로 확대되었다. 같은 해 10월 '북조선예술총련맹'은 '북조선문학예술총동맹'으로 개편되면서 이른바 방향 전환을 하게 된다.[1] 곧 이전의 '북조선예술총련맹'이 표방하였던 '진보적 민주주의에 입각한 민족문화예술의 수립, 반동 예술세력과 그 개념의 소탕, 인민대중을 위한 광범한 계몽운동

1 해방 후 북한의 문단 상황에 대해서는 김윤식, 『해방공간의 문학사론』, 서울대 출판부, 1989, 1~54면; 신형기·오성호, 『북한문학사』, 평민사, 2000, 65~76면; 김용직, 『북한문학사』, 일지사, 2008, 20~48면 참조.

의 전개, 조선예술운동의 전국적 통일 조직의 촉성, 민족문화유산의 비판과 계승, 소련 예술문화를 비롯한 국제문화와의 교류'[2] 등의 과제를 더욱 구체화하면서, '김일성이 조직대오의 중심이 되어야 하며, 정치적 복무의 원칙을 강조'하기에 이른다.[3]

1947년 3월 28일 당중앙상무위원회는 「북조선에 있어서의 민주주의 민족문화건설에 관하여」란 결정서를 발표하는데, 이 결정은 북한의 공산당이 문예운동에 대한 규제를 구체적으로 제시한 것이다. 여기서 '고상한 사실주의'라는 사회주의리얼리즘의 방법이 공식화된다.[4] 이러한 결정은 곧바로 북한의 모든 문학 예술인들에게 하나의 복무 조항으로 강요되었다. 그것은 곧 사회주의 체제를 확립하고 국가를 건설하기 위한 사상의 선전과 계몽에 문학이 동원되고 봉사하여야 하며, 당의 사상이 곧 문학의 사상이 되어야 하는 것이며, 그 정점에는 김일성이 자리 잡고 있었다. 이러한 일체화와 동일시는 북한문학사 전체를 관통하는 하나의 기조로서 작동한다. 균질적일 수 없는 과거와 현재는 이러한 전체화 과정을 통해 정리된다. 북한문학의 성격은 해방 후, 그리고 북한 정권이 수립된 초창기부터 분명하게 규정되었으며 이후의 문학사에서도 기본적인 서술 태도는 이에서 크게 벗어나지 않는다.

하지만 전체적인 기조는 그대로 유지하더라도 문학사 기술이 언제나 일사분란하게 이루어진 것은 아니다. 주체사상이 김일성주의의 체계

---

2 「북조선예술총련맹 강령」, 『문화전선』 1, 1946.7, 88면.

3 '북조선예술총련맹'의 이러한 강령은 사실 서울의 '조선문학가동맹'의 강령과 크게 다르지 않았다. 그러나 '북조선문학예술총동맹'으로 전환되면서 '문맹'과의 뚜렷한 차별화가 시도된다. 김승환, 『해방공간의 현실주의문학 연구』, 일지사, 1991, 67~80면 참조.

4 해방공간의 민족문학론과 고상한 사실주의에 대한 논의는 김춘식, 「문예학의 원칙 확립과 미학의 제문제」, 최동호 편, 『남북한 현대문학사』, 1995, 227~249면 참조.

내에 포섭되기 시작한 1967년을 기점으로 이전의 마르크스-레닌주의 미학에 기초한 혁명전통으로서의 카프문학과 항일혁명문학을 계승하던 입장은, 주체문학예술에 기초하고 항일혁명문학을 유일한 혁명전통으로 인식하는 입장으로 변모하게 된다.[5] 북한문학에서 유일사상체계의 확립 이후 드러나는 이러한 변화는 이후 문학사 기술에서도 일정한 영향을 미친다.

우선 북한에서 출판된 기존의 문학사들을 토대로 해방 이후 북한문학의 전개 양상을 종합하면 대체로 다음의 네 단계로 구분하여 정리할 수 있다.[6]

① 평화적 민주건설시기(1945.8~1950.6)

② 위대한 조국해방전쟁시기(1950.6~1953.7)

③ 전후 복구 건설과 사회주의 기초건설을 위한 투쟁시기(1953.7~1960)

④ 사회주의 전면적 건설시기 / 수령형상 강화와 주체적 문화예술 건설시기(1961~1967 이후)

---

5 김재용은 1967년 5월에 있었던 당 중앙위원회 제4기 15차 전원회의가 이러한 전환을 가져온 결정적 계기가 되었다고 평가한다. 그는 1967년 유일사상체계의 확립 이후 드러난 문학의 특징으로 ① 작품에서 수령형상의 등장, ② 혁명전통을 형상화할 때 수령의 형상을 중심에 두고 그릴 것, ③ 집체창작에 대한 강조, ④ 북한문학의 유산으로서 항일혁명문학을 유일한 혁명전통으로 삼게 되는 점 등을 들고 있다. 김재용, 「북한문학계의 '반종파 투쟁'과 카프 및 항일혁명문학」, 『북한문학의 역사적 이해』, 문학과지성사, 2004, 157~164면; 김재용, 「유일사상체계의 확립과 북한문학의 변모」, 같은 책, 215~231면 참조.

6 이 글의 대상인 네 편의 문학사에서 ①, ②, ③의 시기 구분은 모두 동일하다. 하지만 ④의 경우는 조금씩 차이를 보인다. 예컨대 『조선문학사(1959~1975)』(1977)의 경우는 '1966년 10월 조선로동당 대표회의'를 기점으로 1959~1966년과 1966~1975년까지로 나누고 있다. 『조선문학개관』(1986)은 1961년에서 1966년까지를 '사회주의의 전면적 건설을 다그치기 위한 투쟁시기'로, 1967년 이후를 '당의 유일사상체계를 더욱 철저히 세우며 사회주의의 완전 승리, 온 사회의 주체사상화를 앞당기기 위한 투쟁시기'로 나누고 있다. 하지만 『조선문학사』 13권(1999)의 경우는 1967년을 따로 설정하지 않고 1960년대를 동일선상에서 논의하고 있다.

이 글은 위의 구분 중 첫 번째 시기에 해당하는, 남한 연구자들이 "해방공간"이라고 명명한 1945년에서 1948년까지의 기간을 포함하여, 북한문학사에서 "평화적 민주건설시기"라고 명명한[7] 1945년에서 한국전쟁까지의 시기를 어떻게 서술하고 있는지 살펴보도록 한다. 이 시기 북한은 사회주의 체제의 성립이라는 근본적인 변화를 겪게 된다. 무상몰수 무상분배를 단행한 토지개혁(1946.3.5), 조선로동당 결성(1946.8.28), 인민공화국 수립 등 일련의 역사적 사건들이 김일성의 주도 아래 급진적으로 시행된다. 해방의 감격과 함께 이러한 정치적 변화와 김일성의 전면적인 등장은 당시의 주요한 시적 소재가 된다.

구체적으로 해방 후 북한의 '사회과학원문학연구소'[8]가 발간한 『조선문학통사 : 현대편』(1959), 『조선문학사(1945~1958)』(1978), 『조선문학사』 10(1994) 등 세 편의 문학사와 1986년 출판된 박종원·류만, 『조선문학개관』 2가 분석의 대상이다.[9] 시기적으로 일정한 거리를 두고 출판된 각각의 문학사를 함께 검토해 봄으로써 시대 변화에 따라 서술 태도나 대상

---

7 남한에서 산출된 대부분의 문학사는 남측의 경우 1945년 8월 15일 해방에서 1948년 8월 15일, 북의 경우는 1948년 9월 9일 각각의 정부수립까지의 기간을 이른바 '해방공간'이라고 명명하며, 이후 한국전쟁까지의 시기는 특별히 따로 구분하지 않는다. 하지만 북한에서 출판된 문학사의 경우는 해방 후 1950년 한국전쟁까지의 시기를 묶어 '평화적 민주건설시기'로 구분하고 있다. 남한에서 쓰인 『북한문학사』의 경우는 이 시기에 관한한 모두 북측의 명명법을 따르고 있다. 단, 위의 시기 구분에서 ④의 경우는 '주체시대' 혹은 '주체사상기'로 명명하고 있다. 신형기·오성호, 『북한문학사』, 평민사, 2000; 김용직, 『북한문학사』, 일지사, 2008; 오성호, 『북한시의 사적 전개 과정』, 경진, 2010 참조.

8 북한에서 문학사를 서술하는 주체는 대개 '사회과학원문학연구소'와 '김일성종합대학 조선어문학부'이다. 이 글의 분석 대상인 『조선문학통사』(1959)와 『조선문학사(1945~1958)』(1978)의 경우 '사회과학원문학연구소' 편으로 되어 있으며, 전 15권으로 1990년대 출판된 『조선문학사』의 경우는 '사회과학원 주체문학연구소'가 펴낸 것으로 되어 있다. '주체'라는 새로운 수사가 붙어 있으나, 본문에서는 '사회과학원문학연구소'로 통일하여 부르도록 한다.

9 이하 각각의 문학사는 『통사』, 『문학사』 1, 『개관』(1986), 『문학사』 2(1994)로 약칭한다. 본문의 인용 시 두음법칙과 맞춤법은 원래의 표기법을, 띄어쓰기는 남한의 표기 방식을 따랐다.

작품의 선정과 평가 등이 어떻게 변화하였으며 어떠한 작품들이 문학사의 정전으로 자리 잡아 가는지를 살펴볼 수 있을 것이다. 더불어 2000년 연변대 출판부가 발행한 『조선-당대문학사』에 대해서도 검토해 볼 것이다. 이른바 제3국에서 출판된 한국문학사인 셈인데 남한과 북한의 자료를 동시에 활용하면서 남·북한 문학 모두를 대상으로 한 문학사란 점에서 주목된다.

2. 북한문학사의 서술 태도와 작품 개관

1) 사회과학원문학연구소, 『조선문학통사 : 현대편』(1959)

『조선문학통사』(1959, 이하 『통사』)는 북한의 문예학자 집단이 집체적으로 서술한 첫 문학사이다. 이들은 "오늘 우리의 사회주의적 사실주의 문학의 찬란한 개화 발전을 이루기까지에 우리 문학이 인민과 함께 걸어온 영광스러운 력사를 마르크스-레닌주의적 방법으로 간명하게 서술"하려 하였다고 『통사』의 발간 의도를 밝히고 있다. 또한 서술 방향에 대해서는 "력사주의 원칙에 입각하여 우리의 진보적 문학을 관류하고 있는 열렬한 애국주의, 풍부한 인민성, 높은 인도주의의 전통을 밝히며, 특히 해방 후에 조선 로농당의 정확한 문예정책에 의하여 그의 특성을 명확히 천명하려는 지향으로 일관"하였음을 표명하고 있다.

상·하 두 권으로 출판된 『통사』는 '상권'이 상고시대부터 19세기까지를 다루고 있으며, '하권'이 1900년부터 1950년대 전후(戰後) 시기의 문학까지를 다루고 있다.[10] '현대편'이란 부제가 붙어 있는 하권은 모두 6장으로 되어 있으며, 각각의 장은 산문(소설)과 시문학, 평론과 희곡 등 장르별로 나누어 설명한다. 이 글의 대상인 '평화적 민주건설시기'는 『통사』의 4장에서 다루어진다.

『통사』에서 다루고 있는 소설 작품의 수는 모두 16편이며 한설야의 작품이 5편으로 가장 많이 언급되고 있다. 이외에 문예총에서 출판한 『위대한 공훈』(1949)과 "한설야, 리기영, 리북명 등을 비롯한 수다한 중견작가들과 신진 작가들이 새로운 사회제도 하에서 왕성한 창작사업을 전개"[11]한 결과물로 『8·15해방 1주년 기념 소설집』(1946), 『8·15해방 4주년 기념 소설집』(1949), 단편소설집 『개선』(1955) 등을 소개하고 있다.

시는 모두 28편이 언급되어 있으며, 그중 박세영의 시가 4편으로 가장 많다. 시에 대한 분류는 ① 혁명 투사와 렬사에 대한 추모의 시 ② 조쏘친선을 테마로 한 시 ③ 토지개혁을 테마로 한 시 ④ 미제와 리승만 도당의 만행 폭로 등으로 나누어져 있으며, 각각의 주제에 대한 시편들을 소개하고 해설하는 방식으로 서술되어 있다.

〈표 1〉은 이 시기를 대상으로 『통사』에서 다루고 있는 작품들의 전체 목록이다.

---

10 '현대편'의 시대 구분은 다음과 같다. ① 1900~1919년 ② 1930~1945년 ③ 1930~1945년 ④ 해방 후 문학 — 평화적 민주건설 시기의 문학 ⑤ 조국해방전쟁시기의 문학 ⑥ 전후시기의 문학

11 사회과학원문학연구소, 『조선문학통사 : 현대편』, 사회과학출판사, 1959, 211면.

〈표 1〉『조선문학통사 : 현대편』(1959) 수록 작품

장르	작품
소설	리갑기, 「료원」(1949) 리기영, 「개벽」(1946), 「땅」(1948) 리동규, 「그 전날 밤」(1945) 리북명, 「로동일가」(1947) 리춘진, 「안나」(1949) 박웅걸, 「류산」(1949) 박태민, 「제2전구」(1949) 윤시철, 「지질기사」(1950) 한설야, 「마을사람들」(1946), 「탄갱촌」(1946), 「혈로」(1946), 「개선」(1948), 「남매」(1948) 현경준, 「불사조」(1949) 황건, 「탄맥」(1949)
시	강승한, 「려사에서」(1946), 「한나산」(1948) 김광섭, 「감자 현물세」(1947) 김북원, 「용광로 앞에서」(1948) 김상오, 「첫눈」(1948), 「기사」(1949) 김우철, 「농춘위원회의 밤」(1946) 리정구, 「영원한 악수」(1945) 리호남, 「지경돌」(1946) 민병균, 「해방도」(1945), 「고향」(1946), 「재령 강반에서」(1946) 박세영, 「추도시」(1946), 「불사조」(1947), 「그치라 요녀의 목소리」(1946), 「쏘련군대는 오는가」(1946) 박팔양, 「평양을 노래함」(1948), 「다시 만난 영광의 날」(1946) 백인준, 「니꼴라이 붉은 군대에게 드리는 노래」(1947) 안룡만, 「사랑하는 동지에의 헌사」(1946), 「축제의 날도 가까워」(1946) 정문향, 「푸른 벌로 간다」(1946), 「대의원이 나서는 구내」(1947), 「승리의 선언」(1948) 조기천, 「백두산」(1947), 「두만강」(1949) 조령출, 「북조선으로」(1948) 조벽암, 「진격의 길」(1948)

2) 사회과학원문학연구소, 『조선문학사(1945~1958)』(1978)

사회과학원문학연구소가 펴낸 『조선문학사』는 총 5권으로 구성되어 있다. 이 책의 머리말에는 "인민의 투쟁과 창조의 력사를 잘 알아야만

조국에 대한 열렬한 사랑의 감정을 소유할 수 있으며 민족적 긍지와 혁명적 자존심을 가질 수 있다"[12]는 김일성의 교시에 따라 이 책이 집필되었음을 밝히고 있다. 1권은 원시사회에서 19세기 중엽까지, 2권은 19세기 말에서 1925년까지, 3권은 1926년에서 1945년까지, 4권은 해방에서 1958년까지, 5권은 1959년에서 1975년까지의 문학으로 구성되어 있다.

'평화적 민주건설시기'를 다루고 있는 4권은 총 3편으로 나누어져 있다. 1편은 평화적 민주건설시기 문학(1945.8~1950.6), 2편은 위대한 조국해방전쟁시기 문학(1950.6~1953.7), 3편은 전후복구건설 및 사회주의 기초건설시기 문학(1953.7~1958)이다. 『문학사』 1은 '평화적 민주건설시기'를 다음과 같이 모두 5개의 장으로 나누어 설명하고 있다.

1장. 위대한 수령 김일성 동지께서 내놓으신 주체적인 민족문화건설에 관한 방침, 이 시기 문학 개관
2장. 혁명의 위대한 수령 김일성 동지의 영광찬란한 혁명력사와 불멸의 혁명업적을 형상한 작품들
3장. 항일의 빛나는 혁명전통에 대한 예술적 탐구
4장. 반제반봉건 민주주의 혁명수행을 형상한 작품들의 활발한 창작
5장. 남조선혁명과 조국통일을 주제로 한 작품들

『문학사』 1에서는 해방 이전의 문학과 '평화적 민주건설시기' 문학의 근본적인 차이점으로 "문학예술이 극소수의 착취계급의 리익을 위하여 복무하던 해방 전과는 달리, 문학예술이 인민의 소유로 됨으로써 전문

12 사회과학원문학연구소, 『조선문학사 : 고대중세편』, 과학백과사전출판사, 1977, 1면.

적인 작가, 예술인들의 창작활동과 로동자, 농민을 비롯한 근로자들의 문학창작활동이 옳게 배합"된 것을 들고 있다. 물론 이 시기 문학이 군중적 지반 위에서 발전하게 되고 광범한 근로자들이 문학창조사업에 적극 참여하게 된 것은 "위대한 수령 김일성 동지의 현명한 령도"가 있기에 가능한 것이었다. "위대한 수령 김일성 동지께서는 해방 직후에 항일혁명 투쟁을 주제로 한 문학작품을 많이 창작할 데 대한 과업을 제시하시고 혁명전통주제의 작품 창작에서 나서는 리론실천적 문제들을 구체적으로 밝혀 주시었다"는 것인데, 다음과 같은 김일성의 교시 내용을 표나게 드러내기도 한다.

> 작가, 예술인들은 우리 사회의 민주주의적 변혁을 정확하게 반영하며 새 생활 창조를 위한 위대한 투쟁에로 인민 대중을 동원하는, 사상 정치성이 높고 예술성이 높은 작품들을 많이 창작하여야 할 것이다.[13]

결국 김일성의 교시에 따라 "평화적 민주건설시기의 문학은 일제의 식민통치에서 해방된 우리 민족의 보람찬 새 생활과 그들에게 고유한 전형적인 성격적 특징들을 높은 경지에서 형상화"[14]해 낼 수 있었다는 것이 『문학사』 1의 평가이다. 그렇게 생산된 문학작품들은 "근로 인민을 경애하는 수령님의 위대한 혁명사상으로 튼튼히 무장시키며 부강한 자주독립 국가건설을 위한 투쟁"으로 나아갈 수 있도록 '혁명적 역할을 수행'하였다는 것이다.

---

13 『김일성 선집』 1권, 1963, 291면.

14 사회과학원문학연구소, 『조선문학사(1945~1958)』, 과학백과사전출판사, 1978, 25면.

〈표 2〉 『조선문학사(1945~1958)』(1978) 수록 작품

장르	작품
소설	리기영, 「개벽」(1946), 「땅」(1948) 리동규, 「그 전날 밤」(1948) 리북명, 「노동일가」(1949) 박태민, 「제2전구」(1949) 윤시철, 「이앙」(1949) 천세봉, 「오월」(1947), 「땅의 서곡」(1948) 황 건, 「산곡」(1947), 「탄맥」(1949)
극문학	김승구, 「내고향」(1949, 영화) 남궁만, 「복사꽃 필 때」(1946), 「하의도」(1949) 류기홍, 「원동력」(1948), 「은파산」(1950) 박령보, 「태양을 기다리는 사람들」(1948), 「장백산맥」(1947) 박영호, 「비룡리 농민들」(1947) 박태영, 「우리집」(1949) 백문환, 「성장」(1948) 송 영, 「금산군수」(1949), 「자매」(1949) 조령출, 「폭풍지구」(1949) 탁 진, 「꽉쇠」(1947) 한 민, 「장가가는 날」(1948) 한태천, 「바우」(1946)
시	강승한, 「한나산」(1948) 김광섭, 「감자현물세」(1947), 「조국은 빛난다」(1949) 김북원, 「6월 14일」(1947), 「용광로 앞에서」,(1949) 김북향, 「목숨바쳐 따라가오리」(1947) 김상오, 「압연공」(1949) 김순석, 「벼가을 하러 갈 때」(1948), 「빨찌산의 노래」(1949) 김영철, 「유언」(1949), 「우리 품에 포근히 안기라」(1950), 「불길」(1950), 「만경대의 봄」(1949), 「가는 길」(1ㅎ949) 김우철, 「삼천만의 태양」(1947), 「인민공화국 선포의 노래」(1948), 「농촌위원회의 밤」(1946) 김조규, 「북조선 로동당 제2차전당대회에 올리는 시」(1948), 「대오는 이 밤 강을 건너다」(1950), 「배움의 밤」(1947), 「당신께서 부르시기에」(1945) 김춘희, 「태양을 따르는 해바라기처럼」(1949) 동승태, 「동트는 바다」(1949) 리 찬, 「김일성 장군의 노래」(1946), 「더욱 굳게 뭉치리 그이의 두리에」(1947), 「새소식」(1946), 「그날 아침」(1946), 「8·15부터」(1946), 「달과 딸과 어머니와」(1947) 리원우, 「우리는 나서자 영예로운 길로」(1947), 「빛나는 그 이름, 김일성 장군」(1947), 「아침마다 부르는 합창시」(1947)

	리정구, 「로동법령송」(1946), 「청수공장」(1947), 「물결 속에서」(1947) 리호남, 「지경돌」(1946), 「배움의 노래」(1947) 마우룡, 「야학」(1947) 박세영, 「해볕에서 살리라」(1946), 「애국가」(1947), 「빛나는 조국」(1947), 「승리의 5월」(1947), 「해하나 별스물」(1947) 백인준, 「그 이를 우리의 태양이라 노래함은」(1947), 「그 이를 모시고」(1950) 안룡만, 「김일성 장군님께 바치는 송가」(1947), 「당의 기발 밑에」(1948), 「축제의 날도 가까워」(1947) 정문향, 「승리의 선언」(1948), 「푸른벌로 간다」(1946), 「무산령」(1947), 「대의원이 나서는 구내」(1947) 정서촌, 「인민의 태양, 김일성 장군님」(1947) 조기천, 「백두산」(1948), 「생의 노래」(1950), 「그네」(1947), 련시 「항쟁의 려수」(1949) 집체작, 「헌시」(1948), 「밭갈이 노래」(1947) 채경숙, 「나의 자랑」(1949) 최석두, 「삐라대」(1947), 「앞으로만 간다」(1947) 한　식, 「우리의 태양, 김일성 장군님」(1946), 「산업건국의 노래」(1946) 한명천, 「장백산」(1947), 「북간도」(1947), 「단조공의 노래」(1949), 「돌아온 보금자리」(1947)

『문학사』 1은 결론적으로 이 시기 문학이 "그 이후 시기 문학을 보다 새로운 단계에로 발전시키기 위한 중요한 토대로 귀중한 경험을 남겨 놓았다"고 평가한다. 여기서 '토대로서의 귀중한 경험'이란 결국 해방 후 첫 시기부터 '고매한 공산주의적 풍모와 영광찬란한 혁명력사'를 소재로 한 수령형상창조를 통해 "당원들과 근로자들을 수령에 대한 끝없는 충성심으로 교양"하고,[15] "그들 속에서 당의 유일사상체계를 세우기 위한 힘 있는 무기"로 동원되었음을 의미하는 것이다.

『문학사』 1의 '평화적 민주건설시기'에서 다루고 있는 작품 목록은

15 오성호는 이 시기의 북한시가 빚어낸 지도자와 인민의 상은 이후 북한문학의 상상력을 규정하였다고 전제한다. 지도자와 인민의 관계는 "시혜와 보은이라는 전근대적이고 도덕적인 관계"로 규정되었으며, "어질고 자비로운 수령과 충심으로 복종하는 인민으로 이루어진 이상적인 공동체라는 환상"과 자기도취는 오늘까지도 이어지고 있다고 지적한다. 이러한 모습은 결국 인민들이 자율적인 근대적 주체로 성장할 수 있는 결과를 차단하였으며, "그런 의미에서 해방기는 이 우울하고 착잡한 역사가 시작하는 시발점이었다"는 것이다. 오성호, 『북한시의 사적 전개 과정』, 경진, 2010, 16면.

〈표 2〉와 같다.

『문학사』 1에서 다루고 있는 작품은 모두 소설이 10편, 시 68편, 희곡 15편, 영화문학 1편으로 총 94편이다. 장르상으로 시가 압도적인 수를 차지하고 있다. 「백두산」과 송가류를 다룬 2장과 항일의 혁명전통으로 분류되어 있는 3장에는 아예 소설문학이 빠져 있다. 실제로 느닷없는 해방과 새로운 국가 건설이라는 공간의 특수성을 고려하면 소설보다는 기동성이 있는 시 장르가 인민을 교양하고 고무시키며 동원과 결집의 도구로 적절히 활용될 수 있었을 것이다.

시 작품들 중에서는 이찬의 작품이 가장 많이 언급되었으며, 박세영, 김영철, 정문향, 김조규 등의 작품도 모두 4편 이상씩 언급되었다. 특히 주목할 수 있는 대목은 다른 시인이나 시편들과는 달리 조기천의 장편 서사시 「백두산」[16]의 경우만 별도의 장으로 처리하고 있다는 것이다. 『문학사』 1에서는 「백두산」을 "경애하는 수령님의 영생불멸의 혁명업적과 고매한 혁명가적 풍모, 위대한 수령님의 현명한 령도 밑에 진행된 항일혁명투쟁의 승리의 력사를 서사시적 화폭으로 훌륭히 노래한"[17] 이 시기 문학이 거둔 큰 성과의 하나로 소개하고 있다. 「백두산」의 구체적인 성과로는 ① 시인의 강한 주정 토로로 사건 묘사와 인물의 성격을 더욱 부각시킴으로써 그 의의를 시대적 높이에서 전형화한 점, ② 사건들의 인과관계를 밀접히 통일시킴으로써 일관성과 입체성을 보장한 점, ③ 이해하기 쉽고 간결한 언어 구사, ④ 시적 과장과 비유, 상징과 함축,

16 『조선문학사(1945~1958)』에서는 「백두산」이 1948년도 작품으로 소개되고 있으나, 1947년도 작품이 맞다.

17 사회과학원문학연구소, 『조선문학사(1945~1958)』, 과학백과사전출판사, 1978, 43면.

생략 등 다양한 언어 표현의 효과적인 이용 등을 들고 있다. 결국 『문학사』 1에서는 「백두산」이 이러한 모든 특징을 기반으로 하여 "인식교양적 및 문학사적 의의"[18]를 지닌다고 평가하고 있다.

3) 박종원 · 류만, 『조선문학개관』 2(1986)

총 두 권으로 간행된 『조선문학개관』(1986)은 원시사회에서 1970년대 초반의 문학까지를 대상으로 하고 있다. 해방 이후를 다룬 부분은 박종원 · 류만이 저술한 2권에 '평화적 건설시기'로 분류되어 시문학, 소설문학, 극문학 · 영화문학 등 각 장르별로 나누어 서술되어 있다. 『개관』은 1946년 5월 24일 김일성의 「문화인들은 문화전선의 투사로 되여야 한다」라는 연설문의 내용을 소개하면서 이 시기의 문학을 설명해 나간다.

> 우리 문화인들은 자기의 고유한 문화 가운데서 우수한 것은 계승하고 락후한 것은 극복하며 선진국가들의 문화 가운데서 조선 사람의 비위에 맞는 진보적인 것들을 섭취하여 우리의 민족문화와 예술을 발전시켜야 할 것입니다. 이것이 민족 문화 건설의 가장 정확한 길입니다.[19]

『개관』은 위의 교시 내용을 "유일하게 옳은 로선이며 방침"으로 전제한 후, 이 시기의 문학이 "수령님의 령도와 육친적인 배려에 의하여 주

18 위의 책, 50면.
19 『김일성 저작집』 2, 235면.

체적인 민족문학이 전면적으로 빨리 발전"[20]하게 되었다고 평가한다. 앞서 살펴본 것처럼 『통사』가 사회주의적 보편성을 바탕으로 '마르크스-레닌주의적 방법론'에 근거하고 있다면, 『문학사』 1과 『개관』은 주체사상을 중심으로 한 유일사상체계를 전면에 부각시키며 '수령형상창조'를 그 핵심에 두고 진행되었다. 『통사』에는 언급되지 않았던 이찬의 「김일성 장군의 노래」가 『문학사』 1과 『개관』에는 '영생불멸의 혁명송가'로 시문학의 첫 페이지를 장식하며 장황한 설명을 시도하고 있는 것도 모두 이러한 맥락에서 이해할 수 있다.[21]

또한 저자들은 이 시기 문학의 특징으로, ① 항일혁명문학의 전통을 이어받은 민주주의적 내용과 민족적 형식을 결합한 혁명적이며 인민적인 문학, ② 새 조국 창건과 위대한 민주개혁 주인공들의 전형적 성격의 창조, ③ 해방 전 문학의 특징이 비애와 슬픔, 울분의 정서가 주조였음에 반해, 현실에 대한 열렬한 지지와 긍정, 미래에 대한 낙관, 혁명적 낭만성이 풍부한 점, ④ 주체사상적 내용에 더하여, 시, 소설, 극문학, 아동문학, 그리고 송시문학과 서사시, 서정서사시 등 형태와 양식 면에서도 큰 변화를 불러온 점, ⑤ 평이하고 통속적인 인민적인 언어의 사용을 통해 민족적 정서를 풍부하게 구현한 점 등을 들고 있다. 『개관』에서 언급하고 있는 작품들의 전체 목록은 〈표 3〉과 같다.

20 박종원·류만, 『조선문학개관』 2, 사회과학출판사, 1986, 102~103면.

21 『조선문학개관』 2에서는 「김일성 장군의 노래」를 "주체사상적 내용의 거대한 의의와 높은 사상예술성으로 하여 우리 인민들을 경애하는 수령님에 대한 끝없는 충성심으로 교양하며 주체의 혁명위업의 완성을 위한 투쟁에로 불러일으키는 혁명의 노래, 투쟁의 노래"라고 평가한다. 위의 책, 106~107면.

〈표 3〉 박종원·류만, 『조선문학개관』 2(1986) 수록 작품

장르	작품
소설	강 훈, 「장군님을 맞는 날」(1948) 리기영, 「개벽」(1946), 「땅」(1948) 리동규, 「그 전날 밤」(1948) 리북명, 「로동일가」(1947) 박태민, 「제2전구」(1949) 윤시철, 「이앙」(1949) 천세봉, 「오월」(1947), 「땅의 서곡」(1948) 한설야, 「개선」(1948) 황 건, 「산곡」(1947), 「탄맥」(1949)
시	리 찬, 「김일성 장군의 노래」(1946), 「삼천만의 화창」(1946), 「더욱 굳게 뭉치리 장군님 두리에」(1946), 「우리의 수도를 아름답게 하는 건」(1947), 「새소식」(1946), 「흘러라 보통강, 노래처럼, 그림처럼」(1946) 박세영, 「해볕에서 살리라」(1946), 「해 하나 별 스물」(1947), 「애국가」(1947), 「승리의 5월」(1947) 김영철, 「유언」(1949), 「불길」(1950), 「우리 품에 안기라」(1950), 「가는 길」(1949) 리정구, 「물결 속에서」(1947), 「로동법령송」(1946), 「청수공장」 조기천, 「백두산」(1947), 련시 「항쟁의 려수」(1949), 「생의 노래」(1950) 김우철, 「인민공화국 선포의 노래」(1948), 「농촌위원회의 밤」(1946) 리원우, 「아침마다 부르는 합창시」(1947), 「우리는 나서자 영예로운 길로」(1947) 정문향, 「승리의 선언」(1948), 「푸른벌로 간다」(1946), 「대의원이 나서는 구내」(1947) 김조규, 「북조선로동당 제2차 대회에 드리는 시」(1948), 「대오는 이 밤 강을 건느다」(1950), 「생활의 흐름」(1946) 안룡만, 「당의 기발아래」(1948), 「축제의 날도 가까워」(1947) 최석두, 「삐라대」(1947), 「앞으로만 간다」(1947) 채경숙, 「나의 자랑」(1949), 「만경대의 밤」(1949) 한 식, 「우리의 태양, 김일성 장군님」(1946)〉, 「산업건국의 노래」(1946) 백인준, 「김일성 장군님을 우리의 태양이라 노래함은」(1947) 리호남, 「지경돌」(1946) 김광섭, 「감자현물세」(1947) 김순석, 「벼가을하러 갈 때」(1948) 김상오, 「압연공」(1949) 동승태, 「동트는 바다」(1949) 강승한, 「한나산」(1948) 김북향, 「목숨바쳐 따라가오리」(1947) 김춘희, 「태양을 따르는 해바라기처럼」(1949) 한명천, 「장백산」(1947) 집체작, 「밭갈이 노래」(1947), 「헌시」(1948)

극문학	송　영, 「자매」(1949), 「금산군수」(1949) 박령보, 「장백산」(1947), 「태양을 기다리는 사람들」(1948) 남궁만, 「복사꽃 필 때」(1946), 「하의도」(1950) 류기홍, 「원동력」(1948), 「은파산」(1950) 한태천, 「바우」(1946) 백문환, 「성장」(1948) 박영호, 「비룡리 사람들」(1947) 한　민, 「장가가는 날」(1948) 탁　진, 「꽉쇠」(1947) 김태진, 「리순신 장군」(1948) 조령출, 「폭풍지구」(1949), 김승구, 〈내 고향〉(1949, 영화)

『개관』에 실린 작품들은 소설 12편, 시 50편, 희곡 15편, 영화문학 1편, 모두 78편이다. 『문학사』 1과 마찬가지로 『개관』에서도 조기천의 「백두산」에 대해서 별도의 장을 만들어 설명하고 있다. 특기할 만한 것은 "장편서사시 「백두산」은 사상적 내용도 좋고 수령님을 잘 형상한 작품입니다"[22]란 김정일의 진술이 작품 해설의 전면에 배치되어 있다는 점이다. 『문학사』 1이 철저하게 김일성의 교시에 따라 서술된 것과 구별되는 지점이다. 또한 「백두산」의 문학적 성취를 설명하면서, 시인 조기천에 대한 소개와 해방 후의 경력, 「백두산」 창작 후의 활동까지도 자세히 설명하고 있다.

더불어 『개관』은 강승한의 서사시 「한나산」을 「백두산」과 마찬가지로 별도의 장으로 구분하여 비중 있게 다루고 있다. 저자는 이 작품을 "미제와 그 앞잡이 리승만 괴뢰도당에 의하여 5·10망국단선을 반대하는 제주도 인민들의 유격투쟁을 폭넓게 그리면서 위대한 수령 김일성

22 위의 책, 115면.

동지의 품에 안겨 행복하게 살려는 남조선 인민들의 뜨거운 념원과 지향을 시적으로 깊이 있게 일반화한 작품"으로 소개하면서, 「한나산」의 문학사적 의의로 '해방 후 남조선 인민들의 반미구국투쟁을 폭넓게 형상한 첫 서사시'[23]임을 들고 있다.

소설문학은 해방 후 김일성의 '조국개선을 열광적으로 환영하는 인민들의 감격과 기쁨'을 그린 강훈의 「장군님 맞는 날」(1948)과 한설야의 「개선」(1948)을 맨 앞에 배치하고 있다. 이 두 작품은 『문학사』 1에서는 언급조차 되지 않은 작품들로, 주체사상적 내용이 더욱 강조되면서 이들 작품이 전진 배치된 것으로 볼 수 있다. 가장 비중 있게 다루는 작품은 이기영의 「땅」이다. 「백두산」이나 「한나산」과 마찬가지로 '새 인간의 탄생과 장편소설 「땅」'이란 별도의 장을 만들어 작품의 줄거리에서 인물의 성격 분석에 이르기까지 면밀하게 검토하면서, '지난 시절 우리 농민의 실상은 「땅」만 봐도 알 수 있다'는 김일성의 발언을 소개하기도 한다. 『개관』은 이 작품의 문학사적 의의를 '해방 후 민주주의적 발전과정을 취급한 첫 장편소설'이며, '사회주의적 사실주의 장편소설의 새로운 발전된 면을 보여준 점'에 있다고 평가한다.

4) 오정애·리용서, 『조선문학사』 10(1994)

1991년 1권이 출판된 『조선문학사』는 '사회과학원문학연구소'가 원시시대에서 1980년대까지의 시기를 대상으로 총 15권으로 출판한 문학

23 위의 책, 118~120면.

사이다. 이 연구소가 기획한 세 번째 자리에 놓이는 문학사인 셈이다. 이 중 '평화적 민주건설시기'를 다룬 문학사는 10권에 배치되어 있다. 연구소는 문학사의 기획과 출판의 의의를 다음과 같이 밝힌다.

> 우리는 문학사 서술에서 지난 시기의 성과와 경험을 살려 주체성의 원칙, 당성, 로동계급성의 원칙과 력사주의적 원칙을 철저히 구현함으로써 사대주의와 복고주의를 극복하고 조선문학발전의 합법칙적 과정을 보다 정확히 밝혀낼 수 있게 시기 구분과 서술 체계를 세우며 새로 발굴 수집된 진보적이며 인민적인 작품들을 문학사의 응당한 위치에 올려 세우고 매 시기를 대표하는 작가들의 력사적 공적과 제한성을 옳바로 천명하는데 힘을 넣었다. 우리는 특히 조선 로동당의 현명한 령도 밑에 사회주의 제도의 비옥한 토양에서 찬란히 개화발전하고 있는 사회주의적 사실주의 문학의 자랑찬 로정을 뚜렷이 그려내며 새시대 민족문학의 본질적 특성과 그 발전의 합법칙성을 옳게 밝혀내기 위하여 탐구적 노력을 기울였다.[24]

총 4장으로 되어 있는 『조선문학사』 10권은 총론 격인 '해방 후 전변된 새로운 현실과 문학'을 포함하여, 2장 시문학, 3장 소설문학, 4장 극 및 영화문학 등 총 4장으로 구성되어 있으며, 총 231쪽 분량이다. 이 시기를 다룬 문학사 중 가장 많은 분량이며 심도 있는 논의인 셈이다. 총론을 제외하면 장르별로는 시문학이 전체의 절반가량을 차지하며, 그 다음이 극문학, 소설문학이 가장 적은 분량이다. 시문학의 경우는 모두 6개의 절로 나누어져 있다.

---

24 정홍교, 『조선문학사』 1, 사회과학출판사, 1991, 3면.

1. 해방된 조국땅에 높이 모신 민족의 태양 김일성 장군님에 대한 송가

2. 리찬의 창작과 불멸의 혁명송가 「김일성 장군의 노래」

3. 조기천의 창작과 장편서사시 「백두산」

4. 항일의 빛나는 혁명전통에 대한 형상화

5. 건당, 건국, 건군의 벅찬 현실에 대한 시적 형상

6. 남조선 혁명과 조국통일 주제작품의 창작

『문학사』 2에서는 조기천의 「백두산」에 앞서 이찬의 「김일성 장군의 노래」를 집중 조명하고 있는 것이 눈에 띈다. 1절과 2절을 모두 김일성에 대한 송가로 구성한 셈이다. 1절에는 한식의 「우리의 태양 김일성 장군님」, 황룡의 「김일성 장군 만세」, 백인준의 「그이를 우리의 태양이라 함은」, 박세영의 「해별에서 살리라」, 안룡만의 「김일성 장군에게 바치는 송가」 등 김일성에 대한 송가뿐 아니라, 김영철의 「유언」, 김영철의 「불길」 등 김일성 가계에 대한 칭송과 흠모를 드러낸 시도 소개되어 있다. 김일성 장군과 '수령님의 혁명적 가정'에 대한 송가류 작품의 생산과 이에 대한 적극적인 평가는, 인민들의 절대적인 신뢰와 흠모, 동경의 감정을 일반화함으로써 유일사상체제의 당위성을 확보하려는 시도로 읽힌다.

2절에서는 이찬의 출신과 가족관계, 카프 내에서의 활동, '김일성 장군에 대한 전설적인 이야기를 듣고 생긴 끝없는 흠모와 신뢰'의 감정, 김일성과의 '력사적인' 만남과 즉흥시 낭송, 이후 송가의 창작에 이르기까지의 과정을 상세히 소개한다.[25] 결론적으로 「김일성 장군의 노래」는

25 주목할 수 있는 대목은 이찬이 「김일성 장군의 노래」를 창작하기까지의 과정을 설명하면서,

"수령형상시문학의 첫 장을 장식한 가장 훌륭한"[26] 작품이며, "심오한 사상성과 높은 형상성, 평이성과 통속성을 가지고 있는 것으로 하여 혁명송가의 빛나는 모범"일 뿐 아니라 "위대한 수령님에 대한 전 인민적 칭송의 감정을 품위있게 노래한 혁명송가로서 해방 후 수령형상문학의 새로운 단계를 열어놓았다는데 그 커다란 의의가 있다"[27]고 평가한다.

『문학사』 2가 발간 의의에서도 밝힌 것처럼 "새로 발굴 수집된 진보적이며 인민적인 작품들을 문학사의 응당한 위치에 올려 세우"고자 하는 시도는 여러 작가의 많은 작품들을 문학사에 자리매김하고 있다. 「백두산」에 집중되어 있던 조기천의 시편들도 여타 작품들을 포함하여 18편이나 소개되어 있으며, 이찬의 작품도 16편이 소개되어 있다. 이들을 포함하여 복수(複數)의 시들이 소개된 작가만 해도 박세영, 김우철, 백인준, 최석두, 김조규, 김영철, 리정구, 리원우 등 10명이 넘는다. 하지만 이들 중 이찬, 최석두, 김영철, 리원우 등은 『통사』에서는 언급조차 되지 않았던 시인들로, '수령형상문학'[28]에 대한 강조 이후에 각광받기 시작한 시인들이라 할 수 있다.

'불요불굴의 혁명투사 김정숙동지'가 등장하는 장면이다. 『문학사』 2에서는 김정숙이 이찬에게 "「김일성 장군의 노래」의 종자를 친히 잡아주시고 가사창작전형을 료해하시였으며 수령님 따라 천만리를 헤쳐오시며 애용하시던 100여 편의 혁명가요가 수록되여 있는 『혁명가요집』을 보여"주었으며, 흥분이 절정에 달한 이찬이 김정숙 동지가 준 귀중한 종자와 『혁명가요집』을 안고 온 정력을 쏟은 결과물이 「김일성 장군의 노래」란 것이다. 이전의 문학사에서는 없던 대목이기도 한데, 유일사상체제의 강화가 김일성뿐 아니라 가계에까지 확장·적용되고 있음을 확인할 수 있는 장면이다.

26 사회과학원문학연구소, 『조선문학사』 10, 사회과학출판사, 1994, 47면.

27 위의 책, 59~60면.

28 수령형상문학의 원칙과 이론, 문학적 사례에 관해서는 윤기덕, 『수령형상문학』, 문예출판사, 1991 참조. 이 책은 김정일을 "수령형상창조이론을 체계화하시고 확립하신 위대한 스승이시며 수령형상을 완성한 탁월한 령도자"로 치켜세우며, 김정일의 교시와 '문예업적'을 해설하며 수령형상문학에 대해 논하고 있다.

〈표 4-1〉 오정애·리용서, 『조선문학사』 10(1994) 시 수록 작품

장르	작품
시	강승한, 「한나산」(1948), 「진군」(1948), 「강령은 우리를 승리에로 인도한다」(1948), 「수양산성에서」(1949), 김광섭, 「감자현물세」(1947) 김람인, 「장엄한 포병」(1949) 김북원, 「용광로 앞에서」(1949), 「6월 14일」(1947) 김북향, 「목숨바쳐 따라가오리」(1949) 김사량, 「무쇠와 군악」(1949) 김상오, 「우리는 모멸로써 그것을 되돌려 보낸다」(1948), 「당원증」(1947) 김순석, 「낯선 마을을 지나며」(1948), 「낯선 마을을 지나며」(1948) 김연호, 「청년행진곡」(1946) 김영철, 「우리 품에 포근히 안기라」(1950), 「유언」(1949), 「불길」(1950), 「가는 길」(1949), 「만경대의 밤」(1949) 김우철, 「3천만의 태양」(1947), 「인민공화국 선포의 노래」(1948), 「고지마다 이름 붙임은」(1947), 「조국과 인민의 아들」(1948), 「농촌위원회의 밤」(1946), 「조국에 바친 쌀」(1947) 김조규, 「생활의 흐름」(1946), 「배움의 밤」(1946), 「애국제방가」(1946), 「북조선로동당 제2차 전당대회에 올리는 시」(1948), 「힘의 대렬」(1948), 「대오는 이 밤 강을 건느다」(1950) 김춘희, 「태양을 따르는 해바라기처럼」(1949) 동승태, 「동트는 바다」(1949) 로민손, 「영광에 나붓기는 치마폭」(1946) 리 찬, 「조국이여」(1945), 「김일성 장군의 노래」(1946), 「더욱 굳게 뭉치리 장군님 두리에」(1947), 「3천만의 화창」(1947), 「우리의 수도를 아름다웁게 하는 건」(1947), 「승리의 기록」(1946), 「흘러라 보통강, 새력사의 한복판을」(1946), 「평양」(1946), 「천만의 감격」(1946), 「달밤」(1946), 「8·15부터」(1946), 「영예의 인민대표들에게」(1947), 「록음」(1949), 「그날 아침」(1946), 「흘러라 보통강 노래처럼 그림처럼」(1946), 「달과 딸과 어머니」(1947) 리원우, 「아침마다 부르는 합창시」(1947), 「우리는 나서자 영예로운 길로」(1947), 「나는 우리들의 총을 메였다」(1947), 「녀성의 노래」(1947), 「건설로선」(1947) 리정구, 「물결 속에서」(1947), 「로동법령송」(1946), 「예지의 눈아」(1946), 「분노」(1947), 「한글강습회」(1947), 「청수공장」(1949) 리호남, 「지경돌」(1946), 「배움의 노래」(1947) 마우룡, 「야학」(1947) 박세영, 「애국가」(1947), 「경비대전사의 노래」(1947), 「나도 새사람 되리」(1946), 「승리의 5월」(1947), 「그치라 요녀의 소리」(1946), 「아, 여기들 모였구나」(1946), 「해볕에서 살리라」(1946), 「해 하나 별스물」(1947) 백인준, 「인민의 바다」(1946), 「당은 나의 생명」(1947), 「나는 놈들을 미워한다」(1948), 「그이를 우리의 태양이라 노래함은」(1947), 「녀인도」(1946), 「대지의 아들」(1947) 안 영, 「보위행진곡」(1948)

	안룡만, 「파종의 노래」(1946), 「축제의 날도 가까워」(1947), 「동백꽃」(1948), 「김일성 장군님께 바치는 송가」(1947) 유진오, 「누구를 위한 벅찬 우리의 젊음이냐」(1946), 「10월」(1946), 「조국과 함께」(1947), 「보고싶은 북쪽하늘이여」(1949) 정문향, 「승리의 선언」(1948), 「푸른벌로 간다」(1946), 「대의원이 나서는 구내」(1947) 조기천, 「두만강」(1946), 「을밀대에서 부른 노래」(1946), 「큰 거리」(1946), 「땅의 노래」(1946), 「백두산」(1947), 「네거리에서」(1947), 「수양버들」(1947), 「우리의 노래」(1947), 「그네」(1947), 「흰 바위에 앉아서」(1947), 「보뚝에서」(1947), 「분노」(1947), 「휘파람」(1947), 「동해바다」(1947), 「그네」(1947), 「10월」(1947), 「항쟁의 려수」(1949), 「생의 노래」(1950) 조령출, 「정의의 무력이여, 인민군대여 전진하라」(1949), 「정의의 무력이여, 인민군대여 전진하라」(1949) 집체작, 「밭갈이 노래」(1947) 채경숙, 「나의 자랑」(1949), 「빛나는 혁명전통은 우리의 심장 속에」 최석두, 「폭풍의 거리」(1946), 「고향」(1948), 「일기」, 「불길」, 「전단대」, 「모두들 일어섰다」, 「새벽길」, 「전선전단」, 「산」, 「산우에 달이 뜬다」, 「매복길」, 「총아」 최찬용, 「산맥」(1949), 「고향을 생각하여」(1949), 「총」(1949) 한 식, 「우리의 태양, 김일성 장군님」(1946), 「등대」(1946), 「산업건국의 노래」(1946) 한명천, 「백두산」(1947), 「북간도」(1947) 홍성호, 「눈동자와 같이」(1948) 황 룡, 「김일성 장군 만세」(1946)

『개관』과 『문학사』 2에서 다루고 있는 시인들은 거의 겹치지만, 『문학사』 2에서는 같은 시인일지라도 대상 작품의 수는 대개 2배 이상 많아졌다. 시인에 대한 정보의 양도 확충되었고 작품에 대한 분석도 한층 강화되었으며, 김정일의 교시 내용들이 전면에 등장하기 시작한다는 점도 특징적이다. 안영, 홍성호, 김사량, 로민손, 황룡 등은 이전의 문학사에서는 발견되지 않은 『문학사』 2에서 처음 등장한 시인들이다. 『문학사』 2에서 다루고 있는 시들은 모두 137편으로 그 목록은 〈표 4-1〉과 같다.

한편 『문학사』 2에서는 '평화적 민주건설시기'의 소설문학을 "위대한 수령 김일성 동지에 의한 조국의 해방, 제반 민주개혁과 새 조국 건설을 위한 인민들의 장엄한 투쟁과 약동하는 혁명적 현실을 적극 반영한 새

〈표 4-2〉 오정애·리용서, 『조선문학사』 10(1994) 소설·극문학 수록 작품

장르	작품
소설	강 훈, 「장군님을 맞는 날」(1948) 김북원, 「세멘트공장」(1949) 김사량, 「칠현금」(1949), 「남에서 온 편지」(1948), 「대오는 태양을 향하여」(1950), 「마식령」(1946), 「차돌이의 기차」(1946), 기행문 「노마만리」(1947), 수필 「소년고수」(1940) 김영석, 「격랑」(1948) 리기영, 「개벽」(1947), 「땅」(1948) 1부 리동규, 「그전날밤」(1948) 리북명, 「전기는 흐른다」(1945), 「로동일가」(1947), 「애국자」(1948) 박태민, 「제2전구」(1949) 변희근, 「강재」(1949) 윤세중, 「선화리」(1947), 「안골동네」(1948), 「어머니」(1949) 윤시철, 「이앙」(1949) 천세봉, 「령로」(1946), 「새로운 맥박」(1947), 「소낙비」(1948), 「땅의 서곡」(1948), 「5월」(1949), 「호랑령감」(1949) 천청송, 「유격대」(1948) 최명익, 「공등풀」(1949) 한설야, 「개선」(1948) 황 건, 「산곡」(1947), 「목축기」(1947), 「탄맥」(1949)
극문학	김사량, 「뢰성」(1946), 「지열」(1946), 「더벙이와 배뱅이」(1948) 김승구, 영화문학 〈내 고향〉(1949), 가극·창극, 「심청전」, 「춘향전」, 「꽃신」, 「온달장군」, 「선화공주」 등 김영근, 「조선 빨치산」(1946), 영화문학 「용광로」(1949) 김태진, 「리순신 장군」(1948) 남궁만, 「토성랑풍경」(1949), 「복사꽃 필 때」(1946), 「하의도」(1949), 「홍경래」(1946), 「봄비」(1947), 「소낙비」(1949), 「하의도」(1949) 류기홍, 「원동력」(1948), 「민주역군」(1946), 「새로운 모습」(1948), 「은파산」(1950) 박령보, 「태양을 기다리는 사람들」(1948), 「장백산맥」(1947) 박영호, 「비룡리농민들」(1947) 박태영, 「우리집」(1949) 백문환, 「성장」(1948) 송 영, 「자매」(1949), 「나란히 선 두 집」(1948), 「금산군수」(1949), 해방 전 희곡 「일체 면회를 거절하라」, 「신임리사장」, 「황금산」, 「김삿갓」 탁 진, 「꽉쇠」(1947) 한 민, 「장가 가는 날」(1948) 한태천, 「백두산」(1948), 「새날의 설계」(1947), 「바우」(1946)

시대 문학"으로 정의한다. 이러한 정의는 김정일의 "위대한 수령님을 모시게 됨으로써 우리 인민은 오랜 수난의 력사를 끝장내고 보람찬 혁명의 새 시대를 맞이할 수 있었으며 영광스러운 투쟁과 승리의 길을 걸어올 수 있었다"[29]는 발언을 통해 뒷받침된다. 『문학사』 2에서 언급하고 있는 소설과 극문학 작품들은 〈표 4-2〉와 같다.

『개관』과 마찬가지로 한설야의 「개선」과 강훈의 「장군님을 맞는 날」이 전진 배치되어 있으며, 이와 함께 천청송의 「유격대」를 함께 소개하고 있다. 「유격대」는 이전의 문학사에서 한 번도 등장하지 않은 작품으로 "수령님의 무장투쟁로선을 높이 받들어" 간도지방 애국청년들이 항일유격대를 조직하여 "일제침략자들을 도처에서 족치는" 싸움을 생동감 있게 그리고 있는 작품이다. 『문학사』 2는 이 작품을 "해방 후 항일혁명투쟁의 필연성과 거대한 력사적 의의를 구체적인 예술적 형상속에 재현한 첫 소설작품"[30]으로 평가하고 있다.

이기영의 「땅」에 대해서는 별도의 장을 마련하여 '해방 후 우리나라에서 창작된 첫 장편소설로서 평화적건설시기의 농촌주제의 대표작'으로 소개하면서 '전변된 현실과 새 인간의 탄생을 서사시적 화폭'으로 그려내고 있다고 평가한다. 『문학사』 2는 '토지개혁 이후 농촌에서 일어난 사회경제적 변혁과 농민들의 새 생활'을 성공적으로 그린 작가로 천세봉을 내세우기도 한다.[31] 천세봉의 성장과정과 이력을 자세히 소개한

---

29 위의 책, 131~132면.

30 위의 책, 137~139면 참조.

31 남측에서 시도한 천세봉에 대한 주목할 만한 성과로는 김은정의 일련의 연구들을 들 수 있다. 「농촌의 사회주의적 개조와 『석개울의 새봄』」, 『한국어문학 연구』, 2003; 「혁명적 대작 『고난의 역사』 고찰」, 『한국어문학 연구』, 2004; 「가정의 혁명화와 사회개조의 주체로서의 군인의 역할 : 천세봉 『축원』을 중심으로」, 『세계문학비교연구』, 2005; 「천세봉 장편소설 연구 :

뒤 처녀작 「령로」와 「새로운 맥박」, 「소낙비」, 「땅의 서곡」, 「호랑령감」 등을 언급하며 "일련의 작품들에서 토지개혁으로 하여 새 인간으로 탄생한 해방 후 농민들에 대한 깊은 리해와 위대한 수령님께서 찾아주신 인민주권과 민주주의적 새 제도에 대한 열렬한 찬양의 감정을 진실하게 반영"[32]하였다고 평가하고 있다.

3. 북한문학사의 차이와 연속성

북한의 경우 문학 창작에 있어 당의 정책과 이념이 우위에 놓여 있기 때문에 그 창작방법론상에서 쉽게 변화가 일어나지 않는다. 말을 바꾸면, 당의 정책과 이념이 바뀌면 문학창작과 작품에 대한 평가도 변화할 수밖에 없다. 마찬가지로 문학사에서도 일정한 경향이 그대로 반영되어 적용되는데, 『통사』의 경우는 마르크스-레닌주의의 기본 관점을 따르는 반면, 『문학사』 1과 『개관』, 『문학사』 2는 유일사상의 근간이 되는 혁명적 수령관을 근간으로 하는 주체사상이 그 자리를 대신하고 있다. 하지만 『문학사』 1과 『개관』, 『문학사』 2가 일사분란하게 동일선상에서 작품을 평가하고 자리매김하고 있다고 볼 수는 없다. 『통사』에 비해 『문학사』 1은 주체사상의 일관된 관철을 바탕으로 문학사를 서술하고 있다. 이러한 접근은 불가피하게 문학작품의 평가에서 축소와 과

인물유형의 변화과정을 중심으로」, 한국외대 박사논문, 2006.

32 앞의 책, 147면.

장, 왜곡이 일어나게 만든다.

우선 눈에 띄는 변화는 근대 작가들에 대한 의도적인 배제와 복원에 따른 서술의 변화이다. 예컨대 『개관』은, 『문학사』 1이 주체사상의 적용에 따른 선택과 배제, 왜곡을 일정 부분 수정하며 비교적 객관적으로 서술하려는 태도를 보여준다. 신소설의 대표적 작가 이인직의 경우, 『조선문학사(19세기 말~1925)』에서는 언급조차 되지 않는다. 이해조가 신소설의 대표적 작가로 평가되며, 최찬식, 안국선, 김교제 등이 그 밖의 작가로 소개되어 있을 뿐이다.[33] 하지만 『조선문학개관』 1권에는 "신소설의 대표적인 작가는 리인직과 리해조이다"라고 구체적으로 언급하며 이인직을 문학사에 복귀시키고 있다.[34]

김소월의 경우도 『조선문학사(19세기 말~1925)』(1980)에서는 탈락되어 있지만, 『조선문학개관』(1986)으로 오면 현진건, 나도향 등과 함께 비판적 사실주의의 작가로 소개되어 있다.[35]

> 김소월은 1920년대부터 1930년대초에 걸쳐 활동한 비판적사실주의경향의 대표적인 시인의 한 사람이다. (…중략…) 김소월의 시들은 풍부하고 섬세한 서정과 음악적인 운률, 아름답고 간결한 시어와 정교하고 평이한 형식 짙은 향토적 색채와 민족적 정서로 하여 당시 우리 인민들의 사랑을 받았다. 김소

33 박종원·최탁호·류만, 『조선문학사(19세기 말~1925)』, 과학백과사전출판사, 1980, 66~78면.

34 정홍교·박종원, 『조선문학개관』 1, 사회과학출판사, 1986, 318~327면.

35 한용운의 경우도 『통사』에서는 삭제되었으나 『조선문학개관』에서 '반일애국문학'의 사례로 구체적인 평가의 대상이 된다. "한룡운의 작품들은 애상적인 색조와 불교적인 요소를 가진 제한성이 있기는 하나 1919년 3·1인민봉기를 전후한 시기 일제 식민지 통치하의 우리 인민들의 민족적 비애와 나라의 독립에 대한 열망을 진실하게 반영한 것으로 하여 긍정적인 의의를 가진다." 정홍교·박종원, 앞의 책, 342면.

월은 세계관의 제한성으로 말미암아 당대 현실을 부정하며 민족적 비애와 울분을 토로하는데 그치고 있으며 그것을 뚫고 나갈 방도와 전망을 제시하지 못한 것과 같은 결함을 드러내었다. 이러한 제한성에도 불구하고 애국적인 감정과 민족적 정서를 민요풍의 아름다운 형식에 구현한 그의 서정시들은 1920년대 시문학에서 이채를 띠였으며 시형식 발전에 기여하였다.[36]

김소월에 대한 평가는 『조선문학사』 7권(2000)에 이르면 더욱 적극적으로 이루어진다. 김소월을 김억과 함께 "민요풍의 시 창작으로 현대자유시 문학발전에 이바지한 시인"으로 소개하면서, 그의 시가 "로동계급의 계급적 리념과 인민적 립장에서 출발하지 못한 한계"를 분명히 가지고 있다고 지적한다. 그럼에도 불구하고 그의 시에서 발견되는 "비애와 사모, 고독의 정서"는 그 자체에 그치지 않고 "잃어버린 것에 대한 애절함과 울분의 반영"이며, "향토와 조국과 같은 보다 신성한 대상과 련결시키면서 숭고한 경지"를 펼치고 있다고 평가한다.[37]

해방 전 문학에 대한 문학사마다 서로 다른 입장 차이는 '평화적 민주건설시기'에 대한 평가와 문학적 경향에 대해서도 발견된다. 무엇보다 해방 직후의 문학사 서술에서 강조되었던 조소친선에 대한 서술이 이후 주체형상에 대한 강조로 인해 희석되거나 지워지고 있음을 확인할 수 있다. 『통사』의 경우 8·15해방은 "위대한 쏘베트군대에 의한" 것이며, "쏘련군대에 의한 8·15해방은 조선인민에게 자유로운 민주주의적 발전의 길"을 열어 놓았다고 전제한다. 문학 역시 "고리끼를 선두로 한

36 위의 책, 359~361면.

37 류만·리동수, 『조선문학사』 7, 과학백과사전출판사, 2000, 108~117면.

쏘베트 프로레타리아문학"이 1920~1930년대 우리 작가들의 사상 예술성 제고에 막대한 영향을 주었으며, 해방 후에도 "우리 문학 발전에 실로 거대한 역할"을 하였다고 평가한다.

> 이 시기 우리 문학 앞에는 쏘베트 군대에 의한 8·15해방으로 말미암아 자유로운 인민주권하에서 우리나라에 새로이 전개되는 인민들의 새생활을 정확히 반영하며, 이를 통하여 인민들을 당과 국가제도에 대한 무한한 충성과 사랑, 쏘련을 비롯한 사회주의국가 인민들과의 친선적 감정, 일체 제국주의자들과 민족반역자들에 대한 증오심으로 교양하면서 당과 국가에서 내세운 민족적 과제를 성과적으로 실천하는데 이바지하여야 할 과업이 나선다.[38]

『통사』는 이와 같은 과업이 "이 시기 우리 문학의 기본 내용, 기본 빠뽀스 및 기본적 주인공들을 규정하는 것"이라고 적고 있다. 하지만 1967년 이후 주체사상의 유일사상체계가 확립된 이후의 문학사에서는 '수령형상창조'가 그 핵심에 놓이며, 소련의 자리는 김일성으로 대체된다.[39] 즉, 이전에는 소련이나 동독에서 보이는 사회주의리얼리즘과 비슷한 '인민성, 계급성, 당파성' 중심의 마르크스-레닌주의 문예이론이 북한문학의 미학적 원리였다면, 이 시기 이르면 '인민성, 로동계급성,

38 사회과학원문학연구소, 『조선문학통사 : 현대편』, 사회과학출판사, 1959, 189면.

39 "경애하는 수령님께서 이룩하신 조국해방, 이것은 우리나라의 력사와 우리 인민의 생활에서 일대전환을 일으킨 위대한 력사적 사변이였다." 사회과학원문학연구소, 『조선문학사(1945~1958)』, 과학백과사전출판사, 1978, 2면.
"민족의 태양이시며 전설적 영웅이신 위대한 수령 김일성 동지께서는 영웅적 항일혁명투쟁을 조직 령도하시여 강도 일제를 때려 부시고 조국광복의 력사적 위업을 빛나게 실현하시였다." 박종원·류만, 앞의 책, 100면.

당성'이 주체문예이론의 주된 이론이 된다. 특히 자기 집단에 대한 사상적 충실성 정도에 불과하던 당파성 개념이 직접적으로 조선노동당에 대한 충성심, 나아가 수령에 대한 충성심으로 바뀌며 북한문학사의 미학 기준이 개인 숭배로 바뀌게 된다.[40]

이러한 변화는 항일혁명문학의 전통을 김일성과 김일성의 가계로 이동시킨다.[41] "반일민족해방운동의 탁월한 지도자이시며 민족주의운동으로부터 공산주의운동에로의 방향 전환의 위대한 선구자이시며 경애하는 수령 김일성 동지의 아버님"인 김형직의 숭고한 혁명정신과, "고결한 풍모와 뜨거운 사랑"을 지닌 조선의 어머님 강반석을 중심으로 한 김일성 가계의 혁명화는 정권의 후계자인 김정일의 기반을 공고히 하고자 하는 의도로 해석할 수 있다. 정권의 사상적 기반으로서 항일혁명투쟁의 역사는 김일성 개인과 가계 숭배에 따른 과장과 왜곡의 과정을 거쳐 신화화 된다. 이제 항일무장투쟁을 형상화한 작품들은 역사적 사실 자체가 아니라 신화화된 역사를 원천으로 삼아 형상화되기에 이른다.[42]

주체사상기에 오면 사대주의를 배격하고 민족의 자주성을 강조하면서 '쏘련'을 지우는 작업이 문학사 서술에도 그대로 반영된다. 『통사』에서는 "해방의 감격과 관련하여 우리 시인들을 격동시킨 또 하나의 쩨마는

---

40 김성수, 「남북한 근현대문학사의 비교와 통합방안」, 토지문화재단 편, 『한국문학사 어떻게 쓸 것인가』, 한길사, 2001, 256~257면.

41 1970년대 유일사상체계가 중심에 놓이면서, 근대문학사에서 중심적 위치를 차지하였던 프로문학은 『문학사』 1에 이르면 그 의미는 상당히 축소되기에 이른다. 그러던 것이 『문학사』 2에 이르면 전면적인 복권이라고 불러도 좋을 만큼 프로문학에 대해 상당히 구체적으로 서술하고 있다. 김재용, 「남북의 근대문학사 서술과 프로문학의 평가」, 『민족문화연구』 33, 2000 참조.

42 총서 '불멸의 력사'가 그 정점에 놓인 것으로 보인다. '불멸의 력사'에 관한 일련의 논의는 강진호 편, 『북한의 문화정전, 총서 '불멸의 력사'를 읽는다』, 소명출판, 2009 참조.

조·쏘 친선의 쩨마이다"라고 하면서, 박세영의 「쏘련군대는 오는가」, 강승한의 「려사에서」, 리정구의 「영원한 악수」, 백인준의 「니꼴라이 붉은 군대에게 드리는 노래」, 김상오의 「첫 눈」 등을 그 예로 들고 있다. 이 시들은 "쏘베트군대의 해방적 역할을 높이 찬양하며", "쏘련 인민의 위대한 수령인 레닌에 대한 흠모와 경애심, 위대한 사회주의 10월 혁명의 력사적 의의"를 진실되게 형상화한 것으로 평가되었다. 하지만 이 후 세 권의 문학사에서 시인들은 남지만 이들 시는 단 한 편도 찾아볼 수 없다. 그 자리에 「해볕에서 살리라」(박세영), 「그 이를 우리의 태양이라 노래함은」(백인준)과 같은 송가류의 작품이 들어선다. 소설문학에서도 이러한 상황은 그대로 적용된다. 『통사』에서는 "이 시기의 우리 사실주의 문학작품들에는 거의 모든 작품들에 조·쏘 친선의 사상이 반영되고 있는바, 그중 조·쏘 량국 인민간의 친선의 사상을 직접 자기 작품의 주제로 한 작품들도 많은 수에 달한다"[43]고 하면서 소설작품으로 한설야의 「남매」와 리춘진의 「안나」를 그 대표작으로 꼽고 있다. 하지만 이후의 문학사에서 이 두 작품은 찾아볼 수 없으며, 『개관』과 『문학사』 2에서는 김일성의 평양 개선을 그린 한설야의 다른 작품 「개선」이 첫머리에 놓이게 된다. 하지만 『문학사』 1에서는 한설야의 작품은 단 한 편도 발견할 수 없다.

이러한 사실은 수령형상에 대한 강조가 조소친선에 대한 서술과 수용뿐 아니라 카프문학에 대한 입장과 태도에도 그대로 반영되고 있음을 보여준다. 〈표 1〉에서 보는 바와 같이 『통사』(1959)에서 가장 많은 작품을 등재하고 있는 작가가 한설야이다. 주지하다시피 해방 이후 한설야는 김일성의 전기를 집필하고, '조선문학예술총동맹' 위원장과 교육문화상 등

43 사회과학원문학연구소, 『조선문학통사 : 현대편』, 사회과학출판사, 1959, 207면.

을 역임하면서 북한문단의 중추적인 역할을 담당하였다. 하지만 『문학사』 1(1978)에서 한설야는 사라지고 만다. 그러다 『문학사』 2(1994)에 이르면 소설문학을 소개하는 첫 장에 한설야의 「개선」이 소개되며 복권되기에 이른다. 북한문학사에서 한설야의 등장과 퇴장은 북한문학사 서술의 원칙과 변화 양상을 보여주는 하나의 징표라 할 수 있을 것이다.

한국전쟁 이후 1955년부터 북한에서는 김일성 우상화 작업이 본격화되기 시작하고, 1958년에 이르면 반종파 투쟁을 통해 명실상부한 김일성 중심의 단일지도체계가 확립되기에 이른다. 이듬해 '당의 혁명전통'을 수립한다는 차원에서 일제하 민족해방운동사에 대한 대대적인 검토 작업이 진행되는데, 이런 와중에 국내의 항일운동은 점차 역사서술에서 사라지고 대신 만주의 항일무장투쟁이 서술의 대부분을 차지하게 된다. 이러한 시각이 문학에도 그대로 반영되면서 반종파투쟁을 통해 구카프계열의 문학인들이 제거되고 항일혁명문학이 중심에 놓이게 된다. 카프의 핵심 논객이었던 한설야는 이러한 흐름에 저항하여 "카프의 불요불굴의 전투정신은 창작에서 공산주의 당성을 구현케 하였으며 이는 우리가 마땅히 계승하고 발전시켜야 할 전통"이라고 주장한다. 이러한 그의 주장은 주체사상이 정초되는 과정에서 받아들일 수 없는 것이었고, 한설야는 1963년 숙청된다.[44] 문학사에서 사라졌던 그는 『개관』에서 재등장하며, 『문학사』 2에서 카프문학이 적극적으로 수용되면서 「개선」이 '해방 후 수령님의 형상을 력사적 사실에 기초하여 재현한 첫 작품'으로 평가받으며 다시 원래의 자리로 돌아온다.[45]

---

44 한설야가 숙청에 이르는 과정은 강진호, 『그들의 문학과 생애, 한설야』, 한길사, 2008, 201~208면.
45 한설야 숙청의 빌미가 된 것은 시인 민병균에게 자신의 심정을 토로한 서신이었다. 민병균

또한 북한문학사의 발간과 취지에서 발견되는 뚜렷한 변화 중의 하나는 현장성이 강조된 작품들, 그리고 남로당 계열의 작가들에 대한 적극적인 수용이다. 전술한 바와 같이 『문학사』 2는 발간 취지에서 '진보적이며 인민적인 작품들을 발굴 수집하여 매 시기를 대표하는 작가들의 력사적 공적과 제한성'을 올바로 자리매김하겠다고 밝히고 있다. 최석두, 유진오, 최찬용 등이 새로 발굴되고 평가된 대표적인 작가들이라 할 수 있다. 유진오와 최찬용은 이전의 문학사에서 한 번도 언급된 적이 없으며, 최석두는 『문학사』 1과 『개관』에서 짧게 언급되었을 뿐이다. 하지만 『문학사』 2에서는 이들 시인들을 '항쟁투사-시인들의 전투적 시작품'이란 제목 아래 심도 있게 다루고 있다. 최석두와 유진오가 '조선문학가동맹' 소속의 남로당 계열의 시인임을 감안하면 이전의 문학사에 비해 상당한 변화를 보이고 있는 것이다. 이때 『문학사』 2가 이들을 수용하는 근거는 이들이 가진 '현장성' 때문이다.

『문학사』 2는 이들 시인들이 지닌 체험적으로 겪은 전투적 감정과 기백을 높이 평가한다. 즉, 이들이 남조선의 엄혹한 투쟁현실 속에서 "직접 손에 무장을 들고 싸우는 항쟁투사 자신이 겪은 생활감정과 전투적 감정을 그대로 반영하여" 형상화하고 있다는 것이다. 최찬용을 언급하면서는 '미제를 반대하여 용감하게 싸우다 1949년 총살당하였으며, 그의 시는 감옥에 있던 동지에 의해 18년 후에야 알려지게 된' 드라마틱한 사연을 소개하기도 한다. 유진오의 경우는 지리산 유격대에 들어간 시인이 직접 총을

역시 한설야와 같은 입장이었고, 숙청되어 『통사』 이후의 문학사에서 사라지고 만다. 그러던 것이 조국전쟁해방시기를 다룬 『조선문학사』 11(1994)에서 서사시 「어러리벌」(1952)로 재등장하게 된다.

들고 싸우면서 시도 짓고 문화공작도 하였음을 적시하며 "시를 책상머리에서가 아니라 가두에서, 시위에 참가하여 무르익혔다"고 평가한다.

'평화적 민주건설시기'를 정리한 북한문학사는 모두 소설보다 시 장르에 더 많은 분량을 할애하고 있다. 이 시기 시문학이 왕성하게 창작된 이유는 '해방'이라는 특수한 상황과 연결하여 설명할 수 있다. 무엇보다 시 장르는 해방의 감격과 민주개혁에 대한 희망과 결의를 표현하는데 가장 효과적인 장르였으며, 효과적인 예술적 선전성을 획득하는 데도 유용한 장르였다. 시가 비교적 문학적 소양이 부족한 사람도 쉽게 손댈 수 있는 양식이란 점도 많은 시인의 등장과 시편들의 생산을 가능하게 했다.[46] 그뿐 아니라 식민체제 아래에서는 볼 수 없었던 송가나 서정서사시, 서사시 등 새로운 양식들이 등장한 점도 이 시기의 주요한 특징 중 하나로 꼽을 수 있다.

4. 남북 문학사 통합서술에 대한 인식과 과제 : 결론을 대신하여

남·북한 문학사는 서술 주체나 방법 등에서 적지 않은 차이를 보여준다. 특히 해방 이후를 대상으로 한 문학사 서술은 언어만 같을 뿐 서로 다른 민족(혹은 국가)의 문학사 서술이라고 해도 무방할 만큼 공분모를 찾기 힘들다. 오히려 해방 전 문학에 대한 통합 서술의 문제는 기본

46 안함광, 「시문학의 일보전진을 위하여」(1948.2), 김재용·이현식 편, 『문학과 현실 : 안함광 평론선집』 4, 박이정, 1998, 140면.

적으로 공동의 지형 속에서 출발하므로 얼마든지 조정을 통한 합의의 과정에 이를 수 있을 것이다. 예컨대 근대계몽기(혹은 계몽기)를 바라보는 남과 북의 문학사를 비교해보면 이 시기 문학에 대한 전체적인 문학사적 평가나, 연구 대상, 연구 태도와 결과에 있어서도 큰 차이가 나지 않음을 발견할 수 있다.[47] 물론 용어의 사용이나 각론에 있어서는 분명한 차이가 존재하지만, 의도적인 왜곡과 오류가 아니라면 각각의 문학사가 지닌 개성 또한 문학사의 소중한 성과로 껴안을 수 있을 것이다.

문제는 1945년 이후 남·북한 문학사의 통합 서술의 문제이다. 일반적 관행대로 남한문학사와 북한문학사를 주종의 관계로 설정하고 구색 맞추기식의 삽입이나 분리 서술은 반쪽 문학사를 단순히 산술적으로 합해 놓은 것에 지나지 않는다. 남한 중심의 흡수 통합이나 남과 북의 문학을 단순 병렬시키는 형식적 통합은 무의미하다. 더욱이 남한의 문학사에 북한의 문학사를 해제의 수준에서 덧붙이는 것이 통일문학사의 대안이 될 수는 없다.

이러한 논의의 연장선에서 2000년 연변대 출판사에서 발행한 『조선-한국 당대문학사』(2000)[48]는 주목을 요한다. 이 문학사는 남측의 연구 성과와 북측의 자료들을 모두 활용하여 제3국에서 출판된 통일문학사인 셈이다. 『당대문학사』는 남한을 '한국'으로, 북한을 '조선'으로 지칭하며 1945년에서 1980년대까지의 남·북한문학 전체를 대상으로 서술하고 있다. 문학사의 시기 구분은 1950년대에서 1980년대까지는 10년

47 김영민, 「남북한 근대문학사의 비교: 근대계몽기 문학에 대한 서술을 중심으로」, 목원대 국어교육과 편, 『북한문학의 이해』, 국학자료원, 2002 참조

48 김병민·허휘훈·최웅권·채미화, 『조선-한국 당대문학사』, 연변대 출판사, 2000. 이하 본문에서는 『당대문학사』로 부른다.

단위로 구분하였으며, 1장만 '해방 직후의 문학'이란 표제 아래 1945년 해방 직후에서 1950년 한국전쟁 직전까지의 시기를 다룬다. 각 장은 장르별로 소설과 시, 희곡으로 나누어져 있으며 분량이나 내용 면에서 비교적 공평하게 북한문학과 남한문학을 취급하고 있다.

북한문학사에서 '평화적 민주건설시기'라고 불렀던 시기를 『당대문학사』에서는 '해방 직후'로 부른다. 이 시기는 남북 모두 아직 국가 건설에까지 나아가지 못하였으므로 문학사에서는 '좌익' 작가와 '우익' 작가로 나누어 설명하는 방식을 택한다.[49] 먼저 소설문학에서 주제별 분류를 살펴보면 '토지개혁, 통일지향, 김일성에 대한 칭송, 노동계급의 투쟁' 등 『통사』에서 강조되었던 '조·쏘 친선'에 대한 내용만 빼면 북한문학사에서의 분류와 크게 다르지 않다. 단 '해방조국에의 귀로'에 속한 작품으로 김일성의 평양 개선을 그린 한설야의 「개선」 외에 허준의 「잔등」과 엄흥섭의 「집없는 사람들」이 소개되어 있는 점이 특기할 만하다. 좌익작가로 분류되어 있는 작가들은 이기영·한설야·천세봉·이북명 등이며 북한문학사에서 탈락하였던 이태준이 등장하고 있다. 우익 작가로는 김동인·김동리·채만식[50]·황순원·염상섭 등이 소개되며, 박영희가 우익작가로 분류되어 있는 것이 눈에 띈다. 주제별로는 식민 체험에 대한 반성, 현실에 대한 사실주의적 반영과 시각, 분단 현실에 대한

---

49 『당대문학사』는 본문에서 남북의 문학을 칭할 때, '(북)조선'과 '한국'이란 호칭 외에도 '남쪽의 문학, '북쪽'의 문학처럼 남북 어느 쪽의 용어도 아닌 중립적인 표현을 사용하고 있는 점이 흥미롭다.

50 채만식은 좌익작가와 우익작가의 분류에서 양쪽에 모두 속해 있다. 하지만 좌익작가의 설명에서 채만식은 등장하지 않으며, 우익작가의 설명에서는 「민족의 죄인」(1948), 「속 민족의 죄인」(1949), 「맹순사」(1946), 「미스터 방」(1946) 등의 작품이 소개되고 있다. 집필자의 착각이나 편집상의 오류로 보인다.

반영, 순수문학적인 지향으로 나누어져 있다.

좌익문단의 시문학은 주제별로 '수령에 대한 송가, 민주개혁의 현실에 대한 긍정과 찬미, 항일혁명전통, 노동자의 창조적 투쟁, 통일지향, 교육의 민주화를 노래한 시' 등으로 분류되어 있다. 이러한 분류 방식과 작가와 작품의 선택은 『문학사』 2와 유사하다. 우익시단의 경우는 '해방의 감격, 순수문학의 지향'으로 나누어 김광섭, 노천명, 조지훈, 박두진, 박목월 등의 시들을 언급하며, 신진시인들로 정한모, 박인환, 김춘수 등을 소개하고 있다.

『당대문학사』는 이 시기 문학적 특징으로 해방 전 문학의 계승과 발전, 그리고 동일한 주제의 작품이 좌우익 문단에서 함께 탐구되었고, 장편서사시와 송가문학, 영화문학 등 새로운 문학 장르가 나타난 점 등을 들고 있다. 한계 또한 분명히 지적하고 있는데, 사상예술적으로 새롭고 성숙된 모습을 보여주지 못했으며, "30년대에 발전되었던 현대파문학 같은 것은 오히려 퇴보"한 점 등을 들고 있다. 전체적으로 거칠고 소박한 감이 없지 않지만 남·북한 통일문학사 서술을 위한 하나의 출발점으로서는 충분히 가치 있는 텍스트라 할 수 있다.

이 연구가 해방 직후 문학에 대한 북한문학사의 관점과 서술 태도에 주목한 것은 이 시기에 대한 검토가 북한문학의 향후 전개 과정을 살피는 데 중요한 토대가 될 수 있으리란 판단에서였다. 실제로 이 시기에 생산된 문학작품들은 북한문학의 핵심이라고 할 수 있는 수령형상의 창조, 미제국주의의 타도와 남조선 혁명, 노동계급의 찬양 고취 등이 원형적으로 제시되어 있다. 따라서 이후 북한문학의 전개가 이 시기에 산출된 여러 작품들을 딛고 확대 심화의 과정을 거쳤다고 해도 과언이 아닐 것이다.

기존의 북한문학 연구에서 텍스트 자체에 대한 분석에 앞서 북한의 문예정책에 대한 유의미한 연구 결과들이 많이 축적되었다. 이러한 연구 결과들을 바탕으로 이제 북한문학에 대한 연구는 구체적인 텍스트를 대상으로 하여 현란한 수사 뒤에 숨어 있는 미묘한 차이와 연속성을 읽어낼 수 있는 것이어야 한다. '민족문학'이나 리얼리즘의 논리가 남북문학의 유일한 통합 원리가 되어야 한다는 생각도 유연해질 필요가 있다. 문제는 '민족문학'이나 리얼리즘의 논리가 아니라 그것을 적용하고 수용하는 태도의 문제이다. 해방 직후, 좌익과 우익은 모두 '민족문학건설'이란 거창한 슬로건을 내걸고 각자의 방식으로 각자의 트랙을 달렸다. 어쩌면 우리는 다시 그 지점에 서 있는지도 모른다.

북한시학의 형성과 『문화전선』*

이상숙

1. 머리말

이 글은 1945~1948년을 북한시학 형성기로 정하고, 문예지 『문화전선』을 통해 북한시의 양상을 살펴보는 것을 목적으로 한다. 북한시가 김일성 부자 찬양 문학이며, 정치 선동의 구호일 뿐이라는 것은 일반의 상식이지만, 이 상식이 언제부터 그리고 어떻게 드러났는지를 실증한 연구는 많지 않았다. 북한의 시가 김일성 부자 찬양과 체제 선전 일색의 정치 문학으로 자리 잡는 과정은 인간의 감정과 정신이 정치적 목적을 위해 도구화되는 과정과 다르지 않을 것이다. 남한의 연구자들은 이 과정에서 일어났을 문학계의 혼란, 충돌, 고뇌를 확인하고 싶어 한다. 하지만 북한문학 연구는 드러나는 부분을 의심하고 경계하여 드러나지

---

* 이 글은 「『문화전선』을 통해 본 북한시학 형성기 연구」(『한국 근대문학 연구』 23호, 한국근대문학회, 2011.4)를 수정하여 재수록한 것임.

않은 부분을 추측하여 반증하는 과정이며, 결과보다는 은폐된 변화를 설명해야하는 과정이기 때문에 그것이 무엇이든 확증하는 것은 쉬운 일이 아니다. 다만, 문헌 하나하나를 살피고 문헌과 작품들 사이의 연관성과 차이를 조망하는 것으로 그에 다가갈 뿐이다.

북한시는 주제의식이 매우 선명히 드러나지만, 창작 의도와 배경, 창작의 과정에 대해서는 추측만이 가능하다. 드러난 결과를 대상으로 삼는 연구는 손쉽고 명료하나 평면적일 수밖에 없고, 비정상적인 북한의 폐쇄성은 추측마저도 신빙성 없는 논의로 만든다. 이는 북한문학의 사적 진행 과정에서 더욱 심화된다. 1950년대 후반까지의 북한문학에서 서정성과 우리문학 고유의 형식적 전통을 찾을 수 있다는 것이 그간의 연구로 밝혀졌다. 이후는 주체문학으로 경직되고 그 정도는 수령문학, 선군문학 등으로 점점 심화되었다는 것도 여러 연구로 확인되었다.

이 글은 1946년 7월에 창간되어, 북한의 문예지로서는 선구적이라 할 수 있는 『문화전선』에 나타난 시와 평론을 통해 북한시 초기의 모습을 살펴보고자 한다. 북한문학 연구에서 『조선문학』, 『문학신문』 등은 주요한 연구 대상이었지만, 해방기 문예지인 『문화전선』, 『문학예술』, 『문학』 등은 본격적인 연구 대상이 되지 못했다. 당시의 문학적 상황이 매우 복잡하여 일목요연한 접근이 어려웠고 연구 성과를 축적할 연구자가 많지 않았기 때문이다. 그러나 이 시기는, 북한시는 물론 북한문학 초기의 모습을 설명하기위해서는 필수적으로 점검되어야 한다. 그 성과 위에서 북한문학 논의는 좀 더 실증성과 타당성을 부여받게 될 것이다. 여기에 이 글의 목표를 설정하려한다.

북한시 연구는 북한문학 연구사와 다르지 않으나 상대적으로 연구자가 소수인 까닭에 본격적 연구 경향을 형성하지는 못하는 것이 사실이다. 북한문학 연구는 주로 1988년 월북 문인들에 대한 해금 조치 이후 수행되었다. 해금 이전에는 정부와 관변 단체의 자료 협조를 받아 제출된 몇몇 연구서가 있으나 이들은 냉전주의적 시각의 한계를 가지고 있고, 해금 조치 이후 월북 문인과 북한문학에 대한 연구가 본격적으로 진행되어 최근에 이르기까지 꾸준히 축적되어왔다.[1] 해금 이후에도 자료 공개의 제한과, 복잡한 열람 절차는 여전해서 북한문학 연구는 매우 어렵게 수행되었다. 북한문학에 대한 개괄적 설명과 작품 소개가 주를 이루었지만 그 가운데서 나름의 방법론을 제시하고 남·북한문학의 통합적 조망을 시도하는 등의 의미 있는 연구들이 제출되었다.

민족문학, 리얼리즘, 역사주의적 시각 등이 북한문학 연구의 관점으로 제시되었고,[2] 통일 문학사를 위한 남·북한문학의 통합적 시기 구분을 시도한 연구도 있었다.[3] 또 북한문학사를 근대성의 관점에서 고찰한

---

1 최근까지의 북한문학연구 중 대표적인 것만을 소개하면 다음과 같다.
권영민 편, 『북한의 문학』, 을유문화사, 1989; 민족문학사연구소 편, 『북한의 우리문학사 인식』, 창작과비평사, 1991; 김재용, 『북한문학의 역사적 이해』, 문학과지성사, 1994; 김재용, 『분단구조와 북한문학』, 소명출판, 2000; 김윤식, 『북한문학사론』, 새미, 1995; 이명재 편, 『북한문학사전』, 국학자료원, 1995; 최동호 편, 『남북한 현대문학사』, 나남, 1995; 신형기, 『북한소설의 이해』, 실천문학사, 1996; 신형기, 『민족 이야기를 넘어서』, 삼인, 2003; 신형기, 『이야기된 역사』, 삼인, 2005; 박태상, 『북한문학의 현상』, 깊은샘, 1999; 박태상, 『북한문학의 동향』, 깊은샘, 2002; 박태상, 『북한문학의 사적 탐구』, 깊은샘, 2006; 김종회 편, 『북한문학의 이해』 1~4, 청동거울, 1999·2002·2004·2007; 신형기·오성호, 『북한문학사』, 평민사, 2000; 김성수, 『통일의 문학, 비평의 논리』, 책세상, 2001; 목원대 국어교육과 편, 『북한문학의 이해』, 국학자료원, 2002; 장사선, 『남북한 문학평론 비교 연구』, 월인, 2005; 김용직, 『북한문학사』, 일지사, 2008; 홍정선, 『카프와 북한문학』, 역락, 2008; 이화여대 통일학연구원 편, 『북한문학의 지형도』 1~2, 청동거울, 2008~2009; 강진호 외, 『총서 '불멸의 력사' 연구』 1~3, 소명출판, 2009 등이 그것이다.

2 김재용, 『북한문학의 역사적 이해』, 문학과지성사, 1994; 김재용, 『분단구조와 북한문학』, 소명출판, 2000.

3 최동호 편, 『남북한 현대문학사』, 나남, 1995.

연구,[4] 이야기 혹은 신화화된 역사로서 북한문학을 규정하고 방대한 시, 소설 작품의 인용과 분석을 통해 남한 연구자의 시각에서 북한문학사를 완성한 통일문학사,[5] 남·북한문학 통합논리로 '민족문학적·리얼리즘적 시각'을 제기한 연구[6] 등은 모두 북한문학을 문학사적으로 집성하는 소중한 연구들이다.

월북 문인 연구 중심이었던 초기의 북한문학 연구는 문예이론, 문학사, 작품론, 작가론, 시기적 특징과 사적 변화 연구, 미학 논쟁, 북한문학계 진단 등 다양하게 세분화되고 정치, 경제, 교육, 문화, 아동, 공연예술 등 다른 분야와 결합하여 통일교육, 탈북주민 교육 등으로 연구의 저변이 확대되었다.

꾸준히 제출되는 학위논문과 학술논문이 이러한 성과를 보이고 있지만, 여전히 북한문학 연구는 제한된 연구자군, 시의성에 민감한 연구 성향, 텍스트 자체의 문학성 부족 등으로 활동적이고 생산적인 연구 분야라고 할 수는 없다. 북한시 연구 기반은 북한문학 연구 전반의 상황에 비해 더욱 취약하다.

북한시는 북한문학의 한 장르로서 소개되거나 북한문학사의 각론으로 서술되었다. 북한시에 관한 연구는 소설이나 문예론에 비해 상대적으로 적다. 김대행, 신형기, 오성호 등의 단행본과[7]과 우대식, 김경숙,

---

4 김윤식, 『북한문학사론』, 새미, 1995.
5 위의 책.
6 김성수, 『통일의 문학, 비평의 논리』, 책세상, 2001.
7 김대행, 『북한의 시가 문학』, 문학과비평사, 1990; 최동호 편, 『남북한 현대문학사』, 나남, 1995; 이지엽, 『한국전후시 연구』, 태학사, 1997; 신형기·오성호, 『북한문학사』, 평민사, 2000; 김경숙, 『북한 현대시사』, 태학사, 2004; 오성호, 『북한시의 사적 전개 과정』, 경진, 2010; 홍용희, 『통일시대와 북한문학』, 국학자료원, 2010.

이상숙, 이지순 등의 박사논문이[8] 제출되었다. 또 작품론, 문예이론, 작가론, 주제론을 다루는 일반 학술논문들이 꾸준히 발표되고 있으나,[9] 자료가 체계적으로 정리되지 않고 접근이 어려우며, 이미 공개된 자료에 국한하여 연구해야하는 문제는 여전히 연구자의 부담으로 남아 있다.

해방기에 간행된 북한의 문예지 『문화전선』에 대한 본격적인 연구 또한 소략하다. 주로 논문의 각론으로 다루어지거나 부분적으로 인용되었는데, 이 또한 하나의 주제에 집중하여 접근한 경우는 많지 않았다.

2. 북한시 형성기와 『문화전선』의 의미

이 글은 북한시의 형성 과정 초기에 해당하는 1945년 해방 후부터 1948년 북한 정부 수립 기간에 발간된 『문화전선』을 통해 북한시 형성기의 일면을 확인하고자 한다.

해방 후부터 1948년은 북한문학사에서 따로 구분하여 논의되는 시기

---

8 우대식, 「해방기 북한시문학 연구」, 아주대 박사논문, 2002; 김경숙, 「북한 현대시의 형성과 전개 과정연구」, 이화여대 박사논문, 2002; 이상숙, 「북한문학의 민족적 특성론 연구」, 고려대 박사논문, 2004; 이지순, 「북한시문학의 이데올로기 담론 구조 연구」, 단국대 박사논문, 2005; 박순선, 「북한 서정시 연구」, 성균관대 박사논문, 2007; 호테이 도시히로, 「초기 북한문단 성립 과정에 대한 연구 : 김사량을 중심으로」, 서울대 박사논문, 2007.

9 홍용희, 「해방 50년 북한시의 역사적 고찰」, 『시와 시학』 20호, 시와시학사, 1995; 오성호, 「북한시의 형성과 전개」, 『배달말』 28, 배달말학회, 2001; 이상숙, "North Korean Lyric Poems and Nationalism in the North Korean literatureLiterature", *Korea Policy Review*, John F Kennedy School of Government Harvard University, 2008.8; 이상숙, 「북한문학 속의 백석」, 『한국 근대문학 연구』 17, 한국근대문학회, 2008; 이상숙, 「'진달래' 이미지의 변화와 그 의미」, 『통일정책연구』 17(2), 통일연구원, 2008; 최현식, 「북한문학에서 프로시의 위상과 가치」, 『한국근대문학 연구』 21, 한국근대문학회, 2010.

는 아니다. 북한에서 편찬한 문학사에서는, 이 시기를 포함한 1945년 8월 이후에서 1950년 6월 즉, 해방 후에서 한국전쟁 발발 전까지의 시기를 '평화적 민주 건설 시기'로 구분하고 있다.[10] 남한의 연구자들은 다른 명칭을 사용하기도 하지만[11] 대개 이러한 시기 구분과 명칭을 따르고 있다. 이 글에서는 '평화적 민주 건설 시기', '민주 건설기', '민주기지 건설기' 등으로 명명되는 이 시기 중 1945년 8월에서 1948년까지를 한정하여 논하게 되는 것이다. '평화적 민주 건설 시기', '민주 건설기', '민주기지 건설기'에 대한 평가는 연구자에 따라 다소의 차이는 있지만, 대체적으로 남북이 미·소의 정치적·행정적·물리적 원조 아래 각각의 정부를 수립하고 새로운 사회 건설을 준비하는 불확정성의 혼돈과 역동적 변화의 기대가 공존하는 시기라는 의견으로 수렴되고 있다. 각각의 정부 수립 전이고 왕래가 가능하였으므로 분단 전이라 할 수도 있지만, 분단의 조건이 형성되고 그 움직임을 차별화하는 구분의 시기일 수도 있다.

이는 문단에서도 마찬가지이다. 해방 기념시집 발행이나 문학단체 구성원이 좌우익을 넘나들며 인적, 물적으로 섞여 있는 시기인 동시에, 해방 직후 새로 생겨난 단체들이 짧은 시간 내에 통폐합되고 이에 따라 문인들은 이합집산하면서 남북의 문학이 서로 다른 방향으로 분기하는 시기이기도 하다. 북한의 문단은, 서울에 남아 있던 문인들이 평양으로 합류하고 국외 항일항쟁세력들이 귀국하면서 인적으로 풍부해지고, 기존

10 『조선문학통사』, 과학원출판사, 1959; 『조선문학사』, 평양 : 과학백과사전출판사, 1981; 『조선문학개관』, 사회과학출판사, 1986.

11 최동호 편, 『남북한 현대문학사』(나남, 1995)에서는 남과 북의 통합된 시기 구분을 시도하였는데, 1945~1959년까지를 분단체제 성립기로 정하였다. 신형기·오성호는 『북한문학사』(평민사, 2000)에서 이 시기를 '민주건설기'로 정하였다. 김용직은 『북한문학사』(일지사, 2008)에서 이 시기를 '민주기지 건설기'로 명명하였다.

의 문학단체와 새로 생겨난 문학 단체들이 조직화되면서 북한문학 초기의 특징을 형성하게 된다. 사회주의리얼리즘과 카프문학의 전통이 그것이다. 이후 북한문학은 카프의 재평가와 재해석을 통해 남로당계 문인들을 숙청하고, 일인 숭배 체제 구축을 위한 북한식 사회주의인 주체사상과 주체문학을 만들게 된다. 이는 선군 체제, 선군문학으로 변화하지만 이러한 변화의 과정에서도 일관되는 것은 당과 정치 옹호, 체제 선전, 지도자 숭배이다. 북한문학의 일관된 특징의 기원에 대한 의문을 풀기 위한 시작으로 이 글은 혼융 속에서 차별성을 구축해나가는 시기인 1945~1948년을 『문화전선』을 통해 살펴보고자 한다. 물론, 문학의 추이와 변화를 일정 시점을 경계로 정하는 것이 타당하지 않을 수도 있고 가능하지 않을 수 있지만, 정치성 강한 북한시 연구에서 1948년 9월 조선민주주의인민공화국 수립을 유의미한 기점으로 눈여겨보고자 한다.

북한시가 김일성 부자 찬양 문학이며, 정치 선동의 구호일색이라는 일반의 상식을 실증적, 체계적으로 혹은 순차적으로나마 자세히 살펴 볼 기회가 많았던 것은 아니다. 이 시기를 다룬 최근의 연구로는 오성호,[12] 김용직[13] 등 북한문학사를 다루면서 해당 시기를 언급한 경우와 선우상렬[14] 우대식,[15] 이상숙,[16] 이성천,[17] 홍용희[18] 등의 개별 논문과 평문 등을 들 수 있다. 이 연구들은 해방 후 북한문단의 상황을 소개하고 시를 주제

12 오성호는 신형기와 함께 펴낸 『북한문학사』(평민사, 2000) 중 시 부분을 집필하였다.
13 김용직, 『북한문학사』, 일지사, 2008; 홍정선, 『카프와 북한문학』, 역락, 2008.
14 선우상렬, 『광복 후 북한 현대문학 연구』, 역락, 2002.
15 우대식, 『해방기 북한시문학사론』, 푸른사상, 2005.
16 이상숙, 「해방공간의 이데올로기와 시」, 『서정시학』 25, 서정시학, 2005.3.
17 이성천, 「해방 직후의 문단 동향과 문예지의 성격」, 김종회 편, 『북한문학의 이해』 4, 청동거울, 2007.
18 홍용희, 「해방 이후 북한시의 역사적 이해」, 『통일시대와 북한문학』, 국학자료원, 2010.

분석하고 있어 당시의 북한시에 대한 조망을 가능케 한다. 이 가운데 당시에 발행된 문예지 『문학』, 『문학예술』, 『조선문학』 등과 함께 『문화전선』이 부분적으로 언급되고 인용되기는 하지만 『문화전선』을 집중적으로 연구한 경우는 찾아보기 어렵다.

북한문단이 전국의 문학단체를 망라하고 관리하려 한 것은 조선문학예술총동맹의 출범이 기점이라 할 수 있다. 1946년 3월 25일 출범한 이 단체는 1946년 10월 북조선문학예술총동맹으로 확대되었고 산하에 문학, 음악, 미술, 연극, 영화 무용, 사진 등의 부문별 동맹을 두었으며 기관지 『문화전선』을 발간하였다. 김용직은 북조선문학예술총동맹이 북한문단의 '인력과 행동 노선에 결정적 구실'을 했다고 판단한다. 그는 북조선문학예술총동맹 발족 이전의 북한의 '예술과 창작 활동이 다분히 자율적'이었는데, 이 기관의 발족 이후 자율적 활동은 '개인주의, 자유방종'행위로 간주되었으며, 총동맹은 예술가들에게 정책 방향을 제시하고 예술가들은 과업 체제하에서 창작하였다고 한다.[19] 찰스 암스트롱 역시, 1947년 이전의 북한 예술에서 드러나는 자율성은 상당한 것이었다고 평가한다.[20] 이때 1947년이란 1947년 2월 북조선임시인민위원회를 지칭하는 것이다. 1946년 3월의 북조선문학예술동맹과 1947년 2월의 북조선임시인민위원회의 발족은 북한문학의 표현의 자유와 창작의 자율성을 규제하는 중요한 계기와 시점인 것은 분명하다. 두 단체의 통제아래 표현과 창작이 제한되고, 상명하달식 과업이 예술의 창작 동

19 김용직, 앞의 책, 38~39면.

20 찰스 암스트롱, 김연철·이정우 역, 『북조선 탄생』, 서해문집, 2006, 265면. "1947년 봄 새롭게 출범한 중앙의 인민위원회가 예술작품의 정치적 내용에 대한 엄격한 가이드라인을 내세울 때까지 북한에서의 예술적 자유는 상당한 수준이었다."

기와 결과로 드러나는 북한문학 일반의 통제기제가 만들어진 것이다. 통제기제 아래 수령 숭배나 체제 찬양 등은 언제든지 삽입될 수 있는 주제 및 소재일 수 있다.

이 글이 1945~1948년에 발간된 『문화전선』을 통해 북한문학형성기를 살펴보려는 이유 또한 여기에 있다.

당시 간행된 문예지로는 『문화전선』[21] 외에도 『문학예술』[22](1948.4 창간), 『조선문학』[23](1947.9 창간) 등이 있으나, 『문화전선』은 시기적으로도 앞서 있고 북조선문학예술총동맹 기관지[24]로서 당시 북한문학의 대표적인 문예지라 할 수 있다. 1947년 8월에 발간된 5호를 마지막으로 종간되었지만, 『조선문학』 2호(1947.12)를 통해 6호가 예정되어 있었음을 알 수 있다. 『조선문학』 2호에는 1948년 2월에 출간될 『문화전선』 6호 목차가 예고되었으나 결국 『문화전선』 6호는 나오지 않았으며, 두 달 후인 1948년 4월에 창간된 『문학예술』 창간호에는 앞서 『조선문학』 2호에서 예고한 『문화전선』 6호 기사의 상당 부분이 실려 있었다.[25] 또, 『문학예술』의 간행 기관 역시 북조선문학총동맹이어서 연구자들과 북한의 문헌은, 『문학예술』이 『문화전선』의 후신이라고 판단하기도 한다. 하지만 이 글에서는 그에 대한 판단은 미루어두고 『문화전선』의 이름으로 간행된 5권의 텍스트만을 대상으로 한다. 『문화전선』은 이름부터 소련

---

21 1946년 7월 창간되어, 1946년 11월에 2호, 1947년 2월에 3호, 1947년 4월에 4호, 1947년 8월에 5호를 마지막으로 종간됨.

22 1948년 4월 창간 이후 1953년까지 간행됨.

23 1947년 12월에 2호로 종간. 1953년 10월에 재창간 이후 현재까지 간행되고 있다.

24 창간호는 『북조선예술 총연맹』으로 간행됨.

25 남원진, 「이북문학의 연구와 자료의 현황」, 『건국대 HK 통일인문학 연구단 학술대회 자료집』, 2010 참조.

의 단체이름에서 기원했다고 한다.[26] 이 단체는 작가, 예술가, 선동가가 구성원의 중심이었으며 북조선예술총연맹은 그 용어를 기관지 이름으로 사용하였다. 찰스 암스트롱은 여기에 소련을 소개하는 글이 많다는 이유로 『문화전선』을 친소련계 잡지로 규정하면서도 한설야 「모자」와 같이 소련군의 행태를 조심스럽게 비판한 작품이 있어 『문화전선』이 맹목적인 친소련 성향을 가진 것은 아니었다고 판단한다.[27]

소련군을 우회적으로 비판한 한설야의 「모자」[28]를 둘러싼 논란은 점령당국에 의해 압수당하는 것으로 마무리되었지만, 『문화전선』이 친소련계 잡지로 소련의 입장 혹은 소련문학 소개에만 경도된 것은 아니었다. 당시의 친소경향은 『문화전선』이나 북한문학계만의 특징이 아닌 북한 전체의 주류적 특징이었으므로 이 잡지를 친소 잡지로 규정하는 것은 온당하지 않을 수 있다. 북조선문학예술총동맹의 기관지로서 대표성을 띠고 시기적으로도 가장 먼저 등장하여 북한문학의 구심점을 형성한 문예지로서 『문화전선』이 보여준 모습과 함의는 실증적 검토와 분석으로 좀 더 다면적으로 평가되어야 한다. 한설야의 소설 「모자」 회수 사건, 「응향에 관한 북조선문학예술동맹 중앙상임위원회의 결정서」, 「응향에 관한 결정서」 등으로 대표되는 북한문학의 역사적 텍스트와 장면들을 확인할 수 있는 것은 물론이고 문예지로서의 안정적 구성을 보여주어 북한문학 초기 모습을 살필 수 있는 좋은 텍스트이기 때문이다.

---

26 찰스 암스트롱, 김연철·이정우 역, 『북조선 탄생』, 서해문집, 2006, 270~274면.

27 위의 책, 274~275면. "북조선예술총연맹 잡지인 『문화전선』은 소련 용어에서 빌려온 제목인데, (…중략…) 『문화전선』의 친소련적 구성에도 불구하고, 조선 민족주의의 내용은 점령당국이 좋아할 만큼, 소련에 아부하는 것이 아니었다."

28 한설야, 「모자」, 『문화전선』 창간호, 1946.7, 198~215면.

3. '계몽'과 '건설', 평론의 효용

『문화전선』은 '평론 / 시 / 창작'으로 나눈 문학작품과 '현지보고 또는 특별보고' 등의 보고문, '수상(隨想)'의 수필, '특집'으로 묶인 해외문학 소개와 함께 '사고(社告)', 타 잡지 광고, 각급 위원회 결정서 등으로 구성되었다. 1호에서는 문학작품을 '시 / 소설 / 희곡' 등으로 구분하였으나, 2호부터는 '평론 / 시 / 창작'으로 구분하여 창작에 소설과 희곡을 배치하였다. 또, 2호부터 '특집 / 특별보고'가 추가되었으며, 4호부터는 각 지역에 파견된 작가들의 현장 보고를 게재하는 '현지보고'가 추가되었다. 장르 구분, 기사 구성 등에서 다소의 변화가 시도되었는데, 이는 북조선예술총연맹이 결성되고 안정되는 과정을 기관지 『문화전선』도 함께 한 것으로 이해할 수 있다. 북조선예술총연맹 산하에는 문학 외에도 음악, 미술, 사진 등의 다른 예술 분야도 망라되었는데, 『문화전선』에서는 주로 문학 동맹의 활동이 두드러진다. 문예지로 발표 가능한 문학의 특성에, 상대적으로 문학 분야의 인적 구성이 풍부하고, 대중이 접근하기 쉽다는 이유가 작용한 것으로 보인다. 『문화전선』 전 5호의 기사 구성을 살펴보면 〈표 1〉과 같다.

〈표 1〉『문화전선』 수록 기사 분석

호	발행일	강령, 결정서, 보고, 고(社告)(편)	시(편)	소설(편)	희곡(편)	평론(편)	수필(편)	기타(편)
1	1946.7	4	11	2	2	12	1	개선기1 / 축하문1
2	1946.11	3	5	3	2	9	0	
3	1947.2	2	6	2	2	6	0	
4	1947.4	4	3	3	0	5	0	
5	1947.8	1	5	2	0	7	0	

〈표 1〉에서 보듯『문화전선』에는 소설보다는 시가, 시보다는 평론이 압도적으로 많이 게재되었다. 비교적 짧은 시의 문면 길이와 평론의 그것을 비교할 때『문화전선』에서 평론의 위상은 숫자 이상의 것임을 알 수 있다.『문화전선』은 북조선예술총연맹(1946.10 북조선문학예술총동맹으로 개칭) 강령과 현지보고 등으로 문학의 방향을 지시·선도하고, 특정 작품에 대한 결정서를 통해 작가와 작품에 대한 직접적 제재와 지도, 검열을 제도화하였는데, 평론은 이를 작가들에게 직접적으로 전하는 첨병의 역할을 하였다. 평론은 작가와 작품을 직접 거론하며 찬사와 비판을 할 수 있으며, 창작의 방향과 방법론까지 거론하는 지도 비평을 할 수 있기 때문이다. 북한문학에서 평론은 문학작품의 분석과 해석을 통해 새로운 관점을 제시하고 문예이론을 형성하고 발견하는 평론가의 문예 창작물이라기보다는, 당과 지도부의 이념이 관철되었는지를 평가하고 비판과 독려의 언설로 창작을 통제하는 통제기제 역할을 담당하고 있다. 이러한 성향은 북한문학 형성 초기인 1946년『문화전선』에서 이미 확인할 수 있다. 결정서 및 기타 보고와 평론의 구체적 목록을 통해『문화전선』의 구성을 좀 더 면밀히 살펴보면 〈표 2〉와 같다.

〈표 2〉『문화전선』의 강령, 결정서, 보고, 사고(社告), 기타

1호	4편		김일성 장군의 20개조 정강	
			8·15해방 1주년 기념예총	
			북조선예술총연맹 강령	
		예총상임위원회	문화전선 창간에 제하여	
2호	3편		북조선 각도 예술연맹 관계자 좌담회	
			민주전람회 건설기	특별보고
			인민(북조선임시인민위원회기관지)창간호 목차	부록

3호	2편		웅향에 관한 북조선문학예술동맹 중앙상임위원회의 결정서	
			제3차 북조선예술총연맹 전체대회초록	
4호	4편		북조선문학예술총동맹 제1차 확대상임위원회 결정서	
			동원작가의 수첩	현지보고
			생산과 문학	현지보고
			지방에 있어서의 문학예술운동에 대하여	현지보고
5호	1편	문예총 서기국	북조선문학예술축전에 관하여	

창간호에는 1946년 3월 김일성이 북한의 정부의 성격과 기본 과업을 밝힌 「김일성 장군의 20개조 정강」[29]과 함께 「북조선예술총연맹 강령」, 예총상임위원회 「문화전선 창간에 제하여」, 「8·15해방 1주년 기념예총」이 실려 있다. 이 중에서 눈에 띄는 것은 8·15해방 1주년 기념을 행사를 위한 예총의 출판 사업 활동이다. 예총은 지방 조직과 서클 조직을 주된 사업으로 추진하고 있으며 출판사업, 전람회, 음악대회, 연극대회, 강연회 등을 추진하는데 이 중 출판 사업의 성과를 정리하면 다음과 같다. 관련지(『문화전선』)와 함께 단행본 『우리의 태양』(김일성), 소설집 1권, 희곡집 1권, 시집 2권, 평론집 11권이 그것인데, 시집과 소설집에 비해 월등히 많은 수를 펴낸 것에서도 당시 북한문학계에서 평론에 대한 요구가 컸고, 활용도 또한 컸음을 알 수 있다. 「문화전선 창간에 제하여」에서는, 북조선예술총동맹이 예술가들의 '통일전선인 동시에 조선민주주의 문학예술 건설의 주력부대'이며, 그 기관지인 『문화전선』은 "인민 대중의

29 김일성이 1946년 3월 23일 발표한 정강. 북한에 설립될 정부의 성격과 기본과업을 명백히 밝힐 필요가 있는 상황에서 김일성은 당의 정치노선을 구체화하여 인민정권의 임무를 밝힌 11개조 당면과업과 20개조 정강을 발표하였다. 김일성은 20개조 정강에서 사회생활의 모든 분야에서 일제의 잔재와 봉건유습을 숙청하고 민주주의적 자유와 권리를 보장하며 정권기관을 민주주의적 선거에 의하여 더욱 튼튼히 꾸리며 토지개혁, 산업국유화를 비롯한 제반 민주개혁을 실시하고 인민교육체계를 확립하며 과학, 문화, 예술, 보건 등의 발전을 국가적으로 보장할 데 대한 과업들을 20개조 조항으로 제시하였다.

광범한 문화적 계몽과 육성을 위해 발간"되었음을 천명하였다. '건설', '계몽', '육성'이 예술의 목적과 효용이라는 사회주의 문학관이 그대로 나타나 있으며, 『문화전선』은 이러한 목적에 충실히 부합하였다. '건설'을 선전하고, '건설'을 추동하기 위한 의식과 사상 '계몽'에 앞장서는 선전과 교육지의 역할이 시와 소설에서 잘 드러나고 있으며 이들을 수적으로 압도하는 평론은 작가, 작품의 '계몽'과 '육성'의 역할을 수행하였다.

2호 이후의 각종 보고와 행사 예고가 이어지는데, 주로 지방 조직과의 연계와 지원을 강조하는 내용으로 북조선예술총연맹이 발족하였으나 아직까지 자연발생적으로 존재하던 문학단체와 임시 인민위원회 단위의 단체들이 조직적으로 통폐합되지 않았고, 중앙에서의 지원 또한 원활하지 않았음을 알 수 있다.

3호에 실린 「응향에 관한 북조선문학예술동맹 중앙상임위원회의 결정서」는 북한문학사에서 매우 중요한 장면이다.[30] 표현의 자유가 침해되어 『응향』 회원들이 제재를 피해 월남한 단순한 필화 사건에 그치지 않는다. 북한 혹은 북한문학 당국이 지양할 것과 지향할 것의 경계를 보여주어 향후 문학창작의 지침을 실천적으로 천명한 예가 되었기 때문이다. 또, 당시는 북조선예술총동맹이 있지만 아직 조직화되지 않아,

---

30 응향 사건은 1946년 함경남도 원산의 원산문학가동맹(위원장 박경수)이 출간한 광복 기념 시집 『응향(凝香)』에 얽힌 필화 사건이다. 강홍운, 구상, 서창훈, 이종민, 노양근 등이 시를 실었고, 장정은 화가 이중섭이 맡았다. 시집에 실린 시 중 일부의 '애상적', '허무주의'가 문제가 되어 1946년 12월 20일 북조선문학예술총동맹 상무위원회가 소집되었고, 상무위원회는 이 시집을 퇴폐적이며 반인민적인 것으로 규정한 결정서를 발표하였다. 이에 최명익, 송영, 김사량, 김이석 등이 검열원으로 파견되었다. 이 사건으로 시인 구상은 월남했다.
『문화전선』 3호에 실린 「응향에 관한 북조선문학예술동맹 중앙상임위원회의 결정서」는 이후 조선문학가동맹의 기관지인 『문학』에 1948년 4월에 게재되어 남한 문단에도 알려졌고, 이에 김동리, 조연현, 곽종원, 임긍재 등 우익 문인들이 반론을 발표하기도 했다.

『응향』과 같은 문학서클이 독자적으로 활동하는 상황에 대한 반증이기도 한데, 때문에 북조선예술총동맹은 조직 정비와 영향력 강화를 위해 의도적으로 『응향』에 대해 신속하고도 냉혹한 비판과 결정을 내린 것으로 보인다. 이 결정서는 원산의 『응향』, 함흥 『문장독본』, 『써클 예원』의 무사상성을 비판하고 '인민과 분리되고 인민의 요구에 배치'되는 '예술을 위한 예술', '낡은 사상의 잔재'를 척결하기를 촉구한다. 그리고 이를 '건국사상총동원운동'과 결부하여 문학자 예술가들의 정치적, 사상적 교양사업 강화를 선언한다. 또 정치적·사상적 창작 활동을 강력하게 전개할 수 있도록 비평을 강화해야한다고 역설한다. 이를 위해 실제로 『문화전선』의 편집진에 안막, 안함광, 한효와 같은 평론가들과 리찬, 박세영 같은 시인을 새로이 임명한다.[31] 창작을 활성화하기 위해 평론을 강화한다는 논리에서 북한문학에서 평론이 감시와 검열, 사상지도의 도구로 쓰인다는 것을 재확인할 수 있다.

작가와 작품에 대한 감시는 결정서나 평론뿐 아니라 지방의 예술활동 보고에서도 나타난다. '건설'과 '계몽', '육성'을 위해 지방에 파견된 작가들은 흥분과 감격으로 '건설'에 동참하는 대중의 모습을 전함과 동시에 아직도 개별적 활동을 하는 서클이나 중앙의 지원을 받지 못하는 현지 상황을 상세히 보고하였다. 선천중 자치회문예부 등사잡지 『불꽃』에 실린 허무적인 묘사의 시가 학생들에게 그릇된 영향을 준다며, 학교 내 서클에 대해 꾸준한 '지도와 검열'이 필요하다는 리정구의 보고가 그 예이다.[32]

지도와 검열의 임무를 부여 받고 인적 지원까지 받은 평론은 예술계

---

31 당시 북조선문학예술총동맹의 위원장은 이기영, 부위원장은 안막, 서기장은 리찬이었다.

32 리정구, 「평북 지방 문예총 활동을 보고: 지방에 있어서의 문학예술 활동에 대하여」, 『문화전선』 4호,

〈표 3〉『문화전선』의 평론 목록

(※ 문학창작론→문, 국제문화교류→국)

호	주제	편	필자	제목	비고
1호 (1946.7)	문	6	안막	조선문학과 예술의 기본 임무	
			안함광	예술과 정치	
			리기영	창작 방법상에 대한 기본적 제문제	
			태성수 외	예술가에 대한 나의 요망	
			박팔양	조선문학 유산의 계승에 관하야	
	국	6	리찬	문화영역의 심사와 그 뒤에 오는 것	
			한설야	국제문화교류에 대하야	
			뚜시크소좌	북조선예술총연맹 결성 대회 축하문	김동철 역
			아에꼬런	소련방에 있어서의 사회주의문화의 개화	김동철 역
			엠흐립챈꼬	승리한 소련 인민의 예술	이득화 역
			낄보찐	쏘베트문학의 저명한 작품	기석영 역
2호 (1946.11)	문	5	관기응	중국문화사업의 대혁명	류문화 역
			안막	신정세와 민주주의 문화예술 전선 강화의 임무	
			안함광	민주문화 창건과 문화 파류의 문제	
			한효	창작방법론의 전제	
	국	4	리청원	조선민족문화에 대하여	
			윤세평	신민족문화 수립을 위하여	
			이렬쓰끼	신5개년계획에 있어서의 문화발전	이득화 역
			이 트즈제프	레닌, 스딸린 꼬르끼	기석영 역
3호 (1947.2)	문	3	한설야	꼬르끼의 예술	
			김호	인간 노신	
			안함광	북조선 창작계의 동향	
	국	3	한효	현대조선문학의 사조	
			전원균	노래를 인민에게	
			전진	중국항전 8년래의 희극 창작	박무 역
4호 (1947.4)	문	4	알렉산드르 잇치	알렉쎄이 톨스토이	이휘창 역
			리찬	쏘베-트 작가 회견기	
			안함광	의식의 논리와 문예창조의 본질적인 제문제	
			한효	현대 조선문학 사조	
			송영	생산과 문학	

			이정구	지방에 있어서의 문학예술운동에 대하여	
	국	1	알렉산더 렉산드로브	고르끼와 사회주의리얼리즘	
5호 (1947.8)	문	4	안막	민족예술과 민족문학 건설의 고상한 수준을 위하여	
			윤세평	신조선문화의 성격과 그 기반	
			안함광	내용과 형식	
			한효	현대조선문학의 사조	
	국	2	빅토르 니콜라이안	쏘베트문학의 발전과 제문제	
			박석정	반동문화의 억압 속에서 투쟁하는 일본 민주주의 문화운동	

의 건설을 위해 선도적 역할을 자처한다. 『문화전선』에 실린 평론은 문학창작론과 소련, 중국의 문학이론 및 작품을 소개하는 글로 나누어 볼 수 있다.(〈표 3〉 참조)

소련과 중국의 문학론과 작품을 소개하는 평론이 꾸준히 게재되었다. 친소정책의 영향도 있었지만, 소련과 중국은 새로 시작하는 북한의 사회주의 문학의 모델일 수밖에 없었을 것이다. 시와 소설의 작품보다 수적으로나 문단의 위상면에서도 우위에 있던 평론은 '건설'과 '계몽'을 위한 역할에 충실하였다. 안막은 창간호의 「조선문학과 예술의 기본 임무」에서 다음과 같이 주장한다. 예술문화건설을 위해 민주주의 노선을 인식하고 집행하는 것, 일제 문화 사상과 결별, 비(非)마르크스-레닌주의적 편향을 극복하여 진보적 민주주의 문학예술을 창조, 문학이 선전, 선동, 조직자가 되는 문제, 변증법적 유물론 입장 강조, 민족 파시스트 문화사상과 이별하는 것이 중요하다. 이후에 실린 안함광, 리기영, 한설야의 글은 안막의 총론을 예술과 정치, 창작방법론, 국제문화교류 등으로 나눈 듯 세부적으로 진행된다. 이 글들이 문예론과 개념의 층위에서 세심하게 조율된 것으로 보이지는 않지만 이후 『문화전선』 2~5호 뿐 아니라 북한의 문예론에서 반복 확대 재생산되는 논의의 시작을 보여주는 듯 북한 평론의 각론을 망라하고 있다. 평론에 관해서는 다른 글에서 좀 더 세심하게 살필 필요가 있다.

4. '사상'과 '동원', 시의 임무

『문화전선』 총 5권에는 30편의 시가 실렸다. 1호에 가장 많은 편수인 11편이 실렸고 이후에는 5편, 6편, 3편, 5편이 실려 있다. 시인으로는 안룡만(2편), 백인준(2편), 리찬(2편), 리원우(2편), 조기천, 김상오, 안막, 박세영, 이원우, 민병균, 강승한, 김조규 등 당시 북한시단뿐 아니라 향후 북한시단의 대표적 시인들이 망라되어 있다.(〈표 4〉 참조) 이들은 비슷한 시기에 발간된 『문학예술』, 『조선문학』 등에 등장하는 시인들의 이름이기도 하다.

전 5권에 실린 시들은 과거의 고난을 회고하고 해방의 기쁨을 노래한 시와 격변하는 현실제도를 홍보하고 새로운 사회에 대한 기대를 드러내는 시로 대별된다.

먼저, 과거의 고난을 회상하고 해방과 귀향, 귀환의 기쁨을 드러낸 작품과 일제강점기의 수난을 기록한 작품을 살펴본다. 이는 당시 남과 북을 막론하고 발견되는 주제 경향으로 내용 또한 소련에 우호적이라는 점을 제외하고는 크게 다를 바 없다. 「46년 평양의 봄」, 「귀환」, 「살구

〈표 4〉『문화전선』 수록 시 목록

호	발행	작가	작품
1호 (11편)	1946.7	백연	「46년 평양의 봄」
	1946.7	이경희	「귀환」
	1946.7	조기천	「큰거리」
	1946.7	안룡만	「살구」「쌀」「6월(六月)」
	1946.7	김상오	「길」
	1946.7	정국록	「나는 다시 조국(祖國)에」
	1946.7	안함광	농군(農軍)의 아들
	1946.7	심삼문	「채탄부(採炭夫)」*(본문에는 炭採夫)
	1946.7	백인준	「그날의 할아버지」
	1946.7	안막	「만리장성(萬里長城)」
	1946.7	리찬	「승리(勝利)의 기록(記錄)」
2호 (5편)	1946.11	박세영	「너이들도 조선사람이드냐」
	1946.11	리정구	「밤ㅅ길」
	1946.11	리원우	「불ㅅ길」
	1946.11	박석정	「딸에게 주는 시(詩)」
	1946.11	안순일	「농촌(農村)의 밤」
3호 (6편)	1947.2	리찬	「속(續)」·「쏘련시초(詩抄)」(4편)
	1947.2	민병균	「격(檄)」
	1947.2	홍순철	「연두송(年頭頌)」
4호 (3편)	1947.4	리원우	「황하수(黃河水)」
	1947.4	강승한	「북풍(北風)은 불어불어」
	1947.4	이효운	「북극(北極)의 태양(太陽)」
5호 (5편)	1947.8	김조규	「5월(五月)의 구도(構圖)」
	1947.8	안룡만	「사랑하는 안해에게」
	1947.8	백인준	「동지(同志) : 농촌세포행(農村細胞行)」
	1947.8	김귀련	「조국어(祖國語)」
	1947.8	이봉재	「귀향(歸鄕)」

딸 6월(六月)」, 「길」, 「나는 다시 조국에」, 「승리의 기록」, 「귀향」에 드러난 해방의 기쁨은 삼천만 민족의 자유와 평화가 보장된 새날을 맞는 영탄과 찬양의 토로로 드러났으며, 「큰 거리」, 「너이들도 조선사람이드

나」 등에 나타난 일제와 친일세력에 대한 분노와 배신감은 원색적인 비판으로 표현되었다. 일제에 대한 비판과는 반대로 소련과 중국에 대한 감정은 매우 우호적으로 드러나는데, 소련은 우리민족에게 '새날'을 열어 준 고마운 세력으로, 중국은 일제에 항거하며 고난을 함께한 이웃민족으로 칭송하였다. 「큰 거리」, 「나는 다시 조국에」는 소련을 자유의 낙원으로 찬양하고 새로운 시대와 나라를 소련이 이끌어 줄 것이라는 기대를 드러냈다. 대표적인 친소련 시인인 조기천은 「큰 거리」에서 '조선해방만세, '스딸린 대원수'를 외치고 있다. 이 외에 "地上 無二의 生의 樂鄕 : 大쏘聯邦의 위대한 품으로", "우라 쓰딸린! 우라 김일성!"(以上, 「속, 쏘련시초」), "스딸린 大元帥 / 눈동자처럼 아끼는 해방軍 아시아로 보내시니"(「황화수」) 등에서 볼 수 있듯 맹목적인 추앙과 감사의 감정이 그대로 드러나 있다. 이런 시들은 과거의 세계를 회고하고 그것이 해결된 현재 즉, '있는 세계'를 그린 것이다. 해결되어야 할 질곡과 모순의 과거를 비판하고 그것이 해소된 현재에 열광하는 시편들에서 발견되는 맹목적이고 격정적인 찬양과 감격을 이런 시편들에서도 확인할 수 있다.

현실 제도를 홍보하고 새로운 사회에 대한 기대를 드러내는 시 또한 구체적인 제도를 소재로 하여 개인의 생각을 드러낸다는 차이가 있지만, 근본적으로 해방과 귀환의 시에서처럼 희망과 기대로 고조된 감정으로 표현된다는 점은 다르지 않다. '있어야 할 세계'에 대한 동경과 기대가 인식 주체의 것이 아니고, 위에서 만들어지고 기획된 것이라면 이를 전파하기 위해서는 찬양과 격정의 수사가 필요한 것이 사실이다.

해방기 북한에서 생산된 시들의 또 하나의 경향은 사상 교육을 통해 동원을 이끌어 내는 것이다. 해방 후부터 1947년까지 2년 남짓 되는 짧은 시간에 북한주민들이 경험한 새로운 것은 해방, 귀환, 소련군만이 아니었다. 각급 인민위원회, 토지개혁, 남녀평등법, 산업 국유화, 북조선인민위원회, 각급 인민위원회 선거, 현물세 납입, 애국미 헌납 운동, 건국사상 총동원 운동, 인민경제 부흥 발전 계획 등등 수많은 제도와 조직이 새롭게 등장하였는데,[33] 주민들은 이 제도와 조직에 적응하는 시간이 필요했고, 북한 당국은 이 시간을 앞당겨 줄 계몽과 동원의 매체가 필요했다. 창작 기간이 짧아 시의성을 담기에 적합하고 지문이 짧아 대중 및 매체 전파력이 탁월한 '시문학'은, 북조선문학예술총동맹 기관지를 통해 '인민 대중의 일상과 생활을 연구하는 문학', '문화인의 사상적 통일과 단결을 강화하는 문학', '인민대중을 교양, 선전하는 조직으로서의 문학'[34]이라는 미명아래 창작되었다.

1호에 실린, 「그날의 할아버지」, 「46년 평양의 봄」, 「농군의 아들」 등에는 토지개혁으로 대표되는 새로운 시대에 대한 희망으로 가득하다.

---

33 1945~1948년 북한에서 시행된 제도, 법령, 운동 등을 개략적으로 제시하면 다음과 같다.

1945년 8월	해방
1945년 8월	소련둔 제25군 북한 지역 진주
1945년 10월	김일성 입국
1946년 2월 8일	북조선임시인민위원회 설립
1946년 3월 8일	토지개혁 실시
1946년 6월	노동법령 통과
1946년 7월 30일	북조선남녀평등법령 발표
1946년 8월 10일	중요산업국유화에 대한 법령 발표
1946년 8월 28일	북조선공산당 창당
1946년 11월	도·시·군·인민위원회 선거
1946년 12월	임시인민위원회 건국사상총동원 선전 요강 발표, 운동 전개
1947년 2월 22일	북조선인민위원회 설립, 인민경제 부흥발전 계획
1948년 8월 25일	총선거
1948년 9월 9일	조선민주주의인민공화국 창건. 김일성을 대원수로 함.

34 김일성, 1946년 5월 24일 각 도인민위원회, 정당, 사회단체, 선전원, 문화인, 예술인 대회에서 한 연설 「문화와 예술은 인민을 위한 것으로 되어야 한다」에서 강조한 문화예술 활동방향. 임영태, 『북한 50년사』, 들녘, 1999, 142면 참조.

몇몇 시에서 김일성의 이름이 등장하지만 임시인민위원회 대표로서 거론되는 정도이며 이 역시 토지개혁의 성과에 감격하면서 임시인민위원회를 칭송하는 정도이다. 김일성에 대한 개인 숭배나 사회주의에 대한 맹목적 찬양이 아닌 토지개혁이라는 친 대중적인 제도를 부각시키고 있는 것이다. 이는 2호 역시 마찬가지인데, 다만 1호의 주요 소재였던 토지개혁, 건국운동에 이어 예술공작대, 여성법령 선포, 친일파와 반민족 행위자 척결 등의 당국 시책이 주요 소재로 드러나 있다. 3호 이후에는 인민경제계획, 여성동맹, 농촌세포행 등 구체적인 당국의 정책을 담은 시들이 더욱 많아진다. 임시 인민위원회 선거, 남녀평등법에 의한 각 세포 활동과 여성 동맹 활동, 건국사상총동원과 인민경제계획 등 북한의 정책들이 시에 실시간으로 드러나는 것은 물론 정책에 대한 호감을 선전하고 그것이 해방 후의 새로운 나라 새로운 시대로 나아가는 길임을 강조하고 있다.

북한의 정책과 정책 현안들이 북한시의 소재로 즉각적으로 반영되는 것은 당시 남한의 시문학과 비교할 때 특징적이라 할 수 있다. 남한이 북한에 비해 빠르게 조직화되지 못하고 민생현안들이 쟁점화되지 못한 점도 있지만 우리 시인들의 시는 개인적 차원이든 민족적, 사회적 차원이든 아직 해방의 감격과 새로운 나라 건설의 희망, 이념 대립과 민족 분단이라는 혼돈 안에 놓여 있었다. 북한의 시인 또한 다르지 않았을 것인데, 이렇듯 정치와 제도 현안에 대한 민첩한 반응은 다분히 정책적 지도에 의한 것이라 판단한다. 주체문학, 선군문학과 같이 아직은 사상적으로 강력히 편제된 문학이라 할 수는 없지만, 시인이 생활 감정에서 느끼는 바를 자율적으로 표현하였다거나, 새로운 시대와 사회주의 공산당에 대한 자발적 찬양의 언술이라고도 할 수 없다. 이는 해방과 귀환의 시에 나타난 즉각적인 감정과 격정의 토로와는 다른 것으로 보인다.

오늘 저녁 그대는 어린아이 업고
街頭細胞에 나아가 이야기에 꽃피웠다거니
시방 北朝鮮의 山河를 통터러 어느 한치 땅도 남김없이
두메에서 마을에서 工場거리에서
온 人民이 새나라 建設의 터전을 닦는 이일을 갖이고
불붓는 討議를 거듭하고 일에 옮겨가고 있는 것이지
그러기 밤느뚜 도라온 나에게 보내는 그대의 따뜻한 微笑
사랑에 넘치는 눈瞳子는 새 희망에 가득 찻드니라

— 안룡만, 「사랑하는 안해에게 : 인민경제계획에 바치는 노래」[35]

이 시에서는 새나라 건설이 인민경제계획과 동일시되고 가두세포, 인민위원회 토의 등의 사회적 활동이 가정의 행복과 아내의 미소로 직결된다. 일제 강점기의 민족적 수난은 굳이 강조하지 않아도 자연스러운 감정의 고조를 얻은데 비해 이 시에서는 제도와 정책에 의한 생활의 변화가 곧 마음과 감정의 변화라는 논리적 비약을 보일 뿐이다. 가두세포활동과 인민경제 계획이 대중의 생활뿐 아니라 섬세한 마음과 감정을 어떻게 바꾸었는지에 집중하지 않고, 생활 감정은 곧 사상이라는 비약의 논리가 당국과 북조선예술총동맹, 대중의 사상적 계몽을 강조하는 평론, 평론의 논리를 그대로 대변했던 시인과 시에까지 이어진 것이

35 『문화전선』 5호, 76~77면.

라 할 수 있다. 이러한 시들은 백인준의 「그날의 할아버지」, 「同志: 농촌세포행」, 박석정 「딸에게 주는 시」, 리정구 「밤길」, 안순일 「농촌의 밤」 등 여러 편이다.

이 시들에는 토지개혁과 30% 현물세와 같은 새로운 제도에 환호하고 그것을 새나라 새시대의 희망으로 인식하는 농민, 노동자, 주부 일반 대중의 모습이 현재로 그려지지만 이는 그렇지 못한 현실을 다르게 표현하는 방법이다. 새로운 법령과 인민위원회 조직이 급격한 변화를 선도하지만 대중의 생활은 적응의 시간이 필요하고 변화된 생활과 행동이 마음과 감정을 바꾸고, 마음과 감정이 사상으로 이어지려면 그보다 많은 시간과 인식적 과정이 필요하다. 그러나 1946년 2월 8일 북조선 임시인민위원회가 조직되면서 지역의 문예단체를 북조선문학예술총동맹 아래 통일 조직으로 편제하고 통제하려 했던[36] 북한 당국은 북조선문학예술총동맹을 추동하고, 북조선문학예술총동맹은 평론을 추동하고, 평론은 작가를 선도 추동하는 방식으로 형성된 단선적이고도 조급한 '계몽'과 '선동'이 북한시 형성 초기의 풍경이다. 또 이 시들은 대중들은 세포 활동, 선거, 여성 동맹, 각급 임시인민위원회 토론에 참여하기를 독려하는 '동원'의 대중 매체적 형식이 되었다고 할 수 있다.

---

36 임영태, 앞의 책, 140면; 찰스 암스트롱, 앞의 책, 287~288면. 이후 1947년 초, 조선로동당이 예술 활동을 적극적으로 검열하고 감독하는 데 적극적으로 역할을 취함에 따라, 문학과 예술은 새로운 국면에 접어들었다. 1947년 3월 조선로동당 중앙위원회는 "북조선의 민주주의적 민족문화의 수립"을 공표하여, 문학과 예술은 "사회주의에서 인민을 교육시키고 민족과 인민에 봉사하여야 함"을 밝혔다. 사회주의 사회를 위한 기반은 1946년 봄과 여름의 토지개혁, 노동개혁, 그리고 여타 민주개혁의 성공과 더불어 공고해졌다. 그럼에도 불구하고 인민의 의식은 객관적 환경의 변화에 발맞춰 변하지는 않았다. 따라서 '문화혁명', '건국사상 총동원 운동'이 차후의 긴급한 과제였다. 현실적으로 이것이 의미하는 바는 모든 문학이 당의 정책을 촉진시켜야 한다는 것이었다.

대중 계몽과 동원의 매체였던 시문학은 소련 찬양과 김일성의 입지 구축에 동원되었는데, 『문화전선』 3호 이후에는 소련관련 시들이 꾸준히 등장하고 이와 동시에 김일성이 정치지도자로서 좀 더 강하게 부각되기 시작한다. 민병균의 「격(檄)」, 강승한의 「북풍은 불어 불어」 등에는 김일성에 대한 강력한 찬양의 수사가 드러난다.

> 밭가리하는 자에겐
> 土地와 現物稅制를 주고
> 망치와 펜을 드는 자에겐
> 職場과 勞動法令을 주고
> 나라일에 참여하는 모든 權利마자를
> 우리들 人民大衆에게로-
>
> 아 히한하구나
> 실로 五天年歷史의 그 어느 갈피속에
> 이처럼 아람찬
> 人民을 위한 人民의 나라가
> 주렁진때가 있었던 것이랴?
>
> 그는 오로지
> 人民을 아끼고
> 人民을 사랑하고
> 人民을 信賴하기 자기 몸처럼하는

어진 領導者

金日成將軍에게서만 찾을수있는

우리들 人民의 至當한 代表였다.

오 그러나 보라

오랜동안 노예의 피를 맛드려온

저 음흉한 새 원쑤는

탐욕 肥滿한 목을드리어

하마 우리의 食糧破綻과

하나 우리의 生産不況과

하나 우리의 情性弛緩을

호시탐탐 노리고있거니

— 민병균, 「격(檄)」[37]

1947년 2월 북조선임시인민위원회의 결성은 김일성에게는 매우 의미있는 일이었다. 김일성이 북조선임시인민위원장으로 취임하면서 북한정치에 전면으로 등장하고 이후 건국사상총동원, 인민경제계획 등의 국정을 주도하며 지도자의 입지를 만들었기 때문이다. 소련군의 '지도와 지원'은 계속되었지만 북조선임시인민위원회는 기존의 행정 10국과는 달리 정당, 사회단체, 행정국, 인민위원회 대표들의 협의체로서 소련군의 지휘에서 벗어난 기관이었다. 대표 협의체의 수장으로 김일성은 북한 사회 조직 체계를 통일하고 강화하여 정부의 모습을 갖추려 하였

37 『문화전선』 3호, 103~105면.

고, 이 과정에서 지도자에 대한 찬양과 맹목적 기대는 긴요했다. 창간호 첫 머리에 김일성 장군의 20개조 정강을 배치한 『문화전선』의 시에서 이것을 발견하는 것은 당연해 보인다.

민병균은 김일성을 단지 인민의 대표가 아니라 "인민을 사랑하"고 "어진 영도자"로서 토지와 직장과 현물세법과 노동법까지 만들어준 "지당한 대표"로, 또, 현재의 지도자에 그치지 않고 새로운 시대를 이끌 미래적 지도자로 추앙하고 있다.

> 여기 白頭山 하늘범한 北朝鮮의땅 빛나는 天地
> 英明한 金日成將軍이 領導하는 民主의 날에
> 썩어진 封建의 멍에와 처절한 忍從의 굴레를벗어던진 겨레는 다 일어나
> 새나라 歷史創造의 日輪을 힘차게 굴리거늘
>
> ― 강승한, 「북풍은 불어 불어」[38]

강승한은 "英明한 金日成將軍이 領導하는" 등의 수식어를 부여하고 있다. 임시인민위원회가 선거를 통해 북조선인민위원회가 되어 실제적 북한의 중앙권력 기관이 수립되고, 김일성이 대표인 북조선인민위원회는 중앙권력 기관으로 군, 정을 개편하여 북한 정부의 출발점이 되었다. 당시 선거는 문맹인구를 고려한 흑백통을 사용한 찬반 투표였는데, 선거 결과는 이미 정해져 있었고 김일성은 유일한 대안으로 부상한 상태였다. 이 선거를 계기로 김일성은 핵심 권력자가 되었고, 문학에서는 '영도자', '영명한', '지당한'의 수식어를 부여받았다. 이러한 정치적 문화

38 『문화전선』 4호, 102~102면.

적 격동기 1946~1947년을 『문화전선』에 실린 문학작품들은 그대로 보여주고 있었다.

5. 맺음말

이 글은 1946~1947년에 발간된 문예지 『문화전선』을 통해 북한시학 형성기의 모습을 살펴보았다. 북한문학에서 평론은 정치성과 사상성의 잣대로 작품의 우열을 가리고 비판과 독려를 수행하는 지도 비평으로 규정되며, 평론가들은 작가들을 가르치고 계도하는 우월적 지위를 누리며 동시에 감시와 처벌의 기능도 수행하는 것을 확인하였다. 문학 작품과 작가가 평론가들에게 감시당하고 그 결과가 처벌로 이어지는 창작 현장과, 평론은 정부 권력기관의 이념을 공급받으며 문학적 가공과 생산에 복무하는 북한문학의 유통 구조를 확인하였다. 이 글은 여태까지 논의된 것보다 더 많은 해결 과제를 남겨두고 있다. 북조선인민위원회의 의미에 대한 정치적 사회적 의미가 보완되어야 『문화전선』에 드러난 북한문학의 전형적 특징을 설명할 수 있는 보편적 조건을 파악할 수 있을 것이다. 또, 김일성 우상화, 당 정책 홍보, 사회주의와 공산당에 대한 홍보 등등이 북조선인민위원회, 또 그 대표 김일성과 어떻게 연결되어 있는지를 통해 확인해야 한다.

총 5권에 불과한 텍스트이지만 면밀한 텍스트 분석을 통해 동일 시인의 변화와 다른 시인들의 경향성에 대해서도 좀 더 폭 넓은 논의가 필요하다. 또 『문학예술』, 『조선문학』 등의 당대 문예지들과의 비교도 필요한 부분이다. 창작론과 국제문화교류, 결정서 / 보고와 같은 평론 및 정론을 면밀히 살펴 당시의 창작과 평론의 관계를 정밀하게 분석하는 것도 필수적이다.

분단 후 백석 시의 분석과 평가를 위한 제언*

북한문학 속의 백석II

이상숙

1. 머리말

백석 탄생 100주년을 맞아 백석 연구 열기가 더욱 뜨겁다. 탄생 기념이 아니더라도 다른 시인들과 비교하여 백석 연구는 과열로 보일 정도로 매우 활발하며 연구 성과는 이 순간에도 추가되고 있다.[1] 이러한 열기가 시기적으로나 장르 면에서나 편중되지 않고 백석 문학 전체로 균형 있게 확장되기를 바란다. 백석은 시인으로 한정되지 않는 폭넓은 진폭을 가진 문인이기 때문이다. 백석은 소설, 수필, 아동문학, 평론, 번역

* 이 글은 「분단 후 백석 시의 분석과 평가를 위한 제언」(『어문논집』 66호, 민족어문학회, 2012)을 수정하여 재수록한 것임.

1 실제 2012년 한 해 동안 새로 출간되거나 출간 예정인 백석 관련 단행본만 해도 10여 권에 이를 것으로 보인다. 김숙이, 『백석 시 연구』, 국학자료원, 2012; 이동순·김문주·이상숙·최동호 편, 『백석 문학전집』 1~2, 서정시학, 2012; 정철훈, 『백석 시선』, 지만지, 2012; 곽효환 편, 『가난한 내가 아름다운 나타샤를 사랑해서』, 교보문고, 2012; 송준, 『시인 백석』 1~3, 흰당나귀, 2012; 송준 편, 『백석 시 전집』, 흰당나귀, 2012 등이 그것이다.

등 다양한 장르의 글을 남겼지만, 그에 대한 연구는 1930~1940년대 시에 한정되어 있는 것이 사실이다. 이는 1930~1940년대 백석 시가 보여준 탁월한 성취 때문일 것이지만, 이러한 현상에 대한 반성과 고찰 역시 필요하다. 백석은 시인으로 문단에 알려지기 전부터 소설창작과 번역을 했으며, 분단 후 북한에서는 시, 동화시, 번역시, 번역소설, 평론 등을 창작하였다. 특히 북한에서 발표한 시와 동시는 수십 편에 이르고, 러시아의 시, 소설, 동화 번역은 수백 편에 이르지만 이에 대한 연구는 1930년대 백석 시 연구와 비교한다면 상대적으로나 절대적으로나 매우 부족하다. 이는 백석의 문학 전체를 이해하는 장이 아직 마련되지 않았음을 보여주는 것으로 시인 백석에 대한 이해에도 한계가 될 수 있다. 분단 이후 북한에서 발표한 백석의 시와 동시 등이 백석 시의 본령이 아니라는 판단으로 그것을 부정하거나 도외시하는 것 역시 백석 시의 본령을 찾는데 도움이 되지 않기 때문이다. 이 글은 여기에 문제를 제기하여 백석 시 전체를 이해하고 파악하기 위해 북한에서 발표한 백석 시의 분석에 필요한 몇 가지 관점을 살펴보고자 한다. 여기서 다루지 못한 동시, 번역시 등은 후속 연구를 통해 살펴볼 계획이다.

수십 년간 축적된 백석에 대한 선행연구는 백석 시의 아름다움과 깊이를 밝히는 것은 물론 우리 시사의 규모와 시 연구의 품격을 갖추게 해주었다. 백석에 대한 학계의 관심은 1988년 월북문인에 대한 해금 조치 이전부터 시작되었다. 유종호,[2] 김윤식, 김현[3] 등에 의해 소개되었던 백석은 고형진,[4] 박태일,[5] 김명인[6] 등의 석·박사 학위논문이 제출된 1980

2 유종호, 『비순수의 선언』, 신구문화사, 1962.
3 김윤식·김현, 『한국문학사』, 민음사, 1973.

년대부터 본격적인 연구 대상이 되었다. 이후 백석 시는 꾸준히 시 연구자의 주목을 받았으며 최근에 이르기까지 수백 편에 이르는 학위논문과 일반 학술논문, 전집과 연구서가 발표되었다. 한국문학사의 어떤 작가와 비교하여도 양과 질에서 압도적인 연구 성과가 축적된 것이다. 1987년 이동순의 『백석 시 전집』[7] 이후 김학동, 송준, 김재용, 이숭원, 이지나, 고형진 등이 시전집을 간행하였으며, 이들은 전집 발행에 그치지 않고 개정과 보유를 거듭하며 백석 연구의 기반을 확보하였다. 또, 백석의 생애에 대한 학계와 대중의 관심도 꾸준하여 백석에 관한 평전 또한 수 편이 간행되었고, 최근에는 시뿐 아니라 백석의 소설, 수필, 평론 등의 산문을 엮은 전집이 출간되었다.[8] 북한에서 발표한 시들도 몇몇 시전집에 수록되어 백석 연구의 저변을 넓히고 있다. 백석 연구의 경향은 연구자들의 관심에 비례하여 다양하게 확장되고 세분화되는 것은 물론 논의의 심도 또한 더해지고 있다. 주제, 소재, 생애 등 기본 논의에 집중하던 초기의 연구를 거쳐 언어의 토속성과 근대적 감성에 주목하는 연구, 방언과 풍속, 음식 등의 소재적 관심을 넘어 전문 영역으로 세분화된 논의, 시형식과 수사적 기법은 물론이고 언술구조와 어휘, 방언, 음운 현상 등을 언어학적 기반으로 논의하는 연구에까지 백석 시 연구

4 고형진, 「백석 시 연구」, 고려대 석사논문, 1983; 고형진, 「1920~30년대 시의 서사지향성과 시적 구조」, 고려대 박사논문, 1991.

5 박태일, 「1940년 전후의 한국 시에 나타난 공간인식의 문제 : 이육사, 윤동주, 백석 시를 중심으로」, 부산대 석사논문, 1984. 「한국 근대시의 공간현상학적 연구 : 백석, 윤동주,이육사, 김광균을 중심으로」, 부산대 박사논문, 1991.

6 김명인, 「1930년대 시의 구조 연구 : 정지용, 김영랑, 백석의 시를 중심으로」, 고려대 박사논문, 1985.

7 이동순, 『백석 시 전집』, 창작과비평사, 1987.

8 이동순·김문주·이상숙·최동호 편, 『백석 문학전집』 1~2, 서정시학, 2012.

는 꾸준히 진화하고 있다.

최근에는 백석의 동화시와 아동문학에 관한 평론을 대상으로 아동문학가 백석을 연구한 논문도 다수 제출되고 있으며, 몇몇 논자들은 아동문학에 관한 글을 통해 백석의 시론과 시관을 밝히기도 하였다.[9] 백석의 아동문학 논의는 주로 분단 이후 발표작을 대상으로 하기 때문에 분단 이후 백석 연구에도 이바지하고 있는데, 백석이 남긴 아동문학론에는 그의 시론(詩論)으로 이해할 만한 발언들이 있어 백석 시 연구자에게 중요한 참조점이 된다. 분단 이전 백석 시 연구 성과에 비해 북한에서 발표한 백석 시를 포함한 백석 문학 연구는 너무나 소략하여, 이제 막 논의가 시작된 것이라 해야 할 정도이다.[10] 이 글 또한 그 논의를 위한 시론(試論)이라 할 수 있다.

이 글은 북한에서 발표한 백석의 시를 분석하고 의미화할 때 고려해야 할 문제에 집중하고자 한다. 분단을 기점으로 판이하게 달라지는 백석의 시에 대응하는 방법을 찾기 위한 기초 논의라 할 수 있다. 먼저 백석 문학 전체를 조망하려는 시각의 필요성을 제기하고, 그것이 북한문단에 남긴 백석의 시를 이해하는 시작임을 설명할 것이다. 북한에서 발

9 아동문학 연구로 최근의 논의만 소개하면 다음과 같다. 박명옥 「백석의 동화시 연구」,고려대 석사논문, 2005; 김제곤, 「백석의 아동문학 연구」, 『동화와 번역』 14호, 건국대 동화번역연구소, 2007; 장정희, 「유년 화자와 대상으로서의 아동의 문제 : 백석 동시론」, 『2012 한국비평문학회 상반기 학술대회 발표 자료집』, 한국비평문학회, 2012.6.

10 북한에서 발표한 백석 시에 관한 연구로는 김재용, 「근대인의 고향상실과 유토피아의 염원」, (『백석 전집』(개정판), 실천문학사, 2011), 이상숙의 「북한문학 속의 백석 I」(『근대문학 연구』 17집, 한국근대문학회, 2008), 이영미의 「북한자료를 통해 재론하는 백석의 생애」(『한국문학이론과 비평』 42호, 학국문학이론과 비평학회, 2009) 등의 연구 정도가 있을 뿐 활발한 논의가 진행되었다고 할 수는 없다. 하지만 새롭게 발견되는 백석에 관한 자료는 주로 북한문단에서 활동한 것이며 이에 대한 해제와 분석이 백석연구 전체를 위해서도 필요하므로 본격적인 논의가 필요한 것이 사실이다.

표된 백석의 시를 중심으로 논의하는 과정에서 필자가 발굴하여 처음으로 학계에 소개하는 시 「등고지」도 분석할 것이다. 「등고지」는 분단 이후 번역과 아동문학 창작을 주로 하던 백석이 발표한, 첫 번째 시라 할 수 있다.

또, 백석의 번역 활동의 의미를 살펴 볼 것인데, 북한이라는 특수한 문학 환경에서 백석의 번역이 의미있는 선택이었는지, 그 선택을 북한 문학의 흐름 안에서 어떻게 인식해야하는지에 대한 문제 또한 다루려 한다. 이는 비단 백석에 국한되는 문제가 아니라 달라진 문학 환경에서 '선택'을 해야 했던 다른 북한의 문인들에게도 적용될 수 있는 사안이다. 이 과정에서 여태까지 백석이 북한에서 발표한 시를 대할 때, 필자를 포함한 연구자들이 자연스레 지녔던 감정적 추측과 감회의 태도 또한 비판적으로 살펴보려 한다.

2. 옛 백석을 향한 추억과 향수의 반복

1930년대의 탁월한 시인 백석은 신춘문예 소설부문으로 등단하였다. 1930년 『조선일보』 '新春讀者文藝當選小說' 「그 母와 아들」로 등단한 후 「마을의 遺話」,[11] 「닭을 채인 이야기」[12] 등의 소설을 연해 발표하였으며, '귀고리'의 문화적 유래를 정리한 번역 산문 「耳說 귀ㅅ고리」[13]와

11 『조선일보』, 1935.7.6~7.20.

12 『조선일보』, 1935.8.11~8.25.

소설 『테스』[14]를 번역하며 번역가의 면모를 보여주었다. 분단 후 북한에서 외국어분과에 속한 번역 작가로 활동하며 러시아, 중국, 터키 작가의 작품을 번역하는 등 백석에게 번역은 또 하나의 문학 활동이었다. 「臨終체홉의 六月」[15]과 같은 10여 편의 번역 산문, 바이코프의 소설 「招魂鳥」, 「密林有情」와 함께 분단 이후 집중적으로 번역한 20여 편의 러시아 소설, 220여 편에 이르는 러시아시편들은 번역가 백석의 위상을 말해주고 있다. 여기에 분단 이후 북한에서 발표한 동시와 동화시, 동화에 대한 평론 등을 더하면 시, 소설, 번역, 동화, 동시, 평론에 이르는 백석 문학의 진폭은 더욱 넓어진다. 1960년대 초반 이후 작고하기까지[16] 30년 동안 백석이 남긴 문학 작품과 문학적 활동을 찾아볼 수는 없지만, 1930년에서 1962년까지 30년간 백석은 식민지 시인, 재북 문인, 공산주의 문학 작가, 사회주의리얼리즘 번역 작가, 아동문학가 등 다방면의 '문학'을 하였다. 백석에 환호하고 열광하는 학계와 대중의 관심이 그의 문학을 전체적으로 조망하고 연구하는 방향으로 향하기를 바라는 이유도 여기에 있다. 백석을 시인으로만 한정하거나, 분단 이전에 발표한 서정시로만 평가하는 데서 벗어나 북한 발표 작품을 폭넓게 포섭하여 적극적으로 평가하는 것이 백석 시 연구 자체에도 큰 도움이 될 것이며 시인으로서의 백석의 위상 제고에도 도움이 될 것이다.

---

13 『조선일보』, 1934.5.16~5.19.

14 번역 소설 『테스』 그동안 실물이 확인되지 않은 채 다른 문헌을 실린 기사를 통해 실재를 추정하였으나, 백석 연구자 송준은 『시인 백석』 2권(흰당나귀, 2012, 399면)에서 『테쓰』가 1940년 9월 30일 조광사에서 발행되었음을 밝혔고, 표지 사진을 공개하였다.

15 『조선일보』, 1934.6.20~6.25.

16 1995년인지 1996년인지 논란이 있으나 이 문제는 좀 더 확실한 증거를 가지고 정해야 할 문제이다.

백석이 북한에서 발표한 시에 대한 연구는 분단 전 백석의 시 연구는 물론이고 분단 후 발표한 동화시 연구보다 소략한 것이 사실이다. 그도 그럴 것이, 백석의 「흰 바람벽이 있어」, 「남신의주 유동 박시봉방 南新義州柳洞朴時逢方」의 우수와 감성, 세련된 언어감각을 기억하는 독자에게 "더러운 원쑤들 (…중략…) 세기의 죄악의 마귀인 미제, / 간악과 잔인의 상징인 일제 / 박정희 군사 파쑈 불한당들을 / 그 거센 물'결로 천 리 밖, 만 리 밖에 차던지라"[17] 는 원색적 비난과 적개심으로 가득한 시는 백석의 시로 인정하기 힘든 낯선 텍스트이기 때문이다. 그래서 연구자들, 이런 시편들이 북한의 억압적 체제 아래 강요된 시, 생존을 위해 쓴 억지 시로 판단하고 이를 외면하거나 백석 시의 논의 범주와는 다른 태도로 접근하여 왔다. 백석이 북한에서 발표한 시들은 마치 백석의 변심이나 훼절을 전하는 추문과도 같이 취급되었던 것이다. 따라서 연구자들에게 이런 시들은 체제에 적응하고 살아남기 위해 거짓과 위장의 텍스트일 뿐이며 백석 시의 범주로 인정할 수 없는 부정의 대상일 뿐이었다.

백석 연구자들은 추문 같은 그의 작품을 부정하거나 외면하거나, 또는 정반대로 적극적으로 그 안에 숨겨진 시인 백석의 '시심(詩心)'을 변호하는 태도 중 하나를 취한다. 이런 이유로 분단 이후 백석에 대한 연구는 백석의 시심(詩心)과 시관(詩觀)을 엿볼 수 있는 번역시, 동화시, 동화문학론 등에 연구자의 관심이 옮겨갔다. 이러한 현상은 백석의 번역시를 대할 때도 작동한다. 시의 번역은 직접적 시적 발화는 아니지만 번역 대상 작가와 번역시, 시어의 선택이 이미 번역자의 문학적 행위라고 판

17 「조국의 바다여」, 『문학신문』, 1962.4.10.

단하기 때문에, 백석의 번역은 번역 자체보다 선택의 내면과 이면에 집중될 수밖에 없다. 먼저 번역 대상이 된 작가와 작품에 대한 논의가 이루어질 기회가 없었다는 현실적 이유도 있지만 그보다 더 근본적인 이유는 번역시 창작이 백석의 의도적 선택일 것이라는 연구자들의 판단에서 찾을 수 있다.

사회주의, 공산주의 작품 창작을 강요하는 정책에 소극적으로나마 부응하는 백석의 생존적 선택이며, 북한문단에서 용인될 수 없는 시관과 시심을 숨기거나 혹은 간접적으로 드러내기 위한 백석의 문학적 선택일 것이라는 판단이 그것이다. 충분히 가능한 생각이지만 이는 어디까지나 추측의 범주 안에 있다. 이를 뒷받침할 객관적 자료가 없기 때문이다. 시 번역과 동화시, 동화문학론 창작이 시 창작보다 당 문예정책 적용과의 거리를 둘 수 있는 간접적 발화이기 때문에 백석이 택했으리라는 가설이 많고 필자 또한 그러한 추측에 동의하며, 이해하지 못하는 바는 아니지만, 백석 문학 전체를 살펴 백석의 분단 후 발표시를 논할 때 이러한 접근법은 경계할 필요가 있다. 이는 일반의 상식과 감성에 기초한 추측일 뿐이기 때문이다. 어떠한 근거도 찾을 수 없으므로 유추나 추론이 될 수 없다. 유추나 추론이 될 수 없는 추측이 판단과 분석의 전제와 근거에 놓일 때 해석상의 문제가 발생된다는 것이다.

번역과 동화시 창작이 엄폐물이며 그의 문학적 진실과 진심은 다른 곳에 있으리라 단정하는 태도는 급기야 시를 제외한 그의 창작을 부정하는 것에 이를 수도 있다. 더 나아가 이는 백석 시 전체를 분석하는 데에도 영향을 미친다. 분단 후 백석의 창작 활동이 마음껏 드러내지 못하는 '것'의 엄폐 대용물로 이해된다면, 그의 시 또한 텍스트 자체 분석보다 시인의 생존적 고뇌와 왜곡된 삶에 느꺼워하는 감정적 평가로만 다루어질 수 있기 때문이다. 이때에 시 텍스트는 분단 현실과 분단국가의 시인이 짊어진 운명과 고통의 재구성 재료로만 남을 뿐이다. 백석 시는 없고 시인 백석의 고통과 갈등만 남는 것이다. 필자 또한 기존 연구가 보여준 이러한 태도의 오류에서 벗어나 있지 않다. 북한에서 발표한 백석 시뿐 아니라 몇몇 월북 문인의 작품을 대하면서도 그러한 태도를 보였던 것이 사실이다. 그들의 시는 없고 시인의 굴욕적인 삶만이 남는 것은 문학적 텍스트 분석의 결과일 수 없다. 이러한 태도는 백석 시 연구에도 북한시 연구에도 아무 도움이 되지 못한다. 시를 시 텍스트로 인정하지 않았기 때문이다. 시 텍스트로 인정되지 않은 시의 분석이란 변호, 상상, 추측 이상의 것일 수 없다. 물론, "더러운 원쑤", "군사 파쑈 불한당들"이 백석 시의 본령이라고 주장하는 것은 아니다. 다만, 그의 시가 소문이 아니라 실재(實在)하는 문학사적 사실임을 인정해야 한다는 의미이다. 우리가 오래도록 열광한 것이 백석의 삶만이 아니었다면 더욱더 그의 시를 객관적 시 텍스트로 판단하고 연구하는 것이 필요하다. 그래야만 백석 시에 대한 연구도 백석에 대한 연구도 보다 풍성해질 수 있다.

분단 후 백석 시를 시 텍스트로 인정하기보다는 그의 삶을 엄폐하는 대용물로 보는 시각과 함께 연구자들이 경계해야할 또 하나의 태도와 관점이 있다. 바로 분단 후 백석이 북한에서 쓴 시에서 과거 백석 시의 모습을 확인하고 싶은 욕망이다. 서정적이고 아름다웠으며 세련된 감성으로 충만한 그의 시를 기억하는 독자가 취하는 가장 자연스러운 태도일 지도 모른다. 다음의 시를 읽어 보자.

아이들 명절날처럼 좋아한다.
뜨락이 들썩 술래잡기, 숨박꼭질,
퇴 우에 재깔대는 소리, 깨득거리는 소리.

어른들 잔치날처럼 흥성거린다.
정주문, 큰방문 연송 여닫으며 들고 나고
정주에, 큰방에 웃음이 터진다.

먹고 사는 시름 없이 행복하며
그 마음들 이대도록 평안하구나,
새로운 동지의 사랑에 취하였으매
그 마음들 이대도록 즐거웁구나.

아이들 바구니, 바구니 캐는 달래
다 같이 한부엌으로 들여 오고,
아낙네들 아끼여 갓 헐은 김치
아쉬움 모르고 한식상에 올려 놓는다.

왕가마들에 밥은 잦고 국은 끓어
하루 일 끝난 사람들을 기다리는데
그 냄새 참으로 구수하고 은근하고 한없이 깊구나
성실한 근로의 자랑 속에…

밭 갈던 아바이, 감자 심던 어머이
최뚝에 송아지와 놀던 어린것들,
그리고 탁아소에서 돌아온 갓난것들도
둘레둘레 둘려 놓인 공동 식탁 우에,
한없이 아름다운 공산주의의 노을이 비낀다.

—「공동식당」, 『조선문학』, 1959.6.

하루 일과를 마치고 돌아온 아이들과 어른들이 공동 식탁에 둘러 앉아 저녁을 먹는 모습을 그린 시이다. 아이들의 모습을 '뜨락이 들썩', '퇴우에 재깔대는 소리, 깨득거리는 소리'로 표현한 부분과 '정주문, 큰방문 연송 여닫으며 들고 나고 / 정주에, 큰방에 웃음이 터진다', '아이들 바구니, 바구니 캐는 달래 / 다 같이 한부엌으로 들여 오고', '왕가마들에 밥은 잦고 국은 끓어' 등에서 독자들은 백석 특유의 호흡과 묘사와 리듬감을 느끼게 된다. 명절의 흥성스러움과 음식 냄새로 가득했던 「여우난곬族」의 풍경을 떠올린다. 「여우난곬族」은 명절 큰집에 모여드는 일가붙이들, 그들과 밤늦도록 북적북적 정겨운 시간, 맛있는 음식냄새만으로 생생하고 그리움 가득한 풍경을 그려냈었다. 이 시 「공동식당」에서, 「여우난곬族」에 나타났던 일가붙이의 정겨움은 '새로운 동지의 사랑'으로, 산골의 옛이야기는 '성실한 근로의 자랑 속에'로 대체되었다. 유장하게 이어지는 풍경과 호흡만으로 생생하고 아름답게 규정되던 것들이 「공동식당」에서는 "한없이 아름다운 공산주의의 노을이 비낀다"로 집약되고 명시되어 있다. 마지막 행의 '공산주의의 노을' 에 집중하여 이것이 분단 전후 백석 시의 차이와 변화라고 할 수도 있고, 체제 찬양의 수사를 필수적으로 수반해야하는 공산주의 체제 문학의 한계라 할 수도 있다. 그러나 이 부분에 대한 세심한 분석과 고민이 필요하다. 대체이든 체제 문학의 한계이든 양쪽 모두 너무 단순하기 때문이다. 단순함을 넘어 더욱 문제적인 것은 다음과 같은 명쾌한 요약이다. '어떤 부분은 백석의 옛 모습을 가지고 있어서 백석 시의 향수를 불러일으키고, 그것이 이렇게 바뀌어서 시적 긴장 없이 단순하며 울림이 없는 사회주의 문학의 전형을 보여주고 있다. 이는 시인으로서 매우 안타까운 일이며 민족 분단의 비극적 장면이다.' 이 단순성과 명쾌함이 분단 후 백석 시를 단순화하고 백석의 30여 년 문학 활동까지 단순화할 수 있다.

북한에서 발표한 백석 시에서 이전의 옛 모습 찾기는 어려운 일이 아니다. 공동체의 모습, 토속어, 연속되는 사물의 이름, 음식들, 다양한 반복 구문들이 적지 않다.

①

이깔나무 대들보 굵기도 한 집엔
정주에, 큰방에, 아이 어른 — 이웃들이 그득히들 모였는데,
주인은 감자 국수 눌러, 토장국에 말고
콩나물 갓김치를 얹어 대접을 한다.

— 「축복」, 『조선문학』, 1959.6.

②

어미돼지들의 큰 구유들에
벼 겨, 그리고 감자 막걸리,

새끼돼지들의 구유에
만문한 삼배 절음에, 껍질 벗긴 삶은 감자,
그리고 보리 길금에 삭인 감자 감주

—「하늘 아래 첫 종축 기지에서」, 『조선문학』, 1959.9.

③
깊은 산골의 야영 돈사엔
밤이면 불을 켠다.
한 오리 되염즉, 기다란 돈사,
그 두 난끝 낮은 처마 끝에 달아
유리를 대인 기다란 네모 나무등에
가스'불, 불을 켠다.

—「돈사의 불」, 『조선문학』, 1959.9.

①은 「축복」의 3연이다. 주인은 아이의 첫돌을 맞아, 낯선 손님들을 아침상에 초대한다. 이깔나무 대들보가 굵은 집이다. 이처럼 집에 대한 묘사가 원경이나 공간 위치가 아닌 집의 한 특징적인 부분으로 단도직입한 것과 '정주에, 큰방에,' '아이 어른' 등으로 이어지는 열거 방식, 감자국수, 토장국, 통나물, 갓김치 등의 음식과 '눌러', '말고', '얹어' 등에서 보듯 격조사를 생략하고 술어에 직접 연결하는 생략과 비약의 표현이 이전 백석의 시를 떠올리기에 충분하다. 우량 품종의 돼지를 키우는 종축 농장에서 소명을 다해 일하는 양돈공을 칭송하는 시 「하늘 아래 첫 종축 기지에서」 에서도 이전 백석 시에 나오는 예의 나열과 함께 특유

의 간결하면서도 리듬감 있는 수사 구조를 찾을 수 있다.

②의 '만문한 삼배 절음에, 껍질 벗긴 삶은 감자, / 그리고 보리 길금에 삭인 감자 감주' 는 연속하는 초성의 겹침까지 고려한 구절이다. 경쾌한 호흡과 생생한 묘사를 확인할 수 있다. 그러나 이 시에서도 이 부분은 배경과 전경의 설명과 묘사 부분이며 시의 주제를 집약하는 구절은 "내 마음 참으로 미쁘기도 하구나", "내 그저 축복드린다, / 하늘 아래 첫 종축 기지의 주인들에게 / 기쁨에 찬 한량없는 축복드린다" 등으로 완전한 문장 구조를 갖추고 있다. 이처럼 주제 의식을 완결하는 문장구조는 이전의 백석 시에서는 찾기 어려운 것이다.

③은 번식공의 야간작업 모습을 그린 시 「돈사의 불」 첫 연이다. 깊은 산골, 야영 돈사, 돈사 처마 끝, 유리대인 나무 등의 가스'불[18] 로 좁혀지는 묘사의 속도가 빠르다. 생략과 비약이 시적 설명을 시적 묘사로 전환하며 리듬과 함께 긴장과 쾌감을 주는 부분이다. 이 또한 이전 백석 시 특유의 표현이라 할 수 있다. 그러나 이를 확인하는 것에 그치고 그 이상으로 나아가지 못한다면 그것은 백석에 대한 향수와 백석에 대한 추억을 반복하는 것에 지나지 않는 일이다.

유사한 부분에 초점을 맞춘 옛 모습 찾기가 아닌 차이에 초점을 두고 상이한 부분을 찾는 것 또한 한계가 있기는 마찬가지다. '차이'는 주로 마지막 시행에 주목해서 찾아볼 수 있다. 아이들, 어른들, 아낙들, 갓난이까지 공동 식탁에 모여들 듯이 시 「공동식당」의 마지막 연에서 시상이 잘 갈무리되어 있다. 주제 의식을 집약하여 명확하게 보여주는 마지막 행 '둘레둘레 둘려 놓인 공동 식탁 우에, / 한없이 아름다운 공산주의

---

18 가스'불의 ' ' '은 1950년대 후반까지 북한 문헌에서 쓰인 '사이시옷' 표기이다.

의 노을이 비낀다' 는 사상과 교양의 도구로 쉽게 이해되고 주제가 선명히 드러나는 사회주의 문학의 특징이며 백석의 시는 이를 충실히 따르고 있는 것으로 보인다. 이전 백석 시들의 마지막 행을 떠올려보면 그 차이는 더욱 선명해진다. '샛문 틈으로 장지문 틈으로 무이징게국을 끄리는 맛있는 내음새가 올라오도록 잔다'(「여우난곬族」), '이 그지없이 고담하고 소박한 것은 무엇인가'(「국수」) '그리고 또 프랑시쓰 쨈과 도연명과 라이넬 마리아 릴케가 그러하듯이'(「흰 바람벽이 있어」) 등 여러 시편에서 종결되는 행에서는 지속되는 상황을 보여주거나, 새로운 풍경이나 행동을 제시하였다. 북한에서 쓴 시가 보여주는 완결형 표지를 찾아볼 수 없다. 갈등과 상황이 완결되어야 하는 동시나 동화시를 제외하고도 백석이 북한에서 발표한 시들의 마지막 행은 시 전체를 요약하고 집약하는 매우 안정적이고 완결된 문장으로 제시된다. 이것을 세련된 서정과 감각적 시어를 구사한 시인 백석이 처한 현실적 고통과 타협의 지점으로 특정하는 데까지 나아가는 것은 경계할 필요가 있다. '한없이 아름다운 공산주의의 노을이 비낀다.'를 체제 찬양을 위해 쓰인 억지의 시행이 아닌 사회주의 시인 백석이 이상적으로 생각하는 '공산주의'의 모습으로 읽을 수도 있기 때문이다. 「사회주의 도덕에 대한 단상」[19]에서 백석은 사회주의자의 의식을 다음과 같이 정리한 바 있다.

먹을 것과 입을 것이 넉넉하고 거처할 곳이 비좁지 아니하고 그리고 길에

19 백석, 「사회주의 도덕에 대한 단상」, 『조선문학』, 1958.8, 김문주·이상숙·최동호 편, 『백석문학전집』 2, 서정시학, 2012, 220면에서 재인용. 이 글은 『조선문학』에 발표한 수필로 1958년 8월호에 게재되었다. 몇몇 논문과 전집에 『문학신문』 게재로 밝혀져 있으나 이는 다른 작품과 혼동한 것으로 판단된다.

늙은이의 짐을 지고 다니는 모양을 볼 수 없고, 차 안에 아이업고 서 있는 어머니의 모양을 볼 수 없고, 길을 가리키는 사람의 말이 친절한 정에 넘치고, 그리고 존장과 선배 앞에서 외면하는 젊은 사람이 없는 나라 — 이 구현은 오늘 우리들에게서 혁명적 도덕의 준수를 요구한다. 례의 — 이는 혁명적 도덕이며, 공민의 의무이며, 공산주의자의 의식임을 잊어서는 안될 것이라고 생각한다.

— 「사회주의 도덕에 대한 단상」, 『조선문학』, 1958.8.

백석은 공산주의, 공산주의 사회에 사는 공민의 의무, 공산주의 혁명을 도덕을 위와 같이 인식하고 있었다. 기본적인 생존이 보장되고, 인간과 인간사이의 예의와 인정, 친절을 잃지 않는 것이 그것이다. 여기에는 마르크스-레닌주의에 입각한 계급성, 당성, 인민성에 대한 언급이 없으며, 정치적 혁명성과 사회적 발전과 계급투쟁에 대한 언급이 없다. 다만 도덕적 품성과 조국을 사랑하는 마음을 강조하고 있으며, 인간의 향기 즉 품격을 논하고 있다. 백석에게 공산주의란 품성과 품격을 갖춘 인간이 사는 안정된 사회이고 그 사회는 노을이 비끼는 식당의 저녁 풍경처럼 웃음과 친절과 정이 있는 사회인 것이다. 그렇다면 '한없이 아름다운 공산주의의 노을이 비낀다'는 구절은 체제 적응을 위한 훼절의 징표가 되기 어렵고, 시인의 고뇌를 은폐한 도식적 사회주의 문학의 단면이기 어렵다. 이 마지막 구절까지 백석의 시로 인정할 때 사회주의 시인 백석의 모습이 심도 있게 논의될 수 있다. 백석은 공산주의에 대한 낭만적 환상을 가지고 있었고, 그것의 중심에는 인간의 따뜻한 품성과 평화에 대한 동경이 자리 잡고 있는 것으로 보인다. 이는 계급투쟁과 사회주의 혁명 단계 완성을 외치는 당시의 북한시들과 사뭇 다른 지향이며, 여기에서 김일성에 대한 개인 숭배와 국제사회주의의 격변 속에서 자주를 강조하는 북한식 사회주의의 구호를 찾아볼 수 없다. '한없이 아름다운 공산주의의 노을이 비낀다'는 백석이 생존을 위해 선택한 위장과 엄폐의 시행이 아니라 북한시인 백석이 시로써 드러낸 그의 시대와 현실, 정치와 인간에 대한 인식일 수 있는 것이다. 1950년대 후반 북한시단에 이와 같은 낭만성을 가진 시인들과 시인들이 있었는지를 확인하고 함께 논의해야하는 문제가 남아 있지만, 현재로서도 백석이 생존을 위해 훼절의 창작을 했다는 판단은 유보해야한다. 다른 시의 마지막 행도 살펴 이전의 백석 시와의 차이를 설명할 수 있다.

> 그 한평생이 당과 조국을 기쁘게 하는 / 한평생이 되기를 비노라
>
> —「축복」
>
> 그러나 얼마나 거룩하고, 숭엄한 일인가!
>
> —「전별」
>
> 한 탑을 세워 / 천만의 탑을 세우려 온 청춘들이여!
>
> —「탑이 서는 거리」

위의 시 외에 더 많은 예를 제시하고, 각각의 시와 연결해서 논의해야 할 문제이지만, 화자, 이미지, 시상 전개, 내용 등이 단순하고 주제의식이 선명하면 선명할수록 마지막 부분은 반복과 구호, 감탄으로 이어지는 경향성을 발견할 수 있다. 영탄조의 종결어미와 감탄 부호는 이전의 백석 시에서 찾아보기 어려운 것이고, 완전한 문장으로 맺어지는

문장 형식 또한 분단 후 백석 시에 나타난 변화라고 할 수 있다. 이는 분명히 시 내용, 전체의 변화와 관계있는 것이므로 백석 시의 전반적 변화라 하는 것이 무리가 아니다. 하지만, 이러한 변화는 백석 개인의 창작 차원에서 논의되어 개인의 불행과 현실적 타협으로 볼 것이 아니라 북한시 전체의 맥락에서 설명되어야 한다. 사회주의 문학이 가진 도식성과 목적성 때문에 마지막 행에 늘 주제의식을 선명히 노출해야한다는 논리가 자연스럽고 타당해 보이지만 그것이 기대고 있는 것은 역시 논리적 추론보다는 상식적 추측에 가깝다. 관련 연구가 미비하다는 한계가 있지만, 북한문학, 북한시, 사회주의 시, 사회주의 문학, 사회주의리얼리즘의 범주 안에서 그 종결형의 도식성과 주제의식의 문제를 연결하여 검증하는 것이 필요하다. 관련 연구의 성숙이 이 부분을 해명해 줄 것으로 기대한다.

백석의 북한 발표시를 통해 백석의 옛 모습을 찾아내는 것에 골몰하거나 변화의 지점을 부각하려하거나, 나아가 이를 통해 시보다는 백석의 내면과 처지를 부각하려는 감정적 시도 모두 다음 단계의 백석 시 연구를 위해 거치게 되는 과정이겠지만 뛰어넘어야 할 과정이기도하다. 자연스레 거치게 되는 과정 다음에 어떤 방법론이 있어야 하는지에 대해 논의가 시작되어야 한다. 여기에서 가능한 하나를 제시한다면, 그것은 북한시의 범주에서 논하는 것이다. 당연한 말이지만 여태 그렇게 하지 못했고 그런 시도가 많지 않았다는 것이 믿어지지 않을 정도이다. 북한문학은 사회주의 문학, 사회주의리얼리즘 문학 일반의 그것과 비교해서도 특이한 문학이다. 러시아 문학에서는 개인 숭배 문제가 스탈린 이후 도전을 받고 부분적으로 극복되기도 한 반면 같은 계기를 맞으면서도 북한에서 개인 숭배는 더욱 강화되는 쪽으로 진행되었기 때문이다. 또, 북한이 마르크스-레닌주의와도 다른 그들만의 사회주의 체제를 강행하였듯이 문학 역시 개인 숭배와 극단의 정치적 종속성으로 비정상적 진행을 보였다. 이러한 상황에서 북한문학 속에 위치한 백석의 자리는 서정시인의 비극적 말년으로 단순화 될 수 없는 중층적이고 입체적으로 확보된 시각으로 정해져야 한다. 이를 위해 백석이 북한에서 발표한 첫 시를 중심으로 논의를 이어간다.

3. 1950년대 북한시와 백석 시 「등고지」의 의미

1940년대에 만주에 머물다 해방 후 귀향한 백석이 번역이 아닌 자신의 작품을 발표한 것은 1956년 1월이다. 『아동문학』에 발표한 동시 「까치와 물까치」, 「지게게네 네 형제」는 — 해방공간에서 허준 등에 의해 공개된 몇몇 작품을 그들의 부기(附記)를 신뢰하여 전쟁 전의 작품으로 인정한다면 — 일제말과 해방공간 한국전쟁기로 이어지는 10여 년 만에 처음으로 발표하는 자신의 작품인 것이다.[20] 10여 년의 공백기는 러

20 송준은 『시인백석』 3권(흰당나귀, 2012, 251~252면)에서 1952년 8월 11일 부산에서 발행된 『재건타임즈』에 백석의 시 「병아리 싸움」이 실렸다고 밝혔다. 이는 기존의 학계와 연구자들이 언급하지 않는 발굴 자료라 할 수 있는데, 이 글의 필자 또한 실물을 확인하지 못하였다. 『재건타임즈』는 1952년 2월 창설된 남한의 재향군인회 주보로서 같은 해 5월 창간된 신문이다. 송준은 백석의 지인이 가지고 있다 공개한 것으로 판단하고 있지만 전쟁 중인 1952년에 남한 군인단체에서 펴내는 주보에 백석의 시가 실린 배경에 대해서는 앞으로 더 정확하게 밝혀져야 할 것이다.

시아 작가의 작품 번역으로 채워졌다. 이후 백석은 꾸준히 동시를 발표한다. 1957년 『집게네 네 형제』(조선작가동맹출판사, 1957), 1957년 4월 『아동문학』에 동시 4편, 1960년 5월 『아동문학』에 동시 3편, 1962년 3월 『새날의 노래』에 동시 3편, 1962년 5월 『아동문학』에 동시 1편 등 25편이 그것이다.

동시를 제외한다면,[21] 『문학신문』 9월 19일자에 실린 시 「등고지」는 백석이 북한문단에서 발표한 첫 시가 된다. 이후 백석은 1958년 5월 22일 『문학신문』에 「제 3인공위성」을 발표하였으며, 1959년 6월에는 북한문학 최고의 문예지 『조선문학』에 시 5편, 9월에는 2편, 1960년 3월에는 2편을 발표하고 1962년 4월 10일 『문학신문』에 「조국의 바다여」를 발표한다. 이후의 시(동시가 아닌)에 대해서는 현재까지 알려진 바 없다.

동시와 시를 합쳐 30~40편으로 추정되는 백석의 시가 수적으로 많은 것은 아니지만 백석의 시가 1957년 무렵부터 집중 발표되었다는 점은 주목할 필요가 있다. 1956년에서 1958년은 북한의 문학뿐 아니라 정치에서도 매우 중요한 시기이다. 8월 종파라고 불리는 북한 사회 혼란기에 해당하는 시기이며, 중소분쟁의 틈바구니에서 자주 노선을 택한 김일성의 주체 구상이 이루어지던 시기이다. 백석의 작품이 집중적으로 발표될 수 있는 직간접적 기반 역시 그 시기에 이루어졌다. 1956년 북한의 정세와 8월 종파는 1957~1958년에 발표된 백석 시와 1959년 이후 발표한 백석 시를 살펴보는 중요한 분기점이 된다. 이 부분은 시 「등고지」를 본 후 다시 논의하도록 한다.

---

21 1957년 7월 19일 『평양신문』에 실린 「감자」를 확인하지는 못했으나 동시일 것으로 추정된다.

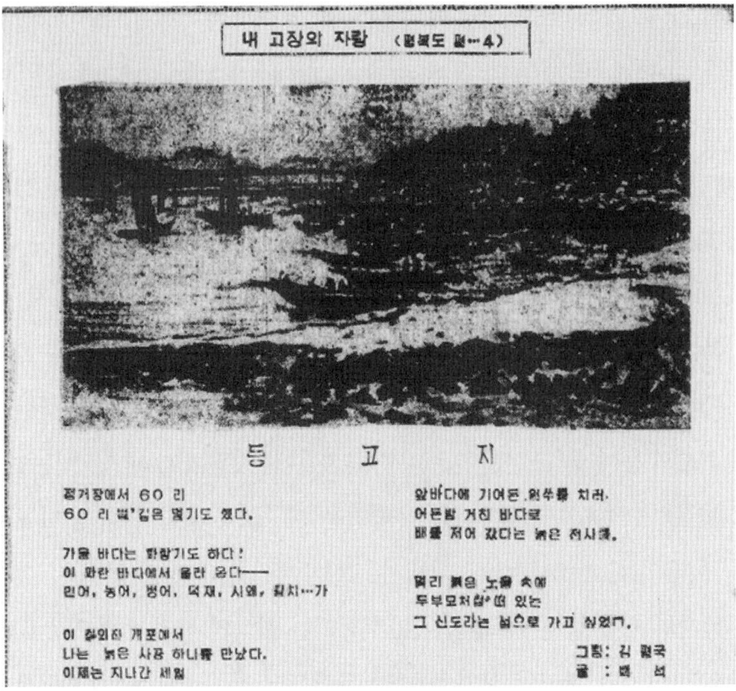

내 고장의 자랑 (평북도 편…4)

등 고 지

정거장에서 60 리
60 리 벌'길은 멀기도 했다.

가을 바다는 파랗기도 하다!
이 파란 바다에서 올라 온다——
민어, 농어, 병어, 덕재, 시왜, 칼치…가

이 잘있던 개포에서
나는 늙은 사공 하나를 만났다.
이제는 지나간 세월

앞바다에 기여든 원쑤를 치러,
어둔밤 거친 바다로
배를 저어 갔다는 늙은 전사를.

멀리 붉은 노을 속에
두부모처럼 떠 있는
그 신도라는 섬으로 가고 싶었다.

그림: 김 평국
글 : 백 석

〈그림 1〉「등고지」,『문학신문』, 문학예술종합출판사, 1957.9.19[22]

정거장에서 60리

60리 벌'길은 멀기도 했다.

가을 바다는 파랗기도 하다!

이 파란 바다에서 올라 온다-

민어, 농어, 병어, 덕재, 시왜, 칼치…가

22 국내에 소장된『문학신문』자료가 마이크로 필름 상태여서, 이 자료 또한 마이크로 필름을 출력하여 스캔한 것으로 화면의 선명성이 떨어지지만 자료 사진이 가진 가치를 고려하여 이 글에 수록한다.

이 길외진 개포에서

나는 늙은 사공 하나를 만났다.

이제는 지나간 세월

앞바다에 기여든 원쑤를 치러

어든밤 거친 바다로

배를 저어 갔다는 늙은 전사를.!

멀리 붉은 노을 속에

두부모처럼 떠 있는

그 신도[23]라는 섬으로 가고 싶었다.

—「등고지」(전문), 『문학신문』, 1957.9.19.

『문학신문』에서 찾은 이 시는 학계에 최초로 소개되는 것으로, 『백석 문학전집』 1(서정시학, 2012)에 수록되었다. 지역의 자랑과 명소를 문학으로 소개하는 '내고장의 자랑' 란에 '평북편(4)'로 실린 이 작품은 평북 출신 백석이 평북 용천에 있는 신도를 소재로 쓴 시이다. 정거장이 있는 큰 길에서도 60리를 들어가야 하는 외진 개포에서 노인을 만나 과거 전쟁의 기억을 더듬는 단순한 구성이다. 보통 북한문학에서 '원쑤'는 미국, 친미세력, 남한 정부 등을 지칭하는데, 가끔은 일제강점기 항일투쟁을 회고할 때도 등장하기도 한다. '원쑤'를 치러 나갔던 전투의 기억

23 신도 : 신도(薪島). 평안북도 용천군 신도면에 속한 섬. 육지가 침수되어 이루어진 섬으로 알려져 있음.

이라면 아마도 한국전쟁일 것이다. 바다로 침투하는 적이라면 항일투쟁기와는 어울리지 않기 때문이다. 그러나 한국전쟁이라면 불과 수년 전의 일인데 '이제는 지나간 세월'로 부르기에는 어색한 부분이 없지 않다. 그래도 다음 연의 '늙은 전사'라는 부분과 연결되는 바가 있어서 한국전쟁기의 추억으로 판단하는 것이 적절할 것이다. 다르게 생각하여 '지나간 세월이' 그저 노사공의 세월을 염두에 둔 것일 수도 있지만 그렇게 본다면 배경, 공간을 묘사하며 시적 대상을 사람으로 좁히고 사연으로 들어가는 시의 전개와 맥락에서 흐름이 끊기는 표현이 될 수도 있기 때문이다. 늙은 전사의 기억은 그날 밤 거친 바다로 배를 저었다는 단편적 기억에 그치고 더 이상의 자세한 묘사나 설명 소개, 사연 등이 없다. 그리고 시는 '멀리 보이는 신도라는 섬에 가고 싶다'는 소망으로 마무리 된다. 백석의 시가 아닌 누구의 시로 보더라도 성과작은 아닌 것으로 보인다. 짧고 단순한 이 시에서는 '개포', '어든 밤의 거친 바다', '신도' 그리고 제목 '등고지'를 정확히 연결하고 파악할 여지가 많지 않다. 고지(高地)에 올라 과거의 전선(戰線)이었던 용천 앞 바다와 신도를 바라보는 것인지도 모호하다. 나루, 포구의 뜻이 담긴 개포의 지명으로 보아 고지(高地)의 나루터라는 해석도 어색하다. 등고지가 평북 방언 연구로 확인해야하는 미지의 단어인지도 아직은 확실하지 않다.

이 시가 고장 탐방류의 시에 속하는 짧고 단순한 소품이지만, 백석이 북한에서 쓴 동시를 제외한 첫 시로서 이후 백석 시의 변화 과정을 보여준다는 의미가 있다. 한국전쟁을 소재로 한 보통의 북한시들에는 자세한 전투 묘사, 전사들의 용맹함, 후일담 등이 담긴다. 때문에 시의 길이도 길어지고 미군과 한국군에 대한 적개심과 반감을 적나라하게 드러내는 것이 특징인데, 이 시는 그러한 일반적인 특징에서 벗어나 있다. 또, '원쑤', '전사' 외에는 북한시 특유의 이미지들이 보이지 않는다. 북한에서 발표한 첫 시 「등고지」는 분단 이전에 발표한 「남신의주유동박시봉방」, 「힌바람벽이 있어」 등의 시와 1958년 5월 이후 발표되는 일련의 시들 사이에 위치한다. 그렇지만 양쪽의 시기를 연결하는 교량으로 평가할 만한, 양쪽에 잇닿은 특징을 찾기는 어렵다. 짧은 시형과 단순한 구조가 차라리 양쪽 시기 모두와 다른 것이 특징이라고 할 만한다. 이후 백석은 1958년부터 간헐적이나마 시를 발표하는데 오히려 「등고지」 이후의 시에서 분단 이전 백석 특유의 시적 표현과 특징이 부분적으로 드러나고 북한시의 전형적인 몇몇 특징들도 함께 드러난다고 할 수 있다. 시의 길이가 길어지면서 주제가 부각되고 소재와 이미지, 상징, 시어가 풍부해지는 등의 변화가 그것이다. 물론 위의 「공동식당」에서 보듯 백석 특유의 사회주의 인식과 표현 방법을 확인할 수도 있다. 그러나 이후 이러한 경향에 변화가 일어난다. 1960년 초에 발표한 몇몇 시들에서는 북한시의 전형성이 강해지는 것을 볼 수 있다.

밤을 새우면서 토론하는 직장동맹회의장의 꺼지지 않는 불빛(「이른 봄」, 「돈사의 불」, 「천년이고 만년이고」), 증산과 농업 기계화의 상징 뜨락또르(「이른 봄」), 희망과 기쁨에 찬 화자와 동료들(「하늘 아래 종축 기지에서」, 「돈사의 불」), 자신의 임무를 성스럽게 여기는 노동자(「탑이 서는 거리」, 「손'뼉을 침은」 등 다수), 당과 김일성에 고마움을 표하는 화자(「눈」 외 다수), 북한의 미래에 대한 낙관적인 전망(「공동식당」 외 다수) 등은 당시 북한시들에서 흔히 볼 수 있는 소재이며 이미지들이다. 당시 북한문학의 유형화된 주제와 이미지들이 백석의 시에서도 포착되는 것인데, 동시대의 북한시인.

들에게 보이는 극렬한 감정과 구호가 주류를 이루지 않을 뿐 백석 시 역시 '사회주의를 위해 인민을 교양하는' 사회주의 문학의 범주에 들어 있다고 보아야 할 정도이다. 1960년 이후에는, 「돌아온 사람」과 같이 북송교포를 환영하는 일종의 행사시와 조선노동당 창건 15주년 기념시집 『당이 부르는 길로』에 실린 시 「천년이고 만년이고」와 같은 김일성에 대한 노골적인 찬양의 시도 창작한다. 「탑이 서는 거리」, 「조국의 바다여」 등에는 미국에 대한 원색적 표현과 남한의 박정희 정부 비판, 도식적 수사가 드러난다. 모두 전형적인 북한시의 주제와 표현의 범주 안에 있는 시들이다. 물론, 「눈」처럼 형상성과 서정성에서 아름다운 시도 있으나 그 시들에서도 주제와 부분적인 표현을 살펴보면 같은 평가가 가능하다. 북한의 시를 분석할 때, 유형적으로 등장하는 주제에 집중하면 모든 시들의 주제가 전일해져서 자칫 북한시의 주제 분석이란 의미없는 것처럼 보이기도 하는데, 백석 시 분석에서도 생길 수 있는 문제이다. 이 문제 또한 북한문학의 변화와 경험 아래에서 해명해야 할 것이다. 러시아시 번역에 집중하던 백석이 1956~1957년 무렵 집중적으로 자신의 시와 동화시를 창작한 배경과 1959년 초 목축노동자로서 삼수관평으로 배치된 후 발표한 시들에서 보이는 김일성 찬양, 체제 찬양의 구호는 모두 북한 사회의 변화에 의거하여 설명될 수 있다. 1953년 스탈린 사망과 소련문학의 '해빙' 그리고 북한의 '8월 종파'가 그것이다. 이 모든 북한의 정세와 북한문학의 상황을 떠나 북한시인 백석을 온전히 설명할 수는 없다. 백석이 북한에서 쓴 시가 실재하듯 백석은 북한에서 시를 쓴 시인이라는 것은 사실이기 때문이다.

4. 1956년 모스크바의 해빙(解氷)과 평양의 백석

백석은 리원우 등과 벌인 아동문학 논쟁을 통해 사회주의 문학의 교양성과 도식성에 대한 비판적 시각을 드러내었다. 시의 범주 안에 있는 동시에서, '웃음과 철학'의 시관(詩觀), '시정신과 언어적 형상성'을 지키려 하였고 문학적 형상화 없이 노출되는 사회주의 교양의 의도와 목적성이 도식성으로 귀결됨을 비판하였다.[24] 1956년 리원우와의 논쟁으로 표면화되었지만, 백석의 아동문학관은 이미 1954년 3월 『조선문학』에 고리키의 글 「아동문학론 초」를 게재하며 드러났다고 할 수 있다. 정홍섭은[25] 백석이 번역을 통한 간접 화법으로 '개인 숭배'를 명백히 비판하였다고 하였다. 개인 숭배 비판은 백석 시의 변화를 살필 때, 시의 형상성과 정서의 문제와 함께 다루어야 하는 문제이다. 그러나 필자는 백석이 개인 숭배 비판을 표적으로 하여 일련의 번역과 아동문학에 관한 평론들을 썼다고는 생각하지 않는다. '개인 숭배' 문제는 1953년 스탈린 사후 가장 중요한 정치 쟁점이었고 문학에서는 그와 함께 문학의 형상성 제고 문제가 부상하였는데, 백석 또한 그러한 흐름을 읽고 개인 숭배 비판과 함께 도래할 정치적 변화에 기대어 문학의 형상성 문제에 집중했다고 생각한다.

당시 도식적 문학의 형상성 제고를 주장한 문인은 백석뿐만 아니라 김순석, 정문향, 리순영 등의 일군의 작가가 있었다.[26] 짧은 시기이지만

24 이에 관해서는 백석의 아동문학 연구자들이 성실히 밝혀 두었다.

25 이에 대해서는 정홍섭이 「전후 북한의 아동문학론」, 『한중인문연구』 14호, 한중인문학회, 2005에서 충실한 원전 자료 독해와 심도 있는 논의를 보여주었다.

26 이 중 김순석은 서정성 짙은 시와 시의 형상성 제고를 주장한 점, 1958년 이후 현지노동작가

그들은 1956년 10월 제 2차 조선작가대회에서 이루어진 작가동맹 각급 기관 선거에서 요직을 맡았다. 김순석은 조선작가동맹 중앙위원회 위원, 중앙검사 위원회 위원과 『조선문학』 편집위원, 시문학분과 위원장을 맡았으며, 백석은 아동문학분과위원, 외국문학분과위원, 『문학신문』 편집위원을 맡았다.[27] 그러나 이들은 1958년 이후 박세영, 윤세평, 한설야 등에 의해 비판받았고 북한문단의 중심에서 밀려났으며, 북한문학에서 개인 숭배와 도식성은 더욱 강화되었다. 이러한 흐름 가운데 백석의 번역과 아동문학 논쟁이 위치해 있다. 백석의 시에 나타난 단순하고 명징한 주제의식과 김일성 찬양, 전형적 수사와 상징들 또한 1958년 이후의 북한의 문학적 상황으로 이해할 수 있다. 당시의 상황을 좀 더 자세히 살펴보자.

1953년 3월 스탈린이 사망한 후 흐루시초프는 스탈린의 개인 숭배와 폭압정치를 비판하였다. 스탈린 시절 수감된 수많은 정치범을 석방하며 소련사회에 해빙[28]을 이끌었다. 1956년 2월 14~26일 제 20차 소련공산당 대회에서 흐루시초프는 비밀연설을 하였는데, 이 연설에서 그는 신격화된 스탈린의 개인 숭배가 마르크스-레닌주의와 소련공산당에 해악을 끼쳤으므로 문학, 예술, 과학, 경제 등의 모든 분야에서 개인 숭배와 관련된 것을 배격해야한다고 강하게 주장했다. 또, 미국, 영국 등과 전쟁을 피하고 우호, 협력, 교류를 지향할 것을 선언하며 소련사회의 훈풍을 가속화하였다. 러시아 문학에서는 그 시기의 문학을 '해빙기 문

로 파견된 점, 이후 문학 교육자로 살아 간 점 등이 백석의 행보와 매우 비슷하다.

27 『조선문학』, 1956.11.

28 이를 러시아에서는 이를 해빙, 해동이라 부른다.

학'으로 부르며 도식적 사회주의 문학에서 벗어난 러시아 문학의 봄으로 평가한다. 문학예술총동맹 외국문학분과 위원으로 활동하던 백석이 주로 번역한 씨모노프[29]와 파데예프는 소련문학 해빙기의 주도적 인물이었고, 백석이 번역한 장편 소설 『고요한 돈강』 1·2의 저자 카자크 작가 숄로호프 역시 이 같은 분위기에서 인정받은 인물이다. 숄로호프는 혁명적 주인공을 내세우지 않고도 미학적 성취를 이룬 소련의 대표 소설가로 지역적으로나 미학적으로나 사회주의 문학의 도식성에서 벗어나 있는 작가였다. 백석이 소련문학 번역과 동화문학론을 쓰면서 북한문학의 '해빙'을 염두에 두었을 것으로 생각한다. 소련문학에 '해빙'이 오고 문학의 문학성이 주장되며 사회주의 문학의 도식성이 비판되는 시간이 북한문학에도 올 것으로 믿었을 것이다. 이는 그가 1950년대 초반에 집중적으로 번역한 소련 시와 소설의 면면을 살펴보면 알 수 있다. 또, 이때 그가 시와 동시 창작의 작품 활동을 재개한 것 또한 우연이 아니었을 것이다.

그러나 개인 숭배를 가속화하던 김일성에게 소련공산당 20차 대회는 위협적인 것이었고, 이러한 훈풍이 북한 내부에 전해지는 것은 두려운 일이었다. 흐루시초프와 소련공산당의 개인 숭배 비판을 등에 업고 실제적인 반 김일성 움직임을 보인 김두봉, 박창옥, 최창익 등의 소련파, 연안파 연합세력이 1956년 8월 당 전원회의에서 김일성을 공격하였으나 실패로 끝나 많은 학자들이 사상검토회의의 대상이 되어 희생당했

29 씨모노프는 스탈린 사후 『노브이미르 신세계』지의 편집장으로 활동하며 가장 열렬히 해빙을 지지하였으나 후에는 1954년 소련 자유화의 물결 속에서 소설 「해빙」을 발표해 소련문학의 '해빙기'라는 어원을 만든 작가 에렌부르그를 비판하기도 하였다.

다[30]고 한다. 이러한 권력구조 안에서 8월 종파가 시작되어 숙청으로 이어졌다. 문학계에서는 앞서 언급한 대로 10월 2차 작가대회 이후 문학계에도 지형 변화가 일어나, 김순석과 백석이 자신의 의견을 펴다가 비판과 함께 현지작가로 배치된 시기가 이때이다.

백석이 1957년 4월에 발표한 동시 「메'돼지」, 「강가루」는 수정주의 부르주아 성향으로 지속적인 비판의 대상이었으며 1957년 9월에 발표한 「등고지」는 누구의 주목도 받지 못했다. 긍정이든 부정이든 논평의 대상도 되지 못한 것이다.[31] 이미 8월 종파의 여파는 권력층은 물론, 문단, 대학, 언론 등 지식인 사회 전반에 대한 검증과 숙청으로 확산되고 있었고, 많은 지식인들이 숙청되거나 지방으로 축출되었다. 여기에 백석 또한 예외가 아니었다.

8월 종파의 핵심은 김일성이 스탈린과 같이 개인 독재와 개인 숭배를 강제하는 것에 대한 지식인들의 저항이었고 이에 김일성은 숙청으로 맞섰던 것이기 때문에 8월 종파 이후 북한 사회는 김일성 독재와 숭배가 강화되었고 이는 이후 주체사상, 주체주의로 발전되는 양상을 보인다. 1950년대 말, 1960년대 초까지 계속된 중국과 소련의 대립은 김일성이 자주노선을 택하게 하는 빌미가 되었다. 중국공산당은 자유세계와 교류 협력하는 흐루시초프를 수정주의라 비판했고, 소련공산당은 자신들에게 반대하는 중국 공산당을 국제종파라 비판하며 중소분쟁을 이어갔다. 1960년 10월 모스크바에서 열린 81개국 공산당 노동당 회의

30 황장엽, 『황장엽 회고록』, 시대정신, 2006, 125~130면.

31 사실 백석 시에 대한 북한문학계의 반응은 아동문학논쟁 중에 발표한 동시에 대한 긍정과 부정으로 극명하게 갈라진 평가 외에는 찾아보기 어렵다.

에서 중국과 의견을 같이하여 소련공산당을 비난한 것은 알바니아, 베트남 등 8~9개국의 극소수였으나, 개인 숭배를 고착화하려는 김일성의 선택은 당연히 중국이었다. 김일성은 중소 분쟁의 틈바구니에서 어디에도 속하지 않고 독자노선을 추구하겠다는 명분 아래 주체를 강조하기 시작한다. 이후 북한 사회의 경직성은 주체의 미명아래 더해졌다. 연안파 지식인들이 숙청되고 남한 출신 지식인들이 핍박받을 때, 백석은 김순석 등과 마찬가지로 1959년 1월 현지작가로 파견되었다. 연안파도 남한출신도 아니었지만 그들에 동조하는 사상을 가지고 있었고 북한문학의 도식주의를 비판했다는 것에 대한 사실상의 숙청이라 판단한다. 물론 당의 붉은 편지가 무조건 숙청을 의미하지는 않지만 정황상 삼수 관평의 목축노동자로 파견되어 중앙문단에 복귀하지 못하고 간간이 시를 발표한다는 것은 정치적 숙청일 수밖에 없다.

삼수 관평에 배치된 후 백석은 사회주의리얼리즘에 입각한 시와 사회주의 문학 옹호를 주제로 하는 정론 형식의 글을 발표하고, 「문학신문 편집국 앞」, 「관평의 양」 등을 『문학신문』에 기고하며 자신의 사상을 당의 요구에 맞게 개조할 것과 붉은 작가, 훌륭한 조합원이 될 것을 다짐하기도 하였다. 다음과 같은 당 정책에 부응하는 시를 쓰기도 하였다.

> 해가 떠서도, 해가 져서도
> 남쪽 북쪽 조국의 하늘을
> 가고 오고, 오고 가는 심정들 같이
> 남쪽 북쪽 조국의 바다를
> 오고 가고, 가고 오는 물'결들,

이 나라 그 어느 물'굽이에서도
또 그 어느 기슭에서도
쏴- 오누라고 치는 소리 속에
쏴- 가누라고 치는 소리 속에

물'결들아,
서로 껴안으라, 우리 그렇게 껴안으리라
서로 볼을 비비라, 우리 그렇게 볼을 비비리라
서로 굳게 손을 쥐라, 우리 그렇게 손을 쥐리라
서로 어깨 겯으라, 우리 그렇게 어깨 겯으리라

이 나라 남쪽 북쪽 한피 나눈 겨레의
하나로 뭉친 절절한 마음들 물'결 되여 뛰노는
동쪽 바다, 서쪽 바다, 또 남쪽 바다여,
칼로도 총으로도 또 감옥으로도
갈라서 떼여 내진 못할 바다여,
더러운 원쑤들이
오직 하나 구원 없는 회한 속에서
처참한 멸망을 호곡하도록
너희들 노호하라, 온 땅을 뒤덮을듯,
너희들 높이 솟으라, 하늘을 무너칠 듯.

그리하여 그 어느 하루 낮도, 하루 밤도

바다여 잠잠하지 말라, 잠자지 말라
세기의 죄악의 마귀인 미제,
간악과 잔인의 상징인 일제
박정희 군사 파쑈 불한당들을
그 거센 물'결로 천 리 밖, 만 리 밖에 차던지라.

— 「조국의 바다여」, 『문학신문』, 1962.4.10.

"세기의 죄악의 마귀인 미제, / 간악과 잔인의 상징인 일제 / 박정희 군사 파쑈 불한당들을"을 직접적으로 비난하며 조국의 바다에 치는 물결이 이들을 차던지라는 내용의 이 시는 명징한 주제, 반복표현과 원색적 시어, 상투적 대조와 격정적 어조 등 당시 북한시들의 그것과 다를 바가 없다. 특히 박정희 정부를 비난하는 내용은 1960년대 초반 북한문학의 한 주제였고 이 시 또한 일련의 주제 창작 시에 속한다.

최근 필자가 발굴하여 『백석 문학전집』 2(서정시학, 2012)에 수록한 「가츠리 섬을 그리워하실 형에게」는 이석훈(李石薰)에게 보내는 편지 형식의 글이다. 이석훈에게, 일제강점기에 함께 민족의 장래를 걱정하던 '형'이라면 지금의 상황에서 침묵하지 말고 박정희 군사정권에 맞서 "일떠나 싸우라"고 호소한다.

천년이고, 만년이고 먼먼 훗날
이 영웅을 사모하고 존숭하는 사람들 속에
내 문득 다시 태여난다면 얼마나 좋으랴!
내 동쪽 나라들에도, 서쪽 나라들에도 가며

내 그들에게 자랑하여 말하리라-
내가 바로 그 영웅이 세운 나라 사람이였노라고,
내가 바로 진리 위해 싸운 그 영웅의 전사였노라고,
우리 그 이 얼굴 뵈올 때마다 우리의 심장 높이 뛰였더라고,
그 이 음성 들을 때마다 우리의 피는 뜨겁게 끓었더라고.

그럴 때면 그 사람들 나의 말을 향하여
열광하는 환호 그칠 줄 모르리니,
이 해일 소리 같은 요란한 소리 자기를 기다려
내 목청 높여 다시 한 마디 이을 말-
그 사람들 다 알지 못 할 한 마디 말 웨치리라-

"우리들 그 이의 뜻 가는 데 있었노라
우리들 그 이의 마음 속에만 살았노라.
그 이는 우리들의 자유였더라, 행복이였더라
그 이는 우리들의 청춘, 우리들의 사랑,
우리들의 목숨, 우리들의 력사였더라,
그 이는 우리들의 모든 것의 모든 것이였더라!"

—「천년이고 만년이고」, 『당이 부르는 길로 : 조선로동당 창건 15주년 기념시집』, 조선작가동맹출판사, 1960.10.

당 창건 기념 시집, 해방 후 기념 시집 등의 기획 시집에는 북한의 거의 모든 시인들이 동원되며 그 시들은 찬양과 칭송 주제 일변이다. '그

이' 가 적시하는 것이 무엇인지 매우 분명한 이 시에서 형상성 없는 구호, '웨침', 반복, 도식을 경계하던 백석의 예전 주장을 찾을 수 없다. 자유, 행복, 청춘, 력사, 영웅, 뜨거운 피 등의 시어는 분단 전 백석의 언어가 아니었다. 때문에 독자들은 이 시에서 시인 내적 고통과 생존을 위해 순응한 한 사람을 보고자 할 것이고 필자 또한 그런 결론으로 돌아가고 싶지만, 앞서 말했듯이 낯선 백석의 시와 시어들 또한 문학적 사실로 받아들여야 한다.

그리고 그것을 북한문학의 맥락 안에서, 당시의 북한시인들과의 비교 안에서 해명해야한다. 그것이 백석 시, 백석 문학 전체를 더욱 풍요롭게 이해하고 누리고 사랑할 수 있게 할 것으로 믿는다. 그가 비록 북한에서는 외롭고 높고 쓸쓸한 화자이지 못하고 직설적으로 외치고 찬양하며 동조하는 화자였을지라도 그 또한 백석의 모습일 것이다.

이 글은 시론적인 글로 제대로 된 해답을 구하지 못하였으나 백석이 북한에서 발표한 시 연구를 위해 고민해야할 몇 가지를 제시하는 것으로 마무리하고자 한다.

5. 맺음말

이 글은 분단 전 섬세한 언어와 세련된 서정으로 우리 시단에서 높은 평가를 받았던 백석의 북한시를 바라보는 학계의 시선과 관점에 문제를 제기하였다. 백석 시의 서정적인 언어와 쓸쓸한 감성만을 기억하는 독자와 연구자들에게 공산주의의 아름다움을 노래하고 김일성을 찬양하는 내용의 백석 시는 낯설고 당황스러운 것이지만 이를 평가하는 태도는 객관성을 유지해야한다. 백석이 생존을 위해 체제를 찬양하고 김일성 우상화에 일조했으며, 이것을 곧 분단국가, 분단의 역사를 살았던 시인의 운명적 비애로 귀착하는 것은 논리적 추론이 아니라 추측에 불과하기 때문이다. 또, 백석 시를 객관적으로 분석하고 평가하는 데에도 도움이 되지 않는다.

생존을 위해 억지로 쓴 시라는 연구자들의 판단으로 분단 후 백석의 시가 적극적으로 분석과 평가가 시도되지 않았는데, 이는 해방 후 북한에서 수십 편에 이르는 시를 발표하고 수백 편에 이르는 번역시와 동화시 등을 발표하며 전방위적 문학인으로 살았던 백석에 대한 바른 평가일 수 없다. 이 글은 백석이 북한에서 발표한 시를 분석하고 평가하기 위한 몇 가지 문제를 점검하였다.

먼저, 북한에서 쓴 백석 시에서 분단 이전의 백석 시의 모습을 찾을 수 있지만 이것이 가진 문제점도 인식해야한다는 점이다. 백석 시에 대한 추억과 향수를 반복하는 것은 백석 시를 객관적으로 보는 것을 방해할 수 있기 때문이다. 공산주의를 찬양하는 시에서 백석이 가진 공산주의에 대한 낭만적인 인식이 들어 있을 수 있으며 그것이 백석 특유의 공동체 지향과 연결될 수도 있기 때문이다. 다음은, 백석 시가 북한시의 변화와 흐름 안에서 평가되어야 한다는 점이다. 1956년에서 1960년대 초반 사이에 있었던 북한시의 급격한 변화는 백석 시의 변화와도 연결되어 있다. 200여 편의 러시아시, 수십 편의 러시아 장편소설, 러시아 동화를 번역한 것은 국제사회주의 사회의 변화와 그에 영향을 받는 북한 사회의 도전과 연결되어 있었다. 스탈린의 죽음 이후 전개된 러시아 문학의 '해빙'은 백석이 번역시와 작가를 선정하는 문제와 매우 긴밀한 연관성을 보였고, 북한문단에 해빙의 분위기가 미쳤을 때 그 가운데 백석이 있었다. 8월 종파로 명명된 북한 사회의 해빙은 광범한 지식인의 숙청으로 마무리되고 여기에 백석 또한 영향을 받았다. 이후 경직된 북한 사회의 모습이 백석 시에서도 발견되는데, 북한문학의 전개와 과정 안에서 백석의 시를 평가해야하는 관점이 필요한 대목이다.

앞으로 백석 시를 평가할 때, 백석 시에 대한 북한문단의 변화된 입장에 주목해야 한다. 아동문학논쟁과 1930년대 시에 대한 평가가 대부분이지만 백석 시를 평가하는 북한문단의 관점은 분명히 변화를 보이고 있기 때문이다. 이는 이 글에서 논의하지 못한 부분 중 하나이다.

이 글이 제안하는 몇 가지 관점이 백석의 북한 발표시를 평가하는 유일한 해답이라고 할 수는 없다. 하지만 시인, 소설가, 아동문학가, 번역가로서 매우 넓고 다양한 면모를 가진 문인 백석을 전체적으로 평가할 수 있는 시작이라 믿고 싶다.

'서정'의 딜레마*

1950년대 북한문학계의 논의를 중심으로

신지연

1. 새로운 문학의 건설과 '서정'의 이중 과제

북한의 문학사나 문학 관련 글에서는 '서정'이라는 말이 매우 빈번하게 사용된다. 남한에서 흔히 '시'라고만 일컬어지는 텍스트들은 매번 '서정시'로, 화자 혹은 시적 화자로 불리는 대상은 '서정적 주인공'으로 지칭된다. '서정서사시'라는 다소 낯선 장르명을 달고 많은 텍스트들이 창작되기도 한다. 남한의 문학 언어와 비교할 때 이는 확실히 특징적인 현상이다.

1930년대에 김기림은 "우리 시단에서는 시 = 서정시라는 관념이 한 개의 상식이 되어 있지만 그것은 변태적 현상"이라고 지적한 바 있다.[1] 이는 '시 = 서정시'라는 통념을 부정하기 위한 언급이지만, 역설적으로

---

* 이 글에서는 '북한'과 '북'이라는 표현을 함께 썼다. 분단 체제가 확립되기 전인 해방기의 논의를 다룰 때, 그리고 같은 뿌리와 같은 언어권에 속해 있다는 점을 염두해 두고자 할때, '북'이라는 단어를 택했다.

1 김기림, 「시의 회화성」, 『시원』, 1934.5, 『김기림 전집』 2, 심설당, 1988, 103면에서 재인용.

그 통념이 조선의 문학 장에 뿌리 깊게 박혀 있었음을 보여준다. 설혹 김기림의 말을 고스란히 받아들일 수 없다 쳐도, 최소한 '서정성'이 시의 에센스로 받아들여지고 있었다는 점에는 큰 의문의 여지가 없을 것이다. 그리고 이때의 '서정'은 1920년대의 김억, 1930년대의 박용철 등에 의해 적극적으로 받아들여진 19세기 서구 낭만주의 / 상징주의 문학론에서 의미의 자양분을 얻은 말이었다.[2]

이와 관련하여 주목되어야 할 문제 중 하나는, 해방 후 북에서 활동을 하던 대부분의 문학인들도 바로 그 통념의 자장 안에서 '서정' '서사' 등의 말을 접한 이들이었다는 점이다. 해방된 이후 비로소 문학 활동을 시작한 신인들이라도 역시 조선어를 쓰는 이상에는 그 통념으로부터 완전히 자유로웠다고 할 수 없을 것이다. 이념적 지향에 따라 시를 통해 추구하는 바는 충분히 달라질 수 있다. 그러나 한 공동체가 공유하고 있는 언어감각과 말에 축적된 의미는 쉽사리 바뀌지 않는다.

해방과 함께 사회주의 문학의 건설을 위해 북에서 가장 시급하게 떠오른 과제는 부르주아 문학 잔재의 청산이었다. 만약 엄격한 기준을 적용하려 했다면, '서정'이라는 말 자체도 청산되어야 할 그 잔재에 포함되어야 했을 것이다. 이 말의 기원이 기원전 3세기의 「초사(楚辭)」로 소급될 수 있다 하더라도, '서정시 / 서사시 / 극시'의 분류 및 '시 = 서정시'라는 관념이 조선의 문학 장 속에 확실히 기입된 것은 1920년대 들어 이른바 서구 '부르주아' 문학의 개념 및 학적 체계가 본격적으로 번역되면서부터였다. 해방 직후 북에서 "현실을 왜곡"하며 "무기력한 인간"을 노래

2 '서정'이라는 말의 형성과 의미 정착에 관한 상세한 사항에 대해서는 다음 논문을 참조할 수 있다. 김종훈, 「한국 근대시의 '서정' : 기원과 변용」, 고려대 박사논문, 2008.

한 "반동작가"의 하나로 꼽힌 김영랑은,[3] 1936년 바로 그러한 담론 공간 안에서 "서정주의의 한 극치"[4]라 평가된 바 있다. 한편 북의 문인들에게 사실주의 문학의 훌륭한 전통을 잇는 것으로 평가되던 신경향파 및 카프 계열의 시들은 "서정시의 영역까지를 침해"하기 쉬운 부류로 폄하되곤 했다.[5] 심지어 북한시의 독특한 장르명이 된 '서정서사시'라는 용어도, "파렴치하게 인민들의 혁명 투쟁이 무의미하다는 것을 확인시키려고" 애를 쓴 김억에 의해 1930년 처음 쓰인 것이었다.[6] 요컨대 '서정' 혹은 '서정성'이라는 말은, 북의 문인들이 일소하려고 했던 '반동적 부르주아 이데올로기'에 의해 심하게 오염되어 있던 어휘였다고 해도 좋을 것이다.

그러나 북한의 문학 담론 속에서 '서정'이라는 말은 폐기되는 대신 오히려 남한에서보다 더 빈번히 사용되기에 이른다. '서정'이라는 말을 물려받는다면, 그 말을 둘러싼 맥락 및 시를 바라보는 '부르주아적' 관점 역시 불가피하게 물려받게 된다. 그러나 물려받은 '서정'이라는 말을 통해 북의 문인들이 추구했던 것은 물려받은 시문학이 아니라 새로운 시문학이었다. 말하자면 '서정'을 강조하며 부르주아적 시문학과 근본적으로 다른 사회주의 시문학을 꿈꾼다는 것은, 물려받는 동시에 물려받지 않는 이중의 과제를 떠맡는 일이었다고도 할 수 있다.

북에서 '서정' '서정시'가 하나의 쟁점으로 거론되기 시작하던 시기는

---

3 한효, 「자연주의를 반대하는 투쟁에 있어서의 조선문학(3)」, 『문학예술』 1953.3, 133~134면.

4 박용철, 「병자시단의 일년 성과」, 『박용철 전집』 2권, 동광당서점, 1940, 108면.

5 이하윤 편, 「서문」, 『현대서정시편』, 박문서관, 1939, 8~9면.

6 김억은 1930년 12월 9일에서 29일까지 『동아일보』에 「지새는 밤」이라는 시를 연재하는데, 이 연재란의 제목이 '장편서정서사시'였다. 이와 관련한 김억의 언급 및 앞서 인용한 박용철, 이하윤의 글에 대해서는 김종훈의 논문을 참조할 수 있다. 김억을 부정적으로 평가하는 인용 구절은 한효의 글에서 따왔다. 「자연주의를 반대하는 투쟁에 있어서의 조선문학(1)」, 『문학예술』, 1953.1, 134면.

대략 정전(停戰)을 즈음해서였다.[7] 이 글은 그 첫 시기의 논의를 따라가며, 물려받은 유산으로서의 '서정'이 새로운 시적 비전으로서의 '서정'과 어떻게 충돌하고 갈등하는지, 혹은 사회주의리얼리즘이라는 방법론 속에서 어떻게 재전유되는지를 읽어보려고 한다.

2. '서정의 빈곤'이라는 진단 : 1951년의 문제제기

1) 해방 후 몇 년간 북의 문학론들이 앞 다퉈 다룬 비판의 대상은 새로운 국가건설과 '무관한' 문학예술활동들이었다. 1946년 원산에서 출간된 『응향』, 1947년 함흥에서 출간된 『문장독본』, 그리고 『예원써클』 『관서시인집』 등 서구적 퇴폐와 일제의 잔재가 묻어있는 이른바 '예술지상주의'적 작품 및 작품집은 의문의 여지없이 뿌리째 뽑아내야 할 척결 대상이었다. 지향해야 할 '새것'과 투쟁해야 할 '낡은 것'의 구분은 명확했으며, 상찬 받을 작품과 격렬히 비판되어야 할 작품의 구분도 비교적 선명했다. 물론 '조쏘친선'을 중심으로 한 국제주의와 인민의 애국주의를 고무하기 위해 쓰인 작품들에서 결함을 지적한 논의들이 없었던 것은 아

7 1960년대 및 그 이후 북에서 전개된 '서정시' 논의는, 1990년대 초반 남쪽에서 몇 차례 연구의 대상이 된 적 있다. 1960년대 이후 '서정시'론에 대한 연구는 다음 글들을 참조할 수 있다. 심경호, 「주체적 문예이론과 서정시론」, 『예술과 비평』 봄호, 서울신문사, 1991; 심선옥, 「1960년대 북한의 서정시론(1)」, 『반교어문연구』 3, 반교어문학회, 1991; 박기훈, 「북한에서 사실주의 서정시론의 전개와 확립」, 박기훈 편, 『사실주의 서정시 강좌』, 이웃, 1992.
그러나 문제의식이 싹트던 1950년대의 문헌들은 본격적으로 검토되지 않은 편이다. 1950년대의 논의는 북의 시와 시론들을 광범위하게 다룬 다음 논문에서 부분적으로 언급되었다. 김경숙, 「북한시의 형성과 전개 과정 연구」, 이화여대 박사논문, 2002.

니나,[8] 그러한 논의가 담론의 중심에 있었다고 보기는 어려울 듯하다.

북의 문학담론에 다소간의 변화가 감지되는 것은 1951년 6월 김일성과 작가들의 담화 이후다. 김일성은 이 자리에서 "자연주의 및 형식주의와의 투쟁을 더욱 견결히 전개하라"고 지시했다. 이 "격려의 말씀을 받들어" 안함광은 1951년도의 문학을 개관하는 자리에서 "우리 창작계에 아직도 자연주의 및 형식주의 요소 내지 경향이 있다는 사실"을 지적하며 몇 편의 텍스트를 분석하고,[9] 신고송은 당시 상연된 연극에 남아있는 "형식주의적 및 자연주의적 잔재들"을 문제삼는다.[10] 이전까지 '자연주의' '형식주의'가 일제 강점기 매국적 작가 및 남조선 반동작가들, 즉 북의 새로운 문학 '외부'에 있는 것으로 간주되었다면, 이제는 '내부'의 결함으로도 판단되기 시작한 것이다. 이후 몇 년간 '자연주의적 요소'의 잔재여부는 특히 소설을 평가하는 자리에서 주요한 잣대의 하나로 활용되게 된다. 이유야 어쨌건, 텍스트 '내부'를 보다 꼼꼼히 살피고 전체와 디테일의 관계를 조망하는 계기가 마련된 셈이다.

위의 글에서 안함광은 자연주의에 이어 "형식주의"의 잔재에 대해서도 언급한다. 그에 의하면 "오늘 우리 창작계에 있어 인민의 실생활을 떠난 단순한 화조월석을 노래하는 거와 같은 작품은 없"으며, "모두 조국과 인민을 위한 여러 가지 형태의 현실적 투쟁을 그 내용으로 하고

8 민병균의 「북조선 시단의 회고와 전망」(『문학예술』, 1948.4), 한효의 「시단 소감」(『문학예술』, 1949.6)이 그러한 점을 지적하고 있다.

9 안함광, 「1951년도 문학창조의 성과와 전망 : 김일성 장군의 격려의 말씀을 받들어 문학가들은 창조사업을 어떻게 진행하였나」, 『인민』 1952.1, 이선영·김병민·김재용 편, 『현대문학비평자료집』(이북편) 2, 태학사, 1993, 158면에서 재인용. 이하 『현대문학비평자료집』(전 8권, 태학사, 1993~1994)은 『자료집』으로 약칭한다.

10 신고송, 「연극에 있어서 형식주의 및 자연주의적 잔재와의 투쟁」, 『문학예술』, 1952.1, 『자료집』 2에서 재인용.

있"다.[11] 이는 북에서 창작되는 시와 노래에는 이제 더 이상 명확한 '반동'이 없음을 지적하는 언급이라고도 할 수 있다. 문제는 "그 현실을 과학적으로 본질적으로 통찰 파악하지 못하는 데로부터 오는 내용의 빈약성을 다만 형식의 힘으로써 호도하려는 형태"이다. 즉 명확히 드러나는 반동적 결함을 제거하는 것이 아니라 '내부'에 숨어 있는 '형식주의'의 잔재를 찾아내는 일이 주요과제로 암시된다. 이러한 과제를 수행하기 위해서라면, 『응향』이나 『관서시집』처럼 확연하게 '예술지상주의'적인 시를 배제하는 일과는 달리 아무래도 장르에 대한 특수성을 재확인하고 개별 텍스트에 대한 안목을 날카롭게 벼리는 일이 요구되었다고 하지 않을 수 없을 것이다.

1951년은 전쟁이 한창이었다. 이런 시기라면 확실히 장르의 내적 특수성을 고려하며 작품을 판단하기보다는 적과 우리의 이분법을 더 극단적으로 밀어붙이는 방법론을 작가들에게 요청하는 것이 보다 합당해 보인다. 단 압도적 현실이 압도적인 영향력을 행사했을지라도, 그것만이 전부는 아니었을 것이고, 또한 영향관계가 언제나 직접적 방식으로만 나타나지는 않는다는 점도 고려될 만한 사항일 것이다.

2) 안함광은 문학 전반을 개괄한 위의 글을 쓰기 몇 개월 전, 시문학만을 대상으로 한 글을 발표한 바 있다.[12] 이 글에는 김일성과의 담화에 대한 언급이 없다. 다만 담화가 있은 지 2개월 후 씌었다는 점을 감안할 때 역시 모종의 영향이 있지 않았을까 추측된다. 이 글은 전쟁 시기의

11 안함광, 앞의 글, 162면.
12 안함광, 「싸우는 조선의 시문학이 제기하는 주요한 몇 가지 특징」, 『문학예술』, 1951.9.

시문학을 개괄하고 주요 특징 및 문제점을 짚어내는 것을 주요 목표로 하고 있는데, 여기서 눈길을 끄는 것은 문제점을 짚어내는 방식이다. 우선 그는 가장 큰 문제점으로 "우리 시의 형상력의 부족"을 들며, '시'라는 장르의 특수성 및 '서정성'에 대해 논의를 이어간다.

> 시에 있어서의 한 개 련이 산문을 토막글로 잘라서 여러 행으로 라렬한 데 불과한 것이 많고 또 련과 련의 관계에 있어서도 시적 호흡으로서라기보다는 산문적으로 련결되여 나간 것이 적지 않다. 이것은 결국 사물에 대한 시적 감각이 세련되여 있지 못하며 시적 감동과 시적 사색의 축적이 부족하며 언어의 선택과 절제에 대하여 엄격하지 못하며 시조의 음악적 률동미에 대하여 고려가 충분치 못한 등등의 원인에 기인한다. 그리고 ① 이러한 약점은 필연으로 시에 있어서의 서정성의 빈곤과 깊이 관계된다.
>
> ② 우리 시단에 있어 한때 서정의 빈곤이 이야기되여졌으며, 그 후, 그것의 극복을 위한 여러 가지 형태의 노력이 나타나고 있다는 것은 결코 우연한 사실이 아니다.
>
> 그러나 그 노력이 모두 긍정적 성과들로서만 보답되여지고 있는 것은 아니다.
>
> 우리는 우선 대상을 방관적으로 노래 부르며 관조적으로 푸념하는 미온적이며 추상적인 태도를 버려야 한다. ③ 「서정성」이라는 연막 뒤에서 예술의 리성과 건전한 판단과 명확한 지향을 뚜렷이 보여주지 못하는 몽롱한 방관적인 감정을 추상적으로 노래 부르는 태도를 버려야 한다.
>
> 이와 동시에 ④ 시에 있어서의 자연을 사상적 경향성의 일시적 보류의 형태로서 취급함에 의하여 시의 서정성이 개재되여진다고 하는 생각도 버려야 한다.[13] (밑줄—인용자)

안함광이 지적하는 시의 산문화 경향은 우리에게도 전혀 낯설지 않은 비판이다. 이런 비판은 식민지 시대에도 있었고 해방 후 남한의 논의에서도 수시로 제기되어왔다. 그런데 이 글은 시정되어야 할 이 문제들을 궁극적으로 "서정성의 빈곤"에 연관 짓는다.(①) 이어지는 ②의 언급을 통해 추측해 볼 때 "서정성의 빈곤"은 당시 합평회나 토론회 등을 통해 여러 차례 문제로 거론되었던 듯하다.

흥미로운 것은 "서정성의 빈곤"에 대한 지적에 이어지는 서술이다. '서정성의 빈곤'이 문제라면 그 빈곤함의 실례를 드는 것이 일반적인 전개 방식이다. 그런데 안함광은 곧바로 "'서정성'이라는 연막" 뒤에 숨는 태도를 비판하고,(③) 이어서 사상성을 접고 "자연"을 보여주어야만 "시의 서정성이 개재되어간다고 하는" 편견을 북의 시문학이 넘어서야 할 과제로 제시한다.(④) '서정'이라는 잣대의 주위에 포진된 상이한 문제들이, 한꺼번에, 급하게, 검토되고 있는 것이다.

여기에는 '서정성'을 대하는 모종의 곤혹스러움이 담겨 있는 듯하다. '서정성'은 시를 시로 만드는 절대적 권위였다. 북의 문인들도 이 권위를 의심하지 않는다. 시에 나타나는 결함은 "서정성의 빈곤"으로 수렴된다. 안함광이 "형상력의 부족"이라는 항목에 이어 서술하는 문제점들인 "이야기의 뼈다귀만을 노출시"키는 "시의 설화적 경향", "격정적인 언어의 무의미한 나열" 등도 결국은 "서정성의 빈곤"과 관련된 결함들과 만나게 된다. 그런데 막상 이 '빈곤'을 넘어서려 하면 '서정'의 낡은 관념이 부활한다. '서정성'을 강조하려고 하면 '자연묘사'가 따라오고, 이때 '사상적 경향성'은 배후로 물러나 버리고 만다. 안함광은 "화조월석"을 노래하는

13 위의 글, 85~86면.

작품은 이제 거의 없다고 했지만, '서정'이라는 말 속에 뿌리를 내리고 있는 '화조월석의 잔재'는 언제든 다시 번식될 준비를 하고 있었던 셈이다.

'서정'이라는 말이 가진 끈질긴 의미 인력(引力)에 대한 난감함은 임화의 시에 대한 평가에서도 나타난다. 임화에 대한 북의 평가는 1953년 그의 숙청을 전후로 하여 극과 극으로 양분되는 양상을 보이지만, 안함광의 이 글에는 그 양극의 판단이 바로 '서정성'의 문제와 얽힌 채 공존한다. 그는 임화의 시가 보여주는 "서정성"을 높이 산다. 임화의 시가 보여주는 자연묘사는 "형상의 구체성을 도우며 풍부한 감정의 윤색있는 전달"을 가능케 한다. 또한 자연에 대한 태도뿐 아니라, "선언하지 않"고 "해설하지 않"고 "풍부한 감정으로서 호소한다는" 점이 "씨의 시로 하여금 서정성을 보장케 하는 비결"이라 서술한다.

그러나 안함광이 임화의 시에서 발견한 이 "서정성"은 이른바 '퇴폐주의'를 품고 있는 것으로 판단되기도 했다. 한 시인이 나중에 자기반성적으로 말했듯, "시의 서정을 풍부히 하며 그것을 강조하는 나머지 애상적 표현"[14]이 자꾸 나타나는 것이다. 안함광은 임화 시의 "감성적 요소"가 "미래를 향하여 돌진하는 서정적 인물을 통하여 감정을 인민적 의의에로까지 끌어올"린다고 상찬하지만, "감상적 분위기"와 "센티멘탈리즘"에 대한 우려를 끝내 접지는 못한다. 임화의 많은 시들은 "어둠과 정적 등의 서경적 배치로서 감상적 기분"을 만들어내며 아무래도 이것은 "극복해야 할" 과제임을, 안함광은 다소 망설이는 듯한 어조로 덧붙인다. 후일 임화의 시가 보여준 이러한 "서정성"은 "패배주의와 영탄과 통곡과 고독을 노래함으로써 인민들의 투지를 저하"시킨 "독소"로 단죄되기에 이른다.[15]

---

14 조령출, 「시 형식의 다양성 : 제2차 작가대회를 앞두고」, 『조선문학』, 1956.8, 135면.

시를 시로 만들어주는 핵심은 북에서도 '서정성'이었다. 시인들은 "서정성의 빈곤"이라는 비판에 직면하여 어떻게든 이를 해소해야 했지만, 막상 그 노력은 '자연'에 대한 '구시대적' 관념을 되풀이한다는 또 다른 비판에 마주쳐야 했다. 평론가들이라고 해서 이 곤혹스러움에서 자유로운 것은 아니었다. '서정성'이 충만한 시를 찾아낸 듯해도, 그것이 우울과 염세에 찌든 감성과 확실히 차이를 보이는 '새로운 시대의 서정'인지는 명쾌하게 확신할 수가 없었다. 안함광의 글은 '서정성' 앞에서 북의 문인들이 처한 이 딜레마를 응축적으로 보여준다. 그리고 이 문제는 전쟁이 끝나고 마르크스-레닌주의 미학에 근거한 논의들이 활발히 진행되는 과정에서 보다 치열한 문학적 쟁점으로 부상한다.

3. '서정'의 사회주의적 전유 방식

북한에서 시의 '서정'이 본격적으로 논의되며 논쟁의 대상으로 떠오른 것은 1954년 무렵이었다. 전쟁이 일단락되어 긴장과 위기감이 다소 완화되고, 더불어 반종파투쟁을 통해 '림화 도당'의 음모가 '적발분쇄'되어 일차적으로는 '내부의 적'이 일소된 시기였다고 할 수 있을 것이다. 또한 1952년경부터 본격적으로 등장한 '도식주의' 비판론이 북의 문학계에서 주류담론으로 자리 잡아 가던 시기이기도 했다.[16]

15 한효, 「자연주의를 반대하는 투쟁에 있어서의 조선문학(3)」, 『문학예술』, 1953.3, 142면.
16 '도식주의' 비판이 언제부터 시작되었는지에 대해서는 여러 가지 견해가 있다. 문헌상으로는

'서정시'에 대한 논의 역시 '도식주의' 비판의 자장 안에서 전개되기 시작한다. 현재까지 검토해 본 바에 따르면, 이를 처음 전면화한 글은 김명수의 「우리 문학의 형상성 제고를 위하여」(『조선문학』, 1954.6)였다. 당시 문학 전반을 점검하는 이 글에서 그는 당시 시문학에 나타나는 주요 현상을 "도식적 유형화"의 문제로 파악한다. 많은 시편들이 "풍부한 정서 다양한 감정 세계"를 표현하는 대신 "도식적 어휘, 추상화된 감정"에 매몰되어 '강철의 신념' '불멸의 영광' '벅찬 감격' '끓는 심장' '승리의 깃발' 같은 말을 반복적으로 사용한다. 더불어 주제의 유형화 역시 큰 문제인데, 언제나 노동자 농민이 노동하는 "8시간"에 대해서만 피상적으로 집착하고 있다. 이에 대해 김명수는 다음과 같은 대안을 제시한다. "우리 시인들은 사랑을 노래하며 자연을 노래하며 떠오르는 아침 해와 아름다운 저녁노을을 노래하는 서정시도 쓰자." 그리고 글의 끝부분에서 '형상성'에 대한 논의를 마무리하며 '아름다운 것'을 강조한다. "문학에 있어서의 형상은 사상적 인식적 요소만을 가지는 것이 아니라 동시에 미학적 요소를 가지는 것이며 아름다운 것에 대한 평가가 깃들어 있다." 요컨대 1951년 안함광이 제기한 '서정성'의 문제들은, 1954년 김명수의 이 글에 이르러 사회주의 '미학'의 이론적 틀 안에서 논의되는 계기를 얻는다.

김명수의 글이 발표되기 한 달 전, 『조선문학』의 한 독자는 "풍자시와 사랑에 대한 서정시"를 요구하는 편지를 편집부에 보낸 바 있다. 그는 작가의 개성과 독창성을 강조하며 이렇게 썼다. "왜 우리의 시들은 서정

엄호석의 「문학 발전의 새로운 징조」(『문학예술』, 1952.11)에서 '도식주의'를 직접 언급하며 비판한 예가 가장 먼저 발견된다. 김재용, 「전후 북한문학의 도식주의 비판」, 『분단구조와 북한문학』, 소명출판, 2000, 49~53면; 박찬모, 「한효의 월북 이후 문학비평 고찰」, 『현대문학이론연구』 34, 현대문학이론학회, 2008, 341~343면 참조.

이 적으며 주제가 다채롭지 못한가?"[17] '서정의 빈곤'은 이제 누구에게나 눈에 띄는 문제가 되었고, 사회주의 문학 속에서 시의 존재이유를 찾기 위해서는 반드시 해소해야 할 과제로 떠오른 상태였다. 시인 리정구는 이 독자의 불만을 화두 삼아, 그리고 김명수의 논의 틀을 이어 받아, 몇 달 후 「최근 우리 시문학 상에 제기되는 몇 가지 문제」(『조선문학』, 1954.9)를 발표한다. 그는 이 글에서 '서정'의 입지를 사회주의리얼리즘 미학 속에 배치하려는 과제를 보다 세부적으로 전개한다. 그리고 여러 시인 및 평론가들이 이에 합류하여 '서정'을 둘러싼 원론적 논의가 형성되기에 이른다. 1956년 10월 제2차 조선작가대회를 통해 그간 제기되었던 문제들이 공식적으로 수용되어 북의 문학계가 다분히 활기를 띠던 1958년 무렵까지,[18] '서정시'와 관련된 쟁점을 갈래 잡아 살피면 다음과 같다.

1) '서정적 전형'은 어떻게 창조될 수 있는가

(1) '서정의 빈곤'과 관련된 구체적인 문제들, 즉 추상성, 유형성, 엇비슷한 구호의 남발 등은 문학 전반에 걸쳐 제기된 '도식주의' 비판의 연장선상에 있다. 그러나 이 문제들이 '서정시'라는 장르에서 '서정의 빈곤'으로 수렴될 때, 이는 장르 자체의 존립을 위태롭게 하는 것이었다. 사회주의 문학의 서정시에서 '서정'이 만성적으로 빈곤하다면 이는 사회주의 하

17 「편집부에 온 독자의 편지」, 『조선문학』, 1954.5, 151면.
18 제2차 조선작가대회의 분위기 및 제반 관련 정황은 다음 글을 참조할 수 있다. 오성호, 「제2차 조선작가대회와 전후 북한문학 : 한설야의 보고를 중심으로」, 『북한시의 사적 전개 과정』, 경진, 2010.

에서 서정시란 불가능함을 반증하는 것이 되고 만다. '서정'은 마르크스-레닌주의 미학 속에서 재정립되어야 했으며, 이와 관련하여 가장 중요한 문제 중 하나로 떠오른 것은 '서정'과 '전형'의 관계 설정 방법이었다.

'유형은 전형이 아니다.' 이것은 '도식주의' 비판 논의의 근간이 되는 명제였다. 한 시대, 한 사회의 본질을 꿰뚫는 전형적 성격, 전형적 환경의 창조 여부는 사회주의리얼리즘 미학에서 작품의 가치를 평가하는 최고의 기준이었고, 이는 소설과 희곡의 경우 '인물-사건-배경'을 분석하는 유효한 잣대로 활용될 수 있었다. 그러나 소설에 근거한 전형론을 '서정시'에 적용하기 위해서는, "서정시의 특수성"을 고려하고 그 특수한 조건 하에서 '전형'이 어떻게 획득가능한가를 살펴야 했다.

「최근 우리 시문학 상에 제기되는 몇 가지 문제」(1954.9)에서 리정구가 당시 시문학에 나타나는 결함들의 근본 원인으로 지적한 것은 "우리 시인들에게 마르크스-레닌주의적 인식에 있어서의 전형에 대한 이해가 부족"하다는 것이었다. 먼저 "노동자나 또는 그의 감정은 다만 공작기계 옆에서나 작업 현장에서만 묘사"되어야 '전형'을 얻을 수 있다는 오해 때문에 비슷비슷한 주제나 표현 방식에 머물게 된다. 이런 식의 진단은 비단 시문학에 대해서만 내려졌던 것은 아니었는데, 리정구는 이에 더해 "서정시의 특수성"을 문제 삼는다. '서정시'는 "제약된 형식과 행수"를 가지고 있다. 이러한 특수성이 고려되지 않은 탓에 주제와 표현수법이 엇비슷하다는 결함은 한층 심각한 결과를 초래한다. 또 어떤 시들은 '서정시'의 형식에 대한 충분한 고려 없이 마치 소설이나 서사시를 쓰기라도 하듯 많은 사건과 인물을 등장시키는데 그 결과로 "잡다"함과 "비개성"의 수준을 넘어서지 못한다. "이 인물을 더 나가서 구체화하며 개성화하기에는 서정시는 너무나 좁은 면적을 가졌기 때문이다."

그렇다면 "가장 완전하고 가장 예리한 서정", "완전한 전형적 서정", "사회 역사적 현상의 본질에 합치되는 전형적이며 성격적인 서정"은 어떻게 창조될 수 있는가. 리정구가 제시한 방법은 크게 세 가지다. 첫째는 1952년 소비에트 19차 당 대회에서 피력된 말렌코프의 전형론을 따라 "의식적 과장과 강조"를 도입하는 것. 둘째는 운율 차원에서 "새로운 정형률 형식"을 창조하는 것. 셋째는 언어 차원에서 비문화적 통용어와 지방적 방언을 축출하고 부정확한 단어들을 제련하는 것. 다만 이 제안을 따를 경우 어떻게 '전형적 서정'의 창조가 가능한지는 괄호로 남아 있다. 실제로 말렌코프의 '의식적 과장'론은 얼마 후부터 작품을 천편일률화하는 '도식주의'의 폐해를 초래한 원인으로 파악되기 시작했다.[19] 또 "새로운 정형률"로 치자면 '반동적 민족주의' 노선에 섰던 김억에 의해 '격조시'라는 명칭으로 1930년대에 이미 실험되었던 것이다. '반동'과의 차이를 아무리 강조해도, 장르의 형식이 논의의 전면에 부각될 경우 그로부터 도출되는 결과는 '반동'들이 제시했던 '함정' 속으로 미끄러져 들어간다.

이러한 몇 가지 의문 사항에도 불구하고 리정구가 제시하는 대안은 실제 시 창작에 직접 적용가능하다는 장점이 있다. 아마도 시인으로 활동하고 합평회 토론에도 참여했던 이력이 이런 식의 실제적 대안을 제시하게 만들었을 것이다. 문제는 '전형적 서정'의 창조라는 궁극의 목적

19 "그런데 우리는 한때 선진 쏘베트문학 리론 중에서 일부 평론가들이 범한 오유를 기계적으로 답습함으로써 전형성 문제를 정치성의 발현으로만 인식했으며, 전형화의 방법은 반드시 과장하여야만 되는 줄로 알아왔습니다." 「전후 조선문학의 현 상태와 전망 : 제2차 조선작가대회에서 한 한설야 위원장의 보고」, 『제2차 조선작가대회 문헌집』, 조선작가동맹출판사, 1956, 39면.

과 구체적 지침 사이의 간극이다. 이는 미학이론과 창작론 사이의 간극이기도 한데, 사실 이론과 창작론은 영역 자체가 다르므로 간극이 발생하는 것은 당연하다고 해야 할 것이다. 주목되어야 할 것은 리정구가 이 간극을 '봉합'하려고 하고 있다는 점, 그러나 그 봉합이 거칠고 성급하게 이루어지고 있다는 점이다. 그는 이미 한물가기 시작한 말렌코프의 논의를 끌어들여 '전형' 창출의 방법을 제시했고, 식민지 시대부터 제기되어 왔던 조선시의 형식 문제를 반복함으로써 다른 장르와 독립된 '서정시' 고유의 영역을 확보하고자 했다. 당대 시문학에 만연한 결함의 극복이 그만큼 시급하고 긴요한 과제로 여겨졌기 때문일 것이다.

(2) 리정구의 글이 발표된 지 약 1년 후, 김명수는 「서정시에서 있어서의 전형성·성격·쓰찔」(『조선문학』, 1955.10)이라는 글을 통해 이 문제를 새로운 각도에서 조명한다. 그 역시 '서정시'에서의 '전형성'을 문제의 첫머리로 내세웠으되, 리정구가 제시한 각론에는 이의를 제기한다. 리정구는 "전형적 서정"의 창출을 궁극의 목표로 내세웠지만 실제적 논의에서는 '전형'의 창출과 '서정'의 충전을 위한 대안이 '따로' 제시되었다. 창작방법론에 입각한 논의인 이상 불가피한 결과이기도 했다. 반면 김명수는 "사실주의적 서정시의 고유한 법칙"을 이론화함으로써 '서정'에 대한 고정관념을 파기하는 데에 보다 중점을 두고 논의를 전개한다.

리정구가 서정시의 고유한 특징을 "좁은 면적"에 두었다면, 김명수는 시인 / 화자의 "목소리"에 둔다. 이 목소리가 "시대정신과 인민들의 생활 감정을 광범하게 대변하고 본질적으로 노래"하여 "시대와 인민의 목소리"가 될 때, '서정시'는 '전형성'을 얻는다. 관건은 "서정적인 '나'"가

"공민적 감정"을 바탕으로 하여 "일반적이며 인민적인 '나'"로 격상했는가 그렇지 않은가에 있다. 여기에는 '서정'의 오래된 관념에 대한 극도의 경계가 담겨 있는 듯 보인다. 이 장문의 글에서 김명수는 "서정시가 어떤 '순수한', 그리고 다만 '개별적인' 정서의 세계를 노래하는 장르라고 인식하는 것은 우리의 전투적이며 사실주의적인 서정시 전통과 아무런 인연도 없"음을 누누이 강조한다. 이 경계심에서 엿볼 수 있는 것은, 서정시가 순수한 감정 혹은 개인의 감정의 표현이라는 인식이 그때까지도 여전히 많은 이들에게 뿌리 깊게 남아 있었다는 점이기도 하다.

논의의 입각지가 다른 만큼 김명수는 당시 시문학에서 문제점으로 지적되던 사항도 리정구와는 다른 층위에서 다룬다. 당시 시들이 호소성이 빈약하고 유형과 도식에 빠지고 개성이 결여되어 있고 요란하게 만세나 외쳐대고 산문과 다를 바 없다는 진단 자체는 논자가 누구이건 대동소이했다. 그러나 김명수는 이러한 결함의 교정 지침을 낱낱으로 제시하지 않는다. 중요한 것은 시인의 역량에 달려 있다. "명료한 개성"을 간직한 한 개인의 목청으로부터 "시대의 목소리"가 울려나오게 하는 것은 시인의 재능과 내면세계의 풍부함 여부에 달린 문제다. '유형'과 '전형'이 처음부터 구분되는 것이 아니라, '전형'을 창조한답시고 "시대의 목소리를 조잡하게 전달"하면 그것이 추상적이고 도식적인 '유형'으로 전락한다. 말하자면 재능있는 시인이 '전형'을 창조한다면 재능 없는 시인은 '유형'을 반복하게 된다. 시의 스타일 역시 "시인의 전체 인간으로부터 흘러"나오는 것이며, 시의 형식 문제도 마찬가지다. 김명수는 새로운 정형률을 찾아야 한다는 리정구의 견해를 부정한다. 어떤 시가 불필요한 시행들과 난잡한 전개로 이루어져 있다면, 그것은 시행을 균형 있고 가지런하게 배치한다고 해서 해결될 문제가 아니다. 그 시인의 생각이 "산만하고 모호하기 때문에" 시의 형식도 그에 따라 산만하고 모호해진 것이다. 요컨대 '서정적 전형'은 도덕적 품격과 사상적 높이와 미학적 재능을 함께 갖춘 소수의 시인들에 의해 창조 가능한 것이 된다. 김명수가 의식하고 있었던 것 같지는 않지만, 그의 논의는 얼마간 '천재론'과 연장선상에 있는 듯 보이기도 한다.

이 글이 "사실주의적 서정시의 고유한 법칙"을 규명하는 데에만 한정되어 있었다면 '천재론'과 연결되어 있다고 해서 문제될 일은 없을 것이다. 그러나 당대에 평론에 부과된 임무는 이론의 규명에만 머물 수 없었다. 문학평론은 "급속히 선진적 이론으로 무장"하고 "작가들의 창작을 주도하는 방향"으로 나아가야 했다.[20] 이런 관점에서 볼 때 이 글이 수많은 시인들에게 부여하는 과제는 너무 무겁거나 불가능하다는 것이었다고 해야 할지 모른다. 개성과 일반성을 동시에 갖춘 '서정적 전형'을 창조할 수 있기 위해서는 시인 자신이 비범한 사회주의적 인간으로 업그레이드되어야 가능한 것인데, 그것은 창작 테크닉을 익히는 것만큼 단기간 내에 이룰 수 있는 일은 아니기 때문이다.

2) '정적(靜的)인 것'과 사실주의 미학

(1) '자연'과 '사랑'의 테마는 서정시에 대한 논의 중 가장 민감한 사안 중 하나였다. 앞에서 언급했듯 김명수는 주제의 유형화를 넘어서기 위

20 윤세평, 「8·15해방 이후의 문학평론」, 『문학의 전진』, 1950.7, 『자료집』 2, 105면.

한 방법으로 "사랑을 노래하며 자연을 노래하며 떠오르는 아침 해와 아름다운 저녁노을을 노래하는 서정시도 쓰자"고 제안했다.(1954.6) 리정구 역시 1954년 12월에 개최되었던 제2차 소비에트작가대회의 보고 및 토론에 비추어 '우리 서정시'를 검토하며 "인민들의 다양한 정신적 풍모와 우리나라 자연에 대하여 적게 주의가 돌려졌"음을 지적했다.[21] 또한 엄호석이 17차 상무위원회의 결정서를 맹렬히 비판하며 "서정적인 서정시는 거의 부정하는 데로 나아"갔다고 했을 때, 이 "서정적인 서정시"는 '자연'과 '사랑'에 초점을 맞춘 텍스트를 지시하는 측면이 강한 것이었다.[22] 말하자면 '서정'을 회복하기 위해서는 '자연'과 '사랑'을 테마로 포괄할 수 있어야 했다.

그러나 막상 '자연'과 '사랑'이 전경화된 시들을 대하고 보면 사회주의 리얼리즘 미학과 합치되지 못하는 것으로 여겨지곤 했다. '자연'과 '사랑'은 있어도 문제고 없어도 문제였다. '자연'을 묘사하는 방식에서 결함으로 지적된 것은 먼저 '장식성' 혹은 '기교'였다. 안함광은 자연이 묘사될 때 많은 시에서 "사상적 경향성"이 일시 중단되는 현상을 비판했다.(1951.8) 이때 자연은 "단순한 장식물"로 전락하고, 시에는 "방관적인 감정"이 노래된다. 한편 리정구는 "자연과 서경을 묘사"할 때 자주 "기교적 표현"이 나타나는 것에 우려를 표했다.(1954.9) '기교'라는 어휘를 쓴 것에 대해 그는 더 이상 부연설명을 하지 않지만 안함광과 같은 맥락에 있다는 것을 어렵지 않게 짐작할 수 있다. 이는 몇 년 후 엄호석에 의

21 리정구, 「우리 시문학의 제문제 : 제二차 전련맹 쏘베트작가대회와 관련하여」, 『조선문학』, 1955.8, 133면.
22 엄호석, 「문학 평론에 있어서의 미학적인 것과 비속 사회학적인 것」, 『조선문학』 114, 1957.2, 135면.

해 보다 정식화된 표현을 얻는다. "시인이 만일 자연이나 사랑을 공민적 빠포스(파토스—인용자)로부터 고립시켜 묘사한다면 자연을 자연 그대로 사진 찍으며 사랑을 사랑 그대로 향락만 하는 자연주의 앞에 무릎을 꿇게" 될 것이다.[23] 자연이 "'인간화'된 자연"으로 표현되지 못하면, 자연 묘사는 '자연주의'로 전락하게 된다.

리정구의 경우 위의 글에서 "자연과 서경"의 묘사와 관련하여 좀 더 무게중심을 두어 경계를 표한 것은 "기교주의적 편애와 은밀히 결탁"하여 "정경을 자꾸 고요하고 정막한 것으로만 보려고 하는 경향"이었다. 그는 김순석의 시 「수령」, 「진실한 사람들」, 「박달나무」를 예로 든 후 다음과 같이 언급한다.

> 이것은 위험한 경향이다. 고요하고 정막하고 온화한 곳에서만 아름다운 것을 찾으려고 하는 경향이 확실히 우리 일부 시인들에게 있다.
>
> (…중략…) 생활은 만약 그것이 정상적인 자기 발전의 도상에 있다면 그 모두가 아름다운 것이다. 정막하고 아름다운 것은 따로 있고 동적이고 선률적인 것은 아름다운 것이 아니라고 생각한다면, 이것은 큰 잘못이다.
>
> — 134면

예로 제시된 김순석의 시 구절을 볼 때, 리정구는 고요하고 정적인 것을 무조건 위험하게 보았다기보다는 "고요하고 정막한" 정경 묘사가 시의 정조를 다분히 외롭고 쓸쓸한 분위기로 이끌어간다는 것을 지적하려고 했던 것 같다. 그러나 이 언급은 이후 김명수의 반박에 직면하게 된다.

23 엄호석, 「시대와 서정시인 : 상반기 서정시초들을 중심으로」, 『조선문학』, 1957.7, 138면.

김명수는 리정구의 견해를 일부 수긍하면서도 "고요한 것에는 마치 아름다운 것이 없는 것처럼 보는 극단"으로 나아갔음을 문제 삼는다.(1955.10) 그는 "동적인 것과 정적인 것으로 구별하는" 리정구의 미학적 평가 방식을 부정하며 "고요한 것을 고요하게 노래했다고 해서 비난할" 근거는 어디에도 없다고 말한다. 대신 김순석의 시가 지니는 일정 정도의 결함에 대해서는 "낡은 예술적 취미"라는 다른 용어를 할당한다.

리정구에 대한 김명수의 비판이 타당했는지에 대해서는 얼마간 의문이 남는다. 그러나 그 타당성과는 별도로 김명수의 논리에는 눈길을 끄는 면이 있다. 그는 '정-동'의 이분법을 '낡은 것-새로운 것'으로부터 분리시킨 다음, '고요한 것' '정적인 것'을 '사실주의 서정시'가 지닌 자질의 일부에 포섭하려는 시도를 보여준다. 사실 '고요'와 '적막'은 이전부터 북의 문단에서 개별 시작품을 비판할 때 자주 등장한 표현이었다. 가령 시인 조령출은 몇 년 전 자신의 시 「강변에서」가 애상적 경향을 지니고 있으며 첫 부분이 "고요하고 적막하기 때문에 좋지 않다"는 평가를 받았었다고 회상한다. 그렇게 평했던 사람은 김순석이었다. 그러나 김순석은 이제 다시 리정구에 의해 그와 똑같은 평가를 받고 있으며, 비단 리정구에 의해서가 아니더라도 이미 "포에지의 정적인 경지"를 추구하는 대표적 시인으로 자리 잡고 있는 상태다. 조령출은 김순석의 모순을 지적하는 대신 그러한 "정적인 경지" 역시 좋지 않다고만은 할 수 없다는 말로 그의 시적 경향을 지지하며, 더불어 김명수의 견해에 전적인 동의를 표한다.[24]

'자연'과 '사랑'을 묘사함에 있어서 '낡고 애상적 취미'는 당연히 배제해야 할 것이었다. 그러나 도식화, 유형화의 위험을 넘어서서 다양성을

24 조령출, 「시 형식의 다양성 : 제2차 작가대회를 앞두고」, 『조선문학』, 1956.8, 135~135면.

갖추기 위해 '정적인 것'은 리얼리즘 미학이 포괄해야 할 요소여야 했다. 조령출은 누구나 "질풍노도"와 같고 "호랑이의 노화" 같고 "구름을 토하고 바람을 날리는" 시를 쓸 수는 없으며, "작은 새처럼 노래하되 생활의 진면목을 노래하며 작은 시냇물처럼 노래하되 세계의 객관적 진리를 노래한다면 그것은 나쁠 게 없다"고 말한다. 또 얼마 후에는 김순석의 시를 구체적으로 살피며 '정적인 것'의 미학을 밝히려는 시도가 나타나기도 했다. 「처녀지」라는 시는 "부드럽고 담담한 흙냄새 풍긴 대지에서 머리를 쳐드는 새싹들의 조용하나 깊은 목소리가 들려오는 새 향촌의 한 폭" 속에서도, 낡은 것과 새로운 것의 충돌을 그려 보여주는 작품으로 제시된다. 또 「화토'불아 타올라라」에서 보이는 젊은 남녀의 사랑은 "조용"하고 "다정"한 동시에, "저 개간지인 양 광활하고 강렬하다."[25]

애상적이고 퇴행적인 면은 제거되고 고요하고 적막하고 정적인 특징만을 간직한 '사실주의 서정시.' 이런 시가 실제로 얼마만큼이나 가능할 수 있는지는 미지수로 남겨진다. 단 이 논의 속에 '사실주의 서정시'의 풍요로움을 확보하기 위한 미학이론적 고투가 내포되어 있다는 점만은 충분히 주목할 가치가 있을 것이다. 그러나 '정적인 것'을 긍정하려는 평론가와 시인들의 힘겨운 시도는 북의 체제 안에서 매우 위태로운 것이기도 했다. 실제로 1958년이 지나면, "포에지의 정적인 경지"를 추구한 것으로 평가되던 김순석의 시들은 타도해야 할 "부르조아적 반동 조류"로 혹독하게 비판된다. "자연풍경을 노래한 것이 나쁘다는 것은 아니"지만, 김순석이 즐겨 그린 "자연풍경"은 "도식주의와 구호시를 반대한다는 간판" 아래에서 "고독과 애수가 짙은 소부르죠아 사상을 그대로

25 리효운, 「시인의 얼굴」, 『조선문학』, 1957.4, 120~121면.

노출시킨 작품"에 불과한 것으로 평가된다. 또한 김순석의 시를 높이 평가한 김명수 역시 "우연분자"라는 비판을 면할 수 없게 된다.[26]

(2) '자연'과 '사랑'의 형상화 방식과 '정적인 것'의 리얼리즘 미학적 가능성은 또 한편 서정시에 있어서 '갈등'을 어떻게 해석할 것인가 하는 논쟁으로 이어지기도 했다. 김명수는 서정시가 "아름다운 자연도 노래하며 즐거운 사랑도 노래"할 수 있지만 "갈등과 담을 쌓은 어떤 무풍지대의 왕국이 아"님을 단호하게 지적한다.(1955.10) 또한 그는 「농촌생활과 문학의 진실」(『조선문학』, 1955.3)에서 "왜 농촌 생활을 노래한 우리의 허다한 서정시들에는 목가와 피리소리만이 울려나오고 있으며 우짖는 들새 소리와 훨훨 나는 두루미의 날개로 충만되어 있는가?"라고 반문하기도 한다. '자연'의 묘사는 '낡은 애상'에 쉽게 빠지는 경향이 있는 한편으로, 매개 없는 낙관주의로 기울어지기도 쉬웠다. 좀 더 정확히 말하면, '생활의 투쟁'을 삭제하고 "보랏빛 무지개와 같은 구름 속의 행복", 허공에 붕 뜬 비현실적인 파라다이스를 그릴 때에, '자연'은 시의 전면에 안일하게 불려나오는 경향이 강하기도 했다.

김명수는 이를 희곡에서 주로 논의되던 '무갈등론'에 대한 연장선에서 "무갈등의 시"라 명명하며 질타했다. 희곡이나 소설과 다른 형태를 취하기는 하지만 "서정시에도 갈등이 존재한다는 것은 너무나도 명백하다." 다만 그것이 인물과 인물의 투쟁 형태로 드러나지 않을 뿐이다. 조령출 역시 이순신의 시조를 예로 들어 김명수의 견해에 동조를 보내며 서정시

26 윤세평, 「시문학에서 부르죠아 사상 잔재를 반대하여」, 『문학신문』, 1959.1.4, 『자료집』 5, 63~67면에서 재인용.

에서는 "은폐된 갈등"이 중요함을 역설한다.(1956.8) 즉 표면적으로 고요해 보이더라도 이면에는 숨은 갈등이 존재해야 한다는 것이다.

그러나 한편으로는 과연 서정시에서 '갈등'을 논하는 것이 유의미한 일인가 하는 의문이 제기되기도 했다.

> 우수한 서정시일수록 상호 대립물의 투쟁 속에서 전변되는 우리 현실의 본질이 더욱 심오하고 예리하게 반영된다고 생각한다. 그러나 그렇다고 해서 이것이 어떻게 곧 서정시에서의 갈등으로 되겠는가? 만일 이것이 곧 갈등이라면 크건 작건 우리 서정시에는 갈등이 없는 것이란 하나도 없다는 결론으로 끌고 갈 것이다.[27]

박근의 견해에 의하면, '갈등'을 김명수나 조령출식으로 폭넓게 해석하면 문학 작품에서 갈등을 논하는 것은 하나마나한 이야기가 된다. 현실 속에 존재하는 갈등은 "시인이 현실에 침투하며 사색하는 과정에서 이미 내부적 체험을 통하여 축적 형상화된 작품에 결정적인 작용"을 한다. 그러나 그것은 "미학적 개념으로서의 갈등"이라고는 할 수 없다. 현실에서 발생하는 갈등과 미학 개념으로서의 갈등은 분명히 구분되어야 한다. 이후 엄호석은 "갈등에 대한 비속 사회학적 견해로부터 또한 장르의 고려 없이 어떠한 문학 작품에서든지 갈등이 있어야 한다는 독단"이 흘러나오고 있다며 김명수에 대한 박근의 비판을 지지하기도 했다.[28]

---

27 박근, 「서정시에서 갈등과 성격」, 『조선문학』, 1956.5, 159면.

28 엄호석, 「문학 평론에 있어서의 미학적인 것과 비속 사회학적인 것」, 『조선문학』 114, 1957.2, 131면.

이 논의는 결국 사회주의리얼리즘 미학이론을 어느 정도까지 '서정시'에 적용할 수 있는가 하는 난제에 닿아 있다. 전형론이든 갈등론이든 사회주의리얼리즘 이론은 기본적으로 서사문학을 기반으로 해서 개진된 것이었다. '서정시'를 부르주아적 낡은 세계에서 단절시켜 사회주의 문학의 내부에 위치 짓기 위해서는, 서사적 장르 혹은 산문문학에 기반을 둔 이론을 빌려서 논의를 전개하는 수밖에 없었다. 그렇지 않을 경우 '사회학'적 판단을 그대로 문학에 적용하는 우를 범하거나 아니면 '부르주아 문학'의 어법이 되살아나고 만다. 그러나 이러한 논의 전개 방식도 '갈등'이라는 개념 앞에서 다시 난관에 봉착한다. 서정시의 특수성, 즉 장르 자체의 내적 원리를 고려하지 않는다는 해묵은 문제 앞에 또 한 번 직면하게 되는 것이다. 김북원은 얼마 후 제2차 조선작가대회에서 만약 "서정시에 있어서의 갈등과 서정적 주인공의 문제"가 계속 논란이 된다면 "원론적 문제의 복습은 하게 될 것이라" 언급했다.[29] '복습'만으로는 앞으로 나아갈 수가 없다. '서정시'를 다룰 때 나타나는 논리의 악순환을, 당시 북의 문인들도 걱정스러워 하고 있었던 듯하다.

3) '서정'과 '서사'의 결합 원리 : '서정적 주인공'과 '서정서사시'

(1) 서사 장르나 극 장르에 기반을 둔 이론으로 '서정시'의 미학적 특징을 설명하려는 것은 "기계론적 적용이며 속학적 견해"(박근)이고 "프

29 김북원, 「시문학의 보다 높은 앙양을 위하여」, 『제2차 조선작가대회 문헌집』, 조선작가동맹 출판사, 1956, 125면.

로크루스테스의 침대”(엄호석)와 다를 바 없다는 비판. 분명 일면의 정당성을 지니고 있는 것이나, 이 비판의 대상이 되었던 장르 횡단적 이론 정립의 시도 역시 불가피한 면이 없지 않았다는 점도 지적해야 한다. 북의 문학계에서는 이른 시기부터 ‘서사시’ 창작을 북돋기도 했거니와, 텍스트의 길이가 짧건 길건 내러티브를 포함한 시들이 실제로 많이 창작되기도 했기 때문이다. “자기의 시대를 노래하며 거기에 참가한 자기 자신과 인민을 노래하는 것은 자연히 하나의 이야기를 형성시키게 하며 서정시에 슈제트를 요구하게 된다.”[30] 해방 후 이는 차라리 하나의 고무적 경향이었으니, 서사 장르의 “문예학상 술어”를 ‘서정시’에 도입하려는 시도는 이미 그때 예정되어 있었다고 볼 수도 있다. 그러나 ‘서정의 빈곤’이 시문학의 주요한 결함으로 지적되는 국면이 되자 ‘서정’과 ‘서사’, 혹은 ‘서정’과 ‘슈제트’의 상호성 역시 쟁론지점으로 두드러지기 시작한다. ‘서정의 빈곤’을 초래하는 큰 요인 중 하나가 “잡다한 사건” 혹은 “인위적 슈제트”로 파악되었던 까닭이다.

‘서정시’에서 발견되는 서사적 특성, 즉 ‘슈제트’에 대해서는 대략 두 방향의 논의가 진행된다. 하나는 “서정시만의 고유한 슈제트”는 무엇인가. 또 하나는 “서정적 주인공”은 어떤 존재여야 하는가. 이 중 첫 번째는 ‘슈제트’를 느슨하게 해석하는 것으로써 해소될 수 있었는데, 앞 절에서 살핀 ‘갈등’에 대한 논의와 얼마쯤 연동되어 있는 것이기도 하다. 서정시의 ‘슈제트’는 소설이나 희곡처럼 발단, 전개, 절정, 결말을 지닌

---

30 김명수, 「서정시에서 있어서의 전형성·성격·쓰찔」, 『조선문학』, 1955.10, 158~159면. 북한에서 ‘슈제트’는 영어로는 ‘plot’, 남한에서는 ‘구성’으로 번역될 때가 많다. 북에서 ‘슈제트’는 1960년대 중반 이후 ‘얽음새’로 번역된다. 박기훈, 앞의 글, 26면.

줄거리나 논리적 진행으로 이루어지지 않아도 좋다. "주인공들의 성격이 예리하게 천명될 수 있는 그러한 모멘트를 첨예하게 포착"할 수 있다면, 그것이 바로 서정시의 슈제트가 지닌 특성이 된다.[31]

두 번째의 경우는 남한의 문학어법으로 풀어서 얘기해 보면 다음과 같은 논의가 포함된 것이었다. 극적 설정이나 내러티브가 도입된 시의 경우는 시인과 화자, 화자와 작중인물이 표면적으로 동일하지 않은 경우가 있다. 그렇다면 '사실주의 서정시'에서 시인과 화자, 화자와 등장인물은 어떻게 관계 맺을 수 있는가. 혹은 언어학적인 용법을 빌려 말한다면, 언술주체와 언술내용주체는 서정시에서 어떤 특수한 관계를 지향해야 하는가. "서정적 주인공"은 이 문제를 개념화할 주요한 용어로 부상한다. 문헌상으로는 이와 관련된 논의가 산발적으로 확인될 뿐이지만, 제2차 조선작가대회에서 작가동맹 위원장 한설야가 보고한 내용을 참조할 때 이는 당대 작가·시인들 사이에서 뜨거운 이슈였던 것으로 보인다. 한설야는 이렇게 언급했다. "최근 대회를 앞두고 우리 중의 일부 시인들과 평론가들 사이에는 서정시를 중심으로 논쟁이 벌어졌었습니다. 누구는 서정시에 있어서의 서정적 주인공은 시인 자신을 말한다고 고집했으며 그와 의견을 달리하는 사람은 서정적 주인공은 시인 자신도 되며 그 어떤 제삼자도 되어 나아가서는 군중의 대변인으로도 된다고 주장했습니다."[32]

'서정적 주인공(лирический герой / lyrical hero)'은 1921년 러시아의 비평

31 김명수, 앞의 글, 159면.

32 「전후 조선문학의 현 상태와 전망 : 제2차 조선작가대회에서 한 한설야 위원장의 보고」, 『제2차 조선작가대회 문헌집』, 조선작가동맹출판사, 1956. 47면.

가 띠냐노프가 상징주의 시인이었던 알렉산드르 블록을 논평하면서 처음 제시한 개념이었다. 'hero'라는 단어를 통해 짐작할 수 있듯, '서정적 주인공'은 확실히 '목소리'보다는 '인물의 형상'을 지시하는 뉘앙스가 강하며, 실제로 이야기를 내포하고 있거나 모종의 정황이 설정된 장시(長詩)에서 시인의 분신에 가까운 주인공을 지칭할 때 쓰이던 말이었다. 그러나 이 말은 문학용어로 폭넓게 사용되면서 '시인의 형상'이나 '서정적인 나'와 의미 상 변별이 사라지게 되고, 1953~1954년 소비에트문학자들은 이에 대한 토론을 전개하기에 이른다.[33] 1954년 12월 제2차 소비에트작가대회가 개최되고 북의 문인들이 이에 대한 지대한 관심을 보였음을 감안할 때, '서정적 주인공'을 둘러싼 소비에트문단의 논쟁은 북의 문인들에게도 직접적 영향을 미쳤을 것으로 보인다.

하지만 이 논쟁은 소련에서나 북한에서나 시에 대한 근원적인 관점의 차이로 번져가거나 하지는 않았다. '서정적 주인공'이라는 말의 애매모호한 심급은 오히려 '사실주의 리얼리즘' 안에서 '서정시'에만 고유할 수 있는 문예학적 술어의 문제로 넘어간다. 이와 관련하여 김명수는 시인과 다른 주인공들의 상호 침투를 강조하면서도 시인의 장악력을 우선순위로 내세웠다.(1955.10) "서정 시인들은 이 사람들 속으로 뛰어들어 이 사람들의 가슴 속에 꽃피는 감정과 사고"와 "성격 — 내면세계"를 보여주어야 한다. 그러나 다른 장르와 달리 서정시에서는 "서정 시인의 자체 성격이 항상 주도적 위치"를 차지하며, 다른 등장인물들의 성격은

33 러시아 문학의 '서정적 주인공' 논의는 다음 논문을 참조, 요약했다. 이명현, 「서정적 주인공에 관하여 : 블록(A. A. БЛОК)과 상징주의 시대를 중심으로」, 『러시아어문학연구논집』 24, 한국러시아문학회, 2007.

"시인 자신의 성격에 좌우되며 가치평가의 노골적 표현" 속에 노출된다. 요컨대 표면적으로 시인과 화자가 달라도, 혹은 화자와 주인공이 달라도, 이 세 심급은 '시인'의 세계관으로 수렴되어야 한다. 이렇게 화자의 심급과 등장인물의 심급을 흡수한 시인이 "서정적 주인공"으로 재규정된다. "서정시인 — 서정적 주인공은 생활하며 투쟁하는 우리 사회의 공민이다." 리효운은 이후 이를 좀 더 정식화한 문장으로 표현한다. "일반적으로 말하여 사실주의 시가의 서정적 주인공은 해당 시인의 창작 전체에 반영된 그 시인을 포함하여 그가 속한 사회의 수백만 현대인의 전형적 얼굴이여야 하며 동시에 그 속엔 해당 시인만이 가지는 목소리와 얼굴이 뵈여야 한다."[34] 말하자면 "서정적 주인공"은 시인을 닮았으되 시인과도 화자와도 등장인물과도 다른, '전형'에 해당하는 시학 개념의 가능성으로 발견된다.[35]

이 논의는 1960년대에 들어서도 얼마간 지속되었다. 그러나 실제 쓰임새에 있어서 '서정적 주인공'이라는 말은 '전형'이라는 뜻에 단단하게 묶여 있었던 것 같지는 않다. 시의 분석이나 해설에서 "서정적 주인공"은 특별한 규정 없이 때에 따라 '시인'을 혹은 '화자'를 가리키는 말로 사용된다. 단시에 대해서도 장시에 대해서도 사용된다. 물론 어떤 어휘나 관용어가 반성의 대상이 되어 엄밀한 개념의 지위를 획득하는 것이 반드시 긍정적인 가치를 지니는 것은 아니다. 또 '서정적 주인공'의 기원

34 리효운, 「시인의 얼굴」, 『조선문학』, 1957.4, 125면.

35 소련의 경우 '서정적 주인공'을 '전형'의 일종으로 해석하는 방식은 주류적인 접근법이기는 했으나 유일한 것은 아니었다. '서정적 주인공'은 바흐친을 비롯한 여러 문학 연구자들에 의해 서정시의 존재론적 특질을 밝혀내기 위한 매듭점으로 활용되기도 했다. 이명현, 앞의 글, 128~136면 참조.

이 세기말 러시아 상징주의와 밀접하게 연관되어 있음을 상기할 때, 이 말을 사회주의리얼리즘 미학의 개념으로 수렴하는 것이 온당한 재해석이랄 수 있는지에 대해서도 다분히 의문의 여지가 있다. 다만 그런 한계와 의문점을 고려하더라도, '서정적 주인공'이라는 말이 지닌 개념화 가능성이 밀도 있게 지속적으로 탐색되었다면, "원론적 복습"을 맴돌던 '사실주의 서정시' 논의에 어떤 식으로든 하나의 출구가 마련되었을지도 모른다는 가정은 해볼 수 있을 것이다.

(2) 북의 문학담론에서 하나의 갈래명으로 정착된 '서정서사시'라는 말은 1946년경 조기천에 의해 처음 사용된 것으로 추정된다. 박남수의 회고에 의하면 토지개혁을 다룬 「땅」이라는 조기천의 시가 그해에 '서정서사시'라는 명칭을 달고 발표되었으며, 1948년 제2회 예술축전 때에는 「우리의 길」이 역시 '서정서사시' 분야에 제출되어 일등에 당선되었다고 한다.[36] 조기천의 시도는 소련 2세 시인 정률, 소련 군대에서 발행하던 『조선신문』과 관계를 맺고 있던 리정구 등에 의해 지지되었다. 정률은 조기천을 "조선시계의 신형식(서사시 서정서사시 발라다 등 기타)의 창조자이며 실천자"라 상찬한다.[37] 또한 리정구는 "해방 전 우리 시문학은 그리 완전한 장편서사시나 서정서사시를 가지지 못하였"는데, 해방 이후 "쏘베트문학을 가장 많이 연구한 조기천 씨에 의하여 장편서사시 『백두산』과 서정서사시 『우리의 길』을 가지게 되었"다고 쓰고 있다.[38]

36 현수(박남수), 『적치 6년의 북한문단』(중앙문화사, 1952), 보고사, 1999, 60·95~100면.
37 정률, 「시인과 현실 : 조기천 씨의 창작을 평함」, 『문학예술』, 1949.7, 17면.
38 리정구, 「쏘베트시문학과 우리 시인들」, 『문학예술』, 1950.2, 64면.

소련계 문인에 의해 쓰이기 시작한 '서정서사시'라는 말은 '서정적 포에마(лирическая поема / lyrical poema)'에 대응하는 명칭이었을 가능성이 높다. 혹은 '포에마'로 여겨지는 텍스트를 때에 따라 '서사시'나 '서정서사시'로 지칭한 것일 수도 있다. '포에마'는 '에픽(epic)'과 달리 서사성을 지닌 러시아의 운문 작품을 가리키는 장르 명이다. 19세기의 문학평론가 벨린스키 이래 사건에 대한 서사와 함께 서술자의 주관을 드러내는 서정적 기술의 결합이 이 장르의 보편적 특질로 거론되어 왔다고 한다. '포에마'는 19세기의 푸슈킨, 레르몬토프에서부터 20세기의 블록, 마야코프스키의 작품을 가리키는 용어로 폭넓게 사용되기에 이르는데, 그 과정에서 '서사적 포에마' '낭만주의 포에마' '서정적 포에마' 같은 용법도 함께 등장한 것으로 보인다.[39]

그러나 '서정적 포에마' 혹은 '포에마'가 '서정서사시'로 번역되면, 원어에서와는 다른 문제가 개입된다. '서정적 포에마'의 '서정적'이라는 수식어가 유동적인 속성의 기술에 한정된다면, '서정서사시'의 '서정'은 합성어의 어근으로 고착된다. '포에마'의 서사적 속성이 '서사시'라는 번역어 안에서 직접 노출된 위에, 서정성이라는 속성도 다시 직접 노출되는 것이다. '서정서사시'라는 말 속에서 속성은 어휘에 이중으로 노출되어, 그 어휘-속성이 포함된 범주들, 즉 '서정'과 '서사'와 '서정시'와 '서사시' 등에 대한 반성적 규명을 잠재적으로 요구하게 된다.

'서정서사시'는 북의 문학 개념에 익숙하지 않은 우리에게 낯설고 애매하게 느껴지는 것만큼이나, 문학의 가치와 임무를 재편하고 새롭게

39 이장욱, 「'작은 서사시'의 세계」, 고려대 박사논문, 1999. 9~11면; 이명현, 「「징벌」의 서정적 프레임들」, 『러시아어문학연구논집』 20, 한국러시아문학회, 2005.10, 37~38면 참조.

이론화하는 과정 속에 있던 1950년대 북의 문인들에게도 호락호락한 어휘는 아니었던 듯하다. 어법상으로 '서정서사시'는 분명 '서사시'의 하위갈래로 파악되었다. 김명수(1955.10)는 "조기천에 의하여 개척된 서정서사시의 장르"가 "서사시의 범주에 속하"며 "기본적으로 극적 갈등과 첨예한 슈제트의 객관적 발전에 의거하여 시인 자신의 서정적 토로"가 수반된 것이라 정의한다. 그러나 원어로 추정되는 '서정적 포에마'라는 말이 그러하듯 애초에 이 말 역시 특별히 개념적 숙고의 과정을 거쳐 사용되기 시작한 것은 아니었고, 실제로 어떤 것이 '서정서사시'인지도 분명하지 않았다. 예컨대 민병균의 「분노의 서」는 어떤 글에서는 "서정서사시"로, 어떤 글에서는 "서사시"로 지칭된다. 조기천의 「항쟁의 려수」 역시 "장편서정서사시"로 불리기도 하고 "서정시편"으로 불리기도 한다. 주로 "장편서사시"로 지칭된 조기천의 『백두산』이 "서정서사시"로 명명된 적도 있다.[40]

'서정서사시'라는 명칭에 내재한 '서정서사'의 속성적 구속력은 '서사시'의 '서정시적 원리'가 규명대상이 되면서 하나의 난점으로 수위에 떠오르게 된다. 리정구는 제2차 소비에트작가대회의 보고를 빌려 "서사시적 작품 속에 서정시적 형식이 조직적이며 균형 있게 편입되지 못하"는 문제점을 지적하며 "서사시적 원리와 서정시적 원리의 유기적 통일"을 강조한다.(1955.8) 일차적으로 그는 당대의 '서사시'들에 나타나는 "서

---

40 이와 관련된 글은 다음과 같다.
리정구, 「쏘베트시문학과 우리 시인들」, 『문학예술』, 1950.2; 한효, 「새로운 시문학의 발전」, 『문학의 전진』, 1950.7; 정률, 「시인과 현실 : 조기천 씨의 창작을 평함」, 『문학예술』 2-7, 1949.7, 37면; 리정구, 「시인 조기천의 문학적 활동과 애국주의 사상」, 『문학예술』, 1952.11, 118면; 엄호석, 「생활의 체험과 창작 빠포쓰 : 최근의 서정시와 관련하여」, 『조선문학』, 1958.12.

정시적 원리"가 서사시적 형상을 조잡하고 산만하게 만드는 점을 질타하고 있다. 그러나 그의 결론은 서정성에 구속되지 말자는 것이 아니라, '서정시적 원리'를 제대로 작동시키자는 쪽으로 수렴되는 것이었다.

소비에트작가대회의 보고를 기반으로 쓰인 글임을 생각하면 이런 주장은 당연한 것이기도 했다. '포에마'에 대한 러시아의 오랜 논의 속에서 '서정시적 원리'는 '포에마'의 본질적 요소 중 하나로 간주되었기 때문이다. 하지만 '포에마' 대신 '서사시'라는 말을 쓰는 조선어 체계 안에서 이는 모종의 충돌을 불러일으킨다. 조선의 문학어에는 이제 '서사시'도 있고 '서정서사시'도 있다. 그런데 '서정시적 원리'가 '서사시'의 본질 중 하나라면, '서정서사시'는 어떻게 정의될 수 있는 것인가.

리효운은 "서정-서사시"의 특수성을 도출하기 위해 해방 후 작품들뿐 아니라 구전민요까지 아울러 살피고 '서사시'와의 구성 원리를 비교한 끝에 "서정-서사시는 말하자면 '중편 서사시'인가?"라는 자문(自問)에 도달한다.[41] 그는 이에 대한 답을 회피했다. 길이나 분량의 문제라면, '서정서사시'라는 명칭은 명명의 기반을 잃기 때문이다. 결국은 논의의 출발점으로 회귀하여 "서정적 묘사와 서사적 묘사가 유기적으로 호상작용한 묘사 방식"을 강조하는 수밖에 없었다.

'서사시'의 서정적 원리가 강조되는 방식도 이와 크게 다르지 않았다. '서정서사시'가 '서사시'와 변별되는 원리를 구해야 했다면, '서사시'는 다른 서사 장르, 즉 소설과의 변별 원리를 명확히 해야 했다. "표현에 있어서 산문적이며 따라서 포에지를 감살"시키는 서사시는[42] 무엇으로

41 리효운, 「우리 서정-서사시에 대한 몇 가지 생각」, 『조선문학』, 1956.10, 164면.
42 엄호석, 「조선문학과 애국주의 사상」, 『문학의 전진』, 1950.8, 『자료집』 1, 487면에서 재인용.

'시'임을 증명할 수 있는가. 운율에 확실히 기댈 수 없는 바에 이 문제에 대한 답을 마련해 줄 수 있는 것은 다시 '서정'뿐이었다. 이와 관련해 리정구가 다분히 현상 비판에 치중했던 데 비해 김순석은 이후 이 논리를 좀 더 분명하게 표명한다. "서사시는 곧 서사성과 서정성의 예술적 결합이 없이는 성립될 수 없으며 따라서 서정 서사적 장르에 속하는 문학 장르인 것이다."[43] 그리고 1961년 '서사시'를 본격적으로 다룬 한 글에서, 서사시에서의 '서정'의 필연성은 선언적으로 주장되기에 이른다. "서사시는 서사적 특징들과 서정적 특질의 호상 유기적인 침투 관계에 기초한 장르"로서 "서정-서사적 장르의 한 형태"이다.[44]

'서사'와 '서정'과 '시'라는 말을 섞어 장르를 지정해야 하는 어휘 빈곤 속에서, 관계는 애매해진다. 애초에 '서정서사시'는 '서사시'의 부분집합으로 착안되었다. 그러나 '서사시'의 장르적 독자성에 대한 탐색은 '서정서사'라는 어휘 합성을 통해 더 큰 범주, "서정서사적 장르"를 고안하게 만든다. '서사시'의 상위범주도 '서정서사(서정서사적 장르)'이고 하위범주에도 '서정서사(서정서사시)'가 있는 셈이다.

이 동어반복의 논리에서 주목해야 할 것은 '서정'에 대한 절박함 혹은 강박이라고 할 수 있을 것 같다. 북의 많은 논의들에서 강조되듯 만약 서사시가 '시'인 이상 서정성이 내재해야 하는 것이라면, '서정서사 장르'든 '서정서사시'든 앞에 붙은 '서정'은 췌언에 가까울 것이다. 그러나 서사시도 '시'임을 확실히 하기 위해서는, '서정'의 표식을 그런 식으로 분명히 '눈에 띄게' 만들어야 한다. 보이지 않으면 사라지리라는 두려움. 이

43 김순석, 「시의 새로운 전진과 목표」, 『조선문학』, 1958.1, 112면.
44 김진태, 「서사시의 몇 가지 특성」, 『문학연구』 2, 1961, 『자료집』 5, 372면에서 재인용.

기이한 장르명은 그런 두려움을 양분으로 섭취하며 자라나 북의 문학체계 안에 하나의 '사실'로서 확고한 자리를 얻게 된 것일지도 모른다.

4. 남은 문제들

북한에서 전개된 1950년대의 '서정시' 논의들을 이 글에서는 위와 같이 셋 정도로 크게 갈래지어 보았다. 그러나 실제 논의들은 여러 가지 문제들이 복합적으로 거론되는 양상을 보인다. 또 논쟁이나 반박의 경우도 하나의 주제를 중심에 두거나 일관된 흐름을 타고 전개되기보다는 단편적이거나 부분적으로 이루어진 때가 많다. 그런 만큼 '서정'을 둘러싼 북의 논의들은 세부적 주제를 아우를 수 있는 좀 더 거시적 관점 속에서 조망될 필요가 있었을지도 모른다.

이런 한계를 떠안은 채로나마 이 글에서 접근하고 싶었던 문제는 '서정'의 특이한 위상 및 '낡은 잔재 / 유산'과 '새로운 지향'의 접목 방식이었다. 1950년대 북의 문인들이 '서정시'에 대한 논의를 전개하는 데에 소비에트문예이론이 큰 영향력을 미쳤으리라는 점에는 의심의 여지가 없다. 그러나 그들이 쓰는 언어는 러시아어가 아니라 조선어였고, 문학과 관련된 근대 조선어에는 유럽과 일본의 문명 / 문화가 무겁게 침전되어 있었다. '서정'은 그 무게로 가장 심하게 휘어진 말 중의 하나였다고 해도 좋을 것이다.

이 낡은 유산인 '서정'을 어떻게 새로운 건설적인 의미로 충전시킬 것인가. 이는 어떤 면에서 1920년대 김기진과 박영희의 논쟁 한 대목을 떠올리는 데가 있다. 김기진의 관점을 '예술지상적'이고 '초계급적'이라 비판한 박영희에 대해 김기진은 이런 반론을 제시한다. 프롤레타리아 혁명을 끌어낸 마르크스와 엥겔스도 그들 자신은 부르주아적 인텔리겐치아였듯, 프롤레타리아 문예 역시 "난숙한 부르조아 문예"로부터 발생되었다는 것이다. 그러니 구문예의 "내용과 형식의 온전한 조화"를 익히는 것은 구문예를 그저 따라한다는 뜻을 지니지 않는다. 오히려 구문예에 대한 해부와 분석으로 이어져 역으로 "구문학 파괴의 원동력"이 될 수 있다. 낡은 것으로 낡은 것을 일소하기. 김기진이 주장한 방법론은 '서정'으로 '서정'을 혁신하려 한 1950년대 북의 문인들의 논의와 아주 먼 거리에 있지는 않은 듯하다.

다만 북의 문인들에게는 이 방법론에 대한 자의식이 개입되어 있지는 않았다. 다시 말해 '서정'이라는 말에 침전된 의미는 낡은 것으로 의심했으되 '서정'이라는 말 자체는 아이러니하게도 '초계급적'인 것으로 받아들였다. 이런 접근법이 '서정'을 재전유하려는 시도에 보탬이 되었는지 아닌지는 확실치 않다. 회의가 없었기에 더 적극적인 태도를 보였다고 할 수도 있고, 반대로 기획 의도가 굴절을 겪는 데에 더 무방비였을 수도 있을 것이다. 이 글에서는 그저 그 '시도'가 어떤 식으로 이루어졌는지를 가능한 한 충실히 따라 읽으려 했다. 그 시도가 어떤 '귀결'에 이르게 되었는지에 대해서는 보다 폭넓은 시야가 확보된 후일의 연구를 기약하기로 한다.

북한문학계의 자유시 운율론

1957~1961년 사이의 논의를 중심으로

신지연

1. 머리말

이 글은 북한에서 전개된 자유시의 운율에 대한 논의를 정리하기 위한 목적으로 쓰였다. 특별히 이 테마에 주목하는 이유는, 시라는 장르를 향한 근대적 시선 '일반'과 북한 문학예술 이념의 '특수성'이 지닌 관계의 일단을 포착할 수 있을지 모른다는 기대 때문이다.

'사회주의적 내용에 민족적 형식' 1925년 스탈린의 언설로부터 끌어낸 이 문구는 주지되다시피 해방 직후부터 북한문화예술계의 지침이 되어 준 것이었다. 그러나 해방 후 몇 년간, 실제 창작 및 이에 대한 논평 현장에서 이 공식이 그대로 통용되었다고 보기는 어렵다. 무게중심은 거의 언제나 '사회주의적 내용'에 놓였고, 시문학 분야의 경우 그 '내용'의 스펙트럼은 '공민적 빠포스'로 수렴되곤 했다. 시와 다른 장르를 구분하는 기준도 여기에 있었다. "신문기사와 시의 차이"는 '형식'에서 오는 것이 아니라, "전자가 단순한 사실의 반복인 데 반하여 후자는 인간의 고귀한 정서의 표백(表白)이며 시인의 뜨거운 감정의 표상"이라는 점에서 찾아졌다."[1]

이 확신의 분위기에 미세하게나마 균열이 가는 것은 "시가 산문으로부터 자기를 구별하는 힘이 대단히 약"한 듯하다는 염려가 진지하게 고개를 들면서부터였다.[2] '뜨거운 공민적 감정'은 여전히, 그리고 앞으로도, '서정시'라는 장르의 가장 중요한 내포였지만, '시의 산문화'라는 염려 섞인 판단은 시를 시로 만드는 좀 더 확고한 기준을 필요로 했다. '운율'의 문제가 시에 대한 논의에 개입되는 것은 이 지점이었다. 1952년 말, 평론가 엄호석은 시인 김상오에 대해 상찬을 아끼지 않으면서도 "이 시인의 최대 약점인 운률의 미약성"에 대해 유감을 표명한다.[3] 또한 이를 김상오 개인의 문제로만 한정짓지 않고, "운률의 문제에 있어서 조선 시인들"이 놓인 "불행한 처지"와 연관 짓는다. "조선말의 특수한 구조" 때문에 틀을 만들거나 운을 밟기 어렵다는 것이 그 이유였다. 이는 물론 "시인의 감정에 일으키는 음악에 대한 섬세한 감각으로 아름다운 내재적 운률의 시를 쓸 수 있"음을 강조하기 위한 것이었지만, 그러면서도 동시에 정형 형식의 부재가 모종의 결핍으로 인지되고 있다는 사실을 드러내기도 한다.

이 같은 문학적 진단 속에서 '사회주의적 내용에 민족적 형식'이라는 명제의 두 번째 항은 비로소 시 창작에 대한 논의 속으로 흡수되기 시작

1 한효, 「시단소감」, 『문학예술』, 1949.6, 30면.
2 안함광, 「싸우는 조선의 시문학이 제기하는 주요한 몇 가지 특징」, 『문학예술』, 1951.9, 85면.
3 엄호석, 「문학 발전의 새로운 징조 : 최근의 작품들과 그 경향을 말함」, 『문학예술』, 1952.11, 106면.

한다. "시 작법 상 일종의 무제한한 자유"를 가져오는 "내재율" 혹은 "자유율"은 차라리 "자유주의를 발휘한 악결과"로 귀착된다는 강도 높은 비판과 함께, 시의 산문화를 막기 위해서는 "과거의 우리 문학 유산을 비판 섭취한 기초 위에서 오늘의 내용에 맞는 그 어떤 새로운 정형" "새로운 음률 체계"를 만들어야 한다는 견해가 제출되었다.[4] 인민가요형식이나 시조 형식을 시 창작 과정에서 적극적으로 고려해볼 수 있다는 의견도 제기되기 시작했다.[5] 민족고전계승사업의 일환으로 고전시가집의 출판 및 번역, 주석, 연구가 활발히 진행되고 있었기에 가능한 제안이자 시도들이었다.

이러한 문제의식은 물론 북한문학에만 고유한 것은 아니다. 사실 자유시의 운율은 어느 언어문화권에서나 근대문학의 막연한 난제 중 하나였다. '운율'은 시라는 장르의 핵심 내포로 받아들여지곤 했지만, 말의 리듬 규칙으로부터 '자유로워진' 시가 무엇으로 리듬을 획득할 수 있는지를 해명하는 것은 쉬운 일이 아니었다. 또한 '내면의 진정성'을 표출하는 것이 자명한 시적 핵심으로 받아들여졌지만, 여기에는 시가 산문화되고 있다는 우려가 항상 따라다니기도 했다. 이 우려와 함께 '민족적 형식'의 기반으로서의 운율에 대한 관심이 싹튼 것은 일본에서도 식민지 조선에서도 마찬가지였다.

다만 북한의 경우는, 약간의 색다른 점이 눈에 띈다는 사실을 덧붙여야 할 것 같다. 단편적인 언급에 머물던 시의 운율 문제가 북한에서 논

4 리정구, 「최근 우리 시문학 상에 제기되는 몇 가지 문제」, 『조선문학』, 1954.9, 75~78면.

5 조령출, 「시 형식의 다양성」, 『조선문학』, 1956.8, 137~138면; 김북원, 「시문학의 보다 높은 앙양을 위하여」, 『제2차 조선작가대회 문헌집』, 조선작가동맹출판사, 1956, 121~122면.

의의 초점으로 부각되는 것은 1950년대 후반이었다. 관심의 계기가 무엇이었든 일단 논의의 초점이 운율 그 자체에 집중되어 '일반론'이나 '원론'의 성격을 띠게 될 때에는, 당대에 창작되는 자유시보다는 재래의 오랜 시가들 쪽에 무게 중심을 두어 살피는 것이 보통이다.[6] 그 언어권의 근대 자유시는 다루어지더라도 대체로 소략하게만 지면이 할애되곤 한다. 그러나 1960년대 초반까지 집중적으로 토론된 북한에서의 운율 논의는, 자유시를 유심히 응시하거나 차라리 주된 문제로 삼는다; 자유시의 운율은 어디에서 오는 것인가. '내재율'이라는 것은 어떤 관점에서 바라보아야 하는가.

약 4년에 걸친 이 시기의 논의는 비교적 선명하게 세 단계로 구분되어 전개된다. 첫 번째는 조선작가동맹 기관지 『조선문학』에 실린 학적 성격의 검토. 두 번째는 지면을 『문학신문』으로 옮겨 전개된 평론적 성격의 논쟁. 세 번째는 『시문학』과 『문학신문』 지면에서 이루어진, 창작자와 문예이론가들 간의 논쟁. 이 과정 속에서 '사회주의 건설' '자유시' '운율' '내용-형식' 등을 둘러싼 여러 겹의 논제와 당대적 정황이 들춰지는 장면을, 이 글은 조심스레 따라가 보고자 한다.

6 이상숙은 이 시기의 논의를 율조에 중심을 둔 운율론 일반에 초점을 맞추어 정리한 바 있다. 이상숙, 「북한문학의 '민족적 특성론' 연구 : 1950~60년대를 중심으로」, 고려대 박사논문, 2004, 137~156면.

2. '운율 전통의 계승'을 과제화하는 두 가지 방식 : 윤세평 vs 박종식

1) 1956년 10월, 평양에서는 제2차 조선작가대회가 열렸다. 발표자 중 한 사람이었던 시인 김북원은 당시 시문학 분야의 성과 중 하나로 "우리 시가의 형식 문제, 그의 운률적 기초"가 논의되기 시작했다는 점을 든다. 여러 연구회에서 조운, 윤세평 등이 이 문제에 대한 자기 견해를 피력했다고 한다.[7] 그 성과들은 곧이어 지면을 통해 소개되기 시작한다. 가장 먼저 발표된 것은 리응수의 「조선의 새로운 정형시 창제 방향에 대한 의견」(『조선문학』, 1956.12)이었다. 제목이 보여주듯, '운율 전통의 계승'을 통한 '새로운 정형시 창제'라는 목적을 시야에 두고 조선 시가의 '운율적 기초'에 대한 자신의 관점을 정리한 글이다.

한편 '운율 기초'를 세우는 작업 속에서 자유시 / 현대시에 대한 검토가 진지하게 이루어지기 시작하는 것은 평론활동과 함께 고전문학작품의 정리 및 편찬을 겸해 온 윤세평에 의해서였다. 리응수에 이어 윤세평은 바로 다음 달인 1957년 1월, 「조선시가의 운률에 대한 약간의 고찰」이라는 글을 『조선문학』에 발표한다. 그간 현대의 자유시에 대한 논의가 현장 비평적 차원에서, 고전 시가의 운율에 대한 논의가 민족 유산의 계승 및 정리 차원에서, 층위를 달리하여 이루어졌다면, 윤세평은 이제 이 두 문제를 아울러 살필 것을 제안한다. 그는 과거의 시가 형식에 "반동적인 계급적 딱지"를 붙여 배격하는 것을 경계한다. 이런 자세야말로 "시가의 민족적 형식에 대한 홀시이며 문화의 민족적 전통에 대

7 김북원, 「시문학의 보다 높은 앙양을 위하여」, 『제2차 조선작가대회 문헌집』, 조선작가동맹출판사, 1956, 121~122면.

한 허무주의적 태도"에 해당한다. 또한 그는 리응수보다 적극적으로 자유시의 운율을 문제삼는다. "자유시의 운률에 관하여 말할 때 흔히 '내재률'을 이야기하고 있"지만, "'내재률'에 대한 구체적 해명은 아직 누구에게도 주어진 것이 없으며 시인 자신들도 이에 대한 명확한 규정적 규범"을 의식하지 못하고 있다는 것이다.[8]

서론에 제기된 문제의식으로 미루어보자면 윤세평의 이 글은 과거 시가의 형식을 살피고 이와 접목된 '내재율'의 '규범'을 마련하려는 작업으로 이어질 듯 보인다. 서론에 직접 언급된 바로 보아도 그렇고, 글 전체의 제목을 보아도 그렇다. 또한 서론에 이은 2장과 3장에 각각 「조선 시가의 운율적 특성」과 「우리 시가의 작시법」이라는 소제목을 배치한 것으로 보아도 그렇다.

하지만 실제 논의는 이런 예측을 약간 비껴간다. 고전시가에 대한 검토에 이어 "자유시 형식"과 "자유시 작시법"에 대해 이야기할 순서에 이르렀을 때, 그는 "소위 '내재률'"이란 "시가의 리즘적 제 요소들의 배합을 통하여 흘러나오는 하나의 통일적 선율"이며,(191면) 자유시에는 "일정한 격식이 없고 다만 전체를 흐르는 선률과 절주만이" 있다(198면)고 말한다. 규범의 확립 쪽으로 정향하기보다는 오히려 규범의 초월이라는 측면에서 자유시의 운율 문제에 접근하고 있는 것이다.

그렇다면 이 무규범성은 어떻게 과거의 시가와 연속선상에 있는 것으로 간주될 수 있는가. '운율 기초'에 대해 윤세평은 리응수와 정반대되는 견해를 제시한다.[9] 그는 조선시가의 기초적 리듬 구성단위를 "시

8 윤세평, 「조선시가의 운률에 대한 약간의 고찰」, 『조선문학』, 1957.1, 178면. 이하 면수만 표기.

9 리응수는 앞의 글에서 음성언어학적 방법론에 의지해 '조선시가의 운율 기초'에 대한 '우다레

행"으로,(186면) "리듬 구성의 전체적인 특성을 드러내는 최저 단위"는 "시의 련(聯)"으로 파악한다.(190면) 글의 내용을 비교해 볼 때 두 사람은 같은 연구회에서 운율에 대해 함께 공부하고 토의했던 것이 분명해 보이는데, 리응수가 다른 언어권 시가들과 동일한 층위, 즉 "우다레니(단어나 어절의 강약, 고저, 장단 규칙—인용자)"의 층위에서 조선 시가의 운율 '법칙'을 찾으려 한 반면, 윤세평은 이들로부터 조선 시가를 차별화하는 쪽에 선다. 그에 의하면 조선시가의 리듬은 음의 강약, 고저, 장단 등의 규칙적 결합이 아닌, 차라리 그것들의 '불규칙적인 배열'에서 나온다. 음절수의 결합에서 보더라도 마찬가지다. 이 불규칙성이 하나의 시행 안에서 어떠한 방식으로 이루어지느냐에 따라 리듬이 발생하므로, 시행보다 더 작은 단위에서 리듬의 기초를 찾으려 해서는 안 된다는 것이 그의 주장이다. 그는 3음조, 4음조 식의 "기본음조"를 찾으려는 시도 자체가 "시가의 다양한 운율을 단순화시키는 부질없는 짓"이라고 판단한다. 한 시행 안에서 "음절 그루빠(그룹—인용자)의 3·3, 3·4, 4·4, 4·5, 2·5, 3·5, 5·2, 5·3 기타의 배합들이 각이한 심적 체험의 표현에 활용되여 기쁜 것이나, 슬픈 것이나, 거센 것이나, 온화한 것이나, 노여운 것이나, 우울한 것, 기타의 정서적 움직임에 상응하는 리즘적 특징을 드러"낸다.(186면) 요컨대 조선시가는 한시나 러시아시 등 다른 언어권 시가들과 비교해 볼 때 "정형시적 엄격한 규율성이 희박한 점"이 특징이며,(199면) 바로

니 법칙', 즉 말의 고저, 장단, 강약의 규칙을 찾는 데에 공을 들인다. '법칙'의 규명에 초점이 놓이는 만큼, 현대시라든가 자유시라든가 하는 것은 당연히 논의의 중심에 놓이지는 않는다. 다만 그는 당시 거론되고 있던 '내재율'을 시야에서 완전히 배제하지는 않는다. 그는 자신이 밝혀낸 '3음조 우다레니 법칙'에 따르는 '파동'이 '내재율의 정체'에 해당한다고 결론짓는다.(172면) 그의 이론은 이후에 거의 반향을 일으키지 못했지만, 경우에 따라서는 충분히 주목할 만한 가치가 있는 '독특한' 견해가 아닐까 생각되는 점도 있다.

이 점이 "전체적인 시가에 흐르는 내재적 선율과 절주"라는 관점에서 현대의 자유시를 과거의 조선 시가와 포괄적으로 함께 바라보아야 할 이유가 된다.

단, 이러한 논의를 전개하는 윤세평의 태도가 한편으로는 조심스럽고 한편으로는 다소 모호한 면이 있다는 점을 지적해야 할 것 같다. 그는 「정과정곡」이나 「장진주사」 등 많은 재래의 시가들이 "자유시적 형식"을 취하고 있음을 언급하면서도 "결코 현대의 자유시를 과거 중세 시가의 그것과 동일시하려는 것이 아니며 또 자유시의 연원을 거기에서 찾으려는 것도 아"님을 강조한다.(199면) 이 문제가 '유산의 계승'과는 다른 차원에 있는 것임을 직감했기 때문일 것이다. 한편 글의 전체 흐름상으로는 조선시가의 일반적 리듬 규칙이 다분히 느슨함을 들어 자유시의 "내재적 선율과 절주"를 고전 시가와 연속적 관점에서 살피면서도, 세부적으로는 조선말에 나타나는 어음적 고저, 강약, 장단의 양상, 그리고 시에서 찾을 수 있는 압운 전통 등을 살피며 '규칙'을 탐색하고 이를 앞으로의 과제로 제시하는 데에 적지 않은 분량을 할애한다.

'민족적 형식'을 어떻게 '계승'할 것인가에 대한 당대의 당면과제와 '형식으로부터의 자유'라는 가치로 조선 시가를 '아우르려는' 시도. 전자는 저자의 시선을 과거에서 현재로 훑어 내려오게 하는 반면, 후자는 현재에서 과거로 소급하게끔 만든다. 윤세평의 글에는 이 양 방향의 시선이 착종된다. 서론 부분에서는 "자유시의 작시법 체계"를 문제로 제기하고, 결론에서는 "종래의 형식적 '틀'을 깨뜨"린 데에서 자유시의 의의를 찾은 것도 이 때문이라 할 수 있을 것이다.

2) 윤세평에 대한 반론이 제기된 것은 이듬해 말이었다. 평론가 박종식은 「우리나라 작시 체계의 음률적 기초」(『조선문학』, 1958.12)라는 글을 통해 조선 시가의 운율을 다시금 문제 삼는다. 그의 논의는 한편으로는 윤세평의 연장선에 있고 한편으로는 대척점에 놓이기도 한다. 먼저 '민족적 형식'의 계승이라는 당대적 문제의식이라는 관점에서, 두 사람은 같은 입장을 공유한다. 윤세평이 "오늘의 자유시 형식에 대한 새로운 검토와 아울러 선행한 조선 시가의 우수한 운률적 전통을 계승하는 문제"를 내세웠듯, 박종식도 "오늘의 시문학"이 "과거 우리나라 고전적 시문학에 기초하여 시 형식의 탐구와 연구를 기울이고 있다는 사실"(135면)을 고무적으로 평하며 글을 시작한다. 단 박종식은 윤세평의 문제제기를 이어받되 위 두 과제를 보다 충실하게 '종합'할 수 있는 틀을 구상한다. 리듬의 기본 단위를 "시행"으로 본 윤세평과 달리 박종식은 "음절구"로 보는데, 이 기준을 통해 그가 정리한 조선시가의 "특수한 작시체계"를 도표화 하면 〈표 1〉과 같다.

〈표 1〉

<table>
<tr><th colspan="4">조선시가의 기본적 음률 조직 = 음절구의 일정한 결합</th></tr>
<tr><td colspan="2">정형률 : 음절구의 규칙적 결합에 의한 반복형태</td><td colspan="2">자유율 / 내재율 : 음절구의 불규칙적 결합에 의한 반복형태</td></tr>
<tr><td>기본원리</td><td>1. 연속적 반복
2. 교차적 반복
3. 축차적 반복(점차적 확대 및 축소)</td><td colspan="2">–</td></tr>
<tr><td colspan="2">–</td><td>보조적 수법</td><td>1. 각운(동일 음의 규칙적 반복)
2. 두어 중첩, 서구 반복
3. 후렴
4. 전도, 생략, 압축</td></tr>
</table>

박종식의 논의에서 무엇보다도 주목되어야 할 점은, '자유율 / 내재율'을 '정형률'의 대응 형태로 정의하고 기본원리와 보조원리를 항목화함으로써 조선시가 전체의 운율을 하나의 시스템으로 구축하고자 시도

하고 있다는 것이다. 물론 이 도식 자체가 빈틈이 없는 건 아니다. 저 빈칸으로 남아있는 부분을 어떻게 해석해야 하는지도 분명치가 않다. 또한 도식이 잘 짜였다고 해서 '운율 전통의 계승'과 '자유시 형식의 검토'가 한꺼번에 해결되는 것도 아니다. 그러나 일원화된 기준을 토대로 한 명쾌한 분류 / 정의가, 자유시의 '내재율'이 전통의 변주(규칙적 결합 → 불규칙적 결합, 기본원리 → 보조원리)에서 비롯된 것이리라는 착시적 인상을 만들어 내는 데에 기여하고 있다는 것만은 분명해 보인다. 그러니 적어도 주어진 과제를 향한 논리적 추진력이라는 면에서 보자면, 박종식은 윤세평이 지닌 문제의식을 발전적으로 계승, 보완하고 구체화시켰다고도 볼 수 있을 것이다.

그러나 윤세평의 애매모호함과 박종식의 명쾌함 사이에는 논리 정돈 수준의 문제만으로는 볼 수 없는, 좀 더 근본적인 문제가 개재되어 있다. 당대적 문제의식이라는 관점에서 두 사람은 '운율 전통의 계승'과 '자유시 형식의 검토'를 동시 해소 과제로 공유하고 있지만, 자유시를 대하는 관점에 있어서는 상반되는 기본전제를 지니고 있기 때문이다. 윤세평에게 자유시의 '내재율'은 한 구절씩 한 음절씩 뜯어 살펴서 확인할 수 있는 것이 아니라 시 "전체를 흐르는 선율과 절주"였다. 이런 관점은 운율에 대한 분석적 접근법을 허용하지 않는다. 반면 박종식에게 운율은 외적으로 확인 가능하며 체계화를 시도할 수 있는 '물질적 대상'이다. 자유시의 운율도 마찬가지다. "불규칙한 결합"은 설명 불가능한 것이 아니라, 불규칙 속에 '반복 원리'를 담고 있는 것으로 간주된다. 그 원리를 찾아 실현 방식을 항목화하고 정리하는 것을 박종식은 과제로 받아들인다.

윤세평에 대한 박종식의 주된 비판은 바로 이 상반된 관점에서 비롯된다. 윤세평 식의 "막연한 규정"으로서는 "「내재율」에 대한 작가의 의식적 고려"를 불러일으키는 데 도움을 주지 못하고 "어떤 음률적 요소가 내재율을 조성하고 있는가에 대하여 해명을 주지"도 못한다. 나아가 박종식은 '내재율'에 대한 이런 "막연한 규정"을 '반동적' 시각과 동일시한다. "남조선 부르죠아 반동평론가들은 우리나라 자유시가 가지고 있는 내재률을 심리적 과정에서 찾으면서 '심상과 감정의 률동적 과정'이라고 규정하였다. 이 규정이 극히 관념론적이며 내재률의 물질적 근거를 애매하게 만들고 나아가서는 시인들의 음률 조성의 의식적 창조 사업을 마비시키고" 있다.(139면)

표면적으로 볼 때 자유시의 운율에 대한 두 사람의 접근법은 확실히 박종식 쪽이 우위를 점하고 있는 듯 보인다. 가장 일차적인 이유는 박종식이 윤세평보다 약 2년의 시간을 더 얻어 논의를 진행시켰다는 데 있을 것이다. 이후 두 사람은 모두 1958년 말부터 본격화된 '민족적 특성'론에 관여하느라 더 이상 운율 문제를 집중적으로 다루지 않았다.[10] 이유야 어쨌건 반론은 오직 박종식에서 윤세평에게로 한 차례 이루어졌을 뿐이니, 겉으로 볼 때는 윤세평이 박종식에게 수긍하는 모양새가 된 셈이다. 그러나 좀 더 심층의 이유는, '운율 전통의 계승'이라는 문제를 시야에 둘 경우, 자유시에 대한 윤세평의 관점이 논리적 모호함을 초래

10 '민족적 특성'에 대한 논의의 양상과 향방에 대해서는 다음 글들을 참고할 수 있다. 김재용, 「북한문학과 민족 문제의 인식 : 1960년대 전반기 민족적 특성 논쟁을 중심으로」, 『분단구조와 북한문학』, 소명출판, 2000; 신형기, 「북한문학에서의 '민족적 특성' 논의 : 주체문학론의 발단」, 『민족이야기를 넘어서』, 삼인, 2003; 이상숙, 앞의 글, 2004; 남원진, 「북한의 '민족적 특성'론 연구」, 『겨레어문학』 32, 겨레어문학회, 2004.6.

할 수밖에 없는 반면 박종식의 관점은 정연한 체계의 구축을 향해 나아갈 수 있다는 데에 있다. 그 결과, 이후 이어지는 논의들에서 윤세평은 가볍게 스치듯 언급되거나 손쉽게 비판되는 반면, 박종식은 자유시의 운율을 논하기 위한 초석을 마련한 것으로 받아들여지곤 한다.

다만 박종식의 정리가 표면상 중요한 참조점으로 활용되는 것과 달리, 뒤이은 논의들이 실제로 박종식의 견해를 공통의 기본 전제로 삼아 전개되는 것은 아니다. 오히려 자유시의 운율을 대하는 두 사람의 양립 불가능한 관점은 이후 중요한 쟁점으로 부각된다. 시 '전체'를 흐르는 운율에 주목하는 윤세평 식의 관점은 엄호석에 의해 보다 고양된 톤으로 부각된다. 시의 '부분 단위'에서 운율이 형성된다는 박종식 식의 관점은 현종호에 의해 보다 선명하게 입지를 드러내게 된다.

3. 운율의 '본질'에 대한 대극적 관점 : 엄호석 vs 현종호

1) 『조선문학』에 게재된 리응수, 윤세평, 박종식의 글은 모두 학적 구성을 갖춘 비교적 긴 분량의 것이었다. 이후 자유시의 운율 문제는 지면을 『문학신문』으로 옮겨 검토되기에 이르는데, 이때부터 여러 평론가 및 연구자들의 개입에 의해 논쟁적 성격이 강해지면서 1960년 상반기 북한문학계의 주요한 이슈 중 하나가 된다.[11] 그 중심에 엄호석과 현종

11 순서대로 정리하면 다음과 같다. 엄호석, 「서정시의 운률 문제」, 1960.2.9; 현종호, 「(민족적 특성을 구현하기 위하여) 서정시에 운률이 필요하다」, 1960.3.15; 류창선, 「서정시의 운률적

호가 있다.

『문학신문』에 운율 논의를 재개한 엄호석의 글(1960.2.9)과 바로 뒤를 이은 현종호의 글(1960.3.15)에서 먼저 눈에 띄는 것은 '내재율'이라는 말을 대하는 상반된 태도이다. 엄호석은 다음과 같이 단언한다. "자유시의 운률의 기본이 내재률이라는 것은 누구나 알고 있다." 엄호석에게 '내재율'이란 의심의 여지없이 자유시의 확고한 전제가 된다. 반면 현종호는 '내재율'을 확정된 어휘로 사용하지 않는다.

> 이미 오래 전부터 관습적으로 씌여 온 이 내재률이란 말에 대하여 우리들 가운데 일부 사람들은 그것을 시의 정서적 기복에 따라 작품 밑바닥에 흐르고 있는 감정의 고저, 완급, 강약, 대소, 광협으로 인식하고 있거나 그렇지 않으면 시행, 시구에서가 아니라 작품 전체를 읽으면 하여간 산문과는 다른 선률이 내재해 있다는 식으로 리해하고 있다. 내재률이란 용어를 설정하고 그를 이와 같은 방향에서 인식한다면 우리의 서정시의 운률 문제는 의연 막연한 생태로 해결되지 못한 채 남아 있게 될 것이다.
>
> — 현종호, 「(민족적 특성을 구현하기 위하여) 서정시에 운률이 필요하다」, 『문학신문』, 1960.3.15. (밑줄—인용자)

이 인용문에서 주목해야 할 점은 비단 "작품 전체를 읽으면 하여간 산문과는 다른 선율이 내재해 있다는 식"으로 '내재율'을 막연하게 규정하

기초」, 1960.3.25; 고정옥, 「현대시의 전통과 혁신 : 서정시의 운률체계와 관련하여」, 1960.5.13; 엄호석, 「다시 한 번 서정시의 운률에 대하여」, 1960.6.14; 류창선, 「운률 조성의 기초와 방법」, 1960.7.5.

는 것에 대한 비판만이 아니다. 그는 "내재율이라는 말" "내재율이란 용어"라는 식으로 단서를 설정하며 '내재율'이라는 단어 자체를 의심한다.

'내재율'이라는 말이 흔하게 많이 쓰인다는 것. 그러나 뭐라고 딱히 말하기가 어렵다는 것. 앞 장에서 검토한 윤세평과 박종식에게 이는 난감한 문제로 받아들여졌다. 윤세평의 어투에는 모종의 머뭇거림이 배어 있었다. "소위 「내재률」에 대하여 말한다면 시가의 리즘적 제 요소들의 배합을 통하여 흘러 나오는 하나의 통일적인 선율(旋律)을 말하는 것이라고 본다." 그는 "전체적인 시가에 흐르는 내재적 선률과 절주"를 자유시의 주된 운율적 특성이라 보면서도 '내재율'이라는 말을 단정적으로 사용하는 대신 "소위"라는 단서를 붙인다. 한편 박종식은 지금까지 사용되어 온 '내재율'이 막연하고 관념론적이라 비판하면서도 이 어휘의 존재의의 자체를 부정하지는 않았다. "내재률에 대하여 말할 때는 무엇이 즉 어떤 음률적 요소가 작용하여 내재률을 형성하는가를 발견하는 것이 중요하다"는 말로 그는 '내재율'의 재정의를 시도한다. 이들과 달리, 엄호석의 경우, 내재율은 '확실히 있다.' 현종호의 경우, 내재율은 '실체가 없는' 텅 빈 용어다.

엄호석과 현종호는 각각 자신의 논지를 강화하기 위한 방편으로 자유시의 운율에 대한 박종식의 정의를 끌어온다. 그런데 기묘하게도 두 사람 모두 박종식의 의도를 전도된 방식으로 전유하면서 그를 넘어서고자 한다. 엄호석은 "박종식의 전기 론문에서 조선 시가의 운률 단위를 음절 그루빠로 인정하고 자유시의 운률, 즉 내재률을 음절 그루빠의 불규칙적인 결합으로서 설명하고 있는 점에 대하여 동감"한다고 말한다. 단 이것만으로는 "내재률의 본성을 다 설명하였다고 할 수 없"고,

"감정이 일으킨 정서적 운동에 음악성을 부여하는" 방식을 고려해야 한다고 주장한다. 즉 박종식에게 동의는 하되, 보다 '심층의 리듬'에 주목해야 한다는 뜻이다. 그러나 엄호석의 인용에는 분명한 왜곡, 혹은 무의식적 변형이 개재되어 있다. 자유시의 운율에 대한 박종식의 정의는 "음절 그루빠의 불규칙적인 결합"이라 아니라 "음절구의 불규칙적 결합에 의한 **반복형태**(강조—인용자)"였다. 엄호석은 "반복형태"라는 말을 누락한 채 "불규칙적 결합"을 "다양한 음악적 결합"으로 받아들였지만, 박종식의 의도는 불규칙적으로나마 음절구의 '반복'으로부터 운율이 형성된다는 것이었다.

한편 현종호는 박종식을 직접 검토하지 않은 채 '엄호석화된 박종식적 정의' 즉 "음절 그루빠의 불규칙적 결합"으로 '내재율'을 풀어 낸 정의에 이의를 제기한다. 문제는 역시 현상 이면의 "본질"을 보아야 한다는 것이다. 단 '본질'로 나아가는 방향은 엄호석과 정반대다. "운률이란 동일한 현상이 균등한 시간적 간격을 두고 반복되는 과정에서 생기는 것"이다. 그런데 "부등한 현상이 불규칙적으로 나타나는 현상 자체가 어떻게 운률을 나타내겠는가?" 즉 현종호에게 자유시 운율의 '본질'은 "부등한 현상이 불규칙적으로 나타나는 현상" 자체가 아니라 그 심층에 있는 '반복형태'가 되며, 이는 박종식의 원래 정의, "음절구의 불규칙적 결합에 의한 반복형태"와 만나게 된다. 요컨대 엄호석은 표면적으로는 박종식에 동감하는 듯하되 박종식과는 상반된 논의를 전개하고, 현종호는 엄호석식으로 변형된 박종식을 비판하되 실제로는 박종식의 견해 쪽으로 수렴된다.

2) 이 "본성" 혹은 "본질"을 파고드는 데 있어 엄호석의 경우 '운율 전통의 계승'이라는 문제로부터 단호하게 등을 돌리고 있다는 점에 주목할 필요가 있다. 엄호석의 논의가 윤세평에게 닿아있으면서도 둘의 차이를 결정적으로 드러내는 것이 이 부분이다. 윤세평은 "우리 시가의 모든 우수한 전통들을 살려야" 한다는 점을 당면과제로 품고 있었다. 그 때문에 자유시의 운율을 "전체적인 시가에 흐르는 내재적 선율과 절주"로 보는 그의 견해는 조심스럽게 표출되고 또 한편으로는 글 전체에 논리적 모순을 야기하기도 했다. 반면 엄호석은 과거의 시가 형식과 자유시 사이에 분명한 선을 긋는다. "조선 시가의 작시 체계를 완성하"려는 연구들이 진행된다는 것은 물론 "무조건 좋은 일"이다. 그러나 연구의 차원에서 좋은 일이다. "자유시는 현대의 새로운 력사적 조건이 낳은 시 형식"이며, 자유시의 기본운율인 "내재률은 정형시의 경우와는 달라서 그 어떤 작시 체계로 일반화할 수 없으며 매개 시에 고유한 음악적 속성으로서 존재"할 뿐이다.

엄호석은 주저없이 체계를 부정한다. "내재율의 본성"은 분석적 설명을 허용하지 않는다. 실제로 그는 "자유시의 운율의 기본인 내재율"을 논하는 자리에서는 구체적인 실례를 들지 않는다. 물론 자유시의 운율에서 분석 가능하거나 의식적으로 탐구 가능한 분야를 열어두기는 한다. "음절 그루빠"의 장단, 반복, 전도, 중복, 굴절 등을 통해 "내재율을 보충하고 강화"하는 "외부적 효과"를 산출하는 경우가 그러하다. 그는 이러한 영역을 조심스레 "외형률"이라 부르되, 단 "자유시의 운율의 기본인 내재률에 복종하여 그것을 더욱 강화"하기 위한 방편일 뿐이라는 점을 재차 강조한다.[12]

엄호석에게 현종호가 말하는 리듬의 '본질' 즉 '반복 체계'의 강조는 "정형률에의 편향"을 보이는 과거회귀적 시도로 받아들여진다.(1960.6.14) 이는 "자유시와 정형시의 호상 련계성" 혹은 "고전 시가 유산"의 계승에 지나치게 집착한 나머지 나타나는 부작용이다. 그는 현대 자유시의 토대가 "공민적 감정"임을 강조한다. "현대인의 공민적 감정이 바로 규칙적인 음절 그루빠의 구속으로부터 시를 해방"한다. 뒤집어 본다면, '계승'을 내세워 '작시 체계'를 세우는 일에 치우칠 경우 '사회주의적 새 인간'의 감정이 도외시되리라는 뜻을 담고 있다. 이는 '내재율'에 대한 비분석적 접근법을 "남조선 부르죠아 반동평론가"의 "관념론적"인 운율론과 동일시한 예의 박종식 식의 비판에 대한 선방어적 대응이기도 하다.

반면 현종호는 「(민족적 특성을 구현하기 위하여) 서정시에 운률이 필요하다」라는 글의 제목이 보여주듯 '계승'을 통한 "민족적 색채"의 발현을 강조한다. 현종호가 전제로 내세우는 것은 운율이 "형식"이라는 점이다. "서정시의 운률은 내용에 상응한 형식의 한 요소"로서, "읊어서 입에 담기고 호흡에 올라야 하는 구체성을 띠어야 하며 물질성을 띠어야 한다."(1960.3.15) "시행, 시구에서가 아니라 작품 전체를 읽으면 하여간 산문과는 다른 선율이 내재해 있다는 식으로 리해"할 경우, 이는 차라리 "형식의 범주가 아니라 내용의 범주"에 속하는 것이 된다. 즉 이른바 '내재율'이라는 말로 운위되는 것은 실제로 운율의 범주가 아닌 것으로 간주된다.

더불어 현종호는 '내재율'이라는 말이 지닌 부정적 효과 중 하나를 고전시가와 현대 자유시의 '연계성'과 관련시켜 논한다. 그는 '내재율'을

---

12 엄호석이 제기한 '외형률' 개념에는 모호한 점이 있는 까닭에 이후 논자들에 의해 비판적 검토의 대상이 된다. 이상숙의 논문이 이를 소략하게 검토했다. 엄호석, 앞의 글, 151~152면.

"구체적인 형식적 요소"로 보는 관점이 있음을 분명 인정한다. 엄호석의 논의가 그러한 경우로 받아들여진다. 그는 엄호석의 '내재율'론을 "감정의 정서적 운동에 적응한 음절 그루빠의 다양한 불규칙적 결합"이라 정리·해석하고[13] 이를 부분적으로 수용한다. 다만 이런 것이 '내재율'이라고 한다면, 그것은 "비단 자유시에만 존재하는 것이 아니라 『악장가사』나 『악학궤범』의 서정가요를 비롯한 기타 작품들에도 존재"하는 게 아니냐는 의문을 제기한다. 일견 "조선 시가의 작시법 체계"가 원래 "정형시적 엄격한 규율성이 희박"하고 "우리 중세기 가사들의 일부가 자유시 작시법에 속"한다고 본 윤세평의 견해와 맥을 같이 하는 데가 있다. 단, 윤세평이 이 현상을 어떻게 해석해야 하는가에 대해 다소 망설이는 태도를 취한다면, 현종호는 이를 단호히 '계승'의 관점에서 바라본다. 문제는 바로 '내재율'이라는 용어 자체에 있다. 이 말은 마치 "고전 시가와 구별되는 자유시의 중요한 운률적 기초"인 것처럼 받아들여진다. 속성으로 치자면 예전부터 있었던 것이 현재까지 이어지고 있는 것뿐인데, '내재율'이라는 말이 돌출하여 "고전 시가 유산과 자유시 사이의 작시법적 련계를 끊어버리는 편향"을 만들어내고 있다는 것이다.

직접적인 언급을 피하고는 있지만, 현종호는 '내재율'이 폐기되어야 할 쓸모없는 개념임을 간접적으로 암시한다. '내재율'의 속성을 '감정의 정서적 운동'이나 '시 전체에 내재하는 선율' 식으로 본다면 그것은 운율

---

13 엄호석이 직접 위와 같이 정의한 것은 아니다. 그는 "음절 그루빠의 불규칙적인 결합만으로는 아직 내재률의 본성을 다 설명"할 수 없으므로 그 기저에서 "감정이 일으킨 정서적 운동에 음악성을 부여하는" 방법을 보아야 한다고 했다. 현종호의 정리가 딱히 엄호석을 왜곡했다고는 볼 수 없지만, 강조점을 이동시킨 것만은 분명하다. '내재율'의 정의는 박종식에서 엄호석으로, 엄호석에서 현종호로 옮겨오면서 조금씩 변형되고 있다.

의 범주를 벗어난다. 이때 '내재율'은 실체 없는 빈껍데기 어휘이다. 한편 "음절 그루빠의 다양한 불규칙적 결합"으로 실체적 속성을 부여하는 경우, 그 속성 자체만은 고전 시가와 연계되어 있는 것인데도 불구하고 마치 현대 자유시의 '고유한 운율'인 것 같은 오해와 부작용을 불러일으킨다. 더불어 "음절 그루빠의 다양한 불규칙적 결합"도, 실제로는 '내재'하는 것이 아니다. 그는 엄호석이 "내재률과 외형률"로 구분한 것들이 실은 모두 "외형"에 나타나는 것임을 강조한다. "외형"에 분명히 나타나는 현상을 '내재율'이라 부른다면 그 자체로 모순이 아니냐는 의문을 담고 있다.

엄호석과 현종호가 각각 자유시 운율의 '현상'과 '본질'로 설정한 것과 이를 위해 비판적으로 검토한 사항은 〈표 2〉와 같은 식으로 도표화해 볼 수 있다. 엄호석의 견해는 윤세평 및 그 이전의 논자들에 의해 흐릿하게 제기되었던 자유시 운율에 대한 관점을 선명하게 명제화한 형태라고 할 만하다. 한편 현종호의 견해는 A와 C를 등가로 파악한 박종식의 다소 온건한 관점을 엄밀하게 밀어붙인 형태라 할 수 있다.

〈표 2〉

엄호석	본질	현상	과거회귀적 시도
	'내재율'(A)	음절 그루빠의 불규칙한 결합(B)	불규칙한 결합의 반복성(C)
현종호	실체없는 환상	현상	본질

3) 다만 〈표 2〉의 도식은 논의의 핵심만을 추출한 결과라는 단서를 붙일 필요가 있을 듯하다. 윤세평, 박종식, 엄호석, 현종호는 모두 북한 문학계에서는 내로라하는 평론가이자 연구자였다. 이들이 논의에 임하

는 방식에는 한 가지 흥미로운 현상이 있다. 어떤 사안에 대해 반론을 제기해야 할 필요가 생길 경우, 상대와 나의 차이를 부각시키는 방식으로 상대의 글을 인용하거나 해석하는 것이 보통이다. 그 과정에서 과도한 해석이나 의미의 왜곡이 발생하고 때로는 인신 공격적 발언이 이어지기도 한다. 그러나 이들의 논의는 운율을 대하는 상반된 전제 탓에 상호 비방적 성격을 띠기 충분했음에도 불구하고, 실제로는 그와 반대되는 양상으로 흐른다. 앞서 제기된 논점을 자기 식으로 변형하고 맥락화하면서까지, 상대 논자의 견해를 부분적으로나마 존중하려는 태도를 취하는 것이다.

박종식의 글은 윤세평에 대한 반론으로 씌어졌음에도 불구하고 한 번도 윤세평의 이름을 거론하지 않는다. 엄호석은 박종식과 상반된 견해를 지니고 있음에도 불구하고 박종식을 그 자신의 견해와 근접한 것으로, 그래서 '보완'을 필요로 하는 것으로 받아들인다. 현종호가 엄호석의 글을 대하는 태도 역시 마찬가지다. 실제로 엄호석과 현종호의 관점은 타협불가능한 대극에 놓여있지만, 현종호가 해석한 엄호석은 현종호 자신의 운율론과 크게 다르지 않되 용어 할당의 문제에서 다소 차이를 드러내는 정도로 받아들여진다.[14] 해석적 변형은 '공격과 비판'이 아닌 '타협적 수용'의 방식으로 나타난다.

추후 보다 상세한 검토를 필요로 하는 문제이지만, 이는 합의의 도출을 중시하는 북한문학계의 분위기와도 관계가 있을지 모른다. 단 이유야 어쨌건 논점의 첨예한 '대립'에 대비되는 태도상의 '수용성'은 다음

14 현종호에 대한 엄호석의 재반론(1960.6.14)만이 예외다. 이 글은 '보완'보다는 '비판'의 성격이 훨씬 강한 편이다.

단계의 논의를 마련한다. 한편에서는 이 양자의 관점을 동시 수용하고 보완할 수 있는 논리가 궁리된다. 고전연구가 류창선이 이를 준비한다. 한편에서는 과학적 체계화에 맞설 수 있는 철학적 해석이 시도된다. 시인 한명천의 작업이 이에 해당한다.

4. 방법론의 구상, 과학화와 철학화 : 류창선 vs 한명천

1) 식민지 시대부터 고전문학을 연구해 온 류창선이 자유시 운율에 대한 논의에 개입한 것은 엄호석·현종호와 거의 같은 시기였다. 그는 현종호와 열흘 간격을 두고 「서정시의 운률적 기초」라는 글을 발표했다.(『문학신문』, 1960.3.25) "현대 서정시의 운률 문제와 '내재률' 문제에 대하여, 특히 운률 조성의 기초를 밝히는 동시에 지금까지 많은 사람들이 론의해 온 소위 '내재률'이란 것의 본질에 대하여 해명"을 시도하겠다는 것이 그의 취지였다. 단 이 글 자체만으로 보자면 취지에 걸맞은 결과를 충분히 끌어냈다고 보기는 어렵다. 류창선의 이 글은 박종식과 엄호석의 논의를 수용적으로 검토하는 데 많은 분량을 할애하고 있는데, 그 과정에서 오히려 '내재률'을 대하는 관점의 갈피를 분명히 잡지 못하고 있는 듯한 인상을 준다.

류창선이 자신의 운율론을 보다 체계적으로 정리하는 것은 엄호석과 현종호의 논의가 일단락되는 지점에서다. 그는 자유시의 운율을 검토하는 두 번째 글인 「운률 조성의 기초와 방법」(『문학신문』, 1960.7.5)에서 앞선 네 사람의 논의를 아우를 수 있는 틀을 고안한다. 여기에는 '내재율'과 관련된 이중적 과제가 포함되어 있다. 일단은 막연한 규정을 넘어 내재율에 '물질적' 근거를 부여하는 것. 그와 동시에 운율 일반론으로 무조건 귀속될 수는 없는 내재율만의 '고유한' 특성을 해명하는 것. 요컨대 '내재율'을 모호한 허상이 아니라 실체로 인정하되, 무조건 실체라 단정하는 대신 그 실체적 근거를 확보하는 것.

이 과제를 위해 류창선은 운율에 '심급'을 도입한다. 일단 그는 "운률의 기초"와 "운률 조성의 방법"이 구분되어야 한다고 주장한다. 이전의 논의들이 견해 차이를 보인 이유는 이 두 심급이 혼동되었기 때문이다. 류창선에 의하면 "운률의 기초"는 "음절 그루빠들의 자유롭고 다양한 결합 반복"으로서 이는 "보편적인 법칙"이다. 반면 "운률 조성의 방법"은 경우에 따라 다르게 나타나는데, 조선어 자유시의 경우 "운률적 기초를 기본으로 하여 음향적인 시어의 선택과 제반 보조적 수법들을 리용하면서 작품 내용의 정서적 움직임에 적응하는" 것이 된다. 그리고 이 "운률 조성의 방법"이 성공적으로 이루어져서 "자기 정서적 운동에 따라 독특한 운률을 조성할 때에 그 운률은 바로 그 작품에 고유한 비반복적인 것"으로 나타나는데, 이것이 이른바 "내재률"에 해당한다. 류창선은 이를 "운률 조성의 방법"으로서 한꺼번에 묶어 설명했지만, 그의 논리를 조금 더 밀고 가자면 '내재율'은 또 하나의 심급, '운률 조성의 효과'로 자리매김 된다. 류창선이 설정한 '운률 조성'의 세 심급을 정리해 보면 〈표 3〉과 같다.

〈표 3〉

a. 기초	음절 그루빠들의 자유롭고 다양한 결합 반복
b. 방법	운율 기초 + 보조적 수법
c. 효과	내재율

이 체계는 엄호석과 현종호의 대립적 관점을 '변증법적으로' 통합할 수 있는 계기를 열어준다. 현종호의 관점에서 '지양'되어야 할 부분은 '내재율'에 대한 일방적 부정이다. 그것은 단순히 실체 없는 가상이 아니라 자유시에서 나타나는 운율의 실천적 효과이다. 반면 엄호석에게서 '지양'되어야 할 부분은 운율심급의 오해다. 엄호석에 의하면 "자유시의 운률의 기본"은 "내재률"이었다.(1960.2.9·6.14) 류창선은 이러한 전제에 이의를 제기한다. "자유시의 운률을 무정형률인 내재률이라고 말할 수는 있으나 '내재률'을 자유시의 운률적 기초라고 규정할 수는 없다."

류창선의 방법론은 작시법에 대한 이론적 검토가 창작 실천과 맺을 수 있는 적극적인 가능성을 궁구하는 방향으로 나아간다. 이전 논의 단계에서 작시 체계와 운율의 물질성을 강조하는 경우, 그것은 '전통의 계승'이라는 방향으로 실천적 입지를 좁히기 십상이었다. 반면 '내재율'을 자유시 운율의 기초로 부각시키는 경우, 이론적 탐구는 운율에 대한 구체적 지침을 마련할 수 없고 결과적으로 창작 실천에 아무런 영향을 미칠 수 없게 된다. 류창선은 '내재율이라는 효과'를 위해서는 '기초'를 다져야 한다고 주장한다. 운율의 기초가 확실하게 조성되어 있어야만 "자기 정서적 내용에 적응한 리즘이 조성되고 비반복적인 '내재률'이 지배하게 될 것이 아니겠는가?" 그러므로 "창작 실천에서 보편적 법칙인 운률적 기초를 조직하기 전에 '내재률'부터 훌륭하게 구현하려고 서두는 것은 무용한 노력이며 또 아무런 효과도 거두지 못할 것이다."

다만 류창선의 글이 엄호석과 현종호의 '종합'인 측면이 있기는 하되, 다분히 현종호와 논의의 기반을 공유하는 부분이 더 크다는 점을 지적해야 한다. 이는 〈표 2〉와 〈표 3〉의 비교를 통해서도 알 수 있고, 류창선이 엄호석의 관점을 비판하는 데에 훨씬 더 많은 공을 들이고 있다는 점을 통해서도 알 수 있다. 그는 과학으로 수렴 가능한 '일반시학'을 지향한다. 단 그것이 '법칙'의 검토에 고립적으로 머물지 않고, '창작의 현재성'과도 소통할 수 있는 방안을 구상하려 한다.

2) 류창선의 기획이 보다 두터운 검토를 포괄하게 되는 것은 자유시 운율에 관한 논의가 새로운 국면에 접어들면서였다. 위에서 살핀 류창선의 글이 발표되고 약 한 달 후인 1960년 8월, 조선작가동맹 산하 시문학분과위원회에서는 『시문학』 창간호를 발행한다. 운율에 대한 논의가 활발히 전개되고 있던 시기인 만큼 2집(1960.9)에는 「우리 시가의 운률에 관한 론의」라는 지면이 마련되는데, 이 꼭지에 글을 실은 이가 고정옥과 류창선이었다. 두 사람 모두 엄호석, 현종호와 함께 『문학신문』에서 전개된 운율 논의에 이미 참여하고 있었던 만큼, 여기 실린 글들은 이전에 발표된 글들과 별반 차이를 드러내지 않는다.

다른 시각에서 말문을 연 것은 시인들이었다. 2집에서는 한명천이, 3집에서는 김철과 리원우가, 4집(1961.3)에서는 박산운, 상민, 한진식이, 6집(1961.9)에서는 정문향이, 연이어 운율에 대한 견해를 보탠다.[15] '문예학자'들이 "정형시가 가지고 있는 외형적인 규칙적인 률동 형태를 현대 자유시"에 적용하려는 시도에 "경악하지 않을 수 없다"는 것(박산운), "자

15 차례로 정리하면 다음과 같다. 한명천, 「시의 세계」, 『시문학』 2집, 1960.9; 김철, 「서정시와 운률」; 리원우, 「새 생활 정서의 발견과 새 음률의 발생」, 『시문학』 3집; 박산운, 「서정시에서 형상성, 내면세계」; 상민, 「운률 론의의 론의」; 한진식, 「운률과 시 정신」, 『시문학』 4집, 1961.3; 정문향, 「서정과 운률에 대한 론의」, 『시문학』 6집, 1961.9. 『시문학』 3집의 경우는 실물을 찾지 못한 탓으로 김철과 리원우의 원문은 확인하지 못했다. 두 사람이 쓴 글의 제목과 논의는 류창선의 글에 인용되고 해설된 부분을 참고했다.

유시의 운률 조성에는 이러이러한 방법이 있다고 결론을 짓는 것은 아주 조급하고 우둔한 짓"이며 "그 결과는 시인들의 재능의 날개를 구속하며 독창적이며 생기발랄한 작품이 생겨날 길을 좁게 막아 버"린다는 것(김철)이 이들의 주된 불만이었다. 평론가 및 문예연구가들을 향한 시인들의 성토는 여기서 그치지 않고 한진식, 한명천에 의해 재차 『문학신문』에서도 이어진다.[16] 운율론을 세운다는 구실로 작품에 대해 "'자막대기'질"을 하기 일쑤인데, 일부러 틀에 맞춰서 쓴 게 아닌 다음에야 "이러한 '자막대기'질을 해서 해당 시편의 내용이 규정한 운률의 호부, 우렬을 과연 측정할 수 있겠는가."(한진식)

비난의 초점이 된 류창선은 이 중 『시문학』 2, 3집에 실린 한명천, 김철, 리원우의 글을 검토하며 이 불만 섞인 목소리에 응답한다. 「창작실천과 운률 문제」(『문학신문』, 1961.4.11)라는 제목이 보여주듯, 이제 그는 좀 더 '창작자의 관점'을 수용하기 위해 애쓴다. 이를 위해 논의의 범위에 포함시켜야 할 것은 "생활" "소재" "사상적 내용"이라는 축이었다. 창작자들이 바로 자신의 창작 경험에 입각해 이를 문제 삼았기 때문이다.

자유시의 운율이 내용과 분리될 수는 없다는 시각은 북한 뿐 아니라 근대의 어느 문화권에서나 관습적으로 통용되는 문학적 전제 중 하나이지만, 여기서 문제는 단순히 운율-내용의 불가분한 관계에 대한 언명을 넘어 이를 어떻게 '운율론'이라는 범주 안에서 소화해 낼 것인가 하는 데 있다. 김철의 언급을 따르면 '생활'과 '운율'은 동시적인 것으로 파악된다. 한명천의 경우는 '운율'을 '내용'에서 찾는다. 예의 '문예학적인'

16 한진식, 「인위적 '운률'에 매혹되지 말자」, 『문학신문』, 1961.4.25; 한명천, 「자유시의 운률 문제에 대하여」, 『문학신문』, 1961.4.28.

관점에서 보자면, 이는 바로 '내재율'이라는 것을 애매모호하게 만드는 막연한 고정관념으로서 운율론의 범주 안에서는 타기되어야 할 주요 과제 중 하나로 간주되던 것이었다. 현종호의 말을 인용하자면, "운율은 내용에 상응한 형식의 한 요소"인데도 불구하고 마치 "형식의 범주가 아니라 내용적 범주에 속"하는 듯이 다루고 있다는 것이다.

그러나 어쨌든 시인들에 의해 다시 '생활' '내용' 등이 운율과 관련하여 논의의 수위에 떠오른 이상, 이제는 이를 단순히 운율론 바깥에 괄호로 묶어둘 수만은 없게 된다. 류창선은 작품의 내적 프레임을 문제 삼는다. 분명 "작품의 운률적 특성"은 "일정한 정서적 움직임과 이를 조절하는 시인의 호흡"을 나타내며 이는 "전적으로 사회-력사적 생활 조류 속에 뿌리박고" 있는 것이 확실하다. 그러나 이것이 바로 "생활이 곧 운률이라는 논리"를 만들어낼 수는 없다. 시인의 생활 체험은 '작품 이전'의 '소재'일 뿐이다. 류창선은 운율을 '작품 그 자체'의 언어조직을 통해 이루어지는 것으로 한정시킨다. '생활'은 작품의 '토양'이지만 그 자체로 작품인 것은 아니며, "운율을 생활에서 직접 느낄 수는 없다." 오히려 매번 고유한 생활의 운율을 작품 속에서 고스란히 느끼기 위해서는 "작시 원칙에 의거하여 의식적으로" 운율을 조성하는 일이 필요하다.

〈표 4〉

작품 이전	X. 작품의 토양	생활 및 정서
작품 자체	a. 운율 기초	음절 그루빠들의 자유롭고 다양한 결합 반복
	b. 운율 조성 방법	운율 기초 + 보조적 수법
	c. 효과	내재율

〈표 4〉는 앞서 「운률 조성의 기초와 방법」(1960.7.5)의 논의를 정리한 〈표 3〉(음영 부분)에 「창작실천과 운률의 문제」(1961.4.11)가 도입하는 "생활"의 심급을 더하여 정리해 본 류창선의 체계이다. 그의 관점을 따르면 훌륭한 작품의 경우 c는 결과적으로 X를 드러낼 수 있다. 다만 a와 b를 반드시 거쳐야만 한다. "생활"에서 "운율"을 느낀다고 하는 견해는 a와 b를 간과한 채 X와 c를 성급히 동일시하는 오류에서 출발하는 것으로 간주된다.

류창선은 기존 논의들을 비판적으로 수용하면서, 운율전통 계승과 관련된 이론적 탐구와 자유시 창작실천의 문제를 포괄적으로 정돈할 수 있는 하나의 총체적 시학 체계를 소략하게나마 구상한다. 그는 과학적 방법론에 기반을 둔 상태로 동시대의 문학적 운동성을 두텁게 아울러 보려 한다. 그의 시도에는 현대 자유시 운율의 문제가 '일반시학'으로 해소될 수 있는 가능성을 조심스럽게, 그리고 다층적으로 탐색한 흔적이 담겨 있다.

3) 다만 자유시의 운율 형성 원리를 '증명'하는 데에 무게중심이 놓인 류창선의 논의가 실제로 창작실천에 어떤 긍정적 역할을 할 수 있는지는 의문으로 남는다. 이론은 이론으로서 충분히 정교해질 수 있다. 그러나 그것이 곧바로 실천적 영향력을 담보하는 것은 아니다. 류창선을 포함한 당시의 자유시 운율 논의들에 대해 시인들이 드러낸 불만은 이에서 비롯된다. 현종호, 류창선 등은 이론적 탐구가 창작실천을 도울 수 있으리라 믿었지만, 시인들은 경험 상 그렇게 생각하지 않았다. 원론 상으로는 "정당한 정식화"를 만들다가도 실제로는 "글자수를 따지"며(한진식, 1961.4.25) 차라리 창작에 악영향을 미친다는 것이 시인들의 판단이었다.

창작자의 입장에 설 때 이는 충분히 정당성을 얻을 수 있는 견해라 할 수 있을 것이다. 문제는 이런 관점에 서서 그냥 시만 쓰는 것이 아니라 운율 문제에 직접 개입하는 경우, 그 논의가 다분히 주관적인 방향으로 흐르거나 논거 없이 동어반복적인 경향을 띠게 된다는 데 있다. 또는 '하지 말아야 할 것'에 대한 불만을 표출할 수는 있되 '해야 할 것'에 대한 생산적 논의를 끌어내지는 못하는 측면도 있다.

이는 시인들, 혹은 창작자의 관점을 일정 정도 대변하는 면이 있던 평론가 엄호석의 글에서도 이미 나타나는 현상이었다. 그는 "자유시의 운률의 기본이 내재율이라는 것은 누구나 알고 있"으며 시 창작에서는 "내재률을 내재률로 되게 하는 음악성이 반드시 고려되어야 한다"고 말한 바 있다.(1960.2.9) 그러나 누구나 알고 있다는 그 '내재율'이라는 게 어떤 성격을 지닌 것인지, '외부적인 보조 효과'가 아니라 내재율을 내재율로 만드는 '음악성'은 어떻게 나타나는 것인지에 대해서는 분명하게 설명하지 못한다. 류창선이 엄호석에게 의문을 제기했던 것도 바로 이 점이었다. 엄호석의 시각이 틀렸다고는 볼 수 없으나, "내재률이란 어떤 음절 그루빠가 어떤 조건에서 음악적 결합을 하는 것"인지에 대해 "리론적 전개를 하지 않았다"(1960.3.25)는 것이 그의 비판 요지였다.

문제는 엄호석의 관점, 나아가 시인들의 관점 속에서는 "이론적 전개" 및 그에 수반되는 '증명과정'이 그저 누락된 것이 아니라 거의 불가능하다는 데 있다. 창작의 경험, 혹은 독서의 경험에 입각한 직관적인 판단은 운율의 '과학화'를 거부한다. 그런 까닭에 '근거'에 입각해 논의를 전개하기가 사실상 힘들 수밖에 없다. '물증'을 들이대며 이론적 체계를 세우려는 진영에 '심증'만으로 맞서는 시도는 어쩔 수 없이 논리적 수세에 몰린다.

또는 '물증'을 억지로 찾으려는 동안 글 전체의 논지가 흐려지기도 한다.

류창선에 대한 시인들의 반론 중에서 한명천의 글이 특히 주목되는 것은 이런 이유 때문이다. 먼저 그가 다른 논자들을 거의 의식하지 않고 쓴 글인 「시의 세계」(『시문학』 2집, 1960.9)는 독창적이고 설득력 있는 비유들이 다양하게 동원된 일종의 시론(詩論)인데, 여기에서 그는 "내재율"에 대해 다음과 같이 언명한다. "그것은 말 그대로 시의 내부 세계에 있다. 그것은 시행들의 말 속에 있다. 그것은 말이 가지는 음에 있는 것이 아니라 말이 가지는 의미에 있다." 앞에서 살폈다시피 이 견해가 류창선에 의해 비판되자, 한명천은 좀 더 적극적으로 운율을 '형식의 범주'로 보는 견해에 맞서 "자유시의 내재률은 호소하는 언어의 음에 있는 것이 아니라 그 내용의 의미에 있는 것"이라는 주장을 펼친다.(「자유시의 운률에 대하여」, 『문학신문』, 1961.4.28) 단 그는 창작경험 상의 '심증'을 우기지 않는다. 또한 '근거 부족'이라는 불리함을 피하기 위해 과학적 방법론을 기웃거리지 않는다. 그는 근거의 전회를 도모하여, '과학적 근거'가 아닌 '철학적 근거'로 돌파구를 찾는다.

먼저 그는 "생활" 자체에서 운율을 직접 발견할 수는 없다는 류창선의 의견에 대한 반론의 근거로 "존재와 인식의 관계"를 끌어들인다. "생활의 체험"이란 인간과 무관하게 있는 "객관적인 존재인 자연"이 아니라 "존재와 인식의 통일된 상태"이다. 즉 인간의 인식이 외부적 존재인 자연을 받아들인 상태가 "생활"이다. 그러면 인식의 과정은 어떻게 일어나는가? 외부를 지각하는 오감만으로 가능한 것이 아니라 "필연코 언어의 작용이 있어야" 한다. 또한 거기에는 "언어의 작용이 있는 이상 운율이 없을 수가 없"다.

그에 따르면 류창선이 생활과 운율을 분리해서 생각한 것은 이러한 과정을 도외시했기 때문이다. 류창선이 "생활" 혹은 생활의 "소재"라고 한 것은, "생활"이라기보다는 인간의 인식이 작용하기 전의 객체로서의 사물에 가깝다. 한명천은 '용광로'를 예로 든다. 용광로라는 사물 자체에는 당연히 운율이 없다. 그러나 사람이 그 사물을 '용광로'로 인식할 때, 인식과 동시에 '용광로'라는 언어가 개입하고 여기에서 운율이 발생한다. "생활의 체험에서 운율을 포착할 수 있는 것"은 이 때문이다. 이는 또한 "생활"을 "작품"과 분리시켜 "작품 이전"이라 설정한 류창선의 논의틀에 대한 문제제기로 이어진다. "작품 이전"은 작품과 무관한 것이 아니다. 그것은 차라리 "창작 과정 전체"이며, 바로 여기에서 "운율은 시작되며 운율은 완성된다." 이는 작품 자체 못지않게 중요하다.

더불어 한명천은 발화된 언어의 물질성으로부터 운율의 성격을 설명하는 기존의 시도들에 이의를 제기한다. 인식의 과정에 이미 언어가 개입하는 이상, 언어는 입 밖으로 나와야만 언어인 것이 아니다. "사색은 전적으로 언어에 의존한다." 생각을 가능케 하는 "가슴 속에 있는 언어"도 이미 충분히 언어이다. "그 언어 속에 어찌하여 운율이 있을 수 없단 말인가?" 이런 점을 고려한다면 운율이 "형식의 범주"에 속한다고 할 수 없다. "운율의 출발점은 그 시의 내용에 있으며 그 운율은 어디까지나 내용에서 우러나와야" 한다.

창작된 텍스트보다 창작과정에 무게중심을 둔 채 '내재율'의 의미를 철학적으로 풀어내려는 한명천의 시도가 논리적 허점을 드러내지 않는 것은 아니다. 일단 언어에는 무조건 운율이 깃들어 있는 건가 하는 반문이 생긴다. "생활"과 "내용"을 두루뭉수리하게 같은 층위로 묶어버리는 듯한 인상을 남기기도 하고, 또한 대상 인식 과정이 모두 창작 과정이라고 할 수는 없지 않은가 하는 의문을 불러일으키기도 한다. 길지 않은 분량 탓이기도 할 테고, 류창선을 향한 반론 형식으로서 한 달이 채 안 되는 짧은 시간 안에 써내야 했던 탓도 있을 것이다. 그러나 몇 가지의 의문을 남기고 있음에도 불구하고 이 글은 그 전개 방식 자체의 희귀함만으로도 주목할 가치가 있어 보인다. '내재율'이라는 난감한 개념 앞에서 많은 이들이 과학적 방법론에 의지해 이를 해명해 보려 했다. 또 다른 많은 이들은 이런 기획에 반감을 느꼈으되 경험적 주관에 입각한 리듬 감각을 설득력 있게 풀어낼 방법을 찾지 못했다. 한명천은 이 경험적 주관이 한갓 자의적 느낌에 불과한 것으로 기각되지 않도록 인식론을 도입한다. '작품 전체를 흐르거나 작품 내부에 깃들어 있는 선율'이라는 예의 그 '막연한' 개념에 철학적 무게를 얹어 자유시의 원천으로 정면수용하려 한 예는 한명천 이전에는 쉽게 찾아지지 않는 것이었다.

5. 맺음말

약 4년에 걸쳐 북한에서 집중적으로 검토된 자유시의 운율 논의에는 '점진적 진전'이라 부를 수 있을 만한 양상이 눈에 띈다. '운율 계승'의 문제와 자유시의 형식을 살피는 첫 단계에서는 '내재율'에 대한 검토의 필요성이 도출되고, 다음 단계에서는 그에 대한 상반된 관점이 예각화된다. 그다음 단계에서는 각각의 관점을 정당화할 수 있는 과학적 체계화 및 철학적 근거 마련이 시도된다.

그리고 이는 후일 '내용과 형식의 변증법'이라는 시각에서 자유시의 운율을 논하는 작업으로 이어진다. 1961년 이후에도 운율 문제에 지속적으로 관심을 둔 현종호의 글들이 그러하고, 1989년 출간된 장정춘의 『조선 현대시와 운율 문제』가 또한 그러하다. 특히 후자의 경우, 자유시의 운율을 변증법적 역학의 관점에서, 역사적 관점에서, 작시체계의 관점에서 두텁고 포괄적으로 다루고 있는데, 이를 위한 기반이 모두 1960년을 전후한 논의에서 마련되었다는 점 또한 주목되어야 할 사항이 된다. 이에 대해서는 추후 보다 상세한 검토가 이어져야 할 것이다.

그런데 북한에서는 어떻게 '자유시'와 '운율'을 함께 응시하려는 작업이 이토록 오래 지속될 수 있었던 것일까. '자유시의 운율'이 관심의 출발이었더라도, '운율'에 방점을 두는 경우는 곧 새로운 '정형 형식의 탐색'으로 기울게 된다. 반대로 '자유시'에 방점을 두는 경우는 '운율'을 괄호 치게 된다. 그러나 북한의 논자들은 어떤 관점에 서 있든 양쪽을 함께 보려 한다.

이런 생각을 해 볼 수 있을 것 같다. 내용과 형식의 불가분한 관계. 그러나 동시에, 형식에 대한 내용의 우위. 자유시의 운율을 다루기 위해 반드시 관통되어야 했던 이 명제는, 사실 북한문예론의 전제일 뿐 아니라 근대문화 전반의 토대를 이루는 이념적 기반이기도 하다. 다만 북한의 경우, '내용-형식'의 문제는 이념적 지형상 다른 체제나 문화권에서 보다 더 민감하게 다루어질 수밖에 없었던 듯하다. 북한의 문화예술에서 '내용'이나 '정서'는 그저 '형식'보다 더 중요한 정도로 여겨지는 것이 아니라, '단연코' 우선시 되어야 하는 것이었다. '형식'을 돌보는 일은 자칫 '형식주의'나 '복고주의'로 비판될 위험이 도사리고 있었다. 그러나 또 한편으로 '민족적 형식'에 대한 논의를 포함하는 당대의 '민족적 특성'론은, 전통 계승의 차원을 넘어 북한의 절대 모토인 '주체의 확립'을 향해 나아가야 하는 것이기도 했다. 이런 시각을 염두에 둘 경우, '내용'이나 '정서'를 강조하며 식민지 시대 이래 사용되어 온 '내재율'이라는 말을 그대로 쓰는 것은 또한 '반동적 심리주의'로 호도되는 결과를 초래할 수도 있는 것이었다. 시에서 '형식'을 언급하는 것은 '반동적'이 될 위험이 있는 동시에 '주체적'이기 위한 과정이기도 한 셈이며, '내재율'이라는 말로 자유시에 접근하는 것 역시 '새로운 사회주의적 감정'을 끌어안는 가능성인 동시에 '반동적'인 것으로 폄하될 수도 있는 관점이었던 셈이다.

보다 더 조심스러운, 보다 더 수용적인, 보다 더 근거에 입각한 논의들이 제출될 수 있었던 것은 이 때문이 아니었을까. 혹은 이론이나 비평이 창작에 대해 '지도적 역할'을 수행할 수 있어야 한다는 강한 요구가, 자유시에 적용 가능한 운율 검토를 지속하도록 한 것일까. 현재로서는 그저 범박한 추측만이 가능할 뿐이다. 후일 이 문제에 보다 깊숙이 접근할 수 있게 될 때, 그리고 이를 다른 문화권에서 전개된 논의들과 폭넓은 시각에서 함께 아우를 수 있게 될 때, 그때서야 이 글의 진정한 결론이 쓰일 수 있을 것이다.

『리용악 시선집』 재수록 작품의 개작과 그 의미*

이경수

1. 머리말

이용악에 대한 연구는 월북 이전 시기까지의 시작 활동에 대체로 집중되어 왔다. 이용악은 1930년대 후반기 내지 일제 말기의 시인으로 한국 현대시사에서 대체로 규정되면서 백석, 오장환, 서정주 등과 비교되어 왔다.[1] 그런데 월북 시인으로 분류되어 온 시인들 중에서도 1960년대까지 북한시단에서 주류로 자리 잡으며 활발히 활동해 온 이용악의 경우, 월북 이후의 시작 활동과 그 변모가 지니는 의미도 주목해 볼 만한 가치를 지니는 것으로 판단된다. 상대적으로 활발한 활동을 펼친 것에 비해 이용악의 월북 이후의 시작 활동에 대한 연구는 충분히 이루어

---

* 이 글은 「『리용악 시선집』 재수록 작품의 개작과 그 의미」(『한국 근대문학 연구』 25호, 한국근대문학회, 2012)를 재수록한 것임.

1 심재휘, 「1930년대 후반기 시 연구」, 고려대 박사논문, 1997.7; 이명찬, 「1930년대 후반 한국 현대시의 고향의식 연구」, 서울대 박사논문, 1999.2; 이경수, 「한국 현대시의 반복 기법과 언술 구조 : 1930년대 후반기의 백석·이용악·서정주 시를 중심으로」, 고려대 박사논문, 2002.12.

지지 못했다.

김인섭의 「월북 후 이용악의 시세계」라는 선행 연구가 있었지만, 『리용악 시선집』에 새로 수록된 시를 중심으로 북한의 문예정책의 방향과 관련지어 살펴본 데 머물고 있을 뿐 이용악의 이전 시세계와의 관련 속에서 분석하고 있지는 않으며, 월북 이후에 이용악이 발표한 작품 전체를 포괄하고 있지도 않다.[2]

그동안의 선행 연구에서 월북 이후 이용악의 시세계를 대표하는 것으로 논의되어 온 『리용악 시선집』은 1957년 조선작가동맹출판사에서 출간되었는데, 월북 이후 새롭게 쓴 작품들 외에도 이전에 쓴 시와 앞서 출간된 네 권의 시집에 수록된 시들을 선별해 재수록하고 있다. 선행 연구에서는 『리용악 시선집』에 새로 수록된 시들에 주목했을 뿐 재수록 시에 대해서는 주목하지 않았다. 그런데 『리용악 시선집』의 재수록 시들은 상당 부분 개작되어 있어서 월북 이후 이용악의 시작 활동을 살펴보기 위해서는 이러한 개작이 지니는 의미를 밝히는 작업이 요청된다.

이 글에서는 1957년 출간된 『리용악 시선집』에 재수록된 작품의 개작의 양상과 의미를 살펴보고자 한다. 월북 이후 이용악의 시작 활동의 전모를 파악하기 위해서도 『리용악 시선집』 재수록 시의 개작의 양상과 의미를 살펴보는 작업은 선행되어야 할 것으로 보인다. 『리용악 시선집』 수록 작품의 경우에는 이전의 시집에 수록된 작품을 재수록한 경우와 나머지 경우로 나누어 볼 수 있는데, 이 글에서는 재수록된 작품들을 대상으로 재수록 시의 선별 기준과 개작 여부 및 정도를 면밀히 살펴

2 김인섭, 「월북 후 이용악의 시세계 : 『리용악 시선집』을 중심으로」, 『우리문학연구』 15집, 우리문학회, 2002.12, 233~260면.

보고 그 의미를 밝히고자 한다.

2.『리용악 시선집』 재수록 작품의 선별 기준과 개작의 양상

1957년 조선작가동맹출판사에서 간행된『리용악 시선집』은 크게 다섯 부분으로 구성되어 있다.【어선 민청호】,【우라지오 가까운 항구에서】,【노한 눈들】,【원쑤의 가슴팍에 땅크를 굴리자】,【평남관개시초】로 각 부분이 나누어져 있고, 시집의 앞에「서문」과 시집의 뒤에「저자 약력」을 포함하고 있다. 그중【우라지오 가까운 항구에서】와【노한 눈들】은 이전에 출간한 시집에 이미 수록되어 있는 작품을 재수록한 시들로 구성되어 있다.[3] 이 중에는 상당 부분 개작을 한 경우도 있어서 그 양상과 의미를 면밀히 살펴볼 필요가 있다.

『리용악 시선집』 수록 작품 중 이전에 출간된 시집에 수록된 작품을 재수록한 작품은 총 38편으로【우라지오 가까운 항구에서】와【노한 눈들】로 나누어서 수록하고 있다. 그 상세한 내용을 살펴보면 다음 〈표 1〉과 같다.

---

3 【우라지오 가까운 항구에서】로 분류된 작품들은 총 31편인데,『분수령』에 실린 작품 5편,『낡은 집』에 실린 작품 3편,『오랑캐꽃』에 실린 작품 21편,『이용악집』에 실린 작품 2편으로 구성되어 있다. [노한 눈들]로 분류된 작품들은 총 7편인데, 모두『이용악집』에 실린 작품들을 재수록하고 있다. 그중 두 편은 제목과 내용을 상당 부분 개작해 실었다.
「유정에게」(『이용악집』) → 「아우에게」(『리용악 시선집』)
「거리에서」(『이용악집』) → 「짓밟히는 거리에서」(『리용악 시선집』)

〈표 1〉 『리용악 시선집』 재수록 시의 현황

작품명	처음 수록된 시집	『리용악 시선집』 재수록시 구분	비고
「풀벌레 소리 가득 차 있었다」	『분수령』	【우라지오 가까운 항구에서】	
「나를 만나거던」	『분수령』	【우라지오 가까운 항구에서】	
「동면하는 곤충의 노래」	『분수령』	【우라지오 가까운 항구에서】	
「쌍두마차」	『분수령』	【우라지오 가까운 항구에서】	
「두만강 너 우리의 강아」	『낡은 집』	【우라지오 가까운 항구에서】	
「우라지오 가까운 항구에서」	『낡은 집』	【우라지오 가까운 항구에서】	
「북 쪽」	『분수령』	【우라지오 가까운 항구에서】	
「낡은 집」	『낡은 집』	【우라지오 가까운 항구에서】	
「오랑캐꽃」	『오랑캐꽃』	【우라지오 가까운 항구에서】	
「버드나무」	『오랑캐꽃』	【우라지오 가까운 항구에서】	
「전라도 가시내」	『오랑캐꽃』	【우라지오 가까운 항구에서】	
「달 있는 제사」	『오랑캐꽃』	【우라지오 가까운 항구에서】	
「강가에서」	『오랑캐꽃』(「강ㅅ가」)	【우라지오 가까운 항구에서】	제목 변경
「두메산골(一)」	『오랑캐꽃』	【우라지오 가까운 항구에서】	
「두메산골(二)」	『오랑캐꽃』	【우라지오 가까운 항구에서】	
「두메산골(三)」	『오랑캐꽃』	【우라지오 가까운 항구에서】	
「두메산골(四)」	『오랑캐꽃』	【우라지오 가까운 항구에서】	
「꽃가루 속에」	『오랑캐꽃』	【우라지오 가까운 항구에서】	
「다리 우에서」	『오랑캐꽃』	【우라지오 가까운 항구에서】	
「뒷길로 가자」	『오랑캐꽃』	【우라지오 가까운 항구에서】	
「욕된 나날」	『오랑캐꽃』(「해가 솟으면」)	【우라지오 가까운 항구에서】	제목 변경
「무자리와 꽃」	『오랑캐꽃』	【우라지오 가까운 항구에서】	
「벌판을 가는 것」	『오랑캐꽃』	【우라지오 가까운 항구에서】	
「다시 항구에 와서」	『오랑캐꽃』	【우라지오 가까운 항구에서】	
「길」	『오랑캐꽃』	【우라지오 가까운 항구에서】	
「어두운 등잔밑」	『이용악집』(「등잔 밑」)	【우라지오 가까운 항구에서】	제목 변경
「막차 갈때마다」	『이용악집』	【우라지오 가까운 항구에서】	
「노래 끝나면」	『오랑캐꽃』	【우라지오 가까운 항구에서】	
「집」	『오랑캐꽃』	【우라지오 가까운 항구에서】	
「불」	『오랑캐꽃』	【우라지오 가까운 항구에서】	
「항구에서」	『오랑캐꽃』	【우라지오 가까운 항구에서】	
「그리움」	『이용악집』	【노한 눈들】	

「오월에의 노래」	『이용악집』	【노한 눈들】	
「하늘만 곱구나」	『이용악집』	【노한 눈들】	
「노한 눈들」	『이용악집』	【노한 눈들】	
「아우에게」	『이용악집』(「유정에게」)	【노한 눈들】	제목 변경
「빗발 속에서」	『이용악집』	【노한 눈들】	
「짓밟히는 거리에서」	『이용악집』(「거리에서」)	【노한 눈들】	제목 변경

『리용악 시선집』에 재수록된 작품 38편 중에서 1937년에 출간된 이용악의 첫 시집 『분수령』 수록시가 5편, 1938년에 출간된 『낡은 집』 수록시가 3편, 1947년에 출간된 『오랑캐꽃』 수록시가 21편, 1949년에 간행된 『현대 시인 전집 제일권 이용악집』(이하 『이용악집』–인용자 주) 수록시가 9편이다. 1947년에 출간된 『오랑캐꽃』의 경우 수록시 총 29편 중에서 8편을 제외한 나머지 21편의 시편들이 모두 『리용악 시선집』에 재수록되었으며,[4] 『이용악집』 수록시들 중에서도 『이용악집』에 처음 수록된 작품들의 경우 12편 중 9편이라는 압도적인 비율의 작품이 『리용악 시선집』에 재수록되었다. 『분수령』 수록시가 20편 중 5편, 『낡은 집』 수록시가 15편 중 3편임을 감안하면 1930년대 후반에 출간된 두 권의 시집에서 비슷한 비율로 대표작을 선별하고, 해방 이후 출간된 두 권의 시집 중에서 상대적으로 많은 작품을 골라 수록했음을 알 수 있다. 그런데 『리용악 시선집』의 서문에서 이용악은 【우라지오 가까운 항구에서】에 분류된 시들이 모두 해방 전 작품임을 밝히고 있다. 시집 『오랑캐꽃』이 출간된 것은 1947년이지만 『리용악 시선집』에 재수록된 『오랑캐꽃』 소재 시들은 1939년부터 1942년 사이에 창작되었다.[5]

4 『리용악 시선집』에 재수록되지 않은 8편은 다음과 같다. 「구슬」, 「죽엄」, 「밤이면밤마다」, 「벽을향하면」, 「슬픈사람들끼리」, 「비늘하나」, 「열두개의층층계」, 「등을동그리고」.

『분수령』과 『낡은 집』에서 재수록한 작품들의 경우에는 대표작으로 흔히 거론되어 온 작품들이 대체로 포함되어 있기 때문에 자선 대표작이라는 것 이외에 특별한 선정 기준이 있었을 것으로 보이지는 않는다. 다만, 네 권의 시집에서 재수록한 작품의 비율을 고려할 때 1930년대 후반에 출간된 두 권의 초기 시집에 수록된 시보다는 1939~1942년 사이에 써서 해방 이후 간행된 시집 『오랑캐꽃』에 수록된 시들과 1949년에 출간된 『이용악집』에 수록된 시들을 상대적으로 더 많이 수용했음을 눈여겨볼 필요가 있다. 실제로 1959년 조선민주주의인민공화국 과학원 언어문학연구소 문학연구실에서 편하고 과학원출판사에서 발간한 『조선문학통사』 하권에서는 전후에 많은 서정 시인들이 발간한 시선집에 대해 거론하면서 해방 전 작품보다는 해방 이후의 작품에 좀 더 무게를 싣고 있음을 확인할 수 있다.[6] 여기에 덧붙여 『분수령』과 『낡은 집』에 실린 시들이 완성도에서 작품 간 편차가 심하게 나타나는 데 비해 『오

5 "둘째번 【우라지오 가까운 항구에서】에 넣은 시들은 주로 『분수령』 『낡은 집』 『오랑캐꽃』 등 시집에서 추린 것인데 이것은 모두 해방 전 작품들이다. (해방 전 시편들 중 년대를 적지 않은 것은 주로 『오랑캐꽃』에 수록되었던 작품으로서 一九三九년부터 一九四二년 사이에 창작되었다.)" 이용악, 「서문」, 『리용악 시선집』, 조선작가동맹출판사, 1957, 9면.

6 "전후에 많은 서정 시인들이 자기의 전후의 시 창작의 성과를 묶어 시집들을 발간한바 그 가운데 박 팔양의 『박 팔양 선집』, 박세영의 『박 세영시 선집』을 비롯하여 리 찬, 안 룡만, 김 우철의 시집, 김 북원의 『대지의 서정』, 정 문향의 『승리의 길에서』, 정 서촌의 『가무재 고개』는 각각 자기의 시적 개성과 독창성으로써 이채를 띠었다. 시인 박 팔양과 박 세영의 시집들에도 이 시인들의 해방 전후의 창작성과들이 수록되었다. (…중략…) 그러나 시인의 심장이 가장 격동하고 자기의 시를 정열과 사랑이 북받치는 목소리로 되게 한 것은 다른 많은 시인들과 함께 조국 해방 전쟁 시기였다." 조선민주주의인민공화국 과학원 언어문학연구소 문학연구실 편, 『조선문학통사』 하, 과학원출판사, 1959, 338면.
이어지는 내용에서 앞서 거론된 시인들의 시집에 대해 언급하는데, 해방 전 작품과 해방 후 작품을 포괄하는 선집임을 밝히면서도 주로 해방 후 작품, 전쟁기와 전후복구건설기의 작품에 주목하고 있는 점을 눈여겨볼 필요가 있다. 이용악의 경우에는 아예 【평남관개시초】에 대해서만 작품을 부분적으로 인용하면서 세 페이지에 걸쳐서 자세히 언급하고 있을 뿐 해방 전 작품에 대해서는 따로 거론하지 않았다. 같은 책, 328~330면.

랑캐꽃』에 와서 시적 완성도가 한층 무르익었음을 기억할 필요가 있다. 또한 『오랑캐꽃』과 『이용악집』의 경우에는 대부분의 작품들이 재수록되었으므로 오히려 재수록에서 누락된 작품들의 면면을 살펴보는 것이 선별 기준을 파악하는 데 유용할 것이라는 판단이 든다.

『리용악 시선집』 재수록 작품의 선별 기준을 추정하기 위해서는 『이용악집』 수록시와의 관계를 먼저 살펴볼 필요가 있다. 이용악의 경우 네 번째 시집인 『이용악집』이 이미 선집의 성격을 지니고 있었으므로, 앞서 세 권의 시집에 수록된 작품들 중 『이용악집』에 재수록되지 않고 누락되었다가 『리용악 시선집』을 출간하면서 다시 수록된 작품들을 따로 살펴볼 필요가 있다. 여기에 해당하는 작품은 모두 10편이다. 『분수령』 소재 작품은 「나를 만나거던」, 「동면하는 곤충의 노래」, 「쌍두마차」 3편이며, 『낡은 집』 소재 작품은 「우라지오 가까운 항구에서」 1편, 『오랑캐꽃』 소재 작품은 「버드나무」, 「다리 우에서」, 「뒷길로 가자」, 「해가 솟으면」(『리용악 시선집』에 수록되면서 「욕된 나날」로 개작), 「무자리와 꽃」, 「길」 등 6편이다.

이용악의 시 중에서 친일시로 흔히 분류되는 「길」(『오랑캐꽃』 수록)이 『이용악집』에는 실리지 않았다가 『리용악 시선집』에 재수록된 사실은 특기할 만하다. 『리용악 시선집』에 재수록된 「길」은 연의 구성이나 행갈이, 표현 수정 및 추가 등의 개작이 이루어지는데, 그중에서도 눈여겨볼 만한 부분은 1연 4행의 표현 수정이다. 세 번째 시집 『오랑캐꽃』 수록시의 1연에 등장하는 "한때의 빛을 먹음어 차라리 휘휘로운데"라는 표현이 『리용악 시선집』 재수록시에서는 "울면서 가던 날을 말해 주는데"로 수정된다. 내용이나 표현을 크게 손댄 것은 아니지만, 다소 모호하고 암시적인 표현을 한층 분명한 표현으로 바꾸어 오해의 소지를 줄이려고 한 의도가 읽힌다. 이것은 친일의 혐의를 받은 작품임을 얼마간 의식한 개작으로 판단된다.[7] 다만 개작 이전의 작품에서 아내가 떠나간 뒤에도 남아 빛을 머금고 홀연히 빛나는 사물들을 통해 아내에 대한 그리움과 화자의 외로움을 효과적으로 드러냈다면, 개작한 작품에서는 좀 더 분명한 의미를 얻은 대신에 그리움과 외로움을 이미지화하는 데에는 실패하게 된다. 개작 이전의 작품이 보여주기 기법에 충실했다면 개작한 시는 말하기 기법을 따른 것으로 보인다.

또한 이들 작품과 함께 살펴보아야 할 작품이 『오랑캐꽃』에 1차 수록되고 『이용악집』에 재수록되었다가 『리용악 시선집』에 수록되지 않고 누락된 작품들이다. 「죽엄」, 「구슬」, 「슬픈 사람들끼리」, 「열두 개의 층층계」, 「밤이면 밤마다」 총 5편의 작품이 여기에 해당된다. 『오랑캐꽃』 출간 당시 이용악은 시집 뒤에 붙은 「『오랑캐꽃』을 내놓으며」에서 "여기 모든 시는 1939년부터 1942년까지 신문 혹은 잡지에 발표한 작품들"[8]임을 밝힌 바 있다. 그중에서도 『리용악 시선집』에 누락된 이 다섯 작품은 일제 말기 이용악의 어둡고 우울하고 불안한 심리 상태를 짐작게 하는 시들이자 『오랑캐꽃』 수록시 중 완성도가 상대적으로 떨

---

7 다음 단락에 언급했듯이, 일제 강점기 말 이용악의 어둡고 불안한 심리 상태를 보여 주는 다섯 편의 시, 「죽엄」, 「구슬」, 「슬픈 사람들끼리」, 「열두 개의 층층계」, 「밤이면 밤마다」 등을 『리용악 시선집』에 재수록하지 않았음에도 불구하고 친일의 혐의까지 받은 작품 「길」을 굳이 개작하면서까지 재수록한 데는 「길」에 친일의 의도가 없었음을 애써 반증해 보이려 한 시인의 의도가 작용하고 있었던 것으로 보인다. 친일 혐의를 받은 이용악의 작품은 사실상 모호한 표현으로 인해 친일 여부를 정확하게 판단하기 어려운데, 북한문단의 재편 과정에서 이용악 스스로도 이러한 점을 의식하여 스스로에게 면죄부를 주고자 했던 것으로 보인다. 당시 북한문단에 성공적으로 안착하기 위해서도 「길」의 재수록은 이용악에게 필요한 선택이었을 것이다. 여기서 주목해야 할 것은 「길」의 친일 여부보다는 친일의 혐의를 받았던 「길」을 굳이 『리용악 시선집』에 재수록한 시인의 의도일 것이다.

8 이용악, 「『오랑캐꽃』을 내놓으며」, 『오랑캐꽃』, 아문각, 1947, 94면.

어지는 시들이다. 「죽엄」의 경우에는 "끝끝내 / 한번은 만나야할 황홀한 꿈"이라며 죽음을 예찬한 혐의가 느껴지는 시이기도 하다.

> 전후 문학에서 특징적인 사실의 하나는 현대 조선 문학의 해방전 부분이 출판되기 시작한 그 점이다. 해방전의 우리 진보적 작가들의 작품들에는 당시의 조선 근로 계급의 해방 투쟁의 화폭이 력사적-구체적인 면모 속에 생동하게 묘사되었다. 이 작품들은 당시의 조선 인민만을 해방 투쟁의 사상으로 고양하고 고무하였을 뿐 아니라 오늘의 근로 인민에게 대해서도 다대한 교양적 의의를 가지고 그들을 계급적 의식과 사회주의적 사상으로 계속 고무하는 사상적 무기로 되었다. 그렇기 때문에 이 작품들은 그에 의거한 사회주의 사실주의 방법과 현재에 있어서도 인민들을 고양하는 현실적 직능의 힘으로 말미암아 오늘의 인민에게 친근하며 따라서 당당하게 전후 문학에서 중요한 의의를 가진다.[9]

1959년에 출간된 위 문학사에서 전후복구건설 시기에 출간된 시선집 중 해방 이전 작품에 대해 언급한 부분은 당시 시선집의 출간 목적을 짐작하는 데 유용한 자료이다. 이후 주체사상에 기반을 둔 주체문예가 정립된 이후에는 주체사상의 기조에 맞추어 이전의 문학사에 대한 왜곡이 본격적으로 이루어지기 때문에 시선집이 다량 출간된 1950년대 후반의 분위기와 사회문화적 의미를 제대로 파악하기 어려워진다. 위의 인용에 따르면 전후복구건설기의 북한에서 해방 전 문학작품을 시선집

9 조선민주주의인민공화국 과학원 언어문학연구소 문학연구실 편, 『조선문학통사』 하, 과학원출판사, 1959, 285면.

에 다수 포함해 출간하게 된 까닭은 해방 이전에도 조선 인민의 해방 투쟁이 연속적으로 이어지고 있었음을 확인함으로써 전후복구건설에 앞장서는 당시 인민의 긍정적인 모습에 정통성을 부여하고자 한 것으로 보인다. 당시의 시인, 작가들에게 요구된 이러한 사명은 이용악이 『리용악 시선집』을 출간하며 재수록할 작품을 선별하는 데도 적지 않은 영향을 미쳤을 것이다. 그가 감상적이거나 불안하고 우울하고 퇴폐적인 정서를 드러내는 작품들을 가급적 『리용악 시선집』에 재수록하지 않고 배제한 데는 이러한 저간의 사정이 작용하고 있었을 것으로 보인다.

이상에서 『리용악 시선집』 재수록 시들을 살펴본 결과, 재수록 작품을 선별한 기준을 다음과 같이 추정해 볼 수 있다. 첫째, 대표작 및 완성도가 높은 작품을 우선 선정했다. 둘째, 1930년대 후반에 출간된 두 권의 시집(『분수령』, 『낡은 집』)에 수록된 작품들보다는 해방 이후 출간된 두 권의 시집(『오랑캐꽃』, 『이용악집』) 수록시를 선호했다. 셋째, 일제 말기 작품들 중 감상적이거나 어둡고 불안한 심리를 드러낸 작품은 제외했다.

다음으로 『리용악 시선집』에 재수록하면서 개작한 작품들을 살펴보도록 한다. 한글맞춤법이나 표기 규칙의 변화로 인한 약간의 수정[10]을 제외하고 시의 내용이나 형식, 제목 등에서 의미 있는 변화가 발견되는 경우를 중심으로 살펴보면 〈표 2〉와 같다.[11]

---

10 '이어적기'에서 '끊어적기'로 바뀐 것, '합용병서'에서 '각자병서'로 표기가 바뀐 것 등이 여기에 해당된다.

11 『리용악 시선집』에 재수록된 작품들 중 상당수는 시선집의 성격을 지녔던 『이용악집』에 이미 재수록된 작품들이다. 그런데 『이용악집』에 재수록한 시들은 한글맞춤법 표기 변화에 따른 수정 외에는 제목이나 내용에 손을 댄 경우가 없었다. 이용악의 시에서 의미 있는 개작은 대부분 『리용악 시선집』 재수록 시에서 발견된다. 따라서 이 글에서는 『분수령』, 『낡은 집』, 『오랑캐꽃』, 『이용악집』, 『리용악 시선집』을 각각 ①, ②, ③, ④, ⑤로 표기해 ①, ②, ③에 실렸다가 ④에 재수록된 시의 경우, 1차 재수록 과정에서 의미 있는 변화가 발견되지 않으면 ④에서 ⑤로의

형식상의 변화로는 연 구성과 행갈이의 변화가 발견되었고, 내용상의 변화로는 표현의 수정 및 생략, 추가 등이 나타났다. 그 밖에 한자를 한글로 바꾼 표기 변화도 일부 시에서 확인된다. 이용악의 첫 시집 『분수령』에서는 시의 제목이나 시 본문에 한자 사용이 두드러지는데, 이러한 표기 방식의 특징은 1949년에 출간된 『이용악집』에서 일부 수정되었다가 1957년에 북한에서 출간된 『리용악 시선집』에 와서 한글 전용의 표기 방식으로 대폭 수정된다.[12]

〈표 2〉 『리용악 시선집』 재수록 시 개작 현황

작품명	개작 유형	개작 내용
「풀벌레 소리 가득 차 있었다」	내용의 변화(표현 수정)	• 표현 수정 : "우리는 머리맡에 엎디어 / 있는대로의 울음을 다아 울었고"(④5연 1, 2행) → "서러운 머리맡에 엎디여 / 있는 울음 다 울어도 그지 없던 밤"(⑤5연 1, 2행)
「나를 만나거던」	내용의 변화(생략, 표현 수정, 어미 변화)	• 표현 수정, 생략 : "석고처럼 창백한 불만이 그윽한 나를"(①2연 2행) → "불만이 그윽한 나를"(⑤2연 2행), "어득한 廢家의 迴廊에서 만나거던"(①3연 3행) → "어둡침침한 방구석에서 만나거던"(⑤3연 3행), "너는 平凡한 表情을 힘써 직혀야겠고"(①3연 6행) → 생략(⑤3연) • 어미 변화 : "웃지도 말라"(①3연 5행) → "웃지도 말고"(⑤3연 5행), "말어다오"(①) → "말아라"(⑤)
「동면하는 곤충의 노래」	표기 변화(한자 → 한글), 형식의 변화(행갈이), 내용의 변화(표현 수정, 생략)	• 제목의 한자 표기(冬眠, 昆虫) → 한글 표기(동면, 곤충) • 행갈이 : 1연 6행 → 1연 5행("산 과 들이 / 늙은 풍경에서 앙상한 季節을 시름할재"(①1연 1, 2행) → "산과 들이 늙은 풍경에 싸여 / 앙상한 계절을 시름할 때"(⑤1연 1, 2행), "나는 깁히 짱속으로 들어왔다"(① 1연 6행) → 생략(⑤)), 2연("멀어진 太陽은 / 아직 써머첩첩한 疑惑의 길을 더듬고"(①2연 1, 2행) → "멀어진 태양은 아직 / 꺼머첩첩한 의혹의 길을 더듬고"(⑤2연 1, 2행), 3연 5행 → 6행("가즌 학대를 체험한 나는 / 날카로운 무기를 장만하리라 / 풀풀의 물색으로 平和의衣裝도 꾸민다"(①3연 3~5행) → "갖은 학대를 체험한 나는 / 날카로운 무기를 장만하리라 / 아름다운 물색으로 / 평화의 의상도 꾸민다"(⑤3연 3~6행)), 4연 6행 → 5행("어름 풀린 / 냇

변화를 따로 언급하지 않고 각각 ①, ②, ③에서 ⑤로의 변화에 주목하고자 한다. 그래야 ⑤의 개작이 지니는 의미를 좀 더 정확히 판단할 수 있다고 본다.

12 『리용악 시선집』 재수록 시의 경우, 시의 제목과 본문에 사용된 한자 표기는 전혀 찾을 수 없었다. 한자 표기는 숫자에 한해서만 쓰였는데, 「두메산골」 연작시의 일련번호를 표시한 부분과 시의 뒤에 창작 연도를 밝힌 부분에서만 한자 표기가 사용되었다. 한글 전용의 표기 방식은 문학의 대중 선도의 역할을 중시한 당시 북한문학의 기조와 관련된 것으로 볼 수 있다.

작품명	개작 유형	개작 내용
		가에 버들이 휘늘어지고"(① 4연 1, 2행) → "얼음 풀린 냇가에 버들이 휘늘어지고"(⑤ 4연 1행))
		• 표현 수정, 생략 : "나는 흙을 뚜지고 들어왔다"(① 1연 3행) → "나는 흙을 뚜지고 **땅 깊이** 들어 왔다"(⑤ 1연 3행), "나는 깁히 쌍속으로 들어왔다"(① 1연 6행) → 삭제(⑤)), "지금 태풍이 미처 날쒸다 / 얼어싸진 혼백들이 地溫을 불러 곡성이 놉다"(① 2연 3, 4행) → "땅 우엔 미친듯 태풍이 휩쓸어 / 지친 혼백들의 곡성이 높다"(⑤ 2연 3, 4행), "내 자신의 體溫에 실망한적이 업다"(① 2연 6행) → "자신의 체온애* 실망한 적이 없다"(⑤ 2연 6행))(* '체온에'의 오식), "온갓 어둠과의 접촉에서도 / 생명은 빗츨 더부러 思索이 너그럽고"(① 3연 1, 2행) → "숨막히는 어둠 속에서도 / 빛을 머금어 사색이 너그럽거니"(⑤ 3연 1, 2행)
「쌍두마차」	표기 변화 (한자 → 한글), 형식의 변화 (연 구성, 행갈이) 내용의 변화(특정 구절 생략, 표현 수정)	• 제목의 한자 표기(雙頭馬車) → 한글 표기
		• 연 구성 : "나는 나의 祖國을 몰은다 / 내게는 定界碑 세운 領土란것이 업다 / ―그것을 소원하지 안는다 // 나의 祖國은 내가 태여난 時間이고 / 나의 領土는 나의 雙頭馬車가 굴러갈 / 그 久遠한 時間이다"(① 1, 2연) → "내게는 정계비 세운 령토란 것이 없다 / 나의 령토는 나의 쌍두마차가 굴러 갈 / 그 구원한 시간인가"(⑤ 1연)
		• 행갈이 : "열기를 토하면서 / 나의 雙頭馬車가 赤道線을 돌파할째"(① 4연 1, 2행) → "열기를 토하면서 나의 쌍두마차가 / 적도선을 돌파할 때"(⑤ 3연 1, 2행), "나는 항상 나를 冒險한다 / 그러나 나는 나의 天性을 슬퍼도 하지안코 / 期約업는 旅路를 / 疑心하지도 안는다"(① 5연 4행) → "나는 항상 나를 모험한다 그러나 / 자기의 천성을 슬퍼도 하지 않고 / 기약 없는 려로를 의심치도 않는다"(⑤ 4연 3행)
		• 표현 생략 : "나는 나의 祖國을 몰은다"(① 1연 1행) → 삭제(⑤)
		• 표현 수정 : "나의 雙頭馬車가 지나는 / 욱어진 풀속에서 / 나는 푸르른 眞理의 놀라운 進化를 본다"(① 3연 1~3행) → "나의 쌍두마차가 헤치고 나가는 / 우거진 풀섶에서 / 나는 푸르른 진리를 본다"(⑤ 2연 1~3행), "굽어보면서"(① 3연 4행) → "굽어보며"(⑤ 2연 4행), "줄줄이 쌔든 숨쉬는 思想을 맛난다"(① 3연 5행) → "줄기차게 숨쉬는 사상을 만난다"(⑤ 2연 5행), "北極으로 다시 南極으로 돌진할째"(① 4연 5행) → "북으로 북으로 돌진할 때"(⑤ 3연 5행), "明日"(① 6연 1행) → "래일"(⑤ 5연 1행), "더욱 나는 그것을 밋길래"(① 6연 2행) → "오직 나는 그것만을 믿길래"(⑤ 5연 2행)
「두만강 너 우리의 강아」	형식의 변화(행갈이) 내용의 변화 (표현 추가, 교체, 생략)	• 행갈이 : "그러나 / 나는 안다"(② 2연 3~4행) → "그러나 나는 안다"(⑤ 2연 3행)
		• 표현 추가 : "너의 가슴은 얼었으리라"(② 2연 2행) → "너의 가슴은 굳게 얼었으리라"(⑤ 2연 2행)
		• 표현 교체 : "무엇인가 기대리는듯 얼어붙은듯 섰으니"(② 3연 5행) → "무엇인가 기다려 얼어붙은듯 섰거니"(⑤ 3연 5행), "기리 마음의 눈을 덮어줄"(② 5연 1행) → "차라리 마음의 눈을 가려 줄"(⑤ 5연 1행)
		• 생략 : "검은 날개는 없나냐"(② 5연 2행) → 생략(⑤ 5연)
「우라지오 가까운 항구에서」	형식의 변화(행갈이) 내용의 변화(표현 수정 : 정확한 시어로 교체, 장황한 표현 압축)	• 행갈이 : "삽살개 짖는 소리 / 눈포래에 얼어붙는 섣달 그믐 / 밤이 / 얄궂은 손을 하도 곱게 흔들길래"(② 1연 1~4행) → "삽살개 짖는 소리 눈보라에 얼어 붙는 / 섣달 그믐 / 밤이 얄궂은 손을 하도 곱게 흔들길래"(⑤ 1연 1~3행), "나의 아롱범은 / 자옥자옥을 뉘우칠줄 몰은다 / 어깨에 쌓여도 하얀 눈이 무겁지 않고나"(② 2연 2~4행) → "간고한 자국자국을 뉘우치지 않으리라 / 어깨

작품명	개작 유형	개작 내용
		에 쌓여 쌓여도 / 하얀 눈이 무겁지 않구나"(⑤ 2연 2~4행), "울어머닌 / 서투른 마우재말도 들려 주셨지"(② 3연 3, 4행) → "어머니는 서투른 아라사말도 들려 주셨지"(⑤ 3연 3행)
		• 표현 수정 : "마우재말"(② 3연) → "아라사말"(⑤ 3연), "멧비둘기"(② 5연) → "갈매기"(⑤ 5연), "우라지오의 바다는 어름이 두텁다"(② 5연 5행) → "우라지오의 바다 이역의 항구로"(⑤ 5연 5행), "등대와 나와 / 서로 속사길수없는 생각에 잠기고 / 밤은 얄팍한 꿈을 끝없이 꾀인다 / 가도오도 못할 우라지오"(② 6연 1~4행) → "저기 섬기슭 지켜 선 등대와 나는 / 서로 속삭일 수 없는 생각에 잠기고 / 눈보라는 소리쳐 소리쳐 부르는데 / 갈 길 없는 우라지오 / 갈 길 없는 우라지오"(⑤ 6연 1~5행)
「낡은 집」	형식의 변화(행갈이) 내용의 변화(표현 수정, 구체적 표현 추가, 생략, 어휘 교체)	• 행갈이 : "날로 밤으로 / 왕거미 줄치기에 분주한 집"(② 1연 1, 2행) → "밤낮으로 왕거미 줄치기에 분주한 집"(⑤ 1연 1행), "모두 없어진지 오랜 / 외양깐엔 아직 초라한 내음새 그윽하다만"(② 2연 3, 4행) → "모두 없어진지 오랜 외양간에선 / 아직도 초라한 내음새 풍기건만"(⑤ 2연 3, 4행), "털보의 셋재 아들은 / 나의 싸리말 동무는 / 이집 안방 짓두광주리 옆에서 / 첫울음을 울었다고 한다"(② 3연 4~7행) → "털보네 셋째 아들 나의 싸리말동무는 / 이 집 안방 짓두광주리 곁에서/첫울음을 울었단다"(⑤3연 4~6행), "갓주지 이야기와 / 무서운 전설 가운데서 가난 속에서"(② 5연 1, 2행) → "갓주지 이야기며 무서운 전설과 가난 속에서"(⑤ 5연 1행), "나의 동무는 / 도토리의 꿈을 키웠다"(② 5연 8, 9행) → "좁쌀겨를 쓰고 앉아 외론 꿈을 키웠다"(⑤ 5연 7행), "이웃 늙은이들은 / 모두 무서운 곳을 짚었다"(② 7연 3, 4행) → "이웃 늙은이들은 모두 / 멀고도 추운 고장을 짚었다"(⑤ 7연 3, 4행), "제철마다 먹음직한 열매/탐스럽게 열던 살구 / 살구나무도 글거리만 남았길래 / 꽃피는 철이 와도 가도 뒤울안에 / 꿀벌 하나 날아들지 않는다"(② 8연 3~7행) → "제철마다 먹음직한 열매 탐스럽게 열던 / 살구나무도 글거리만 남았길래 / 꽃피는 철이 와도 가도 / 뒤울안엔 꿀벌 하나 날아 들지 않는다"(⑤ 8연 3~6행)
		• 표현 수정 : "흉집"(②) → "흉가"(⑤), "대대손손에"(②) → "대대손손"(⑤), "재를 넘어 무곡을 단이던 당나귀 / 항구로 가는 콩시리에 늙은 둥굴소"(② 2연 1, 2행) → "재를 넘어 무곡을 다니던 당나귀며 / 항구로 가는 콩시리에 늙은 둥굴소며"(⑤ 2연 1, 2행), "찻길이 뇌이기 전 / 노루 멧돼지 쪽제피 이런것들이"(② 3연 1, 2행) → "산을 뚫어 찻길이 놓이기 전 / 노루 멧돼지 여우며 승냥이가"(⑤ 3연 1, 2행), "마을 아낙네들은 무심코"(② 4연 3행) → "마을 아낙네들이 정녕 무심코"(⑤ 4연 3행), "나의 동무는 늘 마음조리며 잘았다"(② 5연 3행) → "나의 동무는 마음 조리며 자랐다"(⑤ 5연 2행), "종시 잠 이루지못하는 밤이면"(② 5연 6행) → "종시 잠들지 못하는 그런 밤이면"(⑤ 5연 5행), "도토리의 꿈을 키웠다"(② 5연 9행) → "좁쌀겨를 쓰고 앉아 외론 꿈을 키웠다"(⑤ 5연 7행), "어대론지 살아지고 이튿날 아침"(② 6연 4행) → "어디론가 사라진 이튿날 아침"(⑤ 6연 4행), "무서운 곳"(② 7연) → "멀고도 추운 고장"(⑤ 7연)
「오랑캐꽃」	형식의 변화(행갈이*) 내용의 변화(어미 변화)	• 행갈이 : "너는 오랑캐의 피 한방울 받지않었것만 / 오랑캐꽃"(③ 3연 1, 2행) → "너는 오랑캐의 피 한방울 받지 않았건만 오랑캐꽃"(④ 3연 1행) → "너는 오랑캐의 피 한 방울 받지 않았건만 / 오랑캐꽃"(⑤ 3연 1, 2행) [*③ → ④에서 행갈이의 변화를 보였다가 ⑤에서 도로 ③의 행갈이 형식으로 돌아감]
		• 어미 변화 : "고려 장군님 무지 무지 처 드러와"(③ 1연 3행) → "고려 장군님 무지무지 쳐들어"(⑤ 1연 3행), "백년이 몇 백년이 뒤를 니어 흘러 갔나"(③ 2연 2행) → "백년이 몇 백년이 뒤를 이

작품명	개작 유형	개작 내용
		어 흘러 갔다"(⑤ 2연 2행)
「버드나무」	형식의 변화 (연 구성, 행갈이) 내용의 변화 (생략, 표현 구체화, 표현 교체, 표현 추가)	• 연 구성 : 4연(3행, 4행, 3행, 4행)(③) → 4연(3행, 5행, 1행, 4행)(⑤) • 행갈이 : "마을선 / 평화로운듯 밤마다 등불을 밝혔다"(③ 4연 3, 4행) → "마을에선 평화로운듯 / 밤마다 등불을 밝혔다"(⑤ 4연 3, 4행) • 생략 : "하루사리도 호랑나비도 들어만 가면 / 다시 나올상 싶잖은 / 검은 구멍이 입버리고 있었것만"(③ 2연 2~4행) → "검은 구멍이 입 벌리고 있었건만"(⑤ 2연 2행) • 표현 구체화 : "북으로"(③ 3연 1행) → "북간도로"(⑤ 2연 3행), "산ㅅ길을 바라보고선"(③ 3연 2행) → "타는 듯한 산길을 바라보구선"(⑤ 2연 4행) • 표현 교체 : "그만 맥을 버리고"(③ 3연 2행) → "그만 맥이 풀려"(⑤ 2연 4행), "사시 사철 하얗게 보이는"(③ 4연 1행) → "사시사철 하아얗게 바라뵈는"(⑤ 4연 1행) • 표현 추가 : "돌베개 덩구는 버드나무 그늘에 서면"(⑤ 3연)
「전라도 가시내」	형식의 변화(행갈이) 내용의 변화(표현 구체화, 도치, 어미 변화, 표현 교체, 생략)	• 행갈이 : "가시내야 / 나는 발을 얼구며"(③ 1연 3, 4행) → "가시내야 나는 발을 얼구며"(⑤ 1연 3행), "어드운 등불밑 안개처럼 자욱한 시름을 달게 마시련다만"(③ 2연 2행) → "어두운 등불 밑 / 안개처럼 자욱한 시름을 달게 마시련다만"(⑤ 2연 2, 3행), "가시내야 / 너의가슴 그늘진 숲속을 기어간 오솔길을 나는 헤매이자"(③ 3연 3, 4행) → "가시내야 너의 가슴 그늘진 숲속을 기여간 / 설음많은 오솔길을 나두 함께 더듬자"(⑤ 3연 3, 4행) • 표현 수정(구체화, 첨가, 도치, 교체, 생략) : "오솔길"(③) → "설음많은 오솔길"(⑤), "나는 헤매이자"(③) → "나두 함께 더듬자", "네"(③) → "네가"(⑤), "단풍이 물들어 철리 철리 또 철리 산마다 불탔을겐데"(③ 4연 2행) → "산마다 단풍들어 천리 천리 또 천리 불탔을건데"(⑤ 4연 2행), "얼굴을"(③) → "낯을"(⑤), "파도소리에 취한듯"(③ 5연 1행) → "파도 소리에나 취한듯"(⑤ 5연 1행), "때로 싸늘한 웃음이"(③ 5연 2행) → "싸늘한 웃음이"(⑤ 5연 2행), "벌판에 우줄우줄 나설게다"(③ 6연 2행) → "벌판에 나설게다"(⑤ 6연 2행) • 어미 변화 : "자랐나"(③ 1연 1행) → "자랐다"(⑤ 1연 1행)
「달 있는 제사」	형식의 변화(연 구성)	• 연 구성 : 1행 1연으로 각 연이 구성된 5연의 시(③) → 1연 5행으로 이루어진 시(④) → 1연 5행으로 이루어진 시(⑤)
「강가에서」	내용의 변화(제목 변경)	• 제목 변경 : 「강ㅅ가」(③) → 「강까」(④) → 「강가에서」(⑤)
「두메산골(一)」	내용의 변화(표현 추가)	• 표현 추가 : "바위틈에서 죽었다는 주막집에서"(③ 3연 2행) → "어느 바위틈에서 죽었다는 주막집에서"(⑤ 3연 2행)
「두메산골(二)」	내용의 변화 (표현 교체, 어미 변화)	• 표현 교체 : "날러오는듯"(③ 3연 3행) → "날아 오는듯"(⑤ 3연 3행), "온길 갈길 죄다 잊어바리고 / 까맣게 쓰러지고 싶다"(③ 4연) → "온 길 가야할 길 죄다 잊고 / 까맣게 잠들고 싶어라"(⑤ 4연) • 어미 변화 : "싶다"(③ 4연 2행) → "싶어라"(⑤ 4연 2행)
「두메산골(三)」	형식의 변화 (연 구성, 행갈이) 내용의 변화(표현 추가)	• 연 구성 : 1연 3행, 2연 5행(③) → 1연 5행, 2연 3행(④) → 1연 5행, 2연 3행(⑤) • 행갈이 : "도포 걸친 어느 조상이 귀양 와서 / 일삼든 버릇일까"(③ 2연 1, 2행) → "도포 걸친 어느 조상이 / 귀양 와서 일삼던 버릇일까"(⑤ 1연 4, 5행) • 표현 추가 : "멀어진 서울을 그리는 것은"(③ 1연 3행) → "멀어진 서울을 못 견디게 그리는 것

작품명	개작 유형	개작 내용
		은"(⑤ 1연 3행)
「두메산골(四)」	형식의 변화(연 구성)	• 1행 1연으로 각 연이 구성된 3연의 시(③) → 1연 3행으로 이루어진 시(④) → 1연 3행으로 이루어진 시(⑤)
「꽃가루 속에」	형식의 변화(연 구성)	• 1행 1연으로 각 연이 구성된 5연의 시(③) → 1연 5행으로 이루어진 시(④) → 1연 5행으로 이루어진 시(⑤)
「다리 우에서」	형식의 변화(행갈이) 내용의 변화 (표현 압축, 표현 추가, 표현 수정, 어미 변화)	• 행갈이, 표현 추가, 어미 변화 : "단 하로 / 아버지의 제사ㅅ날만 일을 쉬고 / 어른처럼 곡을 했다"(③ 3연 2~4행) → "단 하루 아버지의 제삿날만 / 너도나도 일을 쉬고 / 어른처럼 곡을 했지"(⑤ 3연 2~4행) • 표현 압축 : "누나는 / 별 많은 밤이 되려 무섭다고 했다"(③ 1연 4, 5행) → "별 많은 밤이 되려 무섭다던 누나야"(⑤ 1연 4행) • 표현 추가, 수정 : "국수ㅅ집 찾어 가는 다리 우에서 / 문득 그리워지는 / 누나도 나도 어려선 국수ㅅ집 아히"(③ 2연) → "여기는 낯선 고장 / 국수집 찾아 가는 다리 우에서 / 문득 그리워지는 누나야 / 우리는 어려서 국수집 아이"(⑤ 2연)
「뒷길로 가자」	형식의 변화(행갈이) 내용의 변화 (도치, 생략, 표현 수정, 표현 추가)	• 행갈이, 도치 : "푸르른 새벽인들 내게 없었을라구 / 나를 에워싸고 / 외치며 쓰러지는 수없이 많은 나의 얼골은 / 파리한 이마는 입설은 잊어바리고저 / 나의 해바래기는 / 무거운 머리를 어느 가슴에 떠러트리랴"(③ 4연) → "푸르른 새벽인들 나에게 없었으랴 / 나를 에워싸고 외치며 쓰러지는 / 수없이 많은 나의 얼굴은 / 파리한 이마는 입설은 잊어 버리고저 / 나의 해바라기는 어느 가슴에 / 무거운 머리를 떨어뜨리랴"(⑤ 3연) • 생략 : "썩은 나무다리 걸처 있는 개울까지 / 개울 건너 또 개울 건너 / 빠알간 숯불에 비웃이 타는 선술집 까지"(③ 3연) → 생략(⑤) • 표현 수정 및 추가 : "모든 날이"(③ 2연 3행) → "나날이 나를"(⑤ 2연 3행)
「욕된 나날」	형식의 변화(행갈이) 내용의 변화 (제목 변경, 표현 수정)	• 행갈이 : "잠잠히 흘러 내리는 / 개울을 따라"(③ 1연 1, 2행) → "잠잠히 흘러 내리는 개울을 따라"(⑤ 1연 1행), "내사 / 모자를 벗어 반갑게 흔들어 주리라"(③ 2연 3, 4행) → "내사 모자를 벗어 / 반갑게 흔들어 주리라"(⑤ 2연 3, 4행), "숫한 꽃씨가 가슴에서 튀어나는 깊은 밤이면"(③ 3연 1행) → "숫한 꽃씨가 가슴에서 튀어나는 / 깊은 밤이면"(⑤ 3연 1, 2행) • 제목 변경 : 「해가 솟으면」(③) → 「욕된 나날」(⑤) • 표현 수정 : "문을 밀어제치고"(③ 1연 5행) → "문들을 밀어 제치고"(⑤ 1연 4행), "손ㅅ벽소리 아스랗게 들려오는 손ㅅ벽소리"(③ 3연 2행) → "정든 목소리들 귀에 쟁쟁 되사누나"(⑤ 3연 3행), "모오든 사람들의"(③ 3연 3행) → "모든 사람의"(⑤ 3연 4행)
「무자리와 꽃」	형식의 변화(행갈이) 내용의 변화(표현 수정)	• 행갈이, 표현 수정 : "만날것을 / 아득한 다음날 새로히 만나야할것을"(③ 1연 3, 4행) → "만날 것을 아득한 다음날 다시 만나야 할 것을"(⑤ 1연 3행)
「벌판을 가는 것」	형식의 변화(행갈이) 내용의 변화(표현 수정, 생략, 추가)	• 행갈이 : "나요 / 불ㅅ길이요"(③ 1연 4, 5행) → "나요 불ㅅ길이요"(⑤ 1연 4행), "세월이 끝나던 날 / 오히려 높디높았을나의하늘이 남아있기 때문에"(③ 2연 3, 4행) → "세월이 끝나던 날 오히려 높디높았을 / 나의 하늘이 남아 있기 때문에"(⑤ 2연 3, 4행), "나요 / 끝나지 않는 세월이요"(③ 4연 4, 5행) → "나요 끝나지 않는 세월이요"(⑤ 4연 4행) • 표현 수정, 생략, 추가 : "나무잎들을"(③ 2연 1행) → "나무잎을"(⑤ 2연 1행), "이렇게 많은 단

작품명	개작 유형	개작 내용
		하나에의 길을 가는것"(③ 4연 3행) → "단 하나에의 길을 헤쳐 가는 것"(⑤ 4연 3행)
「다시 항구에 와서」	형식의 변화(행갈이)	• 행갈이 : "어질게 생긴 이마며 수수한 입설이며 / 그저 조와서"(③ 2연 2, 3행) → "어질게 생긴 이마며 수수한 입술이며 그저 좋아서"(⑤ 2연 2행)
「길」	형식의 변화 (연 구성, 행갈이) 내용의 변화 (표현 수정, 표현 추가)	• 연 구성 : 전체 5연(1연-5행, 2연-2행, 3연-4행, 4연-2행, 5연-5행)(③) → 전체 5연(1연-4행, 2연-4행, 3연4행, 4연-4행, 5연-5행)(⑤) • 행갈이, 표현 추가 : "나라에 지극히 복된 기별이 있어 찬란한 밤마다 / 숫한 별 우러러 어찌야 즐거운 백성이 아니리"(③ 4연 1, 2행) → "나라에 지극히 복된 기별이 있어 / 찬란한 밤이면 밤마다 / 숫한 별 우러러 가슴에 안고 / 어찌야 즐거운 백성이 아니리"(⑤ 4연 1~4행) • 표현 수정 : "한때의 빛을 먹음어 차라리 휘휘로운데"(③ 1연 4행) → "울면서 가던 날을 말해 주는데"(⑤ 1연 4행)
「어두운 등잔밑」	형식의 변화 (연 구성, 행갈이) 내용의 변화(제목 변경, 표현 수정, 표현 추가)	• 제목 변경 : 「등잔 밑」(④) → 「어두운 등잔밑」(⑤) • 연 구성 : 2연(④) → 3연(⑤) • 행갈이 : "서울 살다 온 사나인 그저 앞이 흐리어 / 멀리서 들려오는 파도 소리와 함께 / 모올래 울고 싶은 등잔 밑 차마 흐리어"(④ 2연 1~3행) → "서울 살다 온 사나이 / 나는 그저 앞이 어두워 // 멀리서 들려 오는 파도 소리와 함께 / 몰래 울고 싶은 이러한 밤엔 / 돋우어도 돋우어도 / 밝지 않는 등잔밑 한 치 앞이 어두워"(⑤ 2, 3연) • 표현 수정 : "머루며 다래 까지도 나눠 먹기에 정다운 것인데"(④) → "머루며 다래랑 나눠 먹기에 정다웁건만"(⑤)
「막차 갈 때마다」	내용의 변화 (표현 수정, 추가, 생략)	• 표현 수정, 생략 : "그리워지는"(④) → "눈앞에 삼삼한"(⑤), "당신네들을"(④) → "정든 사람들마저"(⑤), "잊어버리고자"(④) → "잊고저"(⑤), "북에서도 북쪽"(④) → "북에서도 북쪽까지"(⑤), "그렇습니다 머니먼 곳으로 와버린 것인데"(④) → "머나먼 곳으로 와버렸는데"(⑤), "먼지와 함께 들이키기엔 / 너무나 너무나 차거운 유리 잔"(④) → "먼지와 함께 들이켜는 독한 술 / 너무나 차거운 유리잔이 나는 무거워"(⑤) • 표현 추가 : "불붙듯 그리운 사람들을 그리며"(⑤ 2연 2행 추가)
「집」	형식의 변화(행갈이) 내용의 변화 (생략, 특정 구절 반복)	• 행갈이, 특정 구절 반복 : "집 한칸 있었으면 덜이나 곤하겠는데"(④ 2연 4행) → "집 한간 있었으면 / 집 한간 있었으면 / 덜이나 곤하겠는데"(⑤ • 생략 : "앞이건 뒤건 내 가차이 모올래 오시이소 / 눈 감고 모란을 보는 것이요 / 눈 감고 모란을 보는 것이요"(④ 4연) → "앞이건 뒤건 내 가차이 / 그리운 사람이여 / 모올래 오시이소"(⑤ 4연)
「불」	형식의 변화(행갈이) 내용의 변화 (반복, 표현 수정, 추가)	• 행갈이 : "모든 것이 잠잠히 끝난 / 다음에도"(③ 1연 1, 2행) → "모두가 잠잠히 끝난 다음에도"(⑤ 1연 1행) • 표현 추가 : "불이여 그대만은"(⑤ 1연 2행 추가) • 표현 수정 : "모든것이"(③ 1연) → "모두가"(⑤ 1연), "당신의"(③ 1연 3행) → "우리의"(⑤ 1연 3행), "솟아 오르는 빛과 빛과 몸을 부비면"(③ 2연 1행) → "치솟는 빛과 함께 몸부림치면"(⑤ 2연 1행), "우리 당신의 이름을 빌어"(③ 3연 2행) → "우리 당신의 모양을 빌어"(④ 3연 2행) → "우리 모두 불ㅅ길 되어"(⑤ 3연 3행) • 반복 : "싸움이요" 반복(⑤ 3연 1, 2행)

작품명	개작 유형	개작 내용
「항구에서」	내용의 변화 (표현 수정, 추가)	• 표현 수정 : "당신네들과"(③ 2연) → "그대들과"(⑤ 2연), "항상 생각는것은"(③ 4연) → "조심스런 자국자국 생각하는건"(⑤ 4연), "갈바리의 산이요"(③ 4연) → "묵묵한 산이요"(⑤ 4연), "둘로 갈라지는 갈바리의 산"(③ 4연) → "폭발할 산봉우리요"(⑤ 4연) • 표현 추가 : "그러나 언덕길을"(③ 4연) → "그러나 항구의 언덕길을"(⑤ 4연)
「그리움」	형식의 변화(행갈이) 내용의 변화(표현 수정, 추가, 도치)	• 행갈이, 표현 추가 : "눈이 오는가 북쪽엔"(④ 1연 1행) → "눈이 오는가 / 북쪽엔"(⑤ 1연 1, 2행), "험한 벼랑을 굽이굽이 돌아 간 / 백무선 철 길 우에 / 느릿 느릿 밤 새어 달리는 / 화물차의 검은 지붕에"(④ 2연) → "험한 벼랑 굽이굽이 / 세월처럼 돌아 간 백무선 / 길고 긴 철길 우에 / 느릿느릿 밤새워 달리는 / 화물차의 검은 지붕에"(⑤ 2연) • 표현 수정 : "함박눈 쏟아져 내리는가"④ → "함박눈 펑펑 쏟아지는가"⑤, "연달린 산과 산 사이 / 너를 남기고 온 / 작은 마을에도 복된 눈 내리는가"(④ 3연) → "겹겹이 둘러 앉은 / 산과 산 사이 / 작은 마을 집집마다 / 봇지붕 우에도 / 복된 눈 내리는가"(⑤ 3연), "그리운 곳 참아 그리운 곳"(④ 4연 3행) → "내내 그리운 / 그리운 그곳"(⑤ 4연 3, 4행) • 도치 : "눈이 오는가 북쪽엔 / 함박눈 쏟아져 내리는가"(④ 5연) → "북쪽엔 / 눈이 오는가 / 함박눈 펑펑 쏟아지는가"(⑤ 5연)
「오월에의 노래」	내용의 변화(표현 수정)	• 표현 수정 : "너는 있어라"(④ 1연, 2연) → "오월이여 넘쳐라"(⑤ 1연, 2연), "우리 것이라 그리웠던 그리웠던 메에데에의 노래는 우리 것이라"(④ 3연) → "우리의 것이라 그리웠던 그리웠던 메-데-의 노래는 우리의 것이라"(⑤ 3연), "쌓아 놓은"(④ 4연) → "쌓아 올린"(⑤ 4연), "독한 약봉지와 한 자루 칼이 놓여 있는 거울 속에 너는 있어라"(④ 4연) → "지난날의 번뇌와 하직하는 나의 관가리 노래가 놓여 있는 거울 속에 오월이여 넘쳐라"(⑤ 4연), "1946년"(④ 시 끝에 붙은 부기) "一九四六 서울에서"(⑤ 시 끝에 붙은 부기)
「하늘만 곱구나」	내용의 변화 (표현 수정 : 구체화, 추가, 시어 교체)	• 표현 수정 : "집도 많은 집도 많은 남대문 턱 움속에서"(④ 1연) → "집도 많은 집도 많은 서울 장안 남대문턱 움속에서"(⑤ 1연), "이따금씩 쳐다보는 하늘이사 아마 하늘이기 혼자만 곱구나"(④ 1연) → "높디높은 하늘을 쳐다보면서 혹혹 입김 불며 어린 거북이는 무엇을 생각하누"(⑤ 1연), "세월은 흘러 거북이는"(④ 2연) → "세월이 흘러 흘러 거북인"(⑤ 2연), "할배는 만주에 묻히고 세월이 무심 찮아 봄을 본다고 쫓겨서 울면서 가던 길 돌아 왔단다"(④ 2연) → "할배는 쫓겨 간 이국 땅 만주에 영영 묻혔으나 하늘이 무심찮아 참된 봄을 본다구 그립던 고국으로 돌아 왔단다"(⑤ 2연), "띠팡을 떠날 때"(④ 3연) → "만주서 떠날 때"(⑤ 3연), "조선으로 돌아가면"(④ 3연) → "조선으로 고향으로 돌아만 가면"(⑤ 3연), "농사 지으며 가 갸 거 겨 배운다더니 조선으로 돌아 와도 집도 고향도 없고"(④ 3연) → "아배는 농사를 짓고 거북이는 「가갸거겨」 배운다더니 조선으로 돌아 오니 집도 없고 고향도 없고…"(⑤ 3연), "거북이는 배추꼬리를 씹으며~거북이는 무엇을 생각하누"(④ 4연) → "거북이는 잘근잘근 배추꼬리를 씹으며~헐벗은 거북이는 무엇을 생각하누"(⑤ 4연), "첫눈 이미 내리고 이윽고 새해가 온다는데"(④ 5연) → "첫눈 이미 내려 바람 매짠데 이윽고 새해가 또 오는데"(⑤ 5연), "남대문 턱"(④ 5연) → "서울 장안 남대문턱"(⑤ 5연), "하늘이기"(④ 5연) → "하늘이기에"(⑤ 5연)
「노한 눈들」	형식의 변화(연 구성) 내용의 변화(어조 변화, 표현 수정, 추가, 생략,	• 연 구성 : "지금 저무는 서울 거리에 갈 곳 없이 나서련다"(④ 5연 마지막 문장) → "우리는 이제 저무는 거리에 나서련다 갈 곳 없이 나서련다"(⑤ 6연 첫 문장) • 어조 변화 : "폭풍이어 일어서는 것 폭풍이어 폭풍이어 불길처럼 일어서는 것"(④ 4연) → "폭

작품명	개작 유형	개작 내용
	시어 교체, 도치, 특정 고유명사(문인 이름, 도시 이름) 삭제)	풍이여 일어 나라 폭풍이여 폭풍이여 불ㅅ길처럼 일어나라"(⑤ 4연) • 표현 수정 : "몇번째인가"(④ 2연) → "벌써 몇 번째"(⑤ 2연), "밀려나가야 하는 우리의 회관에서"(④ 2연) → "밀려 나가야 하는가 우리의 회관에서"(⑤ 2연), "더러는 어디루 갔나 다시 황막한 벌판을 안고"(④ 3연) → "더러는 어디루 갔나 황막한 벌판을 다시금 안고"(⑤ 3연), "푸르른"(④ 3연) → "푸른"(⑤ 3연), "가슴 맥히어 차라리 울지도 못할"(④ 3연) → "가슴 맥히여 울지도 못할"(⑤ 3연), "움트는 조국을"(④ 3연) → "동트는 조국을"(⑤ 3연), "구보랑 회남이랑 홍구랑 영석이랑 우리 그대들과"(④ 5연) → "지금은 곁에 없는 미더운 동무들과"(⑤ 5연), "데모에 휘날리던"(④ 5연) → "데모에 노래 높이 휘날리던"(⑤ 5연), "감아 들고"(④ 5연) → "감아 든 우리"(⑤ 5연), "부끄러이 낯을 돌리고"(④ 6연) → ⑤ 6연에서 삭제.
「아우에게」	형식의 변화(연 구성) 내용의 변화(제목 변경, 표현 수정, 생략, 도치)	• 연 구성 : 4연(④) → 5연(⑤) • 제목 변경 : 「유정에게」(④) → 「아우에게」(⑤) • 표현 수정 : "유달리"(④ 1연) → "몹시"(⑤ 1연), "선혜란 년도"(④ 1연) → "선혜도"(⑤ 1연), "머리맡에 접어 놓은 군대 담뇨와 되도록 크게 말은 솜버선이며 고리싹을 뒤적어렸자 쓸만한건 통 없었구나 무척 헐게 입은 속내복을 나는 다시 한번 어루만지자 오래간만에 들린 우리집 문마다 몹시도 조심스러운데"(④ 3연) → "고리짝을 몇 번 다시 뒤적였재 쓸만한건 없었구나 무척 헐게 입은 속내복이며 되도록 크게 마른 솜버선과 머리맡에 접어 놓은 낡은 담요를 나도 한번 만져 보자 // 오래간만에 들린 우리 집 문마다 퍽도 조심스러운데 어디서 컹컹 개가 짖는데"(⑤ 3, 4연), "창의 어미는 이 내복 꾸레미를 안고 나서야 한다"(④ 4연) → "창이 어미는 이 내복 꾸레미를 안고 남몰래 나서야 한다"(⑤ 5연), " • 생략, 도치 : "바람을 뚫고 바람을 뚫고 조국을 대신하여 네가 있는 서대문 밖으로 나가야 한다"(④ 4연) → "네가 있는 서대문 밖으로 바람을 뚫고 바람을 뚫고 나가야 한다"(⑤ 5연)
「빗발 속에서」	내용의 변화 (표현 수정, 특정 고유명사(문인 이름) 삭제)	• 표현 수정 : "대회는 끝났다 줄기찬 빗발이어 빗발치는 생명이라"(④ 1연) → "줄기찬 빗발 속 대회는 끝났다 그러나 흩어지는게 아니다"(⑤ 1연), "돌팔매를 맞고 돌아 온 젊은 시인 상훈도 진식이도 기운 좋구나"(④ 2연) → "베로단의 돌팔매를 맞고 온 젊은 시인들도 로동자들 속에 섞여 기운 좋구나"(⑤ 2연), "목 놓아"(④ 2연) → "목청껏"(⑤ 2연), "흩어지는게 아니라"(④ 3연) → "흩어지는게 아니다"(⑤ 3연), "어둠 속 일어서는"(④ 3연) → "어둠 속 빛을 뿌리며 일어 서는"(⑤ 3연), "미움을 물리치기에 천 만 채찍을 참아 왔거니"(④ 3연) → "피에 저른 채찍을 이기여 왔거니"(⑤ 3연), "모다 억울한 사람 속에서"(④ 4연) → "모두다 강철 같은 동무들 속에서"(⑤ 4연), "그저 눈시울이 뜨거웠을"(④ 4연) → "눈시울이 뜨거웠을"(⑤ 4연), "어딜루 해서 산길을 내려가는 것일까"(④ 4연) → "어디로해서 개무리를 피해 산길을 내려 가는 것일가"(⑤ 4연), "대회는 끝났다 줄기찬 빗발이어 승리가 약속된 제마다의 가슴엔 언제 까지나 싸움의 노래를 남기고"(④ 5연) → "줄기찬 빗발 속 대회는 끝났다 승리가 약속된 저마다의 가슴에서 언제까지나 끓어 번지는 노래 싸움의 노래를 남기고"(⑤ 5연)
「짓밟히는 거리에서」	형식의 변화(연 구성) 내용의 변화(제목 변경, 표현 수정, 어조 변화, 감상적 구절 삭제)	• 연 구성 : 1연 일부(④) → 2연으로 독립(⑤), 2연(④) → 일부 변형해서 4연으로(⑤), 4연(④) → 삭제(⑤) • 제목 변경 : 「거리에서」(④) → 「짓밟히는 거리에서」(⑤) • 표현 수정(1, 2, 4연 대폭 수정), 어조 변화, 감상적 구절 삭제 : "아무렇게 겪어 온 세월일지라도

작품명	개작 유형	개작 내용
		혹은 무방하여라 숨 맥혀라 잔바람 불어 오거나 구름 한포기 흘러 가는게 아니라 어디서 누가 우느냐"(④1연) → "잔바람 불어 오거나 구름 한 점 흘러 가는게 아니다 짓밟히는 서울 거리 막다른 골목마다 창백한 이마에 팔을 얹는 어진 사람들 // 숨막혀라 숨막혀라 어디서 누가 울 수 있느냐"(⑤1, 2연), "누가 목메어 우느냐 너도 너도 너도 피 터진 발꿈치 피 터진 발꿈치로 다시 한 번 힘 모두어 땅을 차자 그러나 서울이어 거리 마다 골목 마다 이마에 팔을 얹는 어진 사람들"(④2연) → "너도 너도 너도 피터진 발꿈치 피가 터진 발꿈치에 힘을 모두어 다시 한번 땅을 차자 사랑하는 우리의 거리 한복판으로 너도너도 너도 땅을 구루며 나아 가자"(⑤4연), "우리 조그마한 고향 하나와 우리 조그마한 인민의 나라와 오래인 세월 너무나 서러웁던 동무들 차마 그리워 우리 다만 앞을 향하여 뉘우침 아예 없어라"(④4연) → 삭제(⑤), "이제 휩쓸어 오는가"(④3연) → "이제 마구 휩쓸어 오는가"(⑤3연), "불이어 불길이어 노한 청춘과 함께"(④3연) → "불ㅅ길이여 노한 청춘들과 함께"(⑤3연)

〈표 2〉에서 간략히 살펴본 바에 따르면, 『리용악 시선집』에 재수록된 시들은 상당히 많은 부분에서 개작이 이루어졌음을 확인할 수 있다. 이러한 개작은 이용악의 경우에만 해당되는 것은 아니다. 1950년대 후반 북한에서는 상당수의 시선집이 출간되는데, 일제 강점기나 해방기에 발표한 시들을 시선집에 재수록하면서 많은 시인들이 개작을 감행했다. 북한문단이 형성되던 시기에 당의 요구를 어떤 형식으로든 개작 과정에서 수용한 것으로 짐작된다. 하지만 시선집 출간에 따른 개작이 많은 시인들에게서 공통적으로 발견되는 현상이라 하더라도 개작의 구체적인 양상은 시인들에 따라 달랐다. 지금까지는 이러한 개작의 양상에 주목한 연구가 부족한 실정이다.[13]

이 글에서는 『리용악 시선집』에 재수록된 시의 개작 현황을 살펴본 결과를 토대로 이용악의 『리용악 시선집』 재수록 개작시에서 나타나는

13 전영주, 「조명암의 개작 시 연구」, 『한국시학연구』 24호, 한국시학회, 2009.4, 313~335면에서 조명암의 해방 이전 시와 이후 개작 시와의 상관성에 대해 살펴본 것이 전후복구건설기에 출간된 시선집의 개작에 주목한 참고할 만한 연구이다.

특징을 크게 형식의 변화와 내용의 변화로 나누어 살펴보았다. 형식의 변화로는 연 구성이나 행갈이에서 개작이 이루어진 경우를 살펴보았으며, 내용의 변화로는 표현을 수정하거나 생략하거나 추가한 경우 등을 주로 살펴보았다. 그중에서도 의미 있는 개작이라고 판단되는 경우에 대해 좀 더 자세히 살펴보고자 한다.

3. 시적 형식의 개작과 리듬에 대한 고려

『리용악 시선집』 재수록 시의 개작 현황을 살펴본 결과, 눈에 띄는 현상 중 하나는 형식의 변화를 고려한 개작이었다. 이는 대체로 연 구성을 달리하거나 행갈이를 수정한 경우인데, 이전의 시집에 수록된 시들에서 들쭉날쭉하던 행갈이가 『리용악 시선집』 재수록 시에 와서 대체로 고르게 변화된 것을 확인할 수 있다. 한 연을 구성하는 행의 개수도 대체로 비슷하게 수정하는 방향으로 개작이 이루어진다. 따라서 시각적으로 한결 안정된 구조를 취하게 됨은 물론이고, 시를 낭송했을 때 청각적으로 느껴지는 리듬 또한 좀 더 기억하기 쉬운 안정감 있는 형태를 띠게 된다.

1950년대 후반에서 1960년대 초반까지 북한시단에서는 '운률론'에 대한 논의가 집중적으로 진행된다.[14] 특히 북한시가 운율론의 초기 논

14 이상숙, 「북한문학의 '민족적 특성론' 연구 : 1950~60년대를 중심으로」, 고려대 박사논문, 2004.2, 137면.

의로서 대표적인 리응수의 「조선의 새로운 정형시 창제 방향에 대한 의견」은 『조선문학』 1956년 12월에 발표되어 『리용악 시선집』 출간 전에 이용악이 이러한 논의를 접했을 가능성이 높다. 당시에 사회주의 혁명의 대중적 수단으로서 정형시의 창제가 요구되었으리라는 이상숙의 추측은 타당해 보인다.[15] 이용악은 1949년에 이미 선집의 성격을 지니는 시집 『이용악집』을 출간해, 앞서 세 권의 시집에 수록된 시의 상당수를 여기 재수록했지만, 형식이나 표현상에서 개작이라고 할 만한 의미 있는 변화가 나타나지는 않았다. 그랬던 작품들이 『리용악 시선집』에 재수록되면서 상당 부분 개작이 이루어졌다는 사실은 의미심장하다. 특히 형식의 변화는 대개 리듬을 고려한 것으로 보인다.

위의 〈표 2〉에서 살펴본 바와 같이 행갈이나 연 구성에서 변화가 나타나는 경우에는 대개 들쭉날쭉한 행갈이를 시각적으로 비교적 균일해 보이게 조정하는 방향으로 수정이 이루어졌으며, 연 구성의 경우에도 시 형식에 안정감과 통일감을 부여하는 방향으로 수정이 이루어졌다. 「동면하는 곤충의 노래」, 「쌍두마차」, 「우라지오 가까운 항구에서」, 「낡은 집」, 「버드나무」, 「전라도 가시내」, 「두메산골(三)」, 「다리 우에서」, 「뒷길로 가자」, 「욕된 나날」, 「무자리와 꽃」, 「벌판을 가는 것」, 「다시 항구에 와서」, 「길」, 「어두운 등잔밑」, 「집」, 「불」, 「그리움」, 「노한 눈들」, 「아우에게」, 「짓밟히는 거리에서」 등에서 발견되는 행갈이 및 연 구성의 변화는 모두 이러한 경우에 해당된다.

15 위의 글, 140면.

㉮

산 과 들이

늙은 풍경에서 앙상한 季節을 시름할때

나는 흙을 쭈지고 들어왔다

차군 달빛츨 피해

둥굴소의 압발을 피해

나는 깁히 짱속으로 들어왔다

멀어진 太陽은

아직 쩌머첩첩한 疑惑의 길을 더듬고

지금 태풍이 미처 날뛴다

얼어빠진 혼백들이 地溫을 불러 곡성이 놉다

그러나 나는

내 자신의 體溫에 실망한적이 업다

온갖 어둠과의 접촉에서도

생명은 빗츨 더부러 思索이 너그럽고

가즌 학대를 체험한 나는

날카로운 무기를 장만하리라

풀풀의 물색으로 平和의衣裝도 쑤민다

어름 풀린

냇가에 버들이 휘늘어지고

어린 종다리 파아란 航空을 시험할 때면
나는 봄볕 짜듯한 땅우에 나서리라
죽은듯 눈감은 명상-
나의 冬眠은 위대한 躍動의 前提다

—「冬眠하는 昆虫의 노래」,『분수령』, 삼문사, 1937.

㉯

산과 들이 늙은 풍경에 싸여
앙상한 계절을 시름할 때
나는 흙을 뚜지고 땅 깊이 들어 왔다
차디찬 달빛을 피해
둥굴소의 앞발을 피해

멀어진 태양은 아직
꺼머첩첩한 의혹의 길을 더듬고
땅 우엔 미친듯 태풍이 휩쓸어
지친 혼백들의 곡성이 높다
그러나 나는
자신의 체온에 실망한 적이 없다

숨막히는 어둠 속에서도
빛을 머금어 사색이 너그럽거니
갖은 학대를 체험한 나는

날카로운 무기를 장만하리라
아름다운 물색으로
평화의 의상도 꾸민다

얼음 풀린 냇가에 버들이 휘늘어지고
어린 종다리 파아란 항공을 시험할 때면
나는 봄볕 따스한 땅 우에 나서리라
죽은듯 눈 감은 명상
나의 동면은 위대한 약동의 전제다

「동면하는 곤충의 노래」, 『리용악 시선집』, 조선작가동맹출판사, 1957.

일단 인용된 시 ㉮의 제목과 본문에 사용된 한자 표기가 ㉯에서는 한글 전용 표기로 바뀌었음을 확인할 수 있다. 연 구성을 살펴보면 전체 4연으로 되어 있는데, ㉮에서는 각 연이 6행-6행-5행-6행으로 구성되어 있고 ㉯에서는 5행-6행-6행-5행으로 구성되어 있어 좀 더 구성의 안정감을 취한 것으로 보인다. 1연에서 동면을 시작하는 화자 '나'의 자세가 그려졌다면 4연에서는 동면이 끝나고 봄볕에 나서는 화자 자신의 모습을 상상하고 있어서 내용상 서로 대칭된다고 볼 수 있는데, 개작한 시 ㉯에서 1연과 4연을 각각 5행, 2연과 3연을 각각 6행으로 구성함으로써 대칭적 구성에 좀 더 통일감을 부여하고 있다.[16]

16 이용악의 시에서는 이러한 형식의 대칭적 반복이 자주 발견되는데, 이러한 반복의 형식은 첫 시집 『분수령』 소재의 시에서부터 나타나지만 이후 시집 수록 시에 가서 좀 더 안정적인 형태를 취하게 된다. 1930년대 후반기의 이용악 시에 나타나는 대칭적 반복에 대해서는 이경수, 『한국 현대시와 반복의 미학』, 월인, 2005, 177~194면 참조.

그 밖에도 반복되는 구절을 생략함으로써 시의 전체적인 리듬감을 고려한 흔적이 보인다. ㉮의 1연 6행, "나는 깁히 짱속으로 들어왓다"는 1연 3행 "나는 흙을 쑤지고 들어왓다"와 의미상으로나 문장의 구조상으로 반복되는데, 개작한 시 ㉯에서는 이 구절이 삭제되면서 1연 3행에 "나는 흙을 뚜지고 땅 깊이 들어 왔다"로 수정되어 합쳐졌다. 반복되는 구절을 적절히 삭제함으로써 좀 더 탄력 있는 리듬감을 만들어냈을 뿐만 아니라 1연과 4연을 5행으로 대칭시키는 효과까지 노렸다. 개작시 ㉯에서 행갈이를 수정하여 한 연을 구성하는 행의 길이에 통일감을 부여함으로써 첫 시집 수록 시에서 들쭉날쭉하던 행갈이가 『리용악 시선집』 수록 시에 오면 한결 정돈된다. 불필요한 어휘, 어색한 한자어들을 생략함으로써 개작시에서는 전체적으로 가독성을 높이고 리듬감을 살린 것이다. 부자연스러운 한자어 표현을 좀 더 자연스러운 우리말 표현으로 바꾼 점도 눈에 띈다.

4. 시적 내용의 개작에 미친 북한 문예정책의 영향

『리용악 시선집』 재수록 시의 개작 양상에서 또 한 가지 눈여겨볼 만한 부분은 표현을 교체하거나 삭제하거나 추가함으로써 의미상의 변화를 가져오는 부분들이다. 『리용악 시선집』 재수록 시들은 작게는 조사 및 어미로부터 크게는 내용을 대폭 수정하는 데까지 다양한 유형의 개작을 감행하는데, 그중에서도 의미 있는 개작으로 판단되는 것은 다음과 같은 경우이다. 첫째, 퇴폐적이거나 감상적으로 느껴질 만한 구절을 수정하거나 삭제했다. 둘째, 문인들의 실명이 거론된 경우 두루뭉술한 표현으로 교체하거나 실명을 삭제했다. 셋째, 어조 변화가 눈에 띄는데, 개작된 시에서 명령형이나 청유형의 어조가 좀 더 두드러지는 방향으로 수정이 이루어졌고, 그 밖에도 의문형의 어조를 평서형으로 수정한 경우도 여러 차례 눈에 띄었다. 넷째, 개작된 시에서 불필요한 군더더기 표현은 생략했으나, 이따금씩 좀 더 설명적으로 풀어쓴 표현이 눈에 띄기도 했다. 이는 대중성 확보를 위한 전략으로 보인다. 이러한 내용상의 개작에는 전후 복구건설기에 요구된 북한 문예정책의 방향과 기조가 영향을 미친 것으로 보인다.

「오월에의 노래」를 살펴보면, 『이용악집』 수록시 4연에 등장하는 "독한 약봉지와 한자루 칼이 놓여 있는 거울 속에 너는 있어라"라는 표현이 『리용악 시선집』 재수록시 4연에서는 "지난날의 번뇌와 하직하는 나의 관가리 노래가 놓여 있는 거울 속에 오월이여 넘쳐라"로 바뀌어 있다. 독한 약봉지와 한 자루 칼로 상징되는 시인의 갈등과 번뇌는 다분히 감상적이고 퇴폐적인 성격의 것이다. 『리용악 시선집』 재수록 시에서는 이 구절이 오히려 "지난날의 번뇌와 하직하는" 노래로 둔갑되어 있다. 앞서의 감상적인 표현을 의도적으로 극복하고자 하는 시인의 지향을 읽을 수 있는데, 이는 이용악의 자발적인 선택이었다 해도 북한문단의 문예정책의 경향 및 분위기와 무관하지 않았을 것으로 보인다. 1956년에 출간된 안함광의 『조선문학사(1900~)』에 따르면 전후복구건설기의 서정시들은 "간고한 조국 해방 전쟁을 싸워 이긴 조선 인민의 건전한 긍지와, 절망을 모르는 락천적 사상이 명랑한 색채로써 두드러지게 표현"[17]되는 특질을 보여준다. 긍정적 주인공들이 주로 출현한 이 시기의 서정시에 요구된 분위기는 재수록 시의 개작 방향에도 영향을 미쳤을 것이다. 그 밖에도 이 작품은 주제를 부각시키는 방향으로 전체적으로 수정된다.

한편 「노한 눈들」과 「빗발 속에서」에서는 각각 『이용악집』 수록 시에서 노출되었던 문인들의 실명이 『리용악 시선집』 재수록 시에 와서 삭제되는 것을 확인할 수 있다. 『이용악집』 수록 시 「노한 눈들」의 "구보랑 회남이랑 홍구랑 영석이랑 우리 그대들과"는 『리용악 시선집』 재수록시 「노한 눈들」에서 "지금은 곁에 없는 미더운 동무들과"라는 두루뭉술한 표현으로 바뀐다. 구보 박태원은 1956년 한때 남로당 계열로 몰려 작품 활동이 금지되었다가 1960년에 작가로 복위된 것으로 알려져 있으며, 해방 후 조선문학가동맹 간부들이 지명 수배를 받자 월북한 안회남은 임화, 이원조 등과 가까운 사이여서 임화가 숙청될 때 곤욕을 치르다 1966년 사상검토회에서 숙청된 것으로 알려져 있다. 이러한 작가의 생애에 근거해 볼 때 『리용악 시선집』 재수록 시에서 이들의 실명을 거론하기는 어려웠을 것으로 추정된다. 「빗발 속에서」의 경우에도 『이용악집』 수록 시에서 "돌팔매를 맞고 돌아 온 젊은 시인 상훈도 진식이도 기운 좋구나"와 같이 노출되었던 시인의 실명이 『리용악 시선집』 재수록시에 오면 "베로단의 돌팔매를 맞고 온 젊은 시인들도 로동자들 속에 섞여 기운 좋구나"로 수정되어 구체적인 실명이 삭제된다. 이용악과는 1963년에 풍요 및 악부시 번역서 『풍요 선집』을 함께 펴내기도 한[18] 전위시인 김상훈의 경우에도 월북 후 『문화전선』의 편집자로 있다가

---

17 안함광, 『조선문학사(1900~)』, 연변교육출판사, 1956, 576면.
18 윤영천, 「'해방'과 남북문단 추이」, 『형상과 비전』, 소명출판, 2008, 166면.

1953년 남로당 계열 문인 숙청 당시 임화와의 교분이 문제가 되어 1962년에 다시 문단에 복귀하기까지 10여 년 동안 협동농장에서 일한 것으로 알려져 있다. 함께 거론된 '진식이'는 1950년에 「빨치산은 인민군과 함께」를 발표하고 1961년에 이용악, 상민, 김상훈 등과 함께 『박인로 작품선』을 공동 번역한 한진식을 가리키는 것으로 보인다.[19] 이와 같이 『이용악집』 수록 시에서 노출되었던 문인들의 실명은 당시 북한의 정치적 상황과의 관계 속에서 『리용악 시선집』 재수록 시에 와서는 삭제된 것을 알 수 있다. 시의 제목에 시인의 실명이 노출되어 있던 「유정에게」가 『리용악 시선집』 재수록 시에서 「아우에게」로 제목이 바뀐 것도 같은 맥락에서 이해할 수 있다.

㉮

더러는 어디루 갔나 다시 황막한 벌판을 안고 숨어서 쳐다보는 푸르른 하늘이며 밤마다 별 마다에 가슴 맥히어 차라리 울지도 못할 옳은 사람들 정녕 어디서 움트는 조국을 그리는 것일까

폭풍이어 일어서는것 폭풍이어 폭풍이어 불낄처럼 일어서는 것

— 「노한 눈들」 3, 4연, 『이용악집』, 동지사, 1949.

㉯

더러는 어디루 갔나 황막한 벌판을 다시금 안고 숨어서 처다보는 푸른 하늘이며 밤마다 별마다에 가슴 맥히여 울지도 못할 옳은 사람들 정녕 어디서

19 위의 글, 166·170면 참조.

동트는 조국을 그리는 것일가

폭풍이여 일어 나라 폭풍이여 폭풍이여 불ㅅ길처럼 일어 나라

—「노한 눈들」 3, 4연, 『리용악 시선집』, 조선작가동맹출판사, 1957.

개작시에서 어조의 변화가 나타나는 경우도 있다. ㉮의 4연에서 "폭풍이어 일어서는것"처럼 명사형으로 끝맺은 표현이 ㉯의 4연에서는 "폭풍이여 일어 나라"라는 명령형 어조로 개작된다. 개작시에서 어조의 변화가 나타나는 경우가 아주 많은 것은 아니지만, 어조의 변화가 있는 경우에는 대체로 명령형이나 청유형의 어조가 두드러지는 방향으로 개작이 이루어진다. 명령형이나 청유형은 명령하거나 권유하는 대상으로서의 청자를 염두에 두는 어조로 시에 선동성을 강화하는 역할을 한다. 그 밖에 의문형의 어조를 평서형으로 수정한 경우도 눈에 띄었는데, 이는 의미를 좀 더 명확하게 하기 위한 의도로 보인다.

㉮

아무렇게 겪어 온 세월일지라도 혹은 무방하여라 숨 맥혀라 숨 맥혀라 잔바람 불어 오거나 구름 한포기 흘러 가는게 아니라 어디서 누가 우느냐

누가 목메어 우느냐 너도 너도 너도 피 터진 발꿈치 피 터진 발꿈치로 다시 한 번 힘 모두어 땅을 차자 그러나 서울이어 거리 마다 골목 마다 이마에 팔을 얹는 어진 사람들

눈보라여 빗바람이여 성낸 물결이어 이제 휩쓸어 오는가 불이어 불길이어 노한 청춘과 함께 이제 어깨를 일으키는가

우리 조그마한 고향 하나와 우리 조그마한 인민의 나라와 오래인 세월 너무나 서러웁던 동무들 차마 그리워 우리 다만 앞을 향하여 뉘우침 아예 없어라

—「거리에서」, 『이용악집』, 동지사, 1949.

㉯

잔바람 불어 오거나 구름 한 점 흘러 가는게 아니다 짓밟히는 서울 거리 막다른골목마다 창백한 이마에 팔을 얹는 어진 사람들

숨막혀라 숨막혀라 어디서 누가 울 수 있느냐

눈보라여 비바람이여 성낸 물결이여 이제 마구 휩쓸어 오는가 불ㅅ길이여 노한 청춘들과 함께 이제 어깨를 일으키는가

너도 너도 너도 피터진 발꿈치 피가 터진 발꿈치에 힘을 모두어 다시 한번 땅을 차자 사랑하는 우리의 거리 한복판으로 너도너도 너도 땅을 구르며 나아 가자

—「짓밟히는 거리에서」, 『리용악 시선집』, 조선작가동맹출판사, 1957.

㉮에서는 1연과 3연의 끝부분에 설의적 의문형의 어조가 쓰이고 4연의 끝부분에서 감탄형 어조가 쓰여 전체적으로 설의와 감탄의 어조가

지배적인데, 2연만 명사로 끝나 전체적인 시상의 흐름이 끊기는 듯한 인상을 준다. 2연에도 의문형과 청유형의 문장이 쓰였지만 명사로 끝남으로써 다른 연과는 좀 다른 느낌을 준다. 개작시 ㉯에서는 ㉮의 1연과 2연의 순서를 바꾸고 불필요한 표현을 생략하여 시의 정서적 흐름을 점층적으로 흐르게 했다. 1연에서는 짓밟히는 서울 거리의 막다른 골목과 그곳의 어진 사람들을 담담히 그리고 있다. 2연에서는 짓밟히는 서울 거리의 풍경이 화자에게 일으킨 감정이 감탄형과 설의적 의문형의 어조로 표현되어 있다. 3연에서는 2연의 숨 막히는 답답함이 노한 청춘들의 집단적인 움직임을 일으키는 것으로 전환되고, 4연에서는 "너도 너도 너도"의 반복과 "땅을 차자", "땅을 구르며 나아 가자"라는 청유형 어조가 적절히 어우러져서 짓밟히는 거리로 다 같이 나아가자는 선동성이 강하게 드러난다. 『이용악집』에 실린 「거리에서」가 감정의 흐름이 끊기고 좀 산만한 느낌을 주었던 데 비해 『리용악 시선집』에 재수록된 개작시 「짓밟히는 거리에서」는 점층적으로 상승하는 어조가 화자의 감정의 변화와 적절히 어우러져 한층 선동성이 두드러진 시로 탈바꿈된다. 개작시에서는 제목도 '짓밟히는 거리에서'라고 수정함으로써 주제의식을 한층 선명하게 부각시킨다.

한편 개작된 시에서는 불필요한 군더더기 표현을 생략하는 방향으로 개작이 이루어졌다. 『분수령』 소재 「나를 만나거던」에 쓰인 "석고처럼 창백한 불만이 그윽한 나를"은 『리용악 시선집』 재수록 시 「나를 만나거던」에서 "불만이 그윽한 나를"로 간명하게 표현되었으며, 「쌍두마차」의 3연 "나의 쌍두마차가 지나는 / 욱어진 풀속에서 / 나는 푸르른 진리의 놀라운 진화를 본다"는 『리용악 시선집』 재수록 시 「쌍두마차」에서 "나의 쌍두마차가 헤치고 나가는 / 우거진 풀섶에서 / 나는 푸르른 진리를 본다"로 수정되어 "놀라운 진화"라는 다소 불필요한 표현이 삭제되었다. 「우라지오 가까운 항구에서」의 경우에도 개작 과정에서 좀 더 정확한 시어로 교체하거나 장황한 표현을 압축한 예가 눈에 띈다. "멧비둘기"가 "갈매기"로 수정된 예를 특기할 만한데, 항구에서 흔히 볼 수 있는 새라면 '갈매기'라야 마땅할 것이다. 장황한 수식어나 불필요한 군더더기 표현이 『리용악 시선집』 재수록 시에서는 대체로 생략된다.

하지만 이따금씩 좀 더 설명적으로 풀어쓴 표현이 눈에 띄기도 한다. 「두만강 너 우리의 강아」에서는 『낡은 집』 소재 시의 "너의 가슴은 얼었으리라"가 『리용악 시선집』 수록 시에서 "너의 가슴은 굳게 얼었으리라"로 수식어가 추가되었다. 「낡은 집」의 개작 과정에서는 이러한 표현의 추가가 여러 군데서 발견된다. "이웃 늙은이들은 / 모두 무서운 곳을 짚었다"는 "이웃 늙은이들은 모두 / **멀고도 추운 고장**을 짚었다"로, "재를 넘어 무곡을 단이던 당나귀 / 항구로 가는 콩시리에 늙은 둥굴소"는 "재를 넘어 무곡을 다니던 당나귀**며** / 항구로 가는 콩시리에 늙은 둥굴소**며**"로, "찻길이 뇌이기 전 / 노루 멧돼지 쪽제피 이런 것들이"는 "**산을 뚫어** 찻길이 놓이기 전 / 노루 멧돼지 여우며 승냥이가"로, "마을 아낙네들은 무심코"가 "마을 아낙네들이 **정녕** 무심코"로 개작되었다. 강조 표시한 부분이 추가된 표현들인데, 좀 더 설명적으로 풀어씀으로써 대중성을 확보하고자 한 것으로 보인다. 「낡은 집」의 경우 개작시가 오히려 평이한 리듬감을 만들어내기도 해서 개작의 결과가 늘 성공적이었던 것은 아니다. 하지만 대체적으로는 개작으로 인해 작품의 미학성을 훼손하지는 않은 것으로 보인다.

주체시대에 본격적으로 진입한 이후 북한문학의 자율성은 기대하기 어려워지지만, 전후복구건설기로 일컬어지는 1953~1958년까지의 북한문단에서는 도식주의에 대한 비판적 분위기가 형성되기도 하면서 비교적 다양한 문학적 경향이 용인된다. 1958년 말 부르주아 작가들에 대한 비판이 시작되기 전까지는 도식주의에 대한 비판적 분위기가 다소 우세했던 것으로 보인다.[20] 이 시기에 해방 이전 작품을 포함한 시선집이 다수 출간된 데에는 이러한 당시 북한문학계의 분위기도 작용한 것으로 보인다. 북한문학에 일어난 도식주의에 대한 비판적 분위기는 이들 재수록 시의 개작 방향에도 비교적 긍정적인 영향으로 작용한 것으로 추정된다.

5. 맺음말

1957년 조선작가동맹출판사에서 출간된 『리용악 시선집』에는 이전에 출간된 시집에 수록된 작품을 재수록한 작품이 총 38편 실려 있다. 재수록 시들은 『리용악 시선집』의 체제에서 【우라지오 가까운 항구에서】와 【노한 눈들】 부분에 나누어서 수록되어 있는데, 총 38편 중 36편의 작품에서 개작의 흔적이 발견된다. 이용악의 경우 이미 1949년에 시선집의 성격을 지니는 시집 『이용악집』을 출간하면서 『분수령』, 『낡은 집』, 『오랑캐꽃』 소재의 작품들을 재수록한 바 있는데 『이용악집』에 재수록

20 김재용, 『분단구조와 북한문학』, 소명출판, 2000, 52~53면.

된 작품들의 경우에는 표기 체제의 변화 외에는 개작의 흔적을 찾아보기 어렵다. 따라서 이 글에서는 『리용악 시선집』에 재수록된 시들의 개작이 특별한 의미를 지닌다고 보고, 『리용악 시선집』 재수록 작품을 중심으로 개작 여부 및 양상을 면밀히 살펴보고 그 의미를 밝혀 보았다.

이 글에서 도출된 결과는 다음과 같다. 우선 『리용악 시선집』 재수록 작품을 선별한 기준은 다음과 같이 추정해 볼 수 있다. 첫째, 대표작 및 완성도가 높은 작품을 우선 선정했다. 둘째, 1930년대 후반에 출간된 두 권의 시집(『분수령』, 『낡은 집』)에 수록된 작품들보다는 해방 이후 출간된 두 권의 시집(『오랑캐꽃』, 『이용악집』) 수록 시를 선호했다. 셋째, 일제 말기 작품들 중 감상적이거나 어둡고 불안한 심리를 드러낸 작품은 제외했다.

『리용악 시선집』 재수록 시 38편 중 36편에 나타나는 개작의 양상은 크게 시 형식의 개작과 시 내용의 개작으로 나누어 볼 수 있다. 형식상의 변화로는 연 구성과 행갈이의 변화가 발견되었고, 내용상의 변화로는 표현의 수정 및 생략, 추가 등이 나타났다. 36편 중 연 구성이나 행갈이가 달라진 시 형식의 개작이 나타난 작품은 모두 25편이었으며, 표현이 수정되거나 제목이 바뀌는 등 시의 내용이 달라진 개작이 나타난 작품은 모두 32편이었다.

연 구성을 달리하거나 행갈이를 수정하는 등의 시 형식의 개작이 나타난 경우, 이전의 시집에 수록된 시들에서 들쭉날쭉하던 행갈이가 『리용악 시선집』 재수록 시에 와서 대체로 고르게 변화된 것을 확인할 수 있었다. 한 연을 구성하는 행의 개수도 대체로 비슷하게 수정하는 방향으로 개작이 이루어졌다. 따라서 시각적으로 한결 안정된 구조를 취하게 됨은 물론이고, 시를 낭송했을 때 청각적으로 느껴지는 리듬 또한 좀 더 기억하기 쉬운 안정감 있는 형태를 띠게 된다. 리듬을 고려한 시 형식의 개작은 1950년대 후반에서 1960년대 초반까지 북한시단에서 이루어진 운율론에 대한 논의에서 얼마간 영향을 받은 것으로 보인다.

시 내용의 개작은 작게는 조사 및 어미로부터 크게는 내용을 대폭 수정하는 데 이르기까지 다양한 유형으로 나타나는데, 그중에서도 의미 있는 개작으로 판단되는 것은 다음과 같은 경우이다. 첫째, 퇴폐적이거나 감상적으로 느껴질 만한 구절을 수정하거나 삭제했다. 둘째, 문인들의 실명이 거론된 경우 두루뭉술한 표현으로 교체하거나 실명을 삭제했다. 셋째, 어조 변화가 눈에 띄는데, 개작된 시에서 명령형이나 청유형의 어조가 좀 더 두드러지는 방향으로 수정이 이루어졌고, 그 밖에도 의문형의 어조를 평서형으로 수정한 경우도 여러 차례 눈에 띄었다. 넷째, 개작된 시에서 불필요한 군더더기 표현은 생략되었다. 이는 대중성 확보를 위한 전략으로 볼 수 있다. 이러한 내용상의 개작에는 전후 복구 건설기에 요구된 북한 문예정책의 방향과 기조가 영향을 미친 것으로 보인다.

이상에서 살펴본 바에 따르면, 『리용악 시선집』 재수록 시의 개작에는 전후복구건설기의 북한 문예정책의 방향이 얼마간 영향을 미쳤지만, 그것이 결과적으로 대부분의 작품에서 미학성을 훼손하는 결과를 초래하지는 않았다. 따라서 이용악은 개작 과정에서 시인으로서의 최소한의 자존심을 지킨 것으로 판단된다. 『리용악 시선집』 재수록 시의 개작은 리듬 및 가독성에 좀 더 안정감을 부여하여 대중성을 확보하고 주제의식을 부각시키는 방향으로 이루어졌다고 볼 수 있다.

월북 이후 이용악 시에 나타난 청년의 표상과 그 의미*

이경수

1. 머리말

이용악 시에 대한 연구는 월북 문인에 대한 해금조치가 이루어진 후 2000년대 초반까지 활발히 전개되어 왔다. 1980년대 후반에서 1990년대 중반에 이르는 시기의 이용악 시 연구는 리얼리즘 시나 현실주의 시의 맥락에서 주로 이루어져 왔다.[1] 1990년대 후반 이후에 와서는 이용악 시의 언술 기법 및 화법에 관심을 보이는 다양한 관점의 연구가 이루어졌으며,[2] 2000년대 이후에는 이용악의 월북 이후의 시에 대한 주제론

* 이 글은 「월북 이후 이용악 시에 나타난 청년의 표상과 그 의미」(『한국시학연구』 35호, 한국시학회, 2012.12)를 재수록한 것임.

1 최두석, 「이야기시론」, 『리얼리즘의 시정신』, 실천문학사, 1992, 23면; 오성호, 「이용악의 리얼리즘시 연구」, 『한국 근대시문학연구』, 태학사, 1993, 359~382면; 고형진, 『한국 현대시의 서사지향성 연구』, 시와시학사, 1995, 1~306면; 김명인, 「서정적 갱신과 서술시의 방법」, 『시어의 풍경』, 고려대 출판부, 2000, 124면.

2 황인교, 「이용악 시의 언술 분석」, 이화여대 박사논문, 1991, 1~191면; 류순태, 「이용악 시 연

적 관점의 연구가 진행되었다.[3]

그러나 2000년대 중반 이후 이용악 시에 대한 연구는 양적인 면에서 현저히 줄어들게 된다. 1991~2000년 사이에 나온 이용악에 관한 석·박사논문이 63편에 이르는 데 비해, 2001~2012년까지 나온 석·박사논문은 좀 더 긴 기간에도 불구하고 54편에 불과해 63편에 미치지 못한다. 게다가 그중 박사논문은 6편에 불과하고 나머지는 모두 석사논문인데, 그중 일반대학원의 석사논문은 29편이다. 2001년 이후에 출간된 이용악에 관한 단독 박사논문은 겨우 2편이 있을 뿐이다.[4] 양적으로도 연구가 부진했지만 이용악의 시를 바라보는 새로운 문제의식이나 관점의 제기라는 측면에서도 2000년대 중반 이후의 연구는 다소 아쉬움이 있었다.

비교적 최근에 나온 이현승의 박사논문에서 이용악 시의 화법에 대한 연구가 진척되기는 하지만, 이 또한 이용악 시 연구에 새로운 방향을 제시하기보다는 이전의 연구 성과를 계승, 발전시키는 방향의 연구였다.[5] 2000년대 중반 이후에 나온 그 이외의 논문은 대부분 석사논문으로, 이용악의 시에 대한 선행연구의 문제의식을 계승하는 차원에서 더 나아가지 못하고 있는 형편이다. 그 밖에 소논문으로 이용악 시에 나타나는 거리라는 공간에 주목한 연구,[6] 월북 이후의 이용악 시에 대한 연구,[7] 『리

구 : '구조'와 '모형화'를 중심으로」, 서울대 석사논문, 1994, 1~96면; 장석원, 「이용악 시의 대화적 구조 연구」, 고려대 석사논문, 1999, 1~96면; 이경수, 「한국 현대시의 반복 기법과 언술구조 : 1930년대 후반기의 백석·이용악·서정주 시를 중심으로」, 고려대 박사논문, 2002.12, 1~238면.

3 김인섭, 「월북 후 이용악의 시세계 : 『리용악 시선집』을 중심으로」, 『우리문학연구』 15집, 우리문학회, 2002.12, 233~260면.

4 이경희, 「이용악 시 연구 : 북방정서 모티브를 중심으로」, 인하대 박사논문, 2007, 1~165면; 배석호, 「이용악 시 연구」, 인하대 박사논문, 2011.2.

5 이현승, 「1930년대 후반기 시의 언술구조 연구 : 백석·이용악·오장환의 시를 중심으로」, 고려대 박사논문, 2010.12, 1~189면.

용악 시선집』의 개작 과정을 통해 이용악의 월북 이후 시작 활동의 의미를 짚어본 연구[8] 등이 비교적 최근에 이루어진 연구 성과들이다.

최근에 와서 이용악 시에 대한 연구가 부진한 이유는 리얼리즘의 문제의식이 급격히 쇠퇴하면서 이용악 시 연구가 새로운 활로를 찾지 못한 데서 찾을 수 있다. 이용악의 시에 대한 연구는 오랫동안 리얼리즘 시나 현실주의 시, 이야기시, 서사지향성 등의 맥락 속에서 이루어져 왔다.[9] 이용악에 대한 주목할 만한 연구로 고향의식에 관한 연구[10]나 유이민시에 관한 연구[11] 등을 꼽을 수 있지만, 이러한 연구들 역시 이용악 시에 나타난 현실인식이나 서사성을 해명하는 연구들과 맞닿아 있는 경우가 많았다. 이용악 시의 언술 기법 및 화법에 대한 일부의 연구를 제외하고는 이용악 시에 대한 연구는 대체로 주제론적 차원에서 이루어져 왔다고 할 수 있다. 그런데 2000년대에 들어서면서 리얼리즘 연구가 퇴조하면서 상대적으로 이용악 시에 대한 연구도 새로운 문제의식을 찾고 있지 못한 것으로 보인다.

이용악은 월북 이후에도 초창기의 북한문단에 성공적으로 안착한 시인으로 평가되었는데, 그에 비해서 월북 이후의 시작 활동에 대한 연구가 활발히 이루어지지는 않았다. 월북 이후의 이용악의 시작에 대해서

---

6 이경수, 「이용악 시에 나타난 '길'의 표상과 '고향 — 조선'이라는 심상지리」, 『우리문학연구』 27집, 우리문학회, 2009.6, 239~268면.

7 김인섭, 앞의 글, 233~260면.

8 이경수, 「『리용악 시선집』 재수록 작품의 개작과 그 의미」, 『한국 근대문학 연구』 25호, 한국근대문학회, 2012, 233~276면.

9 최두석, 「이야기시론」, 『리얼리즘의 시정신』, 실천문학사, 1992, 23면; 고형진, 「1920~30년대 시의 서사지향성과 시적 구조」, 『한국 현대시의 서사지향성 연구』, 시와시학사, 1995, 121면.

10 이명찬, 「1930년대 후반 한국시의 고향의식 연구」, 서울대 박사논문, 1999.2, 1~161면.

11 윤영천, 「민족시의 전진과 좌절」, 윤영천 편, 『이용악 시전집』, 창작과비평사, 1988, 193면.

는『리용악 시선집』에 대한 일부 연구를 제외하고는 진전된 바가 별로 없다. 여기에는 북한 체제에서 창작된 시에 대한 완강한 고정관념이 작용하고 있는 것으로 보인다. 북한 문예정책의 기조로부터 자유롭지 못한 문학작품이라는 선입견이 이용악의 월북 이후 시작활동에 대한 새로운 관점의 연구를 얼마간 저해하고 있었던 것으로 보인다. 그렇다 보니 이용악의 월북 이후 시작에 대해서는 새로운 작품의 발굴 작업 또한 활발히 이루어지지 못한 실정이다.

월북 이후의 이용악 시가 북한의 체제와 문예정책을 수용하는 방향으로 창작되었다는 데 이의를 제기하기는 어렵다. 그럼에도 불구하고 그의 시작 활동은 해방 전에 창작된 그의 시세계의 연장선 위에 강력하게 자리 잡고 있는 것 또한 사실이다.『리용악 시선집』 재수록 시의 개작이 불필요한 군더더기 표현을 삭제하거나 리듬감을 고려하는 방향으로 이루어졌음을 살펴봄으로써 월북 이후의 이용악 시가 북한문예정책의 기조를 수용하되 작품의 미학성을 훼손하지는 않는 방향으로 개작이 이루어졌음을 이미 선행 연구에서 밝힌 바 있지만,[12] 이용악의 월북 이후 시작 활동의 전모와 그것이 지니는 의미에 대해서는 후속 연구가 이루어질 필요가 있다.

이용악과 동시대에 활동한 백석의 시에 대한 연구가 다양한 관점과 방법론에서 활발히 이루어지고 있는 데 비해 최근의 이용악 시에 대한 연구는 다소 부진한 형편이다. 이용악의 월북 이후 시작 활동은 그 이전의 이용악 시의 연장선 위에서 좀 더 활발히 연구될 필요가 있어 보인

12 이경수,「『리용악 시선집』 재수록 작품의 개작과 그 의미」,『한국 근대문학 연구』 25호, 한국근대문학회, 2012, 270면.

다. 월북 이후의 이용악 시는 그 이전의 이용악 시가 보여준 다양한 기법적 특성을 계승하고 있으며, 서사지향성이라는 측면에서는 오히려 더 발전된 모습을 보여주고 있기도 하다. 따라서 월북 이후의 시작 활동에 대해서도 이전 시와의 관계 속에서 활발한 논의가 이루어질 필요가 있다고 판단된다. 이 글에서는 그중에서도 월북 이후의 이용악 시에 지속적으로 나타난 청년의 표상을 살펴보고 그 의미를 밝혀 보고자 한다. 월북 이후의 이용악 시에는 서사지향성이 한층 강화되어 나타나는데, 이 글에서 중점적으로 살펴보고자 하는 청년의 표상도 서사지향성의 강화라는 특성과 연관되어 있다는 판단에서이다.

이용악의 월북 이후의 시에는 청년으로 분류되는 젊은 여성과 남성은 물론이고 소년과 소녀의 형상도 자주 눈에 띄는데, 이 글에서는 이용악의 시에서 이들이 호명되는 맥락이나 양상이 유사하다는 판단에 따라 이들을 포괄해 청년의 표상으로 다루고자 한다. 표상(Vorstellung 독, representation 영) 개념을 이 글에서는 무언가를 마음속에 떠올리는 심적인 조작에 관련되는 면과 어떤 것의 대체물을 구체적으로 제시하는 물질적인 행위에 관련되는 면 두 가지에 걸쳐 존재하는 개념, 즉 어떤 실재를 심적으로든 물리적으로든 재현전화(再現前化)한 것(representation)이라는 의미로 사용하고자 한다.[13] 청년 담론에 대한 최근의 연구 성과에 따르면, 청년이라는 용어는 1900년대 전후의 시기에 근대 잡지와 신문을 통해 등장하기 시작해 미래를 담지하는 상징적 주체의 이름으로 호출되었다.[14] 일제 강점기에 근대 문물의 수용 주체로서 부상한 '청년'이라

13 이효덕, 박성관 역, 『표상 공간의 근대』, 소명출판, 2002, 19면.
14 소영현, 『문학청년의 탄생』, 푸른역사, 2008, 11면.

는 용어는 미디어의 영향으로 보다 광범위한 영역으로 확대·수용되면서 서로 다른 신분, 공동체, 계급, 성별, 출신, 직업 등에 속해 있던 존재들을 포괄하는 하나의 추상적이고 균질한 범주로서 호명되었다.[15]

이용악의 해방 전 시에서도 "정계비 세운 령토란 것이 없"는 "나를 모험"(「쌍두마차」) 하는 '나'라든가 "무쇠다리를 건너온 함경도 사내"(「전라도 가시내」) 등에서 청년의 형상을 발견할 수 있지만, 동시대의 임화 등에 비해 두드러지는 표상은 아니었다.[16] 식민지 시대에 청년 담론이 적극적으로 식민지 시대를 개척하기 위한 일환으로 사유되었던 데 비해 이용악의 이 시기 시에 등장하는 청년은 방황하는 청춘의 표상에 가깝다고 할 수 있다. 오히려 이용악의 경우에는 월북 이후의 시에서 청년의 표상이 두드러지는데, 이에 대해서는 좀 더 면밀히 살펴볼 필요가 있어 보인다. 이 글은 월북 이후에 이용악이 발표한 시 전체를 연구 대상으로 하여 청년의 표상이 어떻게 작용하는지 살펴보고 그 의미를 밝혀 보고자 한다. 1957년 조선작가동맹출판사에서 출간된 『리용악 시선집』 소재 시는 물론이고 북한에서 『문학예술』, 『조선문학』 등에 발표한 이용악의 시 전체를 대상으로 청년의 표상과 그 의미를 읽어내고자 한다.

---

15 위의 책, 11면.

16 임화의 시에 나타난 청년 표상에 대해서는 김신정, 「임화 시에서 '청년'의 의미와 역할」, 『한국시학연구』 24호, 한국시학회, 2009.4, 121~142면.

2. 희생양이자 투사로서의 청년의 출현과 숭고 감정의 고양

이용악은 해방 이후 서울에서 생활하다가 한국전쟁 직전 이승만 정권에 반대하는 투쟁에 가담해 서대문형무소에 수감된다.[17] 이후 한국전쟁이 발발하자 박태원·현덕·설정식 등과 함께 월북한 그는 1953년 8월 '남로당계' 숙청 당시 연루되어 반년 이상 집필을 금지당하기[18] 전까지 '조국해방전쟁기'에 활발한 시작 활동을 전개한다. 이 무렵 이용악의 시는 적을 향한 적개심을 드러냄으로써 전쟁의 사기를 고취하거나 반미의식을 강하게 드러내거나 전쟁의 영웅으로서의 민중의 모습을 그리는 데 몰두한다.

북한문학사에서 '조국해방전쟁기'로 지칭되는 1950~1953년에 이르는 시기에 발표된 이용악의 시에는 청년의 표상이 두드러지게 나타나는데, 이들은 대개 '조국해방전쟁'에 복무하는 역할을 부여받는다. 적을 향한 분노와 적개심을 불러일으키고 전쟁에서 승리하기 위한 사기를 진작하려면 희생양과 영웅이 필요하게 마련이다. '조국해방전쟁기'에 발표된 이용악 시에 등장하는 청년의 표상은 이 두 가지 역할을 담지한다.

2

흰 종이에 새빨간 잉크로

---

17 『리용악 시선집』의 뒤에 실린 '저자 략력'에서는 다음과 같이 언급되어 있다. "八·一五 해방 후 그는 서울에서 미제와 리 승만 역도를 반대하여 투쟁하는 진보적인 문화인 대렬에서 사업하였다. 一九四九년 八월 리 승만 괴뢰 경찰에 체포되여 10년 징역 언도를 받고 서대문 형무소에 갇혔다가 인민 군대에 의한 六·二八 서울 해방과 함께 출옥하였다." 이용악, 『리용악 시선집』, 조선작가동맹출판사, 1957, 152면.

18 윤영천, 「민족시의 전진과 좌절」, 윤영천 편, 『이용악 시전집』, 창작과비평사, 1988, 198~199면.

어린 녀학생은 정성을 다하여
같은 글자를 또박또박 온종일 썼다

　　조선 민주주의 인민 공화국 만세!

골목이 어둑어둑 저물어
벽보 꾸러미를 끼고 나설 때
온종일 망을 봐 준 할머니는
귀여운 손녀의 귀에 나직이 속삭였다
—개무리 없는 세상을
　살아서 보고 싶구나

밤이 다 새도 이튿날 저녁에도
어린 녀학생은
끝내 집으로 오지 않았고
석 달이 지난 그 어느 날

카빈 보총이 늘어 선 공판정에서
검사놈 상판대기에 침을 뱉고
역도 리 승만의 초상을 신작으로 갈긴
어린 녀학생은 피에 젖어 들것에 얹히어
감방으로 돌아 갔다

(…중략…)

지난날 우리의 회관에서 정든 동무
지난날 한자리에서
지리산 유격 지구에의 만다트를 받고
목을 껴안으며 서로 뺨을 비빈
전위 시인 유동무의
사형 언도의 정보가 다달은 이튿날

헐벗긴 인왕산 아래 붉은 벽돌담을
눈보라 소리쳐 때리는 한나절
뜨거운 눈초리로
조국의 승리를 믿고 믿으며
마지막 가는 길 형장으로
웃으면서 나간 동무

나이 서른에 이르지 못했으나
바위처럼 무겁던 경상도 사나이
철도 로동자 정 동무가
순결한 마음을 획마다에 아로새겨
남겨 놓은 손톱 글씨 오직 열 석 자

조선 민주주의 인민 공화국 만세!

아침마다 희망을 북돋아
입안으로 외우든 강령이 끝나면
두터운 벽을 밀어 젖히고
자꾸 자꾸만 커지면서 빛나는 피의 글씨
불같은 한자한자를 바라보면서
우리는 마음 깊이 맹세하였다
—동무야 원쑤를 갚아 주마

—「평양으로 평양으로」, 『리용악 시선집』, 조선작가동맹출판사, 1957, 110~114면[19]

전쟁은 전쟁을 겪는 지역과 그 지역에 사는 사람들의 삶을 초토화한다. 한국전쟁도 다르지 않았는데, 피를 나눈 동족을 향해 이념을 앞세운 총칼을 들이대야 하는 상황에서 남한과 북한 모두 승리를 쟁취하기 위한 수단으로 전쟁기의 문학작품을 동원하기도 했다.[20] 한국전쟁을 조국해방전쟁으로 홍보한 북한의 경우 전쟁의 정당성을 자신들에게 부여하고 전쟁을 승리로 이끌기 위해서는 적의 잔인함을 강조하고 그에 따른 참혹한 희생양을 부각할 필요가 있었을 것이다. 인용한 시에서는 희생양으로서의 역할을 부여받은 어린 여학생과 어떤 상황에서도 굴복하지 않으며 공산주의의 이념을 수호한 청년 영웅의 모습이 동시에 그려진다. 공판정에서 검사에게 침을 뱉고 이승만의 초상을 신짝으로 갈기는 기개를 보여준 후 피투성이가 된 채 들것에 실려 간 주체가 어린 여

19 이하 『리용악 시선집』에서 인용하는 시는 '『리용악 시선집』, 면수'의 형식으로 밝혀 적는다.
20 이경수, 「민족시 형성의 과제와 부정의 정신」, 최동호 편, 『남북한 현대문학사』, 나남출판, 1995, 138면; 전도현, 「현실 창조의 문학과 이질성의 심화」, 최동호 편, 『남북한 현대문학사』, 나남출판, 1995, 155면.

학생으로 그려짐으로써 적의 잔혹함은 배가되고 적을 향한 분노도 증폭된다. 웃으며 형장으로 간 전위 시인 유진오[21]나 경상도 사나이인 이십대 철도 노동자나 오로지 '조선 민주주의 인민공화국 만세'라는 하나의 목표 아래 소중한 목숨을 내던지는 선택을 감행한다. 한 치의 망설임도 드러내지 않는 청년 시인과 청년 노동자의 당당함은 당시 북한 사회가 원한 영웅의 모습을 표상한다.

어린 여학생이 남긴 '조선 민주주의 인민공화국 만세'라는 문구에는 새 세상을 희구하는 할머니의 바람이 함께 투영되어 있다. 당시 북한 민중의 보편적인 바람이 어린 여학생이 외치는 구호에 실림으로써 그녀의 희생은 북한 민중 일반의 희생을 상징하는 것이 된다. 전쟁은 실제로 힘없고 약한 존재에게 절대적인 폭력을 행사한다. 이용악의 시에서는 어린 여학생을 전쟁의 희생양으로 선택함으로써 '조선민주주의 인민공화국 만세'라는 구호에 절박함을 부여하고 남한과 미국으로 대변되는 적의 잔인무도함을 부각시킨다. 특히 피에 젖어 들것에 실려 온 어린 여학생의 희생은 숭고의 감정을 불러일으켜 사기의 고양이라는 전쟁기 시의 목적 달성에 기여한다. 일찍이 롱기누스는 숭고미가 산출하는 고양된 언어의 효과는 청중들을 설득하는 것이 아니라, 그들을 감동시킨다고 보았다.[22] 피투성이가 되어 죽어간 어린 여학생의 희생이 독자들에게 불러일으키는 감정이야말로 숭고의 극치를 보여준다고 할 수 있

---

21 1946년 김상훈·김광현·이병철·박산운 등과 『전위시인집』을 발간한 전위시인 유진오는 1947년 문화공작대에 참가해서 활동하던 중 1949년에 군법회의에 회부되어 사형을 선고받고 1950년 무기로 감형되어 전주형무소로 이감되었다가 한국전쟁이 발발한 후 처형된 것으로 추정되고 있다. 이용악의 이 시에 등장하는 '전위시인 유동무'는 유진오를 가리키는데 「어디에나 싸우는 형제들과 함께」에서는 '유진오'라는 실명이 드러나 있다.

22 디오니시우스 롱기누스, 김명복 역, 『롱기누스의 숭고미 이론』, 연세대 출판부, 2002, 15면.

다. 칸트는 수학적 숭고와 역학적 숭고라는 개념을 절대적으로 큰 자연이나 공포를 느낄 만한 권력 앞에서 인간이 느끼는 감정과 관련지어 이해한다. 절대적인 권력 앞에서 저항불가능성과 두려움을 느끼면서도 동시에 그 한계를 넘어섰을 때 쾌의 감정에 도달하게 됨을 칸트는 숭고라는 개념을 통해 설명한다.[23] 죽음의 공포 앞에서 느끼는 두려움과 저항불가능성을 극복하고 '조선민주주의 인민공화국 만세'를 외치는 어린 여학생과 청년 시인과 청년 노동자의 모습에서 독자들은 숭고 감정의 고양을 느끼지 않을 수 없다.

2

흰 종이에 새빨간 잉크로
정성을 다하여 어린 녀학생은
같은 글자를 왼종일 썼다
　　조선민주주의 인민공화국 만세!
　　경애하는 수령 김일성 장군 만세!

골목이 어둑어둑 저물어
벽보 꾸레미를 끼고 나설 때
왼종일 망을 봐준 할머니는
귀여운 소녀의 귀에 나즉한 소리로
—살아서 보고 싶다
　그이 계신 세상을

23 임마누엘 칸트, 백종현 역, 『판단력 비판』, 아카넷, 2009, 252~272면.

밤이 다 새도
이튿날 저녁에도 어린 녀학생은
끝내 돌아오지 않았고
석달이 지난 어느 날

카-빙 보총이 늘어선
공판정에서
수령의 이름을 욕되히 부른
검사놈 상판대기에 침을 뱉고
신짝을 던져 역도 리승만의
초상을 갈긴 어린 녀학생은
피에 젖어
들것에 얹히여
감방으로 돌아왔다

—「어디에나 싸우는 형제들과 함께」, 『문학예술』 5, 1952.1, 68~74면

이 시에 등장하는 '어린 녀학생'은 「평양으로 평양으로」에 등장한 어린 여학생과 동일한 인물로 보이는데, 이는 그만큼 희생양으로서 그려진 어린 여학생이 이 시기 시에서 전형적인 인물로 등장하고 있음을 보여주는 것이기도 하다. 어린 여학생이 새빨간 잉크로 적은 구호에는 여전히 할머니의 바람이 투영되어 있는데, '조선민주주의 인민공화국 만세!'라는 구호 외에도 '경애하는 수령 김일성 장군 만세!'라는 구호가 추가되어 있다. 마찬가지로 공판정에서 이 어린 여학생이 검사의 얼굴에

침을 뱉게 된 계기로 수령의 이름을 욕되게 불렀다는 내용이 추가되어 있다. 앞서 살펴본 「평양으로 평양으로」에는 없던 구절이다. 『리용악 시선집』의 서문에서 「평양으로 평양으로」가 수록된 【원쑤의 가슴팍에 땅크를 굴리자】 부분이 조국해방전쟁기의 작품임을 밝히고 있기는 하지만, 『리용악 시선집』이 출간된 것이 1957년임을 감안하면 「어디에나 싸우는 형제들과 함께」가 먼저 쓰인 작품이고 그것이 시집에 수록되는 과정에서 수정된 것임을 짐작할 수 있다.[24] 실제로 이용악은 이 시집의 서문에서 "각 부를 통하여 더러는 부분적인 수정을 가한 작품들도 있"[25]음을 밝히고 있다. 『문학예술』 1952년 1월호에 발표된 「어디에나 싸우는 형제들과 함께」에는 '김일성 장군께 드리는 노래'라는 부제가 붙어 있어서 거기에 걸맞은 내용이 시에도 나타났는데, 시집에 수록하는 과정에서 시의 제목을 수정하고 내용도 일부 개작한 것으로 보인다.

신형기·오성호의 『북한문학사』에 따르면 1956년을 전후한 몇 년간 김일성은 북한의 공식담론에서 거의 등장하지 않게 되고 김일성을 찬양하는 시들도 사라지게 된다.[26] 「어디에나 싸우는 형제들과 함께」에서 두드러지던 "경애하는 수령 김일성 장군 만세!"라는 구절이 사라지고 부제를 비롯한 제목을 '평양으로 평양으로'로 개작하여 1957년에 출간한 『리용악 시선집』에 수록하게 된 데는 당시 북한문단의 이러한 분위기가 영향을 미쳤던 것으로 보인다. 「평양으로 평양으로」에도 "김일성 장군의 노래를 부르며"라는 구절이 시의 마지막 부분에 삽입되어 있

24 이용악, 「서문」, 『리용악 시선집』, 조선작가동맹출판사, 1957, 10면.
25 위의 글, 같은 면.
26 신형기·오성호, 『북한문학사』, 평민사, 2000, 193면.

기는 하지만 김일성 장군 앞에 관례적으로 부여되었던 수사들을 제거한 채 비교적 객관적으로 언급하고 있다는 점에서[27] 1952년에 발표된 「어디에나 싸우는 형제들과 함께」와는 그 맥락이 많이 다름을 확인할 수 있다. 『리용악 시선집』 수록시 「평양으로 평양으로」의 뒤에는 창작연대가 1951년으로 밝혀져 있지만 1957년에 시집이 출간되었으므로 「어디에나 싸우는 형제들과 함께」보다 「평양으로 평양으로」가 더 늦게 쓰인 작품으로 보는 것이 타당해 보인다. 「어디에나 싸우는 형제들과 함께」가 「평양으로 평양으로」로 일부분이 개작되기는 하지만 전쟁의 희생양으로 '어린 녀학생'을 내세우고 그녀를 비롯한 청년 노동자와 시인의 희생 및 영웅적 행위를 통해 숭고한 감정을 불러일으키는 시적 효과에 있어서는 변화가 보이지 않는다.

그 날은 함북눈 펑펑 쏟아졌단다
국사봉에 진을 친 빨찌산들이
이 고장을 해방시킨 그 전전날

어둠을 타 산에서 산을 타
국사봉에 련락 짓고 돌아 오는 비탈길에서
원쑤에게 사로잡힌 처녀 분탄이
분탄이는 로동당원 꽃나이 스무 살

봄이면 봄마다 진달래 함빡 피는

27 위의 책, 같은 면.

뒷산 아래 형제바우 앞에서
사랑하는 향토를 지켜 동지를 지켜
분탄이는 가슴에 총탄을 받았단다

풀벌레 소리 가득찬 토굴집에서
령감님은 밤 늦도록 새끼를 꼬면서
강하고 끔찍스런 딸의 최후를
쉬엄쉬엄 나직이 이야기하면서

날이 새면 포장할 애국미 가마니엔
분탄이의 이름도 굵직하게 쓰리란다

—「토굴집에서」(전문),『리용악 시선집』, 125~126면

이 시에 등장하는 분탄이는 스무 살 꽃다운 처녀로 노동당원의 신분을 가지고 있다. 어둠을 타 산을 타며 빨치산 부대의 연락을 담당하던 분탄이는 국사봉에서 연락 업무를 담당하고 돌아오던 비탈길에서 적에게 사로잡혀 가슴에 총탄을 맞고 희생당한다. 분탄이가 적의 총탄에 희생된 바로 그 날은 함박눈이 펑펑 쏟아진 날로 묘사된다. 흰 눈에 뒤덮인 산비탈에서 가슴에 총탄을 맞고 산화한 분탄이의 모습은 흰색과 붉은 색의 강렬한 시각적 대비를 통해서 독자들에게 뚜렷이 각인된다. 분탄이가 희생된 곳은 봄이면 진달래 함빡 피는 뒷산 아래 '형제바우' 앞으로 그려지는데, 흰 눈이 뒤덮인 배경 속에 붉은 피를 흘리며 쓰러졌을 분탄이의 모습은 봄이면 그곳을 가득 메우는 진달래 빛깔과 겹쳐지며

강렬한 인상을 남긴다. 스무 살 꽃다운 처녀인 분탄이는 그것만으로도 희생양으로서 적합한 조건을 지니지만, 이용악의 시는 분탄이에게 '노동당원'의 신분을 부여함으로써 조국해방전쟁에서 청년이 감당해야 할 몫을 상기시킨다. 곱고 젊은 여성이라는 이유만으로 분탄이가 희생양으로 선택된 것이 아니라는 점은 1980년대의 오월광주-시나 민중시 등에 등장하는 희생양의 표상과 비교할 때도 선구적인 측면을 지니고 있는 것으로 보인다.[28] 조국해방에 기여할 아까운 젊음을 전쟁의 희생양으로 선택함으로써 적을 향한 분노는 증폭되고 분탄이의 희생은 숭고감정을 유발하게 된다.

특히 적의 총탄에 끔찍하게 희생된 분탄이의 최후가 그녀의 아버지인 '령감님'의 격앙된 목소리가 아니라 "쉬엄 쉬엄 나직이 이야기"하는 침착하고 낮은 목소리로 전해지면서 독자들이 느끼는 숭고한 감정은 한층 커진다. 이용악의 시에 익숙하게 등장하던 "풀벌레 소리 가득찬 토굴집에서" "밤 늦도록 새끼를 꼬"며 후방에서의 노동에 성실히 임하는 영감님의 나직나직한 목소리를 통해 듣는 분탄이의 최후는 강렬한 시각적 이미지의 대비와 함께 독자들의 마음을 움직인다. 고양된 언어의 효과로 청중들을 감동시킨다고 롱기누스가 일찍이 말한 숭고미의 발현을 여기서 확인할 수 있다.

인용한 시들 외에도 「모니카 펠톤 녀사에게」, 「원쑤의 가슴팍에 땅크를 굴리자」, 「핏발선 새해」 등 조국해방전쟁기에 쓰인 이용악의 여러 편의 시에서 희생양으로서 그려진 젊은 여성이나 어린이의 죽음을 극적

28 '오월광주-시'에 나타난 희생양에 대해서는 신지연, 「오월광주-시의 주체 구성 메커니즘과 젠더 역학」, 『여성문학연구』 17, 한국여성문학학회, 2007.6, 31~73면 참조.

으로 그림으로써 숭고의 감정을 유발하는 장면을 확인할 수 있다.

> 립동날이 회갑인 할머니는
> 도래샘 소리 다시 귓전을 스칠 때까지
> 『제비』가 사라진 남쪽을 지켜 본다
>
> 립동이사 이달이건 래달이건 회갑 잔치는
> 그애가 이기고 오기 전엔 막무가내라는
> 할머니의 막내는 항공병
>
> 련거픈 공중전에서 속시원히
> 미국놈 비행기를 동강낸 공으로
> 두번이나 훈장 받은 신문 사진을
> 김 장군 초상 밑에 오려 붙이고
>
> 할머니의 마음은 아들과 함께
> 항상 푸른 하늘을 날고 있다

— 「막내는 항공병」, 『리용악 시선집』, 126~127면

입동날이 회갑인 할머니가 회갑잔치를 미루는 이유는 항공병인 막내아들이 아직 집에 돌아오지 않았기 때문이다. 할머니의 막내아들은 연거푼 공중전에서 속 시원히 "미국놈 비행기를 동강낸 공으로 / 두 번이나 훈장"을 받아 신문에도 실린 자랑스러운 항공병이다. 할머니는 아들

이 실린 신문기사를 김일성 장군의 초상 밑에 오려 붙여놓고 자랑스러워한다. 할머니의 자부심인 막내아들이 적을 물리치고 승전보를 울리며 돌아오기 전에는 회갑잔치를 할 수 없다는 것이 할머니의 완강한 뜻이다. 적군인 "미국놈의 비행기"를 두 번씩이나 동강낸 할머니의 막내아들은 반드시 이겨야만 하는 조국해방전쟁을 승리로 이끄는 투사이자 전쟁 영웅으로서 표상된 청년이다. 조국해방전쟁기의 시에서 그려지도록 요구된 민중 속 영웅의 형상을 유능한 항공병으로 그려진 할머니의 막내로부터 발견할 수 있다. 『북한문학사』에서 적절히 지적하고 있듯이, 물량 면에서 미국보다 훨씬 열세에 있었던 북한이 미국과 맞서기 위해서는 도덕적 정당성과 사상적 우월성을 강조할 수밖에 없었다. 북한은 영웅을 통해 사상과 도덕의 힘을 증명하고자 했다.[29]

머리는 비록 백설로 희나
평화를 쟁취하는 벅찬 전선을 위하여
다할 바 없는 청춘을 안고 온 전우여
지미뜨리 뾜리야노브

이제 그대 고향으로 돌아 가면
미국놈들 총탄에 처참히도 쓰러진
수많은 조선 누이들에 대하여
마음 어진 볼가리야 어머니들께
이야기하지 말라

29 신형기·오성호, 앞의 책, 122~123면.

그들의 아픔이 너무 크리니

다만 전하라
사랑하는 남편과 아들을 화선에 보낸
우리의 누이와 어머니들은
폭탄 자국을 메워 씨를 뿌리고
기층과 싸우며 오곡을 가꾸어
기적 같은 풍년을 이룩했다고

—「다만 이것을 전하라」, 『리용악 시선집』, 128~130면

조국해방전쟁기에 쓰인 이용악의 시에 등장하는 청년의 표상은 나이와 국경을 초월한 존재로 그려지기도 한다. 일제강점기에 이미 다른 신분, 공동체, 계급, 성별, 출신, 직업 등에 속해 있던 존재들을 포괄하는 하나의 추상적이고 균질한 범주로서 호명되었던 청년 표상[30]은 이 시에서도 나이와 국경을 초월한 추상적이고 균질한 범주로 사용된다. "머리는 비록 백설로 희"지만 "평화를 쟁취하는 벅찬 전선을 위하여 / 다할 바 없는 청춘을 안고 온 전우" 지미뜨리 뽈리야노브는 조선 인민의 투지를 그의 고향 불가리아에 전하는 사명을 안고 있는 존재로 그려지는데, 그는 나이와 국경을 초월한 청년의 또 다른 표상이다. 「모니카 펠톤 녀사에게」에서 학살의 현장을 목격, 고발하는 역할을 담당한 '모니카 펠톤 여사'도 국경과 나이를 초월한 청년의 표상이라는 점에서 지미뜨리 뽈리야노브와 유사한 성격을 지닌 인물이다. 이들의 입을 통해 희생양의

30 소영현, 앞의 책, 11면.

죽음은 전 세계에 알려지고 그들을 죽음으로 몰아넣은 적의 잔인한 행위는 전 세계의 비난의 대상이 된다. 당위와 정의를 자신의 편으로 끌어들임으로써 세계와의 연대를 조성하는 역할을 이들 나이와 국경을 초월한 청년의 표상들이 떠맡게 된 것이다.

이 시기에 요구된 청년의 표상은 단지 육체적 나이의 젊음을 가리키지는 않았던 것으로 보인다. 피 끓는 젊음을 지니고 있는 존재라면 나이와 국경을 초월해 청년의 표상을 획득할 수 있었다. 국경과 나이를 초월해 청년 표상이 공유하고 있는 것은 오히려 정신적인 젊음에 있었던 것으로 보인다.

이상에서 살펴본 바와 같이 조국해방전쟁기의 이용악 시에서는 희생양이자 투사로서의 청년의 표상이 두드러지게 나타난다. 전선에 선 청년은 불굴의 의지로 전쟁을 승리로 이끌고 그 과정에서 영웅적 희생양의 역할을 감당하기도 한다. 미래를 담지해야 할 청년의 희생을 통해 고양되는 것은 숭고의 감정이다.

3. 건강한 노동자로서의 청년의 표상과 사랑의 고양

남로당계 숙청에 연루된 것도 잠시, '전후복구 및 사회주의 건설기'에 이용악은 활발한 작품 활동을 하면서 북한의 문단에 성공적으로 안착한다. 『조선문학』 1956년 8월호에 발표한 【평남관개시초】로 조선 인민군 창건 5주년 기념 문학 예술상 1956년도 시부문 일등상을 받았을[31] 정도로 '전후복구 및 사회주의 건설기'의 북한문단에서 이용악의 시는 주목의 대상이 된다.

'전후복구 및 사회주의 건설기'에 발표된 이용악의 시들은【어선 민청호】와【평남관개시초】로 묶여 『리용악 시선집』에 실려 있는 작품들 외에도 12편이 더 발견된다.[32] 이 시들에는 지속적으로 긍정적인 청년의 표상이 나타나는데, 이들은 전후 복구 및 사회주의 건설에의 희망을 앞당기는 일꾼이자 희망의 상징으로 그려진다. 이 시기 시에 나타난 청년의 표상은 긍정적 인간형의 창출에 이바지한다.

> 산기슭에서 띠염띠염
> 새로 자리잡은 집마다
> 송진내 상기 가시지 않은
> 문을 제낀다
> 햇살에 훨씬 앞서 문을 제낀다
>
> 자욱한 안개 속
> 사람과 함께 소가 움직인다
> 시퍼런 보습날이 움직인다
> 오늘은 일손 바른 살구나무집
> 조이밭 갈러 가는 길

---

31 이용악, 『리용악 시선집』, 조선작가동맹출판사, 1957, 152면.

32 그 목록은 다음과 같다. 「듬보비쨔」, 「미술 박물관에서」, 「에레나와 원배소녀」, 「꼰쓰딴짜의 새벽」, 「'기'발은 하나」, 「영예 군인 공장촌에서」, 「빛나는 한나절」, 「열 살도 채 되기 전에」, 「봄의 속삭임」, 「어느 한 농가에서」, 「우산벌에서」, 「날강도 미제가 무릎을 꿇었다」.

귓머리 날리며 개울을 건너
처녀 보잡이 정례가
바쁜 걸음 멈춘 곳은
춘관 로인네 보리밭머리

농사에사 옛날 법이 제일이라
고집만 부리던 령감님도
정례의 극진한 정성에 웃음 지으며
보름이나 일찍 뿌린 봄보리가
줄지어 돋았다

정례는 문득 생각났다
선참으로 이 밭을 갈아 제낄 때
품앗이 동무들이 깔깔대며 하던 말
—편지가 왔다더니 기운 내누나
—풍년이 들어야 좋은 사람 온단다

한마디 대꾸도 나오지 않아
자꾸만 발목에 흙이 덮이여
걸음이 안 나가던
수집은 정례

정례는 또 듣는다

파릇파릇한 새 싹들이
나직이 속삭이는 소리
—기다리라요
—기다리라요

혹시나 누가
누가 볼세라
저도 모르게 볼을 붉히며
정례는 당황해서 소를 몬다

그러나 누가 모르랴
동부 전선에 용맹 떨친
중기 사수 윤모가
이읏고 돌아 올 꽃다운 날엔
정례는 춘관 로인네 둘째 며느리

안개가 걷히기 시작한다
논두렁 오솔길에 둥굴소 앞세우고
가슴 벅찬 기쁨 속을
재우 밟는 종종걸음

누우렇게 익은 보리밭을 지나
마을 장정들이 전선으로 가던 길

전선과 련닿아 끝끝내 승리한 길
까치고개를 다시 한번 바라보니
햇살이 솟는다

— 「봄」(전문), 『리용악 시선집』, 12~15면

1957년에 출간된 『리용악 시선집』의 【어선 민청호】 부분에 수록된 이 시는 1954년에 창작한 것으로 같은 시집에 부기되어 있다. 전후 복구가 최대의 과제였던 이 시기에 쓰인 이용악의 시에는 노동하는 청춘 남녀가 자주 모습을 드러낸다. 이들 청년들은 남녀를 불문하고 노동하는 건실한 청년의 이미지로 표상된다. 흥미롭게도 이들 청년의 표상은 대개 사랑의 감정을 동반하고 있다. 그들의 사랑은 순수하고 건실한 것이어서 결코 그들의 사회적 책무를 방해하지 않는다. 오히려 사랑의 감정이 고양됨으로써 그들의 노동력은 좀 더 활기를 얻게 된다.

이른 아침, "햇살에 훨씬 앞서 문을 제"끼며 자욱한 안개 속에 소를 몰고 집을 나선 인물은 바로 "처녀 보잡이 정례"다. 살구나무집에 "조이밭 갈러 가는 길"에 그녀는 춘관 로인네 보리밭머리에서 바쁜 걸음을 잠시 멈춘다. 동부전선에서 용맹을 떨친 중기 사수 윤모가 바로 춘관 로인네의 둘째 아들이자 정례와 혼인할 사이다. 윤모는 전선에서 적에 맞서 앞장서 싸우고 정례는 후방에서 농사일에 열중한다. 전선과 후방에서 일한다는 차이만 있을 뿐 이들 청년의 노동은 더 나은 사회의 건설을 앞당기는 역할을 한다.

이들 새로운 세대의 청년은 구세대의 낡은 방식을 타파하고 미래지향적이고 진보적인 사고를 노동에 결합한다는 점에서도 구세대와 구별된다. 정례는 "농사에사 옛날 법이 제일이라 / 고집만 부리던" 춘관 노인을 설득해 보름이나 일찍 봄보리를 뿌리게 독려하는 등 과거의 구태와 관습을 타파하고 생산량을 늘리기 위한 새로운 도전을 적극적으로 감행한다. 그렇다고 해서 솔선수범해서 지극한 정성으로 농사에 임하는 그녀의 모습이 사회주의 건설에 이바지하는 대중적 영웅으로서의 면모만으로 비쳐지는 것은 아니다. 정례는 윤모를 향한 연정에 "누가 볼세라 / 저도 모르게 볼을 붉히며" 윤모가 돌아올 날을 기다리는 아름다운 청춘이기도 하다. "편지가 왔다더니 기운 내누나", "풍년이 들어야 좋은 사람 온단다"라며 그녀를 놀리는 품앗이 동무들의 깔깔대는 말과 파릇파릇한 새싹들의 "기다리라요"라는 나직한 속삭임은 이 시에 생동감을 불어넣는다. 직접화법으로 대화를 적절히 삽입하여 시에 생동감을 부여하던 해방 전의 이용악 시에서 즐겨 사용하던 기법[33]이 월북 이후의 이용악 시에서도 지속적으로 활용된다.

'전후복구와 사회주의 건설기'의 이용악 시에는 건강한 노동자이자 개척자로서의 청년의 표상이 자주 발견되는데, 이들 청년은 한편으로는 사랑에 설레고 가슴 졸이는 청춘들이기도 하다. 건강하고 긍정적인 청년 표상에 의해 고양된 사랑의 감정은 사회주의의 미래를 향한 "가슴 벅찬 기쁨"을 수반한다. "누우렇게 익은 보리밭"과 솟아오른 햇살이 형성하는 따뜻하고 밝은 이미지는 이들 청년이 일구어갈 희망찬 미래를 상징한다.

큰 섬을 지나 작은 섬 굽이
앞으랑 소나무를 우산처럼 펼쳐 쓴

33 이경수, 「한국 현대시의 반복 기법과 언술 구조」, 고려대 박사논문, 2002.12, 141~142면.

항구로 항구로 들어 오는 배

—민청호다
—민청호다
누군가 웨치는 반가운 소리에
일손 멈춘 순희의 가슴에선
파도가 출렁…

바다를 휩쓸어 울부짖는 폭풍에도
어제밤 돌아 오지 않은 단 한 척
기다리던 배가
풍어기를 날리며 들어 온다

밤내 서성거리며 시름겨웁던
숫한 가슴들이 탁 트인다
그러나 애타게 기다리기야 아마
애타게 기다리기야 순희가 으뜸

이랑이랑 쳐드는 물머리마다
아침 햇살 유난히도 눈부신 저기
마스트에 기대 서서
모자를 흔드는건 명호 아니냐

분기 계획 끝내논 다음이래야
뭍지에서 한바탕
장가 잔치 차린다는 저 친군
성미부터 괄괄한 바다의 사내

꼼베아의 발동은 그만하면 됐으니
순희야 손 한번 저어 주려마
방수복에 번쩍이는 고기 비늘이
비단천 무늬보다 오히려 곱다

평생 봐도 좋은 바다
한결 더 푸른데

뱃전을 스쳐 기폭을 스쳐
수수한 사람들의 어깨를 스쳐
시언시언 춤추는 갈매기 떼 거느리고
바쁘게 바쁘게 민청호가 들어 온다

—「어선 민청호」(전문), 『리용악 시선집』, 16~18면

밤새 기다리던 어선 민청호가 들어오는 모습을 보고 마을 전체가 기쁨으로 술렁인다. 여기에 설렘과 벅찬 기쁨을 더해주는 것은 순희와 명호 사이에 흐르는 사랑의 감정이다. 마음에 명호를 품고 있는 순희는 폭풍 속에 돌아오지 않는 어선 민청호를 기다리며 속이 까맣게 탔을 테지

만 "꼼베아의 발동"을 거는 일을 멈추지 않는 처녀이며, 순희의 애인 명호 또한 분기 계획을 끝내놓은 다음으로 장가가는 일을 미뤄 둔 "성미부터 괄괄한 바다의 사내"이다. 순희와 명호로 대표되는 노동하는 청년은 사랑의 간절함을 지니고 있는 청춘이기도 하다. 하지만 이들의 사랑은 이들이 가꿔갈 미래에 방해가 되는 것이 아니라 오히려 이들의 생활과 노동에 활기를 불어넣는 역할을 한다.

물이 온다 바람을 몰고
세차게 흘러 온 두 강물이
마주쳐 감싸돌며 대하를 이루는 위대한 순간
찬연한 빛이 중천에 퍼지고

물보다 먼저 환호를 올리며
서로 껴안는 로동자 농민들 속에서
처녀와 총각도 무심결에 얼싸안았다

그것은 짧은 동안 그러나 처녀가
볼을 붉히며 한 걸음 물러섰을 땐-

사람들은 물을 따라 저만치 와아 달리고
저기 농사집 빈 뜰악에 흩어졌다가
활짝 핀 배추꽃 이랑을 찾아
바쁘게 숨는 어린 닭무리

물쿠는 더위도 몰아치는 눈보라도
공사의 속도를 늦추게는 못 했거니
두 강물을 한곬으로 흐르게 한
오늘의 감격을 무엇에 비기랴

무엇에 비기랴 어려운 고비마다
앞장에 나섰던 청년 돌격대
두 젊은이의 가슴에 오래 사무쳐
다는 말 못 한 아름다운 사연을

처녀와 총각은 가지런히 앉아
흐르는 물에 발목을 담그고 그리고 듣는다
바람을 몰고 가는 거센 흐름이
자꾸만 자꾸만 귀뜸하는 소리
『말해야지 오늘 같은 날에야
어서어서 말을 해야지…』

—「두 강물을 한곬으로」(전문),『리용악 시선집』, 138~139면

【평남관개시초】 중 한 편인 인용시에서도 "세차게 흘러 온 두 강물이 / 마주쳐 감싸 돌며 대하를 이루는 위대한 순간"은 처녀와 총각이 환호를 올리며 얼싸안는 환희의 순간과 겹쳐진다. 두 강물을 하나로 합치는 관개 사업은 수확량을 증대해 농사의 새 장을 여는 의미 있는 일인데 모두가 환호하는 그 환희의 순간은 처녀와 총각이 "가슴에 오래 사무쳐"

온 서로를 향한 연모의 감정을 확인하는 순간이기도 하다.

"두 강물을 한곬으로 흐르게 한 / 오늘의 감격"은 처녀와 총각의 마음이 통해 하나로 합쳐지는 순간에 비견될 만하다. "가지런히 앉아 / 흐르는 물에 발목을 담그고" 물 흐르는 소리를 듣는 처녀와 총각의 설레는 마음은, 하나로 합쳐 흐르는 강물을 목격한 사람들의 마음에 퍼지는 환희와 다르지 않다. 처녀와 총각이 서로를 연모하는 사랑의 감정이 고양된 순간에 대한 묘사가 없었다면 이 시는 목적성이 두드러진 딱딱한 선전용 시에 그쳤을 것이다. 인용한 시에서도 궁극적인 시의 목적이 달라지는 것은 아니지만, 일하는 처녀와 총각에게서 자연스럽게 흘러나온 사랑의 감정을 통해 시에 서정성과 낭만성을 부여함으로써 정서적 효과를 배가한다. 생산력을 높이는 관개 공사가 궁극적으로 더불어 행복하게 사는 삶을 목적으로 하는 것임을 청춘남녀의 고양된 사랑을 통해 자연스럽게 체득하게 했다는 점에서 이 시의 의미를 찾을 수 있다.

변하고 또 변하자
아름다운 강산이여

전진하는 청춘의 나라
영광스러운 조국의 나날과 더불어
한층 더 아름답기 위해선
강산이여 변하자

천추를 꿰뚫어 광명을 내다보는

지혜와 새로움의 상상봉
불패의 당이
다함없는 사랑으로 안아 너를 개조하고
보다 밝은 래일에로 깃발을 앞세웠거니

강하는 자기의 청신한 젖물로써
태양은 자기의 불타는 정열로써
대지는 자기의 깊은 자애로써
오곡을 무럭무럭 자라게 하라

— 「위대한 사랑」(전문), 『리용악 시선집』, 132~133면

【평남관개시초】의 처음을 여는 이 시의 제목은 '위대한 사랑'이다. 각자 맡은 바 본분에 최선을 다하며 아름다운 사랑을 나누는 청춘남녀를 통해 고양된 사랑의 감정으로 긍정적이고 희망적인 미래를 열어가는 청년의 표상을 보여준 이용악의 시는 이제 그 사랑의 감정을 공적으로 확장시키고자 한다. 아름다운 강산에 변화를 촉구하는 이 시는 "불패의 당이 / 다함없는 사랑으로" 강산의 개조를 주도하는 모습을 그린다. 증산의 목표 달성을 위해 관개 사업을 벌이며 자연을 닦달하고 개조하는 노동에 '위대한 사랑'이라는 의미를 부여한 것이다. 위대한 사랑은 "전진하는 청춘의 나라 / 영광스러운 조국의 나날과 더불어" 고양된다.

4. 영원한 청춘의 표상과 사회주의 건설의 미래

'전후복구 및 사회주의 건설기'에 쓰여진 이용악의 시에서는 영원한 청춘의 표상이 자주 모습을 드러내는데, 이것은 청년의 표상의 연장선 위에서 논의되어야 한다. 차이가 있다면 청년의 표상이 처녀, 청년, 노동자 등의 구체적인 젊은이의 모습으로 나타나는 데 비해 청춘이라는 말은 구체적인 젊은이의 형상을 지칭하는 것 외에 추상적인 용법으로도 쓰인다는 것 정도이다. 이 시기의 이용악 시에서 '청춘'이라는 말은 '영원한'이라는 수식어를 종종 동반한다.

천년이 몇 십만번 굽이쳐 흘러 갔나
헤아릴 수 없는 침묵을 거쳐
나는 이제
빛발 속으로 나간다

태양을 우러러 영광을 드리리
나의 생명은 지층 속에서 다져졌으나
처음에 그것은
눈부신 햇빛에서 받았기에

불타리라
불타리라
확확 불타리라

봉우리마다 청춘인 산맥들을 흔들며
꽃보라는 흩날리며 내닫는 기관차의 심장에
쇳돌 녹여 번지는 용광로에
더욱 세찬 정열을 부어 주리니

위대한 시대의 꿈으로 하여
별빛 가득찬 너의 눈에서
젊은 탄부여 나는 본다

세월이 그 얼마를 가고 또 가도
거기에 나의 보람 불타고 있을
불굴한 사람들의 나라
전진하는 새 조선의 아름다운 앞날을!

— 「석탄」(전문), 『리용악 시선집』, 28~29면

석탄을 화자로 설정했다는 점에서 우선 눈에 띄는 시이다. 이 시에서 "지층 속에서 다져"진 생명을 이제 불태우리라고 외치는 화자, '나'의 정열은 "봉우리마다 청춘인 산맥들을 흔들"고 "별빛 가득찬" 눈을 가진 "젊은 탄부"로부터 새 조선의 희망을 본다. 석탄의 정열과 봉우리마다 청춘인 산맥들과 별빛 가득 찬 눈의 젊은 탄부는 열정과 젊음을 소유하고 있다는 점에서 서로 통한다. 젊음과 열정을 지닌 "젊은 탄부"로 상징되는 청춘은 "전진하는 새 조선의 아름다운 앞날을" 열어젖히는 역할을 담당한다. 새 조선의 밝고 희망찬 앞날이 사회주의의 건설을 향한 것임은 의심의 여지가 없다.

꽃밭 사이 사이 이슬에 무릎을 적시며
새로 지은 구락부 옆을 지나 언덕에 올라 서니
명절을 앞둔 여기 탄광 마을에
한결 더 거창한 새벽이 물결친다

동트기 바쁘게 활짝 열어 제낀 창문들에
증산에의 출진을 알리는 싸이렌 소리…
지하에 뻗은 골목골목에선 굴강한 사람들이
한 초 한 초를 몸으로 쪼아 불꽃을 날리리라

사시 푸른 소나무가 울창한 산과 산 사이
맑은 대기 속을 청년들이 떼지어 간다
말끝마다 웃음 섞인 즐거운 이야기
처음 맞는 탄부절의 기쁨을 주고 받으며
청년 돌격대가 갱내로 갱내로 들어 간다

십 년 전 여기는
천대 받는 사람들이 비분으로 살던 곳
손이 발 되어 어둠을 더듬어도
기아와 멸시만이 따라 서던 곳

그러나 보라 우리의 정권은
가슴에 덮쳤던 암흑을 몰아 냈다
낮이 없던 깊은 땅속
저주로운 침묵이 엎디었던 구석구석까지
밤이 없는 광명으로 차게 하였다

보라 여기는 씩씩한 젊은이들이
청춘의 한길을 다투어 택한 곳

기름이 흐를 듯한 석탄을 가득 싣고
무쇠 탄차가 줄지어 올라 오는 갱구에
전체 인민이 보내는 영광을 전하면서
수도에서 오는 북행 렬차가 산굽이를 돌아 간다

—「탄광 마을의 아침」(전문), 『리용악 시선집』, 30~31면

이용악이 그리는 탄광 마을의 아침은 밝은 광명으로 가득하고 그곳엔 청년들의 웃음소리가 끊이지 않는다. 그것은 처음 맞는 탄부절의 기쁨과 증산에의 희망을 드러내는 것이기도 하다. 갱내로 들어가는 청년 돌격대의 건강하고 씩씩한 모습은 이들이 견인할 사회주의의 미래가 영광스럽고 희망찬 것임을 암시한다.

청년들의 활기를 통해 사회주의의 미래에 영원한 청춘의 열정을 불어넣으려고 하는 이 시기의 시에서는 밝고 건강하고 긍정적인 이미지들이 시 전반에 흘러넘친다. "증산에의 출진을 알리는 싸이렌 소리"는

우렁차고, 산에는 "사시 푸른 소나무가 울창"하며, "맑은 대기 속을 청년들이 떼지어 간다." 그들의 발걸음은 씩씩하고 "말끝마다 웃음 섞인 즐거운 이야기"를 나누며 탄부절을 맞이하는 기쁨을 서로 주고받는다.

그러나 불과 십 년 전만 해도 여기는 "천대 받는 사람들이 비분으로 살던 곳"이자 "손이 발 되어 어둠을 더듬어도 / 기아와 멸시만이 따라 서던" 어두운 곳이었다. 암흑과 침묵을 몰아내고 탄광 마을 구석구석까지 "밤이 없는 광명으로 차게" 한 것은 청년의 열정과 활기에 기댄 "우리의 정권"이었다. "씩씩한 젊은이들이 / 청춘의 한길을 다투어 택한 곳"인 여기 탄광 마을에는 이제 밝고 긍정적인 기운만이 넘쳐흐른다. 석탄이 이 탄광 마을에 열어줄 희망찬 미래는 "전체 인민이 보내는 영광"과 함께 하는 길이다.

어느 땅에 뿌리를 내렸거나
태양을 향해
모든 수목들이 가지를 펴듯
모든 풀잎들이 싱싱한 빛갈을 띠듯

언제나 어디서나 우리는 한결같이
영원한 청춘의 나라
쏘베트를 우러러
샘솟는 희망을 가득히 안는다

어깨를 짓누르던 먹장구름도

걸음마다 뒤따르던 주림과 총검도
다시는 우리에게 다가 오지 못하게
형제여 위대한 전우여 그대들은
죽음보다 더한 압제에서 우리를 해방했거니

피로써 그대들이 열어 주었고
피로써 우리가 지켜 낸 그 길
자유와 행복과 평화의 길을
우리는 날마다 넓혀 나간다

윙윙 우는 고압선과
발돋움하여 일으키는 강철 기둥들
즐거운 벼포기 보리포기
밝은 창문들

진리의 세찬 흐름 멎지 않듯이
광활한 우리 앞에 어둠이 없듯이
우리의 마음 깊이 울려 나오는
감사의 노래 끝이 없으리

쏘베트에 영광을-
쏘베트에 영광을-

— 「쏘베트에 영광을」(전문), 『리용악 시선집』, 36~37면

『리용악 시선집』에서 【어선 민청호】 부분의 제일 뒤에 실려 있는 이 시는 1955년에 쓰인 작품으로 부기되어 있다. 이용악은 서문에서도 「어선 민청호」에 실린 작품들이 정전 후 최근까지의 작품 중에서 고른 것임을 밝히고 있다.[34] 『북한문학사』에 따르면 북한문학은 특히 전후 시기에 소련의 동향에 민감하게 반응했는데 이러한 분위기는 '8월 종파 사건'으로 권력 내부의 갈등이 일단락되는 1956년에 이르기까지 계속 되었다.[35] 이 작품도 그런 맥락에서 읽을 수 있는 시이다.

"영원한 청춘의 나라"라는 최고의 수사를 "쏘베트"에 바치는 이 시는 죽음보다 더한 압제에서 우리를 해방한 공을 소련에 돌린다. 영원한 청춘의 표상은 태양을 향해 가지를 펴는 수목들과 싱싱한 빛깔의 풀잎들로 이미지화 된다. 넘치는 생명력과 젊음을 표상하는 것들만 영원한 청춘인 소비에트를 비유할 자격을 얻고, '먹장구름'과 '주림'과 '총검'으로 표상되는 어둠은 그곳에 들어설 수 없다. 피로써 열고 지켜낸 자유와 행복과 평화의 길을 구성하는 것은 "윙윙 우는 고압선과 / 발돋움하여 일으키는 강철 기둥들" 같은 근대화의 상징과 "즐거운 벼포기 보리포기"로 비유된 풍요로움, "밝은 창문들"에 비치는 희망찬 빛 같은 것들이다. 어둠을 몰아낸 자리에 들어서는 것은 이렇듯 희망찬 미래를 상징하는 긍정적인 표상들이다.

떠가는 구름장을 애타게 쳐다보며
균렬한 땅을 치며 가슴을 치며

34 이용악, 「서문」, 『리용악 시선집』, 조선작가동맹출판사, 1957, 9면.
35 신형기·오성호, 앞의 책, 165면.

하늘이 무심타고 통곡하는 소리가
허허벌판을 덮어도 눈물만으론
시드는 벼포기를 일으킬 수 없었단다

꿈결에도 따로야 숨쉴 수 없는
사랑하는 농토의 어느 한 홈타기에선들
콸콸 샘물이 솟아 흐를 기적을 갈망했건만
풀지 못한 소원을 땅 깊이 새겨
대를 이어 물려 준 이 고장 조상들

물이여 어디를 내가 딛고 서서 발을 돋우면
아득히 뻗어나간 너의 길을 다 볼 수 있을가

로쇠한 대지에 영원한 젊음을
지심 깊이 닿도록 젊음을 부어 주는
물줄기여

— 「전설 속의 이야기」, 『리용악 시선집』, 140~141면

【평남관개시초】 중 한 편인 이 시에서 노쇠한 대지에 영원한 젊음을 부어 주는 역할을 하는 것은 물줄기이다. 관개 사업을 성공적으로 일으킨 후 감회에 젖은 화자는, 고랑을 숨차게 왔다 갔다 하고도 풍요로운 수확을 장담할 수 없었던 시절은 이제 전설 속의 이야기가 되어 버렸다고 말한다. 그리고 마침내 물줄기가 가져다 준 이 모든 공을 "내 나라"에

게로 돌린다. 이 시의 화자가 관개 사업을 예찬하는 이유는 노쇠한 대지에 영원한 젊음을 불어넣었기 때문이다. 영원한 청춘을 소유하게 된 대지는 더 많은 결실을 얻게 할 것임에 틀림없다. 이와 같이 풍요를 약속하는 사회주의는 이용악의 이 시기 시에서 예찬의 대상이 된다.

> 가슴에 가득 가득 안아 거두는
> 벼'단마다 두 볼을 비비고 싶구나
> 무연한 들판 어느 한 귀엔들
> 우리가 흘린 땀 스미지 않았으랴.
>
> 나락 냄새 구수해서 황새도 취했는가
> 훨훨 가다가도 몇 번이고 되오네.
>
> 황해도 신선 땅 여기는 우산'벌
> 붉은 편지 받들고 가을 들 긴긴 이
> 비단필 다루듯 가꾼 포전에
> 이룩한 만풍년 이삭마다 무거워라.
>
> 설레이는 금물'결 황금 바다에
> 저기 섬처럼 떠 있는 소담한 마을
> 황토 언덕 높이 세운 이깔 장'대엔
> 다투어 휘날리는 추수 경쟁기

재우 베자 다 재우 베어나가자
우리네 작업반 풀색 기'발을
상상 꼭대기에 동무들아 올리자.

사회주의 령마루를 쌀로 쌓아 올리는
우리의 아름다운 꿈으로 하여
하늘의 푸르름 한결 진하고
어머니 대지는 우렁찬 노래에 덮이네.

—「우산'벌에서」(전문),『문학신문』, 1959.9.25.

1959년에『문학신문』에 발표된 이 시에서도 노동하는 청춘은 사회주의 건설에 앞장서는 일꾼으로 형상화된다. 우산벌은 이삭의 황금물결로 출렁이고, 추수를 하는 작업반의 동무들과 깃발은 풍요로운 들판을 가득 채우고 있다. 우산벌을 가득 채운 저 풍요가 가리키는 것은 사회주의의 미래이다. "사회주의 령마루를 쌀로 쌓아 올리는" "아름다운 꿈"을 꾸는 이들은 작업반의 동무들이다. 노동하는 청춘이 흘린 땀방울이 무연한 들판 구석구석에 스며들면 만족스러운 수확을 거두는 풍년이 계속되고 사회주의의 밝은 미래도 앞당겨질 것이라는 전망을 이 시는 제시한다. 하늘은 푸르고 어머니 대지는 노동하는 청춘들의 우렁찬 노래에 뒤덮인, 황금물결이 출렁이는 아름다운 세상이야말로 자신들이 꿈꾸는 사회주의의 미래상임을 영원한 청춘의 표상에 기대어 보여주고 있는 것이다.

붉은 마음으로 헤친 쑥대밭에
오늘은 높직한 굴뚝들이 일어 섰네,
불굴한 청년들의 꿈처럼 푸른 색갈로
송판에 큼직큼직 써서 붙인
《영예 군인 화학 공장》

아쉽던 사연인들 이만저만이랴만
심장을 치는 기계 소리에 가셔졌다고
서글서글 웃기만 하는 얼굴들이
어찌하여 나 보기엔 한사람 같구나.

배필 무어 한 쌍씩 따르 내던 때에사
독한 개성 토주 달기도 하더라는
자랑 많은 형제들아
걸음마를 익히는 귀염둥이들
옥볼에 두 번씩 입맞춰 주자.

삼각산이 가물가물 바라뵈는 언덕 우에
양지바른 문화 주택 스물 네 가호
집마다 초가을 꽃향기에 묻혔네,
남쪽을 향한 창들이 빛을 뿌리네.

—「영예 군인 공장촌에서」, 『조선문학』 148, 1959.12, 47면

‘조국해방전쟁’의 처절한 전장에서 살아남은 영예 군인 다섯 명의 전우가 쑥대밭과 초가 몇 채밖에 없던 곳에 정착해서 조국을 위해 몸 바치려는 붉은 마음으로 부지런히 일한 나머지 지금은 이곳에 높직한 굴뚝들이 들어선 공장촌이 형성되었다. 심장을 치는 기계소리에 지난 시절의 눈물겨운 사연을 다 날려버리고 서글서글 웃기만 하는 저 청년들을 보며 화자는 다섯 명의 영예 군인이 “나 보기엔 한사람 같”다고 말한다. 조국해방의 전쟁에 복무하던 전사들은 이렇게 전후복구 및 사회주의 건설기에 건설의 일꾼들로 거듭난다. 전장에 앞장서던 그들이나 사회주의 건설을 앞당기기 위해 노력하는 그들이나 건강한 청년의 모습으로 그려지기는 매한가지다. 한마음으로 몸 바쳐 일한 청년들의 공으로 쑥대밭과 초가가 있던 자리에는 이제 “양지바른 문화 주택 스물 네 가호”가 들어섰다. 집집마다 가득한 초가을 꽃향기와 남향의 창들이 뿌리는 빛은 사회주의의 미래를 밝히는 상징과도 같은 것이다.

청년의 표상이 나타나는 이용악의 시들에서 노동 창출의 장소로서 새로운 시적 공간이 출현하는 것 또한 눈여겨볼 필요가 있다. 일제 강점기에도 임화 등의 시에서 바다와 청년이 결합되어 등장하기도 했지만, 이용악의 월북 이후 시들에서는 노동의 공간이 새롭게 발견되고 그곳에서 노동의 의무를 부여받은 존재로 청년이 등장한다. 【어선 민청호】에서는 바다가, 【평남관개시초】에서는 물줄기가 하나로 모여들고 관개사업이 이루어지는 대동강과 농촌이, 「석탄」, 「탄광 마을의 아침」 등에서는 탄광이, 「영예 군인 공장촌에서」에서는 공장촌이 청년과 새로운 관계로 맺어지며 노동 창출의 장소로서 새롭게 등장한다. 그곳에서 새로운 사회를 건설하는 노동의 의무가 청년에게 부과된다.

이상에서 살펴본 바와 같이 '전후복구 및 사회주의 건설기'에 발표된 이용악의 또 다른 시에서는 영원한 청춘의 표상이 자주 등장한다. 이 시기의 이용악 시는 영원한 청춘을 예찬함으로써 궁극적으로 사회주의 건설의 미래를 희망적으로 앞당기는 역할을 담당한다. 전진하는 새 조선의 아름다운 앞날을 향한 굳건한 믿음은 영원한 청춘의 표상을 통해 표현된다. 젊음과 열정의 상징인 청춘이 영원히 지속되기를 바라는 마음은 사회주의의 이상적인 미래가 영원히 지속되기를 바라는 마음과 한가지이다.

5. 맺음말

이상에서 살펴본 바와 같이 월북 이후 이용악이 창작한 시에서는 꾸준히 청년의 표상이 등장했다. 조국해방전쟁기의 이용악 시에서는 희생양이자 투사로서의 청년의 표상이 두드러지게 나타났는데, 미래를 선도해야 할 청년의 영웅적 희생을 통해 숭고의 감정이 고양되었다. 전후복구와 사회주의 건설기의 이용악 시에서는 건강한 노동자이자 개척자로서의 청년의 표상이 자주 발견되었는데, 이들 청년은 사랑에 설레고 가슴 졸이는 청춘들이기도 했다. 건강하고 긍정적인 청년 표상에 의해 고양된 사랑의 감정은 사회주의의 미래를 긍정적으로 열어가는 역할을 담당한다. 전후복구와 사회주의 건설기에 쓰여진 이용악의 또 다른 시에서는 영원한 청춘의 표상이 자주 모습을 드러냈는데, 이 시들은 영원한 청춘을 예찬함으로써 궁극적으로 사회주의 건설의 미래를 희망적으로 앞당기는 역할을 담당했다. 전진하는 새 조선의 아름다운 앞날을 향한 굳건한 믿음이 영원한 청춘의 표상을 통해 표현된 것이다.

눈여겨보아야 할 점은 청년의 표상이 등장한 이런 시들이 사회주의 건설의 이상을 훨씬 생동감 있게 전하는 데 성공하고 있다는 사실이다. 월북 이후 이용악의 창작시들 중에서 비교적 작품으로서의 완성도가 높은 작품들에 대개 청년의 표상이 나타난 까닭은 여기에 있는 것으로 보인다. 월북 이후의 이용악 시에 집중적으로 나타난 청년의 표상은 숭고의 감정을 불러일으키고 사랑의 감정을 고양함으로써 서사성이 강화된 이용악의 시에 서정성과 낭만성을 불어넣는 역할을 했다. 월북 이후 이용악은 북한 문예정책에 충실한 시를 창작하기는 했지만, 청년의 표상을 통해 시에 특유의 서정성을 불어넣음으로써 생동감 있는 시적 효과를 발휘했다. 결과적으로 월북 이후의 이용악 시에 집중적으로 나타난 청년의 표상은 숭고와 사랑의 감정을 고양함으로써 북한 체제가 지향한 근대 국가 체제를 강화하는 데 기여하게 된다. 전쟁기의 시에서는 승리를 확신하기 위한 목적에서, 전후복구 및 사회주의 건설기의 시에서는 자명한 사회주의 국가 체제를 공고히 하기 위한 목적에서 청년의 표상은 적극적으로 활용된다.

제2부

소련에 대한 허구, 사실 그리고 역사화*

남원진

1. 해방기 '소련 열풍'의 실상

正義의나라 살진언덕에
慶祝의 구슬꽃 함빡뿌리라!
태양도 부럽게 解放軍을 빛내며
행복의江 親善의江이여
날뛰며 춤추며 흘러흐르라
  영원히 흐르라![1]

북조선의 문학사에서는 해방기 소련과 관련된 사항을 어떻게 인식했고 정리했을까? 물론 소련에 대한 인식과 정리가 유일사상체계가 성립

* 이 글은 「해방기 소련에 대한 허구, 사실 그리고 역사화」(한국현대문학회, 『한국현대문학연구』 34, 2011.8.30)를 수정 · 보완하여 재수록한 것이다.

1 趙基天, 「豆滿江」, 朝蘇文化協會 편, 『永遠한 握手』, 평양: 조쏘문화협회, 1946, 11면.

된 전후에 따라서 다르게 기술됨은 당연하다.

> 위대한 쏘베트 군대에 의한 조선 인민의 해방과 민주 건설 도상에 있어서의 쏘베트 군대와 쏘련 인민들의 물심 량면으로 되는 사심 없는 원조는 우리들의 정치, 경제, 문화의 급속한 발전을 보장해 준 담보로 되였다. / 평화적 건설 시기의 우리 현실을 만약 진실하게 반영하는 작가가 있다면 그는 필연코 자기의 작품에서 쏘련 인민들의 조선 인민에 대한 따뜻한 원조와 그에 대한 조선 인민들의 뜨거운 감사의 정을 또한 반영하지 아니할 수 없을 것이다. (…중략…) 조·쏘 친선의 감정 — 이것은 우리 인민들의 새 생활에서 떼여 낼 수 없는 하나의 생활적 감정이다. 이와 같은 사상을 주제로 한 허다한 작품들은 우리 인민들을 프로레타리아 국제주의 사상으로 교양함에 있어서 거대한 역할을 수행하였다.[2]

조선민주주의 인민공화국 과학원 언어문학연구소 문학연구실의 집체작인 『조선문학통사(하)』(1959)에서는 '평화적 건설 시기'(1945~1950)를 정리하면서, '소련인민의 조선인민에 대한 따뜻한 원조와 그에 대한 조선인민의 뜨거운 감사의 정', 즉 '조쏘친선'의 감정을 반영한 무수한 작품이 창작된 것으로 기술했다. 그 대표적 성과로 한설야의 「남매」, 리춘진의 「안나」, 윤시철의 「지질기사」, 종합작품집 『위대한 공훈』, 박세영의 「쏘련 군대는 오는가」, 강승한의 「려사에서」, 리정구의 「영원한 악수」, 백인준의 「니꼴라이 붉은 군대에게 드리는 노래」, 김상오의 「첫

2 조선민주주의 인민공화국 과학원 언어문학연구소 문학연구실, 『조선문학통사』 하, 평양: 과학원출판사, 1959, 186~188면.

눈」 등을 거론했다.[3] 이 문학사에서는 이런 '조쏘친선'을 다룬 허다한 작품들이 소련을 '해방의 은인이자 건설의 원조자'로 인식했고, 프롤레타리아 국제주의 사상을 교양하는 데 거대한 역할을 했다고 지적했다.

> 평화적건설시기 문학은 위대한 수령 김일성 동지께서 제시하신 주체적인 민족문화건설로선을 관철하기 위한 투쟁을 통하여 비약적으로 발전하였으며 빛나는 성과를 이룩하였다. (…중략…) 따라서 이 시기 문학은 위대한 수령님께서 세워주신 인민민주주의제도를 공고발전시키며 인민대중을 부강한 자주독립국가건설에로 불러일으키는데 이바지하는 주체적인 문학으로 력사상 처음으로 위대한 수령님께서 제시하신 주체적인 민족문화건설로선을 철저히 관철하는 당의 문학이라는데 그 특징이 있다.[4]

그런데 유일사상체계가 성립된 후 간행된 『조선문학사(1945~1958)』(1978), 『조선문학개관』 2(1986), 『조선문학사』 10(1994)에서는 '조쏘친선'에 대한 검토는 사라졌다. 특히 오정애, 리용서가 공동 집필한 『조선문학사』 10(1994)에서는 '평화적 민주 건설기'를 정리하면서 김일성이 제시한 주

3 한설야의 「남매」는 『소설집』(1949)에, 리춘진의 「안나」는 『위대한 공훈』(1949)에, 윤시철의 「지질기사」는 『문학예술』(1950.5)에, 박세영의 「쏘련 군대는 오는가」는 『영원한 악수』(1946), 『진리』(1947), 『영원한 친선』(1949)에, 강승한의 「려사에서」는 『창작집』(1949), 『영광을 쓰딸린에게』(1949)에, 리정구의 「영원한 악수」는 『영원한 악수』(1946), 『영원한 친선』(1949), 『영광을 쓰딸린에게』(1949)에, 백인준의 「니꼴라이 붉은 군대에게 드리는 노래」는 『영원한 악수』(1946), 『영광을 쓰딸린에게』(1949)에, 김상오의 「첫 눈」은 『영광을 쓰딸린에게』(1949) 등에 수록되어 있다. 여기서 박세영의 시는 『永遠한握手』(1946)에선 「붉은軍隊는 오는가 : 一年前그날을追憶함」으로, 『眞理』(1947)에선 「쏘련軍隊는 오는가 : 一年前그날의追憶」으로, 『영원한 친선』(1949)에선 「쏘련 軍隊는 오는가 : 一年前 남조선의 追憶」으로 실려 있고, 백인준의 시는 『永遠한握手』(1946)에선 「니꼬라이 붉은軍隊에게 드리는노래」로, 『영광을쓰딸린에게』(1949)에선 「니꼬라이 : 쏘련군대에게 드리는 노래」로 실려 있다.

4 오정애·리용서, 『조선문학사』 10, 평양 : 사회과학출판사, 1994, 26~27면.

체적인 민족문화건설노선을 철저히 관철한 당의 문학이었음을 지적했다. 현재 북조선에서는 해방기의 역사를 김일성 중심의 역사로 재해석함으로써 소련에 대한 역사는 소거되었다. 따라서 소련에 대한 인식은 유일사상체계가 성립되기 전에는 마르크스-레닌주의에 기반으로 한 프롤레타리아 국제주의에 입각해서 해석되었다. 그런 반면 유일사상체계가 성립된 후에는 주체사상에 입각한 민족문화건설이라는 관점에서 소련에 대한 사항은 삭제되었다.

> 소련의 인민 민주주의는 낡고 파행적인 서구식 자유민주주의를 배격한 새로운 역사의 대안이었다. (…중략…) 시인들은 감격에 겨워 소련군을 칭송했고 그들이 베푼 갖가지 인정담을 발굴해서 소개했다. 소련군은 어디까지나 해방군이자, 조선 인민에 대한 참된 우정과 프롤레타리아 국제주의의 고상한 정신에 기초하여 조선의 재건을 돕는 원조자여야 했다. (…중략…) 그들은 항상 고귀한 덕성과 우애의 정이 흘러 넘치는 "나의 마음의 형제"여야 했다.[5]

> 북한 사회에서 소련은 해방군이자 참된 우정의 원조자, 국제주의의 모범으로 간주되었다. 북한 사회는 소련의 인민민주주의 사회제도를 자본주의 힘과 제국주의화된 서구식 자유민주주의를 극복하는 대안으로 삼았다. 조소문화협회가 결성된 것도 같은 맥락에서였다. (…중략…) 북한 사회의 친소 경향은 스딸린의 사망(1953)과 1958년 8월 종파사건 이후 김일성 유일체제가 등장하면서 차츰 수그러든다.[6]

---

5 신형기·오성호, 『북한문학사』, 평민사, 2000, 105~106면.
6 유임하·오창은·김성수, 「북한문학사의 쟁점」, 민족문학사연구소, 『새 민족문학사 강좌』 2,

그렇다면 해방기의 소련에 대한 역사는 남한에서 집필된 문학사에서는 어떻게 정리하고 기술되고 있을까? 신형기, 오성호의 공저 『북한문학사』(2000)에서는 이를 '귀감으로서 소련'으로 정리했고, 민족문학사연구소에서 엮은 『새 민족문학사 강좌』 2(2009)에서는 '북한에 불어닥친 소련 열풍'으로 기술했다. 그런데 유일사상체계의 구축 이전의 '조선문학사'의 정리나 남한에서 출간된 '북한문학사'의 기술처럼 소련은 해방군이자 원조자, 국제주의의 모범으로만 간주되었을까? 그렇다고만 단언하기는 당연히 어렵다. 따라서 이 글에서는 한설야의 「모자」와 소련 기행문, '조쏘친선' 작품군을 중심으로 해방기 소련에 대한 인식의 실상과 변화의 단계를 재구성해보고, 소련에 대한 역사화가 어떠했는지를 검토해보고자 한다.

2. 한설야의 「모자」와 해방기 소련 인식

1945년 8월 15일, 해방은 조선에 일시적인 권력의 공백 상태를 가져왔으나, 조선에 미군과 소련군이 진주하게 됨으로써 한반도의 지형은 미군정, 소군정의 점령 정책에 영향을 받게 되었다. 미국의 조선정책은 제국주의 정책의 일환으로 조선을 동방의 침략기지이자 반소 교두보로 활용하는 한편 값싼 원료의 수입 및 시장의 판로를 만드는데 두고 있었다. 소련의 조선정책은 미국 등의 연합국과 협조를 유지하는 가운데 조

창비, 2009, 464~465면.

선문제를 결정하되, 그 결정 과정에서 향후 수립될 조선정부가 소련에 우호적인 성격을 지니도록 제도적 장치를 마련하는 것이었다. 소련은 처음부터 북조선에 소비에트식 질서의 수립을 도모한 것은 아니었으나 점차적으로 친소적 국가의 수립을 강조하게 되었다. 즉, 소련은 해방 직후 조선문제보다는 일본문제에 중점을 두었다가 모스크바 삼상회의 이후 조선문제를 그 자체로 인식하게 되었고, 미소공동위원회가 결렬된 후 북조선에 대한 전략적 가치가 증대하자 친소국가의 성격을 강조하게 되었다.[7]

'북조선예술총련맹' 기관지 『문화전선』 창간호(1946.7.25)에 실린 한설야의 「모자」는 해방 직후 소련에 대한 인식을 검토할 수 있는 문제작인데, 소련 군인을 형상화한 최초의 단편소설이라고 말해진다. 1945년 8월 북조선에 진주한 우크라이나 출신 소련군인 '나'에 대한 이야기를 담고 있는데, 전쟁에서 가족을 잃은 고통과 고향에 대한 향수에 사로잡힌 내가 조선 아이들과 친분을 가지면서 그 고통을 치유하는 과정을 그린다. 이런 과정에서 소련군인 나는 조선 소녀 '옥'에게 자신의 딸 '프로싸'를 위해 간직해 온 모자를 건네준다. 이 모자는 조선과 소련의 친선의 표시이자 낡은 것을 몰아내고 새것을 만들어 갈, 어린 조선인들이 실현할 새로운 사회의 상징이기도 하다.

---

7 김성보, 「소련의 대한정책과 북한에서의 분단질서 형성, 1945~1946」, 역사문제연구소, 『분단 50년과 통일시대의 과제』, 역사비평사, 1995, 91~94면; 정성임, 「소련의 대북한 전략적 인식의 변화와 점령정책 : 1945~1948년 점령 기간을 중심으로」, 『현대북한연구』 2(2), 1999.12, 329~331면; 기광서, 「해방 후 소련의 대한반도정책과 스티코프의 활동」, 『중소연구』 26(1), 2002. 5, 161~163면; 서동만, 『북조선사회주의 체제성립사(1945~1961)』, 선인, 2005, 57~60면; 下斗米伸夫, 김영작 역, 「소련과 북한 : 1945~1956」, 김영작 편, 『한국 내셔널리즘의 전개와 글로벌리즘』, 백산서당, 2006, 370~379면.

이 밝음이 내맘속에 서리운'어둠'을 너무도 선명히 비쳐주는것이다.

이거리의 집집에서 마다 펄렁그리는 태극기의 붉은빛, 푸른빛이 내가족의 잃어진 피요 움지기지않는 파아란 눈동자를 상상케하는것이다. 울수있는때 — 술이 취해서 울수있는때는 그래도 행복한 시간일수있다. 전쟁이 그립다. 주검을밟고 넘어가는 말리전쟁이 내고향이다. 그럼 예상밖에 전쟁이 빨리 끝장이 나서 너무 갑자기 내주위는 괴괴해섯다. 내게는 아직 소음(騷音)이 필요하고 총소리가 필요하였다.

그러나 지금 내주위는 대낮에도 만귀 잠잠한것 갓다. 어떤때는 이나라의모든 환호의소리와 해방의 빛갈이그저 까마득한속에 잠겨서 보이고 들리지 않는것이다. (…중략…)

그순간 나는 단총을 번쩍 들었다.

"놓아라"

그런즉 구경꾼들이 또 우야 도망질을 하는데 가겟주인만은 두번재 내가 웨침때에야 마지못해서 그여자에게서 손을때였다.

"당신은 돌아가시오"

내가 그리자 그여자는 질렸던 얼굴이 조금 풀리며 고맙다는듯이 허리를좀꾸부리고 어린애를 앞새우고 도망하듯 재게 어둑컴컴한 거리로 살아저버렸다.[8]

특히 한설야의 「모자」에서는 북조선에 진주한 소련 군인이 어머니와 아내, 어린 자식을 잃고 고통스러워하는 모습이 선명하게 드러난다. '나'는 북조선 거리에서 펄럭이는 태극기의 붉은 빛과 푸른 빛을 보고 '내 가족의 잃어진 피와 움직이지 않는 파란 눈동자'를 상상하며 '공포'

---

8 韓雪野, 「帽子 : 어떤 붉은 兵士의 手記」, 『문화전선』 1, 1946.7, 205면, 208~209면.

에 사로잡히며, 이 공포에서 벗어나기 위해 전쟁을 그리워하고 괴괴한 자신의 주위에서 소음과 총소리가 필요하고 생각한다. 그래서 나는 술에 취해서 울 수 있을 때가 그래도 행복한 시간이라고 느낀다. 어느 날 나는 극장에서 근무하는 조선 동무가 구경을 오라고 해서 조선의 고전음악, 무용 공연을 관람하게 되는데, '승무'를 보다가 울분에 사로잡혀서 극장을 뛰쳐나와서 단총을 발사한다. 극장 밖 거리에서 조그만 어린아이의 모자 때문에 가게 주인과 조선 여인의 실랑이를 목격한다. 초라한 여인의 애원하는 듯한 표정을 보고 단총을 번쩍 들어, 모자를 훔쳤다고 주장하는 가게 주인에게서 여인을 구해준다. 이 작품은 조선과 소련의 친선 관계를 말하고 있지만, '단총(권총)'을 가지고 조선인을 위협하는 소련 군인의 부정적 징후에 대한 독해를 가능하게 만든다. 이런 부정적인 소련 군인에 대한 부분 때문에 '모자' 사건을 거친 후 한동안 사라졌다가 1956년 개작되어 '문고 조선문학(19)' 단편소설집 『모자』에 수록된다. 물론 한설야의 「모자」 이후 소련 군인에 대해 부정적으로 묘사한 작품은 발견되지 않는다. 그래서 한설야의 「모자」는 소련 군인의 부정적인 징후를 드러낸 최초이자 마지막 작품이 된다.

그러면 한설야의 「모자」에서 읽어낼 수 있는 소련군의 부정적 면모에 대한 해방 직후 북조선 주민들의 반응은 어떠했을까? 당시 도시와 농촌 주민 대부분이 소련에 대해 호의적이라는 시킨(Shikin)의 보고나, 해방 직후 소련군이 열렬한 호응을 받았다는 「민정보고서」의 언급이 있다. 이런 보고서로 미루어 보면 북조선 주민들은 소련군에 대해 상당히 우호적이었다고 할 수 있다. 그러나 창고 파괴나 테러 등 적대 행위의 대상이 주로 소련군과 공산당에 집중되었다는 보고 내용으로 판단

한다면 북조선 주민들이 소련에 대해 상당한 불만을 갖고 있었음도 역시 사실이다.[9]

'낮의 그들은 무지하고 충직했으나 밤의 그들은 영맹(獰猛)한 금수로 변했다'는 증언에서 보듯, 소련군의 부정적 면모는 여러 기록에서도 확인할 수 있다.[10] 북조선에서 '해방군'[11]으로 여겨졌던 소련군의 선발대는 지역 주민들에게 마구잡이 폭력을 행사했고, 소련 점령지역에서는 공장을 탈취하고 산업설비들을 전리품처럼 소련으로 빼돌렸을 뿐만 아니라 여성에 대한 강간과 주민들에 대한 물리적 폭력, 식량 강탈 등이 빈번하게 발생했다. 1945년 10월에 이르러 소련군의 폭력행동은 많이 줄어든 것으로 보였으며, 11월경 북조선 주둔 소련군의 20%는 여성이었다. 그러나 북조선에서 소련군의 경제적 수탈은 다른 곳에 비해 그리 심각한 것은 아니었으며, 소련의 정책은 점차 약탈에서 복구로 전환되었다. 1946년 봄까지는 소련점령당국이 북조선 경제를 약탈하기보다는 지원하고 있었다. 이러하듯, 소련군 점령 초기에는 광범위한 약탈이 종종 저질러진 것은 확실하다.[12]

---

9 정성임, 앞의 글, 315면.

10 Anna Louise Strong, 이종석 역, 「북한, 1947년 여름」, 김남식·이종석 외, 『解放前後史의 認識』 5, 한길사, 1989, 503면; 玄秀, 『赤治六年의 北韓文壇』, 국민사상지도원, 1952, 40~41면; 吳泳鎭, 『하나의 證言』, 국민사상지도원, 1952, 87~104면; 韓載德, 『金日成을 告發한다』, 내외문화사, 1965, 77면.

11 그런데 북조선에서 소련군을 '해방군'으로 부르는 것은 어떻게 보아야 할까? 실제로 소련군의 군사 행동은 동아시아에서 자국의 이익의 확보 이상으로 순수하게 한반도 해방을 위한 작전은 아니었다. 비록 소련이 식민지 시기 조선민족해방운동을 적극 지원하였더라도 대일전 참전의 결과로 얻은 한반도의 해방은 자국의 목표 달성에서 '부차적'으로 획득한 성과물이었다. 따라서 조선의 독립 과정에서 소련의 역할은 인정되지만, 소련군에 대해 '해방군'이란 감성적인 용어를 사용하는 것은 적절하지 않다. 기광서, 「소련군의 '해방적' 역할과 북한의 인식」, 정근식·신주백 편, 『8·15의 기억과 동아시아적 지평』, 선인, 2006, 197면.

12 Charles K. Armstrong, 김연철·이정우 역, 『북조선 탄생』, 서해문집, 2006, 78~82면.

나는 거반 무의식적으로 내손으로 내뒤통수를 세괄게 두들기고 그대로 후련치 않으면 문득 단총을빼여 든다. 그리고 거푸 탕, 탕, 탕……

그러면 나는 약간 개운해 진다.

그래서 나는 아닌밤중에도 깨는때마다 이렇게 하구라야 백였다. 이거리의 백성들이 총소리를 꺼리는것도 잘 알구는 있지만- 내게는 지금 총소리를 꺼릴수있는 자유가 없다.

나는 한번은 자동차를 타고 H시로 가다가 허공에대고 무중 단총을 발사해서 지나가던 안악네가 으악 하고 울부짖으랴는것을 본일도 있다. 나는약간 유쾌하였다. 내총소리에 모든것이 습복(慴伏)했으면 싶었다. 그래야 나의 정신도 머리속에서 날뛰기를 그치고 다른사람과 같히 내총소리앞에 가만히엎드릴것 같다.[13]

이러하듯 한설야의 「모자」에서는 '술'과 '여자'를 찾거나 밤거리를 돌아다니며 약탈하는 모습은 빠져 있지만 단총을 난사하는 소련군의 행패는 서술되어 있다. '해방의 은인'으로 소련군을 말하던 시점에서, 북조선문학예술계를 이끌던 한설야는 해방 직후 북조선 주민들에게 행패를 부렸던 소련군의 부정적 면모를 일신할 필요를 느꼈을 것이다. 소련군이 약탈에서 복구로 전환되면서 소련군에 대한 인기가 상승하던 1946년, 소련군의 부정적 면모에 대해서 '전쟁의 고통'과 '고향에 대한 향수'로 인한 일탈로 재인식시킬 필요가 있었음을 절감했을 것이다.[14]

---

13 韓雪野, 「帽子 : 어떤 붉은 兵士의 手記」, 206면.

14 일본의 패전과 함께 만주에서 북조선을 거쳐 일본으로 귀환한 후지와라 데이의 수기 『흐르는 별은 살아 있다(流れる星は生きてる)』에서 기술한 1946년 여름에 만난 소련 군인에 대한 인상은 참조할만하다. "쏘련 병정에 대한 우리들의 생각은 一년전과는 전연 달라졌다. 무섭

그래서 한설야는 '북조선예술총련맹' 기관지 『문화전선』 창간호에 「모자」를 발표했을 것이다.[15]

해방 직후 소련군이 '해방자'인 동시에 '약탈자'라는 양면성을 동시에 갖고 있었음은 확실하다. 그러나 1946년 봄부터 소련에 대한 인식은 서서히 긍정적으로 변화하기 시작했는데, 1946년 8월 북조선 지식인의 제1차 소련 방문이나 1947년 미소공동위원회가 결렬된 후 소련문화에 대한 선전사업의 강화와 확대로 인해 소련은 '해방자와 약탈자'에서 '해방자와 방조자'로 정착되었을 것이다.

3. 북조선 지식인의 제1차 소련 방문과 현실 인식

한설야의 문제작 「모자」처럼 '조쏘친선'을 다룬 작품뿐만 아니라 여러 차례 소련을 방문한 후 작성한 북조선 지식인의 기행문은 소련에 대한 인식을 점검하는데 중요한 검토의 대상이다. '쏘련대외문화협회'와 '조쏘문화협회'의 문화교류의 일환으로 진행된 1946년 8월 제1차 소련 방문은 해방 직후 소련에 대한 당대 지식인이나 주민들의 인식을 변화

기만 하다고 생각하였던것은 먼 옛날일 같다. 현재 일본인 여자로 쏘련군 숙사에서 식모 노릇을 하는 사람은 한둘이 아니다." 藤原데이, 정광현 역, 『내가 넘은 三八線』, 수도문화사, 1950, 158면. "소련 군인에 대한 우리들의 생각은 일 년 전과는 전연 달라졌다. 무섭다고 생각했던 것은 먼 옛날 일 같다. / 이제는 많은 일본 여자들이 소련군 숙소에서 식모살이를 하고 있었다" 하며, 후지와라는 소련 군인이 두려움의 대상에서 친근한 상대로 생각이 변화했음을 적고 있다. 藤原てい, 위귀정 역, 『흐르는 별은 살아 있다』, 청미래, 2003, 143면.

15 남원진, 「한설야의 「모자」와 해방기 소련에 대한 인식 연구」, 『현대소설연구』 47, 2011.8, 170~186면.

시키는데 일정 부분 영향을 미쳤을 것인데, 조선대표단이 소련 방문을 마치고 작성한 보고서나 기행문은 이를 파악하는데 중요한 자료이다.

소련 외무성 산하의 대외선전기구인 쏘련대외문화협회는 소련과 관계를 맺고 있던 외국의 '문화협회'나 '친선협회'를 통해 대외적으로 문화교류를 촉진하고 소련문화의 선전사업을 진행했다. 1946년 1월 27일 소련정부의 결정에 따라 쏘련대외문화협회는 북조선 지역 내 평양, 함흥, 원산 등에 소련문화원을 개관하려고 계획했다. 여러 난항 끝에 1948년 7월 25일 '평양문화회관'이 최초로 개관되었다. 북조선 내에 소련문화원이 설립되기 전까지 소련정부의 문화교류 활동은 조쏘문화협회를 지원함으로써 전개되었다.[16]

平壤有志가月餘前부터發起人準備會를結成하야各方으로活動한보람있어百五十名의會員을獲得하야가지고朝蘇文化協會가새로發足하게되었다

十一月十二日午後二時平壤市內白善行紀念館에서發起總會를열고經過報告와趣旨文朗讀이있는後뒤니어創立總會를열엇는데綱領과規約을審議決定하고委員選擧가있어委員二十五名監督三名參與三十名이選任되었는바委員長에는黃甲永氏, 副委員長에는金奉漸氏를推戴하얏다

이날蘇聯軍代表쿠세프中佐, 金日成將軍朝鮮民주당代表吳泳鎭氏, 朝鮮共産당平南道委員會代表尹彰燮동무中國人代表가參席하야同會의發展을祝福하는祝辭가있었다

同會는우리文化部面으로부터일본제국주의잔재要素를깨끗이肅淸하고進步

16 강인구, 「1948년 평양 소련문화원의 설립과 소련의 조소문화교류 활동」, 『한국사연구』 90, 1995.9, 405~414면.

的民主主義文化를創건하며朝鮮文化와全世界各國特히蘇聯文化를研究하야相互交流함을期한다는一大旗幟를들고나와그活動이자못期待되는바있다

事務所는白善行紀念館에두었다[17]

조쏘문화협회는 북조선과 소련의 문화교류에 가장 핵심적인 단체였다. 위의 '조선공산당 북부조선분국' 기관지인 『정로』의 기사에서 보듯, 이 협회는 1945년 11월 12일[18] 오후 2시 평양시 백선행 기념관에서 열린 창립총회를 통해서 위원장 황갑영(黃甲永), 부위원장 김봉점(金奉漸)을 중심으로 창립되었다. 조쏘문화협회는 일본제국주의 잔재를 숙청하고 진보적 민주주의 문화를 창건하며 조선문화와 소련문화를 연구하고 상호교류함을 목적으로 창립된 단체였다.

一, 우리는 쏘聯文化의 積極的攝取와 朝蘇文化의 交流를期함

一, 우리는 朝鮮人民과 쏘聯人民과의 相互親善을期함

一, 우리는 封建的 帝國主義的 팟쇼的思想을 排擊하고 先進的 世界文化를攝取하야 朝鮮民族文化樹立에 貢獻하기를期함[19]

朝鮮의 民族文化를 創建하기爲하야는 偉大한 先進國인 쏘련 文化를 積極的으로 研究, 攝取하지않으면 안된다. 여기에 朝蘇文化의 交流와 朝蘇文化協會의 使命이 크다.[20]

---

17 「朝蘇文化協會發足」, 『정로』 3, 1945.11.14.

18 해방 후 3년간의 국내외 중요일지에서는 조쏘문화협회 탄생을 1945년 11월 11일로 기록되어 있다. 『解放後三年間의 國內外重要日誌 1945.8~1948.9』, 평양: 민주조선사, 1948, 3면.

19 朝蘇文化協會, 「綱領」, 『문화건설』 1, 1946.7, 1면.

1946년 4월 조쏘문화협회 위원장 리기영, 부위원장 한설야[21]로 조직 개편된 후, 1946년 7월 17일에 출간한 기관지 『文化建設』 창간호에선 편집 겸 발행인이 리기영(李箕永)이며 발행소가 조쏘문화협회였다. 여기에 수록된 조쏘문화협회의 강령은 '1. 우리는 쏘련문화의 적극적 섭취와 조쏘문화의 교류를 기함, 1. 우리는 조선인민과 쏘련인민과의 상호친선을 기함, 1. 우리는 봉건적, 제국주의적, 파쇼적 사상을 배격하고 선진적 세계문화를 섭취하여 조선 민족문화 수립에 공헌하기를 기함' 등이었다. 조쏘문화협회 위원장 리기영의 「창간에 제하야」에서 보듯, 조쏘문화협회는 '조선의 민족문화를 창건하기 위하여 쏘련문화를 적극적으로 연구하고 섭취'하기 위한 단체였다.

조쏘문화협회 기관지는 1946년 7월 『文化建設』로 발간되었다가 1946년 9월부터는 『朝蘇文化』로 제명을 변경하여 발행되었고, 조쏘문화협회 제2차 중앙상임위원회의 결정에 따라 『조쏘문화』는 1948년 9월호로 종간되었으며, 1949년 10월호부터 이론잡지 『朝蘇文化』와 월간잡지 『조쏘친선』으로 분화되었다. 1949년 10월호부터 발간된 월간잡지 『조쏘친선』은 다시 1954년 9호부터는 『조쏘문화』로 개명되어 출간되었는데, 『조쏘문화』는 1963년 6호(루계 188호)까지 국내외에서 발간된 사실을 확인할 수 있었다. 또한 '조쏘문화협회' 기관지는 『조쏘문화』 1958년 2호(루계 124호)부터 '조쏘친선협회' 기관지로 변경되었다.

---

20 朝蘇文化協會委員長, 「創刊에 際하야」, 『문화건설』 1, 1946.7, 3면.

21 李箕永·韓雪野, 「모스크바全同盟文化協會執行委員會 委員長 께메노브 貴下」, 『문화건설』 1, 1946.7, 8면.

국제문화기관으로 첫점 들지않으면안될것은 전동맹국제문화협회(BOX) 일것이다. 이협회의목적을 올롤로버여사께서들으면 「로씨야와 관계있는 세계각국과 연락하여 로씨야의 현재의상태와 앞으로의발전을 보혀주는것」으로써 우리들의 금회참관도 초일부터 끝날에이르도록 식사범절까지 대소사 일체 이들의 알선에 의존하였다.[22]

1946년 제1차 조선대표단의 소련 방문은 쏘련대외문화협회와 조쏘문화협회의 문화교류의 일환이었는데, 쏘련대외문화협회의 적극적인 지원과 조쏘문화협회의 자발적인 참여로 이루어졌다. 평양 조쏘문화협회 주관 아래 '제1회 조선인민대표단(제1차 방쏘사절단)'은 리기영, 허정숙, 리찬, 리태준 등이 포함된 정당, 사회단체, 문화인, 예술인 등의 각계각층의 25명의 사절단과 소련까지의 여행의 안내자인 소련군의 '풀소프 소장'과 '마이요루 강(강 소좌)' 등의 2명을 합쳐서 총 27명으로 구성되었다.

1946년 8월 10일 조쏘문화협회 위원장 리기영을 사절단장으로 하는 제1차 조선대표단 환송의 자리에는 김용범 등의 북조선 인사뿐만 아니라 로마넨코 소장, 이그나치예프 대좌, 치스차코프 대장 등의 소련 사령부의 주요 인사들까지도 참석했다. 이날 치스차코프 대장은 '일제의 선전이 옳았는가, 소련의 실상은 어떤 것인가, 제군의 눈으로 직접 보고 와서 오늘 제군의 조국 건국에 취할 것을 취해주기를 바란다'는 축사를 했다.[23] 여기서 환송의 자리에 참석한 인원만으로도 소련 방문의 중요

22 李燦, 「쏘聯의文化·藝術」, 李箕永·李燦, 『쏘련參觀記』, 평양: 조쏘문화협회, 1947, 104면.
23 李燦, 『쏘聯記』, 평양: 조쏘문화협회 중앙본부, 1947, 3면; 「쏘聯은참다운人民의나라 모든制度는人民을爲한것 : 多大한收穫거두고訪쏘使節團歸國」, 『로동신문』 40, 1946.10.19.

성을 새삼 느낄 수 있게 한다. 또한 환송 축사에서도 '소련의 실상을 바로 알리고자 하는' 소련 사령부의 의지뿐만 아니라 소련 방문의 중요성을 감지할 수 있다. 이런 조선대표단은 8월 10일 평양을 출발하여 그루지야·아르메니아 두 공화국과 모스크바, 레닌그라드, 스탈린그라드 등의 도시를 70여 일간 방문했고 10월 17일에 평양으로 돌아왔다.

> 여기 약간의 솔직한 감상은 나의것으로 비판되려니와 먼저 나는 내눈에 비친것을 주로 묘사에 옮겨 현상을 현상대로 전하기에 명념(銘念)하였다. 이것이 저 위대한 새 인간사회의 실상과 과히 동뜨지 않어 우리의 민주조선건설과 나아가 소련인민과 조선인민의 친선을 위해 얼마라도 이바지된다면 나로서 얼마나 분외의 영광이랴![24]

> 세계민주국가의 선봉인 쏘련을 견학할목적으로 정당 사회단체 문화인 예술가 등을 망라하야 조선대표단일행이십오명이모쓰크바로 출발하기는 해방일개주년기념일이 임박한 지난팔월배일이었다.[25]

> 제일차 방쏘사절단 우리는 기실 많은것을 보고 많은것을 듣고 많은것을 느끼였다. 이것은내지동포로선 그 누구나 가져보지못한 첫경험임에 틀림없다. 여기 대하여 부분적으로 혹은 인상적으로 이미 몇개의 출판물이 씨어졌다. 그러나 우리는 여기 머물것이아니라 나아가 보고 듣고 느낀 그 모다를 속속드리 쏘련을 알고싶어하고 그러므로써 더욱 그들과 친선하고 또한 거기서 많은

24 李泰俊, 『蘇聯紀行』, 평양: 북조선출판사, 1947, 6~7면.
25 李箕永, 「人民의나라 쏘聯邦의躍進相」, 李箕永·李燦, 앞의 책, 1면.

> 것을 배우려는 의욕에 불타는 전동포들에게 전하여야할 의무를 느끼는자이다. 때문에 이 졸문은 이번길의 전여정 전일정에 걸쳐 추상적 주관적인 순기행을 피하고 되도록 구체적이며 객관적인 기록에 가까우려한다.[26]

제1차 소련 방문 후 리기영, 리찬, 리태준 등의 지식인들은 『쏘련參觀記』, 『蘇聯紀行』, 『쏘聯記』 등의 기행문을 작성했다. 이런 기행문 곳곳에는 '낡은' 사회에 속한 조선 지식인들이 '새로운' 사회를 보고자하는 열망이 가득 담겨져 있었다. 당대 지식인들은 '새 생활, 새 관습, 새 문화의 새 세계', '새 인간 사회의 실상'(리태준)이나 '세계민주국가의 선봉' '인민의 나라'(리기영), '약소민족의 벗' '해방자'(리찬)로 말해진 소련의 실상을 보고자 했다. 또한 이들은 이 기행문을 통해서 소련의 많은 것을 배우고자 하는 조선 동포들에게 소련의 선진 문물을 알리고자 하는 의욕을 피력했다. 그런데 해방기에 추진된 소련 방문은 조선과 소련의 관계를 형성하는 과정을 보여주는데, 여기서 조선과 소련을 규정하는 방식은 현재적 요구와 밀접한 관계를 갖는다.[27] 이러하듯, 조선 지식인들이 아무리 '객관적 사실'이라고 강조하더라도 현재적 요구에 따라 재구성된 '주관적 사실'이라는 것은 변하지 않는다. 즉, 조선 지식인들이 말하는 '새 세계'나 '인민의 나라', '약소민족의 벗'이라고 표상된 소련의 실상은 스탈린 지배하의 통제국가였다는 사실은 역시 변하지 않는다. 해방 직후 조선 지식인들은 소련체제의 획일성과 인민들의 순응주의를

26 李燦, 『쏘聯記』, 1면.

27 임유경, 「조소문화협회의 출판·번역 및 소련방문 사업 연구 : 해방기 북조선의 문화·정치적 국가기획에 대한 문제제기적 검토」, 『대동문화연구』 66, 2009.6, 475면.

간파할 수는 없었던 것이다.[28] 당대 조선 지식인들이 본 것이 소련의 실상이 아니라 식민지에서 갓 해방된 지식인의 거울에 비친 실상임은 물론이다.

> 진리의 나라, 소련은 결코 적호(適好)한 조건에서의 건설이 아니었다. 그것은 누언(累言)하려 하지 않거니와, 이번 대전후만 하여도 쏘련은 큰 교훈을 주는 것이니, 그 미증유의 소모전을 겪고난 뒤에도 소련의 사회상태는 어떠한가. 쏘베트는 전후 실업자문제라는것, 전후 경제공황이라는것, 이런 파탄을 전혀 모르고 있는것이다. 이것은 우연도 아니요 기적도 아니다. 다만 「제도」의 승리인 것이다. / 개인간에 계급이 없고, 민족간에 차별이 없고, 국가간에 무력으로나 경제로나 침략이 없어지는 제도, 그런 진리의 제도는 어떻게 생기는것인가? 그것은 이미 우리 조선에서도 모-든 진실한, 그리고 공정한, 그리고 현대에 식견 있는 애국자들이 이구동성으로 부르짖고 있는바다. / 일, 봉건유제의 타도, / 이, 일제잔재의 소탕, / 삼, 국수주의의 배격. / 조선하나쯤 옳은 제도에만 올라서는 날은, 그야말로 「기월이이(朞月而已)이요 「삼년유성(三年有成)」일것이다.[29]

---

28 앙드레 지드는 『소련 방문기』에서 이런 측면에 대해 다음과 같이 기술하고 있다. "소련에서는 어떤 일에든 한 가지 견해밖에 없다. 이것은 애초부터 확실하게 인정되어 온 사실이다. 사람들의 정신은 모두 잘 훈련되어 있으므로 이와 같은 순응주의가 그들에게는 매우 자연스럽고 대수롭지 않은 일처럼 되어 버렸다. 여기에 위선이 있다고는 생각되지 않는다. 진정으로 이 사람들이 저 혁명을 이룩했을까? 아니다. 그들은 혁명을 이용했다. 매일 아침 『프라우다』 신문은 그들이 알고, 생각하고, 믿어야 할 일들을 가르친다. 그 가르침의 범위에서 벗어나는 일은 위험하다. 그러므로 한 사람의 러시아인과 이야기를 해도 마치 러시아인 전체와 이야기를 하고 있는 것 같은 기분이 든다. 그것은 개개인이 저마다 한마디로 정해진 말에 정확하게 복종하기 때문이 아니라 개개인이 서로 달라질 수 없도록 모든 것을 손질하기 때문이다. 그러한 정신 훈련은 아주 어렸을 때부터 시작된 것이다. 그렇게 하여 외국인이라면 때로 이상하게 생각할 기이한 수락이라든가 또는 그보다도 더 사람들을 놀라게 하는 어떤 행복의 가능성이 생기는 것이다." André Gide, 정봉구 역, 『소련 방문기(1936)』, 춘추사, 1994, 43면.

나는 여러번 쏘련이야말로 진정한 인민의나라라고 감탄하고 따스통신기자가 차저와서 쏘련을처음와보는 감상을 무를때도 이말을 먼첨하였지만 그러면 대체 인민의나라라는것은 무엇이냐? 쏘련인민은 모다행복한 생활을하고 부강한나라니까그점만을지적해서 말한것이냐하면 결코 그런뜻이아니다. 물론이것만도 인민국가의조건이 안되는것은아니다. 그러나 나는 인민의나라인 쏘련은 즉 노동의 나라라고 강조하고싶다. 이것을 뒤집어말하면 쏘련은 사회주의원칙을 노력위에다 세웠다는말이다. 그리하여 다같이 근로하여서 누구나 착취와피착취가없이 공정한 인간생활을 하였기 때문에 오늘날과같은 부강한 국가를 만들게한것이다. (…중략…) 그러면 조선은 어찌해야될까? 오늘날조선의현실 — 그중에도 북조선의 민주건설사업은 하로바삐 완전독립국가로 촉성하지않으면 안되겠다. 박궈말하면 조선도 쏘련과같이 농업국에서 공업국으로 전변하지않으면 안되겠다.[30]

"(…중략…) 우리는 반만년 문화민족으로서의 우리와 더욱 우리의 오늘과 우리의 지향을 세계 민주주의의 심장 쏘련에 알리므로써 세계적으로 우리에의 인식을 높이고 우리의 투쟁으로 하여금 고립되지않고 전구라파 전세계 민주주의 제국가의 열렬한 방조와 지원밑에서 진전되게해야 할것이며 특히 우리의 진보적 민주주의 민족문화건설에있어 쏘련에서 얻을바 막대함은 더 말할필요도 없을것이다. 주도한 계획밑에 명확한 관점으로 모-든 문제를 어루만지지만 말고 철저히 캐고오라" — 많은 선배와 여러 동무들의 후의로 문화예술인을 대표한다는 짐만도 힘에 넘거든 연일 기회마다 보내주는 요로제씨

29 李泰俊, 앞의 책, 233~234면.

30 李箕永, 「人民의나라 쏘聯邦의躍進相」, 李箕永·李燦, 앞의 책, 47~50면.

(要路諸氏)의 격려와 요망에 더욱 출발을 ■조에 앞둔 마지막 저녁을 그 다정코도 호방한 표정과 웃음에 석겨 우리의 김장군이 들려주시는 일장훈화는 기실 빈약한 내 어께에 천근의 무게를 가중하는것이있다.[31]

리찬의 언급에서도 드러나듯, 제1차 조선대표단의 소련 방문은 조선의 문화예술인뿐만 아니라 여러 방면의 인사들에게 지대한 관심을 갖는 일종의 사건이었다. 북조선 지식인들의 희망은 해방기 국가 건설에서 '세계 민주주의 심장'으로 표상된 소련을 배워서 조선의 '진보적 민주주의 민족문화건설'에 도움을 받고자 한 것이었다. 당대 조선 지식인들은 소련을 '직접 눈'으로 보면서 여러 제도나 정책에 감탄했다. 이런 감탄은 '개인 간에 계급이 없고, 민족 간에 차별이 없고, 국가 간에 침략이 없어지는' '진리의 제도'에서 나온 것이었다. 그래서 리태준은 소련을 '제도의 승리'로 평가했다. 리기영이나 리찬 등도 마찬가지였다. 소련기행이란 달리 합리성과 진보성을 지닌 소련 제도의 승리를 견학하는 것이었으며, 당대 조선 지식인이 쓴 소련기행문이란 그에 대한 감탄으로 구성된 것이었다.

그러면서 당대 조선 지식인들이 제도의 승리에서 진정 얻고자 한 것은 무엇이었을까? 당대 지식인의 소련 방문의 표면적 목적은 소련을 배우는 것이었으나 잠재된 진정한 욕망은 일본에서 갓 해방된 조선의 독립국가건설의 방향성을 찾는 것이었다. 리태준이 '봉건 유제의 타도, 일제 잔재의 소탕, 국수주의의 배격'[32]을 표방한 '조선문학가동맹'의 '근대

---

31 李燦, 앞의 책, 2~3면.

32 林和, 「朝鮮에있어 藝術的發展의 새로운可能性에關하여 : 民族文化建設全國會議에서報告

적인 의미의 민족문화건설'[33] 노선에 위치한 국가건설모델을 상정했던 것이라면 리기영과 리찬에게는 '진보적 민주주의 민족문화건설'[34]을 표방한 '북조선예술총련맹'의 노선을 반영한 국가건설 모델을 상정했을 것이다. 큰 차이는 없지만, 이런 편차는 리태준이나 리찬, 리기영이 소련을 통해 보고자 한 국가 모델이 남북의 구체적인 현실을 자기화하는 방식의 차이에서 기인한다.

조선 지식인들은 한갓 허상에 불과하지만 제도의 합리성과 진보성을 기초한 근대적 국가인 소련을 발견했고, 이를 바탕으로 하여 자신들의 이념에 따른 국가 모델을 수립하려했던 것이다. 그래서 일제의 억압과 착취를 경험했던 당대 지식인들은 소련의 체제 모순을 읽어낼 수 없었고,[35] 또한 해방된 조국에서 어떤 국가 모델을 선택해야할지 골몰했기에 소련의 실상을 제대로 볼 수 없었다. 그래서 조선 지식인들은 소련이 독일과 싸웠듯 조선도 일본과의 전쟁을 겪은 경험을 피력하면서 '인민전선(반파시즘)' 연대 차원에서 소련 편향적 시각을 드러냈던 것이다.

당대 조신 지식인들이 '직접 눈으로 보고자 한 것'은 소련의 실상이 아니라 식민지에서 갓 해방된 지식인들의 눈에 비친, 만들어져야할 '새로운 조선의 모습'이었을 것이다. 따라서 당대 지식인의 소련 방문이란 합

한演說要旨」, 『문학』 1, 1946.7, 115면.

33 林和, 「朝鮮民族文學建設의 基本課題에關한 一般報告」, 『建設期의朝鮮文學』, 조선문학가동맹중앙집행위원회서기국, 1946, 41면.

34 北朝鮮藝術總聯盟, 「綱領」, 『문화전선』 1, 1946.7.

35 "진정한 주체의 각성을 통과하지 못한 정신은, 소련체제의 획일성과 인민들의 '순응주의'에서 인간성의 천국을 보고, 무지에서 천진난만함을 읽어낸다. 야만적 식민통치에 젖은 정신은 '문화'의 제도적 보장에서 정신의 최고경지를 예견하였다. 이태준은 소련에서 야만을 읽은 것이 아니라 문화를 읽었고, 독재를 읽은 것이 아니라 평화를 보았다. 그러기에 그는 인민의 최소한의 욕망조차 만족시켜주지 못하는 체제의 모순을 읽어낼 수 없었다." 박헌호, 「역사의 변주, 왜곡의 증거 : 해방 이후의 이태준」, 이태준, 『소련기행·농토·먼지』, 깊은샘, 2001, 410면.

리성과 진보성에 기초한 소련을 발견하는 것이자 소련을 조선에 적용하려는 자기화하는 작업이었을 것이다. 이런 소련을 조선에 적용하여 자기화하는 작업은 다음의 '조쏘친선' 작품군에서도 확인이 가능하다.

4. '조쏘친선' 작품군과 소련에 대한 역사화

한설야의 단편소설 「모자」 발표 이후 소련에 대해 부정적으로 형상화하는 것은 사라졌는데, 그 후 소련에 대한 인식은 조선을 해방시켜준 이방인 병사(러시아 병사)에 대한 호기심을 드러냈던가,[36] 소련과 '연합국'의 힘을 통해 조선이 해방된 것으로 말해졌다.[37] 그런데 해방 직후 소련이 연합국과 협조 관계에 놓여 있다가 1947년 8월 미소공동위원회의가 사실상 결렬된 후, '거의 독력(獨力)으로' 소련군이 조선을 해방시킨 것으로 변모했고,[38] 1948년 이후 소련은 '해방자와 방조자'의 표상으로만 정착되었다.

1948년 이후 조선과 소련의 문화교류 활동은 이전에 비해 더욱 강화되고 확대되었다. 소련의 '평양문화협회'에서는 강연회, 영화감상회, '청년의 밤'이나 '로동자의 밤', '녀성의 밤' 등의 다채로운 모임을 개최하는 한편 '조쏘문화협회'를 통해서 소련의 정치나 과학에 관한 강의록,

36 李北鳴, 「夜話」, 『조쏘문화』 3, 1946.12, 209면.
37 李北鳴, 「狗」, 『건설』 3, 1947.2, 73면.
38 李北鳴, 「勞動一家」, 『조선문학』 1, 1947.9, 42면.

보고서, 자료, 소논문, 사진, 그 밖에 정보 자료 등을 보급했다.[39] 특히 1948년 소련군의 철수와 관련하여 조선민주주의 인민공화국 정부 기관지 『인민』(1948.11), '북조선직업총동맹' 기관지 『로동자』(1948.11), '북조선농민동맹' 기관지 『농민』(1948.11), '북조선민주청년동맹' 기관지 『청년생활』(1948.11) 등의 여러 북조선 기관지는 '조쏘친선 특별호'를 발행했다. 또한 북조선문학예술총동맹은 1949년 2월 15일에 '쏘련군 환송 기념 시집' 『영원한 친선』과 '쏘련군 환송 기념 창작집' 『위대한 공훈』을, 1949년 12월 20일에 '이. 브. 쓰딸린 탄생 70주년 기념 출판' 『영광을 쓰딸린에게』를 출판했다. 특히 '조쏘친선'과 관련된 대표적 작품들이 총망라된 『영원한 친선』과 『위대한 공훈』은 해방과 더불어 진행된 소련에 대한 인식이 다다른 결정판에 해당된다.

약소민족의 참동무
조선인민의 위대한 解放者
쏘련군대는 오는가![40]

---

39 리기영, 「해방 후 三년간의 조쏘문화교류」, 『인민』 3(6), 1948.11; 尹光, 「朝쏘文化交流의三年間槪觀과앞으로의展望」, 『문학예술』 2(1), 1949.1; 高日煥·朱永涉·文興奎·鄭寬澈·申鼓頌, 「解放後쏘련文學藝術作品에서받은影響과敎訓」, 『문학예술』 2(10), 1949.10; 강인구, 앞의 글, 417면.

40 朴世永, 「쏘련軍隊는 오는가: 一年前 남조선의 追憶」, 趙基天 외, 『영원한 친선』, 평양: 문화전선사, 1949, 117면.

弱小民族의 참동무
조선민족의 偉大한 解放者,
붉은軍隊여 오는가?
— 朴世永, 「붉은軍隊는 오는가: 一年前그날을追憶함」, 朝蘇文化協會 편, 『永遠한握手』, 평양: 조쏘문화협회, 1946, 48면.

약소민족의 참동무

全世界에 하나 바께 없는 社會主義國家

그 속에서 자라난 너와

日本帝國主義의 殺人的拘束

그속에서 해방된 나와

너와 나는

오직 한가지 진리를 믿기에

永遠한 握手를 한다[41]

해방 후 건설투쟁의 세월이 三년

고마운 방조로 맺은 형제의 정분

저 멀리 우랄산 넘어온 정의의군사

그의은공 어이 잊으리 쏘베트군대![42]

아 눈을 돌리면

저 무여-ㄴ한 뜨을을

조선민족의 위대한 解放者,
쏘련군대여 오는가!
— 朴世永, 「쏘련軍隊는 오는가 : 一年前그날을追憶」, 『眞理』, 평양 : 문화전선사, 1947, 60면.

41 李貞求, 「永遠한握手 : 쏘聯軍을맞이하고」, 趙基天 외, 『영원한 친선』, 27면.

全世界에 하나밖에 없는 社會主義國家
그속에서 자라난 너와
日本帝國主義의 殺人的인 拘束
그속에서 解放된 나와—
너와 나는
오직 한가지眞理를 믿는다는 理由에서
永遠한 握手를한다
— 李貞求, 「永遠한握手 : 쏘聯軍을맞이하고」, 朝蘇文化協會 편, 『永遠한握手』, 54면.

42 朴八陽, 「쏘베트군대를 노래함」, 趙基天 외, 『영원한 친선』, 23면.

물결치는 오곡
저 굴뚝마다 목메서 치솟는
걸검은 연기
저 지붕마다 갈바람에 너울치는
찬란한 깃발……
그 어느것 하나 그대들의
뜨거운 방조의 기록 아님없나니[43]

위의 소련군에 대해 노래했던 박세영, 리정구, 박팔양, 리찬의 시편들에서 보듯, 소련 군대는 '일본제국주의 살인적 구속에서 해방시킨 약소민족의 참동무, 조선인민의 위대한 해방자'로 그려지는 동시에 '해방 후 건설투쟁의 세월에 뜨거운 원조'를 한 방조자로 표현되었다. 이런 시편에서 보듯, 북조선에서 "소련은 조선인민의 진정한 해방자이며 원조자이다"[44]라고 규정되었다. 그러면 한설야의 「모자」에서 읽어낸 '해방 직후 소련군의 행패'와 '소련과 조선의 친선관계'는 어떤 형태로 변모했고 그 내적 논리는 무엇이었을까?

비애와 굴욕의 기록으로 일관한 삼십이년반생의 식민지 노예생활에 드디어 최후의 종지부(終止符)를 찍어준 은인이 바루 지금 자기 앞을 위풍당당히 행진하는 이 군인들이라고 생각할때 최는 두팔을 높이 들고 무한한 감사와

43 李燦, 「歡送」, 趙基天 외, 『영원한 친선』, 81면.
44 최호민, 「쏘련은 조선인민의 진정한 해방자이며 원조자이다」, 『로동자』(조쏘친선 특별호), 1948. 11, 19면.

존경의 뜻을 담아 소리껏 만세를 웨쳤다. 만주 벌판에서 혹은 북선 항구에서 일본군과의 격렬한 전투를 끝내는 그길로 일제 잔여 세력을 뿌리뽑기위하여 곧장 조선으로진주하는 그들이었다. 아마 그들은 수많은 사랑하는전우를 이 역광야에 남기고 왔을것이다. 또 그들자신중에도 적탄을 맞아 혹은 다리를 혹은 팔을 움지기지 못하는 사람이 저 차안에 있을런지도 모른다! / 그런 생각을하고 최는 또 한번 만세를 웨치려했으나 북받치는 감격때문에 목이 매여 소리가 나오지 않았다.[45]

이따큼씩 들려오는 쏘련군대들의 총소리는 이거리에 아직조곰 남아있는 악물스러운 공기를 가시여주는 소리인듯 반가웠다. / 병수는 그소리가 자기를 불러주는것같이 생각되어 그 소리나는때마다 대답이나하듯이 돌아다 보곤하였다. (…중략…) 그뒤 병수는 거리로 다니는 쏘련군인들을 볼때마다 그들의 손과 얼굴을 먼첨 보았다. / 그리며 병수는 그어느 얼굴에서도 그어느 손에도 그날 새벽 제가 만져보던 쏘련군인의 따뜻한 얼굴과 손을 느꼈다.[46]

전재경의 「영원한 벗」에서 방송국 기술자 최(崔)는 식민지 노예 생활에 종지부를 찍어준 은인인 소련군에 대해 감사와 존경의 뜻을 담아 만세를 부르는데, 해방 직후 소련군의 약탈과 행패의 모습은 그 어디에도 언급되지 않는다. 한설야의 「모자」에서처럼 소련군의 행패는 사랑하는 가족을 전쟁에서 잃은 고통과 고향에 대한 향수에 비롯된 것이라는 변

45 田在耕, 「永遠한벗」, 『문학예술』 2(1), 1949.1, 196~197면; 韓雪野 외, 『위대한 공훈』, 평양: 문화전선사, 1949, 53~54면.

46 韓雪野, 「얼굴」, 『문학예술』 2(1), 1949.1, 149~152면; 韓雪野 외, 『위대한 공훈』, 30~34면.

호 논리는 사라진 채, 전재경의 「영원한 벗」에서는 소련군이 난동을 부렸던 모습이 사라진 자리에 일제 잔여 세력을 뿌리 뽑기 위하여 곧바로 조선으로 진주하는 '영웅적' 소련군에 대해 무한한 감사의 눈물을 흘리는 것으로 그 자리를 채운다. 한설야의 「얼굴」에서도 그의 「모자」에서 보인 해방 직후 소련군이 벌린 행패의 '끔직한' 총소리의 흔적은 사라진 채 일제의 지배로 인한 '악물스러운 공기'를 제거하는 '반가운' 총소리로 변화하며, 약탈자의 얼굴은 해방자(구원자)의 '따뜻한 얼굴'로 변모한다.

리송원의 「기관차」에서 기관사 병철은 '너그럽고 씩씩한' 소련군 병사인 기사 '레리후'의 여러 원조를 받는데, 그는 '학습 시간이면 언제나 한뜻으로 차근차근히 정확하게 기술을 강의하느라고 애를 쓰던 장면'이나 '공장에 들어와서는 자기가 몸소 발 벗고 나서서 일하던 장면' 등의 '아름답고 인상 깊은 장면들'을 생생하게 떠올리며 감사의 마음을 갖는다. 그래서 '우리들을 위하여 이와 같이 힘써주는 군대를 보았는가'라고 마음속으로 생각한다.[47] 최명익의 「제1호」에서도, 조선의 노동자들은 여러 소련병사의 지원으로 '뜨락또루(트랙터) 제1호'를 창안하고 시운전에도 성공한다. '뿌라우(틀보습) 조종대'에서 내려오는 젊은 소련병사 '쏘꼴로브'를 보자 공장의 노동자들은 '우리의 해방자이며 민주건설의 방조자인 위대한 소련 군대 만세!'를 소리 높이 외친다.[48] 해방 이후 약탈에서 지원의 형태가 변모하면서 소련군은 북조선의 산업 부흥을 위해서 각 방면으로 지원을 했는데, 이런 지원 활동을 통해서 북조선 주민들에게 인기를 얻기 시작했다. 소련의 지원과 관련된 사실은 여러 글들

47 李松遠, 「機關車」, 韓雪野 외, 『위대한 공훈』, 230~231 · 243~244면.

48 崔明翊, 「第一號」(『朝蘇文化』 4(1), 1949.1), 韓雪野 외, 『위대한 공훈』, 327~328면.

에서도 확인가능한데,[49] 이런 소련의 지원과 관련된 리송원의 「기관차」나 최명익 「제1호」뿐만 아니라 윤시철의 「능금」, 리북명의 「해풍」 등의 여러 작품들이 창작되었다.

작별인사와 작별악수를 나누고 와-샤는 차에 올랐다. 여기저기서 서로 작별이 끝나 인제는 함께 합쳐 만세 소리만이 들려온다. 그들의 건강과 그들의 원조에대한 감사와 그리고 조선인민과 쏘련인민과의 친선을 축복하는 만세였다.[50]

색채도 선려(鮮麗)한 인민공화국 국기 — 최가 생전 처음 가져보는 자기 나라 기빨이 붉은기와 의좋게 나란히 서서 아름답게 놀진 초겨울 하늘에 유유히 펄럭이고있었다.[51]

우리들의 마음속에서 하루 하루 커 가고 익어가는 푸른 과수원의 빨간 능금알들과 같이 우리 마음속에 색여진 은인 티-솝대위의 모습은 점점 뚜렷이 눈앞에 선해오고 가슴 깊은곳에 영원히 잊을수없는 우정으로 매듭져갔다.[52]

두개의 인형은 모래위에 나란히 서서 자기주인의 모양을 바라보면서 미소하였고 그뒤의 모래언덕에서는 쏘련국기와 공화국기가 해풍을 받아서 힘차게 펄럭이고 있었다.[53]

---

49 배영인·송민호·한세헌·신천택, 「인民경濟發展을爲한쏘련군대의 원조: 쏘련軍隊는우리를解放시켜주었을뿐만아니라 人民經濟復興發展을위하여巨大한援助를주었다」, 『조쏘문화』 3(5), 1948. 8, 94~107면.

50 兪恒林, 「와-샤」, 韓雪野 외, 『위대한 공훈』, 207~208면.

51 田在耕, 「永遠한벗」, 『문학예술』 2(1), 1949.1, 215면; 韓雪野 외, 『위대한 공훈』, 79면.

52 尹時哲, 「능금」, 『문학예술』 2(1), 1949.1, 183면; 韓雪野 외, 『위대한 공훈』, 166면.

유항림의 「와-샤」에서의 소련 철도 노동자인 '와샤'의 원조, 윤시철의 「능금」에서의 국영 ××제강소 기술 고문인 '티솝' 대위의 방조, 전재경의 「영원한 벗」에서의 방송국 기술자 최와 소련군 '뻬드로브'의 중위의 우정 등을 통해서, 이런 작품군은 '조선과 소련의 친선 관계'를 형상화한다. 이런 친선 관계는 개인과 개인의 단계에서 가정과 가정의 관계로 확장된다. 리북명의 「해풍」은 조선 노동자인 신규 가정과 소련인 의사인 원장 가정의 친선을 여러 인간관계를 통해서 보여준다. 신규의 딸 '성애'와 원장의 딸 '야릿사', 신규의 아내와 원장의 부인, 신규와 원장 사이에 맺어진 친교 과정을 통해서 자연스럽게 '조쏘친선'이라는 주제를 형상화하고 있다. 신규가 소련인 원장에게 '조국전쟁' 이야기를 들으면서 고상한 정신을 배운다던가, 신규 아내가 원장 부인의 생활 모습,[54] 즉 계획을 세워 가정을 꾸리는 것이나 가축을 기르면서 생활에서 부지런해지는 법을 배운다던가, 소련인 원장의 '훌륭한' 기술로 신규의 아들인 성실의 다리를 고쳐준다던가 하는 일상의 모습을 통해서 소련과 조선의 관계를 그린다. 작가는 신규의 딸 성애의 조선 인형과 원장의 딸 야릿사의 소련 인형을 교환하는 것을 통해서 두 가정을 급속도로 친밀하게 만든다. 이런 인형 교환이 조선과 소련의 친선 관계를 보여주듯, 이 작품은 소련국기와 공화국기가 해풍을 받으며 힘차게 펄럭이는 것으로 마무리된다.

53 李北鳴, 「海風」, 『勞動一家』, 평양: 문화전선사, 1950, 341면.

54 해방 직후 소련 여성에 대한 인식은 그렇게 긍정적으로만 비쳐지지는 않았다. 오영진의 다음 증언에서 그 일단을 볼 수 있다. "또 하나의 이채는 어느틈에 이 살기 좋다는 금수강산을 찾아왔는지, 아버지와 남편을 좇아온 장교의 가족들이다. '몸뻬'와 국방복 일색이던 회색의 거리 평양은 그들의 내방으로 인하여 때아닌 색채의 범람이다. 골격이 완장(頑丈)하고, 몸집이 비대한 소련여인들은 일본여인의 붉은 속옷(고시마끼)을 개조하여 삽시간에 울긋불긋한 원·피-스가 되었고, 남의 것은 휘휘친친 머리에 감아 타-반이 된다. 줄줄 어머니 꽁문이를 따라다니는 소년 소녀는 대개가 맨발이었다." 吳泳鎭, 앞의 책, 88면.

이런 일상의 관계를 통해서 소련인 원장과 원장의 가정은 합리성과 진보성을 지닌 모범의 대상이 된다. 이러하듯, 소련은 가장 친근한 우호의 대상이자 합리성과 진보성을 지닌 따라야할 모범인 것이다.

> 안나가 중조수(重曹水) 주사와 링링겔 식염주사를 놓을때에는 어머니품에 안긴 어린애처럼 기쁜것이다. (…중략…) 관호는 말할수없이 기뻤다. 낯색이 따고 말이 통하지않는 녀의사가 아주 가까운 륙친처럼 애착심이 떠오른다. (…중략…) 관호에게는 안나가 누구보다 가까운 륙친같이 보이였다.[55]

> 이 두개의 특질은 맑스 레닌주의로 교양되었으며 평화를 위한 투쟁속에서 단련된 쏘베트인간의 숭고한 덕성 사회주의적휴매니즘의 양면이며 또 이것은 인류의 새모범으로 되는 새 형태의 인간으로서의 쏘베트사람들에게 고유한 보통현상이다. 안나는 그의 한사람에 불과하다.[56]

리춘진의 「안나」는 1946년 북조선에 콜레라가 유행하자 콜레라 방역을 위해 파견된 소련 의료지원단에 대한 이야기를 바탕으로 만들어진 작품으로 추정된다.[57] 이 작품에서 방역 작업에 소극적이었던 관호는

---

55 李春眞, 「안나」, 韓雪野 외, 『위대한 공훈』, 119~124면.

56 嚴浩奭, 「一,四分期의 作壇에 나타난 文學的成果 : "男妹" "호랑영감" "안나를" 評함」, 『문학예술』 2(6), 1946. 6, 19면.

57 이런 사실은 소련작가들의 북조선 방문기를 통해 추측할 수 있다. "1946년 여름, 콜레라가 발생하자 조선 주둔 소련군사령부에서는 이내 조선당국을 돕겠다고 제의하였다. 이 건의는 받아들여졌다. 이내 소련의 의료지원단이 북조선에 왔다. 원산과 지남포에 몇 개의 소련 병원이 세워졌고 소련의 많은 유행병전문가들이 조선 병원에서 진료를 하였다. / 사업을 전개하다 보니 처음에는 곤란한 점이 아주 많았습니다. 주민들은 처음 우리의 사업을 지지하지 않았을 뿐만 아니라 방해하기까지 하였습니다. (…중략…) 이러한 조치는 좋은 효과를 거두었습니다. 처음에는 우리를 믿지 않던 조선의 주민과 의사들은 지금 어떻게 사의를 표해야 할

자기 아내 귀동녀가 소련 의사 '안나'가 놓아준 주사를 맞고 살아났다는 소식과 경비대원들이 자기 집을 불태우려고 할 때 안나가 중지시켰다는 이야기를 듣고 방역 작업에 적극적으로 동참한다. 이런 방역 활동을 한 소련 여의사 안나는 거선 파도 속에서도 무서워하지 않고 배를 타고 건너거나 호열자(콜레라) 환자의 집을 서슴없이 들어가는 '용감성'을 지녔을 뿐만 아니라 환자에게 신뢰감과 용기를 주는 '부드러운 인자'를 동시에 지닌 인물로 그려진다. 엄호석은 안나의 '용감성'과 '다정다감한 심성'의 양면을 소련인의 '사회주의적 휴머니즘'에서 흘러나온 것이라고 평가한다. 여기서 여의사 안나와 관호 부부의 관계에 대한 서술은 중요하다. 작가는 안나가 주사를 놓아줄 때 '어머니 품에 안긴 어린애처럼' 기뻐하는 귀동녀나 안나를 '아주 가까운 육친처럼', '누구보다 가까운 육친같이' 느끼는 관호를 통해 혈연적 친밀감의 틀로 형상화한다.

물결치듯 하는 감격속에 반가움이 겨워 마음이 억해지던 그자리에서 뜻하지 않고 손과손이 마주 잡혀졌던 그요, 그처럼 마음을 조여가며 기다렸던 해방군의 한 병사라는 사실만으로도 마주 잡은 손에서 육친의애정이 전해지던그였다.[58]

어머니가 앓는다는 소문을 듣고 문병을온 이와노브는 어머니의 심상치않은 병태를보자 그즉시로 자동차를 몰아가지고 함흥에가서 자기의동무인 의사를 데려왔다. 그 의사의 주사와 약으로 어머니는 그후 열하루만에 병석에

지 몰라 하고 있습니다." A. 기토비차·B. 볼소프, 최학송 역, 『1946년 북조선의 가을』, 글누림, 2006, 206~209면.

58 兪恒林, 「와-샤」, 韓雪野 외, 『위대한 공훈』, 172면.

서 일어났다. 이것이 어머니가 이와노브를 자기의 은인으로 나아가서는 친 아들처럼 생각하게된 동기가 된것은 사실이다. / 이때부터 어머니는 이와노브를 자기의 아들로 생각하게되었다.[59]

유항림의 「와-샤」에서 해방군의 한 병사에게 육친의 애정을 느끼듯, 리북명의 「석별」에서도 마찬가지로 소련군 '이와노브'에게 혈연적 정을 느낀다. 리북명의 「석별」은 기능공 성태와 소련인 기사 이와노브와의 친밀한 관계를 다루고 있는데, 성태가 이와노브를 통해 기술적 원조를 받으면서 소련인의 위대성을 깨닫게 되며, 더 나아가 혈연적 정까지 느끼게 되는 과정을 형상화하고 있다. 이런 과정에서 성태 어머니의 태도가 변화하는 것은 매우 중요하다. 성태의 어머니는 처음에는 소련인 이와노브를 믿을 수 없었는데, 몇 해에 한 번씩 도지는 면풍(面風)으로 병석에 눕자 이와노브가 함흥에까지 가서 친구인 의사를 데리고 와서 주사와 약으로 치료해 준 다음부터 자기의 아들처럼 생각하게 된다. 최성태 가족과 이와노브와의 관계가 이러하듯, 조선인과 소련인은 사회주의적 관계를 넘어 혈연적 관계로 맺어진 것이다. 그러하기에 소련기사 이와노브를 환송하는 노동자들처럼 혈연적 관계로 맺어진 '소련인민과 조선인민의 영구불멸한 친선만세'를 우렁차게 불러야만 하는 것이다.

이와 같이 리춘진의 「안나」, 유항림의 「와-샤」, 리북명의 「석별」 등의 작품 단계에 접어들면서 더 이상 한설야의 「모자」에서처럼 소련군의 행패라는 역사적 사실은 허구적 사실로 변모하는데, 이 시점에서 소련군은 해방군이자 방조자의 모습만이 역사적 사실로 고정되었다. 이

59 李北鳴, 「석별惜別」, 『청년생활』 2(2), 1949.2, 67면; 韓雪野 외, 『위대한 공훈』, 355~356면.

지점에서는 '조쏘친선'이라는 현실적 욕구에 맞게 역사적 사실도 조정된 것임을 알 수 있다. 소련에 대한 긍정적 인식이 문학이라는 형식을 빌려 지식화하고 역사화하려는 당대 조선 지식인의 현실적 욕구가 내장되어 있음은 물론이다. 더 나아가 '조쏘친선'을 다룬 작품군에서는 조선과 소련의 연결이 노동계급과 노동계급의 결합이라는 표층을 이루지만, 사실 심층에는 혈연관계로 이어져 있었다. 다시 말해서 이런 작품군은 조선인과 소련인의 우호 관계를 보여줌으로써 프롤레타리아 국제주의를 반영한 것 같지만, 무의식적 심층에서는 조선인과 소련인의 우호 관계를 '피'로 맺어진 혈연의 틀로 형상화함으로써 '피줄'로 표상되는 민족적인 것을 반영했다.[60] 따라서 이런 측면에서만 본다면, 북조선문학의 잠재된 뿌리는 '소련'으로 말해지는 사회주의적인 것이라기보다 '피'로 표상되는 민족적인 것에 있었다.

5. '붉은 기'에 대한 단상

해방기 북조선 지식인들은 왜 소련에 대해 이렇게 인식했고 편향적 사고를 가졌을까? 또한 북조선 지도부가 왜 친소적 관계를 강조했을까?

---

60 이는 '조선민족제일주의'를 외치던 1980년대 중반 스탈린이 강조한 '경제적 요인'보다 '피줄'을 더 중요시한 북조선의 '민족' 규정의 전초 단계의 일단을 볼 수 있다. "민족 : 피줄과 언어, 령토와 문화의 공통성에 기초하여 력사적으로 형성된 사회생활단위이며 사람들의 공고한 집단." 사회과학원 철학연구소, 『철학사전』, 평양 : 사회과학출판사, 1985, 246면.

일제의 식민지적노예상태의 참혹한 기반으로부터 조선민족을 해방시켜주었고 그 뒤 3년간 우리민족의 진정한 방조자로서 민주건설을 백방으로 도와준 쏘련군대는 1948년 12월말까지에 이땅에서 완전히 철거하였다. (…중략…) 이것은 민족의 자주권과 독립성을 존중하는 쏘련의 외교정책과 민족정책의 구체적인 표현이며 동시에당시 쏘미공위쏘련대표주석이었던 쓰띠꼬브장군의 제의한바와같이 조선문제는 조선사람의 손에맡기고 양군이 동시철거하여도 넉넉하리만치 조선인민이 장성하였다는것을 말하는것이다.[61]

우리 민족이 일제의 야수적 압박과 테로밑에서 신음할적에 더구나 우리의 해방투쟁이 지극히 간고할적에 우리는 북향하여 이 위대한 나라를 바라보지 않았던가? (…중략…) 나는 나의 눈으로 우리민족의 통일독립국가 건설에 대한 우리인민의 권리를 진정으로 옹호하며 우리나라의 민족적 부흥과및 민주발전을 진심으로 원조해주는 정의의 나라를 보았다.[62]

그러면 조쏘양국의 주체성이란 무엇인가 금일의조선은 인민민주주의적인 주권을 확립한 조선민주주의인민공화국인것이며 공화국정부는 조선전체인민의 유일의 중앙정부인것이다. (…중략…) 쏘련의 대외정책은 민족자결을 준수하는 정책이며 타민족의 독립과 자유와 동등권을 존중하는 정책이며 다른나라의 내정을 간섭하지않는 정책인것이다. 그것은 쏘베트주권의 오늘날까지의 약소민족해방정책이 그것을 증명하는것이며 쓰딸린적민족정책이 그쏘련대외정책의 철칙인까닭이다.[63]

---

61 尹光, 「朝쏘文化交流의三年間概觀과앞으로의展望」, 『문학예술』 2(1), 1949.1, 3면.
62 장시우, 『쏘련참관기』, 평양 : 민주상업사, 1950, 115면.

윤광(윤두헌)이나 장시우는 소련이 조선을 식민지로부터 독립시킨 '해방자'이자 조선의 민주 건설을 도운 '방조자'라고 인식했다. 다시 말해서 소련은 조선의 통일독립국가 건설을 진정으로 옹호하며 조선의 민족적 부흥과 민주 발전을 진심으로 원조해 주는 나라인 것이었다. 조선 지식인들은 이런 인식을 가능하게 만든 것이 '민족의 자주권과 독립성을 존중하는 소련의 외교정책과 민족정책' 때문이라고 설명했다. 특히 백남운이 조선과 소련의 '경제적 및 문화적 협조에 관한 협정(조쏘경제문화협정)'의 정치적 의의와 영향을 설명한 부분에서 이런 사실은 확연히 드러난다.[64] 조선의 주체성이란 무엇인가? '조선은 인민민주주의적인 주권을 확립한 조선민주주의 인민공화국이며 공화국 정부는 조선 전체 인민의 유일한 중앙정부이다.' 이는 북조선 인민공화국의 자주 독립성을 말한다. 이런 주체성을 담보하는 것은 '민족자결을 준수하며 타민족의 독립과 자유를 존중하며 다른 나라의 내정을 간섭하지 않는다'는 소련의 대외정책이며 스탈린의 민족정책이었다. 그래서 북조선의 소련에 대한 인식을 이해하기 위해서는 일본 군국주의와 독일 파시즘 세력과 싸운 경험을 가진 소련과의 친선 관계를 강화하는 것만이 북조선의 주체성과 자주 독립을 보장하는 유일한 기본조건이라는 점을 파악하는 것이 중요하다. 다시 말해서 해방기 북조선의 소련에 대한 편향은 당대 북조선 지도부나 일반 지식인에게 보편적인 현상이었는데, 북조선 지

---

63 白南雲, 『쏘련印象』, 평양: 조선력사편찬위원회, 1950, 262~263면.

64 백남운은 '조쏘경제문화협정'에 대해서 ① 조선과 소련의 주체성에 근거한 동등하고 우호적인 협정이며, ② 민주진영 간의 상호 이익의 원칙에 입각하여 조선의 민주독립을 공고하게 보장하기 위한 원조협정이며, ③ 인민경제계획의 급속한 실현을 목표로 삼는 민주건설의 협정이며, ④ 인민공화국 자체의 통일 발전을 위한 건국협정인 한편 공화국의 국제적 위신을 선양하고 극동의 평화와 안전을 보장하는 민주강화의 협정임을 강조한다. 위의 책, 262~268면.

도부는 반파시즘적 연대 차원에서 조선과 소련의 친선 관계를 유지하는 것만이 북조선의 자주독립뿐만 아니라 민주건설을 보장하는 기본조건으로 간주했던 것이다.[65]

보아라!
붉은별 한복판에 찬란한
새국기
　날리는
우리의 首都
하루가 옛날같이

急한 速度로 바뀌는 首都여!
民主건설의 거세찬 날이어![66]

아 저곳
높은 城탑 우
붉은 별들 빛나는 사이로
불타는 의지의
　　　쏘련 기빨은

크레믈리

65 남원진, 앞의 글, 188~191면.
66 吳章煥, 「塔」, 『문학예술』 2(1), 1949.1, 116~117면.

內宮 우에

높이 높이 나부끼고 있나니

새 歷史

찬란히

꽃 피어 오르는

공산주의 행복의 동산아![67]

그렇다면 북조선 지식인들이 소련에 대한 편향적 입장에서 진정 보고자 한 것은 무엇이었을까? 위의 시편은 오장환이 소련과 조선의 깃발에 대해 노래한 부분인데, 여기서는 당대 북조선 지식인의 현실 인식을 확인할 수 있다. 오장환은 '크렘린 내궁 위에 높이높이 나부끼고 있는 소련의 깃발에서 새 역사, 찬란히 꽃 피어오르는 공산주의 행복의 동산'

---

67 吳章煥, 「쏘련詩帖 : 붉은기」, 『문학예술』 2(10), 1949.10, 149면.

아 저 곳
높은 城塔 우
붉은 별들 빛나는 사이로
불타는 의지의
　　　　쏘련 깃발은

크레믈리
최고쏘베트 지붕 위에
높이 높이 나부끼고 있도다

새 歷史
찬란히
꽃 피어 오르는
공산주의 행복의 동산이어!
— 吳章煥, 「붉은기」, 『붉은기』, 평양 : 문화전선사, 1950, 12~13면.

을 보는데, 실상은 '우리 도시의 붉은 별 한복판에 날리는 찬란한 새 국기에서 급한 속도로 바뀌는 도시의 민주건설의 거세찬 날'을 본 것이었을 것이다. 다시 말해서 북조선 지식인들은 붉은 깃발이 나부끼는 공산주의 행복의 동산인 소련이 아니라 소련에 투영된 공화국 깃발이 휘날리는 민주건설의 조선을 본 것이다.

　빛나는 조국전쟁에서
온 세계에
평화를 가져온 나라
그리하여 이 세상에
잃어졌던 수많은 깃발들을 새로히 날리게 한 나라[68]

　짓밟혔던 조국을
처음 세우는 인민의
넘치는 환희여!
간악한 원쑤의 목 졸르려
투쟁에 기우리는 더운피들이여!

　모쓰크바의 하늘에
조쏘 량국의 기빨
휘날리는
이른 봄 三월의 하로날[69]

---

68 吳章煥, 「우리 대사관 지붕 위에는」, 『붉은기』, 147~148면.

또한 위의 오장환의 시편과 같은 '조쏘친선' 작품군에서 무수하게 반복되는 소련과 독일의 '조국전쟁'에 대한 술회는 바로 조선과 일본의 '항일전쟁'에서 있었던 투쟁의 기억과 동일한 것으로 인식된다. 소련과 조선의 반파시즘적 연대의 측면을 상기함으로써 '항일'의 기억을 재생산하지만 '친일'과 같은 뼈아픈 상처에 대한 자기 반성적 사유는 삭제된다. '간악한 원수의 목 조르려 투쟁에 기울리는 더운 피들'에 대한 상상은 있지만 썩어문드러진 친일에 대한 철저한 자기비판은 그 어디에도 존재하지 않는다. 철저한 자기 분석과 비판을 동반한 성찰이 없는 한 조선의 항일의 기억은 공허한 울림에 지나지 않는다. 특히 이런 작품군에서는 '뜨거운 피'로 표상되는 항일과 같은 것들을 민족적인 것 안에 채움으로써, 친일의 기억은 소거되고 항일의 기억'만'을 재생산하여 찬란한 사회주의 미래상을 제시한다. 뼈아픈 자기 반성적 사유가 사라진 자리에서 새로운 사회주의상을 제시하지만 이것은 한갓 허상에 불과한 것이 아니겠는가.

이러하듯, 북조선 지식인들이 진정 보고자 한 것이 소련의 실상이 아니라 식민지에서 갓 해방된 후 만들어져야할 '새로운 조선의 모습'이라

69 오장환, 「김일성 장군 모쓰크바에 오시다」, 『조선녀성』 34, 1949.10, 71면.

짓밟혔던 조국을
처음 세우는 우리들의 넘치는 환희여!
악독한 원쑤와의 싸움 속에서
흐르는 뜨거운 피들이여!

이른 봄 모쓰크바의
하늘에
조선과 쏘베트의 깃발
— 吳章煥, 「김일성 장군 모쓰크바에 오시다」, 『붉은기』, 107면.

는 것은 분명하다. 소련이란 조선 지식인의 눈에 비친 근대적 국가, 소련을 발견하는 것이자 새로운 조선을 발견하는 과정에서 새롭게 발견된 소련인 것이었다. 또한 북조선의 소련에 대한 인식이 소련을 조선에 적용하려는 자기화의 과정의 일환이었듯이, '조쏘친선'을 형상화한 작품군을 통해서 볼 때 북조선문학의 잠재된 뿌리는 '소련'으로 말해지는 사회주의적인 것이라기보다 소련을 통해 발견된 '항일'이나 '혈연'과 같은 '피'로 표상되는 민족적인 것이었다. 그런데 '약탈'이나 '친일'과 같은 부끄러운 과거에 대한 자기 성찰적 사유가 소거된 자리에 채워진 '혈연'이나 '항일'과 같은 민족적인 것으로는 진정한 북조선의 미래상을 상상할 수는 없지 않겠는가. 이는 한갓 허상에 불과한 것이리라.

해방기 미국 인식, 미국의 두 표상*

남원진

1. 해방과 미국

딸라로 빚어진 월가의 네거리에
넥타이를 맨 식인종
실크햇트를 쓴 사람 버러지
자동차에 올라앉은 인간 부스러기
성경을 든 도적놈
온갖 잡색
력사의 저주로운 추물들이
제국주의의 고름을 퉁기며
하수도의 오물인듯

* 이 글은 「미국의 두 표상 : 해방기 북조선 문학의 미국에 대한 인식 연구」(한국현대문예비평학회, 『한국문예비평연구』 36, 2011.12.30)를 수정 · 보완하여 재수록한 것이다.

뒤섞여 설레이지 않느냐

당신들의 곁에서……[1]

북조선은 미국을 어떻게 인식했을까? 북조선에서 말하듯, 미국 제국주의는 "현대의 가장 야만적이고 가장 흉악한 제국주의이며 세계제국주의의 우두머리로서 인류의 가장 흉악한 공동의 원쑤"[2]일까? 그렇다면, 정말 미국은 제국주의 국가일까? 북조선에서는 이렇게 미국을 '제국주의'로 명명함으로써, 북조선 내부의 대미 적대 의식을 강화하는 한편 북조선 체제의 정당성을 창출하고 합리화하는 근거로 활용한다. 그러나 이런 제국주의로 말해진 미국의 표상이 해방기에 재구성의 과정을 거치는 한편 6·25전쟁을 겪으면서 굳건하게 정착된 것임은 물론이다. 그러면 해방기를 다룬 북조선문학사에서는 미국을 어떻게 인식하고 정리했을까?

> 위대한 쏘베트 군대에 의한 력사적인 8·15해방은 우리 인민들의 생활과 장래 운명에 근본적 전환을 가져 왔으며 우리 인민들이 일본 제국주의 기반으로부터 벗어나 새로운 사회 — 사회주의 사회에로 이행할 수 있는 시초로 되였다.[3]

---

1 백인준, 「얼굴을 붉히라 아메리카여!」, 『소박한 사람들의 목소리』, 평양: 문예총출판사, 1953, 130면.

2 「미제국주의」, 『정치사전』, 평양: 사회과학출판사, 1973, 413면.

3 조선민주주의 인민공화국 과학원 언어문학연구소 문학연구실, 『조선문학통사(하)』, 평양: 과학원출판사, 1959, 155면.

혁명의 영재이시며 민족의 태양이시며 전설적영웅이신 위대한 수령 **김일성**동지께서는 영웅적항일혁명투쟁을 조직령도하시여 일제식민지통치를 때려부시고 조국해방의 력사적위업을 빛나게 실현하시였다.[4]

민족의 태양이시며 전설적영웅이신 위대한 수령 **김일성**동지께서는 영웅적항일혁명투쟁을 조직령도하시여 강도 일제를 때려부시고 조국광복의 력사적위업을 빛나게 실현하시였다.[5]

혁명의 영재이시며 민족의 태양이시며 전설적영웅이신 위대한 수령 **김일성**동지께서는 영웅적항일혁명투쟁을 조직령도하시여 강도 일제를 때려부시고 조국해방의 력사적위업을 빛나게 실현하시였다.[6]

조선민주주의 인민공화국 과학원 언어문학연구소 문학연구실에서 공동 집필한 『조선문학통사』 하(1959)가 조선의 독립에 대해서 '소비에트군대에 의한 8·15해방'으로 명명한데 반해, 유일사상체계가 성립된 후 발간된 『조선문학사(1945~1958)』(1978)나 『조선문학개관』 2(1986), 『조선문학사』 10(1994)에서는 '김일성이 항일혁명투쟁을 조직 영도하여 일제 식민지 통치를 때려부수고 조국해방의 역사적 위업'을 이룬 것으로 변형했다. 이런 조선 해방에 대한 다른 평가는 마르크스-레닌주의의 관점에서 서술한 문학사 인식과 유일사상체계가 성립된 후의 주체사상의

4 사회과학원 문학연구소, 『조선문학사(1945~1958)』, 평양 : 과학,백과사전출판사, 1978, 1면.
5 박종원·류만, 『조선문학개관』 2, 평양 : 사회과학출판사, 1986, 100면.
6 오정애·리용서, 『조선문학사』 10, 평양 : 사회과학출판사, 1994, 4면.

관점에서 기술된 북조선문학사 서술의 차이에 기인했다. 즉, 1950년대 조선 독립에 대한 인식은 소련 군대의 결정적 역할을 지적했지만 김일성 중심의 역사 인식이 자리 잡은 유일사상체계에서는 김일성의 중심적 역할을 강조했다. 과연 북조선에서 조선 독립을 이렇게만 인식했던 것일까? 이런 북조선의 문학사의 인식을 그대로 받아들일 수 없음은 분명하다. 왜냐하면 조선 독립에 대한 미국을 포함한 연합국에 대한 역할이 삭제되어 있기 때문이다.[7] 또한 북조선문학사에서는 연합국에 대한 사항이 삭제된 자리에 극단적인 반미관으로 채워진다.

> 장군님께서 앉아 달라는 손짓을 하시고 말씀을 이으시였다.
>
> 《(…중략…) 미국은 그 본성에 있어서 날강도적인 제국주의국가라는것을 고려해야 합니다. 강도들한테는 량심이나 도덕심 같은것이 없으며 사리나 도리가 통하지 않습니다. (…중략…)》(…중략…) 남조선의 새《총독》으로 군림한 미군장성이 일본인 총독보다 더 너그러우며 서울에 기여 든 미국군대가 쪽발이군대보다 덜 악착하고 덜 잔인하리라는 근거는 꼬물만치도 없다. 출신지나 인종은 비록 다를지언정 성정에서는 꼭 같을수밖에 없을 제국주의라는 강도족속, 야수족속들이기때문이다.[8]

7　북조선에서 소련을 '해방군'으로 불러지는 것은 어떻게 보아야 할까? 실제로 소련군의 군사행동은 동아시아에서 자국의 이익의 확보 이상으로 순수하게 한반도 해방을 위한 작전은 아니었다. 비록 소련이 식민지 시기 조선민족해방운동을 적극 지원하였더라도 대일전 참전의 결과로 얻은 한반도의 해방은 자국의 목표 달성에서 '부차적'으로 획득한 성과물이었다. 따라서 조선의 독립에서 소련의 역할은 인정되지만, 소련군에 대해 '해방군'이란 감성적인 용어를 사용하는 것은 적절하지 않다. 기광서, 「소련군의 '해방적' 역할과 북한의 인식」, 정근식·신주백 편, 『8·15의 기억과 동아시아적 지평』, 선인, 2006, 197면.

8　최학수, 『개선』, 평양 : 문예출판사, 2002, 47~97면.

'총서 불멸의 력사'는 북조선 역사를 김일성 중심의 역사로 수렴한 것인데,[9] 이 '총서'에 속한 장편소설 『개선』에서는 1945년 8월부터 10월까지의 김일성의 개선과 당 창건 사업 과정을 중점적으로 다룬다. 이 '총서'의 구심점에 해당하는 김일성은 미국을 '날강도적인 제국주의 국가'라고 명명하면서 '미제'에겐 양심이나 도덕심이 없으며 사리나 도리가 통하지 않는다고 말한다. 또한 미국 제국주의자를 일본 제국주의자와 마찬가지로 '악착하고 잔인한 강도 족속, 야수 족속'으로 명명한다. 과연, 미국을 '제국주의'로 명명하고, '미국 제국주의'를 '일본 제국주의'와 동일하게 파악할 수 있을까? 그렇게만은 볼 수도 없다.

북조선의 현재 인식과 달리, 미국의 표상은 사실과 과장을 뒤섞거나 허구를 가미하여 부정적인 타자의 표상을 미국에 덧씌우는 이미지의 변형 과정을 통해서 새로운 미국의 상을 만들어낸 것이다. 즉, 현재 '미제국주의'라고 불리는 미국의 표상은 북조선 지도부의 논리적 변형을 통해서 굴절되고 재구성되어 탄생한 것이다. 이는 미국이란 국가는 해방 후 북한 지도부의 의식세계 속에서 굴절되었고 그들의 세심한 논리적 조작을 통해서 재구성되었다는 것이다. 이렇게 굴절되고 재구성된 미국의 표상이 각종 매체를 통해 북조선 전역에 확산되었던 것임은 물론이다.[10] 따라서 이 글에서는 해방기 북조선의 미국에 대한 인식의 실상을 파악하는 한편 북조선문학에서 변형된 대미관을 검토하고자 한다. 필자는 이런 작업을 통해서 북조선문학에서 은폐하고 강조한 것은

---

9 남원진, 「혁명적 대작의 이상과 총서의 근대적 문법」, 강진호 외, 『북한의 문화정전, 총서 '불멸의 력사'를 읽는다』, 소명출판, 2009, 212면.

10 김재웅, 「북한의 논리를 통해 재구성된 미국의 상(1945~1950)」, 『한국사학보』 37, 2009.11, 300~301면.

무엇이며 미국관은 어떻게 재구성되었는가를 확인하고자 한다.

2. 미국의 두 표상 : 해방 이후 미국에 대한 인식

해방 직후 일제시대에 있었던 미제국주의관을 고수하는 흐름이 여러 곳에서 감지되었지만 전시 협력에 기초해 대미 우호관계를 지향한 소련의 개입이 있은 후, 미국은 조선해방에 기여한 민주주의 국가로 선언되었다. 즉, '조선공산당 북부 조선분국' 기관지 『정로』에서 보듯, '위대한 붉은 군대, 그의 동맹자인 연합군의 힘으로 조선은 호전국가 일본 침략자로부터 해방되었'고, '조선의 해방은 자체의 힘으로 된 것이 아니라 외국의 힘으로 되었'으며, '외국의 힘도 '한' 힘이 아니고 '두' 힘, 즉 사회주의 국가인 소비에트동맹의 힘과 자본민주국가인 영미(英米)의 힘으로 되었다'[11]고 기술했다. 북조선 지도부는 해방에 대한 소련의 기여를 강조하면서도 미국에 대한 기대감을 피력했던 것이었다.[12] 그렇다면 해방기 북조선문학예술계에서는 조선 해방에 대해 어떻게 인식했으며 북조선문학에서는 어떻게 반영되었을까?

한거리를 갈라 헤치며

---

11 「創刊辭」, 『정로』 1, 1945.11.1.

12 이주철, 「북한의 정부 수립과 열강에 대한 인식 : 『정로』·『로동신문』·『근로자』를 중심으로」, 『사총』 67, 2008. 9, 47~48면; 김재웅, 앞의 글, 339면.

전차도 높이 불으누나!

「인민위원회를 지지하자!」

라디오도 거리에 퍼풋구나-

「토지는 농민에게!」

벽도 울타리도 웨치누나-

「친일파를 타도하라!」

(…중략…)

나는 이거리로 나왔다.

義로운 깃대 횃뿔같이 하늘 뚤으고

벽돌도 부서질듯 환영의 만세!

「조선해방만세!」

「쓰딸린 大元帥만세!」

눌리웠던 이거리에 해방을 고할때

끓어솟는 그마음 땅바닥도 녹였으리![13]

---

13 趙基天, 「큰거리」, 『문화전선』 1, 1946. 7, 95~96면.

한복판을 갈라 헤치며
전차도 높이
『인민위원회를 지지하자!』
라디오도 웨치누나—
『토지는 농민에게!』
벽도 울타리도 불으짖누나—
『친일파를 타도하라!』
(…중략…)
義로운 기ㅅ대 체뿔모양 하늘 뚫으며
『조선해방 만세!』

1946년 3월 10일 오후 2시 조선공산당 북부 조선분국 선전부가 주최한 북조선 예술가 좌담회에서, 김창만, 안막, 김사량, 리기영, 한재덕, 변효식, 전재경, 한태천 등은 토지개혁에 관한 문제와 함께 3월 25~27일에 열리는 '북조선예술총련맹' 결성 대회에 관한 문제를 토의했다.[14] 그 후 1946년 3월 25일 '진보적 민주주의에 입각한 민족예술문화의 수립' 등의 강령을 채택한 북조선예술총련맹이 결성되었다. 이 단체는 '일제적(日帝的), 봉건적, 민족반역적, 파쇼적 모든 반민주의적 반동예술의 세력과 그 관념의 소탕'과 '우리의 민족예술문화와 소련예술문화를 비롯한 국제문화와의 교류'[15] 등의 강령을 제시했다. 이런 북조선예술총련맹의 강령이나 위의 조기천의 「큰거리」 등의 여러 작품에서 보듯, '일본 제국주의[日帝]'나 '친일파'와 관련된 부정적인 인식을 파악할 수 있는 반면, '스탈린'에 대한 찬양이나 '소련예술문화'에 대한 언급에서 보이는 소련에 대한 긍정적인 인식을 확인할 수 있다. 그러나 강령이나 작품들에서 '미국 제국주의'에 대한 언급이나 비판의 흔적은 쉽게 찾을 수 없다.

우리부대가 K시에 온것은 바루 이나라가 해방되던 직후인 一九四五년 팔월그믐

『쓰딸린大元帥만세!』—
눌리웠던 이거리에 해방을 고할제

— 趙基天, 「큰거리」, 『우리의길』, 평양 : 조선인민출판사, 1948, 18~20면.

조기천의 「큰거리」는 1946년 7월 판본과 1948년 8월 개작본을 비교해보면 흥미로운 사실을 확인할 수 있다. 소련계 시인이었던 조기천의 언어를 운용하는 능력 때문인데, 1946년 판본에서는 국어 어휘를 활용하는 방식이 매우 어색한 반면, 1948년 판본에서는 국어 사용능력이 '어느 정도' 정제되어 있다. 이런 사실은 조기천의 작품이 일정 부분 조선문단 작가들의 도움을 받아서 수정된 것임을 짐작하게 한다.

14 「土地改革의實施는民族文化의大路를開拓 : 北朝鮮藝術家會集座談會」, 『정로』 58, 1946.3.14.

15 北朝鮮藝術總聯盟, 「綱領」, 『문화전선』 1, 1946.7.

께였다. (…중략…) 그만치 일본이 철옹성으로 믿던 만주와 조선은 붉은 군대의 앞에 겨우 오륙일의 지탱도 얻을수없이 모래섬같이 우시시 헤어지고 말었다.[16]

토지개혁 법령(土地改革法令)이 발표되든 며칠뒤 어느날이다. (…중략…) 해방이 된뒤에도 그들의 생활은 여전히 비참하였다.[17]

북조선예술총련맹의 기관지『문화전선』창간호에 수록된 두 편의 단편소설「개벽」이나「모자」에서도 별반 다르지 않다. 두 단편소설은 북조선문학예술계의 소련과 미국에 대한 인식의 일단을 점검할 수 있기에 주목된다. 한설야의「모자」는 1945년 8월 북조선에 진주한 우크라이나 출신 소련군인 '나'에 대한 이야기를 담고 있으며, 리기영의「개벽」은 토지개혁법령이 발표된 후의 북조선 농촌의 변화를 형상화하고 있다. 특히 한설야의「모자」에서는 해방 직후 북조선에 진주한 소련군을 '해방군'으로 인식하는 시선을 확인할 수 있고,[18] 리기영의「개벽」에서는 제2차 세계대전에 대한 인식을 파악할 수 있다.

金海: 日人들이풀이죽어가는것을보면 滋味있는것 같습니다. 뭐오끼낭이(沖繩) 라던가 거기잇는 日本軍士가沒死을當햇다는 新聞이 돌었다합되다. 그리구 米國飛行機가 朝鮮에도 各處로들어온다구요.

木村: (간신히 이러나안즈며) 선생님 그럼戰爭이 速히 끗날는지도모르겟군

16 韓雪野,「帽子 : 어떤 붉은 兵士의 手記」,『문화전선』1, 1946.7, 198~205면.
17 李箕永,「開闢」,『문화전선』1, 1946.7, 169~170면.
18 남원진,「한설야의「모자」와 해방기 소련에 대한 인식 연구」,『현대소설연구』47, 2011.8, 183~186면.

요 (緊張해지며)

鄭一: 그럴는지도 모르지 ……… 웨 이러나요 그대로누엇지.

木村: 갑갑해서그래요 …… 아 골치야 (이마를집는다)

金海: 그러구 참 아라사가 양력으로 지난九日에 米國과 한편이되여서 싸운다지요.

鄭一: (반색해서) 야 露西亞가日本과 싸우게되엿서? ……… 올치 그래서 요새 이놈들이 수군수군햇군—蘇聯이宣戰布告을해서. (…중략…)

喊聲: 朝鮮獨立萬歲! 붉은軍隊萬歲! 萬歲! (萬歲소리는 漸漸갓가히 들려오는 것이다.)

一同: (몸질 해지며) 아니 저게무슨소리야?

浦一: (귀를기우린다)——間——萬歲소리다. 朝鮮獨立萬歲다! 아 聯合軍이戰勝을햇구나 그러면그러치 자 우리도 萬歲를부르자 蘇聯이이것구나! (歡喜한다)[19]

특히 리기영의 해방기 작품은 8·15해방을 바라보는 북조선의 인식 변화를 그대로 담고 있어 주목된다. '1945년 10월'에 창작한 것으로 밝힌 희곡 「해방」에서는 조선의 독립이 '미국(米國)'과 함께 '붉은 군대'인 소련이 참전한, 즉 연합국의 승리로 말해진다. 다시 말해서 소련을 강조하면서도 미국을 포함한 연합국의 승리라는 점을 언급한다. 여기서도 '왜놈'으로 표상되는 부정적 일본관을 볼 수는 있지만, 현재와 같은 극단적 반미관은 찾을 수 없다.

---

19 李箕永, 「解放」, 『신문학』 1, 1946.4, 91~112면.

제이차 세계대전에서 련합국의 승리는 팟쇼의 페허(廢墟) 위에 인민의 씨를 뿌리였다. 이 인민의 씨는 국제민주노선을 타고 태풍(颱風)에 불려왔다.[20]

제二차 세계 대전에서 쏘련의 승리는 팟쇼의 폐허 우에 인민의 씨를 부리였다. 인민의 씨는 국제 민주 로선을 타고 태풍을 불려 왔다.[21]

제 2 차 세계 대전에서 쏘련의 승리는 파쑈의 폐허 우에 인민의 씨를 뿌리였다. 인민의 씨는 국제 민주 로선을 타고 태풍을 불려 왔다.[22]

전설적영웅이신 **김일성**장군님께서 이끄신 조선인민혁명군의 승리는 이 땅우에 새봄을 가져왔고 이 봄맞은 대지에 인민의 씨는 뿌려졌다.[23]

전설적영웅이신 **김일성**장군님께서 이끄신 조선인민혁명군의 승리는 이 땅우에 새봄을 가져왔고 이 봄맞은 대지에 인민의 씨는 뿌려졌다.[24]

해방 후 북조선문학에서 미국에 대한 인식은 구체적으로 서사적 맥락에 개입하기보다는 단편적으로 언급된다. 그런데 1946년 7월 판본 「개벽」에서는 미국에 대한 구체적 언급을 삭제한 채 제2차 세계대전을 '연합국의 승리'로 기술한다.[25] 박팔양처럼 북조선 작가들은 '일본제국주의

---

20 李箕永, 「開闢」, 『문화전선』 1, 1946.7, 196면.
21 리기영, 「개벽」, 김사량 외, 『개선』, 평양 : 조선작가동맹출판사, 1955, 37면.
22 리기영, 「개벽」, 리기영 외, 『해방 후 단편소설 선집』, 평양 : 김일성종합대학출판사, 1966, 32면.
23 리기영, 「개벽」, 리기영 외, 『조선단편집』 2, 평양 : 문예출판사, 1978, 29면.
24 리기영, 「개벽」, 한설야 외, 『개선』(현대 조선문학 선집 54), 평양 : 문학예술출판사, 2011, 62면.
25 조선문학가동맹 농민부위원회에서 1947년 7월 1일 발행한 농민소설집 『토지』에 수록된 리

식민지정책에 유린당해 온 조선인민'은 '소련군의 원조와 붉은 군대를 위시한 연합국의 영웅적 전승으로 정치적 해방을 얻은 것'으로 인식한다.[26]

〈표 1〉 리기영의 「개벽」 판본 비교

	1946년 판본	1955년 판본	1966년 판본	1978년 판본	2011년 판본
해방의 주체	연합군	소련	소련	김일성	김일성

이런 단편적인 언급에서 북조선 작가들은 소련군의 역할을 강조하면서도 일종의 연합군에 대한 기대도 드러낸다.[27] 그러나 1955년, 1966년 개작본 「개벽」은 '소련의 승리'로 서술하며, 더 나아가 1978년, 2011년 개작본 「개벽」에서는 '김일성 장군이 이끈 조선인민혁명군의 승리'를 기술한다. 즉, 1946년 판본 「개벽」에서는 극단적인 대미관이 반영되지 않아서 해방을 '연합국'의 승리를 서술하지만 극단적인 대미관이 확고하게 정착된 1955년 개작본 「개벽」에선 '연합국'이 아니라 '소련'의 승리만을 반영하며, 유일사상체계가 정착된 후인 1978년 개작본 「개벽」에서는 '연합국'이나 '소련'이 아니라 '김일성이 이끈 조선인민혁명군의 승리'만

기영의 「개벽」에서도 '연합국의 승리'를 기술한다. "제이차 세계대전에서 연합국의 승리는 팟쇼의 페허(廢墟) 위에 인민의 씨를 뿌리였다. 인민의 씨는 국제민주노선을 타고 태풍(颱風)에 불려왔다." 李箕永, 「開闢」, 朝鮮文學家同盟 農民部委員會, 『土地』, 아문각, 1947, 59면. 그런데 1947년 3월에 발표한 조쏘문화화협회 기관지 『조쏘문화』에 게재한 리기영의 글에서는 '소련 군대의 결정적 역할'을 강조하면서 '연합국의 승리'를 기술하고 있다. "第二次世界大戰에서 쏘련軍隊의 決定的役割로 聯合國이 勝利를 얻었고 그結果로 再昨年八月十五日에 朝鮮解放이 있은後에 더욱 北朝鮮에 있어서는 不過一年이지난 짧은期間이었지만 모든 民主改革이 오늘날과같은 急速한 發展을 가저왔습니다." 李箕永, 「建國思想總動員運動과 쏘련人民의 勞動生活」, 『조쏘문화』 4, 1947.3, 11면.

26 朴八陽, 「朝鮮文化遺產의繼承에對하야」, 『문화전선』 1, 1946.7, 72면.

27 그러나 반미관이 본격화된 리기영의 1948년 판본 「화병」에서는 '소련군의 참전'만을 지적한다. "일본이 쏘련군대의 참전으로 불과기일에 항복한 결과 조선은 해방을 얻게되었다 한다. (…중략…) 그들은 쏘련군의 위대한 무력과 해방의 은혜를 구가하였다." 民村生, 「花瓶」, 강승한 외, 『創作集』, 평양 : 국립인민출판사, 1948, 140~141면.

을 지적한다. 이런 1946년 판본, 1955년 판본, 1978년 판본 「개벽」의 차이는 북조선 작가들의 해방에 대한 인식을 그대로 반영하고 있다.[28]

"바루 8월 15일에 독립되였소. 일본놈들이 이날 붉은 군대와 연합국에 대해서 무조건 항복을 했단 말이오. 그래 지금 병정갔던 조선청년들은 북에서 남에서 모두 돌아오고 있소."[29]

리기영과 마찬가지로 리북명의 작품에서도 북조선의 미국에 대한 인식 변화는 동일하다.

파쇼 독일을 거이 독력으로 물리치고 그 전진(戰塵)을 털새도 없이 동방의 강도 일본제국주의를 때려부시고 우리조국을 해방시켜 주었다.[30]

---

28 남한에서 1988년 발행한 『실천문학』에 개재한 「개벽」은 1978년 개작본을 바탕으로 편집했지만 김일성과 관련된 여러 부분을 생략했고, 위에 인용한 해방과 관련된 부분도 삭제했다. 송기한의 『북한문학의 이해』(2001)에 수록한 「개벽」에서는 1978년 개작본의 "전설적영웅이신 김일성장군님께서 이끄신 조선인민혁명군의 승리는 이 땅우에 새봄을 가져왔고 이 봄맞은 대지에 인민의 씨를 부려졌다"라는 부분을 실었다. 또한 신형기·오성호·이선미가 엮은 『북한문학』(2007)이나 김종회가 편집한 『력사의 자취』(2012)에 개재한 「개벽」은 1946년 판본의 "제2차 세계대전에서 연합국의 승리는 파쑈의 폐허(廢墟) 위에 인민의 씨를 뿌리었다. 이 인민의 씨는 군제민주노선을 타고 태풍(颱風)에 불려왔다"나 "제이차 세계대전에서 련합국의 승리는 팟쇼의 폐허(廢墟) 위에 인민의 씨를 뿌리였다. 이 인민의 씨는 군제민주노선을 타고 태풍(颱風)에 불려졌다"라는 부분을 수록했다. 참고로 『북한문학』과 『력사의 자취』에서는 리기영의 「개벽」의 출전을 '『문학예술』, 1946.3'으로 적고 있으나 '『문화전선』 창간호, 1946.7'로 수정해야 한다.

리기영, 「개벽」, 『실천문학』 12, 1988, 101면; 리기영, 「개벽」, 송기한 편, 『북한문학의 이해』, 형성출판사, 2001, 110면; 이기영, 「개벽」, 신형기·오성호·이선미 편, 『북한문학』, 문학과지성사, 2007, 58면; 김종회 편, 『력사의 자취』, 국학자료원, 2012, 46면.

29 李北鳴, 「狗」, 『건설』 3, 1947.2, 73면.

30 李北鳴, 「勞動一家」, 『조선문학』 1, 1947.9, 42면.

팟쇼 독일을 거이 독력으로 물리치고 그 전진(戰塵)을 털새도없이 동방의 강도 일본제국주의를때려부시고 우리조국을 해방시켜 주었다.[31]

해방의 은인인 쏘련 인민에 대한 감사의 정과 함께 조국과 령도자와 새로운 생활을 위하여 있는 힘과 재능을 깡그리 로동에 바치겠다는 결의가 가슴 뿌듯이 솟구쳐 올랐다.[32]

해방의 은인인 쏘련 인민에 대한 감사의 정과 함께 조국과 령도자와 새로운 생활을 위하여 있는 힘과 재능을 깡그리 로동에 바치겠다는 결의가 가슴 뿌듯이 솟구쳐 올랐다.[33]

해방의 은인이신 위대한 **김일성**장군님에 대한 감사의 정과 함께 그이께서 마련해주신 새로운 생활을 위하여 있는 힘과 재능을 깡그리 로동에 바치겠다는 결의가 가슴뿌듯이 솟구쳐올랐다.[34]

1947년 2월 판본 「개[狗]」에서 보듯, 리북명도 '붉은 군대'와 '연합국'에 의해서 조선이 독립한 것으로 설명한다. 그러나 1947년 9월 판본 「로동일가」에서는 소련군의 역할만을 강조하고, 1955년 개작본이나 1966년 개작본 「로동일가」에선 '소련'을 '해방의 은인'으로 명명하며, 유일사상

31 李北鳴, 「勞動一家」, 『勞動一家』, 평양: 문화전선사, 1950, 49면.
32 리북명, 「로동일가」, 김사량 외, 『개선』, 평양: 조선작가동맹출판사, 1955, 73면.
33 리북명, 「로동 일가」, 리기영 외, 『해방 후 단편 소설 선집』, 평양: 김일성종합대학출판사, 1966, 57면.
34 리북명, 「로동일가」, 리기영 외, 『조선단편집』 2, 평양: 문예출판사, 1978, 52면.

체계가 성립된 후 발표된 1978년 개작본 「로동일가」에서는 '해방의 은인'을 '김일성'으로 서술한다. 그런데 1947년 2월 판본 「개[狗]」 이후 1947년 9월 판본, 1955년 개작본, 1966년 개작본, 1978년 개작본 「로동일가」에선 '미국'이나 '연합국'에 대한 표현은 삭제되는데, 이런 인식은 언제부터 시작된 것일까? 더 나아가서 북조선 작가들이 미국에 대한 부정적 인식을 갖게된 변화의 시점은 언제일까?

> 旗빨은 무수히 물결처 燦爛한바다 이루고
> 다섯나라 뜻 갸륵히 모신 祭壇밑에
> 어진 백성 白沙처럼 渺漠히 깔리였도다[35]

김일성은 1945년 10월 13일 서북5도 당원 및 열성자 연합 대회에서 당 조직 문제를 보고하면서 '조선의 현재 형편의 첫 임무가 반파쇼전선을 굳게 하는 것'임을 지적했다.[36] 한설야의 「모자」에서 보듯, 소련이 독일과 싸웠듯 조선도 일본과의 전쟁을 겪은 경험을 피력하면서 '인민전선(반파시즘)' 연대 차원에서 소련 문제를 제기했다. 이런 소련과 독일의 '조국전쟁'에 대한 술회는 조선과 일본의 '항일전쟁'에서 있었던 투쟁의 기억과 동일한 것으로 간주했다.[37] 그러나 김상오의 「경축의 노래」에서처럼, 해방 직후에는 조선이 '다섯 나라', 즉 연합국의 승리로 인

35 金常午, 「경축의노래」, 金常午 외, 『北風』, 평양 : 북조선에술총련맹, 1946, 3면.

36 「五道黨員及熱誠者聯合大會會議錄」, 朝鮮產業勞動調查所, 『옳은路線을위하야』, 우리문화사, 1945, 46면; 『옳은路線』, 동경 : 민중신문사, 1946, 40면.

37 남원진, 「해방기 소련에 대한 허구, 사실 그리고 역사화」, 『한국 현대문학 연구』 34, 2011.8, 313~314면.

해 조선이 해방된 사실을 노래하듯, 연합국의 일원이었던 미국을 제국주의나 파시즘과 관련해서 인식하지는 않았다. 북조선 지도부가 미국에 대해 일정 부분의 긍정적 기대를 갖고 있었던 것처럼, 김상오나 한설야처럼 북조선 작가들도 크게 다르지 않았다.

그러나 1946년 들어 미소관계가 갈등 상황에 봉착했고 미군정의 좌익 탄압이 본격화되면서부터 북조선의 대미관도 부정적 방향으로 선회하기 시작했다. 1946년 3월 20일에 미소공동위원회가 개시된 후 5월 8일에 무기한 휴회에 들어갔는데, 5월 15일에 남한에서 '정판사 위폐사건'이 발표되면서 조선의 상황은 크게 변화했다. 이즈음 조선공산당 북부조선분국은 미소공동위원회의 결렬에 대해서 미국 측을 비난하는 성명을 발표했는데, 남한에서는 5월 18일에 조선공산당 본부가 수색을 당했고 『해방일보』가 정간 처분되었다. 6월 3일에 이승만의 남한 단독정부 수립 발언이 정읍에서 발표되었고, 7월 2일에 소련 영사관이 서울에서 철수했다. 북조선에선 8월 28일에 북조선로동당이 창립되었고, 남한에서는 9월 7일에 박헌영·이주하·이강국 등 공산당 지도자에 대한 체포령이 발표되었다. 이런 남북의 상황에서 북조선의 대미관은 변모했다.

너의들은 지금
우리살을 깎그려는 反動美軍政에게
소리높이 對答하며 이러낫도다[38]

얼마 후에 부하들이 달려들어 길 옆으로 끌어낸 기무라고 하던 김구와 이

38 李園友, 「불ㅅ길 : 싸우고있는 南조선동무들에게」, 『문화전선』 2, 1946.11, 84면.

승만과 미군정의 충복의 얼굴에는 개피가 아니고 조선동포의 빨간 피가 두방울 셋방울 처지어 있었다.[39]

南朝鮮에 있어서는 反動的 米軍政下에 있기때문에 南朝鮮人民들은 八·一五의 偉大한 歷史의 날을 맞이하였음에 不拘하고 變象的 帝國主義 侵略의毒牙에 依하여 그野蠻的 統治에依하여 暗澹한 情勢下에 놓여있다. (…중략…) 이와같이 南朝鮮은 오늘날 새로운 帝國主義侵略의 危機에 놓여있음을 우리는明確히 理解하여야한다.[40]

1946년 7월 25일 『문화전선』 창간호에 발표된 한설야의 「모자」나 리기영의 「개벽」과 달리, 1946년 11월 20일 『문화전선』 2집에 수록된 리원우의 시 「불ㅅ길」이나 유항림의 단편소설 「개」에서는 '미군정'을 부정적으로 인식하며, 또한 안막의 평론 「신정세와 민주주의문학예술전선강화의 임무」에서도 남한이 '새로운 제국주의 침략의 위기'에 처해 있음을 역설한다. 왜 이렇게 미국에 대해 부정적으로 인식하게 되었을까? 이는 1946년 9월 이후 북조선에서 미군정의 '제국주의적 침략 정책'[41]에 대한 비난이 있은 후, 북조선 지도부의 인식 변화에 따라 '북조선문학예술총동맹'도 미군정에 대해 부정적으로 파악하게 된 것이다. 이런 '문예총'의 인식 변화에 따라 『문화전선』 창간호와 『문화전선』 2

39 兪恒林, 「개」, 『문화전선』 2, 1946.11, 122면.
40 安漠, 「新情勢와民主主義文學藝術戰線强化의任務」, 『문화전선』 2, 1946.11, 5~6면.
41 「南朝鮮米軍政의 暴壓政策絶對反對 : 南朝鮮의 反民主主義的 抑壓에 抗議하는 二十五萬市民의 民衆大會」(『로동신문』, 1946.9.24), 國史編纂委員會, 『北韓關係史料集』 33, 국사편찬위원회, 2000, 168면.

호의 미국에 대한 인식도 변모했던 것이다.[42]

> 작년 오월 휴회되었던 쏘미 공동위원회가 다시 열리게 된다는 소식은 반동의 마수로 휘덮인 암혹한 남조선 천지에서 신음하는 인민들에게 반가운 구원의 신호였다. 그들은 피비린내나는 괴로운 전투에서 숨을 돌리며 큰 기쁨과 힘을 얻어가지고 새 활기가 용솟음쳐 올라오는것이었다. 그들은 남북통일정부의 수립을 눈앞에 내다보며 열광적으로 이 소식을 환영하였다.[43]

위에서 짐작하듯, 서울에서 1947년 5월에 21일에 재개된 제2차 미소공동위원회는 조선민주주의 임시 정부 수립을 위한 기초 작업에 나섰는데, 이에 따라 북조선에선 남북의 통일정부 수립이라는 기대감 때문에 신중한 대미관을 보였다. 그러나 미소공동위원회가 완전히 결렬된 10월 이후 1947년 말부터는 극단적 반미관으로 전환되었다. 김일성은 1947년 8월 14일 오후 7시 평양모란봉극장에서 거행된 8·15해방 2주년 기념대회에서 독일의 파쇼제도와 일본 제국주의의 약탈정책, 새로운 파쇼적 발악을 지적하면서 반파시즘적 측면에서 국제 정세를 설명했다. 여기서 '세계의 어떤 국가들과 어떤 지역에서는 새로운 파쇼적 발악이 시작되고 있다'는 국제 정세 파악에서는 미국에 대한 비판 의식이 깔려 있었다.[44] 1947년 9월 18일에 북조선민주주의민족통일전선위원회

---

42 1946년 3월 25일에 평양에서 결성된 '북조선예술총련맹'은 1946년 10월 13~14일에 열린 제2차 북조선예술총련맹 전체 대회에서 '북조선문학예술총동맹'으로 개편되었다. 이에 따라 『문화전선』 창간호(1946.7.25)는 '북조선예술총련맹' 기관지로 출간된 반면, 『문화전선』 2집(1946.11.20)은 '북조선문학예술총동맹' 기관지로 출판되었다.

43 李東珪, 「盟誓」, 韓雪野 외, 『위대한 공훈』, 평양: 문화전선사, 1949, 254면.

44 金日成, 『八·一五解放二週年記念報告』, 평양: 북조선인민위원회선전부, 1947, 3~11면.

결정서에서도 '미군정이 제국주의적 정책을 노골화하여 해방된 조선으로 하여금 또다시 식민지화하려는 음모와 책동을 감행하고 있다'[45]고 비판했다.[46] 점차 강화되는 부정적 미국관은 미소공동위원회가 완전히 결렬된 후인 1947년 말부터 미국에 대한 본격적인 비판이 시작되었다.

> 제二차세계대전이후 세계에는 민주와 반민주의 두개의 진영이 형성되었다. (…중략…) 제국주의진영의 근본목적은 제국주의를 강화하며 새로운 제국주의전쟁을 준비하며 사회주의 및 민주주의와 투쟁하며 반동적및 반민주주의적 파시스트제도와 운동을 백방으로 지지하는데 있는것이다. 그와반면에 민주진영의 목적은 새로운 전쟁과 제국주의적침략을 반대하여 투쟁하며 민주주의를 강화하며 파시즘의잔재를 근절하고 장구한 평화를 보장하는데 있는것이다.[47]

> 미제국주의자들은 우리공화국남반부를 극동침략의 군사기지화하며 상품시장으로 전화시키기위하여 정치적으로 진정한인민의 정권기관인 인민위원회를 탄압해산시켰으며 친일파 민족 반역자를 옹호하며 조국과 인민을 사랑하는 애국적 정당 사회단체와 인사들을 검거 투옥 탄압 학살하고있으며 경제적으로 조선의민족경제를 파탄시키고 미국의 전시잉여물자 소화자로 변화시키며 문화적으로 조선고유의 민족문화와 민주주의적인 문화를 말살하

45 「南朝鮮 米軍政의 反動政策에 對한 第六次 北朝鮮 民主主義統一戰線委員會의 決定書 : 北民戰決定 第四號」(『로동신문』, 1946.9.20), 國史編纂委員會, 『北韓關係史料集』 33, 국사편찬위원회, 2000, 130~131면.

46 이주철, 앞의 글, 33~35면.

47 『평화와 민주주의를위하여 제三차세계대전의 위협을 반대하는 전 세계 민주주의적 진보적 력량의 투쟁』(정치상학교재 : 49-17), 평양 : 민족보위성 문화훈련국, 1949.5, 면수 없음.

며 제국주의적인 노예교육제도와 문화를 강화하고있다.[48]

북조선에서는 1947년 말 이후 극단적 반미관으로 전환되면서부터 '민주 진영'인 소련과 '반민주 진영'인 미국의 이분법적 대립 관계를 설정했다.[49] 부정적 대미관과 긍정적 대소관을 선명하게 대조하면서 미국의 '제국주의 정책'을 비판했던 것이다. 북조선은 소련을 민주진영에 놓고, 그 극단에 미국을 제국주의 진영의 중심점에 놓음으로써 극단적인 반미관을 재구성해 나갔던 것이다. 이에 따라 북조선 지식인들은 '민주주의 진영'의 구심으로 인식한 소련에서 유입된 '제국주의론'을 참조하면서 미국의 '독점자본가들이 전시의 이윤을 계속 유지하며 더 많은 이윤을 획득하기 위하여 전후에 와서 노골적인 침략 전쟁을 수행하고 있다'[50]고 지적했다. 또한 그들은 '미제'의 근본목적이 '새로운 제국주의 전쟁'을 준비하는 것이라고도 설명했다. 다시 말해서 이는 북조선 지식인들이 제국주의적 관점에서 미국을 재해석하려는 이론화 작업에 집중하여 '제국주의적 시각에서 재구성된 미국'을 탄생시켰던 것이다.[51] 사실, 북조선 지식인들은 해방기에 유입된 소련문화의 이론을 참조하면

---

48 『강도미제국주의 자들은 인류의 악독한 원쑤이다』(정치상학교재 : 49-18), 평양 : 민족보위성 문화훈련국, 1949.6, 28면.

49 이런 이분법적 대립 구도는 여러 글에서 쉽게 확인되는데, 신고송의 다음 글에서도 마찬가지이다. "정의의 군대이며 인류의平和애호군이며 약소民族의 해방군인 쏘련군대가 進주한 北조선에서는 거대한 民主主義的승리를 가져오고 인민들의 民主力量이 날로 確固장성하며 조선完全독립을爲한 모든 기초가 確立되어 있는 反面에 米군이 진주하고있는 남조선에서는 모든 事實이 北조선과는 정反對 형편에 있으며 모든 民主勢力은 억압當하고 反動지배의 아래 놓여져있다." 申鼓頌, 「南朝鮮에 있어서 米軍政三年間」, 『조쏘문화』 13, 1948.8, 131면.

50 『강도미제국주의 자들은 인류의 악독한 원쑤이다』(정치상학교재 : 49-18), 평양 : 민족보위성 문화훈련국, 1949.6, 1면.

51 김재웅, 앞의 글, 311~315면.

서 남한의 경제나 정치 현실의 부정적 면을 취사선택하는 과정을 통해서 북조선의 '제국주의론'을 창안했던 것이다.

> 조회에서는 직맹반장 백동무가 『유·엔정치위원회에서의조선문제에 관한 미국 제안의 정체』라는 로동신문의 기사를 비유를 섞어 가면서 알기 쉽게 설명해 주었다. (…중략…) 간악한 미국제국주의자들이 허수애비 같은 거수기들을 앞잡이로 써 가지고 조선을 또다시 삼켜 버리러는 그 먹통같은 속통을 알고 있는 선반공들은 냉정을 잃을지경으로 흥분하였다.[52]

> 덕보의 시선은 조선문제에관한 유·엔결정을 절대반대한다는기사에 송곳처럼박혔다. 덕보는 그 기사를 읽기도전에 벌서 먹통같은 유·엔이란두자에서 분통을 터떠리기 시작하였다. 덕보가 세상에서 제일 싫여하고 미워하는 것은 미제국주의자들과 미국상전에게 자기의 잠벵이까지 버서주면서 추파를보내는 이승만일파와 유·엔위원단이다.[53]

> 사실 우리들은 이 민애청의 젊은 동무들을 맞이하며 그들에게서 남조선의 비참하고도 암담한 현실을 여실히 보았던 것이다. (…중략…) 의사는 미어지는듯한 목소리였다.
>
> 『선생님 우리는 이 북조선에 와서 더욱 새로운 힘을 얻었어요 남같이 이렇게 훌륭히 잘 살수있는 우리들이 왜 또 미국놈의 식민지가 되얍니까?』[54]

---

52 李北鳴, 「夫婦」, 강승한 외, 『創作集』, 평양: 국립인민출판사, 1948, 194면.
53 李北鳴, 「愛國者」, 『문학예술』 3, 1948.11, 160면.
54 金史良, 「南에서온便紙」, 강승한 외, 『創作集』, 평양: 국립인민출판사, 1948, 120~127면.

> 이와반대로 미군이 지배하고 있는 지금 남조선은 일제이상으로 인민의 생활이 도탄에 빠졌다. 웨그러냐? 그것은 민주주의가 말살을 당하고 미제국주의의 야만정책이 실시되기때문이다. 또한 리승만 김성수같은 민족반역자 친일파가 미국놈들의 앞잡이로 나서서 매국노의 역적질을 하기때문이다.[55]

1947년 미소공동위원회가 완전히 결렬된 후, 북조선 지도부의 극단적인 반미관은 북조선 작가들에게도 영향을 미치는데, 해방 후 지속적으로 '일제'에 입혀진 모든 상들이 '미제'에 덧씌워지는 과정을 거쳤다. 이 과정에서 '미국'을 '일제'와 마찬가지로 '미제'로 인식함으로써, 북조선에서는 '제국주의 정책'을 펼치는 국가로 낙인을 찍었다. 여기서 리북명의 단편소설 「부부」(1947.12 창작)나 「애국자」(1948.1 창작)에선 북조선 작가의 '조선문제에 관한 UN결정'에 대한 입장을 볼 수 있으며, 리기영의 단편소설 「화병」이나 김사량의 「남에서 온 편지」에서는 북조선의 현실과 대비되는 남한 현실을 바라보는 북조선 작가들의 관점을 파악할 수 있다. 1947년 9월에 UN에 조선 문제가 정식 상정되었고, 미소공동위원회가 완전히 결렬된 10월 말에 UN총회에서 총선안이 가결되었다. 이런 정치적 상황을 반영한 리북명의 단편소설에서는 '조선문제에 관한 UN 결정'에 대한 '절대 반대'라는 입장을 피력하면서 '간악한 미국제국주의자들'과 그 하수인 '이승만 일파'에 대해 비난한다. 또한 '남조선의 단선단정 반대 투쟁'을 다룬 김사량의 「남에서 온 편지」에서는 북조선과 다른 '남조선의 비참하고도 암담한 현실'을 제시하면서 '미국놈의 식민지'가 된 남한의 현실을 개탄한다. 리기영의 '조쏘친선'을 형상화한 단

---

55 民村生, 「花瓶」, 위의 책, 162면.

편소설 「화병」에서도 북조선과 대비되는 '민주주의가 말살을 당하고 미제국주의의 야만정책이 실시'되고 있는 남한 현실을 지적한다. 이런 작품들에서 보듯, 북조선 작가들은 이런 선악 이분법에 따른 부정적 서술을 통해서 미국과 남한을 바라보는 고정된 시선을 표출했다.[56]

---

56 이런 시선은 1949년 6월 결성된 '조국통일민주주의전선'의 강령에도 드러나는데, 이 강령에선 '남조선에서 미제국주의자들과 그들의 주구들이 우리 조국을 분열하여 그 남반부를 미제국주의자들에게 예속시키려는 정책'을 펼친다고 지적한다.
북조선의 통일 전략을 제시한 조직인 '조국통일민주주의전선'에선 "조국의 통일과 독립을 달성하며 국가의 민주 발전을 보장하며 봉건적 잔재를 숙청하며 민족 경제와 민족 문화를 발전시키며 인민들의 복리를 향상시킬 목적으로 다음과 같은 과업들을 실천하기 위하여 투쟁한다"고 적고 있다.

一, 남조선으로부터 미군을 즉시철거케하며 소위 『유·엔위원단』을 물러가게하고 조국의 완전독립을 위하여 투쟁한다
二, 통일을 방해하는 조국의 반역자들을 반대하며 조국의 통일을 급속히 달성하기위한 투쟁에 인민들의 총력량을 동원한다
三, 우리조국의 북반부에서 이미 실시된 민주개혁들을 일층확고발전시키기위하여 투쟁한다
四, 一九四八년八월二十五일 총선거의결과 수립된 조선민주주의 인민공화국 정부를 지지하며 조선인민의 복리를 향상시키기위한 공화국정부의 활동을 협조한다
五, 전조선적으로 광범한 민주개혁을 실시하며 전체조선인민에게 공민의동등권과 언론 출판 집회 시위 결사의 자유와 신앙의 자유등 민주주의적 권리와 자유를 보장하기위하여 투쟁한다
六, 남조선에서 미제국주의자들과 조선반동분자들에게 의하여 탄압당한 인민들의 자치기관인 인민위원회를 부활시키며 그합법화를 위하여 투쟁한다
七, 일본국가 일본인개인 법인및 조선인민의 반역자들에게 소유되었던 토지를 무상몰수하여 농민들에게 무상분배하는 원칙에의하여 남조선에서 토지개혁을 실시하기위하여 투쟁한다
八, 일본국가 일본인개인 법인 또는 조선인반역자들에게 소유되었던 산업및 기타 기업소들의 국유화를 남조선에서 실시하기위하여 투쟁한다
九, 남조선에서 민주운동에대한 탄압과테로를 반대하여 남조선 감옥들에 투옥된애국자들의 석방을위하여 투쟁한다
十, 쏘련과 민주주의중국과 인민민주주의제국가들과및 기타 자유애호국가들과의 친선관계를 발전강화시키기위하여 노력한다
十一, 일본을 제국주의적일본으로 부활시키려는 정책을 반대하여 투쟁한다
十二, 침략적동맹을 조직하며 새전쟁도발목적을가진 제국주의국가들의 정책을 반대하며 평화와국제적 협동의 강화를위하여 투쟁한다.
十三, 민족경제와 민족문화를발전시키며 조선인민들속에서 문맹을 퇴치하며 지식을 널리보급시키기위하여 노력하며 일본제국주의의 사상잔재와 기타 온갖 반민주주의적 사상을 반대하여투쟁한다

쏘련군대가 드러온 북조선에는 착취없는 로동제도가 실현되었다! 남의땅 아닌 농사들이 실현되었다! 북조선은 조선인민의 조선으로 발전하며 있지 않은가?[57]

머리 위로 양쪽 어깨 옆으로 턱밑 흙속으로 마치 이제는 일본제국과도 공공연히 동맹국연(同盟國然)하고 나서는 미제국이 그 탄환공장을 가까이 일본에 채려놨으니 얼마든지 남용해도 좋다는듯한 함부로의 맹탄의 폭우였다. (…중략…) 우리두 쏘련군대가 드러온 북조선처럼 잘살 수 없었던게 아니우! 우리두 인민위원회가 생겼었구 토지개혁을 헐 농맹이 생겼드랬수! 그걸 모두 깨트린게 뒤엔 미제국주의자들이구 우리동네엔 바로 저 눔이우! 우리 민족과 국토를 떼여내 미국에 팔아먹은 단선단정을 꾸민 리승만이 김성수놈들의 우리동네 앞잡이 노릇 허는 게 바로 저눔이우!」[58]

1947년 말 이후 이런 고정된 시선은 지속되는데, 1948년 5월의 강원도 K군 S면 지구 유격전을 다룬 리태준의 「첫전투」에서는 일제와 '동맹국'처럼 미제를 파악하며 미제가 남조선의 개혁을 파탄시키며 '미제의 앞잡이'인 이승만과 김성수도 민족과 국토를 떼어내서 미국에 팔아먹으려 한다고 적고 있다. 여기서도 미제는 일제와 동일하다는 인식이 놓여있고, 미제와 남조선의 지도층은 민주개혁을 방해하여 조선을 식민지화하려고 한다는 판단이 깔려 있다.[59] 이런 인식과 판단의 근저에는

— 「「조국통일민주주의전선」 강령」, 『문학예술』 2(7), 1949.7, 14~15면.

57 李泰俊, 「첫戰鬪」, 『문학예술』 4, 1948.12, 150~151면.

58 위의 글, 167~181면.

59 리태준의 「첫전투」처럼 유격전을 다룬 박태민의 「제2전구」에서도 이런 인식은 크게 다르지

북조선과 남한의 현실을 비교하는 선악 이분법이 놓여 있는데, 이를 통해서 북조선의 체제의 정당성을 역설한다. 즉, 착취 없는 노동제도가 실현되고 토지개혁을 통해서 농민이 땅의 주인이 된 사회가 실현된 북조선에 비해 남조선은 그렇지 않다는 것이다. 그래서 북조선은 조선 인민의 조선으로 발전하고 있다는 것이다.[60] 이러하듯, 이렇게 고정된 이분법은 미국에 대한 기대감이 완전히 사라진 1947년 말 이후 지속적으로 반복되고 강화되었던 것이다.

「매국적 리승만도당이 있고 침략자 미제국주의가 있는날까지 어느시간을 물론하고 우리는 가렬한 전투속에 있다는것을 잊어서는 안될것입니다. 적들

않다. "우린는 공화국 남반부를 자기들의 식민지화하며 군사 기지화하기 위하여 장기주둔을 획책하는 미침략자들을 몰아내고야 말것입니다! / 미침략자의 지주(支柱)로 되어 있으며 그들의 충견으로 되어 있는 리승만 김성수 리범석도당을 비롯하여 남조선 방방곡곡에 들어박혀있는 한줌도 못되는 매국도당들을 말끔히 소탕하고야 말것입니다. / 우리는 오늘 우리 읍내에서 가장 악질적으로 테로를 감행하고 무고한 인민들을 학살하고 공출과 양곡매입법으로 인민을 못살게굴고 대대로 착취를 해오던 일체의 악질지주와 반역 친일 도당들을 숙청하는 영예로운 마음에 섰습니다." 朴泰珉, 「第二戰區」, 『문학예술』 2(7), 1949.7, 247~248면.

60 다음에 보듯, 리태준은 「첫전투」의 앞의 인용 부분을 1948년 12월에 『문학예술』에 발표한 후 1949년 8월, 11월에 단행본 『소설집』, 『첫전투』에 수록하면서 '북조선과 남조선의 두 현실을 제시하여 남조선에 대한 부정적 측면'을 한층 강화한다.

쏘련군대가 들어온 북조선에는 그 착취없는 로동제도가 실현되었다! 거기는 남의 땅 아닌 농사들이 실현되었다! 북조선은 진실로 해방되었고 조선인민의 조선으로 무한한 가능성에서 발전하며 있지 않은가? **어째 한조선 안에 이런 두 현실이 나타나는가? 핫지야? 리승만놈아? 네놈들이 가슴패기는 오늘 우리 앞에 얼마나 대문짝처럼 넓은 과녁판이냐!**

— 李泰俊, 「첫戰鬪」, 韓雪野 외, 『(八·一五解放四週年記念出版)小說集』, 평양: 문화전선사, 1949, 90면.

쏘련군대가 들어온 북조선에는 그 착취없는 로동제도가 실현되었다! 거기는 남의 땅 아닌 농사들이 실현되었다! 북조선은 진실로 해방되었고 조선인민의 조선으로 무한한 가능성에서 발전하며 있지 않은가? **어재 한 조선안에 이런 두 현실이 나타나는가? 핫지야? 리승만놈아?네놈들이 가슴패기는 오늘 우리 앞에 얼마나 대문짝처럼 넓은 과녁판이냐!**

— 李泰俊, 「첫戰鬪」, 『첫戰鬪』, 평양: 문화전선사, 1949, 100~101면.

은 항상 이북침략을 획책하고 있습니다.」(…중략…)

「김장군 령도아래 많은 애국투사들을 지도자로 가졌기때문에 우리 인민과 전사들은 함께 강할수있습니다. 뿐아니라 우리들 인민민주주의국가의 선두에는 위대한 쏘련이 서있습니다.」[61]

미군장교놈들은 그주검을 바라보고 도리여 만족한듯이 웃으며 전쟁은 반드시 주검이 있는법이오 있어야하는 법이라하였다. 그놈들은 두말할것없이 조선사람이 죽는것을 기뻐하였고 희망하였으며 또 괴뢰군장교놈들도 역시 그러하였다.[62]

또한 1949년 여름 남북측의 무력 충돌[63]을 그린 한설야의 「초소에서」에서도 선악이분법이 놓여 있는데, 한설야도 미국을 '제국주의' 국가로 설정하고 소련을 '인민민주주의' 국가로 설정한다. 여기서 보듯, 소련과 미국은 서로 상반된 상을 가진 국가로 인식되었다. 소련과 독일의 전쟁은 조선과 일본의 전쟁과 동일한 것으로 파악했으며, 더 나아가 북조선에서 재구성한 '정의의 나라'로 명명된 소련상과 달리 '일제'에게 부여된 일본상을 덧씌운 미국의 상은 '제국주의 침략정책'을 펴는 '미제'의 표상으로 정착되었다. 이젠 미국의 정책을 '조국을 식민지로 만들고 동포를 노예로 부려먹기 위한'[64] '제국주의의 정책'의 일환으로 재발견

61 韓雪野, 「哨所에서」, 『문학예술』 3(1), 1950.1, 138~180면.

62 위의 글, 150면.

63 박세길, 『다시쓰는 한국 현대사』 1, 돌베개, 1988, 190~194면; 和田春樹, 서동만 역, 『한국전쟁』, 창작과비평사, 1999, 356~366면; 정병준, 『한국전쟁』, 돌베개, 2006, 375~379면.

64 韓曉, 『朝鮮獨立을妨害하는者 : 쏘米共委事業經過와南朝鮮反動派의策動』, 평양 : 북조선통신사, 1948, 132면.

함으로써, '일본 제국주의의 정책'의 기억을 '미국 제국주의'에 덧씌우는 과정을 거쳤다. 특히 '미제'를 표상하는 '미군'은 약탈과 방화를 일삼고 돈과 전쟁을 좋아하는 '인종'에 불과한 것으로 형상화했다. 이렇게 재구성된 반미관은 미소공동위원회가 완전히 결렬된 후 남한과 본격적인 체제 경쟁을 하던 북조선이 체제의 정당성을 주장하기 위해 적극 이용했던 것이다. 조선해방에 기여한 미국의 역할마저 부인하고 있는 이런 극단적인 반미관은 현재까지도 여전히 유용하게 활용된다.

> 요새 남조선을지배하고 있는 미국놈들이 이와같은 야만정책으로 의료시설에 전연등한하다 든가 그래서 남조선을 병마의 소굴로 만들고 게다가 팟쇼의흉악한 표본과같은 미국놈의 성병까지 수입을 시켜서 대량의 성병환자를 생산하는일방 다른한편으로는 약장사를 해먹는다 하거니와 일제의 최후 발악도 해방 직전에는 더욱 극심하였든것이다.[65]

> 미제국주의자들에 의하여 남조선에서 벌어지고있는 이와같은 형편들은 결코 우연한일이 아니며 또 그것은 결코 아무런 필요도없이 된일들이 아니다. 남조선을 식민지로 만들며 조선인민들에게 또다시 노예의 멍에를 씌우려는 미제국주의자들에게있어서 이와같은 형편들은 아주 유리한것이며 절대로 필요한 일로 되는것이다. 그들은 실지에있어서 조선인민들이 잠들기를 원하고있으며 무기력하고 단결할줄 모르는 염세주의자 혹은 퇴페주의자가 되기를 바라고있는것이다. 모든 조선인민들이 잠들고 퇴페주의자가 되는것은 그들의 침략정책을 실현하는데 가장 유리한 조건으로 된다. 이러한 조건

65 民村生, 앞의 글, 154면.

을 짓기위하여 그들은 문학을 리용하고있는것이다.[66]

이런 극단적 반미관은 미군정의 문화정책을 바라보는 관점에도 영향을 미쳤다. 소련의 문화이론을 수용한 북조선 작가들은 미국의 '제국주의적 문화정책'을 맹렬히 비판했다. 한효처럼 북조선 작가들은 '미제국주의자들이 남조선에서 진보적 문학자들과 문학 운동을 탄압하는 한편 온갖 퇴폐주의적, 세기말적, 색정적, 엽기적 문학을 장려하며, 그 표본으로 미국 반동작가들의 작품과 엽기적 깽 영화와 나체 화보들을 가져왔다'[67]고까지 지적했다. 좌익 단체인 '조선문학가동맹'을 탄압하고 '진보적 문학자들'을 검거하고 투옥시킨 미군정의 활동이나 미제국주의자들에 의하여 적극 장려되고 있는 '퇴폐적이고 염세적인 문학'의 유행은 남한 문화가 미국에 예속되고 있음을 입증하는 근거들로 제시되었다. 특히 '파쇼의 흉악한 표본과 같은 미국의 성병까지 수입을 시켜서 대량의 성병 환자를 생산하는 일방 다른 한편으로는 약장사를 해먹는다'는 리기영의 비판에서 보듯, 북조선 작가들은 미국의 부르주아 문화의 상징과 같은 개방적 성문화에 대해서 극단적인 비판을 가했다. 이런 미국의 개방적인 성문화를 비판하는 서술 전략은 부정적 대미관을 유포하는데 효과적으로 활용되었다.[68] 이렇게 부정적으로 재구성된 반미관이 각종 매체를 통해서 광범위하게 전파되고 정착되었음은 물론이다.

---

66 韓曉, 『民族文學에對하여』, 평양 : 문화전선사, 1949, 16면.
67 위의 책, 15면.
68 김재용, 앞의 글, 317~318면.

3. '미제', 적대적 타자에 대한 단상

해방 직후 북조선에서 미국은 조선해방에 기여한 민주주의 국가로 선언되었는데, 북조선 지도부는 해방에 대한 소련의 기여를 강조하면서도 미국에 대한 기대감을 피력했다. 그러나 1946년 들어 미소 관계가 갈등 상황에 봉착했고 미군정의 좌익 탄압이 본격화되면서 북조선의 대미관도 부정적 방향으로 전환되기 시작했다. 제2차 미소공동위원회 개최 전후의 신중한 대미관은 결국 미소공동위원회가 결렬된 1947년 말부터 극단적 반미관으로 전환되었다. 조선 해방에 기여한 미국의 역할마저 부인하고 있는 1947년 말의 극단적 반미관은 6·25전쟁을 거치면서 고착되면서 현재까지 지속되고 있는 실정이다.[69]

> 그것은 우리가 이미 다 아는바와같이 자기의주구 리승만 도당들에게 동족상잔의 내란을 도발시킨후 미 제국주의자는 이 전쟁의 간격을 타서 조선인민이 자기나라 북반부에서 애국정열로 이룩한 찬란한 제반 민주성과와 조선인민의 진정한주권 조선민주주의 인민공화국을 붕괴시키고 우리조국을 미제의 완전한 식민지로 군사기지로 만드려는 제국주의적 침략계획에 기인한는것이다.[70]

> 조선에서 종교를 전도한다는 명목으로 우리나라에 온 선교사들은 미제의

69 남원진, 「미제와 승냥이 : '조국해방전쟁'기의 반미관에 대한 연구」, 『비교문화연구』 25, 2011.12, 231~232면.

70 리태준, 「미제의 여하한 살륙적 침공도 그주구들의 최후적 멸망을 구원 하지못한다」(『민주전선』 1300, 1950.7.6), 문학예술총동맹 편, 『영예의 깃발밑에서』, 평양 : 문화전선사, 1950, 135~136면.

조선침략을 원조하기 위하여 종교의 배후에서 스파이 역할을 하였다.

강도 일제가 리완용 송병준등의 매국노들로 하여금 망국 합방을 시킬때도 미국은 비률빈 과의 교환조건으로 일본의 조선침략을 원조하였다.

이와같이 미국은 력사적으로 조선인민의 불구대천의 원쑤였다.

그런데 미 제국주의자들은 八·一五해방을 기회로 남조선에 련합군의 간판을쓰고 기여들어서 왕년의 일제가 조선을 침략하던 똑같은 방법으로 리승만 김성수등 매국역도를 규합하여 우리조국을 놈들의 식민지로 만들려고 시도하였다. 五년동안에 놈들은 갖은 흉책과 귀축과같은 만행으로 남조선인민을 탄압해 오다가 그래도 안되니까 리승만 괴뢰국군으로하여금 미리 준비하였던 금번의 내란을 불의에 도발시켰다. 그러나 괴뢰국군이 영용한 인민군대에게 일패도지함을 보자 이에 단황한 놈들은 직접 무력을들고 나선것이다.

그러므로 오늘의 적은 바로 미국 강도놈들이며 오늘의 전쟁은 미 제국주의 침략군대와의 전쟁이다.[71]

해방 후 '연합국'의 승리를 말했던 여타의 글과 달리, 6·25전쟁이 발발한 후 발표된 리기영의 글에서는 과거 '일제가 조선을 침략하던 똑같은 방법'으로 '미제국주의자들은 조선을 식민지로 만들려고 시도하고 있다'고 지적하면서, 과거사의 재조정을 통해서 '미국은 역사적으로 조선인민의 불구대천의 원수였다'고 결론을 내렸다. 북조선 작가들은 과거 일제의 행위에 덧씌워진 미국의 '제국주의 침략 계획'에 대한 단호한 비판을 통해서 전쟁의 승리를 위한 애국심을 발휘하도록 유도하는 내

71 리기영, 「피는 피로써 갚자!」(『로동신문』 1234, 1950.7.20), 문학예술총동맹 편, 『영예의 깃발밑에서』, 평양: 문화전선사, 1950, 118~119면.

셔널리즘의 전략으로 '미제'를 활용했다. 이런 내셔널리즘 전략은 '인민의 나라'[72]로 소련을 발견하는 동시에 '토지개혁'과 관련된 제반 민주개혁이 실현된 북조선의 현실을 긍정적으로 의미화하는 한편, 미국을 '제국주의'로 발견하는 동시에 남한의 현실을 미제의 하수인인 친일파나 매국역도가 활개치고 퇴폐적 미국문화가 번성한 곳으로 부정적으로 의미화했다. 북조선 작가들은 이런 남북의 선악이분적 대립관계를 설정함으로써 미국과 남한과 같은 외부에 대한 극단적 부정과 소련이나 북조선과 같은 내부에 대한 찬양과 응집만을 요구했다. 소련에서 '제도의 승리'[73]를 보았듯, 북조선에서도 토지개혁을 비롯한 제반 민주개혁에서 북조선 작가들은 '제도의 승리'를 보았으나, 남한에서는 반대적 현상만을 추적했다. 미제의 '제국주의적 침략계획'에 따라 행해진 것으로 파악한 6·25전쟁도 마찬가지로 이런 극단적 인식의 연장선상에서 전쟁의 승리를 외쳤다. 그러나 북조선 작가들이 달리 할 말은 없었을 것이다. 이미 정해진 한 방향으로만 주장하고 확장해 갔던 것이다. 결국 이미 한 방향으로 재구성된 부정적 대미관에 따라 끊임없는 창조와 재생산만이 역사적 과제로 남아 있을 뿐이다. 그리고 북조선 내부에 대한 비판은 침묵 속에서 가려져 있을 뿐이다. 그런데 현실과 동떨어진 미국을 역사화하는 일련의 과정을 거쳐, 미국을 추상화하면 할수록 오히려 구체적인 표상을 찾을 수밖에 없었던 것은 아닐까.[74] 그래서 북조선에서는 더욱

---

72 李箕永, 「人民의나라 쏘聯邦의躍進相」, 李箕永·李燦, 『쏘련參觀記』, 평양: 조쏘문화협회, 1947, 3~6면.

73 李泰俊, 『蘇聯紀行』, 평양: 북조선출판사, 1947, 234면; 『蘇聯紀行』, 조쏘문화협회·조선문학가동맹, 1947, 279면.

74 북조선에서는 일반적인 공산화와는 달리 진정한 프롤레타리아도 없었고, 미워할 부르주아 계급도 거의 없는 상태였기 때문에, 뚜렷한 투쟁 상대도, 그 적을 미워할 주체도 없는 상황에

극단화된 '현대의 가장 야만적이고 가장 흉악한' 미제의 표상을 찾고 필요했던 것은 아닐까. 또한 미제의 표상은 북조선에선 필요에 따라 마음대로 썼다가 벗을 수 있는 '색안경' 따위가 아니라 세상을 보는 창으로서의 '눈'과 같은 역할을 한 것은 아닐까.

서 출발할 수밖에 없었다. 그 결과 북조선에선 처음부터 적을 밖으로부터 찾을 수밖에 없었으며, 지배체제의 정당화를 위해 '미제국주의'를 계급의 적으로 만들지 않으면 안 되었다. 李相禹, 『韓國의 安保環境』 2집, 서강대 출판부, 1986(증보판), 388~389면; 김영수, 「북한의 체제이데올로기와 내셔널리즘」, 김영작 편, 『한국 내셔널리즘의 전개와 글로벌리즘』, 백산서당, 2006, 405~406면.

일본 프롤레타리아 문학운동과 내셔널리즘*

예술대중화논쟁과 '재미'의 정치학

서동주

1. 머리말

쇼와 초기의 예술대중화논쟁이란 1928년부터 1930년 사이에 나카노 시게하루[中野重治]와 구라하라 고레히토[藏原惟人]가 중심이 되어 프롤레타리아 예술운동 내부에서 전개된 예술대중화의 원칙, 전략 그리고 방법 등을 둘러싼 일련의 논쟁을 가리킨다. 이 논쟁은 대중화란 예술운동의 영역이 아니며 대중이 원하는 것은 '예술의 예술'이라는 나카노의 주장(「芸術大衆化論の誤りについて」, 『戰旗』, 1928.5)에 대해, 구라하라가 이것은 프롤레타리아 예술이 대중에게 외면받는 현실을 고려하지 못한 대중과 예술에 관한 '이상론이자 관념론에 불과하다'(「芸術運動当面の緊急問題」, 『戰旗』, 1928.8)는 비판을 전개하면서 시작되었다. 이후 다수의 문학자가 가

* 이 글은 『일본사상』 제17집(한국일본사상사학회 편, 2009.12)에 발표된 글을 수정·보완하여 재수록한 것임.

담하면서 3년여에 걸쳐 전개된 이 논쟁은 프롤레타리아 예술운동 전체의 관심과 에너지를 집중시킨 가운데 결국 구라하라가 제출한 '예술운동의 볼세비키화'(「芸術大衆化に關する決意」, 『戰旗』, 1930.7)라는 이념(내용)의 중심성을 채택하는 것으로 일단락되었다.

예술의 대중화를 둘러싼 담론투쟁의 중심인물들은 예외 없이 당시 일본 프롤레타리아 예술운동에 참여하고 있던 지식인 집단 — 정확하게는 '문학'에 편중된 지식인 그룹 — 이었다. 이런 이유로 이 논쟁은 줄곧 문단적 사건으로서 간주되어 왔다. 그러나 일본의 미디어 연구자 사토 다쿠미[佐藤卓己]가 지적했듯이 쇼와 초기의 예술대중화논쟁은 보통선거법의 제정(1925) 그리고 그것과 때를 같이하여 등장한 대중적 미디어를 통해 형성된 '대중적 공공권(公共圈)' 내부에서 전개된 '대중쟁탈전'[1]의 일부로서 존재했다. 주지하는 바와 같이 쇼와[昭和]는 다이쇼[大正]기를 통해 약체화된 천황제 내셔널리즘을 재건하려는 정치적 움직임과 함께 시작되었다. 즉, 천황제국가는 다이쇼 문화 속에서 태어난 대중을 천황의 신민(국민)으로 재편성하고자 하였다. 이러한 '위'로부터의 움직임에 대해 프롤레타리아 정치운동은 계급이라는 사회·경제적 유사성에 근거하여 대중을 자신들의 지지자로 결집시키고자 했다. 이처럼 쇼와 초기의 예술대중화논쟁이란 새롭게 가시화된 대중의 집단적 아이덴티티를 둘러싼 '권력'과 '반권력' 사이의 헤게모니 투쟁의 성격을 갖는다.

예술대중화논쟁은 이렇게 대중적 공공권의 내셔널한 재편에 대한 정치적 대응의 일환이라는 의미와 분리시켜 생각할 수 없다. 그러나 이 논쟁에 대한 평가는 프롤레타리아 예술운동 내부의 사건이라는 전제 위

1　佐藤卓己, 『「キング」の時代 : 國民大衆雜誌の公共性』, 岩波書店, 2002, 42면.

에서 논쟁에 참여한 논객들의 대중관, 예술관, 정치관 등을 둘러싼 시비(是非)를 가늠하는 데 중점을 두었을 뿐, 논쟁과 동시적으로 진행된 내셔널리즘의 재편 및 천황제국가의 강화라는 정치적 맥락은 충분히 고려되지 않았다.[2] 이상과 같은 문제의식 위에서 이 글은 천황제 내셔널리즘에 의한 대중적 공공권의 재편이라는 맥락에 주목하여 예술대중화논쟁을 구성하는 담론들의 논리를 재검토하는 것을 목적으로 한다.

예술대중화논쟁을 구성하는 담론을 내셔널리즘의 재편이라는 맥락과 결부시켜 볼 때, 논쟁의 한 축을 담당했던 나카노 시게하루의 주장은 진지하게 검토될 필요가 있다. 왜냐하면 그는 논쟁이 진행되는 동안 창작의 방면에서 식민지 조선이라는 타자를 도입하여 내셔널리즘의 극복이라는 문제에 천착하고 있었기 때문이다. 예를 들어 『무산자신문(無産者新聞)』에 10월부터 12월 사이에 연재된 소설 「모스크바를 향해서[モスクワを指して]」에서는 조선민족의 해방을 국제주의의 이념하에 실현하기 위해 모스크바를 향하는 조선인이 그려지고 있으며, 쇼와 천황의 즉위식 직후인 1929년 2월 『개조(改造)』에 발표된 「비 내리는 시나가와역[雨の降る品川驛]」에서는 추방당하는 조선인의 시점이 포착한 세속화된 천황의 표상을 통해 기존의 천황표상을 상대화하는 '이화(異化)'의 방법이 구사되고 있다.[3]

분명한 점은 나카노의 사고 속에 예술대중화론에 대한 비판과 내셔널

2 주요한 선행연구로는 杉野要吉, 『中野重治の研究 : 戰前·戰中編』, 笠間書院, 1979; 前田愛, 『近代讀者の成立』, 有精堂, 1973; 林淑美, 『中野重治, 連續する轉向』, 八木書店, 1993 등에 수록된 예술대중화논쟁에 관한 논문을 들 수 있다.

3 나카노 시게하루 문학과 '탈내셔널리즘'에 관해서는 졸고, 「비 내리는 시나가와역과 탈내셔널리즘」, 고려대 일본학연구센터 편, 『일본연구』, 2009를 참조할 것.

리즘의 극복(비판)이라는 두 가지의 사상적 과제가 평행하고 있었다는 것이다. 다시 말해 나카노는 대중적 미디어와 같은 이데올로기 장치의 영향 속에서 천황제국가의 '신민'으로 조직되고 있었던 대중을 새롭게 '무산계급'이라는 아이덴티티로 포섭하는 정치적 문제만이 아니라, 내셔널리즘의 논리란 무엇이며 그것은 어떻게 극복가능한가라는 보다 근원적인 문제를 사고의 권역 안에 위치시키고 있었던 것이다. 그리고 어쩌면 나카노의 이러한 근원적 시점이 논쟁과정에서 그리고 그 후로도 오랫동안 그를 '이상론자'로 보이게 만들었는지도 모른다. 이 글은 이상의 문제까지를 시야에 넣고, 대중과 예술에 관한 이상론으로 간주되고 있는 나카노의 대중화론 비판에 새로운 의미를 부여해 보고자 한다.

2. 예술대중화논쟁의 배후 : 대중적 공공권의 등장과 재편

예술대중화의 목적은 무엇보다도 대중적 미디어가 가시화시킨 거대한 향수자층을 프롤레타리아 예술의 수용자로서 '조직'하는 것이었다.[4] 그러나 프롤레타리아 예술운동이 사상적 지지자의 확대라는 프롤레타리아 정치운동의 목적과 분리될 수 없다는 점에서 예술대중화의 과제는 궁극적으로 문화적 취향의 공동성(共同性)을 사상적 동일성(同一性)으로 '승화 = 계몽'시키는 정치적 과제에 구속될 수밖에 없었다.

이러한 예술운동의 정치구속성을 고려할 때, 1925년 3월의 보통선거

4 마에다 아이[前田愛], 유은경·이원희 역, 『일본근대독자의 성립』, 이룸, 2003, 275면.

법의 제정을 계기로 일어난 공적영역의 변동은 중요한 의미를 갖는다. 이 법안은 이를테면 '재산과 교양'을 입장의 조건으로 했던 기존의 '시민적 공공권'의 명망가 중심의 정치를 '국적과 언어'를 조건으로 하는 '국민적 공공권'의 대중민주주의로 전환시켰다.[5] 그리고 이러한 전환은 대중적 미디어의 성장을 촉진하는 계기가 되었다. 예를 들어 1924년 11월 창간되어 단기간에 100만의 독자를 확보했던 고단사[講談社]의 대중잡지 『킹(キング)』은 창간호의 권두언을 빌려 '『킹』은 중세적이지 않고 근세적(近世的)이며, 전제적(專制的)이지 않고 민중적이며…우리 국민 모두에 걸쳐 직업, 계급, 빈부귀천의 차별 없이 읽을 수 있는 잡지'를 지향한다고 밝히고 있는데, 이것은 이 잡지가 보통선거의 실시라는 정치적 변화를 강하게 의식한 가운데 창간되었음을 보여준다. 뿐만 아니라 1926년에 시작된 '엔본붐[円本ブーム]'의 와중에서 헤이본사[平凡社]는 『세계미술전집』을 홍보하며, '보선(普選)의 실시는 정치를 대중화했다. 세계미술전집은 미술을 대중화한다'는 슬로건을 내놓기도 했다. 이렇게 대중적 미디어들은 보통선거가 상징하는 '정치의 민주화'에서 자신들의 활동의 근거를 발견했다.

예술대중화논쟁은 바로 이러한 대중 미디어의 급속한 성장에 대한 프롤레타리아 예술운동의 대응을 의미했다. 이때 논쟁 전체를 관통하는 가장 핵심적인 논점은 예술을 대중화해야 한다는 명제와 '훌륭한' 프롤레타리아 예술이라 하더라도 반드시 대중에게 받아들여진다고 단정할 수 없는 냉엄한 현실 사이의 간극이었다.[6] 예컨대, 나카노 시게하루

5 佐藤卓己, 『「キング」の時代 : 國民大衆雜誌の公共性』, 岩波書店, 2002, 32면.
6 林淑美, 『中野重治, 連續する轉向』, 八木書店, 1993, 236면.

가 '대중이 원하는 것은 예술의 예술, 제왕(諸王)의 왕이다'이라고 하며 이상적인 예술과 이상적인 대중을 일치시키는 것을 통해 이 간극을 메우려 했다면, 구라하라는 '예술을 이용한 대중에 대한 직접적인 선전의 운동'과 본래적인 '프롤레타리아 예술의 확립'은 구분해야 한다는 이른바 대중성과 예술성의 분리방침을 통해 이러한 간극의 문제에 대응하고자 했다. 한편 논쟁 과정에서 대중성을 가장 중시했던 하야시 후사오[林房雄]의 경우는 '내용에 있어서 대중적인 것은 일반적으로 존재하지 않기' 때문에 '우선 형식상의 대중성에서 시작'해야 하며, 그것을 위해 대중문학의 형식을 적극적으로 받아들일 것을 주장(「プロレタリア大衆文學の問題」, 『戰旗』, 1928.10)하여, 형식을 통한 문제해결을 주장했다.

그렇다면 이러한 간극의 문제란 결국 대중적 미디어의 성장과 엔본 붐을 추동했던 출판자본이 가시화시킨 '방대한 향수자층', 좀 더 정확히 말하면 고단샤 문화와 엔본에 의해 '계몽'된 대중을 프롤레타리아 예술의 독자로 포섭하는 것을 의미하는 것이라 할 수 있다. 나카노와 구라하라는 각자의 글에서 당시 노동자들의 독서경향을 보여주는 동일한 통계를 인용하고 있는데, 예컨대 100명의 인쇄공장 노동자를 대상으로 한 독서조사의 결과를 담은 이 통계의 내용을 보면, 응답자의 절반이 『킹』을 비롯한 고단샤 계열의 잡지를 즐겨 읽고 있는 반면 프롤레타리아 예술계열의 잡지를 읽는 독자는 극소수에 불과하다.[7] 그리고 이러한 사정을 반영하듯 고단샤 문화에 대한 대항의식은 대중화를 둘러싼 입장의 차이를 불문하고 모든 논자의 글에 강하게 의식되고 있다.[8]

---

7 마에다 아이[前田愛], 유은경·이원희 역, 『일본근대독자의 성립』, 이룸, 2003, 277~278면.

8 나카노의 경우 여기서 언급한 통계를 거론하며 그러한 현실에 대한 프롤레타리아 예술운동

한편 쇼와는 주지하는 바와 같이 다이쇼 시기를 통해 약체화된 천황제를 재건하는 정치적 움직임과 함께 개막되었다. 쇼와로의 진입과 동시에 새 천황은 조부인 메이지 천황의 이미지를 대중동원의 유력한 수단으로 활용하며 자신을 '국민적 상징'으로 부각시킨다. 예를 들어 천황제국가는 1927년 11월 3일을 메이지 천황의 탄생을 기념하는 '메이지절[明治節]'로 정한 후, 메이지신궁으로 수십만의 대중을 동원했다. 또한 대중잡지 『킹』은 80쪽에 달하는 메이지대제기념부록을 발매하여 단숨에 140만 부의 판매고를 올리며 천황제 내셔널리즘의 부활을 측면에서 지원했다. 이러한 동향은 국적과 언어의 공동성 속에서 성립한 국민적(대중적) 공공권을 천황제 내셔널리즘이라는 이데올로기를 통해 이념화하는 것을 의미한다. 달리 말하면 여기에는 보통선거가 제공한 '대중=국민'이라는 집합적 개념을 '신민'이라는 특수한 가치로 재정의하는 일종의 아이덴티티의 정치학이 작동하고 있었던 것이다.

천황제 내셔널리즘에 의한 국민적 공공권의 재편이라는 쇼와 초기의 공적 담론의 변동을 조망할 때, 최초의 보통선거와 천황의 즉위식(御大典)이 치러졌던 1928년의 역사적 의미는 새삼 주목을 요구하다. 예컨대 나카노 시게하루 연구자 린슈쿠미[林淑美]는 『쇼와 이데올로기[昭和イデオロギー]』라는 책에서 1928년이 갖는 의미를 다음과 같이 적고 있다.

> 지배가 사람들의 내면에 관여하고 사람들의 행위와 실천에 작용하는 것을

진영의 역할을 자문하고 있으며, 이러한 일종의 '위기의식'은 구라하라도 마찬가지였다. 특히 고바야시 다키지[小林多喜二]는 『킹』과 같은 잡지를 '사카린'이라 표현하며 고단샤의 영향력에 대한 반감의식을 드러내기도 했다.

그 초점에 두고, 그것을 현실화하는 전략을 명확히 모색하기 시작한 것은 쇼와라는 시대가 시작된 즈음이었다. 당초에는 보통선거의 실시가 초래할 사회변화를 바라는 기운을 억누르기 위함이었겠지만, 후에 (국가의) 지배는 그것을 포섭해 가면서 근대적인 권력기구로서 스스로를 형성해 간다. 그러한 형성에 유효했던 것이 쇼와 천황의 즉위식(11월)과 보통선거의 실시(2월)였다. 이 두 가지는 사람들의 내면생활과 습관에 대한 지배와 국가이익에 사람들을 동일화시키는 쌍방을 가능케 하는 상징적인 사건이었다.[9]

보통선거로 시작해서 쇼와 천황의 즉위식으로 마감된 1928년은 또한 예술대중화논쟁이 시작된 해이기도 하다. 논쟁의 담론들은 그해의 정치적 동향을 구체적으로 거론하고 있지는 않지만, 앞서 지적한 것처럼 논쟁이 이러한 정치적 동향과 결코 무관할 수 없다. 예술대중화논쟁에 앞서 3월 15일에는 천황제국가의 '좌익' 세력에 대한 대대적인 검거 사건이 일어났다. 물론 이 과정에서 다수의 프롤레타리아 예술운동에 관여하던 지식인들이 검거되거나 수감되었다. 즉, 그들은 대중미디어의 공세만이 아니라 공공권을 천황제의 이념으로 재편하기 위해 '억압적 방법'도 불사하지 않는 국가권력의 위협에도 대응해야 하는 위태로운 현실 속에 놓여 있었다. 예술화대중화논쟁은 줄곧 프롤레타리아 예술운동 내부의 사건으로 간주되어 왔다. 그러나 그 배후에는 대중적 공공권의 재편과 그것을 효과적으로 수행하기 위한 권력의 공세가 있었다. 이 논쟁을 내셔널리즘의 재편이라는 정치적 맥락 속에서 보아야 하는 이유는 바로 여기에 있다.

9 林淑美,『昭和イデオロギー : 思想としての文學』, 平凡社, 2005, 8면.

3. '재미'와 내셔널리즘

예술대중화논쟁은 프롤레타리아 예술이 본연의 역할을 하지 못하고 있는 현실에서 비롯되었다. 이 논쟁이 프롤레타리아 예술운동 전체를 집중시키는 구심력을 발휘할 수 있었던 것은 두말할 나위도 없이 프롤레타리아트를 위해 만들어진 예술이 프롤레타리아트에 의해 수용되지 못하고 있다는 현실이 낳은 '의기의식'이었다. 그렇다면 왜 현실의 프롤레타리아트는 자신들을 위한 예술을 외면했던 것일까? 단적으로 말하면, 프롤레타리아 예술에는 '재미(おもしろさ)'라는 요소가 결여되어 있었기 때문이다. 예를 들어 예술의 내용성을 중시했던 구라하라 고레히토조차 본격적인 프롤레타리아 예술과 구분되는 '대중선전을 위한 예술'의 경우 그 목적을 달성하기 위해서는 '재미'의 문학을 선도했던 대중문학이나 통속문학의 수법을 이용해야 한다(「芸術運動当面の緊急問題」, 『戰旗』, 1928.8)고 주장했다.

프롤레타리아 예술의 대중화라는 과제에서 '재미'가 차지하는 역할을 가장 적극적으로 사고한 사람은 '프롤레타리아 대중예술의 확립'을 주장했던 하야시 후사오였다. 그는 대중에게 읽히기 위해서는 '재미'가 필수적이며, '해학과 풍자, 건강한 정욕, 통쾌한 히로이즘' 등과 같은 '유희적인 요소'는 가급적 많이 포함되어야 한다(「プロレタリア大衆文學の問題」, 『戰旗』, 1928.10)고 역설했다. 물론 이러한 주장은 지식인들이 선호하는 '자기참회와 정신적 고통에 가득 찬 찌푸린 얼굴의 주인공'을 현실의 대중은 원하고 않는다는 지극히 현실주의적인 대중감각에 의해 초래된 것이다.

구라하라와 하야시가 보여주는 '재미'에 대한 강박관념에 가까운 의

식은 두말할 나위도 없이 현실의 프롤레타리아트가 프롤레타리아 예술을 대신하여 '재미'와 '유희적 요소'가 넘쳐나는 대중문학과 통속문학을 향유하고 있는 현실에 대한 위기의식에서 비롯된 것이다. 그런데 이런 '재미'의 규정력은 비단 구라하라와 하야시와 같이 프롤레타리아 예술의 대중화를 적극적으로 주장하는 논자들에게만 국한된 것이 아니었다. 예술운동에서 별도의 예술의 대중화는 필요치 않다고 주장한 나카노 시게하루조차 이런 '재미'의 구속력에서 결코 자유롭지 못했다. 따라서 나카노도 '예술적인 것이 대중적'이라는 주장에 '재미'라는 문제를 거론하지 않을 수 없었다. 이를테면 그는 다음과 같이 재미를 대중의 자기 표상의 문제로써 접근한다. "예술에서 구할 수 있는 재미란 도대체 어디에 있을까? 작품의 예술적 가치와 그것의 재미란 전혀 별개의 것일까? 만약 그렇다면 우리는 뛰어난 예술적 가치를 대중적으로 하기 위해 그것의 다리를 건넘으로써 재미를 찾아온 예술가에게 인사를 해야 한다. 하지만 재미는 예술에서 취할 것이라기보다는 오히려 대중에게서 구해야 할 문제이다. (…중략…) 거기서 대중이 구하고 있는 것 가운데 무엇이 가장 재미있는가? 말할 것도 없이 그것은 대중 자신이다."(「芸術大衆化論の誤りについて」, 『戦旗』, 1928.5)

예술대중화논쟁이 이처럼 '재미'에 관한 강렬한 강박관념 하에서 전개되었다는 것은 거꾸로 다이쇼의 문화공간이 '재미'와 '유희', 그리고 '감각적 쾌락'에 근원적으로 규정받고 있었다는 점을 시사한다. 단적으로 100만 독자를 자랑했던 잡지 『킹』의 제작진은 잡지의 지향을 '재미있고 도움이 되는 잡지[おもしろくて ˋためになる雑誌'로 표현했는데, 이처럼 일본에서 가장 많은 독자의 확보를 목표로 한 잡지에게 '재미'란 필수불가결한 요소였던 것이다.

이러한 '재미'의 보편화라는 현상과 관련하여 그 배경에는 문학이 더 이상 동인(同人)집단의 전유물이 아니라, 하나의 상품으로 간주되어 가는 문학을 둘러싼 경제적 환경의 변화가 놓여 있다.[10] 달리 말하면 다이쇼 시기를 통해 본격화된 출판자본주의와 '연계' 속에서 잡지를 매개(미디어)로 독자(대중)와 마주하게 된 문학(상품)은 자신의 '교환가치'를 실현하기 위해서 독자가 원하는 '재미'에 더욱 의지하지 않을 수 없었고, 독자의 확대에 성공한 출판자본은 더 많은 '재미'를 문학생산자에게 요구하는 순환구조가 재미의 보편화를 확산시키고 있었다. 이렇게 '재미'를 중심으로 한 출판시장의 재편에는 출판자본의 논리가 작용하고 있었으며, 그렇게 해서 형성된 출판시장에서 출판자본이 내놓는 대중적 미디어와 경쟁할 수밖에 없는 프롤레타리아 예술운동 계열의 미디어로서도 '재미'에 대한 현실적 수요를 무시할 수 없었다고 할 수 있다.

그런데 중요한 것은 이러한 '재미'의 보편화 현상이 당시 부활하고 있는 천황제 내셔널리즘을 이전의 내셔널리즘, 즉 메이지의 내셔널리즘과는 구별되는 새로운 것으로 변용시키고 있었다는 점이다. 예컨대 140만 부가 팔린 『킹』의 『메이지대제부록』이 상징적으로 보여주듯이, 그 변용의 핵심에는 천황과 관련한 의미와 표상들이 대중잡지라는 상품을 통해 전달되는 시스템이 독자(대중)에게 환기시키는 새로운 방식의 내셔널

10 오야 소이치[大宅壯一]는 「문단길드의 해체기[文壇ギルドの解体期]」(『新潮』, 1926.12)에서 출판자본주의의 성장이 지식인 중심의 문단에 미친 영향으로서 문단길드의 해체를 언급하고 있다. 문학이 동인집단 내부의 유통에서 벗어나 출판시장에 흡수되면서 기존의 도제관계에 근거한 문단제도는 심각한 존립의 위협에 처하게 되었던 것이며, 이런 현상을 오야는 '길드의 해체'로서 표현한 것이다.

한 감각이 위치하고 있다. 그것은 첫째 동일한 상품이 대량으로 소비되는 상황 속에서 발생하는 어떤 공통감각이며, 둘째 천황의 초월성, 구체적으로는 신성한 절대군주로서의 천황에 대한 감각의 변용이다.

우선 대량소비의 공동성이란 간단히 말하면 같은 상품을 소비한다는 사실이 연상시키는 연대감이다. 여기서 개인과 내셔널한 공동체를 접속시키는 것은 공통의 언어나 문화가 아니다. 동일한 상품을 동시에 소비한다는 경제적이며 동시에 문화적인 행위이다. 예를 들어 140만 명이 구매한 『메이지대제부록』을 들어 설명하면, 개인으로서의 독자는 140만 독자와 동일한 텍스트를 읽었다는 공통성으로부터 체험과 화제 그리고 의식을 공유한다고 상상하게 되고, 이것을 통해 자신을 천황을 정점으로 하는 공동체의 일원으로서 표상하게 되는 심리적 과정을 가리킨다.

한편 초월성의 변용이란 이를 테면 상품이 갖는 고유한 성격에서 비롯되는 세속화의 효과를 의미한다. 상품이란 일단 구매가 이루어지면 그것의 처분은 전적으로 구매자에게 귀속된다. 그것은 설령 '메이지 천황'에 관한 텍스트라 하더라도 예외일 수 없다. 결국 어떤 초월적 표상 혹은 상징도 그것이 상품으로 전달되는 한, 그 표상(상징)은 의미하는 것(이를 테면 초월성)과는 관계없이, 개인에 의해 언제든지 처분될 수 있는 평범한 소비재의 운명을 피할 수 없다. 달리 말하면 상품화된 천황은 천황에 대한 공식적인 의미가 어떠한가라는 문제에 관계없이 천황의 탈신성화를 불가피하게 가속화시킨다.

그렇다면 대중미디어를 적극적으로 활용하는 가운데 진행된 쇼와의 내셔널리즘은 내적으로 천황의 초월성을 손상시키는 모순된 구조를 띤 정치적 운동이었다고 할 수 있다. 그런데 흥미로운 점은 바로 이런 구조, 즉 초월성이 약화된 천황에게 복종한다는 태도가 실은 쇼와 내셔널리즘(전후 마루야마와 같은 전후 지식인에 의해 '초국가주의 = 울트라 내셔널리즘'으로 불리는 것)의 핵심적 논리를 이루고 있었다는 점이다. 오사와 마사치[大澤眞幸]는 『전후의 사상공간』에서 쇼와 내셔널리즘의 시조로 불리는 기타 잇키[北一輝]가 쇼와 천황을 '해파리 연구가'로 조소했던 사례를 빌어, 쇼와 내셔널리즘의 기본 구조를 다음과 같이 설명한다.

> (육체적으로 쇠약했던) 다이쇼 천황은 (…중략…) 뭔가 정신적인 숭고함 같은 것을 박탈당한 멍한(ボケた) 분위기의 천황이었다. (…중략…) 그러나 이렇게만 보면 중요한 부분을 놓치게 된다. 예를 들어 기타 잇키는 천황에 대해 해파리 연구가[くらげの研究者]라고 말했다. 즉 약간은 바보 취급하는 듯한 호칭을 쓰고 있다. 다시 말해 (초국가주의가 주장하는) 천황의 적자관의 핵심에는 기타의 사상이 있는데, 그는 천황을 약간 바보 취급하듯 혹은 친근함을 담아서 부르고 있다. (…중략…) 천황의 적자관이 보여주듯 파시스트들이 천황을 숭배했다는 것은 틀림없다. 그러나 그들이 말하는 천황은 어쩌면 다이쇼 천황과 같이 일반적인 의미의 숭고함을 잃어버린 천황이었는지도 모른다. 천황을 따르는 이유가 숭고하고 훌륭하기 때문이 아니라, 천황이 해파리 연구가에 지나지 않더라도 천황을 따른다는 점에서 파시즘은 불가사의하다. 즉, 여기에는 아지 친근한 아저씨[叔父さん]와 같은 사람에게 일부러 종속된다는 구조가 있다.[11]

재미를 중시한다는 것은 대중문화가 하나의 시장으로 성립한 상황에

11 大澤眞幸, 『戰後の思想空間』ちくま新書, 1997, 114~115면.

서 보자면 수용자의 입장을 중시한다는 것과 같은 말이다. 그런데 이런 수용자 지향적인 구조는 쇼와의 내셔널리즘에도 그대로 적용된다. 하시카와 분조[橋川文三]는 『근대 일본정치사상의 제상[近代日本政治思想の緒相]』에서 메이지 시기의 '천황의 국민'에 대하여 쇼와의 내셔널리즘을 '국민의 천황'으로 정의하고 있다. 즉, 천황은 국민 위에 군림하는 존재가 아니라 국민을 그 존립의 전제로 하여 국민으로부터 이해받는 천황, 달리 말하면 친근한 천황으로 변용되었다는 것이다. 쇼와의 성립을 전후로 전개된 내셔널리즘의 재편은 치안유지법(1925)의 예에서 보듯이 강압적인 모습을 보이기도 했지만 일본의 근대 내셔널리즘의 핵심을 차지하는 천황은 이미 메이지천황과 다른 '친근함'과 '자애'로 표상되고 있었다. 그리고 이러한 새로운 내셔널리즘은 출판시장이 일으키고 있던 초월성의 세속화라는 흐름과 정확히 병행하고 있었다. 이렇게 쇼와의 내셔널리즘은 무엇보다도 대중사회라는 새로운 환경 속에서 배태된 내셔널리즘이었던 것이다.

4. 예술대중화론과 내셔널리즘의 공범성(共犯性)
: 나카노 시게하루의 대중화론 비판의 위상

예술대중화논쟁은 그것과 동시적으로 진행되고 있던 대중적 공공권의 내셔널리즘적 재편이라는 보다 거시적인 정치적 맥락과 분리해서 생각할 수 없다. 그렇다면 이 시기에 전개된 '대중'을 '신민'으로 재구성하려는 내셔널리즘의 정치적 논리란 무엇인가? 내셔널리즘의 정치학이라는 문제를 생각할 때, 앤더슨이 『상상의 공동체』의 서두에서 '무명용사의 기념비'를 언급하며 계몽주의 이전의 종교야말로 근대 내셔널리즘의 문화적 기원이라고 지적하는 다음과 같은 부분은 중요하다.

> 만일 민족주의(내셔널리즘)의 상상이 죽음이나 불멸에 관심이 있다면 이것은 종교적 상상과 강한 연관이 있음을 시사한다. 이 연관은 결코 우연하지 않기 때문에 민족주의의 문화적 근원을 고려하는 데에 모든 불행의 마지막인 죽음에 대한 고려로부터 시작하는 것이 유용할 듯하다.
>
> 인간이 죽는 방식은 대개 우연적으로 보이지만 죽음 자체는 피할 수 없다. 인간의 생명은 필연과 우연의 결합으로 가득 차 있다. 우리는 우리가 가진 특정한 유전적 유산, 성별, 세대, 육체적 능력, 모국어 등의 우연성과 필연성을 잘 알고 있다. 전통적인 종교적 세계관의 큰 장점(이것은 물론 특정의 지배와 수탈체제를 합법화하는 종교적 세계관의 역할과는 구분되어야 한다)은 우주 안에서의 인간, 종(種)으로서의 인간, 그리고 삶의 우연성에 대한 그들의 관심이었다. 불교, 기독교 혹은 이슬람교가 수십 개나 되는 다른 사회구성체들 안에서 수천 년 동안 비상하게 살아남은 것은 질병, 불구, 비탄, 노령, 죽음 등 감당할 수 없는 인간의 고통의 짐에 대한 종교의 상상력 있는 대응을 입증한다. (…중략…) 마르크스주의를 포함한 모든 진화적이고 진보적인 형태의 사고가 가진 커다란 약점은 이러한 질문에 대해 참기 어려운 침묵으로 대답한다는 것이다. 동시에 종교적 사고는 일반적으로 숙명을 연속성으로 변형시킴으로써 불멸성의 모호한 암시에 또한 반응한다. 이런 방법으로 종교는 죽은 자와 아직 태어나지 않은 자 사이의 연결과 재생의 신비에 관심을 갖는다.[12]

앤더슨이 내셔널리즘의 문제를 죽음의 문제로 시작하고 있는 것은 의미심장하다. 왜냐하면 내셔널리즘의 핵심을 언어와 습관과 같은 문화적 공통성보다 인간적 삶에 운명적으로 따라다니는 '비극'에 대한 응답에서 찾고 있기 때문이다. 내셔널리즘은 개인의 죽음이라는 비극을 공동체가 마련한 의례와 기념비를 통해 공동체의 존속을 위한 의미 있는 희생으로 기억시킴과 동시에 죽음 자체가 환기시키는 개체의 단절을 연속되는 세대라는 관념을 통해 '상상적'으로 극복할 수 있도록 지원한다. 그 결과로서 개인은 자신의 이익을 '자발적'으로 공동체에 종속시키게 되며, 국민국가(nation-state)는 그러한 상상화된 동의를 통해 대중을 국민으로 동원하게 된다. 그리고 일본의 근대 내셔널리즘이 천황제 내셔널리즘인 이유는 '천황'이라는 존재를 통해 개개인이 일본이라는 정치적 공동체가 부여하는 아이덴티티를 내면화했기 때문이다.

친근한 존재의 죽음이라는 '비극'을 살아남은 자가 어떻게 심리적으로 극복할 것인가라는 문제에 대해 내셔널리즘은 연속하는 시간의 관념으로 응답했다고 할 수 있다. 앤더슨은 이런 측면에서 볼 때, 이른바 마르크스주의자에게 죽음과 같은 비극에 대한 세심한 고려는 찾아보기 어렵다고 말한다. 그러나 억압적인 권력의 희생자를 집단적으로 추모하고 기억하는 발상은 이를 테면 프롤레타리아 예술에서 어렵지 않게 볼 수 있는 주제이다. 다만 이 경우 중요한 논리는 시간의 연속성이 아니라 개인의 비극을 그 개인이 속한 계급(집단)이 겪는 비극의 일례로 다루는 것이다. 즉, 누구에게나 닥칠 수 있는 비극이 바로 이 사람(!)에게

12 베네딕트 앤더슨, 윤형숙 역, 『상상의 공동체 : 민족주의의 기원과 전파에 관한 성찰』, 나남출판, 2002, 30~31면.

다가왔다는 논리를 통해 개별적인 비극을 공동체의 논리로 포섭하는 방식이다. 이러한 논리가 '무명용사'를 추모하는 내셔널리즘의 발상과 근본적으로 다르지 않음은 두말할 나위도 없다.

그런데 이렇게 개인의 비극을 집단의 상징으로 표상하기 위해서는 표상의 주체가 표상행위에 앞서 개인을 집단의 시점에서 포착할 수 있는 시점, 즉 초월적 시점을 획득하지 않으면 안 된다. 달리 말하면 개인을 계급이라는 사회구조적 관계 속에서 파악하기 위해서는 사회 자체를 계급관계로 바라보는 시점이 선행되어야 한다. 그래서 구라하라 고레히토는 개인을 다루기에 앞서 작자는 '전위의 눈', 즉 사회를 전체적이고 총체적으로 바라보는 시점이 중요하다며 다음과 같이 말했던 것이다. "프롤레타리아 작가는 이 자연과학적 리얼리즘을 극복하고 개인적인 것에 대한 사회적 관점을 획득하지 않으면 안 된다. 달리 말하면 우리는 사회적 문제도 '개인의 본성'으로 환원하는 인식의 방법에 대항하여, 모든 개인적 문제도 사회적 관점에서 본다는 방법을 강조하지 않으면 안 된다."(藏原惟人, 「プロレタリア・レアリズムへの道」, 『戰旗』, 1928.9)

그리고 구라하라가 주장하는 전위의 시점, 즉 '개인적 문제를 사회적 관점에서 본다'는 창작방법에 입각하여 고바야시 다키지[小林多喜二]는 「1928년 3월 15일(一九二八年三月十五日)」(『戰旗』, 1928.10~11)이라는 소설을 쓰게 된다. 이 소설은 1928년 3월 15일에 있었던 천황제정부의 공산당과 그 동조자에 대한 대대적인 검거사건을 배경으로 하여 권력의 비인간적인 억압과 그러한 억압에 굴복하지 않는 주인공을 대비적으로 그리고 있다. 그런데 이 소설이 예술대중화논쟁과 관련해서 중요한 것은 구라하라가 제안한 '전위의 시점에 의한 파악'이라는 창작방법을 충실히 따른

것도 있겠지만, 개인의 비극을 집단이 경험하는 비극의 사례로 표상한다는 프롤레타리아 예술의 표상행위가 전형적으로 드러나 있기 때문이다. 예를 들어 노동조합운동에 관여하는 주인공 '류키치[龍吉]'의 처 '오케이[お惠]'는 남편의 활동에 공감을 느끼지만 처음에는 그것을 '인식'하려고 하지 않는다. 그러나 3·15사건을 계기로 그녀는 남편을 포함해 검거된 사람들이 해왔던 활동을 '무산대중을 위한' 활동이라는 생각에 이르게 된다. 즉, 오케이는 남편의 투옥을 자신의 개인적 불행이 아니라 무산계급에 대한 권력의 탄압이 빚은 비극으로 일반화시키고 있는 것이다.[13]

한편 작중인물이 자신에게 닥친 비극을 계급이라는 집단의 시점을 통해 새롭게 전유하는 순간은, 달리 말하면 작중인물이 정치적으로 각성되는 순간이기도 하다. 이를 테면 고바야시의 이 소설에서 '3·15사건'은 오케이와 같은 인물에게는 계급의식 각성의 계기로서 작용하고 있으며, 그녀는 이러한 의식의 각성을 통해 스스로를 무산계급이라는 집단의 일원으로 간주하는 시점 속에서 세계와 자신을 다시 바라보기 시작한다. 따라서 대중의 정치적 계몽을 중시하는 프롤레타리아 문학이 이러한 서사구조에 의존하는 것은 당연하다. 즉, 비극의 집단화와 정치적 계몽이라는 서사는 동전의 양면처럼 프롤레타리아 문학의 기본 발상을 이룬다.

한편 구라하라와 고바야시가 보여주는 비극의 처리 방식에 비춰볼 때, 나카노 시게하루의 발상은 대단히 이질적으로 보인다. 예를 들어 나카노는 「봄바람[春さきの風]」(『戰旗』, 1928.8)이란 소설에서 고바야시와 마찬가지로 3·15사건이라는 정치적 탄압 사건을 다루고 있다. 하지만, 거기에

13 졸고, 「「春さきの風」の政治學」, 『文學硏究論集』, 筑波大學比較理論文學會編, 2007, 52면.

는 억압적인 권력에 대한 직접적인 고발도 없을 뿐만 아니라 작중 인물의 정치적 각성이라는 서사도 도입되고 있지 않다. 이 소설은 3·15사건의 와중에서 아이와 남편을 잃게 되는 여자(소설 속에서는 '모친'으로 불린다)의 비극, 즉 권력에 의한 가족해체를 다루고 있다. 그러나 주인공은 고바야시 소설 속의 '오케이'와 달리 권력에 대한 분노는 물론, 어떤 저항도 표출하고 있지 않다. 오히려 수감된 남편에게 "우리들은 모욕 속에 살고 있다(わたしたちは侮辱のなかに生きています)"라는 말을 통해 남편으로 상징되는 좌익정치운동의 전위를 상대화하는 시점마저 보여주고 있다.[14]

예술대중화논쟁 과정에서 나카노는 '대중이 원하는 것은 대중 자신의 모습이 그려진 예술'이라는 주장했다. 사실 이 명제 자체에서 대중의 모습이 그려진 예술이 어떤 것이지를 이해하기란 간단치 않다. 그런 점에서 예술대중화논쟁에서 나카노가 주장한 이상적 예술의 모습을 가늠하는 데 있어서 「봄바람」은 중요한 텍스트라고 할 수 있다. 왜냐하면 이 소설은 논쟁의 계기가 되었던 「예술대중화론의 오류에 대하여」의 3개월 후에 발표된 것으로, 이러한 시간적 간격은 이 소설이 앞선 평론에서 제시한 주장의 창작방면에서의 실험일 가능성을 시사하기 때문이다. 그러나 그간 이 소설과 예술대중화논쟁과의 관련은 충분히 주목받지 못했다. 그 이유는 서정시를 연상시키는 문체와 사건 전개의 압축성과 같은 '비대중적' 형식 때문이었다. 그리고 이런 문제는 발표 당시부터 이 소설의 한계로서 지적되었다.[15] 그러나 나카노가 기본적으로 대중화노

14 島村輝, 「權力と身体」, 『講座 昭和文學史』, 有精堂, 1988, 151면.

15 참고로 『전기』 1929년 4월호에는 '나카노 시게하루의 「봄바람」은 문체가 귀족적이다'라는 독자평이 소개되어 있다.

선에 거리를 두었으며, 대중성을 예술적 완성의 결과로서 보는 낙관적인 견해의 소유자였다는 점을 생각하면, 이 소설의 비대중적 요소는 오히려 이것이 예술대중화논쟁과의 관련 속에서 쓰여졌음을 보여준다.

그렇다면 나카노가 제창한 예술의 의미를 구체화할 단서로서 이 소설이 제공하고 있는 것은 무엇인가? 이 경우 주목을 끄는 것이 작자 나카노의 주인공에 대한 묘사의 태도이다. 앞서 소설 속의 주인공에게는 정치적 계몽이라는 서사가 적용되고 있지 않다고 말했는데, 사실 이 소설 속 주인공의 모습은 대단히 다의적(多義的)이다. 예를 들어 그녀는 남편과 같은 '전위'를 상대화하는 시점의 보유자이자, 같이 수감된 사람들의 '회합'이 이루어질 수 있도록 우는 아이를 그들에게 맡겨 간수의 감시를 피할 수 있도록 조력하는 적극적인 전위의동조자이기도 하다. 또한 경찰의 강압적인 말투에 쉽게 굴복하지 않는 의지를 보여주지만, 아이를 죽음으로 몰고 간 권력을 직접적으로 비판하는 정치의식은 드러내지 않는다. 즉, 주인공 자체가 하나의 모순처럼 그려지고 있는 것이다.

가라타니 고진은 나카노가 생각하는 '개(個)'란 그것을 언제나 계급이라는 집단에 종속시키는 구라하라의 발상과는 근본적으로 다른 것이라 지적하며, 전후 나카노가 말한 '실재로서의 개[實在としての個]'의 의미를 다음과 같이 설명한다. 특히 가라타니가 주목하는 것은 나카노의 '개'가 '관계' 속에서 존재한다는 점이다.

> 나카노가 말하는 '개'는 집단에 대한 '개'도 아니며 자기의식으로서의 '개'와 같은 것도 아니다. 그것들은 '관계'를 은폐하는 것에 지나지 않는다. '실재로서의 개'는 오히려 실재가 아니다. 그것은 관계의 갈등과 알력 그리고 투쟁 속

에서만 존재한다.[16]

가라타니가 여기서 직접적으로 언급하고 있지는 않지만, 전후 나카노가 말하는 '관계'란 예술대중화논쟁에서 언급된 '계급관계'와 다르지 않음은 분명하다. 왜냐하면 가라타니도가 같은 글에서 언급하고 있듯이 나카노의 '관계'의 개념은 마르크스의 『독일 이데올로기』에 보이는 다음과 같은 언급, 즉 '사회적 편성과 국가는 언제나 특정한 개인의 생활과정이 초래한 것이다. 그러나 이러한 개인들이란 자신과 타인 속에 등장하는 개인이 나리라 현실에 있는 그대로의 모습, 즉 노동하고 물질적으로 생산하는 개인들이며, 따라서 일정한 물질적인 조건, 달리 말하면 그들이 생각한대로는 움직이지 않는 여러 제도와 전제 아래서 활동하고 있는 모습의 개인들이다'와 공명(共鳴)하고 있기 때문이다. 게다가 나카노는 「예술대중화론의 오류에 대하여」에서 노동하는 "대중의 진실한 모습은 계급이라는 관계에서 나타난다"고 적고 있기도 하다.

그렇다면 「봄바람」의 주인공이 보여주는 다의성은 그녀가 맺는 다양한 수준의 사회적 관계의 표현이었다고 할 수 있다. 나카노는 권력과 반권력 사이의 정치적 긴장을 고조시킨 정치적 사건(3·15사건)을 도입하면서도 개인을 고바야시처럼 '반권력'의 대리인으로 묘사하기보다는 사회적 관계의 다양성 속에서 포착하려고 했다. 왜냐하면 개인을 계급의 대리인 = 일부로서 그리는 것이 다름 아닌 자신이 비판하고자 했던 예술대중론자들의 발상이었고, 나아가 대중적 공공권에서 개개인을 천황의 신민으로 재편하려고 했던 '권력'의 논리였기 때문이다. 개인의 죽음(불

16 柄谷行人, 「中野重治と轉向」, 『ユーモアとしての唯物論』, 筑摩書房, 199면.

행)을 집단이라는 매개를 통해 의미 있는 죽음으로 전환시키는 '연금술'과 같은 논리는 천황제 내셔널리즘만이 아니라 구라하라로 대표되는 주류 프롤레타리아 예술운동이 사용했던 전형적인 비극의 표상방법이었다. 나카노는 정치적 탄압의 희생자였던 '아이'를 끝까지 '모친'의 시점에서 간직하려고 했던 「봄바람」의 주인공을 통해 집단으로 회수될 수 없는 비극의 실존성을 그려냈으며, 그것을 가능케 한 문제의식은 당시 권력과 반권력이 공유했던 개인의 집단화 논리에 대한 근본적인 비판과 맞닿아 있다고 할 수 있다.

5. 맺음말

나카노 시게하루가 프롤레타리아 예술의 대중화에 비판적이었던 것은 대중화의 논리가 대중의 실존성을 망각한 채, 대중을 오직 '계급'이라는 아이덴티티로 결집시키려는 정치적 욕망에 이끌리고 있었기 때문이다. 그래서 그는 논쟁과 병행하는 형태로 「봄바람」이란 소설을 통해 정치적 사건 속에서 발생한 비극(아이의 죽음)을 끝까지의 개인적 입장(모친)에서 받이들이려 했던 여성의 이야기를 써야만 했던 것은 아닐까? 이것은 대중이 원하는 것은 대중의 진실된 모습이며, 예술가는 그것을 위해 노력하는 것으로 충분하다는 추상적인 반(反)대중화 명제의 구체화라고 할 수 있다.

한편 예술대중화논쟁의 배경이 되었던 공공권의 내셔널리즘적 재편은 천황의 초월성을 세속화시키는 형태로 전개되었다. 이 글에서는 이러한 현상을 다이쇼 문화가 전형적으로 보여주는 '재미'의 보편화라는 문제와 결부시켜 살펴보았다. 결국 대중화논쟁만이 아니라 쇼와의 새로운 내셔널리즘도 다이쇼의 대중문화와 출판자본이 추동시킨 '재미'의 보편화에 구속되는 가운데 전개된 서로 구별되는 정치적 운동이었다고 할 수 있다.

프롤레타리아 예술운동의 대중화논쟁과 천황제 내셔널리즘의 평행성은 이러한 '재미'의 내재화에 국한되지 않는다. 양자는 대중적(국민적) 공공권에서 각각 '계급'과 '신민'이라는 집합적 아이덴티티로 대립했다. 이런 점에서 양자의 정치적 기반은 갈등적이다. 그러나 대중(개인)을 집단으로 연결시키는 논리의 측면에서 보면 양자는 상동적이다. 양자 모두 개인을 집단의 '일원'이자 '일부'로서 표상하고자 했기 때문이다. 반면 나카노는 이러한 표상체계를 거부했는데, 이것은 그가 대중의 쟁탈이라는 당면한 정치적 문제보다 그러한 정치적 경쟁이 전개되는 공공권의 내적 논리에 착목했음을 의미한다. 그런 점에서 나카노의 대중화(비판)론이 이상적으로 보였던 것은 그가 대중 쟁탈의 현장보다 그 현장을 규율하는 논리에 관심을 가졌기 때문이라고 할 수 있다.

나카노가 정치의 현장보다 정치의 내적 논리에 관심을 가졌다는 점에서 볼 때, 대중이 대중문학(통속문학)으로 모이는 이유를 설명하는 다음과 같은 일절은 결코 간과될 수 없다.

> 대중예술의 주위에 대중이 무리지어 온다면 그것은 대중 속에 웃음이 묵살되고 그 대신 많은 눈물이 흐르고 있기 때문이다. 그들이 값싼 웃음과 눈물로

써 불안과 비애에 대해 아첨하고, 그 때문에 내일도 이러한 예술의 주위로 무리 지어 와서 그것을 반복해도 미련한 작가의 공물(貢物)을 영원화 할 수는 없다.

—「芸術大衆化論の誤りについて」,『戰旗』, 1928.5.

여기서 나카노는 왜 근대 자본주의 사회에서 대중예술이 발생하는가에 관한 어떤 구조를 문제시하고 있다. 앞서 인용했듯이 앤더슨은 근대 내셔널리즘이 종교적 상상력과 강한 친화성을 갖고 있다고 지적했다. 주지하는 바와 같이 서양의 맥락에서 보면 계몽주의 이후 종교적 사고는 쇠퇴했다. 종교를 대신해 죽음(삶의 비극)의 문제에 응답한 것이 내셔널리즘이라고 앤더슨은 말한다. 종교가 이렇게 근대에 들어와 네이션이라는 형태로 부활했다면 계몽적 이성을 통해 종교의 허구성을 비판하는 것의 한계는 분명하다. 그런데 이것은 대중예술 비판에 대해서도 중요한 시사점을 제공한다. 종교가 계몽주의 이후 계급 간 대립을 은폐하는 내셔널리즘으로 변용되었듯이, 현실의 비극이 재생산되는 한 위안의 도구로서의 '대중예술'은 그 형태를 바꿔 부단히 재생산될 것이기 때문이다. 따라서 대중예술에 대한 계몽주의적 비판, 즉 그것은 '부르주아 이데올로기의 표현에 불과하다'는 정치적 비판만으로는 결코 대중예술에 대한 근본적 비판이 되기 어렵다. 왜냐하면 문제의 본질은 위안을 위한 문화를 부단히 요구하는 현실의 고단함과 비극성에 비극에 있기 때문이다. 나카노 시게하루가 말하는 대중예술화론 비판의 핵심은 바로 여기에 존재한다.

전후 일본의 북한문학 소개와 수용[*]

잡지 『民主朝鮮』을 중심으로

오미정

1. 머리말

이 글에서는 1945년부터 1950년 한국전쟁 이전까지 일본어 잡지에 실린 북한문학 소개와 수용의 양상과 특징에 대해서 다루고자 한다.[1] 이는 북한문학이 일본문학 내에서 '외국문학'으로서 어떠한 위상을 갖고 있었는지에 대한 고찰이자, 식민지지배와 분단에 의한 이산으로 일본에서 탄생한 재일조선인의 문학형성과 어떠한 관련이 있는가에 대한 고찰이기도 하다.

일본에서의 북한문학 소개는 한반도와 일본의 정세 그리고 일본 내

---

* 이 글은 「전후 일본의 북한문학 소개와 수용」(『우리어문연구』 40호, 우리어문학회, 2011.5)을 수정하여 재수록한 것임.

1 1945년 이전 시기에 대해서는 任展慧, 「日本に翻譯·紹介された朝鮮文學について」, 『日本文學誌要』 16, 1966.11; 大村益夫·布袋敏博 編, 『朝鮮文學關係日本語文獻目錄1882.4~1945.8』, 綠陰書房, 1997; 大村益夫·布袋敏博 編, 『近代朝鮮日本語作品集1939~1945』, 綠陰書房, 2001 등을 참조.

재일조선인 사회의 정치적 지형도의 변화와 맞물려 소개되는 경향을 보인다. 일본인에 의한 남·북한문학에 관련된 체계적인 소개나 연구는 1970년대 이전에는 거의 전무했다. 일부 있다 하더라도 그것은 일본어로 번역된 정보나, 또는 조선인 지인들에게 들은 정보에 근거한 것이 대부분이었다. 이러한 상황에 대해 가장 이른 시기에 재일조선인 문학연구자 박춘일(朴春日)은 '일본문학자 자신의 손으로 조선문학이 일본에 번역된 역사가 없다는 사실'을 지적하고 있다.[2] 1970년대 이후에는 한국문학 소개 1세대인 다나카 아키라[田中明], 가지이 노보루(梶井陟, 1927~1988)가 일본인에 의한 남·북한 문학에 대한 소개와 번역이 전무한 것은 '주체성의 결여'라는 관점에서 지적하고 있다.[3] 즉, 전후 일본문학권에서 남·북한 문학에 대한 소개와 수용의 한 특징은 '일본인' 자신들의 관점에서 한국문학을 이해하고 수용하고자 하는 노력이 보이지 않았다는 것이다. 남·북한의 문학을 주변부문학으로서 밖에 인식하지 않았던 오리엔탈리즘적 시각이 지배적인 상황에서, 북한문학의 소개와 수용도 필연적으로 '재일(在日)'의 손으로 이루어질 수밖에 없는 상황이었다.

한반도의 분단이라는 상황에 의해, 북한문학은 1970년대 이전에는 '조선문학'으로서 일본의 재일조선인 문학가들의 적극적인 활동에 의해 일본어로 번역되고, 그리고 재일조선인을 대상으로는 한국어로 소개되고 있었다. 1970년대 이후에는 남한의 문학이 '조선문학' 또는 '한국문학'으로 소개·번역되었으며, 북한문학에 대한 정보는 급격하게 줄어드

---

2 朴春日, 「現代朝鮮文學の現状と課題(2) : 共和國北半部の文學」, 『文學』, 岩波書店, 1964.9, 120면.

3 田中明, 「朝鮮文學への日本人のかかわり方」, 『文學』, 1970.11; 梶井陟『朝鮮文學 : その紹介と研究』 2, 1971(인용은 梶井陟, 『朝鮮語を考える』, 龍溪書舍, 1980, 291면).

는 양상을 보인다.

2. 선행연구와 문제

일본에서 북한문학에 대한 본격적인 소개와 연구는 1970년대 이후에야 등장하게 된다. 그 이전에는 박춘일의 논문 이외에는, 잡지에 북한문학의 정황을 간략하게 소개하는 정도였다. 먼저 가지이 노보루의 작업을 들 수 있는데,[4] 그는 1950년부터 1955년까지 도쿄도립조선중학교에 근무하면서 조선어를 배우기 시작하여, 조선문학에 관심을 갖기 시작했다고 한다. 이와나미서점에서 발행하는 문학잡지 『文學』은 '조선문학' 특집을 1970년 11월호에 편성했는데, 이것은 특기할 만하다. 이 특집호에서 가지이는 「社會主義建設の人間像 : 解放後の北朝鮮文學」(『文學』, 1970.11)을 집필하면서, 북한문학사를 시기 구분하고, 1950년대 후반까지의 대표작을 소개하고 있다. 논문의 말미에 가지이는 최근 작품에 대해서 언급하지 못한 이유로 1960년대 후반에 들어와서 북한에서 발행하던 『조선문학』이나 『문학신문』 등을 입수할 수 없게 된 것, 과거에 활약하던 북

---

4 다테노 아키라, 오정환·이정환 역, 『그때 그 일본인들 : 한국 현대사에 그들은 무엇이었나』, 한길사, 2006, 485~490면. 그는 1970년경부터 '조선문학의 모임(朝鮮文學の會)'을 이끌고 동인지 『朝鮮文學』(전 12권, 1970~1974)을 발행하며 활동을 하였다. 이 잡지에는 조 쇼키치(長璋吉, 한국문학연구자), 오무라 마스오(大村益夫, 와세다대학 교수), 이시카와 세츠[石川節], 야마다 아키라(山田明, 후일 田中明)의 동인과 재일조선인 윤학준이 결합하였다. 조선문학을 번역이 아니라 조선어로 접하고, 소개·번역(『현대조선문학선』 1·2)·연구하였다. 이 모임에 관해서는 가와무라 미나토[川村湊], 「日本人による朝鮮文學研究(五人+一人)の始まり」, 『Hosei University Repository』, 2004.4.1(http://hdl.handle.net/10114/296)에 자세하다.

한문학자들의 최근 소식을 들을 수 없게 되었다는 점을 언급하고 있는 것으로 보아서,[5] 이 시기에 이미 일본 내에서 북한문학에 대한 정보수집, 작품에 대한 접근이 대단히 곤란한 상황이었음을 유추할 수 있다.

이후에도 가지이는 「『新日本文學』の中の朝鮮文學」(『新日本文學』, 1976.4)에서는 『新日本文學』 100호까지 소개된 조선문학에 대한 기사제목을 픽업하여 소개하고 있다. 다만 시기별로 구체적인 내용, 문제를 언급하기 보다는 이러한 좌파적 문학이 조선문학을 소개한 의도와 그 방향성에 어떠한 문제가 있었는지에 주목하고 있다. 즉 1960년대 초반까지 일본에서 조선문학에 대한 연구는 극히 적은데, 그마저도 대부분 조선인(재일조선인)에 의해 이루어졌으며, 일본인에 의한 평론 등에서는 실제 작품을 확인하지 않은 것이 대부분이었다는 점을 문제로 지적하고 있다.[6]

한편으로 재일조선인 연구가 궤도에 오르면서 그 성과로 해방 직후 재일조선인 문학자들의 창작활동과 북한문학에 대한 소개·번역의 관련성을 확인할 수 있게 되었다. 이소가이 지로[磯貝治良], 하야시 고지, 호테이 도시히로[布袋敏博], 최효선, 이한창, 시문학과 관련해서는 손지원, 하상일, 이정석, 김응교 등의 연구가 축적되어 있다.[7] 그럼에도 전후 일

5 梶井陟, 「社會主義建設の人間像 : 解放後の北朝鮮文學」, 『文學』, 1970.11, 134면.

6 "日本の中の朝鮮文學を求めて、その結果得たものは、解放前からわたしがこうした古本屋漁りに一息ついた六〇年代のはじめごろまでのものを含めて、ささやかな頭脳のなかに樂に記憶できる程度の單行本の詩集、創作などはすべて朝鮮人の手によるもの、評論めいたもののうちの日本人の書いたものは、そのほとんどが自分の目でじかに『朝鮮文學』を確認したものではなかった." 「『新日本文學』の中の朝鮮文學」, 『新日本文學』, 1976.4, 102면.

7 이소가이 지로[磯貝治良], 『'在日'文學論』, 新幹社, 2004(번역으로 「식민 제국과 재일조선인 문학의 조망」, 『재일디아스포라문학』 새미, 2006); 하야시 고지[林浩治], 『戰後非日文學論』, 新幹社, 1997; 호테이 도시히로[布袋敏博], 「해방 후 재일 한국인 문학의 형성과 전개 : 1945~60년대 초를 중심으로」, 『인문과학논총』 47집, 서울대 인문학연구원, 2002.8; 최효선, 『재일 동포 문학 연구』, 문예림, 2002; 이한창 「재일 동포조직이 동포문학에 끼친 영향 : 좌익 동포조직과 동포작가와의 갈등을 중심으로」, 『일본어문학』 8집, 한국일본어문학회, 2003.3; 손지원, 「시

본에서 북한문학에 대한 소개와 파악이 여전히 총체적이라고 할 수 없는 것은, 이 연구들이 대부분 재일조선인의 문학형성, 글쓰기에 대한 문제에 중심축을 두고, '북한문학'에 대해서는 역사적 배경으로 참조할 뿐, 북한문학 작품 자체의 수용에 대해서는 고찰이 충분하지 않기 때문이다. 일본인에 의한 남·북한의 문학에 대한 소개가 1970년대 이전에는 거의 전무한 상황에서, 북한문학에 대한 소개는 재일조선인 관계 잡지에 발표된 후 다시 일본의 잡지에 재게재되는 경우가 종종 있을 정도로, 전후 일본에서 북한문학에 대한 소개는 재일조선인들에 의해 이루어졌다고 할 수 있다. 이로 인해 북한문학의 소개는 재일조선인의 문학운동과 밀접한 관련이 있었고, 한국어와 일본어라는 두 언어로 이루어졌다. 이는 식민지 지배로 인해 모국어를 상실한 조선민족이 처한 언어적·민족적·사상적 험로를 상징하는 것이기도 하다.

1945년 패전 후 일본에서 북한문학의 소개와 수용에 관련된 시기 구분은 크게 일본인에 의한 소개와 번역이 나오는 1970년대 이전과 이후로 나눌 수 있다. 다시 1970년대 이전은 1950년 한국전쟁 이전과 이후 1950년대, 그리고 1955년 조총련 결성과 북송 이후로 나누어 볼 수 있다. 호테이 도시히로는 전후의 재일조선인문학을 문학잡지를 중심으로 시기를 구분하여, 제1기(1945~1950), 제2기(한국전쟁~1955), 제3기(1955년 조총련 결성~1960년대 초반)로 나누어 살펴보고 있는데, 북한문학의 소개와 수용도 이 구분을 따를 수 있을 것이다. 제1기(1945~1950)에 조선인들이

인 허남기와 그의 작품연구」, 『한국 근대문학과 일본』, 소명출판, 2003; 하상일, 「재일 디아스포라 시인 허남기 연구」, 『비평문학』 34호, 한국비평문학회, 2009.12; 「해방 이후 재일 디아스포라 시문학의 역사와 의미」, 『한국문학논총』 51집, 한국문학회, 2009.4; 김응교 「재일 디아스포라 시인 계보 1945~1979」, 『인문연구』 55호, 영남대 인문과학연구소, 2009.12 등.

발행한 잡지들이 우후죽순처럼 등장했다가 대부분 사라져 갔는데, 한국어와 일본어로 된 잡지들이 각각 발행되고, 한 인물이 한국어와 일본어라는 두 언어로 모두 발표하는 양상을 보이고 있었다. 재일조선인 사이에 어떤 언어를 선택하여 창작할 것인가에 대한 문제로 논쟁이 펼쳐진 것을 생각해 보면,[8] 해방 직후 분단이 고착되리라고 전망하지 않고 있던 상황에서, 이 시기는 민족문화·민족정체성 수립에 대한 열정과 일본어 문화권에 거주하고 있다는 현실 사이에서 재일조선인들의 느꼈던 딜레마가 잘 드러나는 시기이다. 이 잡지들에는 북한문학이라기 보다는 한반도 전체를 아우르는 조선문학이라는 광범위한 의미의 '조국'의 문학에 대한 소개들이 다수 등장한다. 제2기의 한국전쟁기에는 북한의 대표적인 시와 소설의 일부가 재일조선인들의 손으로 번역되어, 『新日本文學』이나 『人民文學』과 같은 잡지나 단행본으로 출판되어 소개되는 양상을 보인다. 일본문학계에서 사회주의국가의 문학으로서 북한문학을 조금씩 인지한 시기라 할 수 있다.

그러나 1955년을 전후한 제3기에는 그 양상이 달라진다. 이소가이 지로는 재일조선인문학이 1960년대 초반을 기점으로 크게 변화하여, 재일조선인들이 자신들의 문학을 일본에서의 '임시'적인 문학으로 설정하여, 일본어문학의 권역에 포섭되지 않고, 오히려 '조국'의 문학과 일체화된 '민족문학'으로 자신들의 문학을 의식한 시기라고 지적하고 있다.[9] 그 예로서 조총련 산하 재일본조선문학예술가동맹(이하 문예동으로

8 徐龍哲, 『在日朝鮮人文學の始動』 『復刻 『民主朝鮮』 前編 『民主朝鮮』本誌 別卷』, 東京 : 明石書店, 1993, 49면.

9 磯貝治郎 『'在日'文學論』, 新幹社, 2004, 11면.

약칭)의 기관지인 『문학예술』이 한국어로 1960년 1월에 창간된 사실을 들 수 있다. 북한과 일본에 있는 재일의 존재를 일체화함으로써 문학활동도 북한의 문학을 한국어로 직접 소개하고, 그 이론도 수용하여 창작하는 경향을 보인다.[10] 한국어창작이 강조되고, 북한문예의 소개와 수용도 재일조선인이 전유하는 양상을 보이면서, 오히려 일본문학계와 거리가 생기게 된다.

이 글에서는 특히 1950년 한국전쟁 이전 시기에 한정하여 북한문학의 소개 양상에 대해서 고찰한다. 이와 관련하여 일본에서 한국어로 발행된 북한문학의 경우에는 그 독자층으로 일본인과 한국어를 읽지 못하는 재일조선인을 상정하고 있지 않았다는 점에서 이번 분석에서는 제외하고자 한다. 그중에서도 재일조선인이 일본어로 소개한 북한문학과 그 특징에 대해서 일본어 잡지 『民主朝鮮』(1946.4~1950.7)을 중심으로 고찰한다.

3. 잡지 『民主朝鮮』과 김달수의 역할

1945년 패전을 맞이한 일본에서 한반도의 문학, 특히 북한문학에 대한 소개는 아이러니하게도, 이전 피식민자 자신, 즉 재일조선인이 제일

10 김학렬 외, 『재일동포 한국어문학의 전개 양상과 특징연구』(국학자료원, 2007), 한승옥 외, 『재일 동포 한국어문학의 민족문학적 성격연구』(국학자료원, 2007) 등의 자료에 북한문학의 소개와 수용 양상을 알 수 있으나, 그 이전 시기에 대해서는 전모를 알기 어렵다.

먼저 착수하였다. 그것은 북한문학에 대한 관심과 소개가 어디까지나 일본에 남게 된 조선인들의 관심사에서 시작되었고, 이후로도 그들의 수요와 활동에 힘입어 전개되어 갔다는 것을 의미한다. 따라서 북한문학의 소개는 1945년 이후 일본에서의 재일조선인 사회의 형성과 재일조선인의 민족교육과 민족학교 투쟁, 그리고 재일조선인 문학자들의 일본어와 한국어 창작활동과 밀접한 관련을 맺으며, 재일조선인의 빼앗긴 '민족', '민족문화' 회복과 이어졌다.

해방 직후 일본에 거주하고 있던 조선인들은 '재일본조선인연맹'(在日本朝鮮人連盟. 약칭 조련, 1945~1949)을 결성하고, 다양한 잡지들을 발간하였다. 2호로 단명한 기관지 『朝聯文化』를 비롯하여, 『民主朝鮮』은 1946년 1월에 창간되어 4년간이나 지속된 대표적인 종합잡지였다. 필자로 등장한 박원준(朴元俊), 임광철(林光撤), 이은직(李殷直), 어당(魚塘), 허남기(許南麒), 윤자원(尹紫遠), 김원기(金元基), 김달수(金達壽), 장두식(張斗植) 등은 재일문학 1세대이자 당시 재일조선인 운동을 이끌었던 주요 면면들이었다. 멤버들은 이 잡지 지면의 반 이상을 할애하여 남·북한을 아우르는 '조국'의 문학을 일본어로 소개하고, 또한 재일조선인들의 창작의 장으로 활용하였다.

『民主朝鮮』의 집필자 중 문학관계자들이 중심이 되어, 1948년 1월 17일에 '재일본조선문학회'가 결성되었다.[11] 호테이 도시히로의 연구에 의하면 재일본조선문학회는 한국어로 된 『우리문학』(1948.8.1~)과 일본어로 된 기관지 『朝鮮文藝』(1947.10~1948.11)를 간행했다.[12] 재일본조선

11 이후 '재일본조선문학예술가동맹'으로 발전하여 기관지로 『문학예술』을 발행하였다. 「編輯部雜記」, 『民主朝鮮』(1948.1), 『復刻『民主朝鮮』前編『民主朝鮮』本誌 第2卷』, 東京 : 明石書店, 1993, 664면.

12 호테이 도시히로[布袋敏博], 「해방 후 재일 한국인 문학의 형성과 전개 : 1945~60년대 초를

문학회의 기본강령은 북한의 조선문학가동맹과 동일했으며, 거기에 추가로 '문학의 대중화'라는 항목을 추가하고 있는데, 이를 통해 이 조직이 북한문학의 영향을 직접적으로 받고 있었음을 유추할 수 있다.

『民主朝鮮』은 민주조선사에서 발행되었는데, 사장 겸 발행인이었던 조진용(趙進勇)은 조련의 가나가와현 본부 조직부장이었고, 편집인이었던 김달수(金達壽, 1919 창원~1997 도쿄)는 조련 가나가와현 본부 정보부장으로,[13] 조련의 가나가와현 관계자와 관련이 많았다. 김달수는 2호부터 24호까지는 편집인으로서 소설 창작, 평론과 소개, 번역이란 1인 3역을 해내고 있었다. 김달수는 재일조선인 조직인 조련의 활동가이자 작가로서, 그리고 일본공산당 당원으로서, 1947년 10월부터는 신일본문학회(新日本文學會) 회원, 이후에는 상임위원으로 활동했다.

잡지 『新日本文學』[14](1946.3~2004.11・12)을 통해, 그는 『현해탄(玄海灘)』, 『박달의 재판(朴達の裁判)』과 같은 대표작들을 발표하는 한편, 북한문학에 관련된 정보를 제공하여, 일본에서 가장 대표적인 북한문학 소개자이기도 했다.[15] 전후 일본에서 북한문학은 재일조선인 관계 잡지 이외에는 『新日本文學』이나 『文學』을 중심으로 일본의 문학계에 소개되었다.

김달수는 1949년 일본공산당에 입당하는데, 1950년 한국전쟁 발발

중심으로」, 『인문과학논총』 47집, 서울대 인문학연구원, 2002.8, 84면.

13 朴鐘鳴, 「『民主朝鮮』 槪觀」, 『復刻 『民主朝鮮』 前編 『民主朝鮮』 本誌別卷』, 東京 : 明石書店, 1993, 6면.

14 신일본문학회가 발행한 잡지 『新日本文學』은 전전의 프로문학운동을 비판적으로 계승하며 문학자의 통일전선을 목표로 민주주의문학의 창조와 보급에 힘쓴 전후의 대표적인 문학잡지이다.

15 이 시기에 김달수는 「北朝鮮の文學」(『新日本文學』, 1948.5); 「朝鮮文學における民族意識の流れ」(『文學』, 1948.11); 「新しい朝鮮文學について」(『世界文學硏究』 1集, 1948); 「朝鮮南北の文學情勢」(『展望』 6號)와 같은 다수의 글을 발표하고 있다. 이후에도 「朝鮮文化・文學の問題」(『新日本文學』, 1950.6) 등이 있다.

이후, 일본 내에서 투쟁방법의 차이로 일본공산당이 분열하게 된다.[16] 1950년 발표된 '코민포름테제'에 대해 일본공산당 내부에서 의견이 나뉘어 소감파와 국제파로 나뉘게 된 것이다. 그 영향으로 재일조선인 사회도 분열하게 되는데, 다수 재일조선인작가들은 소감파로 분류되었으나, 소감파와 대립하던 신일본문학회의 회원 김달수는 국제파로 분류되었다.[17] 김달수는 『新日本文學』에 남게 되지만, 소감파와 관련이 많았던 시인 허남기(許南麒)는 『新日本文學』에서 분리해 나간 작가들이 만든 잡지 『人民文學』에서 활동하게 된다. 이러한 영향은 『新日本文學』과 『人民文學』이 통합된 1955년 이후에야 김달수 외에 한설야, 안우식, 김민이 『新日本文學』에 북한문학에 대한 정보를 알려주는 인물로 등장한 것과도 관계된다.[18] 뿐만 아니라, 초기에 함께 문학활동을 했던 허남기, 이은직, 어당은 북한에 대한 지향을 강하게 드러내면서 주로 조선학교, 조선대학교 관계자가 되고, 한국어로만 창작하는 방향을 강화하면서, 김달수의 문학적 지향과 달라진다. 이로 인해 김달수의 일본어 창작과 이후의 행보에 대한 평가는 분열되어 있다.

1955년 이후에 재일조선인 사회는 재일조선인연합회(약칭 조총련)의 결성으로, 큰 변화를 맞이하게 된다. 1949년 GHQ에 의해 해산된 조련

16 1950년 1월 코민포름이 「일본정세에 대해서」 라는 글에서 미국점령하 일본에서 일본공산당 지도부가 평화혁명노선을 내세우는 것은 반사회주의적이라고 비판한 사건. 이를 두고 일본공산당 내부에서 비판한 '소감파'와 코민포름의 지적에 찬성하는 '국제파'로 나뉘게 된다. 『戰後史大事典』, 三省堂, 1995, 311면.

17 해방 직후 일본 공산당원 중에 조선인 당원의 비율은 낮게는 1할, 높게는 5할을 점했다고 할 정도로 당원비율이 높았고, 긴밀한 관계를 유지하고 있었다고 한다. 吳圭祥, 『在日本朝鮮人聯盟 1945~1949』, 岩波書店, 2009, 85면.

18 한설야·홍순철, 「現在の朝鮮文學」, 『新日本文學』, 1956.1; 안우식, 「崔承姬をめぐる批判」, 『新日本文學』, 1959.4; 김민, 『解放後の朝鮮文學』, 『新日本文學』, 1959.6; 한설야, 「朝鮮文學の現狀と課題」, 『新日本文學』, 1959.11.

이 1951년 한국전쟁 중에 일본공산당 산하 재일본조선민주전선으로 결성되었다가, 1955년 5월 한덕수 등이 중심이 되어 조총련으로 결성되었다. 조총련의 발족으로 이들이 공화국의 해외공민으로 자신들을 인지하면서, 북한과 일본공산당의 관계도 변화가 생긴다. 1959년 모든 작가와 문학모임을 산하기관인 '문예동'으로 규합하면서, 한국어로 된 기관지 『문학예술』을 간행하게 된다.[19] 북한과의 결속이 보다 강화되고, 초대 동맹위원장은 허남기가 맡는다. 『문학예술』은 이후 90년대까지 문예동의 기관지로서 재일조선인의 한국어 창작의 기본 발표 무대로 기능했지만, 재일조선인조직이 경직되면서 김달수, 김석범과 같은 많은 문학가들이 이탈한다. 김달수는 1958년경부터 조총련 조직과의 갈등이 깊어지고, 1968년 장편 『太白山脈』(미완) 이후에는 창작보다 조선과 일본의 고대사 연구에 기울어지게 된다.

『民主朝鮮』의 발간에 관계한 김달수의 노력은 비상한 것이었다. 이후 재일조선인 조직과 운동에서 김달수가 분리되면서, 그에 대한 평가는 조총련 조직에서는 비판적으로 되지만, 이 시기 문학자로서 김달수가 조국의 문학을 일본에서 소개하려고 한 노력은 평가되어야 마땅할 것이다. 실제 수많은 재일조선인 관계 잡지들이 1년도 되지 않아 명멸한 속에서 4년간이나 계속된 것은 특기할 일이다. 이 잡지는 GHQ에 의한 사전검열로 기사가 삭제당하거나 잡지의 발행이 금지되기도 했다. 이 잡지의 실질적인 발행기관이었던 조련이 1949년 9월 「단체등규정령(團體等規定令)」으로 강제해산당한 이후 잡지발행이 어려워져, 1950년 7

19 1960년 1~100호까지 격월지에서 계간 등 불규칙하게 발행되다가 『겨레문학』(2000)으로 속간되었다.

월호를 끝으로 정간되었다.

창간사에는 다음과 같은 내용이 있다.

> 우리들은 우리들이 나아갈 길을 세계에 표명함과 동시에, 과거 36년이라는 오랜 세월 동안 왜곡되어 온 조선의 역사, 문화, 전통에 대한 일본인들의 인식을 바로잡고, 지금부터 전개될 정치, 경제, 사회 건설에 대한 우리들의 구상을 이 조그만 책자에 의거해 조선인을 이해하려고 하는 강호제현에게 그 자료로 제공하려고 한다.[20]

『民主朝鮮』은 조선에 대한 왜곡된 일본인의 시선을 바로잡고, 새로운 조선 건설에 대한 비전을 일본인들에게 전하려는 의도로 일본어 발행이라는 방식을 선택한 잡지였다. 창간호의 「편집후기」에도 이 관점이 드러난다. 1945년 3월 무렵부터 잡지를 발간하려는 움직임이 있었으나, 갑작스런 해방으로 동인들의 거취가 복잡해져서 발행이 늦어졌다는 점과 함께, 이미 발간 당시 도쿄에서도 한국어를 활자를 식자할 수 있는 상황이지만 굳이 일본어로 발행하기로 한 것은, 처음부터 한국어가 서투른 재일조선인 독자와 일본의 독자를 상정하였기 때문이라는 것이다.

『民主朝鮮』의 기고자 중에는 조선 문제를 논하는 일본인도 다수 포함되어 있었다. 그 이유는 잡지를 발행한 조련이 일본공산당과 밀접한

20 "我等は, 我等の進むべき道を世界に表明すると同時に, 過去三十六年という長い時間をもって歪められた朝鮮の歴史, 文化, 伝統等に對する日本人の認識を正し, これより展開されようとする政治, 經濟, 社會の建設に對する我等の構想をこの小冊子によって, 朝鮮人を理解せんとする江湖の諸賢にその資料として提供しようとするものである."「創刊の辭」, 『復刻『民主朝鮮』1卷, 東京 : 明石書店, 1993, 14면.

관련을 가지고 있었고, 신일본문학회에 김달수가 관련되어 있었기 때문이다. 보다 본질적으로는 이들에게 '조선문제가 일본인에게 있어서 단순한 외국의 문제가 아니라, 그들 자신의 존재양식을 묻는 근원적인 문제'였기 때문이었다.[21] 즉, 과거에 식민지로서 압박을 받았던 조선과 현재의 연합군 점령하에 있는 일본을 무매개적으로 동일시하는 위험성은 있지만, 일본제국주의의 지배에서 벗어나 해방과 민주주의 건설로 나아가는 조선의 행방은, 패전과 연합군의 점령지배에 놓인 일본 민족의 해방과 민주주의 건설과 겹쳐 보였기 때문이었다.

4. 『民主朝鮮』에 실린 남·북한 관련 문학 기사

시대 순으로 실린 기사를 살펴 본다. 이와 관련하여 『民主朝鮮』에는 재일조선인 작가들의 소설이나 시 창작도 다수 게재되었지만, 본고에서는 북한문학의 소개라는 테마에 맞추어 고찰의 대상으로 하지 않았고, 주로 언급하는 글은 북한문학에 관련된 글이다. 또한 해방 직후부터 한국전쟁 발발 이전까지 한반도의 상황은 대단히 유동적이어서, 명확하게 남·북한문학을 구별하는 것이 불가능하여 양측을 모두 아우르는 '조선문학'이라는 범주에서 『民主朝鮮』이 한반도의 진보적 문학가

21 徐龍哲, 앞의 글, 51면. 이와 관련하여 1950년대에는 나카노 시게하루[中野重治]와 같은 작가들의 조선문제에 대한 언급에 주목할 필요가 있다. 「外國との關係ということ」, 『新日本文學』, 1950.6; 「朝鮮問題について」, 『新日本文學』, 1959.6.

들과 작품을 폭넓게 소개하고 있다는 점을 지적해 둔다.

〈자료 1〉『民主朝鮮』에 실린 남·북한 관계 문학기사 목록

評論	李源朝, 「民族文化發展の概觀」 1卷 6号(1946.12) 韓曉, 「民族文化の本質」 1卷 6号(1946.12) 韓曉, 「新しい性格の創造」 2卷 7号(1947.1)
小說	金史良, 「ボクトルの軍服」 2卷 7号(1947.1)
評論	金雨石, 「文學の解放」 2卷 8号(1947.2) 孫仁章(金達壽), 「朝鮮文壇の現狀」 2卷 8号(1947.2)
小說	李泰俊, 「落書」 2卷 9号(1947.3.4)
評論	宋完淳, 「民族文化建設の任務」 12号(1947.7)
小說	李泰俊, 「解放前後」 12号(1947.7) 李泰俊, 「解放前後 (下)」 13号(1947.8)
詩	李庸岳, 「詩 おらんけ花」 2卷 14号(1947.9)
評論	林和, 「朝鮮民族文學論」 2卷 6号(1947.12)
小說	安懷南, 「夜」 第17号(1948. 1)
評論	金起林, 「わが朝鮮詩の方向」 18号(1948.2.3) 安英一, 「朝鮮演劇の歷史的段階」 18号(1948.2.3) 林和, 「人民抗爭と朝鮮文學」 18号(1948.2.3) 北載永日(朴元俊), 「北朝鮮の教育と文化について」 19号(1948.4)
座談會	「われらの放談」 19号(1948.4) 金元基, 許南麒, 朴元俊, 李殷直,金達壽, 元容德, 張斗植 참가
小說	朴贊模, 「母」 20号(1948.5)
評論	金台俊, 「朝鮮文學の特質」 21号(1948.8, 발행금지호)
詩	解放詩特集, 許南麒 譯 金起林, 「詩と文化に托す」 李秉哲, 「角」 林和, 「旗を下そう」 金哲洙, 「惜春賦」 趙仁奎, 「火夫」
評論	林和, 「文化反動に對する闘爭」 22号(1948. 9)
評論	金永鍵, 「外國文化の攝取と民族文化」 25号(1949.1.2)
戲曲	金南天, 「三一運動」 26号(1949.3.4)
論文	高原哲, 「ソ連軍は朝鮮で何をしたか」 28号(1949.6)

座談會	「民族文化の危機を語る一民族文學の諸問題」29号(1949.7) 一小田切秀雄, 朴元俊, 李殷直, 李珍珪, 中西浩, 水野明善, 林光澈, 魚塘, 殷武岩, 金達壽
評論	安含光, 「民族文化の確立とその潮流」(1949.7)
紀行文	徐光霽, 「北朝鮮紀行 (第4回)」30号(1949.8)
評論	江口渙·金斗鎔, 「朝鮮プロレタリア文學運動の史的展開」31号(1949.9)

창간 직후인 1946·1947년 당시 일본의 재일조선인들은 현실적으로 한반도의 문학상황에 대한 정보가 부족했다. 상대적으로 입수가 용이한 남한에서 발간된 여러 출판물들에 의존하여 북한의 문학상황이 전달될 정도였다. 1947년 1월호 『民主朝鮮』 편집국에서 다음과 같은 광고를 실었다. 즉, 잡지가 고국의 논단이나 문단에 발표된 작품을 번역·소개하고 싶어도 현 상황에서는 조직적으로 입수하기가 대단히 곤란하며, 이에 독자들이 입수한 문헌을 빌려달라는 광고이다. 이로 보아서, 한반도의 문학상황을 조감하기에는 정보가 대단히 부재하였다는 것을 알 수 있다. 실제 광고가 나간 다음 호인 1947년 2월호에 김달수가 「朝鮮文壇の現狀」을 발표하여, 실물을 입수한 정황이 유추된다.

북한문학의 소개와 관련하여 일본어 번역을 누가 하였는지도 눈여겨 볼 부분이다.

소설은 김달수, 시는 허남기(1918~1988), 평론은 이은직과 박원준이 주로 그 번역을 담당하고 있다. 이후 김달수는 박원준과 공역으로 이기영의 『땅[蘇える大地]』(ナウカ社, 1951)을 번역한다. 김달수와 더불어 재일 조선문학계를 양분한 시인 허남기도 많은 시를 번역했다. 1950년대 들어와 잡지 『人民文學』(1950.11~1953.12)에도 조기천, 권경택, 임화의 시를 번역하여 실었는데, 특히 조기천의 『長編叙事詩 白頭山』(ハト書房, 1952)이 대표적이다. 허남기가 창작한 『화승총의 노래[火縄銃の歌]』(青木書店, 1951)와 같은 일본에서 보기 드문 서사시도 북한시의 번역작업과 밀접한 관련이 있을 것이다.

다음으로 북한문학이 어떤 관점에서 소개되고 있는지를 살펴보고자 한다. 『民主朝鮮』에 실린 남·북한의 문학관계 기사는 지역적으로 북한에 편향되어 있다기보다 일제시대부터의 카프 출신이나 해방 후 프롤레타리아문학을 지향한 좌파적 문학 인사들이 두루 소개되었다. 1947년경까지는 대부분 남한에서 활약하던 문학가, 1947년 이후에는 월북해서 활동하는 문학가들의 작품이 많이 소개되고 있다. 분단이 확정된 1950년대보다는 다양한 문학가들이 보인다. 소설에서는 이태준, 시에서는 이용악, 평론에서는 한효, 안함광, 이원조, 임화가 빈번하게 등장한다. 그럼에도 압도적으로 재일조선인이 아닌 조선인 중에서는 고국의 '조선문학가동맹'에 속한 작가들이 많이 포함되어 있었다.

김달수가 孫仁章이라는 필명으로 쓴 「朝鮮文壇の現狀」(1947.2)은 해방 후 조선문단을 비교적 이른 시기에 소개한 글이다. 먼저 1946년 12월에 조선문학가동맹이 결성되어, '민족문학'을 운동 목표로 내세우고 여러 유파들이 단결하였음을 전했다. 잡지발행이 1947년 2월호였으므로 고국의 문학계 소식이 큰 시간적 격차 없이 전달되고 있었다는 것을 알 수 있다. 다음으로 조선문학가동맹의 기관지 『문학』이 용지난 와중에서도 훌륭한 종이로 인쇄되어 있는 것으로 보아 '조선에서 문학운동이 얼마나 성황인가'를 증명해주는 것으로 파악하였다. 김남천의 「八·一五」, 이태준의 「解放前後」, 김태준의 「延安行」, 신인 김학철, 북한에 있는 이기영의 『고향』 창작을 전하고, 한설야와 김사량의 근황을 간략하게 소개하였다. 다

음으로 안회남의 「小說界の一年」을 인용하면서, 1946년 조선문단의 이태준, 지하련의 「道程」, 허준의 「殘燈」, 채만식의 「昔語り」, 전재경, 이봉구를 소개하지만, 아직 작품을 접하지 못하였음을 밝히고 있다. 소개의 내용은 대단히 개략적이고, 게다가 실작을 거의 접하지 못하고 있는 상황임을 알 수 있다. 이 글에서 김달수는 조선의 문학자는 정치적 실천 활동에서 벗어날 수 없고, 이 방면에서 왕성한 힘을 보여주면서도 문학 본래의 것을 잃어버리지 않은 점이 특징이라고 마무리하고 있다. 그야말로 정치의 계절에 요구되는 문학가의 역할과 이 역할에 충실한 조국의 문학에 대한 긍지와, 그 전도에 대한 낙관적인 전망을 읽을 수 있다.

같은 호 「편집후기」에서도 '진통 속에서 새로이 싹트고 있는 조선의 문학'에 대한 열망을 표출하며, '조선에서는 그저 한 마디 민족문학'이 있을 뿐이라고 단정했다. 「朝鮮文壇の現狀」과 더불어 「편집후기」는 일본에 있는 재일조선인들에게 있어 남·북한의 진보적 문학이 재일조선인들이 지향해야 할 '민족문학'으로서 존재하고 있음을 제시하고 있다. 이러한 관점은 분단된 조국의 현실을 바라보는 데 있어 '민족'이 문학에 있어 가장 중요한 가치가 되고 있으며, 따라서 이기영이나 임화의 텍스트를 번역하는 작업은 지향해야 할 조국의 문학적 전범을 일본에 전하는 작업이기도 했다. 이는 당시 『民主朝鮮』에 연재된 김달수의 소설 『후예의 거리』의 테마도 잃어버린 '민족적 아이덴티티'의 회복과 수립이었던 것과 관련해서, 당시 일본에 있는 재일조선인의 문학적 화두가 어디에 있는 지를 보여준다. 따라서 『民主朝鮮』은 조국의 진보적 문학자들의 글이 두루 소개하고 있지만, 정파적으로 한정하지 않고 있다. 이는 한효로 대표되는 북한의 문학적 방향성, 단순한 '민족문학'은 지양

해야 한다는 관점과는 조금 다른 양상이었다.

1948년 이후에는 북한에서 소련군이 물러가고, 공화국이 수립된 상황을 반영하여 잡지에서 남한보다는 북한에 대한 기사가 늘고 있다. 김달수는 『新日本文學』 17호(1948.5)에도 「北朝鮮の文學」에서 북한의 문학 상황을 소개하고 있는데, 이는 일본의 문학지에 북한의 문학상황이 외국문학으로서 최초로 보고된 것이었다고 할 수 있다. 박원준이 쓴 평론 「北朝鮮の教育と文化について」(1948.4)는 이후 북한문학을 소개할 때의 기본적인 도식인 소설에서는 이기영, 시에서는 조기천이라는 스테레오타입을 처음으로 보여준다. 교육부문에서 문맹퇴치사업의 성공보고와 더불어 북한의 문학과 예술에 대해서 소개한다. '북조선예술총동맹'이 1946년 3월에 결성되고, 1947년에는 소련의 도움으로 인민경제가 부흥한 결과, 창작활동이 활발하게 이루어지게 되었다는 것을 강조하였다. 소설에서 이기영, 한설야, 최명익, 김사량, 이동규, 석인회, 최인준, 현경준을, 극작에서 송영 등을, 시에서는 이찬, 박석정, 박팔양 등을 거론한다. 그중에서도 이기영의 장편 『땅』이 조선문학 재건의 새로운 지표를 제시했다고 평가하고 있으며, 조기천의 『백두산』이 수만 부 팔리고 있다고 보고한다. 여기서 언급된 이기영의 『땅』, 조기천의 『백두산』은 북한문학의 최고 성과로서 평가되면서, 50년대에 들어와 가장 먼저 일본어로 번역되는 작품이 된다.

1949년 이후 김달수는 『民主朝鮮』의 편집에서 손을 떼고, 윤병옥(尹炳玉)이 담당하였다고 되어 있는데, 편집후기를 보면 사실상 허남기와 김원기가 편집하고 있다. 1949년 3·4월호 편집후기에 김달수는 당분간 창작에 전념하기로 했다고 하는데, 이후 창작만 연재하고 있다. 조련에

대한 GHQ의 탄압과 해산이 맞물려 북한문학의 소개와 번역은 주춤하는 양상을 보여준다. 이 무렵부터 북한문학 작품의 번역과 소개보다는 정치, 경제관련 기사와 사회주의 조국 북한에 대한 기사가 많아지는 경향을 볼 수 있다. 그 예가 고원철(高原哲)이 쓴 「ソ連軍は朝鮮で何をしたか」(1949.6)는 북한의 산업기술·농촌·문화방면의 발전에 대한 소련의 공헌을 기술하고 있다. 소련점령이 끝난 이후, 점령 성과에 대한 보고의 성격을 보여준다. 특히 문학에 대해서는 조선문화협회에서 발행한 『소련사회주의문화발전』, 『조소문고』, 『소련희곡집』 등 소련과 관련된 번역이 이루어지고 있는 상황과 소련관련 전시회, 소련제작 영화 등의 소개를 언급하면서, 북한의 문화부문에서 소련의 적극적인 지원과 영향을 지적하고 있는 점이 눈에 띈다.

또한 북한에 대한 패전 후 최초의 기행문인 서광제의 「北朝鮮紀行」이 4회에 걸쳐 연재되어 흥미롭다. 4회(1949.8)에서 김일성대학과 예술문화사업, 1947년도 문단의 수확에 관련된 견문을 전하는데, 여기서도 이기영의 『땅』, 조기천의 『백두산』을 북한문학의 주요 업적으로 거론하고, 문학동맹 기관지 『조선문학』에 대해서도 언급한다.

전체적으로 1950년 한국전쟁 이전 시기의 일본에서 북한문학 소개는 여전히 대단히 개략적이고, 실제 작품의 소개는 충분하지 않았다. 그리고 이 또한 거의 재일조선인 관계 미디어에서만 소개되고 수용된 흔적을 보여준다. 1950년대 들어와 실작의 번역과 함께 『新日本文學』과 같은 잡지에 사회주의권 문학으로 소개되면서, 북한문학에 대한 이미지들이 일정 정도 형성되어 가는 것으로 파악된다.

5. 맺음말

1945년부터 1950년까지 일본에서 이루어진 한반도의 문학에 대한 소개는 재일조선인 문학자들에게 전적으로 맡겨져 있었다. 물론 이후에도 상황은 크게 달라지지 않았고, 재일조선인을 중개한 구도가 계속 유지되었다. 그 구도가 유지될 수 있었던 이유 중 하나는 재일조선인 자신이 문학적 원천으로서 조국의 문학을 필요로 했다는 점, 다음으로는 일본문학계에 남·북한의 문학을 주체적으로 수용하려는 자세가 확산되지 않았다는 점에 있다고 할 수 있다. 이로 인해 김달수와 같은 재일조선인 작가들의 역할이 중요하였다.

또한 북한문학이 일본에서 한국(남한)문학과의 대조, 비교 속에서 소개되었지만, 재일조선인 문학자들에게 이 시기는 남·북한의 문학이 명확히 분리되어 있지 않고, '조국' 또는 '고국'의 문학으로서 건설되어야 할 '민족문학'으로 존재하고 있었다는 것을 확인할 수 있었다.

북한문학을 일본에 소개한 재일조선인 문학가들은 창작과 북한문학의 번역을 병행한 흔적이 보이는데, 이는 전후 재일조선인문학을 일본문학과는 다른 모습으로 태동시키는 중요한 계기로 작용했다고 할 수 있다. 이기영의 소설을 번역한 김달수의 소설 창작과, 조기천의 서사시를 번역한 허남기의 시 창작이 그러한 예에 들어간다고 할 수 있다.

이 글에서는 극히 제한된 시기의 제한된 매체를 통해서만 북한문학의 소개양상을 살펴보았다. 이후 보다 면밀한 파악에는 1950년대 이후의 소개 양상과 다양한 재일조선인 관계 미디어의 분석이 더욱 필요할 것이다.

1950년대 일본의 북한문학 소개와 특징*

『新日本文學』과 『人民文學』을 중심으로

오미정

1. 머리말

이 글에서는 1950년 한국전쟁기부터 1959년 북한으로 귀국운동이 시작되기 전까지 시기를 한정하여, 주로 일본의 진보적 문학단체에 일본어로 소개된 북한문학의 소개 현황과 특징에 대해서 언급하고자 한다.

1945년 이후, 즉 전후 일본에서 북한문학은 일반적으로 '조선'문학으로 통칭되었고, 사회주의국가의 문학이라는 레테르로 인해, 좌파적 문학잡지에 주로 소개되었다. 재일조선인들이 재일조선인 관련매체에 한국어와 일본어로 북한문학의 소개와 번역을 담당했고, 일본인 독자를 향해서는 이념적 공유와 인적 교류가 존재하는 좌파적 문학단체에 주로 소개했다. 해방부터 한국전쟁 이전까지는 주로 재일조선인 관련 매

* 이 글은 『한국 근대문학 연구』 25(한국근대문학회, 2012)에 발표된 글을 수정·보완하여 재수록한 것임.

체에 북한문학에 대한 소개가 이루어졌다.[1] 이후 재일조선인 사회의 미디어 외에 일본의 문학잡지 『新日本文學』(1946.1~2005)과 『人民文學』(1950.11~1953.12, 『文學の友』로 개제, 1955년 11월부터 『新日本文學』으로 통합)을 중심으로 북한문학이 빈번하게 소개되었다.

이 부분의 선행연구로는 가지이 노보루의 연구가 있다.[2] 가지이는 『新日本文學』 100호까지 소개된 조선문학을 조사하여 조선문학에 대한 소개가 극히 사소하며, 그것도 재일조선인에 의한 것이고, 일본인에 의한 평론은 대부분 원작을 확인하지 않았음을 지적하였다. 나아가 일본인이 조선문학을 소개한 의도와 방향성에 어떤 문제가 있는지에 주목한 선구적 업적을 남겼다. 그러나 구체적 분석이라기보다 문제제기의 측면이 강하고, 분석한 시기가 너무 짧아서 소개된 문학의 특징과 시대와의 관련성이 언급되지 않았다. 또한 동시대의 『人民文學』에 실린 북한문학에 대해서는 언급이 없다. 이에 이 글은 선행연구의 문제의식을 공유하며, 『新日本文學』과 『人民文學』을 중심으로 북한문학의 소개와 그 특징을 살펴보고자 한다. 이를 통해 문학자와 지식인들을 중심으로 한 일본의 좌파적 문학잡지에 북한문학이 어떻게 소개되고 수용되었는지를 알 수 있을 것이다.

잡지 『新日本文學』은 일본공산당의 기관지는 아니지만, 관련 작가들이 문학자들의 통일전선을 목표로 민주주의적 문학의 창조와 보급에 힘쓴 전후 일본의 대표적인 문학잡지이다. 북한문학에 대한 정보 부족

1 오미정, 「전후 일본의 북한문학 소개와 수용 : 잡지 『民主朝鮮』을 중심으로」, 『우리어문연구』 40호, 우리어문학회, 2011.5, 145~167면 참조.
2 梶井陟, 「『新日本文學』の中の朝鮮文學」, 『新日本文學』, 1976.4, 102~104면.

과 작품입수가 곤란한 상황에서 『新日本文學』은 재일조선인 문학자의 루트를 통해서, 북한문학을 일본문학계에 소개했다. 잡지 『人民文學』은 1950년 코민포름비판으로 일본공산당이 분열한 것에 호응해서 『新日本文學』에서 이탈한 문학자들이 창간한 잡지이다. 일본공산당의 분열을 반영하는 혼미기의 소산이라고 할 수 있지만, 일본 각지 문학서클의 교류, 노동자 작가의 작품 발표에 중요한 지면이기도 했다.[3] 이 지면에 문학서클에 적극적이고 노동자 작가가 많았던 재일조선인 문학자들과 북한문학이 소개되고 있다.

2. 1950년대라는 시대와 소개의 구도

일본에서 북한문학의 소개는 1945년 이후 동아시아의 역사와 지정학적 구도가 직접적으로 영향을 주고 있다. 즉, 재일조선인 사회, 일본의 좌파문학, 북한의 상황이 복잡하게 얽혀 있는 것이다. 냉전으로 북한 내부 사정과 동떨어져 있는 일본에서 북한문학은 대부분 한국어가 가능한 재일조선인이 접한 정보와 문건을 통해 소개되고, 다시 그들이 일본어로 번역하여 일본 잡지에 소개하는 구도가 정착되었다. 따라서 전반적인 정보의 질과 양은 한정되어 있었다. 1945년 패전을 맞이한 일본에서 남·북한문학, 특히 북한문학에 대한 소개를 이전 피식민자였던 재일조선인들이 제일 먼저 착수했다는 사실은 아이러니하다.

---

3 鳥羽耕史, 「『人民文學』總目次」, 『德島大學總合科學部言語文化硏究』 12號, 2005, 91면.

재일조선인들은 냉전의 역사와 남·북한의 분단 상황, 일본 내의 이념대립이라는 상황에 끼인 존재로서 북한문학을 소개하는데, 그 양상은 1945년 이후 재일조선인 사회의 역사와 관련된다. 재일조선인 내부의 조국에 대한 시선의 균열과 마찰, 내부의 항쟁이 맞물려 보다 복잡한 양상을 띠게 된다. 패전직후 재일조선인 운동과 일본공산당의 관계는 1945년 12월 일본공산당 제4회 대회에서 발표한 당 규약 제18조에 따라 당의 중앙위원회 안에 조선인부를 두고, 재일조선인 당원들이 일본공산당에 소속되는 형태가 되었다. 이 상황에서 재일조선인의 존재는 좌파에서는 1946년 발표된 '8월 방침'에 의해 결정되고, 그 내용이 이후 1955년 재일조선인에 대한 전술전환이 있기까지 지속되었다. 내용 중 4항을 보면, "조련(朝連, 재일조선인연맹, 1945~1949)은 되도록 하부조직의 노골적인 민족적 편향을 억제하고 일본의 인민민주혁명을 향한 공동투쟁의 일환으로서 그 민족적 투쟁방향을 제기하는 것이 필요하고, 그 편 조선인 자신을 위해서도 유리하다"고 되어 있다.[4]

즉, 일본공산당은 재일조선인들의 조직과 운동을 일본의 혁명운동에 종속시키려는 기본적인 노선을 취했다. 고준석이 지적하듯, 첫째 이유는 전전의 코민테른의 '일국일당원칙'지시를 일본공산당이 계승했기 때문이고, 둘째 이유는 전후의 재일조선인을 해방조선의 국민 즉 외국인으로 보지 않고, 일본국의 소수민족으로 간주했기 때문이다.[5]

그러나 1950년대 들어서면 한국전쟁, 단체규제령으로 조선인학교도 강제접수되는 등 민족교육에 대한 탄압과 조련이 해산되고, 일본공산

4 坪井豊吉, 『法務研究 在日朝鮮人運動の概況』, 法務研修所, 1959.3, 41면.

5 高峻石, 『在日朝鮮人革命運動史』, 拓植書房, 243~244면 참조.

당의 분열로 1950년대 전반 재일조선인 사회는 보다 복잡해진다. 그럼에도 재일조선인에 대한 일본공산당의 시각은 달라지지 않는다. 1951년 2월 23일 제4회 전국협의회(4전협)에서는 '재일소수민족과의 연계강화방침'을 분명하게 한다.

> 그래서 당은 재일소수민족을 지키는 투쟁에 적극적인 협력과 원조를 함과 동시에 재일소수민족과 우리 인민의 올바른 연계에 의해서, 침략주의로부터 아시아를 해방하고, 우리 인민을 해방하는 투쟁을 영광스런 임무로 해야 한다.[6]

여기서도 재일조선인을 일본 내 소수민족으로 계속해서 규정하는데, 재일조선인 운동가의 비판에도 불구하고 일본공산당이 바라보는 재일조선인 운동의 제일차적 임무는 일본혁명에 있었다.

이 상황은 한국전쟁 휴전 후 큰 변화를 맞이하게 되는데, 그 계기는 1954년 8월 30일 북한의 남일 외상이 발표한 대일항의성명이다. 그 성명은 "공화국 정부는 일본정부에 대해서 재일조선인을 공화국공민으로 인정하여, 그 자유와 권리를 보장하고, 몰수재산을 반환하고, 장래 다시 이와 같은 불법을 반복하지 않도록 요구한다"고 하는 내용을 담고 있다. 가장 중요한 사실은 재일조선인을 '북한의 공민'으로서 인정하라고 요구한 사실이고, 이것을 계기로 재일조선인 운동의 노선전환 문제가 급속하게 클로즈업된다.[7] 1955년 2월 24일 남일 외상 국교정상화요구에 이어, 1955년 3월 3일 일본공산당 민족대책부는 '정책전환과 당면의 활

6 坪井豊吉, 앞의 책, 336면.

7 高峻石, 앞의 책, 320면.

동방침' 결어14항목에서 재일조선인에 대한 전술전환을 명확하게 한다. 예를 들어,

> 6. 재일동포도 (5)의 입장에 서서 공화국공민으로서의 지위와 권리를 보지한다.
> 7. 신강령(일본공산당의)은 일본의 혁명을 위한 것이고 우리들은 조국을 보지하기 위해서 그 목적이 달라지므로, 당적을 이탈한다.
> 12. 재일동포에게 공화국공민으로서 자각을 높일 필요가 있다.
> 13. 재일동포의 일본 정부에 대한 요구는 생활권과 민주적인 제 권리의 보지이다. 따라서, 정치투쟁이나 혁명투쟁에 직접 참가할 필요도 없고, 또한 해서도 안 된다.[8]

고 되어 있다. 여기서 명확하게 달라진 것은 재일조선인을 일본 내 소수민족이 아니라, 북한의 재외공민으로 간주한다는 것이다. 이는 이후 재일조선인 운동의 지침이 되고, 1955년 조총련(의장 한덕수)이 결성된다. 1955년 7월 일본공산당 6전협에서 내부의 분열이 통일되고, 8월에 약 3천 명의 조선인 당원이 일제히 당적을 이탈하여 그 대부분이 조총련에서 활동하게 된다. 이후 재일조선인 운동은 조총련을 중심으로 북한의 직접적인 영향권에 놓이게 되고, 1959년 12월에 시작된 재일조선인 귀국사업이라는 큰 전환점을 맞이하게 된다.

일본도 1950년대는 정치적 격변이 많고 복잡하였다. 특히 좌파 진영에서는 1950년 한국전쟁 발발 후 발표된 '코민포름테제'에 대해 일본공

8 위의 책, 327면.

산당이 소감파와 국제파로 나뉘게 되는데,[9] 재일조선인 사회도 그 영향을 받아 분열한다. 또한 점령군이 일본공산당 간부를 대대적으로 공직에서 추방하는 국면에 처해 합법정당으로서 행동에 많은 제약을 안게 되었다.

그러한 상황은 재일조선인들 사이에서도 자신들의 정체성을 어떻게 규정하는가에 따라 다양한 스펙트럼을 존재시켰고, 이는 북한문학 이해에도 차이를 낳게 했다. 재일조선인 문학자들의 존재상황이 초래한 모순은 민족교육과 일본어, 한국어 이중어 글쓰기라는 창작활동의 문제, 일본문학과 관련 양상에 차이를 초래하게 된다. 구체적으로 국제파에 가깝고, 거의 일본어로만 창작을 했던 김달수는 『新日本文學』에 남아서 이후 조총련과는 멀어진다. 소감파와 관련이 많았고 민족교육에 직접 관여했던 시인 허남기(許南麒)는 『人民文學』을 중심으로 활동하게 되고, 조총련 결성 이후에는 산하 재일본조선문학예술가동맹(약칭 문예동) 위원장으로 북한문학의 이념을 제일선에서 실천하게 된다. 1953년 남·북한이 휴전하고 일본도 미국점령이 종결되면서, 1955년 일본공산당의 분열도 수습되고, 그 상징적 사건이 문학계에서는 『新日本文學』과 『人民文學』의 통합으로 나타났고, 재일조선인 문학자들은 문예동으로 결집하거나, 독자적인 그룹을 형성했다.

따라서 북한문학의 소개는 북한 내부의 상황, 일본 내부의 정치격변과 재일조선인 사회의 변화를 고스란히 반영하는 것이었다. 1950년대 북한

---

9 1950년 1월 코민포름이 「일본정세에 대해서」라는 글에서 미국점령하 일본에서 일본공산당 지도부가 평화혁명노선을 내세우는 것은 반사회주의적이라고 비판한 사건. 이를 두고 일본공산당 내부에서 비판한 '소감파'와 코민포름의 지적에 찬성하는 '국제파'로 나뉘게 된다.

문학의 소개를 규정한 가장 중요한 사건은 1950년 한국전쟁의 발발과 휴전, 1955년 조총련의 결성, 1959년 재일조선인 귀국사업을 들 수 있다.

3. 『新日本文學』과 『人民文學』에 소개된 북한문학

1) 『新日本文學』에 실린 북한문학 관련 기사[10]와 분석

1950년대에 실린 북한 관련 기사는 다음과 같다.

1948.5(17호)	金達壽, 「北朝鮮の文學」
1950.6	特輯, 「アジア地域の問題」 金達壽, 「朝鮮文化·文學の問題」 なかのしげはる, 「外國との關係ということ」
1951.1	金達壽, 「殺された金台俊について」
1951.6	金達壽, 「李箕永の「蘇える大地」」
1951.9	(聲名) 新日本文學會常任中央委員會, 「趙基天氏の爆擊死をいたむ」
1951.10	金日成, 「祖國解放戰爭と文學芸術の創造」
1952.2	(創作) 朴贊模(謨?), 「母」(金元基 譯, 『民主朝鮮』 20号(1948.5)에서 전재)
1952.12	金達壽, 「戰死した金史良」
1953.4	李珍圭, 「朝鮮の教科書の民謠と童話」
1953.8	'朝鮮の平和を闘いとるために' 韓雪野, 「私は平常に語れない」 李贊義, 「朝鮮人は絶望しない」

10 新日本文學會 編, 『「新日本文學」復刻縮刷版1-5』, 第三書館, 1993. 가지이 노보루가 『新日本文學』 100호까지 조사한 목록을 참고로 누락된 부분과 오기를 바로잡고, 1955년 이후를 보충하여 작성하였다.

1953.9	(創作)金史良,「海が見える」
1954.4	(創作) 金史良,「土城廊」
1955.8	(對談)李心喆·中島健藏,「朝鮮との文化交流の提唱」 金達壽,「李箕永の生涯と創作 : その誕生六十周年に際して」 保阪得藏,「南と北」
1956.1	韓雪野·洪淳哲,「現在の朝鮮文學」 木下 順二,「現在の朝鮮文學」について」 韓雪野·李箕永,「新日本文學百号記念への祝賀文」
1956.6	(聲明)「在日朝鮮人を卽時歸國實現を强く望む」
1957.2 1959.4	(訪問記) 尾崎宏次,「中國·朝鮮の舞台」 安宇植,「崔承姬をめぐる幾つかの批判」
1959.6	'特輯 朝鮮 (創作) 朴雄傑,「師団長と兵士」(朴相南 驛) 金學淵,「党よわれわれはあなたがくれた心臟をもっている」(許南麒 驛, 1958.3.3) 鄭雨澤,「歸國問題の歷史と現實」 (ルポルタージュ) 岡田憲一,「歸國をまつ人々」 なかのしげはる,「朝鮮問題について」 (エッセイ) 金達壽,「ヒューズ·少女·大木君」 田村, 茂,「朝鮮一思いつくままー」 小林勝,「体の底のイメージ」 金民,「解放後の朝鮮文學」
1959.11(148호)	韓雪野, 朝鮮文學の現狀と課題

『新日本文學』에는 약 10년간 19회 정도 북한문학에 대한 언급이 있다. 특히 1950~1953년, 1955~1956년, 1959년에 언급이 많고, 다른 연도에는 평균 3회 정도 언급한다. 『新日本文學』이 북한문학을 지속적으로 언급하고 있는 것은 1950년대 일본의 냉전과 반공이라는 구조하에서 평가해야 할 것이다. 그럼에도 불구하고 구체적으로 그 소개양상을 살펴보면 문제점 또한 노정되고 있다.

먼저, 한국전쟁으로 한반도에 대한 관심이 고조되는 1950년대 초반,

조총련이 결성되는 1955년, 재일조선인들의 북한으로 귀국 문제가 화제가 되던 1959년에 북한문학 소개가 몰려 있다. 1950년대 좌파적 일본문학계에서 남·북한 문학에 대한 관심은 기본적으로 '조선'으로 지칭되는 북한문학에 대한 소개가 중심이다. 이는 1970년대 이전까지는 남한의 문학이 일본문학계에서 가시화되지 않은 측면과 쌍을 이룬다. 북한과 일본의 정치적 변동에 많은 영향을 받고 있어, 문학 자체에 대한 내재적 관심이라기보다 외재적 요인에 많이 좌우되는 경향을 보여준다.

다음으로 『新日本文學』에 소개된 북한문학은 전반적인 소개의 글이 많고, 창작의 소개는 미미하다는 점이다. 김사량, 박찬모, 박웅걸의 소설과 김학연의 시가 소개되고 있다. 평론부문에서 김달수, 김일성, 한설야, 홍순철, 김민이 보이고, 그 외는 일본인 작가들의 북한문학에 대한 간략한 언급 정도이다.

또한, 그 소개 방식을 살펴보면, 창작뿐 아니라 북한 문인의 평론도 전부 재일조선인에 의한 번역이고 일본인에 의한 번역이 전무하다. 신일본문학회에서 주로 활동한 김달수는 1947년에 가입하고, 1949년에는 일본공산당에 입당하여 북한문학에 대한 소개와 더불어 일본어 창작을 발표한다. 1950년대 초반 『新日本文學』은 북한문학에 대한 정보를 김달수를 비롯한 재일조선인에 전적으로 의존하는 양상이다. 「趙基天氏の爆撃死をいたむ」는 1951년 9월에 신일본문학회 상임위원회의 이름으로 발표되었는데, 당시 상임위원으로 김달수가 참여한 상황이 영향을 주었을 것이다. 이 의미는 북한문학 이전에 한국어라는 외국어가 가능한 일본인의 부재이고, 그 부재를 당연시하며, 재일조선인의 번역에 의존하는 전후일본문학의 풍토이다. 가지이 노보루도 지적한 것처럼

한국문학에 대한 이해 부족과 번역·소개의 작업에 소극적인 점에 식민주의적 구조가 잔존한다고 할 것이다.[11]

소개된 글을 중심으로 그 특징을 살펴본다. 해방공간에서 한국전쟁이 발발하기 직전에 집필된 김달수의 「朝鮮文化·文學の問題」(1950.6)는 1950년 6월호 특집으로 편성한 'アジア地域の問題'의 일부이다. 김달수는 북한문학에 문외한인 자에게 정통한 자가 문답으로 소개하는 형식을 취하고 있다. 일본인들이 북한의 문화, 문학에 대해서는 의외로 전혀 모르는 상황을 지적하면서, 북한문학계의 현황을 전하고 있는데, 1948년 발표한 글을 자세하게 확대시킨 것이다. 북한문학에 대해서 이태준의 『소비에트기행』이 10만 부 가까이 팔렸다거나 신인 시인인 조기천의 시집 『백두산』이 십 수만 부 팔렸다는 사실을 예로 들어, 북한의 문맹퇴치정책, 교육문화정책과 실시와 성공을 설명한다. 그 외에도 이기영, 앤설러지 『위대한 공훈』, 한설야의 「얼굴」, 「남아」, 이태준의 「농토」 등을 언급하며, 상대적으로 북한문학이 이론이 약하다는 점을 지적한다. 글을 맺으며 일본과 북한문학 간에 '국제적 제휴'의 문제를 언급하지만, 개설적인 소개에 머무르고 있다.

다음으로 주목되는 기사는 김일성의 「祖國解放戰爭と文學芸術の創造」(1951.10)이다. 「평화와 문학에 관한 해외의 어필」이라는 제목으로 곽말약 등 다른 해외인사들의 글과 함께 게재되었는데, 원문은 1951년 6월 30일 조선예술가회합에서 이루어진 김일성의 연설 「작가예술가들에게 주는 훈시」를 전문 번역하여 실은 것이다. 한국전쟁 중임에도 김일성의 문예지도에 대한 글이 게재된 것은 김일성의 영향력이 점차 일

11 梶井陟, 「『新日本文學』の中の朝鮮文學」, 『新日本文學』, 1976.4, 102~104면.

본 사회에도 소개되고 있다는 반증이기도 하다.

「私は平常に語れない」(1953.8)는 1953년에 오스트리아 빈에서 열린 제국민평화회의에서 조선문학예술총동맹 위원장 한설야가 한 연설의 번역이다. 편집후기에 한국전쟁이 휴전에 들어간 정세를 바탕으로, 일본인 문학자들이 조선 인민의 고통에 불감증이 되지 않기를 바란다는 것으로 보아, 한국전쟁과 휴전에 대한 일본인들의 관심촉구를 겨냥한 게재임을 알 수 있다. 1953년 9월에도 휴전협정체결을 기념하여 김달수의 번역으로 김사량의 종군기 「바다가 보인다」가 게재되었다.

1956년 1월에는 한설야와 홍순철의 글이 실린다. 같은 호에 실린 기노시타 준지[木下 順二]의 「現在の朝鮮文學について」를 보면, 이 글이 1955년 8월 조선해방 10주년 기념식전에 초청을 받아 북한을 방문했을 때에 홍순철이 일본어로 들려준 원고임을 밝히고 있다. 한설야는 북한문학을 평화적 건설기의 문학, 조국해방전쟁기의 문학, 전후부흥건설기의 문학으로 시기 구분을 하고, 말미에 북한문학이 소련문학의 영향을 크게 섭취했고, 앞으로도 연구할 것을 언급하고 있다. 이후로도 50년대 후반까지 한설야의 이름으로 북한문학에 대한 소개가 등장하게 되는데, 이는 1955년을 전후한 일본공산당의 재일조선인에 대한 전술전환과 깊은 관련이 있다고 생각된다. 조총련의 결성으로 재일조선인을 북한의 '해외공민'으로 간주하고, 그 직접적인 이론적 권위로서 조선문학예술가동맹 위원장인 한설야가 『新日本文學』에 등장했다고 판단해도 좋을 것이다. 이제까지 김달수를 비롯한 재일조선인들의 북한문학소개에서, 북한문학의 이론을 그대로 직접 소개하는 방식으로 변모되고 있는 것을 알 수 있다.

1959년에 안우식이 「崔承姫をめぐる幾つかの批判」에서 북한 내부의 종파투쟁과 문학계의 격변을 어렴풋이 전하고 있는 기사는 흥미롭다. 1958년부터 북한에서 문학을 중심으로 예술 분야에서 상당히 심한 비판이 일어, 무용가 최승희의 무용극 '백향전' 등이 비판되고 있는 사실을 안우식은 전하며 정확한 판단을 유보하면서도 1957년부터 시작된 제1차 5개년 계획이 2년이나 단축, 달성되고 있는 현실의 급속한 발전에 작가, 예술가들이 충분히 따라가지 못하고 있기 때문이라고 평가한다.[12] 김재용은 1958년 말부터 1959년 초에 북한문학 내부에서 벌어진 치열한 사상투쟁은 1958년 김일성의 교시 '작가 예술인들 속에서 낡은 사상 잔재를 반대하는 투쟁을 힘있게 벌일 데 대하여'로 촉발하였다고 지적하고, 사회주의리얼리즘을 어떻게 보고 있는가라는 미학적 문제가 논쟁의 핵심에 놓여 있다고 지적하였다.[13] 즉 시대의 변화에 맞추어 새로운 공산주의적 인간의 창조를 위해 예술인들이 '부르주아적 잔재'와 투쟁할 것을 요구한 것인데, 북한 예술계에 일어난 급격한 변화의 사실 확인이 어려운 상황에서 북한 내부의 시선이 재일조선인 사회에 전달되고, 그것이 일본문학계에도 그대로 전달되고 있는 양상을 알 수 있다.

1959년 6월호는 '조선' 특집으로 되어 있다. 조선작가동맹의 서기장이던 박웅걸의 한국전쟁기를 그린 소설, 김학연의 시, 김민의 평론이 재일조선인 박상남과 허남기의 번역으로 실려 있고, 김달수와 고바야시 마사루, 나카노 시게하루의 에세이가 실려 있다. 김민의 논문은 이전에 소개된 한설야의 북한의 공식적 문학사서술과 시기 구분을 그대로 전

12 안우식, 「崔承姫をめぐる幾つかの批判」, 『新日本文學』, 1959.4, 146~147면.

13 김재용, 『북한문학의 역사적 이해』, 문학과지성사, 1994, 149~151면.

달하고 있다. 1950년대 후반의 이러한 평론들은 1950년대 초반 김달수의 소개와 달리, '재일'의 눈에서 본 북한문학이라기보다 반동문학과의 종파투쟁 언급 등 북한 내부의 시각에 입각해서 소개하고 있다.

이 호가 조선특집이 된 것은 12월로 다가온 재일조선인의 북한 귀국 문제를 염두에 둔 것이다. 이 사업은 일본 적십자사의 인도주의와 북한의 배려에 의한 사업으로 시작되었다고 전해졌지만, 최근의 연구 성과에 따르면 일본, 북한, 소련과 미국, 그리고 국제적십자위원회까지 얽힌 책략과 기만과 배신의 이야기임이 밝혀지고 있다.[14] 무엇보다 공산주의적 경향이 농후한 재일조선인을 국외로 방출하여 자국의 불안요소를 제거하고자 하는 전후 일본의 의지가 적십자사를 통해 발현된 사건이었던 것이다.

그럼에도 당시 일본의 진보적 지식인들이 이 문제에 대해서 명확하게 파악하고 있지 못한 채 동조하고 그 실상을 단지 '고향으로 돌아가는' 것으로 이해한 것은, 전후 일본인의 북한이해에 대한 문제점을 보여준다. 북한에 대한 실상이 소개되는 것도 마찬가지이다. 기행기 『38도선의 북쪽』(新日本出版社, 1959.4)은 데라오 고로(寺尾五郎, 1921~1999)가 1958년 8월 북한초청으로 북한을 방문하고 사회주의 북한의 현실을 발표한 저작인데, 1959년 12월에 시작되는 재일조선인 북송사업을 앞두고 재일조선인의 북한행을 선도하는 역할을 했다. 일본인들의 북한에 대한 비자발적이며 편의적인 이해가 적나라하게 드러나는 부분이다. 마지막으로 1959년 11월호에는 한설야가 1959년 4월 13일 평양에서 조선작가동맹 중앙위원회 제4회 총회에서 한 「공산주의 교양과 우리문학의 당면

14 테사 모리스 스즈키, 한철호 역, 『북한행 엑소더스』, 책과함께, 2008, 32면.

과업」이라는 보고가 「朝鮮文學の現狀と課題」로 소개된다. 재일조선인 문학가 강민성과 강순이 요약하여 번역하고 총회에서의 토론 주제도 소개한다. 한설야가 숙청되기 직전의 일이다.

이처럼 『新日本文學』은 냉전구도하에서 북한문학을 적극적으로 소개했다고 하는 의의가 있음에도 불구하고, 그 소개는 외부적인 정치, 역사의 규정을 강하게 받았다. 또한 그 소개가 개괄적이고, 작품 자체의 이해와 수용이라는 수준은 기대하기 어려웠다고 할 수 있다.

2) 『人民文學』에 실린 북한문학 관련 기사[15]와 분석

1950.11(1권 1호)	ロマン・キム, 「國際文學通信 朝鮮 地下から出た文學—朝鮮の進步的文學運動」
1951.4(2권 4호)	無署名 「國際文學通信 ソビエット 朝鮮解放五周年を記念する文學の夕べ」
1951.8	無署名 「國際文學通信 金日成の文學者へのよびかけ」
1951.10(2권 9·10호)	'中國·朝鮮文學特集' 在日朝鮮文學會, 「朝鮮民主主義共和國三周年に際し平和と自由と文化を愛好する日本國民に訴える」 趙基天, 許南麒 驛, 「朝鮮は戰っている!」
1951.11(2권 10호)	權敬 澤, 「小供たち」
1952.3(3권 3호)	林和, 許南麒 驛, 「おまえはいまどこにいるか—愛するむすめ ヘエランに」
1952.8(3권 8호)	許南麒, 「平和のための団結と斗いの日に——九五二年六月二十五日朝鮮解放戰爭二周年記念東京大會によせ」
1952.9(3권 9호)	許南麒, 「講座 敍事詩のつくり方」
1952.12(3권 12호)	李泰俊, 「文化と野蠻人 : アジア平和會議の演說から」
1953.2(4권 2호)	林和, 許南麒 驛, 「風よ伝えよ」
1953.3(4권 3호)	無署名, 「海外文學短信(朝鮮)」
1953.4(4권 4호)	李泰俊, 朴元俊 驛, 「高貴な人達」
1953.4(4권 4호)	朴元俊, 「在日朝鮮文學大會報告」
1953.6(4권 6호)	'朝鮮に平和を! 朝鮮文學特集' 責良奎 「表紙繪, 「牧童」について」

金井廣「少年整備兵」
李泰俊, 李殷直 驛, 「故鄕の途」
キム·ジョギュ, 「この人達のなかで」
キム·サング·オ, 「ある都市で」
リ·ビョンチョル, 「中華人民共和國」(許南麒 驛, 「朝鮮戰爭詩抄」에서)
德永直「朝鮮戰爭やめろ一拒否された中立堅持」

『人民文學』은 잡지명 자체를 중국의 『인민문학』에서 따왔을 정도로 중국의 혁명운동과 문학에 대한 깊은 관심과 친연성을 보여주는 잡지이다. 이 잡지는 소련, 중국 등 동아시아의 사회주의권의 문학을 의식적으로 소개하는 과정에서 북한의 문학도 소개하고 있다.

『人民文學』은 연도로 보자면 약 3년간 15회에 걸쳐 북한문학에 대해 언급하고 있다. 특히 두 번이나 '조선문학특집'을 기획하여 실제 창작을 소개하는데, 이 잡지가 극히 단명한 점을 고려하면 대단히 눈에 띄는 특징이다. 한국전쟁 기간 간행된 이 잡지에서 다루어진 주요한 문학 작품은 전쟁시가 중심이 된다.

『新日本文學』이 창작 소개가 미미한 것에 비하면, 『人民文學』은 비록 단기간이나 전쟁시를 중심으로 시작의 소개가 많다는 점이 특징이다. 잡지 자체의 성격이 문학이론이나 소설보다는 현장 노동자의 문학서클을 지원하는 등, 보고문학이나 시 중심의 지면구성이라는 영향도 있다.

1951년 9월에 조기천의 폭격사를 애도하는 성명이 『新日本文學』에 실리는데, 1951년 10월호 『人民文學』에는 조기천의 「조선은 싸운다」(1951.2)를 허남기가 번역해서 소개한다. 허남기는 1952년에 조기천의

15 『人民文學 復刻版』, 不二出版, 2010.

『白頭山』을 『人民文學』 관련 출판사에서 간행하고, 1952년에도 임화의 전쟁시 「너 어느 곳에 있느냐」(1950.5)를 번역하여 싣고, 『조선전쟁시초』에서 조기천, 임화, 김조규, 김상오, 리병철의 시를 허남기가 번역으로 소개하고 있다. 허남기는 1952년 9월에는 「서사시창작법」을 발표하고, 1951년 7월에는 자신의 서사시 「화승총의 노래」를 18~46쪽에 이르는 지면에 발표하고 있다. 이를 통해 조기천의 서사시를 포함한 북한시를 번역하면서 허남기가 일본문학사에서 드문 장편서사시라는 독자적인 장르를 개척해 가는 모습을 확인할 수 있다.

『人民文學』에 소개된 북한시는 전전으로 허남기의 번역에 의존하고 있고, 그 일본어 번역의 유려함에 있어, 1950년대 초반 북한시 소개에 있어 재일조선인 시인 허남기의 역할은 주목할 만하다.[16]

소설에서는 이태준의 두 작품 「고귀한 사람들」, 「고향길」(『문학예술』, 1950.7)이 재일조선인 소설가 박원준과 이은직에 의해서 각각 번역되어 실려 있다.

북한문학을 자주 소개한 것은 이 잡지 간행에 관계한 에마 오사무[江馬修]나 시마다 마사오[島田政雄]와 같은 작가가 전쟁 전부터 프롤레타리아문학운동을 하면서 국제연대주의에 입각하여 재일조선인 작가들과 교류가 많았던 점도 추측해 볼 수 있는데, 이 잡지의 발행책임자였던 시바사키 고사부로[柴崎公三郎]는 이 잡지가 정책적으로 조선문학을 적극적으로 게재했다고 언급하며, 그 시대에 '새롭게 태어난 인간성, 차별

16 물론 1955년 이후 허남기의 문학자로서의 족적에 대해서는 "북한문학의 연장선상에서 재일의 독자성과 자율성을 잃어버린 목적문학으로 전락하고 말았다"는 비판도 가능하다. 하상일, 「재일 디아스포라 시인 허남기 연구」, 『비평문학』 34호, 한국비평문학회, 2009.12, 384면.

없는 동료에 대해서 본능적으로' 반응한 것이라고 회상하고 있다.[17] 또한 1951년부터는 식민지조선체험을 문학적 과제로 했던 고바야시 마사루[小林勝]가 잡지 편집에 참가한 것도 무연하지는 않을 것이다. 이 시기에 북한문학이 소개된 것은 해방 전부터 일본 프롤레타리아문학운동에 적극적으로 관여한 재일조선인들의 활약과 좌파적 문학운동이 지향하는 사회주의 국제연대 이념에 의한 것이다. 그러나 그것이 일본인들에 의한 선택이 아니라 재일조선인들에 의해 선택된 문학의 소개라는 점은 전쟁 전과도, 『新日本文學』과도 다를 바가 없었다.

이 잡지의 탄생은 한국전쟁기의 일본공산당이 평화혁명노선을 취할 것인가, 무장투쟁노선을 취할 것인가로 내부 분열을 한 사실과 관련된다. 또한 재일조선인들의 존재를 일본 내 '소수민족'으로 볼 것인가, 아니면 '외국인'으로 볼 것인가 하는 시각과도 관련되어 있다. 이 점과 관련하여 1950년대 일본문학계를 논란에 휩싸이게 한 '국민문학논쟁'을 상기할 필요가 있다. 잡지 『新日本文學』과 『人民文學』은 '국민문학론'을 제기한 다케우치 요시미[竹內好]와 대립하며 프롤레타리아문학론의 입장에서 국민문학에 대한 입장을 제기했던 중요한 장의 하나이기도 했다. 국민문학논쟁에서 재일조선인의 존재와 문학은 하나의 바로미터가 될 수 있었을 것이다. 그럼에도 『新日本文學』에도 『人民文學』에도, 국민문학이라는 관점에서 재일조선인들의 존재와 문학, 그리고 북한문학에 대해서는 어떠한 입장에서 수용했는지는 드러나지 않는다. 이러한 불투명함이 다수의 재일조선인 문학자로 하여금, 민족주의적 경향

17 道場親信·鳥羽耕史, 「文學雜誌『人民文學』の時代一元發行責任者·柴崎公三郎氏へのインタビュー」, 『和光大學現代人間學部紀要』 3号, 2010.3, 223면.

을 강화시킨 측면이 있는 것은 아닌가? 일본공산당의 노선전환에 따라 『人民文學』은 『新日本文學』에 합류하면서, 재일조선인 문학자들 조총련 산하 문예동으로 결집한다. 『人民文學』에 관계했던 재일조선인 작가들이 다수 문예동으로 모이면서 일본어가 아닌 한국어 창작을 지향하게 되는 점도 특징적이다.

4. 일본문학자들의 북한문학에 대한 이해

이 절에서는 두 잡지에 기고한 일본문학자들의 북한문학이해와 관점의 문제에 대해서 나카노 시게하루와 나카지마 겐조를 중심으로 고찰한다. 『新日本文學』이나 『人民文學』에 빈번하게 북한문학이 소개되었지만, 그 문학에 대한 일본인들의 반응은 한정적이었다고 할 수 있다.

1945년 이후 좌우의 일본문학을 통틀어 한반도의 문학에 대한 지속적인 관심을 표명한 대표적인 작가로 나카노 시게하루(中野重治)를 들 수 있다. 시 「비내리는 시나가와역」처럼 조선에 대한 관심이 높고, 조선인 작가들과 교류가 많았던 나카노는 1950년대 『新日本文學』의 탄생과 발전에 결정적인 역할을 했다. 그가 편집장을 맡아 진두진휘한 1950년 6월호 『新日本文學』은 「아시아지역의 문제」를 특집으로 했다. 이 호의 의도는 나카노가 작성했다고 생각되는 권두언에서 추측할 수 있는데, "아시아의 나라들에게 눈을 돌리라"고 촉구하고 있다. 권두언은 안막이 서울에서 체포되고, 김태준이 남한에서 사형을 선고받은 사실, 재일조선인이 남한으로 강제 송환되는 사실들을 언급하며, 아시아에 포함되는 일본이 이러한 아시아의 문제에 관심을 가질 것을 요구한다. 해방과 남북 간의 분리점령, 분단은 과거 일본의 식민지지배가 남긴 역사적, 정치적 문제와 무관하지 않다는 인식이 드러나고, '아시아'라는 틀 안에서 북한문학과의 연대의 가능성을 보려 하는 사회주의적 국제연대 의식에 입각한 전후 좌파 문학자의 태도를 여실하게 보여 준다.

나아가 나카노 시게하루는 「外國との關係ということ」(『新日本文學』, 1950.6)에서도, 김달수의 소설, 허남기의 시가 1945년부터 1950년까지 '일본문학 최고의 수확'이라고 지적하며, 그럼에도 일본문학자들이 '현재의 남한의 문학정세에 대해서는 그다지 가슴아파하지 않는' 현실을 지적한다.

1959년의 「朝鮮問題について」에서도 재일조선인 귀국 문제와 관련해서 일본인들의 조선인과 그들의 문학에 대한 이해와 차별에 대해서 언급하며, "조선문제를 이해하는 것은 일본인에게 일본문제를 이해하는 것이 되리라고 생각한다"고 밝히는 등 양심적인 문학자의 모습을 견지하고 있다. 나카노 시게하루가 '진심'이라는 개인의 성의 차원에서 남·북한 문학에 관심을 표명하며, 재일조선인인 김달수와 허남기의 문학을 '일본문학'으로서 '최고'의 성과라고 평가하는 부분은 선구적이다. 그렇지만 그들의 문학을 자연스럽게 일본문학으로 간주하는 것은 재일조선인의 존재를 일본 내 소수민족으로 보는 시각을 그대로 반영하고, 나아가 식민지기의 조선문학자를 포함한 일본문학 지도에 대한 의문의 여지가 없다는 점에서 좌파문학 내의 식민주의적 의식의 잔존을 문제 삼아야 한다. 린 슈쿠미[林淑美]가 70년대의 나카노의 언설분석을 통해

계급 문제가 피식민자의 민족문화를 억압하는 것으로 기능했다고 지적한 것처럼 말이다.[18]

사회주의적 국제 '연대'라는 이념에는 일본에 있는 재일조선인의 존재의 표출을 억압하고 그 차이를 무화함으로써, 일본문학에 복속하기를 바라는 '억압'성이 동시적으로 존재했다. 일본인이 재일조선인을 통해서 북한문학을 바라보는 태도에 그러한 시각이 드러나 있다.

1955년부터 나가노 시게하루를 대신하여 편집장을 역임한 나카지마 겐조[中島健藏]도 북한문학에 대해 발언하고 있다. 1955년 8월호는 「전후 10년 일본문학의 발자취」라는 좌담회가 기획되었고, 조총련 의장인 이심철과 대담한 「조선과 문화교류를 제창(朝鮮との文化交流の提唱)」이 실려 있다. 5월에 있었던 조총련의 결성에 반응하여 꾸려진 자리였다. 조총련 결성대회(1955.5.26)에 발표된 「일반활동방침」에는 '일본 인민과 국제주의적 친선단결을 강화하고, 조일양국간의 국교조정을 위해 먼저 경제 및 문화교류사업을 적극적으로 추진'이라는 항목이 있었다. 대담의 내용은 양국의 해결하기 어려운 정치 문제 이전에 문화교류의 물꼬를 트자고 하는 상식적 수준이지만, 일본의 문학자들이 재일조선인 사회의 변화에 반응하여 이러한 잡지의 특집을 편성한다는 것 자체가 전후 일본에 있어 북한문학 소개와 수용의 전형적인 한 패턴을 보여주는 것이라 할 수 있다.

『人民文學』에서 일본인 문학자가 북한문학을 논한 글은 찾아보기 어렵다. 1950년 11월 창간호의 북한문학에 대한 소개 외에, 1953년 6월호에 게재된 도쿠나가 스나오[德永直]의 글도, 문학이 아니라 한국전쟁 휴전과 관련된 글이다.

---

18 林淑美, 『昭和イデオロギー—思想としての文學』, 平凡社, 2005, 140면.

5. 맺음말

1950년대 한국전쟁 이후 북한문학은 『新日本文學』과 『人民文學』을 비롯한 좌파적 잡지에 지속적으로 소개되었다. 그 양상은 북한의 공식적인 매체에 발표된 것을 재일조선인이 중개하여 소개하는 구도였다. 내용은 북한문학의 전반적 사정에 대한 개괄적인 소개나, 시나 소설 등 창작의 번역이 있어, 1950년대는 북한문학에 대한 소개가 1960·70년대보다 활발했던 시기라고 할 수 있다.

이를 반증하듯, 1950년대에 재일조선인들에 의해 대표적인 북한문학이 일본어로 번역된다. 이기영의 『땅』이 김달수와 박원준의 공역으로 『蘇える大地』(ナウか社, 1951)로, 조기천의 『白頭山』(ハト書房, 1952)이 허남기의 번역으로 간행되고, 김일성의 저작도 1952년부터 일본어로 출판되기 시작하는 것이다.

1960년대에는 『新日本文學』에서 북한문학 소개가 급격하게 줄고, 1970년대는 고바야시 마사루를 비롯해서 '조선'에 대한 언급은 증가하지만, 북한문학이 아니라 일본문학자의 식민지조선체험이나 재일조선인 문학자의 독자적인 행보가 일본에서 주목을 모으게 된다.[19] 아울러 제3세계문학에 대한 관심과 연동하여 남한의 민중문학과 현대문학이 1970년대 이후 좌파적 문학진영에 주로 소개되는 양상을 보여준다.

---

19 1970년대의 『新日本文學』에 실린 재일조선인 관계 기사의 제목들이 이를 반증한다.
1970.2 (往復書簡)吳林俊「一人の朝鮮人としての日本人」, 小林勝「あなたの'日本'私の'朝鮮'」
1970.9 「特輯 創造的課題としての朝鮮」
1970.11「特輯 アジア文化への今日的視点」, (對談)吳林俊·津村喬 '在日日本人'と在日朝鮮人
1973.11「特輯 いま'植民地'を考える」, (座談會)「植民地と文學吳林俊追悼」
1974.3 「特輯'朝鮮'の現實と'在日'朝鮮人の表現」

전후 일본의 좌파적 문학잡지가 지속적으로 북한문학에 대한 관심을 표명하고 소개해 왔던 점은 분명하지만, 1945년 이후 소개된 북한문학에 대한 일본인들의 접근방식, 태도에는 여러 문제점도 있었다. 소개가 문학적 관심보다 문학외적 수요에 추동된 점이 많았다는 점, 재일조선인에 전적으로 의존한 소개구도였다는 점, 사회주의적 국제연대와 재일조선인을 둘러싼 민족 문제에 대해 억압적으로 작용한 측면이 있었다는 점은 지적해 두어야 할 것이다.

중국 사회주의 시기의 문학*

성근제

1. '새로운 중국'의 꿈, 그리고 그들이 마주한 '세계'

1949년 10월 1일 마오쩌둥은 천안문에 올라 중화인민공화국의 수립을 공식적으로 선포하였다. 이것은 1920년 중국 공산당이 수립된 뒤로 30년에 걸친 처절한 전투의 결과물이었다. 그들은 변변한 무기 하나 제대로 갖추지 못한 채로 막강한 일본과 국민당의 군대에 맞서 기적적으로 승리하였다. 때문에 그 순간 중국 공산당과 그들을 지지한 중국 인민들의 가슴에는 승리로 인한 자신감과 '새로운 중국'에 대한 희망이 가득하였다.

그러나 그들의 앞에 놓여 있는 현실은 그야말로 참담했다. 승리를 거둔 그들에게 남은 것이라곤 전쟁으로 인해 폐허가 된 거대한 땅덩어리와 헐벗고 굶주린 수많은 농민들뿐. 그러나 더 심각한 것은 기나긴 전쟁

* 이 글은 한국 중국현대문학학회, 『중국현대문학과의 만남』(동녘, 2006)의 제1부에 「혁명 속의 또 하나의 혁명」이라는 제목으로 실렸던 글이다.

과 혁명의 과정 속에서도 끈질기게 살아남은 낡은 습관과 관념, 문화였다. 문맹률은 심각할 정도로 높았으며 낡은 신분 질서와 남존여비 사상, 그리고 고질적인 부패 등은 여전히 중국을 위협하고 있었다. 이것은 치명적인 결함이었다.

심각한 도전들은 물론 바깥에도 있었다. 100여 년에 가까운 제국주의의 침탈을 이겨내고 마침내 독립국가를 세운 그들 앞에는 또 다른 봉우리가 기다리고 있었으니, 그것은 바로 '냉전'이라는 새로운 국제질서였다. 그들에게 1950년 발발한 한국전쟁은 아시아판 냉전의 서막을 알리는 위협적인 신호탄으로 인식되었다. 중국은 어쩔 수 없이 한국전쟁에 개입함으로써 냉전의 와중으로 빨려 들었다. 이후 냉전의 와중에서 소련의 지속적인 원조와 지지를 기대했던 중국은 1950년대 초반 스탈린 사후 시작된 소련 공산당의 방향 전환을 계기로 소련과의 심각한 이념 분쟁으로 치닫게 되었다. 그들은 안으로는 구중국이 남긴 낡은 관행과 문화를 타파하기 위한 싸움을 벌어야 했으며, 밖으로는 미국과 소련이라는 두 강대국의 틈바구니에서 살아남아야 하는 새로운 난제에 봉착하였다.

1949년, 마오와 중국 공산당은 여전히 '혁명'의 출발선에 서 있었다.

2. 해가 뜨고 어둠은 걷혔으나 발 앞은 여전히 짙은 안개 속

1930년대 이후 일본의 노골적인 대륙 침략에 맞서기 위해 이른바 '해방구'와 '전선'으로 몰려들었던 수많은 좌익작가들은 중국 공산당의 최종적인 승리와 더불어 그들이 문학의 꿈을 키우던 도시로 돌아왔다. 1949년 7월 바야흐로 공산당의 최종적인 승리가 임박했을 때, 베이징에서는 제1차 중화전국문학예술활동가 대표대회(이하 '대표대회'로 약칭)가 개최되었고, 회의에 참석한 작가들은 '신중국의 인민문예 건설'을 다짐하였다. 작가들에게는 전쟁터와 부대로부터 돌아와 작가 조직을 결성하게 된 것 자체가 벅찬 일이었다. 그들에게는 '새로운 문학'이라는 예술가로서의 꿈이 있었다. 이들은 물론 '혁명가'들이었지만, 그와 동시에 '예술가'들이었기 때문이다.

그러나 1차 대표대회가 결의한 '신중국의 인민문예 건설'이라는 것이 구체적으로 무엇을 의미하는 것인지는 여전히 모호했다. 중국의 문학사가들은 흔히 1차 대표대회를 기점으로 중국의 혁명문예가 사회주의 문예의 단계로 진입하였다고 주장하지만, 적어도 1949년이라는 시점에서 대부분의 작가들에게 '사회주의 문예'라는 개념은 경험적으로든, 이론적으로는 대단히 모호한 것이었다. 왜냐하면, 그것은 전국적인 단위에서 시행되어야 할 제도화된 교육과 조직, 창작, 유통에 이르는 전 과정을 아우르는 새로운 모델을 창출하는 일과 관련된 것이었는데, 아직 이들에게는 이러한 국민문학의 운용 경험이 전무했기 때문이다.

더 근본적인 문제는 '사회주의 문예'의 개념이 아니라, '사회주의'라는 보다 상위적인 개념의 모호성에 있었다. 물론 그것은 문예계만이 아니라, 사회주의 건설 사업 전 부문에 걸친 근본적인 문제였다. 소련의 경험이 유일한 참고 자료였지만, 그것은 여전히 먼 나라의 이야기였다. 중국은 여러모로 혁명 초기 소련과 달랐으며, 소련의 사회주의 건설 과정에 대한 실질적인 정보나 이해조차도 극히 제한되어 있었기 때문이다. '인민 문예'의 앞길은 여전히 오리무중이었다.

3. 자선가와 혁명가 / 사회주의적 인민은 어떠해야 하는가

1951년 5월 시작된 '영화 무훈전 비판 운동'은 그 모호성을 잘 보여준다. 1950년 12월 개봉된 영화 〈무훈전(武訓傳)〉은 가난한 농민 가정에 태어나 글을 배우지 못한 설움을 달래기 위해 '의학(義學)'을 세워 돈 없는 아이들에게 글을 가르친 무훈(1838~1898)의 생애를 그리고 있다. 수없이 많은 설움과 고난을 이겨내고, 마침내 의학을 세우기까지의 과정에는 실로 감동적인 부분이 없지 않다. 때문에 영화는 대중들의 큰 환영을 받았으며, 신문과 잡지에는 '무훈'을 칭송하고 찬양하는 글이 줄을 이었다. 그러나 1951년 5월 『인민일보』에 「영화 무훈전의 토론을 중시해야 한다」는 제목의 〈무훈전〉 비판 사설(이 사설은 후에 마오가 쓴 것으로 밝혀졌다)이 실린 후부터 논조 자체에 변화가 일어나기 시작했고, 결국은 무훈전 비판 운동으로 발전되었다. 지적된 첫 번째 문제는 그가 돈을 모은 방법이었다. 무훈은 노동이 아니라, 구걸과 고리대를 통해 돈을 모았다. 그는 길거리에서 사람들에게 기행을 선보이기도 하고, 때로는 매를 맞고 돈을 벌기도 했으며, 농민 봉기를 부정하고 지주에게 엎드려 동정을 구하기도 했다. 의학을 세우기 위한 그의 노력은 나름의 가치가 있는 것이었지만, 구걸과 아첨이라는 굴종적인 태도와 방법은 분명 그들이 지향하는 사회주의적 가치관과는 다른 것이었다. 때문에 사설은 무훈의 사상과 방법을 분명한 어조로 '반동적'인 것이라 비판하였다. 더욱이 문제가 된 것은 무훈이 농민들의 저항과 봉기를 부정하고 오로지 서당을 세워 아이들을 가르치는 일만이 세상을 구하는 유일한 길이라고 주장했다는 점이었다. 이러한 자선가적 개량주의는 사회의 근본적인 개조와 혁명을 주장하는 공산당의 역사관과는 거리가 있다. 때문에 마오가 보기에 이러한 이질적인 이데올로기를 담고 있는 작품에 대한 (특히 공산당원들의) 찬양은 중국 사회 내부의 사회주의에 대한 몰이해가 심각함을 보여주는 것으로 받아들여졌다.

무훈전 비판 운동 이후 연이어 진행된 1952년의 '홍루몽 연구' 비판, 1954년의 후펑[胡風] 비판 등과 같은 일련의 논쟁과 비판 운동들은 무훈전 비판과 일정 부분 맥을 같이 하는 것이었으며, 이를 통해 중국 공산당과 문예계는 사회주의와 사회주의리얼리즘, 그리고 사회주의 문예라는 것에 대한 인식의 편차를 좁히는 데에 일정한 성과를 거두었다. 그러나 그 과정에는 불가피한 부작용이 뒤따랐다. 그것은 바로 창작과 비평 전체가 점점 더 도식화되는 것이었다. 창작도 비평도, 나아가 심미안까지도 점차 이데올로기화되어 갔다. 이렇게 생산된 작품과 비평은 이상적인 사회주의 이념을 진지하고 엄숙하게 표현해 냈지만, 역설적이게도 그럴수록 작품과 비평은 사회의 실제 현실과 동떨어진 것이 되었으며, 대중들과도 점점 멀어져 갔다. 농촌과 공장의 열악한 조건 속에서 힘겹게 노동하는 인민 대중들은 작품이 그처럼 이상화되고 엄숙해질수록 작품들 속에서 자기들의 실제 모습이 점차 희미해져가는 것을 발견하지 않을 수 없었다. '인민의 예술'은 갈수록 지식인과 이데올로그들의 것으로 변해갔으며, 그것의 보급과 유통은 관료들에 의해 장악되어 갔다.

4. 피어라 들꽃!

그러던 중 1956년 문예계에 중대한 변화가 일어났다. 마오쩌둥이 '백화제방, 백가쟁명'(이하 '쌍백(雙百)')이라는 유명한 정책 방침을 제시하였던 것이다. 이것은 기본적으로 전문성과 창의성을 생명으로 하는 과학과 예술 영역에 관련된 정책적 지침이었다. '쌍백'은 말 그대로 서로 다른 꽃들이 모두 저마다의 꽃을 피우고, 서로 다른 생각이 자유롭게 논쟁하도록 함으로써 과학과 예술이 꽃피게 하자는 것이었다.

그러나 모든 '이상'적인 정책과 구호는 그 반면의 '현실'에 대한 역설적인 증언이기도 하다. 자유롭게 논쟁하도록 하자는 제안은 실제로는 논쟁을 허용치 않는 무엇인가의 존재를 강하게 암시한다. 그렇다면 언필칭 해방된 사회주의 인민의 나라에서 무엇이 '백화'들의 개화를 가로막고 있었던 것일까? 정책의 제안자인 마오의 견해를 빌어 이야기하자면 그것은 중국 공산당 내부에 존재하는 교조주의와 종파주의, 그리고 관료주의와 엘리트주의였다. 현실 사회주의의 고질적 병폐라 할 수 있는 이러한 경향들은 사회 모든 영역의 발전에 부정적인 영향을 미치지만, 특히 악영향을 미치는 영역은 전문성과 창의성을 생명으로 하는 학술(과학)과 예술 부문이다.

그런데 실제로 1950년대 중국 사회 내부에서는 강력하지만 세밀하게 발전하지 못한 관료적 기구와 관행들이 '과학 연구'와 '예술 창작'이라는 전문적이고 미묘한 영역에 대해 단순한 정치적 잣대를 일방적으로 들이대는 일이 빈발하였다. 이러한 태도와 관행은 연구자들과 예술가들을 적잖이 위축시켰다. 1950년대 중반 중국은 기술적, 문화적 후진성을 떨쳐버리고 안팎으로부터의 위기에 대처하기 위해 국가의 모든 부문으로부터 활용 가능한 모든 고급 생산력을 이끌어내는 것이 절실했다. 따라서 마오는 과학과 예술의 영역에서 교조적이고 관료적인 획일성과 간섭을 제거함으로써, 다양하고 생산적인 견해들이 발전하게 되기를 기대하였다. 이것이 쌍백 방침의 중요한 한 측면이다.

그러나 마오가 제기한 쌍백 방침의 핵심적 아이디어는 학술과 예술 영역에서의 '다양성 보장'이라는 순수한 '자유주의적 발상'과는 거리가 있는 것이었다. 때문에 쌍백 운동의 구도는 '국가와 지식인'이라는 자유주의적 논제 설정만으로는 결코 온전히 이해될 수 없는 것이라는 점에 유의해야 한다. 두 가지 측면으로 나누어 살펴보자.

첫째는 마오가 우려한 것이 학술과 예술의 침체 그 자체만이 아니라는 점이다. 그에 못지않게 우려하고 있었던 것은 바로 당내의 교조주의와 관료주의, 그리고 엘리트주의 등과 같은 문제들이 점차 심화되고 있다는 점이었다. 마오는 1950년대 중반에 이미 이러한 문제들을 사회주의 체제를 내부로부터 좀먹어가는 심각한 부정적 요소로 인식하고 있었다. 쌍백 방침이 칼끝을 겨누고 있는 곳은 바로 이 지점이었다. 쌍백은 과학과 예술 영역의 지식인들에 대한 소극적인 '발언 허용'에 그치는 것이 아니라, 그들의 보다 적극적인 발언과 비판을 통해 당과 정부 내부의 관료주의와 획일주의, 종파주의를 견제하고자 하는 데에 중요한 목적을 두고 있는 정치적 판단의 산물이었다.

둘째, 이것이 보다 중요한 측면인데, 쌍백 방침의 핵심적 아이디어 속에는 국가적(관료적) 획일성과 전문가적 다양성이라는 대립 구도 외에 또 다른 종류의 비민주적 권력 '독점'과 관련된, 일종의 '계급적' 문제의식이 포함되어 있다. 일반적인 근대 국가 내부에서 흔히 발견되는 이른바 '관료 vs 지식인(과학자, 예술가)'라는 대립구도는 사실 엘리트 내부의 갈등에 해당하는 것으로서, 원칙적으로는 계급 모순과는 성격이 다르다. 그러나 쌍백 방침의 아이디어는 명백한 계급적 문제의식, 그러니까 과학과 예술 영역에서의 발언과 통제, 표현의 권한을 독점하고 있는 엘리트 집단과 그렇지 못한 인민(대중) 사이의 권력적 불균형과 관련된 문제의식을 담고 있다. 이 관점에 따르면 독점의 주체가 '관료'냐 아니면 지식인이냐 하는 것은 부차적인 문제가 되어버리고 만다. 왜냐하면 이 경우 전선은 관료와 지식인 사이가 아니라, 엘리트(관료와 지식인을 포함하는)와 대중 사이에 그어지기 때문이다.

이 문제는 특히 문학예술과 관련된 영역에서 더 격렬하게 제기되었다. 과학(학술)의 영역은 상대적으로 전문적인 지식과 기술을 지닌 지식인들의 배타적 주도권이 더 강한 영역이다. 물론 예술 역시 전문적 작가들의 창작 역량이 결정적이며 주도적이긴 하지만, 예술의 영역에서는 아마추어적인 창작과 향유 역시 가능하며, 실제로 이것은 매우 중요한 부분에 해당한다. 더구나 '인민 문예'를 지향하는 경우라면 말할 나위도 없다. '인민 문예'란 인민을 위한 문예인가, 아니면 인민에 의한 문예인가? 물론 두 측면 모두 중요하다. 그러나 굳이 이야기하자면 인민 문예의 궁극적 이념은 후자에 더 접근해 있다. 인민들 스스로가, 작가들이 자신들의 견해와 미의식을 대변해 주는 것에만 의지하지 않고, 자신들의 관점과 생각을 문예를 통해 발언하고 표현해 내는 것, 말하자면 농민도 시를 짓고 노동자도 자신들의 이야기를 소설로 써 냄으로써 진정으로 예술의 주인이 되는 것, 그것이 바로 인민 문예의 중요한 이념 가운데 하나인 것이다.

이 운동은 실제로 다양한 부문에서 효과를 보였다. 운동 과정 속에서 문예와 학술에 대한 관료적 통제 장치들이 상당 부분 비판되거나 해체되었고, 작가들은 중국 사회주의 사회 내부의 문제들을 적나라하게 파헤쳐 내기 시작했으며, 학술 영역에서 역시 금기시되어 있던 부분에 대한 다양한 연구와 문제제기들이 봇물처럼 터져 나왔다. 지식인 사회에는 전례 없는 생기가 넘쳐나기 시작했다. 그러나 이들과 함께 수많은 들꽃들 역시 함께 피어났다. 지식인들은 관료적 통제를 공격했지만, 인민 대중들은 지식인(혹은 관료)들로부터 창작과 발언의 독점권을 빼앗아 오려했다. 때문에 이 운동 과정 속에서 지식인들은 매우 애매한 위치에 놓여 있었다. 그들은 도전하는 자이기도 했고, 동시에 도전받는 자이기도 했던 것이다.

5. 변덕스러운 봄 날씨

이 모든 경향들이 그야말로 백가지 꽃들이 만발하듯 뒤섞여 나타났다. 때문에 백화제방 운동의 성격과 지향점은 적어도 운동이 시작되던 초기에는 (그 안에서 작가와 지식인들이 놓인 위치가 모호한 것만큼이나) 모호해 보였다. 그러나 시간이 갈수록 운동의 지향점은 분명해져 갔다. 운동의 궁극적인 목적은 지식인(만)이 아니라, 인민 대중들의 적극성을 이끌어 내고자 하는 데에 있었으며, 따라서 지식인들에게 주어졌던 발언의 자유라는 '관용'은 상황에 따라서 얼마든지 철회될 수도 있는 것이었다. 하지만 그러한 상황은 예상보다 훨씬 빨리 다가왔다. 57년 5월 당내 관료들에 의해 주도된 반격이 시작되었다. 이들은 공산당에 대한 공개적인 비판을 허용한 것에 상당한 불만을 지니고 있었다. 이들은 운동 과정 속에서 제출된 의견들 가운데 관료주의 비판의 정도를 넘어 당과 사회주의 자체를 반대하는 '우파'의 목소리가 존재함을 지적하며 반우파 투쟁을 시작했다. 그러나 한 번 시작된 반우파 투쟁은 걷잡을 수 없이 확대되었고, 비판과 발언을 권장 받던 지식인들은 하루아침에 우파의 낙인이 찍힌 채 비판대 위에 오르는 신세가 되고 말았다.

하지만 꽃샘추위가 모든 꽃들을 시들게 한 것은 아니었다. 인민 대중들의 창작과 발언의 기회는 반우파 투쟁 속에서도 그다지 축소되지 않았으며, 오히려 대약진 운동의 낭만적 열기 속에서 대중들의 창작은 더욱 적극적으로 권장되었다. 대중 창작 운동은 마침내 신민가(新民歌) 운동으로 거대한 폭발력을 과시하였다. 1958년 한 해 동안 중국의 각 성(省)마다 대략 1,000만 수 내외의 민가가 수집되었다는 통계는 그 규모가 어느 정도였는지를 잘 보여준다. 그러나 이러한 양적 확대가 중국 문예의 발전을 의미하는 것인지는 회의적이다. 물론 대중 창작의 경우 작품의 질과 예술성은 부차적인 문제일 수 있다. 대중들이 자발적인 창작 활동을 통해 성취감을 느끼고, 그것이 노동과 일상을 풍요롭게 만들어 주었다면 그것은 나름의 가치를 지니는 것이기 때문이다. 하지만 한 해에 몇 억 수의 시가 창작되었다는 놀라운 통계적 보고는 기실 그 운동이 순수하게 자발적인 것이 아니었음을 보여줄 뿐이다. 때문에 신민가 운동은 정치적으로는 성공적이었는지 모르지만, 문학적 측면에서는 오히려 파괴적이었다. 이 기간 동안 중국 혁명 문학의 발전을 이끌어 왔던 전업적 시인들의 현대시 창작은, (그들이 즐겨 창작하는 양식이 서구적인 현대시이며, 이것은 농민들이 이해하고 즐길 수 있는 것이 아니라는 이유 때문에) 격렬한 비판의 대상이 되었다. 이 모든 것은 결국 중국 현대시의 지속적인 발전을 가로막았다. 실제로 신민가 운동과 대중 창작의 열기마저 그리 오래 지속되지 못한 채 사그라지고 말았으며, 이후로 중국의 문학은 오랜 기간 침체를 면치 못했다.

6. 혁명 속의 또 하나의 혁명

1960년대 중반 중국 문예계에는 또 한 번의 결정적인 시련이 찾아왔다. 1966년을 전후로 한 일련의 사건들을 계기로 중국 공산당 내부의 권력 균형이 급격하게 무너지면서 이른바 '무산계급 문화대혁명'이 시작된 것이다. 마오는 다시 한 번 중국 공산당 내부의 관료주의, 그리고 지식인들의 전문가주의적 독선에 문제를 제기하였다. 마오는 당 관료와 전문가 지식인들이 새로운 지배계급으로 자리 잡았고, 때문에 그들은 인민들의 새로운 개혁과 지속적인 혁명을 허락하지 않고 있다고 비난했다. 당 외부의 젊은이들이 이와 같은 마오의 비판에 동의하며, 그의 새로운 혁명 노선을 옹호하기 위해 모여들었다. 1966년 어느 날 천안문 광장에는 각지에서 몰려든 수십만의 홍위병들이 마오의 어록을 들고, 사회주의 혁명 정권 내부의 수많은 '새로운 모순'들과 '구시대의 유산'에 대한 철저한 청산을 다짐했다.

마오의 지지를 얻은 홍위병과 조반파 그룹들은 공산당, 기업, 학교 등

권력을 지닌 모든 조직에 대한 대대적인 탈권(奪權) 투쟁을 전개했다. 사실 문혁이 내세운 이념과 명분은 일정한 설득력을 지니고 있었다. 실제로 1960년대 당시 사회주의 사회 내부의 관료 독재는 심각했으며, 팽배한 권위주의와 문화적 보수성은 사회주의 본연의 이념과는 분명 다른 것이었다. 물론 관료와 지식인들의 권력 독점이라는 문제는 비단 사회주의 사회만의 문제는 아니었다. 때문에 권력을 독점한 폐쇄적인 주류 집단의 비민주성에 대한 대중들의 정당한 저항이라는 초기 문혁의 이념은 당시 중국만이 아니라, 세계 각지의 젊은이들을 매료시켰다. 1960년대 말 프랑스, 미국, 일본 등 전 세계를 뒤흔든 급진적 학생 운동, 게바라로 대표되는 중남미의 혁명투쟁 등은 문화대혁명과 그 이념을 직간접적으로 공유하고 있었다.

그러나 실제 중국에서 진행된 문혁은 그 명분이나 이념과는 별개로 수많은 문제를 안고 있었다. 그 이념은 매력적인 것이었을지 모르지만, 그 이념이 실행되는 구체적인 현장의 상황과 실천 방식들은 지나치게 급진적이고, 폭력적이었으며, 그 논리들은 놀랄 만큼 조악했다. 급격한 변화와 혼란 속에서 '사인방'과 같은 야심가들이 운동에 편승하는 것을 막아낼 방법이 없었으며, 격렬하게 분출되는 대중의 거대한 에너지를 감당할 어떤 장치도 마련되어 있지 않았다. 상황은 점차 악화되었으며, 모든 관공서, 공장, 학교는 문을 닫았고, 급기야 무력을 동원한 내전 상황으로 치달았으며, 중국은 마비되어 갔다.

문화대혁명의 이러한 문제점들은 문화와 예술의 영역에서도 동일하게 나타났다. 초기 홍위병 운동의 소용돌이 속에서 권력의 중심으로 부상한 문혁 그룹의 지도자들은 거의 모든 문예계 인사들에 대해 과도하고 노골적인 적대감을 드러내었다. 이들은 놀랍게도 1930년대 이후의 모든 혁명 문학이 반동적인 것이라고 규정하였다. 이들은 자신들의 지도하에 제작된 이른바 '모범극' 이외에 어떤 문예 작품도 인정하거나 허용하지 않았다. 그러나 이러한 시도는 어떤 의미에서도 민주적이거나 혁명적인 것이 아니었다. 물론 예술적인 것은 더더욱 아니었다.

중국의 혁명 문학을 발전시켜 온 수많은 작가들이 반동으로 규정되어 창작을 금지 당하고 억류, 구금 되었으며, 모멸감과 좌절감을 이기지 못한 몇몇은 스스로 목숨을 끊기도 하였다. 문혁 시기의 문화예술 정책과 이념은 1950년대 말 쌍백 운동과 신민가 운동에서 시도되었던 혁명적 대중 문예의 모델과 유사한 측면이 있지만, 실질적으로는 그 모델의 부정적 측면만을 극대화시킨 꼴이 되고 말았다. 때문에 10년 후 문혁이 종결될 때까지 중국은 모든 장르의 작품 창작이 중단되는 극도의 문화적 빈곤을 면치 못했다. 이 기나긴 문화적 공백기를 일컫는 명칭이 '문화대혁명'이라는 것, 그리고 그 공백의 시대가 개혁개방 이후 수많은 작가와 작품들의 소재와 영감의 원천이 되고 있다는 것은 그야말로 아이러니가 아닐 수 없다.

7. 거대한 열정과 실험이 남긴 유산

1949년부터 1976년에 이르는 이른바 중국의 사회주의 시기는 적어도 문예 작품의 성과로 이야기한다면 결코 성공적이지 못한 시대였음에 분명하다. 그것은 현실 사회주의가 일반적으로 지니고 있는 문화 예술에 대한 이데올로기적 편향과 관료적 통제라는 고질적 한계의 자연스러운 결과이다.

그러나 한 나라의 역사와 문화를 이해하고자 하는 사람들에게라면 이 시대는 분명 차분하고 꼼꼼하게 고찰해 보아야 할 만한 또 다른 가치를 지니고 있는 시대라는 점 역시 간과되어서는 안 될 것이다. 1949년부터 1976년까지의 중국 사회주의와 그들의 문학예술은 때로는 정치적 이데올로기에 의해 억눌리고, 세련된 형식을 갖추는 데에 둔감했을지언정 인간의 해방과 자유, 그리고 현대 예술이 나아가야 할 방향에 대한 진지하고도 열정적인 질문이자 거대한 실험이었기 때문이다.

그것은 비록 우리가 경험해 보지 않은 사회주의 체제 하의 역사이지만 결코 이미 지나가버린 다른 세계의 이야기로만 치부될 수 없다. 그 속에는 현대의 문학과 예술이 과거에 고민했었고, 그리고 지금까지도 해결하려 애쓰고 있는 중요한 이론적 실천적 문제들에 대한 소중한 경험들이 녹아있으며, 시대와 상황은 많이 달라졌음에도 불구하고 여전히 유효성을 지니고 있는 근본적인 질문들이 함축되어 있기 때문이다. 정치와 예술, 이데올로기와 미학, 현실과 이상, 국가(관료)와 지식인, 작가와 대중, 전문성과 대중성, 민중과 지식인, 서구적 현대예술과 전통예술…… 이러한 질문들이 속에서, 중국의 사회주의를 살아갔던 '그들'도, 그리고 21세기 한국 사회를 살아가고 있는 '우리'도, 똑같이 갈림길에서 있다. 그렇게 끊임없이 기로에 서는 것 그것이 바로 문학이며, 예술이 아닐까?

근현대 한국인의 중국 인식의 궤적*

정문상

1. 머리말

이 글의 목적은 근현대 국민국가 수립과 발전 과정에서 한국인은 중국을 어떻게 인식하였는지, 그리고 그 과정에서 어떤 중국상을 만들어 내었는지를 추적하는 데에 있다. 한국인의 중국 인식의 문제는 근대 학문으로서 역사학이 한국인에 의해 본격적으로 수행된 이후 중국역사학자들 사이에 주요한 연구 주제로 다루어져왔지만, 그 대부분은 朝貢-冊封體制를 중심으로 한 전통시기의 문제에 집중되어 왔다.[1] 이 글에서 다루고자 하는 근현대 시기의 중국 인식 문제가 본격적으로 탐색된 것

---

* 이 글은 『한국 근대문학 연구』 25호(한국근대문학회, 2012.4.30, 203~231면)에 발표된 글을 수정하여 재수록한 것임.

1 고병익, 「이조인의 외국관」, 『동아사의 전통』, 일조각, 1976; 황원구, 「한중관계로 본 한국인의 대외의식」, 『동아세아사연구』, 일조각, 1976; 전해종, 『한국과 중국 : 동아사논집』, 지식산업사, 1982; 민두기, 「열하일기의 일연구」, 『역사학보』 20, 역사학회, 1963; 최소자, 「임진난시 조선지배층의 대명의식」, 『미술사학연구』 136·137호, 한국미술사학회, 1978.

은 최근에 들어서였다.

기존 연구들을 일별할 때 연구들은 대개 한말/대한제국기, 일제강점기, 냉전기 등의 시기에 초점이 맞추어져 왔다. 한말/대한제국기에 초점을 맞춘 연구에서는 한국인의 근대적 중국 인식이 표출된 계기와 내용이 탐색되었고,[2] 일제강점기를 다룬 연구에서는 주로 독립운동가의 중국 인식이 다루어졌으며,[3] 냉전기를 다룬 연구에서는 냉전의 논리에 압도된 중국 인식의 양상이 분석되었다.[4] 이러한 연구들로 근현대 각 시기별 한국인의 중국 인식의 특징적 양상들이 어느 정도 밝혀진 것으로 보이지만, 그럼에도 한국인의 중국 인식에 대한 해명이 충분히 이루어졌다고 할 수는 없다. 중국 인식은 한국인의 개인적, 집단적 경험의 소산이니만치 기존 연구에서 분석의 대상으로 삼았던 사례들이 그러한 다양한 경험들을 모두 포괄한 것으로 볼 수는 없겠기 때문이다. 중국과 관련한 한국인의 다양한 경험에 대한 지속적인 추적과 발굴, 그리고 이에 대한 분석이 이루어질 때 기존 논의에 새로운 내용이 보태지면서 한국인의 중국 인식에 대한 연구는 심화되고 풍성해질 것이다.

새로운 연구 주제에 대해 지속적으로 관심을 기울이는 것과 별도로, 한국인의 중국 인식의 전개 양상을 통시적으로 재구성해 보는 것은 관

---

2 백영서, 「한국인의 역사적 경험 속의 '동양' : 20세기 전반」, 「대한제국기 한국언론의 중국 인식」, 『동아시아의 귀환』, 창작과비평사, 2000; 현광호, 『한국 근대사상가의 동아시아 인식』, 선인, 2009.

3 민두기, 「1920年代の韓國人の孫文觀」, 『孫文とアジア』, 東京 : 汲古書店, 1993; 배경한, 『쑨원과 한국』, 한울아카데미, 2007.

4 황동연, 「중국현대사 속의 중화인민공화국 50년」, 『창작과 비평』 106, 창작과비평사, 1999; 백영서, 「1949년의 中國」, 『중국근현대사연구』 9, 중국근현대사학회, 2000.6; 정문상, 「한국의 냉전문화 형성과 문화대혁명」, 『중국근현대사연구』 48, 중국근현대사학회, 2010.12; 정문상, 「냉전기 북한의 중국 인식」, 『우리어문연구』 40, 우리어문학회, 2011.5; 정문상, 「'중공'과 '중국' 사이에서」, 『동북아역사논총』 33, 동북아역사재단, 2011.9.31 등 참고.

련 연구의 심화에 도움이 될 것으로 생각한다.[5] 기존 연구의 현황을 점검할 수 있을 뿐만 아니라, 근대 이후 한국인의 중국 인식이 어떻게 지속되면서 변용되었는지를 통시적으로 파악할 수 있어서 한국인의 각 중국 인식의 유형이 가지는 시대성과 아울러 각 유형별 상호연관성 및 그 변화 과정까지 조망할 수 있는 효과가 기대되기 때문이다. 이 글에서는 이러한 작업을 수행하는 과정에서 기존 역사학계의 연구 성과는 물론 문학계의 그것과 관련 자료까지도 폭넓게 검토하고 이를 반영해볼 예정이다. 문학계에서 이루어진 심도 있는 연구 성과와 관련 자료를 적극 활용함으로써 한국인의 중국 인식의 궤적과 그 내용이 좀 더 세밀하고 생동감 있게 구성될 수 있을 것으로 기대하기 때문이다.

한국인의 근대적 중국인식의 형성과 그 변용을 추적함에 있어 동아시아 국제질서의 변동과 그와 연동된 한중관계에 주목할 필요가 있다. 근대적 중국 인식이 본격적으로 표출된 것은 전통적인 동아시아 국제질서의 변동을 가져온 청일전쟁을 배경으로 하였으며, 한국인의 중국 인식의 유형이 다양하게 표출된 것은 한국과 중국이 일본제국주의에 대한 공동투쟁의 필요성이 제기된 일제강점기를 배경으로 하였다. 그리고 일제강점기에 형성된 다양한 중국 인식이 억압되고 배제되면서 남북으로 분열된 것은 미국이 주도한 동아시아 냉전체제의 형성과 밀접히 연관되었다. 따라서 청일전쟁을 전후한 시기, 일제강점기, 냉전기 등으로 시기를 구분하여 한국인의 근현대 중국 인식의 전개 양상을 효과적으로

5 역사학계와 문학계에서 이룬 성과를 충실히 반영하고 있지는 않지만, 한국인의 중국 인식의 궤적을 간결하게 정리한 글로는 백영서, 「'편의적인 오해'의 역사 : 한중 상호인식의 궤적」, 『동북아공동체를 향하여』, 동아일보사, 2004 참고.

재구성할 수 있을 것으로 생각한다. 다만 냉전기의 경우 그 하한을 1960년대까지로 한정하고자 하는데, 이는 한국인의 중국 인식의 냉전적 성격은 1950~1960년대에 가장 전형적으로 드러난다고 판단한 때문이다.

2. 타자화된 중국 : '文明開化의 落伍者'[6]

한국인의 중국이 대한 전통적인 인식에 변화가 생기기 시작한 것은 19세기 말~20세기 초에 걸친 '개화지식인'[7]이 추구한 근대화와 연관이 깊다. 이 시기는 西勢東漸의 시기이자 한중일 3국이 근대 국민국가 수립을 모색한 격동의 시대로 이해된다. 개화지식인은 근대화의 방략으로 내정개혁방안을 모색하면서 이른바 한중일 3국을 중심으로 하는 동아시아 각국의 연대와 제휴도 모색하였는데, 이 과정에서 근대적인 중국 인식이 표출되기 시작하였다. 개화지식인은 내정개혁과 제휴의 방식을 둘러싸고 '온건파'와 '급진파'로 나뉘었는데,[8] 한국인의 근대적 주변 인식, 특히 중국 인식의 표출이라는 관점에서 볼 때 주목되는 것은

6 이 절의 내용은 정문상, 「19세기 말~20세기 초 '개화지식인'의 동아시아 지역 연대론」(『아시아문화연구』 8집, 경원대 아시아문화연구소, 2004.2)의 내용 중 일부를 이 글의 주제에 맞추어 대폭 축약·보완한 것이다.

7 이 글에서 다루는 '개화지식인'의 범주에는 1870·1880년대 초기의 개화 지식인, 1890년대의 독립협회 계열의 지식인, 그리고 러일전쟁 이후 애국계몽운동론자 등이 포괄된다.

8 '온건 개화파'와 '급진 개화파'의 내정개혁방안과 대청 · 대일 인식에 대한 좀 더 자세한 분석은 李光麟, 「開化思想과 愛國啓蒙運動」, 『韓國學入門』, 學術院, 1983; 趙宰坤, 「19世紀末 三國提携論 擡頭 背景과 認識論의 方向」, 『亞細亞文化硏究』 5輯, 2001.2, 126~152면; 許東賢, 『近代韓日關係史硏究 : 朝士視察團의 日本觀과 國家構想』, 國學資料院, 2000, 특히 23~33·257~275면 참고.

급진파였다. 이들은 전통시대와는 달리 일본을 '근대 국가'로 새로이 인식하고 일본과의 적극적인 연대를 통해 조선의 근대화를 추구해야 한다고 보았으며, 이와 상반되게 중국은 부정되고 배제되어야할 대상으로 간주하였다.

甲申政變의 실패 후, '급진파'의 중국관은 정변을 주도했던 金玉均이 제창한 '三和主義'에서 드러나듯 일정한 변모를 보이기도 하였지만,[9] 兪吉濬의 사례에서 보듯이 중국에 대한 일부 우호적인 인식이 부정적으로 변화되기도 하였다. 중국을 '한국의 국권수호를 위해 긴밀한 관계를 유지해야 할 전통적 우방'이라고 인식했던 유길준은 갑신정변 이후 '한국의 자주권을 가장 위협하는 국가'로 간주하고 경계하기 시작하였던 것이다.[10]

부정적인 중국관은 청일전쟁을 거치면서 더욱 널리 확산되면서 본격적으로 표출되었다. 기존 중국 중심의 동아시아 국제질서 구도를 붕괴시켰을 뿐만 아니라 그것을 일본 중심으로 재편시킨 청일전쟁을 계기로, 부정적 중국관이 확고해져 갔기 때문이다. 청일전쟁을 계기로 확산된 부정적 중국관은 명청 교체기를 계기로 조선에서 형성된 '만주족' 청에 대한 멸시와 반감과는 다른 것이었다. 청에 대한 멸시와 부정은 이른바 '소중화주의'에 입각한, 즉 전통적인 유교이념과 근거한 것이었지만, 청일전쟁 이후의 그것은 근대적 이념, 즉 진화론적 문명관에 입각하여

---

9 김옥균은 갑신정변 실패 후 기존 '對淸獨立論'을 폐기하고 일본 정부를 불신하는 태도를 피력하였다. 이러한 대중국, 일본 인식이 반영된 그의 새로운 제휴론 모색은 이른바 '三和主義'로 표현되었다. 조재곤은 삼화주의를 조선의 완전한 중립국화를 지향한 것이었다고 평가하였다. 조재곤, 「한말 조선 지식인의 동아시아 삼국제휴 인식과 논리」, 『역사와 현실』 37, 한국역사연구회, 2000.9, 158~162면.

10 현광호, 「유길준의 동아시아 인식」, 『한국 근대사상가의 동아시아 인식』, 선인, 2009, 109~112면.

형성된 것이었다. 청은 문명화에 실패하였을 뿐만 아니라 조선의 문명개화에도 방해가 되는 부정의 대상이었던 것이다.

'문명 발달 단계가 후진적일 뿐만 아니라 문명화에 실패한 국가'로 중국을 인식한 유길준이나,[11] "세계에서 제일 賤待받고 가장 弱한 淸國", "淸國같이 못생긴 政府"니 하는 당시 여론의 지적은[12] 당시 한국인의 중국 인식을 잘 보여주고 남음이 있다. 물론 당시 동양평화를 구축하는 데 청의 역할을 무시하지 않거나 조선의 개혁의 모델로서 여전히 청의 개혁과 혁명에 주목하는 논조도 유지되고는 있었으나,[13] 당시 지식인 사회의 지배적인 중국 인식은 부정적이었던 것으로 보인다.

부정적 중국 인식의 확산과 일본 맹주론의 급부상은 동전의 양면이었는데, 이러한 인식이 형성된 배경으로 사회진화론과 일본발 '아시아 연대론'의 영향을 간과할 수 없다. 사회진화론을 수용함으로써 한국인들은 '자강의 논리'를 이끌어내기도 하였지만 자강의 논리란 결국은 '약자가 강자가 되기 위한 수단'을 의미하므로 '지배와 피지배'라는 힘의 논리, 강자의 논리를 극복할 수는 없었다.[14] 특히 인종주의와 결합된 사회진화론의 영향으로, 점증하고 있었던 러시아의 만주와 한반도에 대한

11 위의 글, 129면.

12 『독립신문』 1896.5.30·1896.8.4·1896.8.31·1896.9.12 등 論說 참고.

13 청일전쟁 직후 한국 언론계와 지식인들의 중국에 대한 인식이 부정 일변도는 아니었음은, 백영서, 「대한제국기 한국언론의 중국인식」(『역사학보』 153집, 역사학회, 1997.3)에 설득력 있게 분석되어 있다.

14 한국에서의 사회진화론의 수용과 그 영향에 대해서는 李光麟, 「舊韓末 進化論의 受容과 그 影響」, 『韓國開化思想研究』, 一潮閣, 1981(重版); 金度亨, 「韓末 啓蒙運動의 政治論 研究」, 『韓國史研究』 54輯, 1986.10; 朱鎭五, 「獨立協會의 思想과 社會進化論」, 『孫寶基博士停年紀念韓國史學論叢』, 知識産業社, 1988; 李松姬, 「韓末 社會進化論의 受容과 展開」, 『釜山史學』 22輯, 1992.6; 전복희, 『社會進化論과 國家思想』, 한울, 1996; 朴成鎭, 「社會進化論의 展開過程에 대한 研究」, 『淸溪史學』 12, 1996.4 등 참고.

침략 확대에 직면하여 일본을 중심으로 한 '황인종'의 연대와 러시아에 대한 대응의 필요성이 제기되었으며, 이러한 분위기는 다루이 도우키치[樽井藤吉]의 저서 『大東合邦論』이 널리 보급되었던 데서 알 수 있듯이[15] 사회적으로 광범위하게 확산되기도 하였다. 일본 맹주론의 확산과 비례하여 중국은 더욱더 부정적인 대상으로 비쳐졌다. '중국은 영토가 광대하고 인구가 많은데도 불구하고 피폐하여 능욕을 받고 있다. 중국은 스스로 분발할 계책을 깨닫지 못하고 자포자기 중인 것 같다'는 지적처럼,[16] 중국은 '피폐하여 능욕받고 있는' 존재이자 근대화를 '자포자기한' 존재로까지 간주되었던 것이다.

일본 맹주론이 급부상하면서 부정적 중국관이 강화되는 가운데서 일본의 한국 식민지화의 의도는 한층 명료해져 갔다. 러일전쟁 직후 가속된 일본의 한국 보호국 시도에 한국인들은 선택의 기로에 서지 않을 수 없었다. 보호국화를 인정할 것인가, 일제에 정면 도전할 것인가, 보호국화는 인정하지 않지만 일본과는 어떤 방식으로라도 지속적으로 제휴를 모색할 것인가 하는 등의 선택이었다. 선택에 따라 중국을 바라보는 시선은 다르게 표출되었다.

첫 번째 선택은 을사조약을 '불가항력적인 현실'로 받아들이고 '독립

---

15 다루이 도우키치의 『大東合邦論』은 1893년(초판), 1910년(재판) 두 번에 걸쳐 간행되었다. 서양의 백인종 중 러시아의 위협에 한중일 3국뿐만 아니라 아시아 황인종이 연대하고 나아가서는 연방까지 실현하자는 그의 주장은 당시 중국은 물론 한국 지식계에 커다란 반향을 일으켰다. 1898년 梁啓超가 서문을 쓴 『大東合邦新義』가 중국에서 10만 부가 출판되었고 한국에서도 1천여 부가 보급되었지만, 모자라 많은 등사본이 유행할 정도였다. 표면적으로는 대등한 연대나 합방의 뜻을 내비치고 있으나 본질적으로는 침략주의적이었다. 한상일, 「近代日本史에 있어서의 韓國像 : 樽井藤吉의 『大東合邦論』」(第8次 韓日·日韓合同學術會議, 1994.7); 강재언, 「아시아주의와 일진회」, 『한국사회연구』 2, 한길사, 1984 등 참고.

16 「논설」, 『황성신문』, 1903.8.12; 현광호, 앞의 책, 76면에서 재인용.

의 길은 자강'이라는 신념 아래 애국계몽운동을 주도하거나[17] 일본의 '지도'와 '보호' 아래 '후진적'인 한국의 '문명화'를 실현하고자 했던 시도와 통하였다.[18] 이러한 선택에서는 중국은 부정과 멸시의 대상이었다. 가령, 尹致昊는 중국을 "현명하고 강력하고 인정된 정부를 구성할 센스가 없는 나라", "중국인들은 현명하고 강력하며 애국적인 內治를 할 수 있는 능력도 없고 또 그렇게 해보려는 의지도 없는 (나라)", "강력한 정부를 구성할 만한 사리 분별력도 애국심도 없는 (…중략…) 딱하고 가증스러운 (중국인)"[19]으로 인식하였다. 이러한 시선과 인식은 사회적으로도 널리 확산된 듯한데, 이는 당시의 신소설에서 묘사된 중국을 통해서 어렵지 않게 확인할 수 있다. 菊初 李人稙는 「혈의누」(1907)에서 청일전쟁으로 야기된 평양 민중들의 참상을 묘사하면서 청 군사를 '부녀를 겁탈하고 돈을 빼앗아 가는 등 작폐를 일삼는' 야만적이고 부정적인 대상으로 그려내었다. 중국(인)에 대한 이러한 부정적 묘사는 崔瓚植의 「추월색」(1912), 李海朝의 「巢鶴嶺」(1913), 「雨中行人」(1913) 등에서도 잘 드러나 있다.[20]

두 번째는 일본과의 제휴, 동맹이 지닌 '순수한 뜻'과 '원칙'을 견지하면서 일본의 침략주의적 면모를 비판의 표적으로 삼는 선택이었다. 일본의 각성을 촉구하면서도 여전히 3국의 연대에 적지 않은 기대를 걸고

17 대표적인 애국계몽운동 단체였던 大韓自强會의 회장으로 활약한 尹致昊는 그러한 대표적인 인사였다. 이 점에 대해서는 柳永烈, 「開化期 尹致昊의 日本認識」, 『한국민족운동사연구의 역사적 과제』, 國學資料院, 2001, 359~364면 참고.

18 大韓自强會의 후신 大韓協會의 회장과 총무로 활약한 바 있는 金嘉鎭과 尹孝定은 조선이 일본의 보호국으로 된 원인을 조선의 '후진성'에서 찾았으며, 일본의 '지도'아래 조선의 '문명화'는 달성될 수 있다고 보았다. 이에 대해서는 전복희, 앞의 책, 148~149면; 金度亨, 「韓末 啓蒙運動의 政治論 硏究, 81~84면 참고.

19 김상태 편역, 『윤치호 일기 1916~1943』(역사비평사, 2001) '1919.6.3(화), 119면', '1919.7.6(일), 124면', '1920.8.19(목), 189면' 등 참고.

20 백영서, 「대한제국기 한국언론의 중국 인식」, 『역사학보』 153, 역사학회, 1997, 135~138면.

있었던 이들에게 중국은 부정과 멸시의 대상이 아니었다. 가령, 朴殷植은, 서구열강, 특히 일본의 침략을 받고 있는 중국을 동정어린 시선으로 바라보면서 한국과 같이 중국 관리층의 '貪虐'을 비판의 대상으로 삼고 이를 개혁해야할 것으로 기대하였다. 그는 러일전쟁 이후 청조에서 추진했던 정치개혁과 군제개혁 등을 소개하며 그러한 기대를 우회적으로 내비쳤다.[21]

세 번째 선택은 제휴론적 발상 자체를 비판하면서 일본에 전면적인 공격을 선언하는 것이었다. 申采浩는 '동양 제국이 일치단결하여 西力의 東漸함을 막기 위한 동양주의'를 주장하는 자들은 '나라를 그르친 자이며 외국인이게 아첨하는 자일 뿐만 아니라 혼돈한 무식자일 뿐'이라고 비판하였다.[22] 그의 중국 인식은 어떠하였을까? 일제를 전면적인 비판의 대상으로 삼은 만큼 그러한 투쟁을 전개해 나아가기 위한 방안의 하나로 중국과의 연대나 제휴의 필요성을 피력하였을 것이며 그에 따라 중국을 우호적 대상으로 바라보았을 것으로 예상된다. 그런데 흥미롭게도 그에게 중국은 결코 우호적인 인식의 대상은 아니었다.

"매우 완고하며 중세 사상을 유지하여 국망의 위기에 처했으며 (…중략…) 중국문명은 보수에 치중하여 전제봉건제를 유지하고 있다"고 보았다. 그 결과 중국은 "서세동점의 시대를 맞이하여 최근 수십 년 이래 쇠퇴하고 있다"고 인식하였다. 러일전쟁 이후 정치체제의 개혁을 선언했지만 여의치 않아 '국가 유지에 급급한 형편'이라고까지 비판하였다.

---

21 현광호, 「박은식의 동아시아 인식」, 앞의 책, 153~154면.

22 申采浩, 「與友人絶交書」, 『大韓每日申報』, 1908.4.17~18; 「東洋主義에 대한 비평」, 『大韓每日申報』, 1909.8.8·10.

말하자면 그는 중국과의 연대에 대해 크게 기대하지 않는 자세를 보였다.[23] 이러한 신채호의 사례는 일제를 전면적인 투쟁의 대상으로 삼은 경우라 하더라도 반드시 중국과의 연대를 우호적으로 보거나 그러한 연대와 제휴에 기대를 크게 걸지 않은 경우도 있었음을 시사한다고 할 것이다. 그러나 다음 절에서 보듯이 중국으로 망명하여 조국의 광복과 해방을 추구한 인사들의 경우 대부분 중국을 연대와 제휴의 대상으로 보았던 것으로 생각된다.

3. 다층적으로 인식된 중국

: '否定과 警戒의 대상', '連帶와 協力의 대상' 그리고 '한국 사회 변혁의 모델'

일제강점기 한국인의 중국 인식은 앞의 尹致昊의 사례에서 볼 수 있듯이 대체로 부정적이었던 것으로 파악된다. 그것은 단순히 '근대의 낙오자' 또는 '東亞의 病夫' 등으로 인식된 데 따른 것만은 아니었다. 일상에서 중국(인)은 가난하고 힘없는 한국인을 억압하고 생존까지 위협하는 '비열하고 인정 없는, 게다가 폭력적이기까지 한 존재'로서 비쳐진 데 따른 결과이기도 하였다. 식민지 시기 소설은 그러한 상황을 잘 보여주고 있다. 김동인의 「감자」(1925)에서 왕서방은 주인공 복녀의 '금전의 원천이자 애욕만족의 대상'으로 그려졌으며, 만주로 이주한 한국인의 삶을 형상화한 대표적인 작가로 평가받는 최서해의 작품에서는 중국인

23 현광호, 「신채호의 동아시아 인식」, 위의 책, 235~236면.

지주가 '폭력을 일삼고 임산부까지 유린하는 비열한 인간'으로 그려졌다.[24] 중국인에 대한 부정적인 시선은 소설 속에서 한정된 것은 아니었다. '우리의 노동하는 것까지 뺏으려고 중국의 苦力群을 수입함은 우리의 생활에 一大威脅이다. 절대 排斥할 事이다'라는 1920년대 『동아일보』의 지적은 일상에서 한국인에게 중국인이 어떻게 경험되고 비쳐지고 있었는지를 잘 말해준다.[25]

그러나 일제강점기 중국 인식을 부정 일변도였다고 보는 것은 단순한 이해이다. 조국의 독립과 해방을 위해 중국으로 망명한 독립운동가 사이에서 또 다른 유형의 중국 인식이 형성되고 있었기 때문이었다. 독립운동가들은 辛亥革命으로 '중국이 강성해지면 또 그 혁명을 한국인들이 지지해 중국 쪽과 좋은 관계를 유지해 간다면 중국의 힘을 빌려 장차 한국의 독립과 혁명을 이루어 낼 수 있다'는 희망과 기대를 가지고 중국으로 건너가 다양한 방식으로 辛亥革命에 참여하고 지지하였다.[26] 그들은 당시 혁명을 주도하고 있었던 '革命派' 인사들과 적극적으로 교류를 모색하였으며, 그 과정에서 新亞同濟社을 결성하기도 하였다. 혁명파 인사들과의 교류는 이후에도 지속되어, 上海臨時政府 국무총리 申圭植이 廣東政府를 방문하여 孫文과 회담을 하고 상호승인 문제를 깊이 있게 논의했으며 한국 독립운동에 대한 지지와 지원 의사를 이끌어내기도 하였다.[27]

---

24 김성욱, 「1920년대 한국소설에 나타난 중국인 '형상'연구」, 『한국언어문화』 34집, 한국언어문화학회, 2007.12 참고.

25 『동아일보』, 1923.3.22, 김성욱, 앞의 글, 120면에서 재인용.

26 배경한, 「신해혁명 시기(1911~1913) 한인 망명자들과 쑨원 · 혁명파 인사들과의 교류」, 『쑨원과 한국』, 한울, 2007, 40~67면 참고.

27 배경한, 「쑨원과 상하이 한국임시정부」, 위의 책, 68~103면 참고.

중국혁명에서 조국의 광복과 독립의 가능성을 기대하였다는 것은, 당시 한국인들에게 중국은 일제의 침략에 맞서는 공동의 목표를 지닌 대상으로 여겨졌음을 의미한다. 비록 독립운동가의 이념적 차이에 따라 연대와 활동의 대상을 달리했지만, 이들에게 중국은 공히 '동병상린의 대상'이자 '연대와 협력의 대상'이었던 것이다. 한 걸음 더 나아가 廣東省 梧州와 廣西省 桂林에서 중국국민당의 지원 아래 『東方戰友』를 발간하여 항일국제연대를 호소하였던 李斗山의 사례에서 보듯이, 중국은 항일 국제연대의 '중심'으로까지 간주되기도 하였다.[28]

그럼에도, 한국의 독립운동가 사이에는 중국을 보는 시선이 동일하지 않았음에 주의할 필요가 있다. 예컨대 신규식의 孫文 면담과정을 빗대어 박은식은 "중국에 망명하여 한국의 독립에 대한 지지와 지원을 얻어낼 요량으로 일부 한국인들이 지나치게 중국에 의존하는 태도를 보인다"고 문제 삼고 이를 '사대주의적 입장'이라 비판하기도 하였다. 박은식의 이러한 태도는 중국망명 후 '혁명파' 인사들과 다양한 수위의 연대활동을 전개하면서도 '혁명파'를 지목하여 "(그들은) 파괴만 알 뿐 건설에는 경험이 없으며 (…중략…) 그들의 정책대로 한다면 국토가 나누어지는 화가 이를 것"[29]이라고 비판적으로 바라본 시선에서도 잘 드러나 있다. 나아가서 그는 "(한국의 독립을 위해) 중국의 도움이나 중국의 협력이 절실하기는 하지만", "만일 중국이 강성해진다면 교만해질 것이며 (한국에 대한) 야심이 생겨 (중국의) 동정은 얻을 생각을 할 수도 없을 것이다"[30]라고까지 경

28 조은경, 「『東方戰友』를 통해 본 李斗山이 국제연대 인식과 활동」, 『한국독립운동사연구』 37집, 문화체육관광부, 2010.12 참고.

29 배경한, 「박은식의 중국 인식과 쑨원 이해」, 앞의 책, 185면.

30 위의 책, 191면.

고하기도 하였다. 요컨대 중국에서 독립운동을 모색하고 있었던 박은식의 경우 '혁명파'를 비판적 지지의 대상으로 바라보았을 뿐만 아니라 중국에 대해서 경계의 대상으로 볼 필요도 있다는 입장을 견지하고 있었다.

박은식와 같은 중국 인식은 해외 독립운동가 사이에서만 표출된 것은 아니었다. 국내의 일간지에서도 그러한 인식은 어렵지 않게 확인된다. 1924년 11월 일본 神戶에서 孫文이 밝힌 이른바 '大아시아주의' 강연에 대한 국내 언론계의 반응은 그와 같은 사정을 잘 말해준다. 강연에서 그는 '러일전쟁 이후 일본은 아시아 약소민족의 희망이 되어 왔으며, 서양에 대항하기 위해서는 동양문화의 특징인 王道文化를 발양할 필요가 있고, 이를 위해서는 일본과 중국을 중심으로 하는 아시아민족의 대연합을 실현해야 한다'고 주장하였다. 아시아민족의 대연합 실현에서 일본은 물론 중국의 지도를 높이 평가한 대목도 그렇지만 일본의 지배를 받고 있던 약소민족의 독립 문제에 대해서 그 어떤 언급이 없었던 데서, 대아시아주의는 기본적으로 아시아 각 민족과 국가의 수평적 관계를 전제한 지역질서 구상은 아니었다.

당시 다수 한국인들에게 '反日'과 '反帝'의 상징으로 받아들여지고 있던 孫文[31]이 행한 이 강연은, 국내 언론계로부터 즉각적인 반발을 불러일으켰다. 당시 한국 최고의 언론인이었던 『조선일보』 주필 安在鴻은 "그의 민중적 대지도자라는 자격으로 보아 (그러한 대아시아주의를 주장한 것은) 때가 적절치 않은(시의를 잃은) 경솔한 행동이었다"[32]고 냉혹하게 평가

31 위의 책, 244면.

32 「손중산과 중국혁명(7)」, 『조선일보』, 1925.3.21, 배경한, 「쑨원의 '대아시아주의'와 한국」, 위의 책, 150면에서 재인용.

하였으며, 제3의 민족 일간지라고 할 『시대일보』는 '排日運動의 수령인 손문이 (친일)매국적으로 매도되던 段祺瑞, 張作霖 등과 연합을 추진하고 고베를 방문하여 시간을 허비하고 있음은 참으로 기이한 일이며 친일파 段祺瑞의 집정취임과 孫文의 이러한 기인한 행각을 그저 바라보고만 있는 중국인들은 이해할 수 없다'[33]고 꼬집었다. 『개벽』은 단평을 통해 孫文의 행동이 '자못 의문스럽다'[34]고 비판하기도 하였다.

요컨대 일제강점기 독립운동을 전개하였던 한국인들의 중국 인식은, 사대주의에 입각한 전통적 중국관이 잔류하고 있는 가운데, 동정과 연대의 대상으로 간주하는 시선과 아울러 독립적이고 자주적인 입장에서 중국을 바라보는 새로운 관점이 공존하고 있었다고 할 수 있다. 주체적이며 새로운 관점은, 잡지와 일간지의 중국특파원들의 시선을 통해서도 표출되고 있었다. 가령 1920년대 대표적인 잡지 『개벽』의 중국특파원으로 활약한 李東谷은, 한국인의 기존 중국관은 '무조건적인 欽慕와 妄崇'과 '감정적 분개와 비난'만 있었을 뿐 "진정한 비판적 시각은 없었다"고 비판하고, 중국의 신문화운동에서 '한국 사회의 개조와 신문화의 건설의 가능성'을 보고자 했다. 중국 근현대의 사회문화변동을 비판적으로 수용하여 당시 한국 사회문화 개혁의 참고 틀로 삼고자 했던 그의 문제의식은, 사회주의자 梁明과 한글운동가 李允宰 등에게서도 확인할 수 있다.[35]

---

33 「기이한 중국인과 손중산」, 『시대일보』, 1924.12.14, 3면, 배경한, 「쑨원의 '대아시아주의'와 한국」, 앞의 책, 150~151면에서 재인용.

34 「問題의 中國三巨頭」, 『개벽』 6(1), 1925.1, 배경한, 「쑨원의 '대아시아주의'와 한국」, 앞의 책, 151면에서 재인용.

35 한기형, 「근대초기 한국인의 동아시아 인식 : 『청춘』과 『개벽』의 자료를 중심으로」, 『대동문화연구』 50집, 2005; 이시활, 「일제강점기 한국 작가들의 중국 현대문학 바라보기와 수용양상 : 양건식·이동곡·양명을 중심으로」, 『중국학』 33, 2009; 민두기, 「이윤재(1888~1842)의 중국경험과 한국」, 『시간과의 경쟁』, 연세대 출판부, 2001 등 참고.

당시 형성되고 있었던 이러한 중국관은, 중국의 혁명과정, 남경국민정부의 건설과정을 취재하여 보도한 특파원들의 시각에서도 엿볼 수 있다. 1929년부터 1936년까지 『동아일보』 중국특파원으로 활동한 申彦俊(1904~1938)은 1930년대 蔣介石의 南京政府에 비판적이어서 그 대안을 찾되 그렇다고 공산당을 지지하지 않은 채 중국혁명은 '민중의 힘'을 바탕으로 해야 한다는 입장에서 중국혁명의 특질을 파악하려 했으며,[36] 1928년 10월부터 1929년 1월까지 『동아일보』 중국특파원을 역임한 朱耀翰은, 1920년대 이른바 국민혁명운동이 지닌 변혁적 지향과 그 가능성을 중시하고 蔣介石의 '우경화'에 비판적인 입장을 견지하였던 것이다.[37]

4. 분열된 중국 : '中共 오랑캐'와 '피로써 맺어진 兄弟國'

냉전시기에 들어오면서 냉전 진영의 논리가 영향을 발휘하기 시작하면서 한국인의 중국 인식은 냉전에 의해 규정되는 양상을 보이기 시작하였다. 냉전논리가 한국인의 중국 인식에 투영되고 반영된 것은 분단을 전후한 시기에 더욱 명료해졌다. 주지하듯이 해방 직후 신국가 건설을 둘러싸고 대립하던 좌우세력은 미소에 의해 주도된 냉전에 의존하여 국민국가 수립을 지향하면서 본격적인 체제 경쟁에 돌입하였다. 남·

36 민두기, 「신언준(1904~38)과 그의 중국관계 논설에 대하여」, 『신언준 현대중국관계 논설선』, 문학과지성사, 2000 참고.

37 김세호, 「1920년대 한국 언론의 중국국민혁명에 대한 반응 : 동아일보 특파원 주요한의 '신중국방문기' 취재(1928.10~1929.1)를 중심으로」, 『중국학보』 40집, 1999.

북한의 체제 경쟁은 한국인의 중국 인식에도 투영되었다. 이러한 양상은 1949년 중국을 바라보는 한국 언론계의 시선에서 이미 나타나기 시작하였다. 예컨대 『경향신문』의 중국특파원 김병도는, 중국국민당이 중국공산당에 의해 패배한 문제점을 꼬집으면서도 중화인민공화국의 지속성에 의문을 표하면서 '머지않아 무너질 정권'으로 간주한다든지, 중국국민당의 패배원인을 미국의 공식적인 견해, 즉 『중국백서』의 내용에 따라 전달한다든지 하는 것이 그것이었다.[38]

냉전이 중국 인식에 영향을 미쳤던 것은 북한의 경우에도 마찬가지였다. 북한의 경우, 해방과 동시에 확대된 소련의 영향력 아래 형성된 친소적 분위기 속에서 중국은 일제에 항거하며 "民主 朝鮮"과 "民主 中國"을 세우기 위해 고난을 함께 한 "형제"로 칭송되었다.[39] 중국에 대한 우호적 감정은 중국공산당과 중국국민당이 내전을 치렀던 시기에 이르러서 더욱 명료해져 갔는데, 가령 蔣介石이 이끌고 있었던 중국국민당 정권을 '봉건지주계급과 독점자본가의 반동정권, 제국주의에 예속된 독재정권, 4대 가족의 과두정권'으로 규정하고, 중국공산당은 '미제국주의의 원조'를 받고 있는 '부정부패하고 무능한 蔣介石 정권'을 곧 타도하고 "인민민주주의 국가를 탄생시킬 것으로 확신한다"고 전망하였던 것이다.[40]

한국전쟁은 특히 남·북한 한국인의 중국 인식을 고착화하는 데 결정

38 김병도, 『신문기자가 본 중국』, 서울문화사, 1950.3, 특히 「저자의 말」과 「追補」 참고.

39 安漢, 「萬里長城」, 『문화전선』 창간호, 1946.7; 李園友, 「黃河水」, 『문화전선』 4, 1947.4 참고. 1945~1948년 동안 총 5호까지 간행된 잡지 『문화전선』의 내용과 그 성격에 대한 개괄적인 분석에 대해서는 이상숙, 「『문화전선』을 통해 본 북한시학 형성기 연구」, 『한국 근대문학연구』 23, 한국근대문학회, 2011 참고.

40 김성용, 「최근의 중국정세」, 『근로자』 28, 1949.3; 지용성, 「중국인민해방전쟁의 승리는 무엇을 가져올 것인가」, 『농민』 2(1), 1949.1.

적인 계기로 작용하였다. 한국전쟁을 통해 중국은 이데올로기 차원의 단순한 親疎 대상이 아닌 '침략국'과 '지원국'이라는 엄연한 이해당사자로 다가섰기 때문이었다. 중국이 '抗美援朝'를 명분으로 한국전쟁에 개입함으로써 한국에게는 '자유주의 세계'를 위협하고 파괴하려는 침략국으로, 북한에게는 이른바 '피를 나눈 전우이자 형제의 나라'로 인식되면서 중국은 한국인에게 완전하게 상반된 두 개의 이미지로 형상화되고 고착화되었던 것이다. 상반된 이미지 형성 과정은 일제강점기에 표출된 다양한 중국 인식, 특히 비판적이며 주체적인 시선과 관점이 냉전이념에 제약되고 배제되는 과정을 동반하였다.

예컨대 上海에 대한 시선을 사례로 보자. 일제강점기 한국인의 上海에 대한 시선은 대체로 양가적이었던 것으로 보인다. 가령, '자유와 평화의 도시, 근대적 도시'로서 일종의 동경의 대상이었음과 동시에 '향락적, 소비적, 퇴폐적 등 부정적 성격의 도시'이기도 하였다. 식민지 한국의 해방과 혁명을 바라는 독립운동가에게 '세계를 향한 창이자 혁명의 서광이 비쳐오는 통로'였지만, 동시에 그 이면에는 '아편에 취하고 매독이 우글거리는 불결하고 퇴폐적인 지역'의 모습을 지닌 곳이기도 하였던 것이다.[41]

근대 도시 上海에 대한 위와 같은 이중적 시선은 북한 지식인에게 더 이상 반복되지 않았다. 그들에게 형상화된 '해방 이전'의 上海에서는 그 어떤 '근대적 모습'도 발견되지 않는다. '해방 이전'의 上海는 오로지 "암흑의 거리, 기아와 빈민의 거리, 도박과 범죄의 거리"[42]였으며, '제국주

41 한기형, 「서사의 로칼리티, 소실된 동아시아 : 심훈의 중국체험과 『동방의 애인』」, 『대동문화연구』 63집, 2008; 김성욱, 앞의 글, 131면 참고.

42 윤시철, 「인민 중국의 새모습」, 황건 외, 『중국방문기』, 평양 : 국립출판사, 1956.8, 143면.

의의 중국침략의 중요거점으로 주인 없는 기형도시이자 세기말적 퇴폐 도시, 즉 굴욕과 타락의 도시'였다.[43] 북한 지식인에게 上海의 근대적 모습은 '해방 이후' 즉 중화인민공화국 수립 이후 '노동자 위주의 도시건설' 이후에야 비로소 형상화되었다. '동양의 마천루로 알려진 고층건물들이 시가의 여기저기에 솟아올라 있으며'[44] '번화하고 상점마다 상품이 풍성하며, 중국 인민의 소유로 된 방대한 공장에서 농기구와 광산 기계를 생산해 내고 있는 도시'로 형상화되고 있었던 것이다.[45] 한국인에게 이중적으로 인식되던 일제강점기 上海가 북한 지식인들에게는 '굴욕과 타락의 도시', 즉 부정적인 성격의 도시로만 형상화되고 있었던 것이다. 남한의 지식인의 중국 인식에도 냉전의 영향은 짙게 드리워져 있었음은 물론이다. 냉전기 한국인에게 또한 일제강점기 한국인의 중국관 가운데 '한국사회의 개혁과 변혁의 모델' 혹은 '한국 문화 변혁의 참고틀', 또는 '한국의 독립과 해방을 위한 연대와 제휴의 대상'으로서의 중국관 등은 철저히 배제되지 않을 수 없었던 것이다.

남·북한 한국인에 의해 양극단으로 인식된 중국 인식의 양상은 한국전쟁을 소재로 한 소설에서도 생생하게 표출되었다. 무엇보다도 '중국군'에 대한 호칭에서 그와 같은 양상은 쉽게 확인할 수 있다. 가령 남한 소설에서 '중국군'은 "되놈들"[46] 또는 "중공 오랑캐"[47]로, 북한 소설에서는 "친우",[48] "형제",[49] "전우"[50] 등과 같이 상이하게 표현되었다. 소설 내

43 이태준, 김재용 편, 『위대한 새중국』, 역락, 2011, 91~92면.
44 윤시철, 앞의 책(1956), 140면.
45 이태준, 앞의 책, 95면.
46 金松, 「두 개의 心情」, 『문예』 3(2), 1952.5.6, 127면.
47 정비석, 「간호장교」, 『전선문학』 2, 1952.12, 신영덕, 「한국전쟁기 남북한 전쟁소설의 특성」, 『한국 현대문학 연구』 14, 2003, 81면에서 재인용.

용에서도 '중국군'의 존재는 전혀 다르게 묘사되었다. 남한 소설에서는 '중국군'은 가족을 생이별시킨 존재이자,[51] 부상의 고통과 아픔을 이기지 못한 참전 군인을 자살에 이르게 한 존재로 형상화되었던 반면,[52] 북한 소설에서는 '일본제국주의'에 이어 '미국제국주의'에 대항하여 공동으로 투쟁한, "국제주의적 전우애를 보여준 존재"[53] 또는 "어두운 밤의 태양"으로 평양을 "해방시켜 준 은인"이자 "형제"로 그려졌다.[54]

'중국군'에 대한 북한 소설의 묘사는 한국전쟁 이후 다양한 형식으로 반복되면서, 북한 사회 특유의 중국 인식을 형성하였던 것으로 보인다. 중국 측의 '항미원조'에 대한 답례방식으로 이루어진 중국방문단에 의해 작성된 『중국방문기』는 그 대표적인 사례에 해당한다.[55] 『중국방문기』에 따르면 무엇보다도 중국은 북한에 '피로써 맺어진 형제의 나라'로 인식되었다. 과거 항일운동을 함께 한 데서 기인한 동지적 유대의식이 한국전쟁을 계기로 한층 더 두터워졌던 것인데, 중국은 '중국인민지원군' 파견을 통해 괴멸상태에 처한 북한정권을 지원하고 휴전협정 체결에 결정적인 역할을 했으며, 게다가 전후 복구를 위해 다양한 지원을 아

48 윤시철, 「나의 옛 친우」, 『문학예술』 4(4), 1951.7.
49 박웅걸, 「형제」(1953), 신영덕, 「한국전쟁기 남북한 전쟁소설의 특성」, 『한중인문학연구』 10, 2003, 20면에서 재인용.
50 리윤영, 「전우」(1953), 박태민, 「돌아온 전우」, 신영덕, 「한국전쟁기 남북한 전쟁소설의 특성」, 『한중인문학연구』 10, 2003, 80면에서 재인용.
51 김동리, 「풍우 속의 인정」, 『해병과 상륙』, 계문사, 1953.3; 신영덕, 「한국전쟁기 남북한 전쟁소설의 특성」, 8면에서 재인용.
52 金松, 앞의 글 참고.
53 윤시철, 「나의 옛 친우」 참고.
54 「기적」(1950.8), 「대동강」(1952) 등과 같은 한설야의 작품이 대표적이다. 신영덕, 「한국전쟁기 남북한 소설의 탈식민주의적 연구」, 『현대소설연구』 23, 한국 현대소설학회, 2004, 80면.
55 '중국방문기'에 대한 좀 더 자세한 분석에 대해서는 정문상, 「냉전기 북한의 중국 인식」, 『우리어문연구』 40, 우리어문학회, 2011 참고.

끼지 않았기 때문이었다. '피로써 맺어진 형제의 나라'인 중국은 사회주의 건설을 정력적으로 추구하는 이웃 나라로 인식되기도 하였다. 사회주의 건설의 주역으로 부상한 노동자들이 대도시와 공장에서 벌이고 있는 각종 생산력 향상과 건설 노력을 목격했던 방문단의 눈에 중국은 더 이상 과거의 '제국주의에 착취 받았던 후진국'이 아니었던 것이다. 특히 방문단의 눈길을 끈 것은 성공적인 '농업집단화'를 추진하고 있는 모습이었다. 당시 사회주의 공업화를 뒷받침하면서 파괴된 농업생산력을 복구하기 위한 전략으로 농업협동화를 선택, 추진했던 북한으로서는 중국에서 농업협동화의 성공적 추진에 주목하지 않을 수 없었던 것이다.

중국이 북한에 의해 '피를 나눈 형제의 나라'로 인식되었던 반면, 한국에서는 한반도를 '침략'하고 나아가서는 세계까지 '赤化'하려는 '비정상적인 정권'으로 인식되었다. 중화인민공화국이라는 정식 국호가 있었음에도 한국 사회에서는 '中共'이라는 호칭이 통용되었으며, 대만의 중화민국을 '自由中國'으로 부르면서 정통성을 부여하였다. 반공 냉전 논리에 입각한 중국 인식은 한국전쟁 이후 각종 일간지와 월간지 등 대중 매체를 통해 중국 관계 전문가 그룹에 의해 형성되고 유통, 확산되었다. 이 과정에서 '전체주의, 소련의 위성국, 반전통적 반문명, 1인 독재, 호전적 팽창주의' 국가라는 중국에 대한 이미지가 형성되고 확산되었다.[56] 여기에 중국의 개혁개방 세력에 의해 공식으로 '10년 동란'으로 평가되고 있는 文化大革命을 간접적으로 경험하면서 '반문명적, 비이성적, 호전적'일 뿐만 아니라 '비정상적인' 권력투쟁을 일삼는 '전제주의 국가이자 독재 국가'라는 이미지가 덧붙여지기도 하였다.[57]

56 정문상, 「'중공'과 '중국' 사이에서」, 『동북아역사논총』 33, 2011 참고.

그런데 여기서 주목할 것은, 첫째 북한의 중국에 대한 우호적, 긍정적 인식이 사회주의 사회 건설이라는 북한의 국가건설 방향과 의지를 반영한 것이듯이, 한국의 중국에 대한 부정적 인식은 자본주의 국가건설의 방향과 의지를 반영한 것이기도 했다는 점이다. 비록 한국전쟁의 경험이 남·북한의 중국 인식을 가르는데 큰 영향을 미쳤지만, 남·북한 모두 냉전에 의존하여 국가를 건설해야만 했던 사정도 충분히 고려할 필요가 있다는 것이다. 한국 사회를 압도했던 반공 냉전적인 발전론은 이른바 근대화론이었다. 근대화론에 입각할 때 중화인민공화국은 '근대화에서 일탈한 비정상적인, 일시적인 정치집단'으로 비쳐졌다.

둘째, 냉전기 한국의 중국 인식은 고정적으로 볼 수만은 없다는 점이다. 그것은 세계적 차원, 아니 동아시아적 차원의 냉전구도의 변동에 따라 변화되고 있었다는 점을 충분히 고려할 필요가 있다는 것을 말한다. 알다시피 동아시아 냉전구도는 1960년대에 균열을 보이다가 1970년대에 들어서 본격적으로 동요되기 시작하였다. 균열의 계기는 중소논쟁이었으며 동요의 계기는 미중화해였다. 중소논쟁은 사회주의권의 분열과 대립의 가능성을 암시하는 한편 미국 등 자본주의 진영에 '중공'을 재평가할 수 있는 기회를 제공하였다. 미국사회에서 '신중국관'이 제기되면서 이른바 '두개의 중국론'에 입각한 대중정책이 모색될 필요성이 본격적으로 제기되었으며,[58] 이와 연동하여 '반공 냉전형 중공 인식'

57 정문상, 「한국의 냉전문화 형성과 문화대혁명」, 『중국근현대사연구』 48, 2010 참고.

58 1966년 3월 8일부터 30일에 걸쳐 미상원 외교위원회에서 청문회가 개최되었다. 청문회에 참여한 학계의 전문가들은 미국은 '도미노 이론'에 입각한 기존의 대중 '봉쇄정책'에서 벗어나 온건하고 타협적이며 현실적인 대중정책을 새로이 모색할 필요가 있음을 역설하였다. 새로운 대중정책의 필요성은 '중공'을 대륙의 실제적인 지배정권으로 인정하는 이른바 '두개의 중국론'에 입각한 것이었다. '두개의 중국론'에 입각한 미국의 이른바 '신중국관'에 대해서는 서

이 압도하고 있었던 한국 사회에서도 '중공'을 바라보는 새로운 시선과 관점이 제기되기 시작하였다. 가령 지금까지 '중공'을 인식하는 데 '이념적 편향'이 있었다며 이제부터는 한국 독자적인 입장에서 미국발 '두개의 중국론'을 진지하게 연구할 필요가 있다고 하거나,[59] 한 걸음 더 나아가 '공산중국'을 '근대화로부터의 일탈'이 아니라 '근대화의 일환'으로 간주해야 한다는 주장까지 제기되었던 것이다.[60] 동아시아 냉전구도가 본격적으로 동요되었던 1970년대에 들어서는 '반공 냉전형 중공 인식'과는 유형을 달리하는 또 다른 중국 인식 — 비록 이상화된 측면을 부정할 순 없지만 — 즉 '한국 사회 개혁의 모델'로서의 중국이라는 중국관[61]이 표출되기까지 하였다. 냉전구도의 변동에 동반된 한국 지식인 사회의 냉전을 둘러싼 경쟁은 '반공 냉전형 중공인식'과는 다른 유형의 중국 인식을 표출시키기에 이르렀던 것이다.

5. 맺음말

이 글은 최근 역사학계와 문학계에서 이루어진 한국인의 근현대 중국 인식에 관련한 연구 현황을 검토하면서 한국인의 중국 인식의 궤적

동구, 「전후 후기의 최대 이슈 미 · 중공 관계」, 『세대』 3(9), 1965.9; 신동아 편집부, 「특집 : 도전하는 붉은 대륙 : 미국의 대중공정책」, 『신동아』 21, 1966.5 등 참고.

59 조정자, 「두개의 중국론」, 『정경연구』 2(6), 1966.6, 147면.

60 민두기, 「특집 : 중공연구의 신전개」, 『세대』 4(7), 1966.7 참고.

61 정문상, 「문화대혁명을 보는 한국사회의 한 시선 : 리영희의 사례」, 『역사비평』 77, 2006.11 참고.

을 다층적으로 재구성하고자 하였다. 본문의 내용은 아래와 같이 압축된다. 중국에 대한 한국인의 전통적 인식에 변화가 생긴 것은 서세동점의 시기 근대화 추구와 맞물려 있었다. 소중화주의에 입각한 대청인식에 문명론이 가미되면서 중국은 '근대화 낙오자' 또는 '東亞의 病夫'라는 부정적 인식의 대상으로 타자화되었다. 중국에 대한 부정적 인식은 동아시아 국제질서의 변동을 가져온 청일전쟁의 경험에 사회진화론의 수용, 일본 '아시아주의'의 영향 등에 영향을 받으면서 형성되었으며, 러시아의 동아시아 지역에 대한 침략이 노골화되면서 더욱 확산되었던 것으로 보인다.

일제강점기에 들어서는 일상의 한국인을 억압하고 생존까지 위협하는 '인정없고 비열한 존재'로서 경험되고 비쳐지면서 부정적 인식의 대상으로 중국이 한층 더 부각되었다. 다른 한편으로는 중국혁명에 조국의 광복과 독립의 가능성을 기대하고 중국에 망명한 독립운동가 사이에 비록 각자의 이념적 차이에 따라 연대와 활동의 대상을 달리했지만 중국을 '동병상련의 대상'이자 '연대와 협력의 대상', 또는 국제적 연대의 '중심'으로까지 간주하는 시선도 형성되고 있었다. 중국을 '연대와 협력의 대상'으로 간주한 경우라 하더라도, 중국에 '지나친 의존적 태도'를 견지한 경우도 있었으며 이러한 태도를 '사대주의'로 비판하면서 주체적인 태도를 견지할 필요성을 제기하는 경우도 공존하고 있었다. 중국을 '연대와 협력의 대상'으로 간주하면서도 한국인 독자적인 태도와 입장에서 중국을 바라보는 관점과 시선은 孫文의 '대아시아주의'를 비판적으로 바라보거나 또는 중국의 혁명 과정을 비판적으로 수용하고자 했던 언론매체에 의해서도 표출되기도 하였다.

일제강점기 국내외 한국인들에 의해 표출된 다층적인 중국시선과 관점들은 냉전 진영의 논리가 영향력을 발휘하면서 냉전 논리에 의해 규정되기 시작하였다. 미소가 주도한 냉전구도 속에서 남·북한이 본격적인 체제 경쟁에 돌입하면서 특히 한국전쟁을 거치면서 일제강점기 한국인의 다층적 중국 인식은 '中共 오랑캐'와 '피로써 맺어진 형제국' 등 호칭으로 상징되듯이 분열되었던 것이다. 남한 사회에서는 기존의 '한국 사회 변혁의 모델'이나 '연대와 제휴의 대상'으로서의 시선은 억압, 배재되면서 '반공 냉전형 중공 인식'이 압도하였으며, 북한 사회에서는 근대 이후 일련의 한중관계를 반영하여 표출된 다양한 층위의 '부정적 중국관'은 자취를 감추고 '피로써 맺어진 형제국'으로서만 단일화되었던 것이었다. 냉전기 남·북한의 대립과 체제 경쟁구도가 그대로 남·북한의 중국 인식에도 투영되고 있는 셈이었다.

한국 사회의 이상과 같은 중국 인식은 동아시아 냉전구도의 변동에 따라 변화되고 있음에 주의할 필요가 있다. 중소논쟁과 미중화해 무드 등을 통해 동아시아 냉전은 균열되고 동요되었으며 이와 연동하여 한국 사회, 특히 남한 사회의 중국 인식에서 그간 억압되고 배제되었던 시선과 기억들이 또 다시 호명되고 있는 것이다. 냉전기에 접어들면서 억압, 배제되었던 중국 인식이 변화된 한중관계 속에서 재차 호명되면서 한국인의 중국 인식이 풍성해진 것만은 분명하지만, 그렇게 호명된 중국 인식의 유형이 미래 지향적 한중관계 모색에 어떤 역할과 기여를 할지는 좀 더 지켜볼 일이다.

냉전기 북한의 중국 인식*

한국전쟁 후 중국 방문기를 중심으로

정문상

1. 머리말

이 글은 냉전기 북한의 중화인민공화국(이하, 중국) 인식의 내용과 그 특징을 분석하는 것을 목적으로 한다. 북한의 중국 인식이 가지는 냉전적 성격을 효과적으로 드러내기 위한 방안으로 필자는 한국전쟁에 주목할 필요가 있다고 생각한다. 한국전쟁에 주목하는 것은 비단 동아시아에서 냉전구도를 형성하는 데 한국전쟁이 결정적인 배경으로 작용했다는 사실 때문만은 아니다. 북한의 중국 인식은 한국전쟁을 계기로 비교적 체계적으로 표출되었던 것은 아닌가 하는 판단 때문이기도 하다. 널리 알려져 있듯이 북한의 사회주의 건설과정에서 정치 사회 문화적으로 막대한 영향을 미쳤던 것은 중국보다는 소련이었다. 소련군정이

* 이 글은 『우리어문연구』 40집(우리어문학회, 2011.5.30, 169~193면)에 발표된 글을 수정·보완하여 재수록한 것임.

실시된 때문이기도 하지만, 문화교류라는 차원에 국한해 보더라도 소련의 영향은 중국에 비해 우세했었기 때문이었다.

소련과 북한의 문화교류의 주요 통로는 '조-소문화협회'(1945.11. 창립)였다는 점은 잘 알려져 있다.[1] 이 협회는 '소비에트 대외교육 총협회'의 지부로서 1949년 말 130만 명의 회원을 거느릴 만큼 북한에서 가장 큰 사회단체였으며, 기관지 『조-소문화』를 간행하며 소련의 작품뿐만 아니라 소련사회주의 문화를 찬양하는 글을 실어 소련에 대한 각종 정보는 물론 소련의 긍정적인 이미지를 전달했다. 이 협회와 기관지는 북한의 소련 인식을 형성하고 그것을 표출시키는 중요한 기구이자 매체로 기능했다.[2] 필자의 과문한 탓인지 모르겠지만, 조-소문화협회와 『조-소문화』에 필적할 만한 중국 관련 조직과 기구는 북한에서 조직되거나 발행된 것 같지는 않다. 소련에 비해 중국의 북한에 대한 영향력이 미약했다는 사실은 북한의 중국 인식이 소련 인식에 비해 체계적이지 않았다는 것을 의미한다.

북한과 소련, 중국과의 이러한 관계에 큰 변화를 가져온 계기는 한국전쟁이었다. 두루 알려져 있듯이, 중국은 '抗美援朝'을 명분으로 한국전쟁에 중국인민지원군(이하, 지원군)을 파견하여 괴멸상태에 놓였던 북한 정권을 지원했을 뿐만 아니라 전쟁을 반전시키고 휴전협정까지 체결하는 데 결정적인 역할을 했다. 게다가 중국은 전쟁으로 파괴된 북한 사회를 복구하는 데 적지 않은 역할을 수행하기도 했다. 한국전쟁을 계기로 북한에 대한 중국의 영향력은 그 이전에 비해 증대되었으며, 이에 따라

---

1 찰스 암스트롱, 「북한 문화의 형성, 1945~1950」, 『북한 현대사』 1, 한울아카데미, 2004, 147면.
2 정진아, 「북한이 수용한 '사회주의 쏘련'의 이미지」, 『통일문제연구』 54호, 2010 참조.

북한의 중국 인식 또한 점차 체계적으로 표출되기 시작했던 것으로 이해된다.

한국전쟁을 계기로 본격적으로 표출되기 시작한 북한의 중국 인식을 검토하기 위해 이 글에서는 전후 북한 지식인의 중국 방문기에 주목하고자 한다. 전후 다양한 방식으로 이루어진 북한 지식인의 중국 방문 경험에 주목하여 냉전기 북한의 중국 인식의 내용과 특징을 드러내 보이고자 하는 것이다. 이 글에서는 이러한 목적을 달성하기 위한 첫 작업으로 분석 대상 시기를 1960년대 초반까지로 한정하고자 한다. 이렇게 하고자 하는 일차적인 이유는 현재까지 이루어진 필자의 자료 조사 범위의 제약 때문이다. 앞으로 좀 더 많은 자료 조사와 입수가 이루어지면 검토 대상 시기를 지속적으로 확대하고자 한다. 이 글에서 검토 대상 시기를 1960년대 초반까지로 제한하고자 하는 것은 단지 자료의 제약 때문만은 아니다. 1961년에 이르러 북한과 중국 사이에 「조선민주주의인민공화국과 중화인민공화국의 우호협조 및 호상원조에 관한 조약」이 체결됨으로써 '혈맹'으로 표현되는 정치 군사적 동맹관계가 제도화되었다는 사정도 감안한 때문이다.[3] 이때 제도화된 북한과 중국의 '혈맹관계'는 이후 부침은 있었지만 기본적으로 유지되다가 1990년대 후반 이른바 '전략적 협력관계'로 재정립된다. '전략적 협력관계'가 '탈냉전' 상황을 반영한 변화된 북한-중국 관계이며 '혈맹관계'는 냉전기 동맹관계를 의미한다고 할 수 있다면,[4] 1960년대 초반까지 보이는 북한의 중국 인식에 대한 분석을 통해 냉전기 북한-중국 관계와 그에 동반된 중국

3 이종석, 『북한-중국관계, 1945~2000』, 중심, 2001, 193면.
4 위의 책, 282면.

인식의 특징적 양상을 압축적으로 드러낼 수 있다고 판단한다.

이상과 같은 작업을 통해 '혈맹관계'로 상징되는 북한의 중국 인식의 일단이 해명되기를 기대한다. 그리고 향후 지속적으로 수행할 필자의 냉전기 북한의 중국 인식 해명 작업의 출발점이 되기를 기대한다.

2. 피로써 맺어진 형제의 나라

중화인민공화국은 1949년 10월 1일 수립되었다. 북한은, 중화인민공화국의 수립을 '수 천래 봉건제도, 100년래의 제국주의 침략세력 그리고 22년래의 국민당 지주관료자본통치를 타도하고 전복시킨 중국 역사 발전의 신기원'으로 '중국인민의 위대한 승리'일 뿐만 아니라 '동방 피압박민족의 해방운동을 고무 촉진'시키고 '세계민주진영의 역량을 더욱 확대 강화'시킨 '세계인민의 승리'라고 높게 평가했다.[5]

중화인민공화국의 수립이 가지는 역사적 의의를 이렇게 높게 평가한 것은 단순히 사회주의국가로서의 동류의식의 발로만은 아니었다. 1년 전, 즉 1948년 9월에 수립되어 사회주의사회 건설 과정에서 다양한 문제에 직면해야 했던 북한정권의 처지에서 보면 매우 현실적인 반응이었을지도 모른다. 국경을 맞대고 있는 이웃나라에서 성공적으로 사회주의 혁명을 이루어 낸 것은 북한 사회주의사회의 안정과 성공적 건설을 보장하는 유력하고도 든든한 지원세력의 탄생을 의미했기 때문이었다.

5 하앙천, 「중화인민공화국 창건을 위한 중국 인민들의 투쟁」, 『근로자』 41, 1949.10.15, 56~57면.

중화인민공화국의 수립으로 '우리(북한-인용자)는 많은 경험과 도움을 얻게 될 것을 확신한다'[6]고 표명된 기대감은 중화인민공화국 수립이 북한 사회에 갖는 의미는 무엇이었는지 적절히 드러낸 것이었다고 생각한다.

중화인민공화국 수립이 북한 사회에 각별한 의의를 가진 것은 역사적, 지리적으로 중국은 북한지도부와 함께 민족해방운동을 함께 수행해온 '동지'였다는 강한 유대감 때문이기도 했다. 널리 알려져 있듯이 북한지도부는 중국공산당과 '대혁명', '대장정'을 함께 했으며 만주지역에서 항일전쟁을 함께 치룬 역사적 경험을 가지고 있었다. 게다가 '국공내전'에서 중국국민당을 상대로 '독자적' 또는 중국공산당군에 소속되어 전투에 참여한 적이 있으며, 국공내전을 치루고 있는 중국공산당에 북한정권은 전략적 교통로를 제공하거나 전략 물자를 지원함으로써, 중국공산당이 전략적 요충지인 만주를 확보하는 데 크게 기여했다.[7]

한국전쟁은 중국과의 역사적, 인간적, 심리적 연대의식을 더한층 강화한 형태로 표출시켰다. 북한과 중국은 "실로 1950년 10월 25일을 계기로 하여 더욱더 피로써 맺어진 형제 관계를 갖게 되었다"고 한 언급이나,[8] 1954년 9월 지원군 철군 소식을 접한 한 지식인의 표현, 즉 '4년 동안 중국과 조선의 형제들이 한 마음 한 뜻으로 싸워온 경험'은 바로 "동포와 혈육의 정"이었다고 한 표현에서[9] 한국전쟁이 북한과 중국 사이의 관계 형성에 어떤 영향을 미쳤는지 충분히 짐작되고 남음이 있다.

---

6 일심, 「중국인민들의 위대한 승리 : 중화인민공화국 탄생」, 『로동자』 11, 1949.11.25, 56면.

7 항일운동과 '국공내전' 동안 북한지도부와 중국공산당의 연대 경험에 대해서는 이종석, 『북한-중국관계, 1945~2000』, 중심, 2001, 1~2장; 中朝關係通史編寫組 編, 『中朝關係通史』, 吉林人民出版社, 1996, 1169면 등 참고.

8 김영석, 「위대한 우의」, 『조선문학』, 1955.10, 105면.

9 임순득, 「수고하였습니다 : 떠나는 중국인민지원군들에게」, 『조선문학』, 1954.10, 55면.

이와 같은 유대관계는, 전쟁 후 세 차례에 걸쳐 중국을 방문한 이른바 '중국방문조선인민대표단'(이하, 대표단)의 일원 가운데, 자신의 남편을 지원군으로 보낸 한 중국인 여성이 '조선 사람은 우리와 형제나 다름없으며 조선과 우리는 입술과 치아의 사이와 같다'는 말을 듣고 '불멸의 우의'를 느꼈다거나,[10] 중국을 '공동의 원수를 쳐부수는 싸움에서 피로써 맺어진 형제의 나라'라고 형상화한 경우[11]에서 어렵지 않게 확인할 수 있다. 아세아 및 태평양지역 평화대회에 참가하기 위해 1952년 9월 20일 북경을 방문한 한설야 또한 한국전쟁을 '평화를 지키기 위한 전쟁'으로 규정하고 중국의 '항미원조'를 "피의 원조"로 부르며 중국을 '평화의 동맹자'로 추켜세울 정도였다.[12]

'피로써 맺어진 형제의 나라'로 표현된 강한 유대의식과 양국 간의 '우의와 친선 의식'은 비단 한국전쟁에서 인민지원군과 함께 '미국제국주의와 싸웠다'는 사실에서만 기인하는 것은 아니었다. '전쟁이 끝난 이후에도 중국 인민들은 항미원조의 손을 놓지 않아 8억 위안의 원조를 비롯하여 전후 복구 건설장에서 계속하여 고귀한 노력을 주고 있었다는 사정'도 작용하고 있었다.[13] 사실 한국전쟁 때 미군의 폭격으로 북한사회는 중요 산업시설은 물론 농토 대부분까지 모두 폐허로 변했다.[14] 북한 전역에서 8,700여 개의 공장, 70만 호의 가옥, 5,000여 개의 학교건물이 파괴되었으며, 인력손실은 물론 산업생산량도 격감했다. 전쟁이

10 황건, 「6억의 목소리」, 『중국방문기』, 국립출판사, 1956.8, 10면.
11 박팔양, 「중국 방문의 시초」, 『중국방문기』, 국립출판사, 1956.8, 99~101면.
12 한설야, 「북경평화대회의 인상」, 『문학예술』 5(12), 1952.12.30, 107면.
13 황건, 앞의 글, 91면.
14 이종석, 『현대북한의 이해』, 역비, 2000, 73면.

끝난 1953년 공업총생산량은 전쟁 전에 비해 40%이상 감소했으며 농업 생산량은 25%이상 줄어들었다. 전후복구 문제는 북한이 직면한 중차대한 문제였다.

김일성이 휴전협정이 체결된 후 1953년 11월 중국을 방문하여 전쟁 지원에 감사의 뜻을 전하며 전후 복구 지원을 위한 원조를 요청한 것은 북한의 이러한 사정을 반영한 것이었다. 전후 복구를 위한 원조는 중국만 진행한 것은 아니었다. 소련을 비롯한 동유럽 사회주의, 인민민주주의 국가들의 원조도 잇따랐다. 특히 소련은 전후 복구를 위해 10억 루블 상당의 무상원조를 제공했으며 1954~1956년 사이에 청진의 김책 금속공장과 수풍 수력발전소 등 20개 중요 공장 및 시설을 복구 또는 신축하도록 지원했다.[15] 중국과 소련 등 사회주의국가의 원조로 북한의 전후 복구는 빠른 속도로 진행되었다. 가령, 집중적인 투자가 이루어진 공업 분야의 경우 그 총생산액은 정전 다음 해인 1954년에 이르러 1949년 수준에 접근했으며 1955년에는 이를 능가할 정도였다.

흥미로운 사실은 중국의 북한 원조에는 지원군도 포함되었다는 사실이다. 34개 사단 이상의 지원군을 북한에 잔류시켜 건설 현장에 투입하거나 농촌 복구 사업에 참여시켰으며 심지어는 노동력 지원을 위해 조선족 자치구의 일부 조선족을 이주시키기도 했다.[16] 지원군들은 학교와 운동장을 건설했으며 끊어진 다리를 잇고 새로 건설하였고 제방을 수축하기도 했다.[17] 요컨대 중국의 전후 복구 지원은 물질적 지원에 그치

15 김성보, 『남북한 경제구조의 기원과 전개』, 역사비평사, 2000, 276면.
16 이종석, 『북한-중국관계, 1945~2000』, 중심, 2001, 202면.
17 임순득, 「수고하였습니다! : 떠나는 중국인민지원군들에게」, 『조선문학』, 1954.10, 56면.

지 않고 인력 지원까지 포함되어 있었던 것이며, 따라서 복구 사업을 함께 수행한 양측 사이에 형성된 유대감은 남다를 수밖에 없었다. 철수하는 지원군을 향해 "육친의 정신으로 전설적 영웅으로 자기희생의 숭고한 정신의 상징으로 불리워지고 있다"고 한 말은 단순한 의례적인 인사말이라고 보기는 어려운 것이다.[18]

한국전쟁을 계기로 한층 강화된 양국의 유대감의 정도는 지원군 철수에 맞추어 북한 내부에서 전개된 다양한 활동상을 통해서도 어렵지 않게 확인할 수 있다.[19] 1958년 2월 27일 통과시킨 '지원군의 우호적 활동을 영구히 기념하기 위한 결의안'에 근거하여 지원군 열사기념탑을 세우고 각지에 지원군 열사묘를 정비했으며, 황해북도 사리원대로를 '중화인민지원군 거리'로 명명하고 '조국해방기념장'을 수여하기도 했다. '조선-중국우호일'까지 지정하기도 했다. 이러한 활동은 지원군 철수가 종결된 1958년 10월에 최고조에 달했다.

북한과 중국이 1961년 7월 11일 「조선민주주의인민공화국과 중화인민공화국의 우호협조 및 호상원조에 관한 조약」을 체결하고 이른바 '혈맹관계'를 명문화했던 것은, 한국전쟁 이후 지속적으로 확대 강화된 양국 간의 우호적 관계가 있어 가능했던 것이다.

18 위의 글.
19 이하의 북한에서 벌인 친중국적인 여러 활동에 대해서는 中朝關係通史編寫組 編, 『中朝關係通史』, 1200~1201면.

3. 노동 인민이 주인이 된 나라

중화인민공화국 수립 직후인 1949년 10월 6일 북한은 중국과 정식 외교 관계를 수립했다. 수교 후 약 1개월이 지난 1949년 11월 16일부터 12월 1일까지 16일에 걸쳐 '아세아 및 대양주 諸國직업동맹대회'가 北京에서 개최되었다. 대회에 참가했던 북한대표단은 대회 후 주최국의 안배에 따라 각 도시와 공장들을 방문, 참관했다. 北京에 위치한 중앙인민인쇄소, 중국체신국을 비롯하여 天津 철도공장과 天津 동구방직공장, 上海 제창방직공장 등을 방문했다.[20] 이 견학에서 북한대표단은 '해방된 중국의 새로운 면모'와 '노동계급을 선두로 한 중국 인민들의 생기 있는 건설의욕'을 직접 목격할 수 있었다. 가령, 중앙인민인쇄소 노동자들은 '저마다 자기 일에 열성이 높았고 활기 띤 어조로 '중국의 새로운 건설을 위하여'라는 구호를 일상적으로 부르짖었으며', '蔣介石 통치 때보다 생산성을 700%나 높이고 있다'는 어떤 여성노동자의 결의까지 접했던 것이다. 또 天津 철도공장에서는 노동자들이 자발적으로 생산성을 높이고 절약운동을 전개하는 모습을 보고 감탄했다. 노동자들의 자발성뿐만 아니라 애국, 국가의식까지 목도하고 멀지 않아 중국은 '낙후한 농업국에서 선진 공업국가로 발전해 나아갈' 것이라며 희망에 찬 전망을 하기도 했다.

북한과 중국 사이에 여러 명목의 대표단 교류는 이후에도 지속적으로 이루어졌다. 1951년부터 중국 측에서 북한으로 각종 위문단을 파견하여 '항미원조'를 했고 북한에서도 이에 대한 대응으로 각종 예술단을

20 박원술, 「중국로동자들의 증산투쟁」, 『로동자』 3(1), 1950.1.25.

중국에 파견하여 '항미원조'에 대한 고마움을 다양하게 표시했다. 이러한 양측의 문화교류는 중국에서 문화대혁명이 발생하기 이전까지 활발히 전개되었는데, 북한에서 중국으로 파견한 예술단들은 거의 예외 없이 북경, 천진, 남경, 상해 등 대도시뿐만 아니라 농촌 등지까지 찾아 다양한 공연예술을 상연했다.[21]

북한과 중국 사이에 이루어진 이와 같은 활발한 문화교류는 양측을 더욱더 우호적인 관계로 발전시켰을 것이며 이 과정에서 북한의 중국 인식 또한 명료해지고 체계적으로 표출되었을 것은 자명하다. 한국전쟁 이후 중국에 세 차례에 걸쳐 파견된 예의 '대표단'의 중국방문기록은 당시 북한이 중국을 어떻게 인식하고 있었는지를 잘 보여준다. 대표단의 눈에 관찰된 중국의 모습을 유형별로 정리하면 아래와 같다.

첫째, '해방'과 '인민정권'의 수립으로 주인의식을 갖게 된 노동자들이 사회주의 사회 건설을 위해 열정을 다하고 헌신적인 모습이었다. 노동자들의 열정과 헌신으로 노동생산성은 높아졌다. 1954년 안산 공업도시를 방문한 대표단은 1950년부터 1953년까지 노동자들이 직접 제기한 창의적 제안이 약 8만 건에 이르렀으며 그 가운데 4천여 건이 직접 생산현장에 적용되었고 그 결과 생산량은 1949년에 비해 4배를 상회하는 성과로 이어지고 있음을 목격했다.[22] 생산성 증대는 노동자의 삶의 질의 향상시켰다. 가령 주택여건이 개선되고 병원과 요양원이 설치되었으며 탁아소, 도서관, 구락부 등까지 설치됨으로써 삶의 질이 높아지고 있었

---

21 1951년부터 1967년 문화대혁명 이전까지 북한과 중국 사이에 진행된 각종 문화교류에 대해서는 中朝關係通史編寫組 編, 『中朝關係通史』, 1244~1261면 참고.

22 황건, 「6억의 목소리」, 『중국방문기』, 국립출판사, 1956.8, 79면.

다는 것이었다. 중화인민공화국 이후 변화된 노동자의 일상생활여건을 이른바 '五多'로 요약한 대표단 일원도 있었다. 그는 '주택, 자전거 이용자, 시계 소유자, 결혼, 자식' 등 다섯 가지가 '해방 전'에 비해 많아졌다고 관찰했다. 사회주의 중국의 건설의 주역으로 등장한 노동자들이 보인 '분투'와 그에 따라 개선된 생활 여건을 대표단은 감탄어린 시선으로 바라보았다.

둘째, 목도된 변화상은 단지 노동 현장과 생활 여건의 개선에 국한되지 않았다. 도시 자체가 '근로 인민'의 도시로 크게 변모해가고 있음이 대표단의 시선을 끌기에 충분했다. 전통 도시 北京의 고궁, 천단과 이화원은 더 이상 과거의 '제왕과 집권자'의 소유물이 아니라 근로 인민들의 휴식처와 공원으로 그리고 청소년들의 문화궁전으로 새롭게 변모되고 있었다는 것이다.[23] 고궁박물관을 찾은 한 시인은 '황금빛 기와 지붕, 붉은 빛 둥근 기둥 / 채색도 호화로운 그옛날의 『대궐』엔 / 궁전 누각에 가지가지 보물도 많아라 / 그 좋은 것들 오늘은 모두가 인민의 것'이 되었다고 감격에 차 노래했다.[24]

대표단에 의해 목도된 도시의 변화 중 가장 드라마틱한 변신을 보여준 사례는 上海였다.[25] 대표단 가운데 上海의 변모에 가장 놀라워했던 것은 윤시철이었다. 그는 자신이 기존에 알고 있었던 上海란, '암흑의 거리, 기아와 빈민의 거리, 도박과 범죄의 거리'였다. 이러한 도시가 만들어진 것은 '제국주의 열강의 침략'에서 기인했다고 보았다. 영국, 프

23 위의 글, 19면; 윤시철, 「인민 중국의 새모습」, 『중국방문기』, 국립출판사, 1956.8, 125면.
24 박팔양, 「중국 방문의 시초」, 『중국방문기』, 국립출판사, 1956.8, 105면.
25 윤시철, 「인민 중국의 새모습」, 『중국방문기』, 국립출판사, 1956.8, 141~149면.

랑스, 일본 등 제국주의 열강이 '중국 대륙 침범의 관문이자 대본영'으로 삼아 上海를 통해 중국 대륙의 풍부한 상품 원료들을 본국으로 실어 나르는 대신 자신들의 잉여물자와 반제품들을 들여왔으며, 이 과정에서 상시와 은행들을 건설하고 도박방과 매음굴, 온갖 유락장, 댄스홀, 경마장 등을 건설했다는 것이다. 上海의 화려함과 번화함 뒤에 숨겨진 퇴폐적 소비, 기아, 그리고 도박과 범죄야말로 이 도시의 진면목이라는 인식이었다.

그러나 그가 대표단의 일원으로 방문한 上海는 이전과는 완전히 다른 모습이었다. 동양의 마천루로 알려질 만큼 다양한 고층건물이 시가지 여기저기에 솟아 올라있고 화려한 네온과 샹들리에가 눈을 부시게 하고 자동차와 전자 그리고 삼륜차 행렬이 밤늦도록 물결처럼 흐르고 있는 것은 여전했지만, 이제는 더 이상 '제국주의 열강'의 도시가 아니라 '근로 인민'의 도시로 탈바꿈했다는 것이었다. 유락장은 근로자들의 구락부와 문화궁전으로, 외국인의 호화로운 개인주택과 사무실은 아동과 청소년의 궁전으로 변모했으며, 빈민과 걸인 유랑민의 임시 도피처였던 불결하고 비좁았던 빈민가는 하수도와 수도, 전기시설까지 갖춘 청결하고 밝은 거주지로 바뀌었다. 도심 주변에는 노동자들을 위한 쾌적하고 안정된 주택구역이 개발되고, 도심 한 가운데 위치한 노동자들의 구락부에는 영화관, 체육관, 도서관, 식당 등 각종 편의시설이 구비되었다. 그의 눈에, '모험가의 낙원'이자 '향락과 소비'의 도시였던 상해의 모습은 자취를 감추었고 그 대신 사회주의적 노동과 생산 그리고 문화의 도시가, '기아와 빈민'의 도시였던 상해가 사라지고 수도와 하수도 시설은 물론 새로운 주택지역까지 고루 갖춘 노동 인민의 시가지가 새로이 탄생되었다는 것이었다. 上海는 기존 '약탈자와 매판 자본주의'의 도시에서 '노동 인민의 도시'로 완전히 바뀌었다는 것이다. 1960년대 초반에 上海를 방문한 소설가 리근영의 경우에도 과거 '모험가의 낙원' 上海가 '로동자의 낙원'으로 탈바꿈했음에 '깊은 인상'을 받기도 했다.[26]

셋째, 대표단은 도시의 기반시설이 새로이 확충되고 있다는 관찰과 아울러 다양한 대규모 건설사업도 정력적으로 추진되고 있음에 찬탄을 금하지 못했다. 특히 대표단의 시선을 끈 것은 武漢大橋 건설 현장이었다.[27] 양자강을 가로지르는 다리를 건설하고 있는 현장을 방문하여 중국의 남북과 서남북을 하나로 잇는 첫걸음으로 '획기적이며 거대한 시도이자 사업'으로 높게 평가했다.

4. 농업집단화에 성공한 사회주의 나라

대표단이 방문한 지역은 도시에 국한되지 않았다. 농촌도 그들이 방문한 지역 중 하나였다. 농촌에서 그들의 시선을 특히 끌었던 것은 토지개혁과 농업집단화의 진행과 그 성과였다. 그러나 1946년 3월에 불과 20일 만에 토지개혁을 신속하게 완결했던 북한으로서는 중국에서 전개된 토지개혁 자체는 그리 특별히 흥미로운 사안은 아니었을지도 모른다. 西安에서 약 80리 떨어진 교외에 위치한 왕만촌에서는 중국 성립

---

26 리근영, 「로동자의 락원(1) : 중국기행문 중에서」, 『문학신문』, 1961.2.21.

27 윤시철, 「인민 중국의 새모습」, 『중국방문기』, 국립출판사, 1956.8, 157면.

이전 약 80%정도를 차지한 소작농이 고율의 소작료와 이자 때문에 '굶고 헐벗었지만 토지개혁이 단행된 이후 토지의 주인이 되었다'거나,[28] 成都지역 농촌에서는 '빈고농에 의거하고 중농과 단결하고 부농을 중립시키는 방식'에 입각한 3단계 토지개혁이 진행되었으며 이와 동반되어 농촌에서 '민주정권'의 건설이 진행되었음을 담담하게 소개하고 있는 데서[29] 그와 같은 심정을 어렵지 않게 짐작할 수 있다.

그러나 토지개혁 이후 진행된 농업집단화에 대해서만큼은 자세를 달리했다. 南京 교외에 위치한 광명 소재 농업합작사를 찾은 대표단이 "동무들 당신들의 합작사 이야기를 들려주시오. 우리는 조선에 돌아가서 중국 형제들의 경험을 조선 농민에게 전하려 합니다"[30]라고 말했던 데서 엿볼 수 있듯이, 농업집단화는 방문자의 단순한 관찰 대상에 그쳤던 것은 아니었다. 농업집단화 추진 경험은 바로 북한 사회가 직면하고 있었던 전후 건설 사업과 밀접히 연관된, 그래서 그 과정이 궁금한 매우 현실적인 사안이었기 때문이다.

북한의 1950년대 전후 복구 사업은 아래와 같은 방향에서 모색되고 있었다. 중공업 중심의 사회주의 공업화를 실현하기 위해 자립적 경제구조를 갖추는 데 초점을 맞추고 이를 뒷받침하기 위해 농업을 집단화하는 방법을 선택했던 것이다. 말하자면 중공업의 우선적 성장을 보장하면서 동시에 전쟁으로 파괴된 농업생산력을 복구하기 위한 농업집단화의 길을 선택했던 것이다. 이러한 선택은 복잡한 당내 권력 투쟁을 동

28 황건, 「6억의 목소리」, 『중국방문기』, 국립출판사, 1956.8, 51면.
29 주진경, 「새로운 중국의 서남」, 『중국방문기』, 국립출판사, 1956.8, 244~256면.
30 윤시철, 「인민 중국의 새모습」, 『중국방문기』, 국립출판사, 1956.8, 135면.

반한 것이었으며, 권력투쟁에서 승리한 김일성 중심의 전후 복구 건설이자 사회주의 건설 전략 노선이었다.[31]

농업집단화는 1954년부터 일부 지역에서 시험적으로 시도되다가 같은 해 11월 대중적 전개가 결의되면서 대대적으로 추진되었다. 대중화 단계의 농업집단화는 세 가지 형태로 진행되었다. 가령 개인의 토지소유를 인정한 상태에서 축력과 중요 농기구만을 공동으로 이용하는 방식의 '농촌노력협조반', 토지와 생산도구를 공동출자하여 공동경작하되 출자한 토지와 노동일에 따라 분배하는 '반사회주의 성격'의 협동조합, 그리고 오직 노동일에 따라 수확물을 분배하는 '사회주의적 성격'의 협동조합이 그것이었다.[32] 사회주의적 성격의 농업집단화는 1958년에 이르러 완결되었다. 동시에 개인 상공업의 국영화까지 완료되어 전사회의 사회주의적 개조는 일단락되었고, 이로써 북한 사회는 명실공히 사회주의사회로 변화했다.[33]

이상과 같은 집단화 과정에서 북한 사회는 크고 작은 갈등양상에 직면해야 했다. 가령 참여를 기피하거나 참여하더라도 출자를 기피했으며, 또는 조합출근보다는 텃밭에 매달리는 등 다양한 일탈행위가 드러

---

31 중공업 중시와 급진적인 농업집단화를 통해 전후 북한 사회를 복구하면서 사회주의개조를 이루고자 했던 김일성의 노선에 대해 연안계와 소련계 등 해외출신의 당내 세력은 비판적이었다. 이들은 김일성이 1956년 6~7월 소련과 동구 지역을 순방한 틈을 이용하여 김일성을 축출하기 위한 계획을 세우기도 했다. 김일성은 1956년 8월 당중앙위원회 전원회의에서 이들의 움직임을 '반당종파행위'로 규정하고 출당과 당직박탈, 정부직위의 박탈 등 조치를 내렸다. 소련과 중국이 개입함으로써 이들 조치가 일시 번복되면서 사태가 수습되는 양상을 보였지만, 곧 김일성은 이들에 대한 공격을 본격화함으로써 핵심권력에서 이들을 밀어내고 단일지도체제를 확립했다. 단일지도체제를 확립한 김일성은 중공업 중시와 급진적인 농업집단화 노선을 추구해 나아갔다. 이에 대해서는 서동만, 「1950년대 북한의 정치갈등과 이데올로기 상황」, 『1950년대 남북한의 선택과 굴절』, 역사비평사, 1998, 312~318면 참고.

32 김성보, 『남북한 경제구조의 기원과 전개』, 역사비평사, 2000, 308면.

33 이종석, 『현대북한의 이해』, 75~77면.

났던 것이다.[34] 이러한 현상에 대해 북한당국은 협동조합에 대해 집중적으로 지원하면서 개인농을 고립화하는 정책을 추구함으로써 협동조합에의 농민 전체의 참여를 성공적으로 유도했지만, 그 과정은 결코 만만치 않았던 것이다.

대표단 일행이 중국의 농업집단화 과정에 특별한 관심을 표명한 것은 바로 이와 같은 북한 사회의 내부 사정을 반영한 것이었다고 보인다. 그들은 자신들이 방문한 농촌지역에서 토지개혁 이후 개인영농에서 互助組로 互助組에서 合作社로 집단화의 규모를 키워간 과정을 소개받으면서 그 과정에서 직면해야 했던 다양한 난관과 애로를 경청했다. 가장 큰 애로는 농업집단화의 유리한 점을 농민들이 믿고 따르지 않았다는 점이었다. 이러한 문제점을 해결하기 위해 지도부는 인내심을 가지고 농민들을 지도하고 설득했으며, 게다가 꾸준히 생산을 증대시켜 합작사에 대한 농민들의 불신과 회의를 불식시켰으며 그 결과 농민들의 합작사 가입률을 높였다는 경험을 들었다. 1954년 왕만촌 전농가 호수의 83%가 합작사에 가입한 사정,[35] 南京 교외 광명 소재의 농업합작사에서는 합작사 이후 조합원들의 현금 분배액이 해마다 늘어 1954년에 인민폐 1,000위안에 달했던 사정들을 주의 깊게 들었다.[36] 나아가서는 광명 소재의 농업합작사는 농가를 새로이 신축하여 생활여건을 크게 개선하는 한편 農民業餘學校를 창설하여 농민들의 문화적 욕구까지 충족시켰음이 주목되었다. 그리고 병원을 신축하여 위생과 건강 문제도 해결하

34 농업집단화 과정에서 보인 다양한 갈등양상의 구체상에 대해서는 김성보, 『남북한 경제구조의 기원과 전개』, 역사비평사, 2000, 328~333면 참조.

35 황건, 「6억의 목소리」, 『중국방문기』, 국립출판사, 1956.8, 52면.

36 윤시철, 「인민 중국의 새모습」, 『중국방문기』, 국립출판사, 1956.8, 136~139면.

는 다방면에 걸친 성과를 거둘 수 있었음이 면밀히 관찰되었다.

널리 알려져 있듯이 중국은 1950년대 말에 이르러 기존 合作社를 人民公司로 확대 개편했다. 대약진운동의 일환으로 전개된 人民公司는 기존 합작사를 통합하여 집단화의 규모를 확대하는 한편 농업뿐만 아니라 공업, 상업 나아가서는 교육과 自衛 기능까지 갖춘 말하자면 하나의 독립적인 자급자치공동체 조직을 추구한 것이었다. 인민공사는 중소갈등으로 소련의 지원을 더 이상 바랄 수 없는 상황에서 '수정주의적 노선'을 걷고 있는 소련 모델과의 결별을 전제로 독자적인 '일국의 완성된 사회주의사회 건설'을 지향하고자 했던 중국 지도부의 강한 의지를 반영한 것이었다. 농민들은 토지와 생산도구를 인민공사에 헌납하고 토지를 공공으로 경작했으며, 주택과 식당까지 공유했다. 1958년 봄에 시작된 인민공사의 조직화는 10월에 이르러 전농민의 약 99%가 가입할 정도로 급진전되었으며 때마침 1958년도 작황까지 풍작을 거둠으로써 '공산주의의 싹'이 형성되기 시작했다고 선전될 정도로 과열되기도 했다.

진작부터 중국의 농업집단화 경험에 주목하고 있었던 북한 지식인들에게 인민공사는 주목의 대상에서 벗어날리 없었다. 1960년 12월부터 1961년 1월에 걸쳐 중국을 방문한 소설가 리근영도 예외는 아니었다. 먼저 北京의 한 인민공사를 방문한 그는 백발의 할머니가 세탁소에서 다림질을 하고 있는 모습을 목격하고 대약진운동과 인민공사는 北京의 인민들의 일상을 지배하고 있으며 "중국 노동자들의 건설 의욕과 희열에 감명받았다"고 소회를 밝혔다.[37] 또 鄭州에서 약 20km 떨어진 고신 인민공사를 참관하고서는 1959년부터 1960년에 걸친 '100년 만의 자연

37 리근영, 「북경사람들(1) : 중국기행문 중에서」, 『문학신문』, 1961.2.17.

재해'를 이겨낸 농민들의 모습을 전달하며 '이것이야말로 사회주의적 협동 경리의 위대한 힘'이라며 평가하기도 했다.[38] 게다가 자신의 중국 방문, 특히 인민공사 참관의 경험을 총괄하면서 "해방 전 낙후되고 빈궁한 중국의 모습, 제국주의 열강의 침략의 대상이었던 모습은 이제 중국 농촌에서는 찾아볼 수 없다"고까지 단언했다.[39] 더 이상의 구체적인 소개가 없어 인민공사에 대한 그의 판단을 온전히 파악할 수 없지만, 분명한 것은 인민공사운동에 능동적으로 참여하고 있는 노동자의 모습이나 대약진운동으로 거둔 성과를 높이 평가하고 있는 점으로 미루어 볼 때 인민공사를 중국사회주의사회 건설을 한 단계 끌어올린 시도로 높게 평가하고 있음을 알 수 있다.

리근영의 이상과 같은 인민공사에 대한 관심과 평가는 피상적인 것일 수 있다. 리근영 자신도 언급했듯이 중국은 1959년과 1960년에 걸쳐 '100년 만의 자연재해'라 할 만큼 심각한 자연재해에 시달려야 했다. 당시 생산량은 현격히 줄었으며 식량난으로 인하여 특히 어린이를 중심으로 한 아사자도 속출하기도 했다. 자연재해뿐 아니었다. '대풍작'으로 선전되었던 1958년 작황은 사실 과장된 허위보고에 근거한 것이었다. 합작사에서 인민공사로의 확대개편은 현실을 무시한 무모하고도 급진적인 시도였음은 이미 1959년 여름 廬山會議에서 彭德懷의 毛澤東 비판에서 드러난 바 있었다. 그러나 리근영은 중국 농민들은 100년 만의 자연재해를 '사회주의적 협동과 경리의 위대한 힘'으로 성공적으로 극복했을 뿐만 아니라, 대약진운동으로 중국 농촌은 빈궁과 낙후에서 벗

38 리근영, 「세상은 달라졌다 : 중국기행문 중에서」, 『문학신문』, 1961.2.28.
39 리근영, 「중국공산당 창건 40주년을 맞이하여 : 영원한 불씨」, 『문학신문』, 1961.6.30.

어날 수 있었다고 높게 평가했던 것이다.

인민공사에 대한 그의 긍정적 시선은 무엇을 반영하는 것일까. 그는 북한문학사에 농촌소설의 장을 개척한 대표적인 작가로 알려져 있다.[40] 1935년 『신가정』에 「금송아지」로 문단에 데뷔한 후 8·15해방 이전까지 주로 농촌사회의 소작농의 삶이나 신여성의 허영, 그리고 부패해가는 도시에 적응하지 못한 소시민의 내적인 갈등 등을 작품화했으며, 월북 이후에는 「청천강」(1953), 「첫수확」(1956), 「별이 빛나는 곳」(1966) 등 작품을 발표했다. 특히 「첫수확」은 농업집단화의 대중화 단계의 상황을 문학적으로 형상화하고 그 성공을 보여줌으로써 농촌이 새로이 나아가야할 방향을 제시한 작품이었다. 그에게 농업집단화는 바로 북한 사회주의사회 건설의 성공여부를 결정짓는 관건이었으며, 농업집단화 성공의 열쇄는 공산당의 지도, 그리고 이에 대한 농민들의 능동적 참여 여부였다.

그가 각지 인민공사를 참관하면서 '노동자들의 건설 의욕'과 '영웅적인 노동생산성'에 눈길을 주고[41] 인민공사운동이 거둔 성취의 원인으로 '공산당의 지도'에 주목[42]했던 것은 바로 이와 같은 그의 농업집단화에 대한 관심과 관점을 반영한 것이었다. 나아가서는 리근영의 시선을 통해 주목된 '노동자, 농민의 능동성'과 '당의 지도'라는 인민공사의 성공요인에 대한 강조는 당시 북한 당국이 추구하고자 했던 사회주의건설 방식과도 긴밀히 연관된 것이기도 했다.

앞서도 언급했듯이 1958년 농업집단화는 물론 개인상공업의 사회주

---

40 홍혜미, 「전후 북한 농업협동화의 문학적 수용 : 리근영의 「첫수확」을 중심으로」, 『배달말』, 36, 2005, 212면. 이하 이 글의 리근영에 대한 언급은 이 글 여기저기에 따랐다.

41 리근영, 「대약진속의 한 로동자를 만나고(4) : 중국기행문 중에서」, 『문학신문』, 1961.2.25.

42 리근영, 「중국공산당 창건40주년을 맞이하여 : 영원한 불씨」, 『문학신문』, 1961.6.30.

의적 개조가 완성되었다. 이 성과를 바탕으로 북한 지도부는 '조선민주주의인민공화국 인민경제발전 제1차 5개년계획안'(이하, 5개년계획)을 발표하고 본격적인 경제발전을 추구했다. 그런데 특징적인 것은 이 계획을 앞당기기 위해 노동자, 농민들을 적극적으로 독려하고 나섰다는 점이다. 이 과정에서 '공산주의교육'과 '공산주의 의식'을 강조하기 시작했다. 말하자면 생산력 증대를 위해 '사상의식'을 강조하기 시작했던 것인데, 이는 '공산주의교양운동'을 강화하고 이를 '집단적 혁신운동'과 결합시켜 '천리마운동'으로 발전시켜 나가고자 하는 전략이었다.[43]

그런데 흥미로운 사실은 이러한 경제발전 전략은 다분히 인민공사화 방식을 의식하면서 추구되었다는 점이다. 인민공사화는 일국의 완결된 사회주의의 건설을 달성하기 위해 대중동원이라는 방식과 노동대중들의 사상의식교육을 강조하면서 추구되었다는 특징을 가진다. 급속한 경제개발을 통해 공산주의사회로의 이행을 전망하기도 했다. 이른바 대약진운동이었다. 이시기 북한의 경제발전 전략은 다분히 대약진운동을 의식하면서 추구되었다는 점은 '사회주의혁명을 빨리 완성하고 형제국가 인민들이 공산주의사회로 들어갈 때 우리들도 뒤떨어지지 말고 그들과 함께 공산주의로 들어가야 한다'는 1959년도 김일성의 호소[44]에서도 확인할 수 있다.

요컨대 북한의 집단화 방침은, 중국의 농업집단화, 특히 인민공사화 방식을 의식하고 '사회주의단계'에서 코뮌적 요소를 도입하여 급속히 공산주의로 이행해가려는 시도였던 것으로 이해된다.[45] 이러한 사정이

---

43 서동만, 『북조선사회주의 체제성립사, 1945~1961』, 선인, 2005, 847~852면.

44 위의 책, 832면에서 재인용.

북한의 전후 복구 사업이 기본적으로 중국의 격려 속에서 이루어진 것이었다는 사정과 관련이 깊은 듯하다. 소련은 중공업과 경공업의 균형 발전 또는 기계화 후 농업집단화 추구를 주장하며 북한의 전후 복구를 위한 정책에 비판적이었으나, 반면 농업집단화를 추구하고 있었던 중국은 호의적이었다. 말하자면 김일성은 毛澤東의 격려를 받아 집단화에 나섰던 것이었다.[46]

5. 맺음말

이 글은 한국전쟁 직후 북한에서 간행된 일부 중국 방문기에 대한 검토를 통해 냉전기 북한 지식인의 중국인식의 내용과 그 특징을 드러내는 것을 목적으로 삼았다. 한국전쟁을 전후하여 북한과 중국은 서로 대표단을 파견하며 문화를 교류해 왔으며, 특히 한국전쟁을 계기로 이른바 '항미원조'와 그에 대한 답례의 방식으로 활발하게 문화교류를 해왔다. 문화교류의 과정에서 양측은 다양한 형식의 방문기를 간행한 것으로 파악된다. 이들 방문기는 한국전쟁을 전후한 시기의 양측의 상호인식을 해명하는 데 중요한 자료가 될 것으로 생각한다. 이 글은 우선 북한에서 간행된 중국방문기 일부를 검토함으로써 북한 지식인들은 중국에 대해 무엇을 알고 있었는지 그리고 중국에서 무엇을 보고자 했고 알

45 서동만, 「북한 사회주의에서 근대화 전통」, 『북조선연구』, 창비, 2010, 59면.
46 서동만, 「1950년대 북한의 정치 갈등과 이데올로기 상황」, 위의 책, 128면.

고자 했는지를 추적하고자 했다.

한국전쟁 직후 중국을 방문한 북한 지식인들에게 중국은 '피로써 맺어진 형제의 나라'로 강하게 다가왔다. 과거 항일운동을 함께 한 데서 기인한 동지적 유대의식은, 한국전쟁을 계기로 한층 더 두터워졌다. 중국은 '중국인민지원군' 파견을 통해 괴멸상태에 처한 북한정권을 지원하고 전쟁을 반전시켰으며 휴전협정까지 체결하는 데 결정적인 역할을 했으며, 게다가 전후 복구를 위해 다양한 지원을 아끼지 않았기 때문이었다. 중국방문단을 맞아 중국인들이 보여준 열성적인 태도와 환대는 '피를 나눈 형제의 나라'로서 손색이 없는 것이었다.

'피로써 맺어진 형제의 나라'는 사회주의 건설을 정력적으로 추구하는 이웃 나라이기도 했다. 대도시와 공장을 방문한 북한 지식인들은 중국 노동자들이 생산력을 높이기 위해 얼마나 열정적, 헌신적으로 생산에 참여하고 있는지, 그 결과 생산력은 얼마나 증대되고 있으며 노동자의 생활 여건은 얼마나 변화되고 개선되고 있는지를 직접 목격할 수 있었다. 노동자들은 더 이상 과거와 같이 억압받고 착취당하는 그리고 피동적인 계급이 아니었다. 사회주의 사회의 건설의 주역이었다. '근로 인민이 주인 된 나라'의 대도시는 더 이상 과거와 같이 '제왕과 집권자' 또는 '약탈자와 매판 자본가'의 도시일 수 없었다. '근로 인민의 도시'로 재탄생되었다.

북한 지식인들은 중국을 '농업집단화를 성공적으로 이루어 가는 나라'로 주목하기도 했다. 호조조에서 합작사로 다시 합작사에서 인민공사로 집단화의 수위를 높여가고 있었던 중국 농촌 사정에 깊은 관심을 보였으며 중국의 농업집단화의 경험에 귀 기울이고자 했다. 이 과정에서 성공적인 농업집단화를 통해 점차 '공산주의사회'로 진입하고 있는 형제국이라는 이미지도 형성되었다. 이러한 중국 인식은 당시 북한의 전후 복구 사업의 방향과 내용을 반영한 것이었다. 사회주의 공업화를 뒷받침하면서 파괴된 농업생산력을 복구하기 위한 전략으로 농업집단화를 선택, 추진했던 북한으로서는 농업집단화의 성공적 사례로 중국에 주목하지 않을 수 없었던 것이었다. 소련에 비해, 북한의 전후 복구사업의 방향에 호의적이었던 중국의 입장은 북한 지식인의 이상과 같은 중국 인식을 형성하는 데 중요한 배경으로 작용하기도 했었다.

이 글은 1960년대 초반 북한과 중국 사이에 '혈맹'으로 상징되는 정치군사적 동맹관계가 제도화될 때까지를 하한으로 하여 북한 지식인의 중국인식의 내용과 그 특징을 분석해 보았다. 양국 사이의 이른바 '혈맹' 관계가 부침은 있었으나 기본적으로 1990년 후반까지 지속되었기 때문에 본문에서 분석된 북한 지식인의 중국 인식은 냉전기 북한의 중국인식의 특징적 양상을 압축적으로 보여준다 하더라도, 그럼에도 냉전기 북한의 중국 인식이 온전히 해명되었다고 하기는 힘들다. 이러한 문제점을 해결하기 위해서는 1960년대 중반부터 1990년대 후반까지 양국 사이의 관계와 문화교류의 양상을 검토하면서 그 과정에서 북한 지식인의 중국 인식의 변화상을 면밀히 추적하는 작업이 뒤따라야 할 것으로 생각한다. 이러한 작업은 필자가 이후 수행해야할 과제이지 않을 수 없다.

제3부

북한의 작가와 '조선작가동맹'*

최진이

1. 머리말

"작가는 제품이 아니라 작품을 만든다"는 말이 북한에 있다. 어느 출판사가 소설책이라는 동일한 제품을 여러 권 인쇄하고 거듭 재판 발행한다고 해서 아무 이상할 것 없으나 이미 발행된 한 작가의 원고를 다른 사람이 원고지에 베껴 출판사에 발행을 의뢰하는 경우 웃음거리가 될 뿐이라는 의미이리라. 이 말이 진실일진대, 작가란 자유로운 집필 환경에서만 작품을 낼 수 있는 창작가이지 누구의 지령에 따라 동일한 제품을 찍어 내는 구멍탄 공장 성형공과 같은 제품 생산자가 아니라는 식으로도 리해할 수가 있다.

그러고 보면 북한에서 작가와 그들이 활동하는 창작 현실에서는 여

* 필자의 요청에 따라, 북한 된소리 표기를 지키고, 인명 등에 두음법칙은 적용하지 않았다. 그 외 표기는 남한식 맞춤법과 띄어쓰기 원칙을 따랐다.

러 가지 문제점들이 무수히 발견된다.

동서고금을 물론하고 작가는 창작가이면서도 그가 내는 작품이 시대와 사회에 지대한 문화적 영향을 미치는 정신적 인재들이기도 하다. 바로 그 때문에 북한에서 작가들은 세계적으로나 시대적으로나 특이한 정치적 구속을 받고 있다고 필자는 느껴진다. 따라서 이 글은 북한의 작가와 그들이 받게 되는 정치적 구속에 대하여 사실 그대로 알아보자는 의도로 정리하였다.

현재 북한에서 문학작품 창작에는 다음의 3대 조건이 있다. 작가, 당적 지도, 조선작가동맹. 이것은 북한에서 작품 창작의 필요충분조건이다.

이 중 작품 창작에서 북한식 특색을 낳게 만드는 당적 지도란, 한마디로 수령의 사상과 요구대로 문학작품을 혁명적으로 창작하도록 정당(政黨)이 작가를 세밀히 관리하고 통제하는 정치적 기능이라고 단정할 수 있다. 당은 작가를 자유롭게 놓아주지 않고 "영원한 동행자"로 자기 옆구리에 꽉 끼고 있다. 창작의 환상을 자유로이 나래치려는 작가와 그들을 정치적으로 누르려는 당적 지도 간의 긴장과 모순 속에 하나하나의 작품들이 태어나는 이 환경이야말로 오늘 북한 작가들이 처하고 있는 창작활동의 현 주소다.

2. 조선작가동맹

1) 조선작가동맹의 일반 환경

이 글에서 특별한 구별 없이 불리는 작가란 조선작가동맹 소속 작가를 지칭한다는 데 류의하시기 바란다. 조선작가동맹을 제외하고도 방송위원회, 예술단체, 영화활영소, 사적(史蹟) 부문 및 일부 출판사 등에서도 작가들은 활동하고 있다.

① 문학예술 사업지도체계 '3위1체'[1]와 그 속에서 작가동맹의 위치

북한에서 작가들의 문학창작활동에 대한 당적 지도는 3위1체 및 창작체계와 방법에 의거하여 진행된다. 여기에서는 그 체계와 방법을 간단히 설명할 것이다.

사회주의 국가들이 대개 그렇듯 조선에서도 일찍이 문학예술 부문에 '3위1체' 체계를 확립함으로써 당, 행정 및 창작주체(작가 및 예술인)를 하나의 지도 체계에 묶어 문학예술작품 창작에서의 당정책화를 철저히 실현하였다. '3위1체'에 대해 『문화예술사전』에서는 다음과 같이 정의하고 있다

> 우리 당이 제시한 3위1체의 방침은 당과 문화예술부와 문예총이 합심하여 문학예술사업에 대한 지도와 방조를 강화함으로써 사회주의문학예술의 찬

1 3위1체는 김정일이 문화예술 부문의 지도를 담당하게 된 1970년대 초에 구축한 창작제도이다. 김정일은 자신을 '우리 당'으로 지칭하며 '3위1체 방침'을 자신이 내놓은 것이라는 데 대해 이렇게 언급하고 있다. "우리 당은 일찍이 당, 문화예술부, 문예총이 한마음 한뜻이 되여 문학예술사업에 대한 지도와 방조를 강화할데 대한 3위1체의 방침을 내놓았다."

란한 개화발전을 확고히 담보하는 정확한 방침이다.[2]

이 정의에 의하면 3위1체의 세 요소는 당, 문화예술부(현재 문화예술성), 문예총 세 단위이다. '3위1체' 각 요소의 기능에 대하여 『문화예술사전』에서는 이렇게 설명하고 있다.

> **당**은 혁명의 참모부이며 향도적 력량이다…… **국가문학예술기관**은 당의 문예정책을 집행하기 위한 조직통제적 기능을 수행하며 작가, 예술인들의 창작조건을 책임지고 보장하여주는 프로레타리아 독재기구이다. **문학예술동맹**들은당과작가, 예술인들을 련결시키는 인전대(引傳帶)로서 당의 문예정책을 받들고 작가, 예술인들을 사상예술적으로 튼튼히 준비시키고 당의 두리에 굳게 묶어세우며 그들의 창작사업을 집체적으로 도와주는 사명을 지니고 있다.

'3위1체'의 역할을 더 현실적으로 정의한다면 작품 창작에 대해 당은 정치적 지도를, 문화예술성(국가문학예술기관)은 재정적 및 물질적 관리를, 작가동맹[3]은 창작 '로력(勞力)'인 작가 관리를 분담하는 체계라고 말할 수 있다. 단 창작에서 3위1체의 이 구도가 조선의 군사조직 혹은 생산조직의 연장선에서 나온 것임에 류의해야 한다.[4]

당은, 중앙당 문화예술부 혹은 선전선동부가 주무부처이며 작가들의

2 이 인용문은 3위1체에 대한 김정일의 정의가 나오던 시기와 현재의 시차로 인해 '문화예술부'를 '국가문학예술기관'으로, '문예총'을 '문학예술동맹'으로 다르게 명명하고 있다.

3 이 글에서는 실제 작동하는 기구의 이름을 인용한다.

4 군사기구에서 3위1체는 정치부장, 부대장, 참모장이다. 생산기구에서의 3위1체는 당비서, 지배인, 기사장이다.

사업을 지도하는 데는 문학과가 있다.

문화예술성(종전의 문화예술부)은 내각 사무국 산하에 있으면서 당의 문예정책을 집행하기 위한 행정적 기능을 수행하며 작가, 예술인들의 창작 조건을 책임지고 보장하여주는 기구이다.

문예총(조선문학예술총동맹의 약칭)은 1946년 3월 25일에 조직된 북조선문학예술가동맹을 모체로 하여 1961년에 발족되었다. 중앙위원회는 위원장, 제1부위원장, 부위원장, 지도원 등으로 구성되어 있으나 실제로는 무임소상적 기구이다. 산하단체로 작가동맹중앙위원회, 음악가동맹중앙위원회, 미술가동맹중앙위원회, 연극인동맹중앙위원회, 무용가동맹중앙위원회, 영화인동맹중앙위원회, 사진가동맹중앙위원회 등이 있다고는 하나 이 단체들은 문예총에 명목상 소속되어 있을 뿐이다. 문예총 산하 동맹들 중 일부는 때에 따라 문예총으로부터의 독립, 소속을 반복하며 현재까지에 이르고 있다.

김정일이 정의한 3위1체는 조선문학예술 창작의 전 분야를 포괄하므로 북한의 작가와 조선작가동맹에 대해 다루는 이 글에서는 해당한 부분만 취급한다.

② 문학예술창작에서 '창조(창작)'[5] 체계와 방법

북한은 문학예술을 창조(창작) 발전시키는 데서 의거해야 할 사업체계와 사업방법도 '주체적'으로 수립하였다. 이에 대해 『문화예술사전』에 다음과 같이 서술되고 있다.

5 북한이 문학예술리론에서 쓰는 '창조'의 본래 의미는 '창작'이므로 이를 괄호 안에 넣어 주었다.

> **문학예술창조(창작)체계**는 문학예술창작사업에 참가하는 모든 일군들과 창작가, 예술인들이 자기의 임무를 책임적으로 원만히 수행하도록 창작과 창조의 전 과정을 규범화한 것이다 …… **창조(창작)방법**은 모든 작가, 예술인들과 일군들이 문학예술창조(창작)사업에 자각적으로 동원되도록 발동시키고 그들의 책임성과 역할을 높이기 위한 사업방법이다.

이 내용을 현장적 언어로 설명하면, 조선의 **문학예술창작체계**는 수령의 교시와 말씀을 창작규범으로 하고 이 규범이 지켜지도록 작가의 창작 전과정에 대해 형식적으로는 사상투쟁과 사상단련, 내용적으로는 혁명화와 로동계급화, 그 구체적 수단으로서는 조직생활에로의 "혁명적 전환"을 의미한다.[6]

문학예술창작방법은 작가, 예술인 및 그들을 관리하는 문예기관들이 상기 문학예술창작체계 내에서 창작활동을 하도록 당의 유일사상체계[7] 하에서의 정치사상적 평가와 물질도덕적 자극을 적절히 배합하여 동원한다는 의미이다. 즉 작가들의 창작활동에 당근(표창과 선물)과 채찍(사상투쟁, 조직적인 혁명화 처벌, 해임철칙)을 활용해야 한다는 뜻이다.

6 당중앙(김정일을 지칭)의 문예 부문 지도가 수립되기 이전에는 작가 등 창작가들에게 상대적으로 '창작의 자유'가 보장되어 있었다.

7 구체적으로는 '당의 유입사상체계 확립의 10대 원칙'을 의미.

2) '조선작가동맹'[8]

북한의 작가들이 흔히 부르는 '작가동맹'과 '작가동맹위원회'에는 미묘한 차이가 존재한다. 전자는 작가들만의 전통적 단체(동맹), 후자는 작가들을 소속시킨 정치사상교양 단체 및 창작행정지도 기관(위원회)의 뉘앙스를 풍긴다. 본 주제에 한해서는 특별 언급이 없는 한 작가동맹 혹은 그 위원회를 구분 없이 표기하여도 여의(餘意)치 않으리라 본다.

창작가들의 정치사상교양 및 창작행정지도를 목적으로 쏘련의 작가관리체계를 모방하여 정부가 조직한 조선작가동맹은, 북한의 작가 단체 및 작가들의 창작활동서비스 보장 기관이다.

작가동맹은 북한에서 문학작품 창작가들을 크게 맹원(정맹원, 후보맹원)과 문학통신원(맹가입 안 된 사람)으로 분류하여 북한의 문인들을 총 관리하는 유일한 문인단체이다. 소속 작가들에 대한 창작 관련 서비스(생계, 창작 자재, 창작 조건, 표창, 휴가, 선물 등)를 담당하며 부수적으로 작가들의 교류 마당도 제공한다.

전국적으로 볼 때 수도에 있는 중앙동맹과 평양시와 각 도 소재지들에 있는 지방동맹으로 나누이며, 산하 작가 전체를 포괄하는 동맹원 수는 약 2천 명 정도(정맹원 및 후보맹원)이다. 작가는 비단 작가동맹 현역으로만 존재하는 것이 아니다. 이 글에서는 편의상 작가동맹 현역 외 작가들을 기

8 조선작가동맹(조선작가동맹중앙위원회의 약칭)은 1946년 3월 25일에 결성된 '북조선문학예술총연맹'의 산하단체로서 출발하여 1951년 3월 남북의 문예단체가 통합될 때 조선문학예술총동맹(문예총)의 하부조직이 되었다. 1953년 9월 작가 예술가 대회 이후 문예총이 해체되면서 다른 동맹과 함께 작가동맹도 독립된다. 1961년 2월, 문예총 재건과 함께 다시 그 산하단체가 되었다.

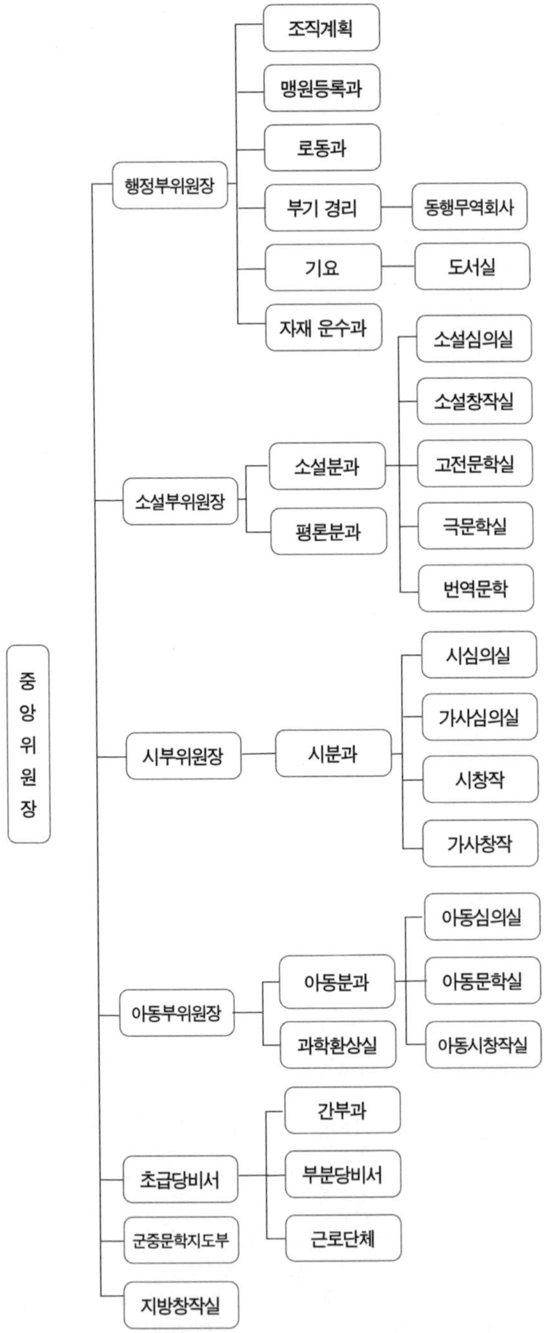

〈그림 1〉 작가동맹중앙위원회 조직도 참고

타 작가로 분류하여 1항 끝부분에 그에 대해 따로 서술하고 있다.

① 중앙 위원회

중앙 위원회는 비슷하게는 작가동맹 중앙위원회(평양시 대동강 구역 문수동에 소재)를 의미하는바 행정 부문, 작품창작 부문, 초급당위원회 단위로 구분이 된다. 중앙 위원회에서도 작가들의 작품창작 부문은 핵심 단위로 된다. 중앙위원회는 1명의 위원장, 4명의 부위원장(행정, 소설, 시, 아동) 이 있다.

가. 행정 부문

ㄱ. **위원장** : 위원장은 현역작가 중 당정책물 창작에서 뛰어난 업적이 있는 작가가 발탁 된다. 대표적 사례로 **한설야**(한국전쟁 후 작가동맹위원장, 수령형상소설 창시자),[9] **리기영**(한국전쟁 후 작가동맹중앙위원회 상임위원, 북한 대표 소설작가),[10] **천세봉**(1962~1964, 1971~1986년 작가동맹위원장, '불멸의 력사' 장편시리즈 초기 창작가),[11] **석윤기**(1986~1989년 작가동맹위원장, 4·15문학창작단 초기 단장),[12] **백인준**(1994~1998년 작가동맹위원장. 시나리오「최학신의 일가」 창작으로 김일

---

9 **한설야**(韓雪野, 1900.8.3~1976) : 본명은 한병도. 함경남도 함흥 출생, 박헌영과 동기생으로 1915년 경성부의 경성제일고등보통학교에 입학. 함흥고등보통학교 졸업. 중국과 일본 유학 뒤 1925년 리광수의 추천으로『조선문단』에 처녀작「그날 밤」을 발표하며 문단에 데뷔. 대표작은 장편소설『황혼』이 있다. 6·25전쟁 이후 조선문학가총동맹(작가동맹의 전신) 위원장을 지내면서 림화, 김남천, 리태준 등 남로당 계렬 문인 숙청 주도했으나 1962년 본인도 숙청되어 1976년 사망했다는 설이 있다. 수령형상소설의 발기자로 인정받아 1980년대 중반 명예회복, 1985년 조선문학에『승냥이』 게재,『문화예술사전』(1993)에『황혼』 등재. 그의 유해는 애국렬사릉에 묻혀 있다.

10 **리기영**(李箕永, 1895~1984.8) : 충남 출생, 월북작가, 일본 正則영어학교 졸업. 대표작『두만강』,『땅』 등. 1946.2 북조선 림시인민위원회 위원. 1953.9 작가동맹 중앙위원회 상임위원. 1966.12 문예총 중앙위원회 위원장. 1984년 조쏘친선문화협회 위원장.

11 **천세봉**(千世鳳, 1915.2.10~1986.4.18) : 함경남도 고원 출생, 보통학교 중퇴, 대표작『석개울의 새봄』,『안개흐르는 새언덕』 등. 1959.8 작가동맹 소설분과 위원장. 1962년 작가동맹 중앙위원회 위원장. 1964.12 문예총 중앙위원회 위원장. 1971.6 작가동맹 중앙위원회 위원장.

성의 비위 맞추는 데 일약 성공),[13] **김병훈**(1990~1994, 1998~현재 작가동맹 위원장. 「해주-하성서 온 편지」, 「길동무」 등 사회주의 건설시기의 인간상을 반영한 소설을 창작한 작가) 등을 들 수 있다.[14]

ㄴ. **부위원장** : 역시 작가동맹 현역 작가들 중 정치주제 작품 창작 실적이 높은 작가가 선출된다. 1986년과 1998년에 1부위원장직을 지냈던 김병훈, 소설부위원장 김보행(대표작 : 장편소설 『녀당원』), 시부위원장 김성조(행사시 전문가), 아동부위원장 김덕철(아동문학작가) 등은 그 대표적 례다.

ㄷ. **조직계획과** : 기업단위로서 작가동맹 중앙위원회의 행사(작가강습, 강연, 토요학습 등), 농촌동원. 건설동원. 금요로동 등 온갖 사회동원 및 각종 물자지원(수해지원, 인민군대 지원, 탄광지원 등)들을 계획하며 일정 관리와 우산장 창작실에 대한 출장, 우산장 작가 휴양권 배분 등 작가들의 활동과 휴식, 창작 조건과 관련된 행정관리를 전담한다.

ㄹ. **맹원등록과** : 사회단체로서의 작가동맹 후보맹원, 정맹원 가입 및 맹비 납부 상태를 관리한다.

ㅁ. **로동과** : 기업단위로서의 중앙작가동맹 내 작가와 관리 직원들의 입·퇴직, 휴가, 작가 급수, 로동 등을 관리한다.

---

12 **석윤기**(1930~1989.4) : 성균관대학교 문리대 졸업, 1950.6 월북. 대표작 중편소설 「전사들」, 장편소설 『무성하는 해바라기들』, 『시대의 탄생』 등. 1985.9 4·15문학창작단 단장. 1986.9 조선작가동맹 중앙위원회 위원장.

13 **백인준**(白仁俊, 1920.10.20~1999.1.20) : 평안북도에서 출생, 연희전문 2년 중퇴, 일본 와세다대학 졸업. 1955.10 문화선전성 문화예술국 국장. 1959.9 중앙통신사 부사장. 1980.5 백두산창작단 단장, 1986.3 문학예술총동맹중앙위원회 위원장. 1994년 작가동맹 중앙위원회 위원장. 1998.11 작가동맹중앙위원회 위원장 퇴임.

14 **김병훈**(金炳勳, 1929.11.14~) : 함경북도 무산 출생. 1985.9 조선문학창작사 사장. 1986.9 작가동맹 중앙위원회 제1부위원장. 1990.1 작가동맹 중앙위원회 위원장. 1998.8 작가동맹 중앙위원회 제1부위원장. 1999.6 조선작가동맹 중앙위원회 위원장(현직). 2006.7 문예총 중앙위원회 위원장(현직).

ㅂ. **부기 및 경리과** : 작가 및 관리 직원들의 로임 지불, 부식물 공급, 작가동맹 구내식당 운영 등을 맡고 있다. 부기경리과 산하에 **동행무역회사**[15]가 있어 자체 외화벌이로 식량을 구입해다 작가들에게 공급하고있다. 작가동맹에는 동행무역회사 이전에도 외화벌이회사가 이미 있었다. 소설작가 홍석중이 행정부위원장을 하면서 일본 귀국자 녀성을 끌어들여 그의 자금으로 운영하였는데 회사가 벌어들인 리익은 전 초급당비서 김일수와 홍석중의 수중에 들어가고 작가들에게는 빛도 보이지 않을 정도였다. 이 사건이 문제가 되어 귀국자 녀성은 검찰에 끌려가 취조받던 중 자살하였고 20여 년 넘게 작가동맹 초급당비서직에 있어온 김일수는 마침 정년이 되었는지라 김정일에게 자퇴 제의서를 내어 승인받고(애국자라 평가받음) 사직하였다. 홍석중은 부위원장직에서 해임되어 평작가로 내려앉았다. 간부들의 끊임없는 비리와 부정부패로 작가들에게 별 혜택을 못 주던 종전의 무역회사는 결국 동행무역회사가 들어오면서 해산되었다. 작가들은 그 어려운 고난의 행군시기에 동행무

15 '동행무역회사'는 소설작가 리호인(재일본 귀국 동포, 대표작 : 프로레슬러 력도산의 생애를 다룬 실화소설 『나는 조선사람이다』)이 생전(1996년경 사망)에 평양시 작가동맹 현역작가들에게 끼치고 간 공이다. 그는 고난의 행군 절정기에 시내에서 일본 친구의 아들을 만났다. 그 길로 작가의 집을 방문한 친구의 아들은 작가의 빈곤한 살림에 혀를 차며 "제가 선생님을 갑부로 만들어 드리겠습니다"고 장담하였다. 실제 그는 재력이 막강한 데다 리호인은 그의 부친의 은인이었다. 리호인은 당시 아내에게서 돈벌 궁리는 안 하고 비현실적인 소설창작에 빠져 있다고 날마다 닥달을 받고 있는 처지였다. 리호인은 친구 아들의 제안에 "나 하나 굶는 것이 문제 아니다. 지금 전 작가동맹 작가들이 굶고 있다"고 호소하였다. "그럼 제가 작가동맹 작가들을 먹여 살리겠습니다"라고 나오는 친구의 아들을 리호인은 작가동맹 신임 초급당비서에게 데리고 갔다. 친구의 아들은 비서에게 두 가지 요구를 하였다. "첫째, 자기 사람들로 된 회사를 통째로 받아줄 것, 둘째, 작가동맹 간부들이 따로 득을 보려는 일이 없게 할 것." 초급당비서는 그 두 가지 요구를 즉석 승락, 일주일도 안 돼서 작가들에게 밀가루 한 포대씩 공급되었고 그것은 곧 주기성을 띠게 되였다. 작가들의 명절공급이나 간신히 하면서 간부들 뒷바라지만 해오던 종전의 무역회사는 자동적으로 해산되었다. 작가 리호인에게 이 일로 해서 차례진 것은 친구 아들이 사준 구두 한 켤레가 전부였다.

역회사가 구입해와 나누어주는 밀가루와 쌀, 명절 부식물들을 공급받으며 생명을 부지할 수가 있었다.

ㅅ. **기요실** : 행정 문건 보관, 관리 및 작가들의 려행증 떼어주는 일을 전문으로 한다. 기요실에 **도서실**이 직속되어 있다. 도서실에는 일반도서는 물론 일반 도서실에서 열람할 수 없는 '100부도서(100부씩만 찍는 현대 외국소설)' 및 비공개 도서들도 있어 작가들에게 정상 대출한다.

ㅇ. **운수과** : 운수 수단과 운전사들이 있고 동맹에서 제기되는 이동과 운수를 보장한다.

ㅈ. **자재과** : 원고지, 잉크 등 창작에 필요한 도구들과 작가동맹 운영에 수요되는 기자재들을 관리, 공급한다.

ㅊ. **경비** : 기관 경비는 낮[16]에는 녀성(작가, 직원)들이, 야간에는 남성(작가, 직원)들이 선다. 2~3명으로 이루어지는 야간경비조 책임자로는 분과 위원장(실장) 이상의 단위 책임자들이 임명되는데 그들은 저녁경비 나온 인원을 점검하고는 퇴근한다. 명절 기관경비는 기관 책임자들이 선다.

ㅋ. **관리** : 기관 청소 및 관리는 정직원제이다.

나. 작품창작 부문

ㄱ. **창작분과**(창작실) : 소설, 시, 아동, 평론 등 4개의 창작분과가 있다. 소설창작분과에는 2개의 소설심의실과 2개의 소설창작실, 고전문학실, 번역문학실, 극문학창작실이 있다. 소설창작실을 제외한 기타 실들에서 작품심의기구는 심의원제이다. 시창작분과에는 시창작실과 가사창

16 낮 경비는 일요일도 포함된다. 따라서 녀성들, 특히 가정부인인 경우에도 자신의 경비 차례가 돌아오면 일요일에 출근하여 기관경비를 서야 한다.

작실이 있다. 이 두개의 창작실은 각각의 심의실을 가지고 있다. 아동문학창작분과에는 자체의 창작실과 심의실이 있고 2000년 초반에 과학환상소설창작실이 새로 나왔다. 과학환상소설창작실은 자체 심의원을 가지고 있다. 평론분과 역시 자체 심의기구가 있다.

ㄴ. **국가심의** : 작가동맹 중앙위원회에 국가심의 위원회(1990년대 초 위원장 김영근, 부위원장 김문화)가 있고 소설 1·2분과, 시분과, 가사분과, 아동문학분과에 국가심의실(2~5명의 심의원 주재)이, 기타 분과 및 각 도 지부 작가동맹에는 1명의 국가심의원이 배분되어 있다.

ㄷ. **군중문화부** : 군중문화부는 문학지망생이 초고를 들고 오는 경우 그 지도를 해주는 부서이다. 부서에서 감당하기 어려운(실력이 뛰어나거나 장르가 다를 때) 대상에게는 그에 적합한 작가동맹 작가들을 담당 지도작가로 소개해 주기도 한다. 군중문화부로부터 신인지도를 부탁받은 작가는 자신의 작품창작과 신인지도를 병행하는데 이러한 신인 양성은 그 작가의 성과로 인정된다. 군중문화부는 '6·4문학상'과 '문학통신원 강습', '문학통신원 중앙강습'을 주관한다.

다. 당 부문(초급당위원회와 근로단체)

ㄱ. **작가동맹중앙위원회 당위원회**는 유급초급당이다. 그 아래 조직비서, 근로단체비서, 선전비서(근로단체비서가 겸하기도 함)가 있다. 조직부비서 산하에는 간부과와 부문당(분과별)이 있다. 부문당 산하에는 세포(창작실별)가, 초급당 근로단체부비서 산하에는 청년동맹과 직맹이 소속되어 있다.

당은 작가동맹 현역 작가들의 입당, 훈장, 표창, 상, 선물 추천 등을 주관하며, 혁명화 처벌을 결정 혹은 저지하는 역할도 한다. 작가들의 2

일 당생활총화, 강연, 토요학습, 정치행사, 사상투쟁, 월 2%의 당비납부 등을 관리 지도한다.

ㄴ. **당위원회 간부과** : 작가동맹 현역작가로 입·퇴직하는 대상은 일종의 '간부'로 분류되며 해당 문건을 간부과가 관리한다. 작가동맹 현역작가 입직은 간부과의 승인이 안 나면 절대 불가능하다.

ㄷ. **청년동맹** : 약 20~30명 정도로서 관리직 초급단체와 작가직 초급단체로 나누어져 있다. 청년동맹은 이들의 주생활총화를 담당 지도한다. 청년동맹중앙위원회에서 분공되여 내려오는 파고철 수매, 탄광 및 군대 지원, 기념비 건설 충성의 로력지원 등을 조직 지도한다. 월 2%의 맹비 납부 상태를 담당 관리한다.

ㄹ. **직업동맹** : 약 30명 정도로서 관리직 초급단체와 작가직 초급단체로 나누어져 있고 활동은 청년동맹과 유사하다.

② 기타 작가들과 그들이 속한 창작단체

가. 4·15문학창작단 : 4·15문학창작단(단장 김정)은 김일성의 생일자를 딴 데서 볼 수 있는 바와 같이 수령형상소설 전문 창작을 위해 김정일의 주도하에 1967년 6월 20일 설립된 당 중앙위원회 선전선동부 산하 창작기관이며 조선 작가동맹 중앙위원회 소속 단체이다. 김일성 탄생 75돌을 맞아 평양시 문수거리 충성동에 신청사가 건립되면서 중앙당 주 공급체계(중앙당 부식물 차가 직원들의 집을 주마다 돌며 부식물을 공급하는 체계. 부식물 가격은 당시 돼지고기 1kg당 2원일 정도로 저렴)로 인입된 4·15문학창작단은 초기에는 수령형상소설 창작이 주목적이었으나 그 후 일반주제 창작 및 세계아동문학 시리즈 번역, 김정일 형상소설, 김정일 위대성 관련 도

서 창작도 겸하고 있는 조선 배급제의 전형적 산물이다. 즉 4·15문학창작단은, 작가동맹과 차별화시킨 국가 배급제 이상의 공급 조건(부식물 및 기타 후방공급체계, 김정일 선물)이 북한의 문학 인재들을 흡수, 유지하는 기본 조건으로 되고 있다.

4·15문학창작단에는 10명 안팎의 소설가들로 이루어진 창작실(침실, 화장실이 달린 1인 1실)이 있고 세계 자료 보장부서로서의 자료실, 작가들의 건강을 돌보는 진료소, 하루 세 끼 식사가 되는 식당과 기타 행정부서들이 있다. 1980년대 중반에는 평양 거주 성분이 안 되는 번역작가 수용을 위해 평성시에 4·15문학창작단 분창작실을 내왔다.

4·15문학창작단 초기 창작품으로서는 리기영의 『력사의 새벽길』(김일성 부친 김형직 형상 소설), 김일성을 형상한 '불멸의 력사' 『1932년』 등이다. 수령형상소설 과다 창작으로 그 인지도가 떨어지자 4·15문학창작단에서도 일반주제 소설작품을 창작해야 한다는 주장이 제기되면서 그 배경에 힘입어 창작된 대표작이 백남룡의 중편소설 「벗」이다. 4·15문학창작단은 또한 세계아동문학 시리즈를 번역하여 전국의 인민학교·중학교들에 김정일의 선물 도서로 기증한다는 발상을 내놓고 자료실에서 그를 담당하여 1990년대 초반 전국 인민학교·중학교들에 김정일의 선물로 된 세계아동문학 시리즈 3~5부씩을 증정하였다.

4·15문학창작단 초대 단장은 천세봉, 대표 작가로서는 리기영, 석윤기, 최창학, 권정웅, 진재환, 리종렬, 최학수, 백남룡 등이 있고 대표적 소설로는 수령형상 부분에서는 『력사의 새벽길』, 『1932년』, 김정일 형상 부분에서는 『전환』, 『붉은 산줄기』, 일반주제 소설로는 「벗」 등이 있다.

나. 101호 창작실 : 101호 창작실은 대남물 창작실이다. 위치는 평양시

중구역 련화동이다. 작가들은 작가동맹 맹원이면서 창작실은 중앙당 3호청사에 직속되어 있다. 작가들에 대한 대우는 중앙당 직원 수준이다. 전국의 필력 있는 시인 및 소설가들이 인입되어 대남문학작품 창작에 종사하고 있다.

다. 4·25인민군창작실, 사회안전부(현재 인민보안성)**창작실, 국가보위부창작실** : 4·25인민군창작실은 4·25협주단 내에 있다. 작가들은 작가동맹 맹원이나 소속은 무력부이다. 사회안전부 창작실 작가도 작가동맹 맹원이나 소속은 사회안전부, 국가보위부 창작실 작가 역시 작가동맹 맹원이나 소속은 국가보위부이다.

이외에도 문화예술부 산하 각 기관들에 창작실이 있고 그에 소속되어 활동하는 작가들이 있다. 대표적 작가는 중앙방송위원회 시인 주광남, 선전선동사의 녀성 소설작가 강귀미(재일귀국동포임) 등이다.

공장, 기업소, 중앙기관의 회관이나 현장에서 각이한 신분을 가지고 창작활동 하는 현직 작가들도 무수하다.

라. 텔레비전 방송국 : 평양시 모란봉 구역 중앙방송위원회 내에 소재. 전업작가들이 있어 텔레비전물과 관련된 창작활동을 하고 있다. 작가동맹 맹원이 되는 것은 본인의 자유이다. 즉 작가동맹 기관지에 해당 건수의 작품을 발표하면 작가동맹 맹원 가입이 가능하다.

마. 영화문학창작사 : 평양시 모란봉 구역 인흥동에 소재. 창작실 겸용, 약 30여 명의 영화문학작가들이 활동. 대표작가로는 1970년대 사회주의 현실의 문제점을 다룬 영화 〈우리집 문제〉의 씨나리오작가 리희찬을 들 수 있다. 영화문학작가들은 작가동맹 맹원이 아니나 작가동맹과는 3위1체 체계에 의해 련결되는 부분이 있다.

바. 가극단 및 연극단, 선전대 : '피바다'가극단, '모란봉'예술단, 평양연극단 등 각종 예술단체들과 선전대들에 전업작가가 있다.

사. 사적기록보존 부문 : 사적기록보존 부문에도 역시 전업작가제가 있는데 작가동맹 맹원 가입은 본인의 자유이다.

③ 작가동맹중앙위원회의 기관지와 작가들이 상용하는 신문, 잡지

가. 『조선문학』 : 『조선문학』의 전신은 1946년 7월에 창간된 『문화전선』이다. 조선 작가동맹 기관지로부터 1990년대 초반, 문예출판사(현재 문화예술출판사)의 기관지로 독립한 『조선문학』은 조선의 현역작가나 현직작가 중 후보맹원 이상의 성원들이 창작한 평론, 소설, 시 작품(간혹 문학통신원들의 작품이나 아동문학작품 중 우수 작품)을 싣는 조선 최고의 문학지이다. 『조선문학』의 전신은 1946년 7월에 그 창간호가 발행된 『문화전선』이다. 1947년 9월, 북조선예술총동맹에서 문화전선사가 기관지와 함께 떨어져 나오면서 잡지 제호를 '조선문학'으로 바꾸었다. 1948년부터는 『문학예술』로 되었다가 문예총출판사에서 작가동맹출판출판사가 독립되는 1953년 10월부터 『조선문학』으로 회기되어 오늘에까지 이르고 있다.

『조선문학』의 전성기는 해방 직후와 6·25전쟁 시기부터 전후 복구건설시기가 끝나는 1956년까지이며 이때 『조선문학』의 매 호당 쪽수는 150~200매로 증가되었다. 1956년 8월 당 중앙 전원회 종파투쟁 결속의 압력을 타면서 『조선문학』은 그 쪽수가 140매로 축소된다. 김정일이 후계자로 등극하여 문학예술사업을 본격 담당하던 1976년부터는 그 쪽수가 64쪽으로 떨어지는 최악의 처지에 놓였다가 1980년부터 80쪽으로 회복되어 현재 그 수준을 유지하고 있다.

발행 부수는 확인할 수 없으나 1960년대 후반기만 해도 산간지대 농촌 청년들까지 탐독하며 작가들의 작품을 평할 정도로 『조선문학』의 인기는 전국을 휩쓸었다. 잡지가 받는 정치의 간섭도가 높아질수록 그에 대한 독자들의 열기는 위축되어 갔는바 1990년대 고난의 행군시기에 이르러서는 종이사정까지 겹치면서 작가동맹 부서들에 한두 권 차례질 정도로 발행부수가 줄었고 작가들조차도 작가들의 창작활동을 지면을 통해 파악할 수 없는 상황이 한동안 이어졌다.

조선문학편집부는 작품을 성과작, 문제작, 졸작, 행사작품 등으로 구분한다. 성과작은 문학적 완결도가 높은 작품을, 문제작은 사회의 문제점을 발견하고 그를 문학적으로 형상하는데 성공한 작품을, 졸작은 발견이 없고 문학성이 낮은 작품을, 행사작품은 기념일을 주제로 하거나 교시, 말씀에 따라 창작되는 작품이라고 할 수 있다.

성과작, 문제작이 『조선문학』에 실리는 건수는 년간 소설 3~5편, 시는 년간 2~5편에 불과하다.

나. 『문학신문』: 문예출판사에서 발행하는 주간신문이다. 매호마다 소설 1편, 시 5~6편, 문학평론, 아동문학작품, 작가 인터뷰, 방문기들을 싣고 있다. 종이사정이 긴장하여 월간지에서 순간지로 오락가락 하면서 해외용이나 인쇄해내는 정도가 오랫동안 지속되었다.

다. 『청년문학』: 문학창작 활동을 처음 시작하는 문학지망생들에게 지면을 제공하는 월간지로서 평양시 선교구역 선교2동에 위치한 문예출판사 청년문학편집부에서 발간하는 문학지이다. 1960년대 중반부터 조선에서 당의 유일사상체계 수립과 함께 력사 및 세계 지식을 일체 폐쇄, 차단시킨 결과 이 지식의 공백 속에 성장한 청년들의 창작활동을 위해 특별한 문학지가 요구되었다. 그 수요를 반영한 잡지가 바로 청년문학이었다. 잡지는 창간호부터 문학초학도들의 작품을 싣는 것을 목적으로 하였고 그로써 자기의 얼굴을 뚜렷이 하여 왔다. 로동현장에서 일하며 짬시간에[17] 써 낸, 비록 서툴긴 하나 주제가 생생하고 다양한 글들은 청년문학 지면을 통해 문단에 알려지게 되었고 기성 작가들의 관심과 사랑을 받았다. 청년문학에 실리는 작품들에 비하면 조선문학의 작품들은 구태의연하다고 작가들 속에 비판까지 일 정도였다. 물론 청년문학이 문학초학도를 위한 지면이라는 점에서 조선문학지에 비해 정치적 감시의 눈초리를 덜 받는 이점은 있었다.

1990년대 초, 중앙당 문학과장으로 있던 조경환(작가학원 1기 졸업)이 문예출판사 사장으로 임명되어와 청년문학지 성격을 청년주제물지로 바꾸게 하였는데 이는 문학의 생리를 모르는 데다(청년기는 인생의 한 부분이며 문학은 이를 분리시켜 묘사하지 않는다) 문학초학도들을 배제시키는 행위라고 작가, 편집원들 속에 의견이 분부하였다.

북한의 45년간 지식공백 실정에 너무 적절했던 청년문학은 본래의 발행 의도가 바뀌어 현재는 그 정체성을 잃은 아쉬움을 안고 있다.

라. 『아동문학』: 문예출판사에서 발행하는 아동문학 전문 월간지이다. 아동문학 작가들의 아동소설, 아동시, 동요, 동시, 우화, 평론 등을 싣고 있다. 학교 교원, 학생들의 현실을 다룬 작품도 발표시켜주고 있다.

마. 『문학참고자료』: 작가동맹중앙위원회에서 직접 발행하는 내부 작가 참고용 월간지이다. 작가/평론가들의 작품평, 성과작 창작가들의 창작경험들이 정기적으로 실린다. 조선의 문학지들 중 비교적 비중 있

17 일의 휴식시간 혹은 일과 사고[思]의 병행의 의미임.

는 글들이 실리는 매체이다. 현대 외국문학추세, 세계명작, 유명작가들의 창작수기들도 호마다 소개된다. 고난의 행군시기 극심한 종이 사정 때에도 문학참고자료만은 그 수요가 하도 높아 매 작가들에게 한 권씩 차례질 수 있게 정상부수를 인쇄하였다.

④ 도 위원회(지방 작가동맹)

지방 작가동맹은 각 도 소재지에 위치하고 있다. 평양시 작가동맹은 평양시 대동강 구역 문수동에 소재한다. 평양시를 제외한 각 도 작가동맹 작가는 보통 20~30명 내외이며 위원장과 지도원제로 되여 있다. 도 작가동맹 작가들은 자택이 도내 각 시, 군들에 분산되어 있어 도 작가동맹 사무실에로의 출근은 1주 1회 정도이다. 도 작가동맹 작가들은 이날 각자의 창작생활 정형을 위원장에게 보고하고 중앙위원회로부터 내려오는 새로운 지시를 받기도 한다.

⑤ 창작실 및 창작관리소

가. 평양창작실 : 평양시 대동강 구역 문수동에는 소설창작실, 평양시 중구역 경림동에는 시창작실이 있다. 평양시 작가동맹의 작가들이 (일일)출근하여 작품을 창작할 수 있도록 시설(책상, 의자, 쇼파)이 되어 있는데 특히 소설 창작실은 1실 2인용인 데다 매 실에는 개별 침대까지 있어 식사 조건만 용이하다면 침식하며 글 쓰는 일이 가능하다.

나. 우산장 창작실 :

해방 전 소문난 유흥장으로서 당시의 기생방 건물들이 지금도 남아 있는 우산장 창작실은 해방 후에 로동자, 농민을 위한 정양소로 되였다가 1960년대에 들어서면서 김일성의 교시에 의해 작가들을 위한 창작 기지로 이전되었다. 평안남도 남포역에서 30리쯤 떨어진 산골짝에 위치하고 있다. 앞에는 호수가 전개 되여 있고 뒤에는 송림이 1호각(김일성각), 소설가각(13각), 시인각, 아동문학각, 휴양각들을 둘러싸고 있다. 각 동 내부바닥은 마루(혹은 대리석, 주단)로 되어 있다. 화장실과 세면장이 동마다 있어 비록 찬물이긴 하지만 세목이 항시 가능하다. 입소자의 기상시간은 아침 6시, 취침시간은 저녁 10시로 규정되어 있으나 각자 자유롭게 한다. 입퇴실 시 각 책임자(작가)에게 신고와 정해진 식사시간만 어기지 않으면 된다.

우산장 창작실의 식당은 약 5개 정도이다. 식사질은 1990년대 고난의 행군시기에도 가끔 삶은 계란과 우유가, 2일에 한 번씩 고깃국이 나오는 정도로 양호하다. 자체 농장이 있어 식당에 부식물이 전문 보장된다.

우산장에서 작가는 1주 1회 생활총화에만 참가하며 때로 중앙당 지도원이 내려와 김정일 최근지시를 전달할 때 정해진 시간에 1호각에 모이기도 한다.

우산장행을 원하는 현역작가는 분과의 출장대장 해당란에 내용을 기입하여 분과위원장, 행정부위원장의 승인을 받은 뒤 기요과에 행선지가 '남포시', 출장목적이 '취재'로 된 출장증명서를 신청해야 한다. 출장증명서는 신청한 다음날 나온다. 출장비는 차비와 도중식사비만 작가동맹 경리과에서 제공되며 해당끼니만큼의 량권은 경리과에서 미리 떼어 가지고 가 우산장 식당에서 식사할 때마다 한 장(200g)씩 내야 한다.

남포역에서 내리면 버스가 없어 지나가는 자동차를 얻어 타거나 걸어야 한다. 중앙작가동맹에서 전용왕복버스가 이따금 있어 번호가 맞으면 작가들이 이용하기도 한다.

다. 1호각 : 원래 김일성 특각이었으나 현재 소설창작가들이 리용, 우산장의 모든 각들 중 위치와 전경이 제일 좋다. 1실 1인 용이다. 대체로 장편소설 작가들이 든다.

1호각 뒤쪽으로 큼직한 양어장이 골짜기 가운데 길게 놓여 있다. 양어장 아래로는 산골짝마다에서 흘러내리는 물을 모아 덕수가 떨어지도록 파이프를 설치해 놓은 곳이 있다. 여름에 작가들이 이곳에서 덕수를 맞기도 한다.

라. 소설가각(13각) : 3층으로 되여 있는 기선 형식의 건물인데 한번에 100여 명 이상 수용할 수 있는 시설이다. 1실 2명 구조이다. 로씨야의 최근 성과작들을 줄기차게 번역해낸 녀성 번역작가 리인주는 13각을 "몰락한 백작저택의 모습이다"고 표현하였다.

소설가각은 시인각에서 산 하나를 사이에 두고 있다.

마. 시인각 : 2층으로 된 두개의 동인데 한 번에 약 20명 수용할 수 있다. 1실 1~2명, 4~5명용이 있다. 두개 동 사이에 련못이 있다. 단청을 입힌 정자도 련못 입구에 있다.

바. 아동문학각 : 시인각 옆 야산 마루부분에 15명을 일시에 수용할 수 있는 단층으로 된 2~3채의 아동문학각이 있다.

사. 휴양각 : 작가들의 휴양을 위한 각이다. 작가동맹 현역작가 중 휴가 대상 작가들이 리용, 휴양각 식당은 따로 있어 다른 식당보다 식사질이 높다. 휴양각에 입소한 작가는 해당 기간 동안 작가동맹 조직생활에서 제외될 수 있다. 우산장 뒷산에는 그곳에서 창작 중 사망한 작가들의 분묘가 몇 기 있다.[18]

아. 석암별장 : 소설작가 민촌 리기영이 생존에 리용하던 창작실이다. 평안남도 평성시 석암저수지 근처에 위치, 약 10여 명 정도 수용할 수 있다고 한다. 4·15문학 창작단 작가들이 주로 활용한다.

자. 자강도 화평창작관리소 : 자강도 화평군에 있다. 랑림산맥에 자리 잡고 있으며 공기와 물이 특히 좋다. 원래 금성청년출판사 문학창작단[19] 작가들의 창작기지였으나 문학창작단이 작가동맹 중앙위원회 평양창작실로 귀속되면서 함께 이관되었다. 수용 능력은 7~8명 정도, 1실 1~2인 사용할 수 있는 온돌방이다. 나무불로 덥이게 되여 있는 찜질방도 있다.

⑥ 정맹원 및 후보맹원

해방 후 작가동맹의 조직과 함께 시작되어 지금까지 이어져오고 있는 작가동맹 맹원 가입제는 문학창작활동 자격심사 조건을 통해 대상을 가입시켜 그들에게 창작적 편의를 제공하는 것과 동시에 작가동맹 내에서 공식적 창작활동을 하게 하는 작가동맹 맹원관리 제도이다.

맹원가입은 작가동맹 맹원등록과가 공민증을 부여받은 조선공민으로써 소설, 시, 아동문학, 번역문학, 고전문학, 극문학 창작활동을 시작해오며 맹원가입을 희망하는 자나 가입준비 된 자를 대상으로 한다.

---

18 남포 우산장 뒷산에는 보라버섯이 유명하다. 초기에 작가들은 버섯에 대한 지식이 없어 이를 방치하였다. 작가동맹 부위원장 신진순(숙명여대 졸업생)이 아무래도 먹는 버섯 같다며 식물원에 검사를 의뢰한 결과 건강에 좋은 식품이라는 결과가 나왔다. 그때부터 보라버섯 따기는 작가들의 소일거리로 되었다. 창작하다 머리쉼 할 때면 뒷산에 올라 잠간 사이에 보라버섯을 한 바구니씩 뜯어오곤 하였다. 집에 돌아갈 때 말린 보라버섯은 우산장의 특산물이 되였다. 1990년 중반에 들어서면서 국가적으로 식량사정이 긴장해지자 보라버섯은 작가들의 허기진 배를 채우는 보충식량 역할을 톡톡히 해냈다. 그렇게 흔하던 보라버섯도 작가들이 하도 매달리니 동이 나는 상태로 되였다.

19 1995년 해산, 작가들은 각자의 요구에 따라 평양창작실, 영화문학창작실, 사회안전성창작실 등으로 분산 배치됨.

맹원가입은 후보맹과 정맹 단계가 있는데 그 기준을 보면 후보맹은 소설창작가는 단편소설 5편 이상, 시창작가는 40편 이상의 시작품을 작가동맹 기관지(조선문학, 청년문학, 문학신문)에 발표해야 한다.[20] 정맹은 소설창작가는 단편소설 7~8편 이상, 시창작가는 90편 이상의 시를 작가동맹 기관지에 발표해야 한다. 6·4문학상 수상작 당선자는 작가동맹기관지 발표건수에 관계없이 후보맹에 자동 가입된다. 김일성, 김정일의 특별 평가 작품 창작가의 경우 발표건수와 무관하게 정맹원에 자동 가입된다.

맹원가입 희망자나 가입 준비된 자가 갖추어야 할 서류는 첫째로, 작품창작실적(매체에 발표된 작품 건수)표를 작성해야 하며 둘째로, 소속 조직의 평정서 및 추천서를 받아와야 한다. 맹원가입 승인 절차는 첫째로, 당 및 행정, 근로단체 조직의 추천이 있어야 한다. 둘째로, 작가동맹 해당분과의 추천이 있어야 한다. 셋째로, 가입자격 심의위원회에서 승인이 되어야 한다.

작가동맹 맹원등록과는 현상응모와 문학상 시상식을 통해 후보맹 가입자를 선출한다. 또한 작가들의 후보맹원 양성과제 계획에 따라 작가들로부터 검증된 가입 대상을 추천 받는다. 가입 희망자 본인의 신청도 접수받는다.

정·후보맹 가입자는 월수입의 2%를 맹비로 낸다.

작가동맹 맹원가입제는 문학작가 신인대렬 보충 확대와 국가의 작가대렬 관리가 그 목적이다.

---

20 작가동맹기관지 지면은 제한되고 작가동맹 회원가입 대상은 증가함에 따라 1980년대 후반부터는 작가동맹기관지 이외의 매체에 발표된 작품도 가입기준에 합당한 건수로 쳐주도록 기준이 바뀌었다.

3. 작가

1) 창작활동

① 창작지도

아무리 활동이 자유로운 작가라고 하여도 북한의 작가에게 있어 당과 작가동맹의 창작지도는 절대적이면서도 필수적이다. 당과 작가동맹의 창작지도는 "무슨 글을 왜 쓸 것인가"를 정해주는 행위라고 말할 수 있다. 따라서 작가는 "주어진 과제를 어떻게 써 내는가" 하는 필력의 기능 측면만을 담당수행하고 있다. 작가에게 주어지는 과제에는 여러 가지가 있는바 이하에서 다루기로 한다.

가. 교시 및 방침 과제 : 조선의 창작가들에게 우선적으로 떨어지는 창작과제는 교시과제와 방침과제이다.

나. 교시과제 : 교시과제는 김일성 생존 시 '교시'로 작가들에게 떨구던 창작과제이다. 김일성은 4차 당대회 전후 시기인 1950년대 말~1960년대 초에 이르러 처음 우산장에 작가들을 불러 그들과 한 달간 밀접한 생활(침식을 같이 함)을 하면서 항일무장투쟁 소재의 글을 주문하였다. 특히 김책의 생애를 주제로 한 문학작품을 쓰라고 김책의 일대기를 들려주면서 은근히 자신의 업적 선전을 꾀하였다. 곧 김책을 다룬 장편소설(천세봉, 『안개 흐르는 새언덕』)이 나오고 갑산파 박금철의 옥중생활을 다룬 연극(송영, 「무궁화꽃수건」)도 나왔으나 자기를 찬양한 작품은 전혀 나오지 않자 이에 격분한 김일성은 1967년 '반당반혁명종파분자'들과의 투쟁을 통하여 문학인들을 대량 숙청하였다. 그 후 문화예술지도 부문에 아들 김정일을 올려놓고 자신의 숙원을 력사적 숙제로 주었다. 김정일은

김일성에 의해 숙청된 지휘자 허재복[21]을 김일성 모르게 평양에 끌어들여 혁명가극 「피바다」를 완성하고 부친의 숙원을 풀어준 대가로 후계자 내정을 받았다. '장편의 론문보다 한 줄의 시로 심금이 울린다'는 정치생리 그대로였다.

자기우상화에 관심이 지대했던 김일성은 생존 시 "우리나라의 밭관개 실현에 대해 다룬 소설이 없다. 그에 대해 써야겠다"는 식의 말을 자주 하곤 하였다. 김일성의 이런 말은 곧 교시과제로 되여 작가동맹에 떨어졌다. 작가동맹은 소설분과에 이 과제를 맡기고 소설분과 위원장은 현재 분과 소설작가들의 창작활동 상태와 능력 여부[22]에 따라 적중한 소설가에게 밭관계 관련 주제 소설 창작과제를 내준다. 이런 과제는 잘하면 김일성의 칭찬을 받을 수 있어 작가들의 창작 선호도가 높다.[23] 장편소설 『생명수』는 교시과제의 대표적 사례다.

다. 방침과제 : 김정일이 '방침'으로 작가들에게 떨구는 창작과제이다. 소설은 별로 읽지 않고 시나 특히 가사를 좋아하는 김정일은 이런 장르의 작품들에 대해 어느 작품이 어때서 좋고 어때서 안 좋다는 식의 말을 자주 한다. 1990년대에 들어서면서 김정일이 "사회주의 우월성을 노래한 가사가 없다"는 말을 하였다. 이것이 곧 방침과제로 되여 작가동맹에서는 이 가사 창작을 놓고 전국 작가들의 현상응모(懸賞應募)를 조직하였다. 중앙당 문화예술부 문학과 지도원들이 작가동맹에 나와 살다시피 하며 시원한 작품이 안 나온다고, 심지어는 소설가들까지 사회주의

---

21 만수대 예술단 초대 단장.

22 작품이 창작되어 김일성이 교시로 칭찬해도 될 만한 급의 작가.

23 창작된 작품이 김일성의 칭찬 교시 받는 경우 그 작가는 작가 급수가 올라가고 선물과 훈장 등을 받는 혜택이 따른다.

제도 우월성 주제 가사를 써내라고 몰아대더니 어느 날 최로사의 작품 「내나라 사회주의제도 제일로 좋아」가 당선되었다고, "친애하는 지도자동지께서 대만족을 표시하셨다"고 대대적인 선전을 하였다. 그렇게 많은 작가들이 야심을 품고 달라붙었는데 최로사의 작품이 유일하게 당선된 사실은 의미심장하다. 최로사는 최승희의 조카이다. 전쟁 때 종군작가로써 전시가요 「샘물터에서」를 창작하여 명성을 떨친 그녀는 해방 후 어느 예술단 배우로 소속되어 소개를 전담하였다. 1960년대 초, 대동문영화관 무대에 출연하여 이제 공연될 작품에 대해 우리말, 로어 두 개 나라 말로 소개하곤 하였는데 로씨야어가 류창한 데다 그 자태가 고고하면서도 언변이 기지 있고 발랄하여 소년 김정일이 아주 매료되곤 하였다고 한다. 최로사의 소개를 보려 일주일에 한 번씩은 대동문영화관에 일부러 갈 정도였다고 하였다. 그런 최로사는 사촌언니 최승희가 수용소에 끌려가면서 덤으로 평양에서 추방되였다. 김일성은 자기 말 안 듣는 최승희를 미워하였는데 예술광 김정일은 최승희를 좋아하였다. 십여 년간 산골에 묻혀있다 도창장실 작가로 올라와 온갖 구박 다 받으며 십여 년 넘게 창작활동을 하고 있던 최로사는 김정일의 방침과제가 떨어지자 그 창작에 달라붙었다. 작가동맹은 다른 누구도 아닌 최로사의 가사 「내나라 사회주의제도 제일로 좋아」를 보고 올렸고 김정일은 대만족을 표시하였다. 최로사 본인을 술 파티에 불러 접견하였고 그에게 속옷세트를 특별 선물로 보내주었다. 최로사는 이 방침과제를 성공적으로 창작해낸 덕분에 평양 거주 및 작가동맹중앙위원회 가사창작실 작가로 되였다. 작가급수가 올라가고 복당인가 입당인가도 하고 좌우간 작가로서 받을 수 있는 혜택은 일시에 받았다. 방침과제 창작은 창작적 능력도 중요하지만 김정일의 칭찬을 받을 수 있는 조건을 겸비하지 못한 작가는 애초에 도전 않는 것이 작가로써의 자존심에 상처 입히지 않는 지혜로운 처사였다.

김일성, 김정일의 교시 및 방침과제는 중앙당 문화예술부 부부장(1998년 현재 권혁범)이나 문학과 지도원(김명익 등)이 작가동맹 당위원회, 분과, 우산장 창작실, 작가강습 등에 나타나 직접 전달한다. 특히 시창작실의 경우 중앙당 김명익 지도원은 보름이 멀다하게 분과에 나타나 김정일의 현지지도 행보를 전달한다. 그에 대한 주제로 언제까지 가사작품을 써내라고 창작과제를 제시한다. 포치하는 주제에 대해 작품창작을 못할 작가에 대해서는 "거주지를 옮기라"고 위협한다. 그는 작품을 받아내겠다고 약속한 날짜에 분과에 나타나(혹은 분과위원장을 통해) 작가들에게서 포치한 주제의 시를 중학생 시험지 걷듯 모아간다. 이 기간 작가들은 글 한줄 읽지 못하고 심한 정신적 압박감에 시달린다.

라. 중앙당과제 : 중앙당 문화예술부 문학과에서 국가적 사건 및 국가적 기념일, 고 김일성, 김정일 관련 주요 행사들을 앞두고 작가동맹에 떨구는 창작과제를 말한다. 이 과제는 대체로 시, 가사 장르인데 시문학분과에는 중앙당과제를 창작하여 김정일에게 주마다 올리는 체계가 정기화되였다. 즉 매주 화요일 7~8편, 많으면 10여 편의 가사작품을 김정일에게 올리면 목요일에 그 작품들에 대한 김정일 평가가 나온다. 그 평가는 작가동맹에 대한 평가로 이어지고 그 평가 덕분에 작가동맹중앙위원회 현역작가들에게 풋강냉이며 동이만한 수박, 각종 식료품이 담긴 선물지함이 김정일 선물로 차례지기도 하였다. 작가동맹에는 "시분과 때문에 작가동맹이 먹고 산다"는 말까지 돌 정도였다.

중앙당창작과제로 성공한 사례는 김일성 서거 1주년 기념 서사시 창작이다. 중앙당 문화예술부 문학과에서는 김일성 서거에 접하자 서거 1주년에 즈음 해서 김일성 애도시 창작 야심을 품었다. 사실 이는 구 쏘련의 사례를 모방한 것이었다. 레닌 사후 쏘련시인 마야꼽쓰끼는 레닌을 추모하는 서정서사시 「10월이 좋다!」를 내놓아 단연 명성을 날렸는데 이번 김일성 사후 김일성 애도시 창작을 통해 조선의 마야꼽쓰끼를 탄생시키자는 것이었다. 사실 레닌은 생존 시 마야꼽쓰끼의 시를 "서클"이라며 좋아하질 않았다.

애도시 창작 중앙당과제가 작가동맹 시문학분과에 떨어졌다. 시문학분과는 그 과제 담당자로 30대의 김만영을 선택하였다. 김만영은 강선제강소 창고장 출신, 작가양성반 졸업 후 창작실에 배치받은 능력파에는 속하지 못하던 인물이였다. 옥류관이며 주변 식당 종업원들과의 관계는 뛰어나 일반 작가들이 엄두도 못 내는 옥류관 국수표 등을 곧잘 얻어오곤 하였기에[24] 시분과가 진 신세값음 성격이 짙었다. 김만영의 시가 완성되어 김정일에게 올라갔는데 시인과 시에 대해 예상 밖의 대평가가 내려왔다. "평가말씀"만 A4용지로 두 쪽이 넘을 정도였다. 또한 시의 저자로 된 김만영은 중앙당 직원들이 사는, 일본제 현대식 가구를 일식으로 갖춘 창광원 아파트의 집 열쇠와 승용차를 선물로 받았다. 김만영은 곧 김일성 애도시 창작자로 규정되어 3년상까지 해마다 추모시를 써내며(사실 시문학분과의 합작품이었다) '김일성상'이요 작가 급수 승급이요,

---

24 비슷한 능력자로 동기생 류동호가 있었는데 그는 가사 전문이였다. 고난의 행군이 시작되면서 김만영이나 류동호 류의, 먹을알 있는 대상과의 뛰어난 사업능력은 시문학분과에 절실하게 요구되었다.

좌우간 작가가 받을 수 있는 최상의 평가와 선물, 훈장을 다 받았고 차세대 주자시인으로 떠올랐다.

중앙당창작과제로서는 또한 로동신문 정론, 사설, 축전 창작 등이 있다. 정론, 사설 창작에서 성과 있는 작가에 대한 화선입당 방식도 도입하였다.

마. 일반과제 : 작가들의 일반창작과제는 급수에 따라 차이가 난다. 주제 선택은 작가 개인의 자유이다.

시인 5급은 년간 7~8편, 4급은 11~ 13편, 3급은 15편 이상, 2급은 18편 이상, 1급은 20편 이상의 시를 출판물에 발표해야 한다. 김정일의 평가 작품 창작한 시인은 평가 시 한 편만으로도 그해의 창작과제를 수행한 것으로 쳐준다.

소설작가 5급은 년간 단편소설 2~3편, 4급은 3~5편, 3급은 5편 이상, 2~1급은 6편 이상, 중 장편소설 창작기간은 전자는 3년, 후자는 5~6년이다. 중 장편은 보통 2급 이상의 소설작가들이 창작하므로 급수에 의한 과제차이가 별로 없다.

바. 심의 및 출판검열

ㄱ. **작가동맹 심의**(국가심의) : 조선로동당 문화예술부 문학과에서는 모든문학작품이 수령의 사상과 요구에 맞게 혁명적으로 창작되도록 하기 위해 1970년대 초, 조선 작가동맹에 문학작품 국가심의체계를 내왔다.

문학작품 국가심의는 편집부 편집이 끝났으나 국가출판검열 이전 단계의 모든 작품을 국가심의요강에 따라 심의원이 검토한다. 원칙상 출판사 편집원이 편집 완료된 원고를 국가 심의실에 들고 가 심의원에게 심의 받는다. 심의에서 의견이 제기된 원고는 편집원이 필자를 불러 수정시킨다. 문학작품 국가심의원은 결국 편집원과 작가의 정치사상적 방향을 당의 요구대로 조종해주는 역할담당자로 된다(출판사 편집원은 경우에 따라 현역 작가의 작품에 대해 국가심의 인증을 받아 편집부에 제출할 것을 요구하기도 한다).

문학작품 심의요강은 수십 개 조항으로 이루어져 있다. 주요 조항은 문학작품을 제외한 모든 글은 김일성의 교시, 김정일 말씀을 앉힌 후 그에 따라 글을 전개해 나가야 한다. 교시, 말씀을 앉힐 때는 그 우에 존칭사 "위대한 수령 김일성원수님께서는 다음과 같이 교시하시였다", "친애하는 지도자 김정일 동지께서는 다음과 같이 지적하시였다"를 반드시 넣어야 한다. 김일성, 김정일 '존함' 글자는 일반 글자보다 크고 굵어야 한다. 모든 문학작품에는 수령님과 지도자동지의 위대성과 고매한 덕성이 반영되어야 하는 것 등이며 일반조항으로서는 "문학작품에서 삼각연애를 다루지 말라", "교원들의 애정을 소설에서 묘사하지 말라", "불교의 상징인 련꽃을 문학작품에서 취급하지 말라" 등이 있다.

문학작품 국가심의 인증이 없는 원고는 국가출판검열에 넘길 수 없고 결국 출판물에 실현시킬 수 없다.

이상의 문작작품 심의체계는 작가들의 정치사상적 오류를 줄이며 문학작품 생산의 효율을 높이기 위한 데 그 목적이 있다.

ㄴ. **출판검열** : 출판검열은 작가동맹 체계에는 속하지 않으나 언급하고 넘어가야 할 부분이다. 출판사(담당편집원)는 일체 출판물을 발행하기 전 모든 원고에 대해 출판검열을 받아야 한다. 출판검열의 주목표는 출판되는 원고의 내용이나 표현에 김일성, 김정일 권위와 사회주의 제도에 손상을 주는 부분이 있는가를 살펴보고 잡아내는 것이다. 출판검열은 전문성보다 정치적 안목이 우선시 된다. 출판검열에서 통과되지 못한 원고는 출판될 수 없다.

② 창작활동의 기본 형태

조선작가동맹에서 거론되는 '창작활동'이라고 하는 말의 내용은, 로동당의 정치적 지도밑에 작가동맹이라는 '생산'지도 단위에 직속되여 작가가 발휘하게 되는 제한적 창작능력의 발현과 삶을 가리키고 있다. 따라서 그 활동에는 앞 절에서 언급한 창작지도 관련 영향이 심하게 미치는데 그런 속에 작가의 개성적 단면도 드러난다.

가. 창작활동 일정

작가동맹중앙위원회 현역작가들의 일일, 주, 년간 일정은 다음과 같다.

작가동맹 중앙위원회 평양시창작실 현역작가들은 자택이 평양시내에 있는 관계로 창작실에 매일 출근해야 한다.

ㄱ. 일일 창작 활동

8 : 30	출근
8 : 30~9 : 00(혹은 그 이상)	독보 및 지시사항 전달
9 : 00~12 : 00	창작
12 : 00~13 : 00	점심식사
13 : 00~17 : 00	창작
17 : 00~18 : 00	총화(간혹 총화가 없을 때도 있음)
18 : 00	퇴근

ㄴ. 주 창작 및 기타 활동

주 계획에는 기타활동만 제시. 지방 창작실이나 단기 현실체험을 위해 현장에 나가는 경우 금요로동은 설사 빠진다 해도 토요학습에는 무조건 참가해야 한다. 만일 못 참가할 경우 조직에 미리 보고해야 한다.

월	–
화	김정일에게 7~10편의 가사작품 올림(시창작분과에 한함) 2일당 생활총화

수	수요강연(오후 4시~6시)
목	김정일의 가사 평가말씀 전달(시창작분과에 한함) 2일 당 생활총화
금	금요로동
토	토요학습(아침 9시~오후 4시까지 진행) 및 주 당 생활총화 / 직맹, 사로청 주 생활총화
일	휴식

ㄷ. 년간 창작 및 기타 활동

년간 계획에서는 기타 활동만 제시, 취재, 현실체험 창작 등은 작가동맹 행사에 겹치지 않도록 작가 본인이 계획하고 실행하여야 함.

1월	1년간 현실체험, 창작, 자질향상계획 작성하여 분과에 제시. 년간 학습과제 받음[25]
2월	2월 16일 행사(중앙경축대회 청취. 만수대동상에 기관별 꽃바구니 증정. 기업소별 체육경기, 서클경연 진행. 단위별 문답식학습경연 진행)
3월	–
4월	4월 15일 행사(2·16행사와 형태가 비슷함)
5월	모내기동원
6월	김매기 동원
7월	상반년 학습총화 준비 및 문답식학습경연
8월	–
9월	–
10월	추수동원
11월	–
12월	년간 학습총화 및 문답식 학습경연. 년간 창작활동 총화

• 깜빠니야적 캠패인 활동으로 년 중 현장 경제선동이 수차 있다. 시인들이 주로 동원됨.

---

25 조선 간부강연대상의 년간 학습과제는 공통적인바 김일성, 김정일 로작 각각 40제목(그 수는 해마다 달라짐), 항일빨찌산 참가자들의 회상기 80제목, 친애하는 지도자동지의 덕성실기 70제목, 해당부문 교시 말씀 40제목 등을 연구 발취하여 그 정형을 부문당비서(세포비서)에게 검열 받아야 한다. 검열에서 통과되지 못하면 문답식 학습경연 참가 자격을 박탈당한다. 문답식 학습경연 참가 자격 박탈자는 상반기 및 년간 총화 때 사상투쟁무대에 올라 비판받아야 하므로 특수한 경우 아니면 발생하지 않는다. 문답식학습 참고자료는 따로 나오는데 전부 암기해야 한다.

나. 창작활동의 형태

년초에 각자는 '창작활동(현실체험, 자질향상, 창작) 계획서'를 작성하고 소속된 행정부서(단위)에 제출하여 심의 받는다. 계획서 작성 방법은 첫째로, 교시 및 말씀과제와 중앙당과제에 대한 창작과제 집행 계획을 세우고 그 수행방도를 구체적으로 짜야 한다. 교시 및 말씀, 중앙당 과제가 없는 작가는 자체과제를 세운다. 물론 과제에 따르는 예산 작성은 없다. 다음 취재 및 현실체험, 자질향상, 독서 계획 등을 차례로 짠다. 각 작가의 계획은 분과장이 행정적으로 책임지고 관리한다. 돌발적인 당 정책적 요구에 따라 계획은 수정 보충된다.

ㄱ. **창작계획** : 창작계획은 작가 개인별 실지 계획이나 대부분 성문화되지 않는다. 각 작가는 행정적으로 관리받는 창작활동계획도 고려하고 다른 작가, 평론가, 편집원 및 현실 참고인들 등과의 개인적 관계도 포함한 계획을 머릿속에, 혹은 필요에 따라 창작수첩이나 취재수첩에 적어 놓는다.

ㄴ. **창작활동** : 창작활동은 실지 창작 공정을 말한다. 우선 작품주제설정인바, 본인의 고민이나 타인과의 '브레인스토밍'[26] 모임(작가들 간에 다과가 준비되거나 기분을 뜨게 하기 위해 약주가 있는 경우도 있다. 내규적으로 대화 분위기가 비교적 자유롭다)을 가진다. 또 현실 속 참고인과의 관계, 현장체험, 독서, 외국영화 분석 등도 리용한다. 주제를 잡은 후 행정단위인 분과협의를 거친다. 여기서 과제의 틀이 잡히고 공식화되며 예산이 잡힌다(주로

26 Brain storming, 일명 '두뇌폭풍'이라고도 하는 외국어인데, 북한에는 이에 대한 적당한 용어는 없으나 작가나 연구사 등 창조적 지능세계에 이 현상은 존재한다. 여럿의 자유롭고 진지한 론담으로 귀중한 지적 발견이나 가치 있는 발상을 노리는 모임 또는 수법을 가리킨다.

출장비 및 창작실 배당, 종이 등 자재보장, 비공개도서 열람 승인 등이다). 본격적인 초고 쓰기에 들어간다. 소재 탐구, 감이나 상 잡기, 묘사나 표현의 아이디어 착상, 트릭(trick)[27] 연구를 위하여 현실 체험과 관찰, 참여, 답사 등을 각종 작업의 결과가 나올 때까지 진지하게 반복한다. 때로는 대선배의 조언 혹은 브레인스토밍 모임을 위한 대화마당을 적극적으로 마련한다.

ㄷ. **원고정리 작업** : 창작활동이 추진되면서 원고 페이지가 늘어난다. 수정과 재구성 작업으로 작품이 륜곽을 드러내면서 완성되어 나간다. 집필 장소는 단지 창작실뿐이다(자택을 창작실로 활용하는 경우도 있다).

ㄹ. **비공식적인 비평 수집** : 초고의 틀이 갖추어지면 주변 동료(대체로 작가이지만 때로는 가족 구성원, 친지 등도 해당)들에게 보여 의견을 구한다. 이런 때 의견은 대체로 문학성이 강하다. 주제가 독창적인지, 사건이 론리성 있게 전개되었는지, 인물은 생동하게 묘사되였는지, 작품에 억지스러운 세부는 없는지, 문장이 올바르게 쓰였는지, 적중한 단어를 선택했는지, 중복되는 단어는 없는지 등 각자의 수준 정도에 따라 각이한 의견이 제출된다. 작가는 이 의견들 중 적중하다고 생각되는 부분을 수렴하여 초고 수정작업을 한다.

ㅁ. **분과에서의 비평** : 단편 및 중 장편 소설의 경우 분과위원장에게 읽히고 의견을 받는다. 분과위원장의 의견은 정치성이 우선 고려된다. 당에서 요구하는 계급로선의 원칙을 탈선하지 않았는지, 비혁명적 요소는 없는지, 묘사방법에 있어 자연주의에 치중되지 않았는지 등을 우선 따진다. 동시에 인물의 갈등설정, 줄거리 전개, 세부묘사 등 작품의 문학적 완성도를 높이는데 필요한 의견들도 내놓는다. 작가는 그중 적중

27 드러내기 매우 어려운 것을 재치있게 묘사하거나 구상하여 내는 묘한 기법.

하다고 여겨지는 의견들을 받아들여 수정작업을 한다.

ㅂ. **심의** : 분과(실) 심의는 산문의 경우나 교시, 말씀 및 중앙당 창작과제의 경우 분과위원장의 비평과 거의 동선(同線)으로 진행된다. 분과심의에서 통과된 작품이라 해도 출판사 편집부가 받아들이지 않으면 분과심의 통과 도장은 무의미해지므로 편집원과의 원고작업을 분과심의보다 앞세우는 경우가 작가들 속에 종종 발생한다.

③ 집필과 창작조건

가. 조선작가동맹 창작실들

ㄱ. **평양창작실**(일명 '평양시 작가동맹'이라고도 불림)**에서의 창작생활** : 창작분과와 창작실은 소속인원에 따라 구별이 되는 바 부위원장제가 있고 소속인원이 15명 이상은 행정단위를 '분과', 15명 이하는 '실'로 명명된다. 1998년 현재 작가동맹중앙위원회(평양창작실)작가는 180여 명(심의원 포함), 그중 소설분과는 80여 명, 시문학분과 46명, 아동문학분과 20여 명, 평론분과 5~6명, 극문학실 5~6명, 고전문학실 10여 명, 외국문학분과 10여 명, 신인지도부 5명 정도이다.

활동이 활발한 작가는 정창윤(1998년 현재 뇌출혈로 창작활동 중지), 홍석중(장편소설 『높새바람』), 한웅빈(북한 단편소설의 왕), 최성진(중견소설가), 녀성소설작가로 최상순(미혼) 등이다. 도 작가동맹 작가들 중 작품 실적이 탁월하고 성분상 문제가 없는 작가들은 김정일의 방침을 받아 평양시 창작실로 올려오기도 한다.

ㄴ. **지방 창작실**(일명 '도 작가동맹')**에서의 창작생활** : 지방 창작실 작가들 중 창작실적이 좋은 작가는 김문창(장편소설 『백금산』), 로정범(서정적 문체의 단

편소설 창작가, 한웅빈과 쌍기둥), 김봉철(시인이었으나 중반기에 소설가로 전환, 문제성이 예리함, 대표작 : 장편소설 『환희』, 현재 작고), 리화(1998년 보위부에 련행, 대표작 : 장편실화소설 『탐구자의 한생』, 문제작 창작에 있어 김봉철과 대등), 리영삼(대남출판물 위주로 창작활동하고 있는 대시인), 고병삼(장편소설 『철쇄를 마스라』, 현재 작고), 변희근(장편소설 『뜨거운 심장』, 현재 작고)이 있다. 녀성소설작가로서는 강복례(단편소설 「직장장의 하루」, 60대 중반), 김련화(미혼, 60대 중반), 김혜경(구쏘련 류학생, 김일성의 녀성 로어통역원으로 지목되어 키워지던 중 실패, 련애건이 원인) 등이 있다.

ㄷ. **우산장 창작실에서의 창작활동** : 우산장에서 창작하는 경우 소설가들은 몇 달씩 심지어는 해를 넘겨가며, 시인들은 며칠 몇 주일씩 숙식하며 작품창작에 몰두한다. 작가동맹중앙위원회에서는 현역작가들의 우산장 리용을 적극 독려하나 현역작가들 중 우산장에서의 창작을 극력 기피하는 경우도 있다.

나. 기타 작가들의 창작활동

ㄱ. **4·15문학창작단에서의 창작활동** : 기둥작가로는 소설작가 최학수(장편소설 『평양시간』, 사회주의 건설 주제임, 현대 조선 장편소설 중 최고 성과작으로 꼽힘), 리종렬(1호소설 전문가, 조선 현대 소설가 중 1호작품 창작을 가장 많이 한 계렬의 작가), 백남룡(중편소설 「벗」의 작가)을 들 수 있다. 이곳 아동소설작가 김정은 김일성 회고록 1권을 맡아 쓴 것으로 알려져 있다.[28] 박현(중편소설 「초

28 그는 중편소설 「1학년생」으로 아동문학 작가의 권위를 굳혔다. 북송 아동소설작가인 강효순(그의 딸 강영실은 금성청년출판사 기자)은 림종 직전 김정의 「1학년생」을 읽던 중에 눈감았다. 그는 김정의 「1학년생」을 처음 읽고 나서 "북조선에 이제야 진짜 아동문학작가가 하나 나타났구나" 하고 김정의 아동문학작가성을 인정하였다.

순이」로 소설가의 위치를 확고히 함, 현재 4·15문학창작단에서 탈퇴), 박유학, 현상렬, 안동춘(단편소설 「영원」)도 4·15문학창작단 초창기 작가에 속한다.

소설작가 리종렬은 4·15단에 소설작가들을 매어두면 창작가의 본성이 희소 될 수 있음을 우려하여 4·15단 종속작가 제도를 반대하였다. 김일성 혁명소설을 쓰는 작가들의 경우 동원제로 운영하는 것이 바람직하다고 주장하였다.

ㄴ. **101호창작실에서의 창작활동** : 월북소설작가인 상허(尙虛) 리태준이 1967년 복귀되여 1974년 평양에서 재추방될 때까지 이곳에서 창작활동을 하였다. 월북시인 김상오, 김상훈(연대출신)들도 가명 하에 이곳에서 대남물을 전문 창작. 현재 활동 중인 기둥소설가는 최승칠, 40대 중견 소설가 손광영 등이 있다.

ㄷ. **인민군창작실에서의 창작활동** : 이곳에서 두각을 나타내고 있는 작가는 중견 소설가 박현이다.

다. 창작조건 보장

ㄱ. **작가강습** : 출판기관이 평양시에 몰려 있는 북한의 특수 실정에서 지방의 현직작가는 물론 현역작가의 경우에도 작가강습[29] 참석을 위한 년 2차 정기 평양출장은 편집부와의 원고작업을 위한 중요 써비스이다. 평양시 거주 현직작가[30]라고 해도 년 2차 작가강습 마당은 문단적 역할

29 작가동맹 현직으로 입직한 작가는 작가동맹 맹원가입 여부를 불문하고 작가강습에 의무적으로 참가해야 하며 그것도 분과일군들의 통제가 가능한 맨 앞좌석 쪽에 앉아야 한다.

30 조선에서는 작가를 현직작가와 현역작가로 나눈다. 현직작가는 직업을 따로 가지고 있으면서 근무시간 외에 창작활동을 하는 작가를 가리킨다. 현역작가는 창작기관에 적을 두고 창작을 전문으로 하는 작가를 말한다.

또한 톡톡히 제공해주어 평양시나 지방 작가동맹의 현역, 현직작가들에게 작가강습이 필요 써비스이기는 마찬가지이다.

ㄴ. **자료조사** : 창작목적에 따라 인민대학습당 특허열람실 열람권을 발급받아 자료조사를 할 수 있다. 특허열람은 신청서 용지를 작성하여 분과와 초급당의 싸인을 받은 후 학습당 특허열람실에 제출한다. 학습당에서는 총장 승인까지 받아야 열람 효력이 발생하는데 그 신청기간이 보통 7~15일, 어떤 때는 한 달까지 걸리기도 한다. 특허열람 1회 신청 시 6개월간 열람 가능. 기간이 지나면 연장이 가능하다. 현재 젊은 작가들의 경우 외국어 및 전문지식 부족으로 특허열람권리 활용이 불가능하다.

ㄷ. **출장** : 우산장 출장은 앞에서 언급 되였고 취재를 위한 지방출장은 출장비가 끼당 식비 50전, 숙박비 40전, 일일 1원 90전 나온다(1998년 기준). 기차표는 기자, 군인 차표판매 입구에 작가신분증만 들여보내면 침대차표나 상급차표를 구입할 수 있다. 공장이나 농촌 등 취재현지 당위원회에 찾아가 증명서를 보이며 취재차로 왔음을 통보하면 비교적 좋은 숙식조건을 보장받을 여지가 있다.

ㄹ. **현실체험** : 현실체험이 요구되는 작가는 조직의 승인 받은 후 해당 공장 기업소에 내려가 원하는 기간 동안 현실체험 활동을 할 수 있다. 현지에서는 작가들이 원하는 조건(숙식 및 현장작업)을 가능한 보장해준다.[31] 이 기간 작가의 로임과 부양가족 배급표는 작가동맹에서 그대로

---

31 소설작가 김봉철은 장편소설 『환희』 창작을 위해 ××기업소 지배인 곁에서만 한 달 이상을 생활하였다. 초기에는 지배인에게 사업보고 하려 온 사람들이 지배인 곁에 낯선 사람이 있어 보고하기를 꺼리더니 나중에는 오히려 지배인 곁에 작가가 없는 사실을 이상해하더라고 하였다. 소설작가 리종렬은 중편소설 창작을 위해 소설의 바탕이 될 광산에 내려가 6개월 이상 현지인들과 일하며 생활하였다.
씨나리오 작가 리종순은 김정일 밀착체험이 가능하였다. 김일성의 초기 혁명활동을 형상한

나오며 본인 배급표는 경리과에 내고 '식량림시정지증명서'를 떼여 현지 공장 기업소 경리과에 붙이고 식사조건을 보장받는다.

ㅁ. **원고지와 펜** : 작가동맹 자재과에서 정해진 량만큼 매월 1회 무료로 공급한다.

조선 작가들이 흔히 '작가동맹'이라 부르는 조선작가동맹은 조선문학 창작가들에 대한 유일관리(써비스)기구이다. 타 기관 전속 작가로 입직해도 문학창작활동에 필요한 써비스, 즉 취재를 위한 출장비용, 기차표 구매, 현지체험 편의, 원고지 등의 보장은 용이하다. 그러나 작가동맹에서 작가들에게 제공하는 창작 관련 써비스(문단, 강습, 창작실, 현실체험)는 최상의 것(작가동맹 작가 직함이 있으면 출장과정에 예상치 못한 편의를 제공받을 가능성이 크다)인데 게다가 결정적인 것은 조선의 모든 작품창작에 대한 평가(입당, 표창, 훈장, 선물, 김정일 평가)는 작가동맹 작가(맹 가입을 하지 않았다 해도 작가동맹 현역작가는 가능) 위주로 진행이 된다. 이런 환경 밖에서의 창작활동은 가치가 거의 없게 된다.

이러한 현실은 북한 작가들로 하여금 "작가동맹가입"이라는 외길로 몰리게 하고 있다. 게다가 작가들의 절대적이며 유일한 독자인 당은 이런 작가동맹을 통해 정치적 정책적 지도를 강행하고 있다.

④ 출판과 발행

가. 편집원과의 작업 : 출판사 편집부에 원고를 넘기면 편집원은 시의

예술영화 〈조선의 별〉이 완성되어 나왔을 때 영화를 보고 난 김일성이 씨나리오 작가를 불러 물어보았다. "당신들은 살아보지도 못한 현실을 어떻게 그렇게 잘 그렸는가?" "수령님과 꼭 같은 친애하는 지도자동지께서 계시지 않습니까?" 작가가 젊은 김정일을 통해 청년 김일성 형상 문제를 해결하였다는 의미였다.

경우 그 자리에서 읽고 의견을 준다. 편집원 쪽에서 시간이 없거나 작가가 가져온 원고의 분량이 많은 경우(대체로 산문) 언제까지 읽고 의견 주겠다는 약속을 작가와 한다. 작가는 약속한 시간에 편집부에 가 의견을 받고 원고를 가져와 수정한 후 편집부에 재제출한다. 이런 작업은 작품에 따라 1회에 끝날 수도 있고 몇 달, 지어는 몇 년(중·장편 소설의 경우)이 걸리기도 한다.

편집원의 의견은 정치성과 문학성을 동시에 띈다. 작가의 실력에 따라 원고 수정 요구정도가 각이한데 정치 주제 작품에 대해서는 한두 차례 작업으로 그치지만 문학성이 있는 작품에 대해서는 요구성을 높여 작가로 하여금 작품의 문학적 완성도를 이루어내도록 한다. 이렇게 하여 지면에 실린 작품을 성과작이라고 하는데 조선문학의 경우 이런 작품은 1년에 소설, 시 각각 2~3편 정도에 불과하다.

나. 국가출판검열 : 편집부가 지면에 실으려는 원고(분과심의에서 통과되어 국가심의 도장을 받은)는 담당편집원이 국가출판검열에 들고 가서 검열 받아야 한다. 통과된 원고에 국가출판검열 도장이 찍히며 곧 인쇄에 넘길 수 있다. 검열에서 걸리는 원고는 편집부에 들고 와 해당 작가를 불러 수정 시킨다. 국가출판검열은 모든 출판물에 대해 수령과 지도자의 권위 훼손도, 당정책 탈선도 등 정치성 검열을 담당한다.

다. 작품의 발행 : 국가심의, 국가출판검열 도장이 찍혀진 원고는 인쇄소(일반 출판물은 평양종합인쇄공장에서 인쇄)에 넘겨지고 발행이 된 출판물은 출판물보급 체계에 의해 각 도, 시, 군(구역) 책방, 도서관들에 배급된다.

2) 작가 양성

① 작가급수

1970년대 중반에 제도화된 조선의 작가급수 시험제도는 작가동맹 대렬관리의 일환으로써 정, 후보 맹원 및 현역작가의 자질향상, 계획적 작가양성, 년공서열제 및 인사권 운영을 그 목적으로 한다.

작가 급수시험 주최자는 조선 작가동맹 중앙위원회이며 시험 응시대상은 작가동맹 현역작가로 갓 입직한 자에서부터 작가동맹 정, 후보 맹원 중 1급 이하의 작가급수 취득자들이 속한다. 작가동맹 작가급수 시험은 3년 단위로 실시되며 작가동맹에서는 시험이 있기 한 달 전에 시험 대상이 있는 기관들에 시험과목과 시험장소, 시험날짜를 조직적으로 통보하여 시험 대상자들이 시험 준비를 미리 할 수 있게 한다. 시험장에는 작가동맹 위원 중 시험위원으로 선발된 자들이 시험관으로 동원된다. 시험 장소는 작가급수 시험제가 나오던 초기에는 인민문화궁전이 이용되었으나 그 기강이 느슨해진 1990년대 들어서면서 부터는 각 분과 창작실이나 도 작가동맹 창작실이 시험 시기마다 활용된다.

급수시험과목은 로작, 외국어, 어학, 창작실기 등이 있는데 그중 기본 과목은 창작실기이다.

시험 채점은 작가동맹에서 조직된 평가위원들에 의해 이루어진다. 시험 평가 및 급수사정은 해당 위원들의 합의를 통해 결정되는데 그때 시험 응시자의 시험 성적과 창작실적, 조직생활정형 등이 동시 고려된다. 시험에서는 비록 통과되었다 해도 김정일의 비판 받은 작품 창작가와 당, 또는 근로단체 조직생활에 문제가 발생한 자에 대해서는 급수사정에서 탈락시킨다.

급수사정에서 통과된` 대상은 작가급수가 한 급수 오르면서 임금액수도 동시에 높아진다. 1992년 기준으로 작가반 졸업생인 작가동맹 입직자의 초임은 80원이었다. 첫 급수 시험에서 통과되면 5급 급수와 함께 임금이 105원으로 오른다. 당시 4급 시험 통과자는 114원, 3급 시험 통과자는 134원, 2급 시험 통과자는 146원이었으며 1급 작가의 임금은 월 158원이었다. 원고료는 임금과 별도로 출판사에서 개인에게 지급한다. 1급 작가는 10호 공급 대상 및 (렬차 이용 시) 침대권 대상의 우대를 받는다. 작가급수 표창제도도 있어 김일성, 김정일의 특별 평가 받는 작품을 창작한 작가에게는 기존 급수와 무관하게 1급 작가급수를 수여한다. 작가는 원고료를 받는다는 이유로 같은 급수의 기자 임금보다 평균 20원씩 떨어진다.

② 중앙작가강습

외부 세계가 절벽처럼 차단되고 자유로운 국내 려행마저 금지된 환경에서, 지방인의 평양 출입이 하늘의 별따기 같은 데다 문학예술관련 기관들이 평양에 집중되어 있는 조선의 현실은 "김정일의 문화예술부분지도"라는 기회를 타고 중앙작가강습이라는 특수 수요를 부각시켰다.

조선작가동맹중앙위원회는 김정일에게 제의서를 올려 그 수요를 현실화하였고 1970년대 초부터 작가동맹위원회에서 주최하는 전국 중앙작가강습이 매해 분기마다 평양에서 열리기 시작하였다(1980년대 중반에 들어서면서 그 회수가 년 2차로 줄었다).

가. 전국중앙작가강습대상 : 작가동맹후보맹, 정맹원 및 현역작가(창작실

에 입직하여 창작활동 하는 자)가 속하는데 전국적으로 약 2천 여 명에 달한다.

중앙작가동맹에서는 중앙작가강습이 열리기 한 달 전부터 강습대상이 소속된 기관들에 김정일의 방침이 놓인 공문을 보낸다. 작가들의 작가강습 참석 기간은 로동일로 처리된다.

나. 작가강습장소 : 평양시 중앙기관 회의실들을 돌아가며 빌려쓴다. 국가계획위원회, 기록영화촬영소, 평양시 사로청의 회의실과 평양시 천리마문화회관이 주로 활용된다. 지방에서 온 강습참가자들은 모란봉려관, 금수산려관, 서평양려관 중 한 곳에 집체 투숙한다.

다. 강습시간 : 아침 9시~저녁 6시(외국영화 상영날은 저녁 9~10시에 끝남)이며 작가강습이 시작되는 강습장 출입문에는 작가동맹 조직부 직원들이 량쪽에 지켜 서서 신분증 확인된 자만 들여보낸다.

라. 강습내용 : 김일성, 김정일의 최근 교시, 말씀 전달, 작가동맹위원회 년간 총회(년간 작품창작활동 총화 및 상훈식), 국제정세 강연, 전문가 초빙강의, 사적지 견학, 외국영화 상영, 성과작 창작가들의 창작경험 발표 등이 있다.

마. 작가강습 중 가장 인기 있는 프로그램 : 중앙방송위원회 부사장이 출연하는 세계정세 강연과 김정일에게 제의서를 올려 허락받은 외국영화 상영 시간이다. 외국영화는 사회주의권 영화, 자본주의권 영화들 중 선별된 작품 3~5편을 방영하는데 그 기에 좋은 외국영화 몇 편을 방영하였는가에 따라 중앙작가강습의 질 평가가 오르내린다. 영화시간대에 좌석은 초만원을 이루며 작가들 속에 가장 인기 있은 외국영화 중 하나는 〈007시리즈〉이다.

작가강습 기간 작가들 사이에 다양한 인적 교류도 이루어지는데 이는 작가들의 작가강습 참석 두 번째 리유로 된다.

평양 려행이 자유롭지 못한 지방 작가들은 이 기간에 평양의 출판사, 신문사 등 문예부서 편집원들과 집중적인 작품작업을 벌린다.

원로작가들이 거의 작고하고 사회형편이 점점 어려워지면서 작가강습은 그 인기가 떨어지는 추세에 있다.[32]

③ 문학통신원강습

100%고용제(지금은 달라짐)에 유일사상체제인 북한에서 문학창작을 지망하는 초학도가 숭배하는 작가와 인연을 맺고 그에게서 글쓰기를 배우는 일은 문학통신원강습이라는 마당을 통해 가능해진다. 특히 성분이 안 좋거나 여러 원인에 의해 진로가 막히는 젊은이들은 자기의 미래를 문학창작을 통해 열어가려는 경향이 있어 문학통신원강습은 특히 효율적이다. 문학통신원은 문학창작활동을 처음 시작하는 사람을 가리키며 이들은 각이한 경로로 작가동맹 군중문학부와 연결된다. 군중문학부는 이들을 장악, 관리하는데 년령대는 20~60대까지이며 성별 비률

---

32 중앙작가강습과 관련한 일화 몇 가지를 소개하자. 조선의 문제작 장편소설 『환희』를 창작하고 소설가로서의 최절정기에 올랐던 소설작가 김봉철이 1996년(1997?) 평양 중앙작가강습 참가 중 뇌출혈로 사망하였다. 작가는 그 전날 동료작가들과 마음속에 쌓인 말을 밤새 나누었다고 하였다. 당시 조선은 200만 아사자를 낼 정도의 참혹한 상황이였다. 작가동맹에서는 책걸상을 뜯어 작가의 시신을 넣을 관을 짰다고 하였다.
조선문학계의 성인 정문향 시인은 평양 중앙작가강습에 참석할 때마다 작가동맹이 배치해주는 려관 호실에서 평 작가들과 숙식생활을 하였다. 평양에 살고 있는 아들딸들이 려관에 찾아와 아버지를 집으로 모셔가려 하였지만 번마다 거부당했다. 시인 정문향은 1990년대 초, 개성시 저택에서 숨 거두었다. 그는 죽기 전에 이런 유언을 남기였다. "나의 묘비명에 '생각 많던 인생이 한일 없이 죽었도다'는 글을 새겨달라." 작가동맹은 이 사실을 김정일에게 보고하였다. 시인의 유언대로 해주라는 허락이 나와 시인의 묘비명에 그 유언이 새겨졌다. 시인 정문향은 김일성, 김정일을 칭송하는 특별한 작품 없이 창작가적 인격 하나로 김일성상을 받은 유일한 사례다.

은 1980년대 중반부터 녀성이 증가하는 추세다. 직업은 로동자, 농민, 교원, 전업주부, 사무원이 대부분이며 연구사, 의사도 간혹 있다.

가. 문학통신원 지방강습 : 1회에 20~40명 규모로 년 1차(기간은 한 달)씩 각 도별로 이루어진다.

군중문학부에서는 문학통신원강습이 있기 한 달 전부터 김정일 방침이 앉혀진 공문을 문학통신원강습 대상이 일하는 공장, 기업소, 협동농장의 초급당위원회로 내려 보낸다. 특수한 사정을 제외하면 100%인원이 강습에 참가한다. 강습생의 강습참가기간은 로동일로 처리된다.

강습은 려관에서 작가들과 문학통신원들이 침식을 하면서 이루어지는데(숙식비는 출장용으로 처리되며 해당 날짜만큼의 량표를 떼여 강습 행정팀에 제출해야 한다) 강습 첫날 김정일 방침을 한두 시간 전달한 후 분과별 지도작가들이 담당 문학통신원들과 1 : 1로 마주앉아 그들의 창작성향을 료해한다. 준비해온 초고를 읽고 의견을 주면서 강습기간 수정작업을 함께 해나간다. 강습에서 완성된 작품들은 총화 때 소개하며 본인 동의하에 작가동맹 중앙위원회 기관지와 각 출판물 문예관련 편집부에 넘긴다. 강습은 때로 방학 중인 학교 교실을 빌려서 하기도 한다.

나. 문학통신원 중앙강습(1차 / 년, 30일 / 1회) : 지방별 문학통신원강습이 끝난 후 남포 우산장창작실에서 열린다. 전국에서 지목되는 문학통신원 20명 정도를 선발하여 참석시킨다. 강습참석을 위한 행정절차는 지방 문학통신원강습과 같다. 다만 원로작가들의 창작기지인 남포 우산장 창작실에서의 창작을 경험해볼 수 있는 특권을 가진다는 데 차이가 있다.

작가동맹중앙위원회 위원장이였던 소설작가 리기영의 막내딸 리을남은 작가동맹 군중문학부 지도원으로서 문학통신원들의 소설작품을 지도하고 있다.

④ 작가양성반과 문학대학

가. 김형직(김일성의 부친 이름)**사범대학 작가양성반**

문학작가 후비 양성을 작가동맹에서 담당해야 한다는 조선작가동맹의 의지의 산물인 작가양성반은 그 모체가 1955년에 그 1기 졸업생을 낸 작가학원(6개월제?)이다. 문단의 쟁쟁한 별들이 거쳐 가면서 그 중요성이 부각된 작가학원은 곧 김일성종합대학(약칭 김대) 어문학부에 부속된다. 특설반제로 분리되었다가 김대의 정치적 성향이 너무 강하다는 이유로 떨어져 나와 북한 최고 어문학부가 있는 김형직사범대학(평양시 동대원 구역 률동)에 부속되며 학제도 2년제로 승격한다. 1988년부터는 3년제로 개편, 문학전문 교육을 병행한다. 작가양성반 졸업생들은 이때부터 문학전문가 자격증이 겸부 된 대학졸업증을 받게 된다.

ㄱ. **작가반 신입생 모집기준** : 소설, 시, 아동문학, 극문학 영화문학 창작 분야에 전망 있는 문학통신원들로써 40세 이하까지 이다. 출신성분은 일반대학과 달리 본인이나 부모가 현재 복역 중인 경우를 제외하면 추방자, 치안대, 적대계급, 동요계급 등의 성분이 거의 고려된다. 작가양성반을 졸업하면 작가, 작가동맹 심의원 및 행정일군, 또는 출판기관의 문학관련 편집부 편집원으로 배치 받는다.

ㄴ. **입학정원**: 1회 20~35명 정도이며 제정된 학제를 끝낸 후 다음 신입생을 받는다. 작가양성반 학생들은 직장에서 받던 노임의 70%를 교육기간 생활비로 받는다.

ㄷ. **입학절차** : 작가동맹 군중문학부에서 입학 확정 대상에게 통보하

고 중앙당 해당부서에서는 본인 거주지역(구역, 군 당위원회)에 파견장을 떨군다. 입학자는 중앙당 파견장에 의해 퇴직, 퇴거, 조직 이동 및 1호 양식 떼는 수속을 하여 거주(평양시)를 완료하고 대학입학 관련 절차를 밟는다.

ㄹ. **작가반** : 김형직사범대학어문학부 교원 1명이 작가반 담임으로 임명되고 학생들의 조직이 형성되는데 학급 행정책임자는 소대장이며 정치적 책임자는 당세포비서이다. 학생수의 80%이상인 당원들을 위해서는 당 세포, 사로청원들을 위해서는 사로청초급단체(사로청초급단체위원장)가 조직되며 1~2명에 불과한 직맹원들은 작가양성반 기간 작가양성반 사로청초급단체에 임시 소속되어 조직생활을 한다.

ㅁ. **작가양성반교과목** : 전문 과목은 국문학, 서방문학, 로씨야문학, 동방문학, 시의 운률, 창작, 조선문학사, 문학개론, 작품분석, 주체문예리론, 문체론 등이 있고 일반과목으로써 정치경제학, 심리학, 세계사, 조선사, 철학 등이 있는데 그 내용은 모두가 주체사상 범위 내에서 벗어나지 않는다. 세계음악사, 세계미술사가 있으나 형식적이며 외국어는 한문, 외국어(영어, 로어로 갈라져 있고 선택은 자유)과목이 있다. 한문은 대학 기간 3,000자 습득이 목표이고 학생들의 열의도 있으나 외국어는 형식적이다. 김일성 동지 혁명력사, 김일성 동지 로작, 김정일 동지 로작 등 시간도 전체 과목의 십분의 일을 차지한다. 명성 있는 작가들의 특강도 있다. 졸업 시에는 졸업작품집을 낸다.

ㅂ. **작가양성반졸업생** : 출판사의 교정, 편집, 작가동맹 심의과정을 거쳐 작가로 배치시킨다는 대원칙이 초기에 있었으나 1980년대 후반기에 들어서면서는 유명무실해진 상태다.

ㅅ. **작가양성반졸업자** : 조선작가동맹 전체 작가의 65% 이상이며 대표작가로써 김병훈(작가동맹위원장), 최학수, 한웅빈, 안동춘, 여성소설가 강복례, 김련화, 시인 김철 등을 들 수 있다.

나. 문학대학

2000년도 중반 김일성종합대학에 신설되어 관련 부분 신인들을 양성하고 있다.

3) 작가의 생활

① 문학상

1998년까지 기성작가들에게 특별히 제정되어 있는 문학상은 없었다. 김정일이, "작가에게는 명예가 따로 필요 없습니다. 작가는 작품이면 됩니다"는 방침에 따라 이따금 론의되곤 하던 문학상 문제가 사라져 버렸다. 공로 있는 소설, 시 창작가들에 한하여 김일성훈장, 국기훈장(3, 2, 1급이 있다), 로력훈장, 공로메달이 수여되여 왔다.[33]

작가직과 작가로임이 정해져 있어 졸작작가든 문제작작가든 어지간히 먹고 살게 되어 있는 조선사회에서 문단에 활기를 줄 수 있었던 인센티브의 하나가 바로 문학통신원들을 대상으로 하는 6·4문학상이다.

6·4문학상은 1980년대 초반에 문학통신원을 위한 문학상으로 제정

33 2000년대에 들어서면서 현역작가들에게도 문학상이 제정되여 해마다 창작경기를 통해 당선된 작품 창작가들에 시상식을 한다는 기사가 2000년대 조선문학에 게재되였다.

되었다. 함경남도 문학통신원 강습에 참석했던 주옥양이 집에서 시를 쓰다 죽는 사건(의료시설 불비로 인한 사고)이 발생하면서 도 작가동맹은 22년간의 혁명화를 마치고 방금 창작실에 복귀한 천재시인 김철을 동원시켜 주옥양의 유고시를 다듬게 하였다. 중앙 작가동맹에서는 그 유고시와 함께 6·4문학상 제정 제의서를 김정일에게 올려 승인 받아냈다. 여기서 숫자 '6·4'의 뜻은 김정일이 문학통신원 문학상 제정 문서에 수표를 해준 날이다.

6·4문학상은 해마다 전국의 문학통신원들이 작가동맹 현상응모에 제출한 소설, 시, 아동문학 작품들 중 최우수작 한 편씩을 골라 그 창작가에게 수상하는 상이다. 첫 시상식때 북한 력사상 처음 전국문학통신원대회가 평양에서 열렸다.

6·4문학상 수상자에게는 상장과 상금(150~300원, 1990년대 초 기준)이 수여되며 그들은 매체에 발표된 작품 건수에 관계없이 작가동맹 후보맹에 자동 가입된다. 대표적인 수상자는 백남룡(단편소설 「생명」), 장혜명(혁명렬사릉 시초), 렴형미 등이다.

김정일의 작품평가 방법은 날짜 표시(가장 낮은 급수의 평가), 이름 표시(앞의 것보다 높은 평가), 날자 이름 표시(가장 높은 평가)로 구분된다. 안 된 작품은 지적하고 잘 된 작품은 평가하는데 김정일의 비준을 몇 번 받는가에 따라 그 사람의 그해 창작성과가 평가된다. 특히 김정일의 말씀평가는 작품에 대한 최대 평가로 여겨진다.

② 사회적 위상

고난의 행군 이전 시기까지만 해도 북한에서 작가의 사회적 위상은 비교적 높은 편이였다. 일반 손님들은 기차표를 사려면 기차역에 나가 몇 시간, 며칠씩 줄을 서야 했다. 허나 작가들은 신분증만 있으면 군인, 간부, 기자들을 취급하는 매표구에서 쉽게 차표를 뗄 수 있었다. 또 작가들이 현지 출장 나가면 해당기관에서 특별히 관심하여 숙소와 식사 등 여러 가지 조건들을 배려하여 주었다. 특히 1996년 식량난시기 국가가 주민들에게 석 달 이상 배급을 못 주고 있을 때 작가들은 김정일의 방침을 받아 본인 배급만이라도 꼬박꼬박 받을 수 있었다.[34]

③ 작가와 로임

작가 급수별 로임은 앞에서 언급하였으므로 원고료만을 보기로 하자. 원고료는 원고를 출판물에 낸 출판사(신문사, 방송사)에서 작가 개인에게 우편송금 방식으로 지불한다.

가. 원고료 : 시 1편에 34~46원, 김정일의 평가받은 시는 1편에 70원까지 준다. 소설은 1편에 120원, 중편소설은 3,000원, 장편소설은 5,000~6,000원이다(1998년 현재 기준).

나. 년로보장기 작가의 관리 문제 : 1970년대 말에 들어서면서 작가동맹의 심각한 이슈로 떠올랐고 1990년대 중반에 내온 '자택작가제'는 정년퇴직기 문학창작가들을 위해 북한에서 취해진 세 번째 조치이다.

ㄱ. 첫 번째 조치 : 1970년대 후반기 송영, 박세영 등 카프작가세대가 정

34 1990년대 고난의 행군시기에 들어서면서 북한 주민들 속에 이런 류행어가 떠돌았다.
"당일군은 당당하게 먹고 안전원은 안전하게 먹고 보위원은 보이지 않게 먹고 기자는 기신기신 벌어먹고 작가는 작게 먹는다."
그 어려운 환경에서도 주민들의 의식 속에 작가들의 위상은 그리 손색되지 않고 있다는 사례이기도 하다. 당시까지도 실력 있는 작가일수록 '작가'라는 말을 삼가는 분위기가 북한에 존재하였다.

년퇴직과 함께 현역에서 기계적으로 떨어져 나오면서 이들의 작가적 생명도 끝나는 현실이 빚어졌다. 소설작가 김진성(당시 금성청년출판사 기자, 대표작 : 장편소설 『첫 기슭에서』)은 청소년출판물 전문기지인 금성청년출판사에 창작실을 내오고 여기에 로작가들을 소속시켜 금성청년출판사 특성에 맞는 아동물 작품을 쓰게 하자는 제의서를 김정일에게 올려 승인 받았다. 약 20년간 존재했던 금성청년출판사 문학창작실(1990년대 초기에 문학창작단으로 승격)은 1990년대 중반 해산되어 중앙작가동맹 직속 평양창작실에 합류되었다.

ㄴ. **두 번째 조치** : 1980년대 중반, 금성청년출판사에 로작가들을 위한 문학창작실 기구가 나온 것을 계기로 작가동맹에서 정년퇴직 작가들이 년령에 무관한 현역생활을 하게 한다는 제의서를 김정일에게 올려 승인 받았다. 이 조치는 곧 문제점을 드러냈다. 창작적 능력을 상실한 직원들이 '순직'의 미명하에 이 조치를 람용하는 것이었다. 고난의 행군시기에 이르러 국가배급제가 기관배급제로 이행하게 되자 작가동맹은 기관 공급 대상의 머리수를 줄여야 하는데 김일성, 김정일 안중에 있는 김일성상계관인 로작가들을 외면할 수 없는 모순에 직면하였다. 그 모순 해결을 위해 세 번째 조치가 취해졌다.

ㄷ. **세 번째 조치** : 정년퇴직 작가들을 위한 현실적 접근으로써 작가동맹은 1996년, '자택작가'제 제의서를 김정일에게 올려 승인 받아 현실화하였다. 자택작가 대상은 김일성상계관인 및 공로 있는 창작가들이였다. 이들에게 후방물자와 배급표, 생활비가 현역작가와 동일하게 공급되었다.[35] 대표적 자택작가들로서 소설작가 정창윤, 정성훈, 시인 동기

35 시인 김철은 이런 '배려'가 부담스러워 '자택작가'로 넘어간 즉시 탈퇴하였다.

춘 등이 있다.

④ 주택, 공급대상, 기호품 배급

가. 주택 : 인민위원회 주택배정과로부터 작가동맹이 주택을 배정받아 개별적 작가들에게 공급한다. 특수한 경우 선물주택이 있다.[36]

나. 김장배추 공급 : 해마다 분과별로 진행, 작가들이 돈을 내여 자동차를 임대한 후 지정된 남새밭에 나가 배추를 쳐서 자동차에 실어 집집마다 다니며 부려준다.

다. 명절공급 : 1월 1일(신정), 2월 16일(김정일 생일), 4월 15일(김일성 생일), 8월 15일(광복절), 9월 9일(공화국창건절), 10월 10일(조선로동당창건절)에 돼지고기(혹은 소고기) 1kg, 수산물, 남새(야채), 탕과류, 식용기름, 비누 등을 공급한다. 이것들을 국정가격에 내주는데 그 값은 로임에서 제한다. 출장 나간 작가들의 몫은 분과에 남은 작가들이 본인들의 집집에 가져다 준다.

라. 공급대상 : 3급부터 65호 공급(카드에 있는 배정표에 따라 약간의 국산담배, 기름, 맥주 등을 공급. 늦게 가면 상품이 없어 공급을 못 받음)대상에 속하며 1급 작가는 10호 상점(중구역 대동문동에 소재, 카드에 있는 배정표에 따라 담배, 술, 기름 등을 공급) 및 남산병원 대상이 된다.

마. 김정일의 선물 : 작가동맹 모든 현역작가들이 수입식품(쌀, 쵸콜렛, 우유가루, 버터, 머리빗)이 든 지함을 선물(1998)받기도 하고 중앙위원회 평양창작실 현역작가들은 수박철에 중국에서 들여온 수박, 옥수수철에 풋

36 제 13차 세계청년학생축전 행사 직후 작가동맹에서 올린 제의서에 따라 김정일이 작가들의 주택을 해결해주라는 방침을 내려 작가동맹 평양창작실 현역 작가들의 주택을 전부 해결해 준 사례가 있다. 또한 박미성, 오영재 등 1급 시인들에게 만경대구역 축전동 아파트의 고급주택이 김정일 선물로 차례지였다.

강냉이 등을 선물 받기도 하였다.

바. 동행무역회사 : 동행무역회사는 일본 중고 자전거를 수입해 들여와 국종가격으로 작가들에게 팔아주었다. 또한 고난의 행군시기 밀가루와 쌀을 수입해와 작가들에게 식량공급을 시작하였다.

4. 맺음말

원래 우리 민족은 세계적으로도 우수한 문학 수준(「춘향전」, 「심청전」, 「흥부전」, 「홍길동전」, 「황진이」 등)을 자랑하여 왔다. 먼 계몽기(박지원의 「범의 꾸중(호질)」, 『열하일기』 등)에도 그러했지만 일본의 36년간 식민지 통치하에서도 굴하지 않으며 민족문학의 얼(라도향의 「행랑자식」, 최서해의 『탈출기』, 강경애의 「인간문제」 등)을 꿋꿋이 이어왔다. 8·15에 이르러 광복의 희열과 분렬의 대립이 낳은 혼란에 이어 6·25로 그 얼이 찢겨지고 민족의 그 상처 속에 수많은 문인, 작가들마저 월남·월북으로 갈라져 아직까지도 서로를 부르며 신음하고 있다.

게다가 지금까지 살펴본 본 바와 같이 이북의 작가와 문단은 정치적 멍에마저 목에 멘 채 너나없이 괴로워하고 있다. 문학의 얼은 자유가 생명이다. 정치가 문학을 지배·관리하고 그 혜택을 홀로 누리려는 행위는 도리어 문학을 죽이는 짓이다. 현재 북한의 고위층 간부들이 앞장서서 외국문학 취향 쪽으로 급경사하는 현실은 저들 스스로 멍에를 메운 문학으로 하여 조선이 문화적 진공 지역으로 되고 만 데 그 원인이 있다. 정치인도 정신을 지닌 인간이다. 따라서 저들이 국내 작가와 문단에 강요하는 그런 정치선전 제강만으로는 인생이 괴로워 살아 갈 수가 없을 것이다.

그들이 이제라도 자기의 진정한 문학을 향유하려면 북한의 문학에 저들 손으로 메워 놓은 그 정치적 멍에부터 먼저 벗겨주어야 한다. 문학은 정치만이 아니라 사회와 함께 살 때 민족의 얼 속에 녹아들고 그제야 비로소 진정한 창작의 열매를 맺게 될 것이다.

북한 초기문학과 냉전의 논리

『문화전선』을 중심으로

유임하

1. 머리말 : 해방 직후 북한과 '소련'이라는 참조점

북한 사회는 소련군의 진주와 함께 해방을 맞이했다. 당시 북한을 점령한 소련은 정치의 전면에 나서기보다는 친소 정권을 수립하는 데 간접적으로 지원하는 방식을 취했다.[1] 제2차 세계대전이 종식된 지 얼마 지나지 않은 소련 내부의 정치경제적 부담도 상당부분 작용했지만, 이는 무엇보다도 북한 사회가 자발적이고 주체적으로 소련문화를 수용하는 입장을 취했기 때문이었다.[2] 한 증언에서 언급되고 있듯이, 해방 직

1 평남 지역을 제외한 함흥과 원산 지역의 자생적인 공산주의자의 세력이 비교적 견고했다. 건국준비위원회 산하의 임시인민위원회는 대부분 좌익 세력에 의해 주도되는 형국이었다. 예외적으로 평남지역은 전통적으로 토착 기독교 세력이 강세였으나 소군정은 물산장려운동을 주도한 정치적 명망가였던 조만식을 제거하면서 좌익 정파를 중심으로 한 인적 개편을 단행했다. 이후 1945년 10월 '조선공산당 서북 5도 책임자 및 열성자 대회'가 열려 북로당 계파의 수장으로 옹립된 김일성이 정치계의 중심으로 부상했다.

2 북한의 소련문화교류에 관해서는 강인구, 「1948년 평양 소련문화원 설립과 소련의 조소문화교류 활동」, 『한국사연구』 90호, 한국사연구회, 1995; 임유경, 「'오뻬꾼'과 '조선사절단', 그리

후 북한 사회는 '인민의 힘'을 신뢰하며 토지개혁과 민주개혁 조치 등을 성공적으로 안착시키면서 사회적 활기를 띠었다.[3]

소군정하의 '청년' 북한은 사회주의 국가의 일반적인 경향처럼 문화와 선전, 교육이 하나로 융합된 모습을 보여주었다. 이런 상황에서 북한문단의 좌경화에 결정적인 분기점은 1945년 10월 10일부터 13일에 걸쳐 진행된 '서북5도 당 책임자 및 열성자대회'에서 마련되었다. 이 대회에서는 '조선공산당 북부조선분국의 설치'가 결정되었고 문화단체의 조직화가 결의되었다. 동년 10월 22일 김일성이 조선공산당 북부조선분국의 선전부장 김창만에게 문학예술단체 조직화의 필요성을 제기했던 것도 같은 맥락이었다.[4] '조선공산당 북부조선분국'의 지시에 따라 프롤레타리아예술동맹은 평양문화협회와 통합을 제의하였고, 소련군 문화담당부의 중재 속에 1946년 3월 두 단체는 '북조선예술총연맹'으로 통합되었던 것이다.[5]

북한의 초기문학이 문학의 이념과 조직, 방향 등에 걸쳐 빠르게 문학

고 모스크바의 추억」, 『상허학보』 27집, 상허학회, 2009; 임유경, 「조소문화협회의 출판, 번역 및 소련방문 사업 연구 : 해방기 북조선의 문화, 정치적 국가기획에 대한 문제제기적 검토」, 『대동문화연구』 66호, 성균관대 대동문화연구원, 2009; 정진아, 「북한이 수용한 '사회주의 쏘련'의 이미지」, 『통일문제연구』 54호, 평화문제연구소, 2010; 이명자, 「해방공간에서 북한의 근대 경험 매개체로서 소련영화의 수용연구」, 『통일문제연구』 54호, 평화문제연구소, 2010 등이 있다.

3 안나 루이스 스트롱, 이종석 역, 「북한, 1947년 여름」, 김남식 외, 『해방 전후사의 인식』 5, 한길사, 1989(2006), 502~505면 참조.

4 김재용, 「민주기지론과 북한문학의 시원」, 『분단구조와 북한문학』, 소명출판, 2000, 30~43면 참조.

5 여기에 결정적인 역할을 한 이가 김파와 김창만이었다. 김파는 재소 조선인으로 소련군 하사관이고 김창만은 북로당 선전부장이었다. 김창만은 연안파 공산주의자로서 당시 문예정책을 좌우한 실권자이기도 했다. 그는 김일성의 문예정책 관련 문건을 담당했던 것으로 알려져 있다. 그의 존재감은 김일성의 문예정책에 대한 발언이 마오쩌둥의 「연안문예강좌」의 논조와 흡사하다는 점에서도 간접적으로 확인된다.

의 정체성을 마련해나가는 과정에서 채택한 제도 일반의 주된 모델은 다른 분야와 마찬가지로 소련문학이었다. 해방 직후부터 1949년 인민공화국의 건국을 공포하기까지 전개된 혁명의 시간대는 불과 4년 정도에 지나지 않았지만 이 기간 동안 많은 물적 인적 자원들이 문화와 선전, 교육 부문에 집중 투여되었다. 소련은 북한에서 문학예술인과 지식인 양성에 주의를 기울였고, 문화와 교육 발전을 물질적으로 지원하는 '후원자'였다.[6]

그러나 소련의 절대적인 영향력에도 불구하고 북한의 초기문학 형성 과정에서 그 영향력이 일방적이지는 않았다. 이와 관련해서 1945년 8월 해방 직후부터 1947년의 기간 동안 미세하지만 결정적인 몇 단계의 분기점이 확인된다. 북한 사회에서 애초부터 소련문학의 수용이 강조되었던 것은 아니다. 해방 직후 북한에는 다양한 색채의 문학적 지향이 존재했다. '시집 『응향』 필화사건'에서 알 수 있듯이, 해방 이후 다양한 유파의 문학적 스펙트럼이 어떤 계기를 통해 단일화되었다. 또 하나 문제는 소련문학의 수용이 관철되는 분기점이 존재한다는 사실이었다. 애초 북한문학은 북한 사회가 그러했듯이 소련 정치문화 제도 일반의 일방적 수용보다 다양한 문화를 참조하는 주체적 수용을 표방하였으나 결과적으로는 소련과 같이 교조적인 당의 문학을 지향해 나갔다.

이 글에서는 북한 초기문학에서 등장하는 냉전논리를 검토하기 위해 소련문학 수용상을 검토해보고자 한다. 특히 이 글에서는 북조선예술

---

6 북조선임시인민위원회 계획국에서 발간한 「북조선 인민에 의해 달성된 경제개발 계획」에 따르면 초기 예산의 20%가 문화, 선전, 교육 부문에 사용되었다. 찰스 암스트롱, 김연철·이정우 역, 『북조선 탄생』, 서해문집, 2006, 263~264면 참조.

총동맹 기관지였던 『문화전선』을 중심으로 당대 소련문화의 수용, 냉전논리의 구축, '당의 문학'으로서의 정체성을 구비해나가는 양상을 검토하는 한편, 1945년 8·15해방 직후부터 1947년 초반에 이르는 기간 동안 북한의 초기문학이 보여준 변화상을 살펴보기로 한다.

2. 북한 초기문학과 소련문화 수용 태도

1946년 가을, 북한을 방문한 소련작가들의 증언기에는 인상적인 장면 하나가 등장한다.

> 우리가 처음 많은 작가와 예술인들과 만났을 때, 그들은 우리에게 여러 가지 문제를 물었다. 그들의 소련문학에 대한 심취는 아주 높았다. 어떤 사람은 현대 소련문학과 과거 소련문학 사이의 주요 차이점을 물었으며, 어떤 사람은 소련 작가동맹의 조직구조에 대해 물었으며 어떤 사람은 소련의 작가들은 무엇을 하여 생계를 유지하는가 물었으며 또 어떤 사람은 소련 평론가의 임무에 대해 물었다.
>
> 그들은 943명의 소련작가가 조국을 보위하는 전쟁의 전선에서 종군기자로 있었다는 말을 듣고 놀라움을 금치 못했다. 그들은 우리에게 레닌그라드가 포위되었을 때 작가의 사업상황을 담은 글을 써달라고 하였다. 우리가 그들의 요구에 의하여 쓴 글은 평양의 한 신문에 발표되었다.[7]

7 A. 기토비차·B. 볼소프, 최학송 역, 『1946년 북조선의 가을』, 글누림, 2006, 178면.

인용된 대목은 북한을 방문한 소련작가들이 북한의 문학예술인들과 만나 대담하는 광경을 서술한 부분이다.[8] 인용은 해방 직후 북한 사회에서 열풍처럼 불어온 '소련문화'에 대해 관심이 어느 정도였는지를 짐작하게 한다. 이들의 관심은 단순한 호기심이 아니었다. 방문기의 맥락을 감안하건대, 북한 문학예술인들의 관심사는 소련문학을 모델로 삼는 북한문학의 향후 진로와 직결된 것이었다. 소련문학 전반에 대한 이들의 관심은 과거와 당대 소련문학의 차이, 작가동맹의 조직 구조, 작가들의 생계수단, 평론가의 임무, 작가들의 종군체험 등등에 이르고 있다. 당대 소련문학의 추세에 대한 궁금증만 해도 북한 초기문학이 모색하는 진로의 선진적 모델이 바로 소련문학이었음을 잘 보여준다. 또한 인용 대목에서는 1941년 9월부터 1944년 1월까지 벌어진 독일군의 레닌그라드 포위 공격에서 수많은 소련작가들의 종군기자로 활약상에 관해 북한 문학예술인들의 놀라워하는 반응이 특히 인상적이다. 북한의 문학예술인들이 방문한 소련작가들로부터 전해들은 종군 일화에 대한 놀라움은 몇 년 뒤 6·25전쟁 발발과 함께 많은 작가들이 종군에 나서는 현실로 나타났기 때문이다. 이런 점을 감안하면, 소련작가들의 종군 일화는 해방 직후 북한 문학예술인들에게 국가 프로젝트 안에서 수행하는 문학예술들의 역할과 임무를 각인시킨 효과를 낳은 셈이다. 따라서 북한을 방문한 소련작가들에 대한 문학예술인들의 높은 관심은 향후 북한 사회에서 전개될 문학 이념과 제도, 정체성을 마련하려는 과정이었을 뿐만 아니라 신생국가의 설립과 함께 요구되었던 문학예술의 임

8 1945년 10월에 결성된 조소문화협회는 건국기 북한 사회에서 소련의 선진문화를 수용하는 주요한 통로였다.

무를 자각하게 만드는 상황을 보여준다. 소련작가들의 눈에 비친 북한 문학예술인들의 모습은 '청년 북한'의 높은 열기 그 자체였다.

북한 사회에 대한 소련의 지원은 우호적인 친소 정권의 탄생을 돕는다는 취지에 따른 것이었는데[9] 이와 같은 조소문화 교류를 주관한 민간 단체는 조소문화협회였다. 북한을 방문하거나 여행하는 소련 인사들의 안내를 담당한 단체도 당연히 조소문화협회의 몫이었다. 1945년 11월에 창립된 조소문화협회는 소련의 이데올로기와 문화를 전파하고 소련의 문물을 적극적으로 수용하여 제도로 안착시키는 전위 단체였다. "조선의 민족문화를 창립하기 위하야는 위대한 선진국인 소련문화를 적극적으로 연구, 섭취"[10]하는 공식 기구로 출발한 조소문화협회는, "우리 민족의 위대한 해방자이며 진정한 원조자인 쏘련 인민과의 친선을 강화하며 세계에서 가장 선진적인 쏘련문화와의 교류를 활발히 함으로써 우리의 민주주의 민족문화 발전에 기여"하는 "기초조직"[11]이었다. 북로당 선전부, 문화선전성, 교육성 등과 함께 이 단체는 출판과 번역, 소련방문사업, 소연방대회문화교류협회가 파견한 문화공연단의 순회공연, 소련에서 발간된 자료와 문헌 번역 소개, 노어 강습, 강연강좌, 좌담회, 조쏘반 운영, 서클 양성 외에 소련문학작품의 번역과 출간을 전담했다. 이를 통해 조소문화협회는 해방 이후 소련상을 새롭게 구성해 나갔다.[12]

---

9 소군정에 의한 소련문화 전파는 1948년 소련군 철수와 함께 소련문화원의 활동으로 일원화되었다. 소련문화원의 설립과 소련의 조소문화교류에 관해서는 강인구, 「1948년 평양 소련문화원의 설립과 소련의 조소문화교류 활동」, 『한국사연구』 90호, 한국사연구회, 1995 참조.

10 이강국, 「서」, 이태준, 『소련기행』, 북조선출판사, 1947, 2면, 임유경, 「조소문화협회의 출판·번역 및 소련방문 사업 연구」, 『대동문화연구』 66집, 성균관대 대동문화연구원, 2009, 489면 재인용.

11 이기영, 「협회 사업의 앞으로의 발전을 위하여」, 『조쏘친선』 1, 평양, 문화출판사, 1950, 3~4면, 임유경, 위의 글, 같은 면 재인용.

한편, 북한의 초기문학은 계급성에 바탕을 둔 민족문학을 표방하는 시대적 요구에 부응하면서 소련의 문학과 문화를 번역, 참조했다. 이기영, 이찬과 함께 조소문화협회 일원으로 소련을 여행한 이태준에게 소련은 해방자의 차원을 넘어 사회주의의 이상을 실현한 국가로 간주되었다. 오늘날의 관점에서 비판의 여지가 전혀 없는 것이 아니지만, 이태준의 『쏘련기행』에서는 조소친선 도모에서 한 걸음 더 나아가, 약진하는 현실사회주의의 이상향으로 간주하는 태도가 뚜렷하게 드러난다. 그 한 갈래가 해방 직후 북한 사회가 소군정을 통해 소련문화를 수신하는 양상이었다. 북한 체제는 소련을 거울삼아 스탈린 우상화를 전유하며 김일성 우상화에 매진했고 그를 정치적 상징으로 구축하는 작업에 박차를 가해 나갔다. 이 과정에서 '즈다노비즘'으로 통칭되는 2차 세계대전 이후 소련의 교조화된 문화정책이 채택되었다.

'즈다노비즘'은 동서 냉전논리에 바탕을 두고 문학을 당정의 통제와 검열체제하에 두는 특징을 보인다. 당대 소련문학은 레닌의 「당 조직과 당의 문학」을 새롭게 호명하며, 영미 제국주의와 맞서서 자본주의의 부패와 부도덕한 상업주의에서 벗어난 국가주의 문학을 수립하려 했다. 이 같은 노력은 북한 초기문학에서 대단히 인상적으로 비추어졌을 터이다. 소련을 사회주의 선진대국의 이상향으로 보았던 이태준은, "인종과 민족의 차별을 솔선 철폐"하고 "엄격한 법률과 교화로서 보장, 융화시킨" 나라로서, "유색장벽을 분쇄하고 세계만민의 형제적 친화의 수범을" 보이고 "인류평화에 기여"[13]했다고 보았다. 김사량의 「칠현금」에서도

12 임유경, 위의 글, 485~486면 참조.

13 이태준, 『소련기행』, 『이태준 문학전집』 4권, 깊은샘, 2001, 141면.

소련은 휴머니즘을 체현하는 인간미의 본향(本鄕)으로 그려진다. 작품에서 병자인 '원주'를 고쳐주기 위해 평양을 방문한 소련의사는 선진 의료기술자이자 휴머니즘의 화신으로 등장한다. 이렇듯 소련은 당대 북한 사회가 모범으로 삼은 문화와 사상의 선진국으로 간주되었다.[14]

소련문학 일반은 북한 사회에서 사회주의 체제를 축조하는 과정에서 폭넓게 참조되었다. 북한의 소련문화 수용은, "보편적 중심(모스크바)에서 지역적 특수(평양)로 뻗어나가는 소련의 문화적 경계 확장"을 자발적으로 수용함으로써 강제성을 치환하는 이중의 절차를 보여주었다.[15] 당대의 북한문학 또한 소련문화를 수용하는 현상은 소련의 적극적인 영토 확장이면서 동시에 '쏘련의 원조하에 예술 전반의 주체적 조건을 마련하고 이를 통해 민족예술'을 창조하려는 의도와 목적이 절묘하게 맞아떨어진 것이었다.[16] 이렇게 보면, 북한 사회는 건국의 내부역량을 키워야 하는 절실한 상황에서 소련의 후원을 수락하면서도 사회주의 문화의 수용과 함께 민족문화를 재정비하는 이중의 과제를 수행하고 있었던 셈이다.[17]

---

14 「칠현금」에 관해서는 유임하, 「해방 이후 김사량의 문학적 삶과 '칠현금' 읽기」, 『한국문학연구』 32집, 동국대 한국문학연구소, 2007 참조. 소련을 소재로 한 소설의 특징에 관해서는 신형기·오성호, 『북한문학사』, 평민사, 2000, 105~108면 참조.

15 임유경, 앞의 글, 489면.

16 윤광, 「조쏘문화교류의 3년간과 앞으로의 전망」, 『문학예술』 1호, 북조선예술동맹, 1949.1, 3~11면. 임유경, 위의 글, 489면.

17 임유경은 조소문화협회의 활동이 가진 의의를 소련의 원조 속에 내부적 역량을 키우며 ① 조선에 민주진영의 노선과 가치를 수용할 시스템 구축, ② 각 분야에 걸친 문화번역사업으로 소련문화의 대중화와 함께 민족문화의 기반 확립, ③ 인민대중의 조선민족문화에 대한 계몽과 자각, ④ 문화적 교양 함양 등으로 정리하고 있다. 임유경, 위의 글, 489~490면 참조.

3. 즈다노비즘의 수용과 냉전논리

하지만 북한의 초기 문단이 수용한 당대 소련의 문학제도는 1930년대 중반 이후 등장한 사회주의적 사실주의 미학의 전통임에는 분명하지만, 이에 대한 좀 더 명확한 이해가 필요하다. 잘 알려져 있는 것처럼 1940년대 중반 이후 소련문학은 제2차 세계대전의 종전과 함께 급격히 교조화된다. 사회주의적 사실주의는 스탈린 치하의 제1차 작가동맹회의(1934)에서 채택되면서 사회주의 문화는 정치적 도구화의 길을 걸어왔다. '위로부터의 혁명'과 '아래로부터의 혁명'을 함께 용인했던 레닌의 문학예술 정책과는 달리, 스탈린 치하의 문학예술정책은 아래로부터의 문화 창달을 정치적으로 규제하기 위해 1922년 레닌 치하의 검열총국에 이어, 제2차 세계대전 이후에는 무대 상연을 검열 통제하는 글라블레뻬르뜨콤을 창설하기에 이른다.[18] 그러나 1934년 제창된 사회주의적 사실주의는 전시 기간 동안 다소 완화되었다가, 종전 직후 '느슨한 애국적 결속과 환희의 시대'를 마감하고 공산 교리에 입각한 문학예술정책을 적극적으로 표방해 나갔다.[19]

스탈린의 지시에 따라 당서기를 역임한 안드레이 즈다노프(1888~1948)는 1934년 사회주의적 사실주의를 천명한 인물이었으나, 1945년 전 연방 공산당중앙위원회에서 문학예술 정책 담당자로서 검열과 통제를 강화하는 결의안 채택을 주도했다. 이 결의안, 「잡지 『별』 및 『레닌그라

18 장실, 「소련문화정책의 현대적 좌표」, 『슬라브연구』 6호, 한국외대 러시아연구소, 1990, 192~193면 참조.

19 이하 내용은 마르크 슬로님, 임정석·백용식 역, 『소련현대문학사』, 열린책들, 1989, 27장 「전쟁의 여파 : 즈다노비즘의 시대」(304~318면)를 참조했음.

드』에 관한 쥬다노-브의 보고」에서, 즈다노프는 「이반대제」를 만든 영화감독 아이젠슈타인과 모더니즘 경향의 작품들을 강도 높게 비판하며 예술의 당파성과 대중성을 강조했다. 또한 그는 잡지 『별(즈베즈다)』과 『레닌그라드』를 정치적으로 단죄하며 해로운 작품을 방조한 혐의로 『별』의 인적 개편과 『레닌그라드』를 폐간하는 조치를 내렸다. 그 희생양은 안나 아흐마또바와 미하일 조시첸코였다. 아흐마또바가 청년세대에게 끼친 부정적 영향을 문제삼으며 즈다노프는 그녀의 문학을 색정적이고 퇴폐적인 것으로 규정하였고, 조시첸코와 함께 작가동맹에서 제명했다. 1945년 이후 소련문화정책이 보여준 일련의 조치들은 사회주의적 사실주의의 교조화로 치닫는 새로운 조류였다. 때문에 이 교조화된 문화정책을 이전의 사회주의적 사실주의와 구별해서 '즈다노비즘'이라고 명명한다.

즈다노프는 레닌의 「당의 조직과 당의 문학」(1905)에서 거론된 '순문학' '예술을 위한 예술'에 대해 무사상성과 비정치성을 배타적으로 비판하는 논조를 다시 불러내어 당에 의한 문학과 문화의 통제의 필요성을 강조했다. 즈다노프의 연설에서 주목해볼 대목은 레닌의 문건을 통하여 순문학과 예술지상주의적 경향에 대한 비판의 근거로 삼는 부분이다. 여기에는 세계대전 이후 전개된 세계정세에 대하여 사회주의 종주국으로서의 자부심을 과시는 한편, 냉전적 사고에 입각하여 '인민을 위한 예술'만을 용인하는 교조적인 색채가 크게 두드러진다.[20] 즈다노프

20 "레닌주의는 19세기의 노서아의 혁명적 민주주의들의 우수한 전통 가운데서 구현되었고 쏘베트문학적 유산을 비판적으로 개조한 것이 기초가 되여 발생되고 발전하게 되었고 개화하게 되었다. (…중략…) 베린쓰끼를 비롯하야 로시아의 혁명적 민주주의 인떼리겐씨야의 모든 우수한 대표자들은 소위 '순문학'과 '예술을 위한 예술'을 인정하지 아니하였고 인민을 위

가 제기한 사회주의적 사실주의 원리 강조와 통제, 검열체제의 구축은 전후 소련문학의 다양성을 크게 위축시켰다. 그럼에도 불구하고 사회주의적 사실주의의 전범으로 부상한 고리키를 비롯한 소련문학의 약진상은 북한 초기 문단에게는 매력적인 참조사항이었다.[21]

즈다노프의 검열과 통제는 전쟁 이후 유연해지리라는 소련문학의 조류를 일순간 바꾸어놓았다. 즈다노프는 형식주의자들만이 아니라 유미주의, 부르주아적인 코스모폴리탄에 이르는 반동적인 문학 조류가 '위대한 사회주의 시대'에 어울리는 예술이 아니며 인민의 이익에 봉사하는 사실적인 예술의 방향과 배치된다고 보았다. 문화당국자의 비타협적인 태도와 실질적인 조치는 나프가 환생한 것처럼 국가에 의한 통제와 억압을 초래했고 그러한 문화예술정책의 기조는 스탈린이 사망하는 1953년까지 지속되었다. 즈다노비즘이 횡행한 1946년부터 1953년에 이르는 시기는, 러시아 문학사가인 마르크 슬로님에 따르면, "유럽과 미국의 몰락을 그리는 반서구문학이 목적"이었고, "(서구문학의-인용자) 파멸의 장면에는 항상 '소련의 꿈'과 소련국민의 찬양"이 뒤따랐다.

즈다노프는 소련문학의 당대적 사명과 목적을 "소련인과 그들의 도덕성을 힘차고 완벽하게 묘사하는 것"에 두었다. "이러한 임무를 수행

한 예술과 그의 고상한 사상성과 사회적 의의를 크게 부르짖었다. 예술은 인민의 운명과 분리할 수가 없다. 인민의 사업을 배반하고 황제의 편으로 도라서려고 한 고고리에 대하여 자기의 가진 열성을 다하여 비판한 비평가 베린쓰키의 유명한 고고리에게 보내는 서한을 회상하여 보라. 레닌은 이 편지를 오늘에 있어서도 거대한 문학적 의의를 가지고 있는, 검열이 없이 나온 민주주의출판물의 우수한 작품 가운데의 하나라고 칭하였다." 쭈다노푸, 「문학운동에 대한 소련당의 새로운 비판」, 『문학』 3호, 1947.4, 43면.

21 즈다노프의 문건은 이득화의 번역으로 「잡지 『별』 및 『레닌그라드』에 관한 쥬다노-브의 보고」(조소문고 32집), 조소문화협회중앙본부에서 1947년 6월에 간행되어 북한의 문학예술정책에 중요한 참고자료가 된다.

하기 위해서 문학은 순수성을 유지하고 '서구 부르주아와 예술의 해로운 독기'에 대항하여 스스로를 보호해야만 했"고, "소련인은 영웅, 이상적인 인간성을 지닌 모범, 그리고 새로운 사회의 최상의 꽃으로 제시되었다."[22] 즈다노비즘이 불러온 소련문학의 폐해를 지적한 마르크 슬로님은 '소련문학의 암흑기'로 칭할 만큼 교조적인 입법비평이 횡행했다고 비판했다. 즈다노비즘에 입각한 문화정책은 스탈린 체제하에서 소련 농촌의 재건, 콜호즈의 증산 목표를 완수하는 주인공들의 '고상한' 성공담만을 주된 내용으로 다루도록 통제하면서 도식성을 초래했다.

북한 초기문학이 수용한 소련문학은 '교조화된 사회주의적 사실주의' 곧, 즈다노비즘에 국한되지는 않는다는 점만큼은 분명하다. 일제를 경험한 문학예술인들이 이미 1930년대 중반부터 소련의 사회주의적 사실주의를 접한 경험을 가지고 있었다는 점도 그러한 추정을 가능하게 한다.[23] 하지만, 그렇다고 해서 즈다노비즘의 폐해가 비판적으로 수용되었다고 확언하기는 어렵다. 소군정하의 북한 사회가 소련을 이상화하며 참조한 것은 문학만이 아니었기 때문이다. 소련을 참조하는 대상과 범위는 건국에 필요한 체제와 이념, 제도 일반에 이르렀다. 때문에, 소련의 문화예술정책은 북한의 초기문학에 '계몽과 선전'을 주된 임무로 하는 '당의 문학'의 전범과 문학적 검열과 통제장치의 참조점으로 작동했다.[24] 대표적인 사례의 하나가 백인준(1919~1999)의 경우였다. 훗날 '수

---

22 마르크 슬로님, 앞의 책, 310~311면.

23 사회주의적 사실주의를 처음 소개한 이는 안막이다. 안막에 관해서는 이주미, 「추백의 프로문학 비판과 안막의 예술전략」, 『국제어문』 41집, 국제어문학회, 2007; 조미숙, 「불우한 신동, 강점기 젊은 예술혼의 방황」, 『한국문예비평연구』 32집, 한국문예비평학회, 2010 참조.

24 알렉산더 알렉산드로브, 박화순 역, 「고르끼와 사회주의리얼리즘」(『문화전선』 4집, 북조선문학예술총동맹, 1947.4)이나 아. 파제에브, 강정희 역, 「쏘련 쏘베트작가동맹 중앙본부 제

령형상문학의 대부'이자 '조선의 마야코프스키'로 칭송받은, 그는 즈다노프의 방식을 전유하여 「시집 『응향』에 관한 결정서」를 작성했다. 그의 평문 「문학예술은 인민에게 복종하여야 한다」(『문학』 3호, 조선문학가동맹, 1947.4)에 담긴 논리는 즈다노프의 결정서를 그대로 반복한 것이었다.

백인준의 평문이 결정서와 함께 조선문학가동맹 기관지에 수록된 점도 정황상 유의해서 살펴보아야 할 부분이다. 그의 글이 『문학』 3호(1947.4)에 수록된 것은 공식적으로 북한문단이 북조선인민위원회의 출범과 함께 동년 3월에 공식화한 '고상한 사실주의'[25]를 남측의 진보적 문학단체가 수용한 것임을 강력하게 시사해준다. 그러한 정황은 즈다노프의 「문학운동에 대한 소련당의 새로운 비판」과 소련 당중앙위원회의 「잡지 『별』과 『레닌그라드』에 관한 결정서」가 게재된 점 외에도, 김남천의 해제가 달린 레닌의 「당의 조직과 당의 문학」에 실려 있는 점에서도 충분히 확인 가능하다. 요컨대, 이들 문건과 평문을 함께 수록한 사실은, 남북을

11차대회 보고문」(『조선문학』 2호, 북조선문학예술총동맹, 1947.12)에서 볼 수 있듯이, 북한 초기 문단은 당대 소련의 문학예술 정책의 동향과 작가대회를 주시하고 있는 상황이었다. 이미 즈다노프의 결정서와 보고가 단행본으로 간행된 것도 이러한 점을 방증한다. 쥬다노-브, 이득화 역, 「잡지 『별』 및 『레닌그라드』에 관한 쥬다노-브의 보고」(조소문고 32집), 평양 : 조소문화협회중앙본부, 1947.

25 '고상한 사실주의'라는 명명은 북한 초기문학에서는 1946년 이후 등장한다. 이 용어는 '좌우합작'을 표방하는 시기에 사회주의 미학으로 이행하기 전 단계, '사회주의적 사실주의'를 지향하는 전 단계의 미학을 가리키는 것으로 볼 수 있다. 이는 당시 중국사회에서 사회주의 이행 전 단계로 설정한 신민주주의론과 밀접하게 관련되는 것으로 보인다. 마오쩌둥이 1940년 1월에 제창한 신민주주의론은 1945년 7월 제7차 당대회에서 보고된 「論聯合政府」에서 중국혁명을 신민주주의혁명과 사회주의혁명 단계로 구분하고 신민주주의 혁명이 전국에서 완수된 이후 사회주의사회로 곧장 이행하는 것이 아니라 신민주주의사회라는 특수한 역사적 과정을 거친다는 주장도 있다. 손재현, 「'학습'을 통해 본 중화인민공화국 건국 초기 신민주주의에 대한 인식」, 『대구사학』 94호, 대구사학회, 2009, 154면 참조. 이런 관점에서 보면, 북한사회에서 곧바로 사회주의 국가 설립으로 이행하지 못한 상황에서 소련의 사회주의적 사실주의를 미학적 기본 원리로 채택하기에는 부담스러웠고, 그 결과 이행 단계에서 사회주의의 이상을 실현하는 주인공의 현실을 '고상하게' 반영하는 전 단계로 설정한 것이 바로 '고상한 사실주의'라는 표현이었다고 할 수 있다.

막론하고 진보적이거나 좌익 이념을 지향하는 문학단체가 교조적인 사회주의적 사실주의 원칙을 따른다는 응답이었다고 해도 과언이 아니다. 특히 『문학』 3호 권두언이 '문학주의와의 투쟁'이라는 것도 눈여겨볼 대목이다. 이 글은 남한의 순수문학 진영에 대한 강도높은 비판을 넘어 문학과 정치를 일치시킨 남·북한의 좌익 문학 노선이 냉전논리에 기반을 둔 문학 노선으로 일원화, 진영화되는 맥락을 엿볼 수 있게 해준다.[26]

'시집 『응향』 사건'을 전후로 한 사정은 북한 초기 문단에서 자연발생적으로 다양한 문학의 유파가 존재했음을 일러준다. 뿐만 아니라 이 사건은 당문학을 표방하는 당의 문학예술 정책의 일대 변화가 통제와 검열체제로 전환되는 분기점이었다. 좌익 문학단체의 조직화가 급속하게 진행되었던 것도 당정책의 통제, 검열체제가 가동되기 시작하면서 생겨난 정치적인 현실이었다.

이 같은 정세 변화는, 북한 초기문단에서 1945년 8월 이후부터 1946년 3월에 출범하는 북조선예술총동맹을 떠올려보면, 이 모두가 불과 6개월 사이에 벌어진 상황이었다. 북조선임시인민위원회 체제는 1947년 2월, 북조선인민위원회를 새로이 출범시켰다. 이는 북한 정권의 탄생이라고 해도 과언이 아닐 만큼 국가권력이 탄생한 것을 의미했다. 이 새로운 정치적 변화는 북한 초기 문학의 성격과 제도를 결정짓는 전환점이기도 했다. 이때 채택된 문학예술정책의 방향은 당대 소련을 참조하여 통제와 검

26 '응향 사건'의 결정서를 언급한 안함광의 경우, '암담하고 부정적인 생활을 노래한 시인의 자기비판적인 문서를 놓고 자기 생활이 구차한 환경에서 연유한 것'이라는 시집 『응향』의 수록 시인들의 변명을 '생활의 진실이 보편성을 가진 현실적 역사적 각도에서 이해하지 못한 주관주의의 탓'으로 규정, 비판하고 있다. 안함광, 「의식의 논리와 문학창조의 본질적인 제 문제」, 『문화전선』 4호, 1947.4, 19면.

열체제를 가동하는 상황이었던 셈이다. 앞서 발생한 '시집 『응향』 사건'은 당의 검열과 통제가 가동되는 첫번째 모멘템이었던 셈이다.[27]

다음 장에서는 1945년부터 1947년에 이르는 짧은 기간 동안, 초기 북한문학이 형성되는 결정적인 계기를 짚어보며 가파른 변화의 단면들을 살펴보기로 한다. 부분적이기는 하지만, 『문화전선』을 중심으로 냉전 논리가 안착하는 과정을 안막의 평론에서 논의하고자 한다.

4. '당의 문학'과 냉전논리의 안착

해방 직후부터 1947년 이전까지만 해도 "초기 북한문학의 첫 단계는 과거 일제하 프로 문학 운동에 대한 비판적 계승"[28]을 표방했다. 이는 북한의 초기문단이 다양한 각도에서 민족문학 및 문화의 비판적 계승을 주장하며 자생적인 문학과 문화를 모색했다는 뜻이다. 그러나 민족문화와 문학 담론의 다양성은 1947년 이후 사회주의적 사실주의에 입각한 '고상한 사실주의'의 천명과 함께 모두 자취를 감춘다. 앞서 언급했듯이, 1947년 2월 북조선인민위원회의 출범과 함께 문학예술정책은 당의 문학을 표방하며 통제와 검열체제를 가동했고, 사회주의적 사실주의 원칙에 입각한 새로운 문학 이념을 천명했기 때문이다. 이러한 면모를 확인

27 1947년 2월 이후부터 해방 이후 분출되었던 다양한 민족문학 담론이 사회주의적 사실주의의 미학적 원칙 아래 '고상한 사실주의'가 강조되면서 일원화된다는 점에서 그러하다. 김재용, 『북한문학의 역사적 이해』, 문학과지성사, 1994, 16면.

28 위의 책, 19면.

해볼 수 있는 자료는 난립한 문학단체가 통합 재정비된 직후 등장한 북조선예술총동맹의 기관지 『문화전선』이다.[29] 이 잡지는 소련문학을 적극적으로 참조하며 향후 북한문학이 구비할 정체성과 이념, 제도를 구축해 나가는 면모를 부분적이나마 확인해볼 수 있는 중요 자료이다.

해방 이후 출현한 문학단체[30]의 통합과 함께 출범한 북조선예술총동맹은 문학동맹, 음악동맹, 사진동맹 등 7개의 하부조직을 두고 있었으나 각 부문별 동맹은 평양과 지방에 정치 분파를 이루고 있어서 조직 정비에 박차를 가하는 상황이었다. 문학의 경우, 철원의 이기영, 함흥의 한설야, 해주의 안함광·박팔양·박세영·윤기정·안막, 연안에서 돌아온 김사량 등이 합류하며 조직은 보다 공고해졌다. 1946년 3월 25일에는 평양에서 북조선예술총연맹 전체대회가 개최되었고, 대회 폐막과 함께 연맹 강령이 채택되었다. 강령에서는, ① 인민 민주주의에 입각한

29 『문화전선』은 북조선예술총동맹 기관지로 발간되었으며 창간호(1946.7), 2호(1946.11), 3호(1947.2), 4호(1947.4), 5집(1947.8)에 그쳤다. 창간호의 발행인은 한설야였다. 그러나 창간호에 게재한 「모자」가 소련군을 부정적으로 묘사했다고 하여 소군정의 항의를 받은 뒤 2호부터는 잡지 발행인이 이기영으로 교체된다. 북조선문학예술총동맹으로 재편된 뒤 기관지는 제호를 『조선문학』으로 바꾸어 창간호(1947.9)와 2집(1947.12)을 발간하였고, 그 뒤 『문학예술』로 제호를 바꾸어 창간호(1948.4)와 2호(1948, 발간월 미상)를 발간하고 나서 3호(1948.11)부터는 월간으로 체제가 바뀐다.

30 해방 직후 북한문단은 평양예술문화협회, 평남지구 프롤레타리아 예술동맹, 평남인민위원회 문화과, 소련군 문화담당부 등으로 포진하고 있었다. 해방기 남·북한 문학단체의 조직화에 대한 보다 상세한 설명은 김승환, 『해방공간 현실주의 문학연구』, 일지사, 1991, 67~106면 참조할 것. 해방과 함께 가장 먼저 결성된 평양예술문화협회는 1945년 9월, 최명익·전재경·오영진·한태천·김조규·황순원·남궁만 등이 참여해서 출범한 문학단체였다. 이 단체는 특정한 노선을 취한 것이라기보다는 친목단체에 가까웠고 정치적인 색깔로는 건국준비위원회의 조만식 지지파에 해당했다. 곧이어 결성된 평남지구 프롤레타리아 예술동맹은 인민위원회의 지지를 받으며 북조선노동당 하부조직으로서 문화 부문의 실권을 장악해 나갔다. 이 단체는 평양시 문화부장이었던 고일환·이석진·심삼문·한재덕·남궁만 등이 주축을 이루었다. 또 다른 조직으로는 평남 인민위원회 문화과가 있었는데, 전재경·양명문 등이 주축이 된 사교구락부였다. 이 밖에도 소군정에서 문화업무를 담당한 문화부가 있었다. 문화부 책임자인 꾸세프 중좌는 '조선의 역사적 인물을 영웅적으로 작품화할 것과 부르주아 민주주의 혁명단계의 예술활동을 수행하도록 요구하며' 문단 분위기를 고조시키는 데 적극적으로 관여했다.

민족문화예술의 수립, ② 조선예술운동의 전국적 통일 조직의 촉성, ③ 일제적, 봉건적, 민족반역적, 파쇼적 모든 반민주주의적인 반동예술의 세력과 관념의 소탕, ④ 인민대중의 문화적 창조적 예술적 계발을 위한 광범한 계몽운동의 전개, ⑤ 민족문화유산의 정당한 비판과 계승, ⑥ 민족예술문화의 국제문화적 교류 등이 천명되었다.[31]

그러나 이 강령은 표면적으로 1945년 7월 서울에서 임화, 김남천이 주도적으로 조직한 '조선문학건설본부'의 지향과 큰 차이를 보이지 않는다. '조선문학건설본부'는 남로당의 8월테제가 표방했던 '부르주아민주주의 단계론'에 따랐고 북조선예술총연맹 또한 애초에는 이와 공동보조를 취했다가 남·북한의 정세 변화와 함께 입장을 달리해 나갔기 때문이다.[32] 북조선예술총연맹에서 내세운 '인민민주주의적 민족문화예술의 수립'은 계급 간의 연대와 과도적 단계를 강조한 '부르주아민주주의론'과 비교할 때 그리 많은 차이를 보이지는 않는다. 남로당과 북로당의 노선차를 보여주기는 해도 반동예술세력과 관념의 일소, 민족문화 유산의 정당한 계승과 국제문화교류를 통한 민족예술문화의 확립이라는 대의에서 편차를 거의 보이지 않기 때문이다.

그럼에도 불구하고, 북한의 초기 문단이 남로당 산하의 문학조직과 변별되는 변화를 드러내는 외적 요인이 따로 있었다. 그 하나는 서두에서 언급한 바와 같이 1945년 10월 10일부터 나흘간 진행된 '서북5도 당 책임자 및 열성자대회'에서 결정된 '조선공산당 북부조선분국의 설치'

31 『문화전선』 창간호, 1946, 88~90면 참조.

32 해방 직후 좌익문단의 전개 과정에 관한 상세한 논의는 김윤식, 『해방공간의 문학사론』, 서울대 출판부, 1989, 1장 '해방공간의 남북한 문학단체 변화과정'(1~54면) 참조.

와 그에 따른 문화단체의 조직화가 중요한 요인이었다. 이 대회 이후 문학단체의 통합과 조직 재편이 빠른 속도로 진행되었다. 또 하나의 요인은 1947년 2월, 북조선인민위원회의 출범이었다. 북조선인민위원회의 출범과 함께 문학의 환경과 제도는 당이 문예정책을 주도하는 형국으로 바뀐다. 그와 함께 북조선예술총동맹의 논조 역시 1947년 2월 전후로 크게 차이난다. 앞서 거론한 두 가지의 문학 외적 요인을 감안하더라도, 북한 초기문학이 소련문학을 번역, 참조하며 수용하는 과정은 미세하지만 결정적인 변화를 보여준다.

먼저, 『문화전선』에서 감지되는 소련문학의 수용상을 살펴보기로 한다.[33] 『문화전선』 전 호에 걸쳐 번역 소개된 소련문학과 문화 관련 글은 「소연방에 잇어서의 사회주의문화의 개화」에서 볼 수 있듯이, 소련문화가 인민이 주권을 가진 사회이며, 10월 혁명 이후 인민대중의 문화수준이 향상되었다는 점을 소개하는 총론 성격이 강한 경우도 있다. 하지만, '사회주의 문화'의 특성과 '인민성'에 기반을 둔 예술적 특징을 소개한 글에서부터 저명한 작품을 사례로 한 사회주의리얼리즘 문학의 성과를 짚는 글, 계획경제와 문화 발전의 상관성을 서술한 글, 레닌과 스탈린의 문학관과 그 전범으로 고리키와 톨스토이의 문학을 소개한 글 등, 소비에트문학의 발전과 관련된 문제를 소개한 경우가 대부분이다.

사실 소련의 문학과 문화에 관한 글과 도서의 번역 양상에 비하면, 북

33 아에끄린, 김동철 역, 「소연방에 잇어서의 사회주의문화의 개화」; 에흐라림챈코, 이득화 역, 「승리한 소련인민의 예술」; 낄포틴, 기석영 역, 「쏘베트문학의 저명한 작품」(이상 『문화전선』 1호), 이렬쓰키, 이득화 역, 「신오개년계획에 잇어서의 문화발전」; 이 트즈제프, 기석영 역, 「레닌, 스딸린과 꼬르끼」(이상 『문화전선』 2호), 알렉산드르 잇치, 이휘창 역, 「알렉쎄이 톨스토이」, 『문화전선』 3호; 알렉산더 알렉산드로브, 「고르끼와 사회주의리얼리즘」, 『문화전선』 4호; 빅토르 니콜라이예프, 박화순 역, 「쏘베트문학의 발전과 제문제」, 『문화전선』 5호.

조선예술총동맹의 기관지인 『문화전선』 안에 번역 소개된 글의 양은 극히 부분적이다.[34] 하지만 잡지에서는 소련문화의 번역 소개가 주체적인 것임을 언명하고 있어서 매우 흥미롭다. 한설야가 언급하고 있듯이 소련과의 문화교류는 소련군이 북한 사회에 진주하고 있기 때문에 정책적으로 문화를 수용하는 것이 아니며, 소련문화의 우위성, 진보성, 지도성에서 제기된 것이라는 관점이 바로 그것이다. 한설야는 "노서아의 문학, 예술이 자연주의 문예사조 이후에 공전의 발전을 수(遂)한 것은 그 국내에서 민족문화의 상호적 교섭과 융화와 또는 각 민족문화를 조장 계발하는 데서 온 정당한 민족문화교섭에 있는 것"[35]이라고 천명한다. 이런 점을 감안할 때 『문화전선』이 단순히 일방적인 소련문학의 수용에 그쳤다고 보는 것은 피상적인 판단에 지나지 않는다.

『문화전선』에서 발견되는 소련문학의 수용 태도가 어떤 추이를 보이는지는 안막의 평론을 통해 좀 더 면밀하게 확인해볼 수 있다.[36] 안막이 『문화전선』에 게재한 평문은 모두 3편으로, 「조선문학과 예술의 기본임무」(1호), 「신정세와 민주주의 문학예술 전선 강화의 임무」(2호), 「민족예술과 민족문학 건설의 고상한 수준을 위하여」(5호) 등이다. 이들 평문

---

34 소련문헌의 번역·출간의 경우, 1945년부터 8월부터 1946년 8월까지 551,871부, 1946년 8월부터 1947년 8월까지 614,901부, 1947년 8월부터 1948년 8월까지 744,460부에 이르는 것으로 나타난다. 이에 관해서는 정신문화연구원 편, 『해방 전후사 사료연구』 2, 선인, 2002, 162~172면, 임유경, 앞의 글, 486면에서 재인용.

35 한설야, 「국제문화의 교류에 대하야」, 『문화전선』 1호, 35면.

36 안막(1910~?)은 김기진의 대중화론을 형식주의로 비판하였고 「창작방법문제의 재토의를 위하여」(1933)에서 새로운 창작방법론으로 사회주의리얼리즘을 처음 소개한 카프의 주요 이론가였다. 해방 후 그는 북조선예술총동맹 상임위원 겸 상임부위원장, 중앙당 문화선전선동부 부부장의 직책을 가지고 있었고, 1949년 평양 국립음악대학 초대학장으로 부임할 만큼 해방 이후 이기영, 한설야와 함께 부상한 문화권력자의 한 사람이었다. 이런 점을 상기해 보면 『문화전선』에 게재된 그의 문학적 발언이 가진 무게감은 결코 가볍지 않다.

에는 세계정세에 대한 동서냉전적 관점, 순문학 및 예술지상주의에 대한 비판이 정세 변화에 따라 논조의 미세한 단절과 변화의 궤적을 보이고 있어서 주목해볼 만하다.

「조선문학과 예술의 기본임무」에서, 안막은 식민 구제(舊制)와의 결별을 강조하며 북한 문학예술의 건설방향을 "내용에 있어서 민주주의적 형식에 있어서 민족적"(『문화전선』 창간호, 6면)이어야 한다고 규정한다. 이 같은 문학예술의 성격 규정은 소련문예정책에서 추구한 '내용에서는 사회주의적, 형식에서는 민족적'이라는 전제에서 출발하여, 당대 북로당이 조선민주당과 좌우합작을 표방하며 내세운 '인민민주주의 노선'과 결부시킨 것임을 알 수 있다. 안막은 당대 문학의 지향점을 '반민족적 반봉건적 세력과 문화사상과의 투쟁'으로 결론짓고 이를 '조선인민에 복무하는 모든 문학자, 예술가들의 기본 임무'라고 표현한다. 그는 또한 당대문학의 과제를 일본 제국주의 통치에 대한 투쟁이자 반민주적 파쇼적 문화 반동에 대한 투쟁이라고 명시하면서, 10월 혁명과 독일 파시즘과의 대결에서 위대한 문학과 예술을 창조한 소련문학과 함께 대일 항전을 통한 민족해방 투쟁을 감행한 중국문학에서도 배울 점이 있다고 기술하고 있다.(『문화전선』 창간호, 3면) 그는 소련문학의 수용만큼이나 중국문학도 참조해야 한다는 관점을 취하고 있는 셈이다. 이러한 논지는 앞서 거론한 한설야의 주장처럼 소련문학의 일방적인 수용보다도 주체적인 관점에서 문화적으로 다양한 참조사항으로 삼는 태도와 멀지 않다. 안막은 오늘의 민족문학예술이 정치와 예술의 결합에 있고 작가는 선전자, 선동자, 조직자로서의 임무를 가지고 있으므로 국제문화의 섭취는 시대에 뒤떨어진 서구의 외국문학에서가 아니라 소련의

선진적인 문학예술을 참조하여 민족문학예술 전통을 새롭게 수립해야 한다고 주장했다.[37]

하지만 1946년 10월 발생한 '대구사태(10월 인민항쟁)' 이후 안막의 논조는 강경해진다. 「신정세와 민주주의 문학예술전선 강화의 임무」(『문화전선』 2호, 이하 면수만 표기)에서 그는 "일본제국주의를 반대하고 봉건세력을 반대하는 빛나는 민족해방투쟁에 있어서 발현한 우리 문학자 예술가들의 애국적 전통"(2면)에도 불구하고 "국제정세는 또다시 조국을 강점하려는 새로운 침략자에 대하여 맞서야 하고 민주주의 조선독립국가 건설을 위하여 투쟁"해야 하는 상황에 처했다고 본다. 그가 판단한 국제 정세는 동서 냉전체제의 등장으로 요약된다. 제2차 세계대전 이후 소련인민과 붉은 군대의 결정적인 역할로 세계 민주주의 역량이 승리하며 일제와 독일 파시즘의 붕괴로 끝났으나, 국제 파시즘의 잔존세력이 영미 국제 독점자본과 야합하여 반민주주의 반동전선을 형성했다는 것이다. 이러한 세계정세 때문에 작가의 임무는 '세계 민주주의 역량과 반민주주의 반동세력 간의 첨예한 투쟁'의 현실에서 "사회주의 체제와 몰락하는 자본주의 체제의 투쟁인 동시에 인류 역사의 새로운 발전을 놓고 벌이는 투쟁", "민주주의적 문화사상과 노예적인 문화사상과의 투쟁", "민족적 협동 문화사상과 민족적 증오문화사상과의 투쟁"(4면)을 수행해야 한다고 주장한다.[38] 안막은 남한에서 미군정의 거듭된 실정(失政)과 좌파 탄

---

37 안막, 「조선문학과 예술의 기본임무」, 『문화전선』 창간호, 1946.7, 13면.

38 당대 좌파 지식인들의 세계 인식은 안함광의 경우도 흥미롭다. 그는 「민주문화의 창건과 문화 파류의 문제 : 일본문화의 비판을 중심으로」(『문화전선』 2호)에서, 제1차 세계대전 이후 서구문화의 위기의식은 서구 제국 전체에 걸쳐 생산력과 자본주의적 생산체계와의 모순과 갈등에 따른 문화 자체의 갈등과 모순으로 나타났고 급기야 수습될 수 없을 만큼 자기모순이 발전하면서 문화의 존재이유가 사라졌다고 본다. 일본에 들어온 서구문화도 그러하기 때문

압을 “국제민주주의 반동파들의 일환”이라고 보았다. 그는 남한의 현실이 “북조선과 같은 ‘토지개혁’ 대신에 강도적 토지수탈을, ‘노동법령’ 대신에 약탈 형식의 강화를, ‘남녀평등권에 대한 법령’ 대신에 갖은 형태의 여성의 노예화를, ‘중요산업의 국유화’ 대신에 식민지적 독점을 강행하고 있으며 조선민족의 애국사상의 파괴와 정신적 예속을 위하여 조선민족문화 발전의 자유로운 창조의 길을 가로막고 있”다고 보면서 “남조선은 오늘날 새로운 제국주의 침략의 위기에 놓여 있”(6면)다고 주장한다.

당면한 현실에서 안막이 내세운 문학예술인의 “기본적 투쟁임무”(8면)은 다음과 같이 서술된다.

> 여기에 있어서 북조선의 문학예술가들은 북조선의 민주주의 문학예술 역량이 민주주의 조선독립국가 건설을 위한 주동적 문학예술부대임을 깊이 인식하고 보다 광범한 연합과 통일적인 행동을 가짐으로써 북조선의 민주주의 문학예술전선을 더욱 확대강화하여 민주주의 민족문학 예술 건설사업을 더욱 전진시킴으로써 우리들의 역량이 그야말로 위대한 북풍이 되어 오늘날 새로운 제국주의의 침략의 위기하에서 영웅적으로 투쟁하고 있는 남조선의 문학자 예술가를 원조하며 격려하여 그들과 더부러 전조선적인 통일적 민주주의 문학 예술전선을 수립하고 반민주주의 반동파들과 그 문화사상을 분쇄하므로써 문학과 예술의 위대한 개화를 가져올 수 있는 민주주의 현실을 하루속히 전조선적으로 세워놓아야 한다.
>
> —『문화전선』 2호, 7면

에 조선은 일본문화의 병폐와 함께 서양문화의 병폐를 이어받았다고 본다. 안함광, 같은 글, 12~13면 참조.

안막의 발언에서 두드러지는 것은 소위 '평양중심주의'이다. 서울과 평양을 동서 냉전의 대척점으로 설정한 그는, 북한의 체제와 문학예술의 임무가 위중한 정세 앞에 놓인 전선에 선 자들의 것임을 부각시키고 있다. '문학예술부대', '문학예술전선', '영웅적 투쟁' 등의 표현에는 두드러지는 특징은 문화를 정치 선전과 선동의 주요수단으로 간주하는 소련의 문학예술정책이 가진 군사적 레토릭이다. 반복해서 등장하는 군사용어는 문화를 국가 산업의 프로젝트로 간주하는 즈다노비즘의 영향하에 놓여 있음을 말해준다. '제국주의 침략의 위기' 속에 '영웅적으로 투쟁하고 있는 남조선의 문학자 예술가를 원조 격려'하고 '문학과 예술의 위대한 개화'를 낳는 '민주주의 현실'을 마련하는 의미론적 지평은 "소련문학에서 사회주의 사실주의 문학이 절정일 때 (…중략…) 광범위한 관료적 개입과 함께 표준적인 공식에 따라"[39] 생산되는 공학적 비유와 군사적 비유들로 채워져 있다. 『문화전선』이라는 제호조차 소련의 문화정책에서 사용된 수사의 하나임을 상기해 보면 이러한 표현이 즈다노비즘의 영향권 안에 있음을 어렵지 않게 유추할 수 있다.

안막은 정세 판단에 이어 북조선예술총동맹의 조직 확대강화를 향후 문제로 제기한다. 그는 북조선 유일의 민주주의적 문학예술통일조직이 "후원자 붉은 군대와 "우리의 태양 김일성 장군의 문학과 예술에 대한 거대하신 고려"를 통하여 "민주주의 민족문학 예술건설의 노선"이 정확히 설

39 찰스 암스트롱, 앞의 책, 270면. 암스트롱의 관점에서 보면 안막이 당대 문학의 기본적인 역할을 식민구제의 낡은 것과의 대결로 규정하는 방식이나 '전쟁과 군사 동원의 은유'를 차용하는 방식은 "스탈린 치하의 소련에서 '문화전선'의 구성원이 작가, 예술과 그리고 선동가"(같은책, 270면)들로서 작가들을 '인간 영혼의 기사'로 표현한 레토릭 자체가 소련문학의 논조의 수용임을 어렵지 않게 파악할 수 있다.

정되었고, "예총의 매개(?)조직원들이 열성을 다하였기 때문에 (…중략…) 급속하고도 찬란한 발전"(8면)이 가능했다고 주장한다. 그는 "'예총'이 중앙으로부터 면에 이르기까지 일개의 위대한 '나사'와 같이 전투력"을 발휘하려면 조직 강화가 필요하다고 역설한다. 그는 조직 강화가 "문학자, 예술가를 조직의 틀에 메여놓고 그들의 자유로운 문학적 예술적 재능을 저해하는 것"이 아니라 촉진하는 것이라고 주장한다.(9면) 그의 주장 안에는 문학자, 예술가들의 이질적인 집단성, 사상적 기술적 편차를 인정하는 태도가 담겨 있으며 일사불란한 통합을 이루기 위한 노력이야말로 조직 강화의 목적임을 밝히고 있는 셈이다. 안막은 위대한 문학예술의 창조를 위해 사상적 무장과 기술적 무장이 필요한데, 이를 위해서는 "북조선의 민주주의적 현실의 발전이 바로 거대한 소재"이므로 "'혁명적 눈'을 보유하고 영웅적으로 투쟁하는 조선 인민대중을 정확히 표현하는 것"(10면)이야말로 이 시대 작가들의 임무라고 결론내리고 있다.

앞서 검토한 안막의 논조에서는 『문화전선』 1호와 『문화전선』 2호 사이에 놓인 논리적 간극이 희미하게 드러난다. 그 하나는 소련문학 수용에 대한 관점에서 중국문학 또한 참조 가능하다는 전제가 사라진 점이며, 그 자리에 대구사태와 같은 남한의 가파른 정세 변화에 대응하는 진영(陣營)적 사고가 등장한다는 점이다. 안막이 내세운 '남조선과 대비되는 북조선의 체제 우위논리'는 서울중심주의에 대응되는 평양중심주의로도 설명되지만, 냉전구도의 어느 한쪽 진영에서 발화된 것임을 잘 보여준다. 또 하나의 간극은 소련군과 김일성의 지도에 대한 찬사, 예술단체의 조직화, 약진하는 사회변화상에 대한 소재화를 역설하는 데 있다. 이는 중국과 일본을 포함한 국제문화에 대한 다양한 참조점이 하나로 단일화되었음을 뜻한다. 나아가 그 참조점은 문학예술이 '당의 문학'이라는 차원으로 복속되기 직전 상황으로까지 진행되었음을 시사해준다.

참조점의 집중에 따른 논리 변화라는 측면에서, 「민족예술과 민족문학건설의 고상한 수준을 위하여」(5호)는 북조선인민위원회의 출범(1947.2) 이후 교조화된 사회주의적 사실주의, 즈다노비즘에 입각한 당의 통제와 규율체제를 발언한 글임을 특기할 만하다.[40] 이 글은 8·15해방 이후 문학건설 분야를 개관하며 북한의 초기문학이 거둔 성과를 평가하는 한편, 진영화한 문학 장에서 반동적인 조류를 강도 높게 비판하고 있는 점이 주목된다. 안막은 서두에서 해방 직후 북한의 문학예술을 개관하고 내리는 총평은, "새로운 조선민족예술과 민족문학을 재건키 위한 노력과 투쟁이 자연발생적 분산적 운동"(『문화전선』 5호, 3면, 이하 면수만 표기)으로 일어났다는 것이고, 예술가 문학가들이 "자기의 운명을 인민의 운명"(4면)과 분리시키지 않았다고 본다. 하지만 그는 북한의 "민주주의민족예술과 민족문학 건설사업은 2년이 채 못 되는 짧분 기간에 거대한 승리"(4면)했으나 "나어린 예술과 문학이며 아직도 그 잠재력을 전적으로는 발양식히지 못하였"으며 "반민주주의반동파들이 여하히 부정할여 하여도 부정할 수 없는 사실"(4면)이라고 본다. 또한 그는 해방 이후 북한문학의 성과를 가리켜 "우리 정권이 (추진한) 민주주의적 고상한 사상으로써 인민들에게 높은 자각성과 문명성을 주입하면서 인민 속에서 실시한 광범한 교양사업과 문화건설사업의 결과"(4면)라고 총평하고, 이어서 '무기로서의 문학예술', "작가는 인간 정신의 기사"라는 스탈린의 언명과 함께,

40 이 글은 문예총 창립 1주년 기념대회 보고와 문예총 주최 문예강연회에서 발표한 강연원고를 줄인 것임을 밝히고 있다. 『문화전선』 5호, 16면.

작가들이 “민족의 보배”라는 김일성의 발언을 상기시킨다. 이와 함께 그는 “조선예술과 조선문학은 조선인민들의 도덕적 통치적 통일성을 촉진시키며 그들을 민주주의 조국건설을 위한 영웅적 노력과 투쟁으로 고무하며 조직하는 강력한 무기”(5면)가 되었다고 설파한다. 덧붙여 그는 문학예술 수준의 빈곤함을 지적하면서 “조선 인민의 성장된 사상적 문화적 수준”에 비해 “조국과 인민에게 복무하는 조선문학과 예술의 거대한 임무로부터 현저히 낙후”(6면)한 상태라고 규정하면서, 그 원인을 “예술가 문학가들의 낮은 예술적 창작적 일반수준, 사상무장의 부족, 예술적 수단의 빈곤, 긴장한 창조적 노력의 결핍”(6면)에서 찾고 있다.

또한 안막은, 희곡 「해방된 토지」, 「부러라 동북풍」 등에 등장하는 잘못된 무의미한 인간, 허수아비 주인공들의 낡은 인간상이 전형적인 인물 형상으로는 실패한 것이며(7면), 시집 『응향』 『예원써클』 『문장독본』 『관서시인집』, 극장 방송 등에서 드러나는 무사상성과 정치적 무관심성이 가진 반동적인 문학의 흐름을 비판한다. 그 흐름이야말로, 즈다노프 결정서의 어투를 빌려, ‘예술을 위한 예술’, ‘예술의 순수’, ‘예술의 자유 신봉자들이 조국과 인민에게 배치되는 예술’, ‘조선예술문학에 적합하지 않은 낡은 예술문학’의 신봉자들이 잔재한 사례로 적시한다.(8~9면) 그는 또한 즈다노프의 어투를 빌려, 이들 반동적인 사조가 민주주의적 조선민족문학예술과 대립되는 “일본제국주의의 노예사상의 잔재의 산물”이자 “조국과 인민에게 해독을 주는 낡은 사상”이라고 규정하고 “낡은 신봉자들에게 북조선의 예술문학의 자리와 출판물 극장 방송들을 제공한 것은 우리 북조선문화전선의 큰 수치”(9면)이라고 역설한다. 안막은 시집 『응향』에 수록된 서창훈, 구상의 시와, 『관서시집』에 수록된 황순원의 시를 낡은 사상의 과거 유물로 거론하며 예술의 순수성을 유해한 것으로 타자화한 다음, '조선민족 문학예술 유산을 정당하게 계승하고 쏘련을 위시한 선진적 외국예술과 문학을 적극적으로 섭취하기 위한 구체적 사업'의 강력한 전개가 필요하다고 역설한다.(12~13면) 이는 「응향 사건 결정서」의 내용을 반복한 것으로 그치지 않고 북한 초기 문단에서 교조적인 문학예술의 지침이 실제로 작동하는 사례로 볼 필요가 있다. 안막이, "일부 문화건설자 가운데 자기의 민족문화유산을 (…중략…) 우수한 것까지 정당히 계승발전 식힐 줄 모르는 옳지 못한 사상"을 가리켜 "일본제국주의가 조선민족문화 전통의 말살을 위한 노예적 문화정책이 남기고 간 해독"(이상 14면)이라고 규정하는 방식 또한 즈다노프의 결정서에서 잡지 『별』과 『레닌그라드』에 대해 내린 편집위원 교체 같은 인적 쇄신과 잡지 폐간이라는 극단적인 통제와 닮아 있고, 다양한 비정치적 문인들에 대한 '노예적인' 부르주아 예술의 추종으로 단정하는 논리와 그리 다르지 않다. 안막의 이러한 논리 적용방식은, 규범의 잣대로서, "세계적인 문학예술 수준으로 급속히 발전하려면 소련문화의 적극적인 섭취가 필요하다"(15면)는 주장을 역설하는 데서도 소련 당대문학이 보여준 즈다노비즘의 검열과 통제방식을 그대로 답습하고 있음을 말해준다.

지금까지 보았듯이, 『문화전선』에 수록된 안막의 평론에서는 북한 초기문학의 다양한 문화적 참조점이 차츰 일원화하는 경로 하나가 발견된다. 애초 그는 민족문화 건설을 위한 외국문화의 주체적 수용에 유용한 참조점으로 소련과 중국만 내세웠던 것이 아니라, 일본으로부터도 비판적인 이해를 구해야 한다고 주장했다. 그러나 이 같은 다채로운 참조방식은 점차 소련문화를 적극적으로 섭취해야 한다는 논리로 축소되고 있는 것이다. 더구나 그의 논조에서 발견되는 군사적 레토릭은 즈다노비즘이 횡행하는 전후 소련문학을 발신지로 삼고 있음을 보여준다. 안막이 전유한 '고상한 사실주의'는 해방 이후 전개된 동서 냉전논리 위에 문학의 당파성과 인민성, 문학예술에 대한 당의 검열과 통제를 강조하는 즈다노비즘의 다른 이름이었다. 그의 '고상한 사실주의론'은 1930년대 중반 소련의 사회주의적 사실주의의 긴 행로에서 제2차 세계대전 이후 등장한 즈다노프의 문화정책이 보여준, 낙후한 사상적 대중적 관점을 넘어서는 단계론에 입각해 있다. 이는 당의 검열과 통제방식을 통해 당과 정치에 복속된 문학의 정치화를 천명하는 한편, 남북정세의 급변과 함께 북한 내에 자생해온 예술지상주의와 순문학을 배제, 축출하고 새로운 사회주의적 인간상을 담아내기 위해 내세운 '당의 문학'에 대한 미학적 명칭이었던 것이다. 이 과정에서 북한 초기 문학은 세계 냉전구도의 한 축을 수용하면서, 훗날 북한문학이 다양성을 상실하고 당의 문학으로 안착하는 경과를 압축적으로 보여주었다.

5. 맺음말 : 냉전논리의 번역과 수용

해방 직후 북한의 초기문학은 식민지적 질서로부터 벗어나면서 다양한 문학이 공존하는 상황이었다. 그러나 1945년에서 1947년에 이르는 짧은 기간 동안 북한문학은 문학단체의 통합과 함께 '당의 문학'으로 쇄신되는 절차를 거친다. 이 과정에서 첫 분기점은 1945년 10월 '서북 5도

당 책임자 및 열성자 대회'와 조선공산당 북조선분국 설치'였고, 두번째 분기점은 1947년 2월 북조선임시인민위원회가 북조선인민위원회로 새롭게 출범하게 되는 상황이었다. 첫번째 분기점이 문학단체의 통합을 통한 당 문학으로의 제도적 재편이 강조되었다면, 두번째 분기점에서는 문학의 공식 이념인 사회주의적 사실주의가 미학적 절대 이념으로 채택되었다.

이 두 번의 결절점은 북한의 초기 문학이 당 문학으로서의 정체성을 구비하는 결정적인 조건이었다. 특히 사회주의적 사실주의를 표방하는 흐름은 당대 소련에서 횡행한 즈다노비즘을 전유하며 교조적인 당 문학의 정체성을 구비하게 만들었다. 사회주의적 사실주의 미학이 북한문학에서 안착하는 일련의 프로세스는 다종다양하게 모색되었던 민족문학과 문화에 대한 담론을 폐기하고 이를 단일화하며 북한문학의 공식 이념으로 뿌리내리는 경과를 보여준다.

'시집 『응향』 사건'은 그 와중에 발생한 이질적인 문학사조의 적대적 배제논리의 적용이었고 이로써 남한의 보수문학 진영과 더욱 적대적인 냉전논리로 대립하는 파장을 불러왔다. 하지만 다른 각도에서 보면, '시집 『응향』 사건'은 북한 초기 문학이 당의 문학으로 재편되어가는 과정에서, 제2차 세계대전 직후 즈다노프가 관료적으로 개입한 소련의 문학예술정책을 전범으로 삼은 첫 사례였다. 북한의 초기문학이 남·북한의 진보적인 문학단체를 아우르며 사회주의적 사실주의 미학 아래 '당의 문학'이라는 정체성을 구축하는 과정에서 빼놓을 수 없는 요소는 소련문학의 수용이었다. 하지만 북한문학은 즈다노프의 문화정책을 전유하며 반서구적인 냉전논리를 전제로 한 일원화된 사회주의 미학을 채택했다. 안막의 평문에는 다양한 참조점이 사라지고 소련 중심의 문학제도 일반이 구축되는 일련의 과정이 잘 드러나 있다.

사회주의리얼리즘에서 주체사실주의로

북한 사회주의 문학의 계보

김성수

1.

2012년 봄, 지금은 남북관계의 절대적인 위기 국면이다. 남한은 2008년 출범한 이명박 정부 내내 냉전체제로의 퇴행을 실감할 만큼 흡수통일론의 부활이 공공연하게 받아들여졌으며, 통일에 대한 철학의 부재를 느낄 지경이다. 북한도 만만치 않다. 북한은 마르크스-레닌주의에 기초한 사회주의 국가가 아니라 중세적 3대 세습을 당연시하는 김정은 체제가 안착함으로써 '김일성주의'를 체제 이념으로 한 독특한 '김일성주의 국가'를 지향하고 있다.

이 글에서는 이러한 정세 판단하에서 북한문학이 다른 사회주의 국가들의 문학과 어떤 공통점과 차별성이 있는지 대표 작가 작품의 계보를 중심으로 간략하게 정리하고자 한다. 북한문학을 역사적으로 개괄할 때 마르크스-레닌주의에 기초한 사회주의리얼리즘 미학을 주요 준

거로 활용했던 1950~1960년대 담론에선 숱한 토론과 논쟁, 백가쟁명이 가능했다. 하지만 주체사상의 유일사상체계화가 확립된 1967년 이후 이론적 자기정립을 보인 주체문예이론의 전개 이후엔 문학에 대한 자의식을 찾기 어렵다. 따라서 북한문학의 전체상은, '사회주의리얼리즘 문학의 역동적인 변모'보다는 '주체문학으로의 일방적 도정'이라는 흐름으로 정리될 수 있다.

2.

북한문학을 대표하는 초기 작가들의 계보를 정리하면, 해방 전부터 활동한 월북/재북 작가의 두 부류가 있다. 1920~1930년대에 카프를 중심으로 한 프로문학을 하다 월북 후 사회주의리얼리즘 문학의 토대를 세운 한설야, 이기영, 이북명, 송영, 임화, 김남천 등이 한편에 있다. 다른 한편에는 1930년대의 순수주의자, 모더니스트였다가 월북/재북 후 사회주의리얼리즘으로 전환한 이태준, 박태원, 이용악, 백석 등이 중요한 자리를 차지한다.

사회주의리얼리즘 문학을 정초한 대표 작가로는 일제강점기시대 최고의 농민소설인 『고향』의 뒤를 이어 「개벽」, 『땅』, 『두만강』을 쓴 이기영이 있다. 『땅』은 토지개혁을 배경으로 한 새로운 노동계급의 사회적 성장과 인민민주주의-사회주의 체제의 물적 토대를 역사적인 법칙으로 형상화했고, 『두만강』은 충청도 출신의 간도 농민들이 빨치산 투쟁에 도달할 수밖에 없는 필연성을 가족사적으로 추적하였다.

『땅』의 성과는 이태준의 『농토』를 통해 사회주의 농민의 당위적 형상으로 이어지며, 이북명의 『노동일가』를 통해 '민주개혁'에 필요한 공장 노동자의 모습이 어떠해야 하는지 노동 영웅의 전형으로 집약되었다. 문단의 지휘봉을 잡은 한설야는 『설봉산』에서 1930년대 적색농조 활동 중 내부 밀고 사건과 그를 극복하는 과정을 그리고 있으며, 천세봉의 『석개울의 새 봄』은 1958년 당대 사회주의적 농업 개조 과정의 진통과 그 해결 과정을 현장적 생동감으로 묘사하였다. 이 시기 문학의 특징은 일제 강점하의 소작쟁의, 공장 파업 등 민족해방 투쟁의 여세를 몰아 새 국가 건설의 다방면을 사회주의 체제로 집약하는 현장을 그리는 것이었다.

6·25전쟁이 끝나고 전후복구가 이루어지면서, 김일성의 항일무장투쟁을 미화하거나 전쟁 당시의 지도력을 과장·선전하는 작품이 많아졌다. 1967년 이후에는 보편주의적 사회주의리얼리즘 대신 주체사상의 유일사상체계화가 이루어지자 주체문예론과 주체문학이 절대화되었다. 가령 『안개 흐르는 새 언덕』(1966)을 앞뒤로 한 천세봉의 변신을 보면 문학사적 대변혁의 징후를 감지할 수 있다. 전후 농촌의 변모상을 그린 『석개울의 새 봄』, 『대하는 흐른다』, 『고난의 역사』 등으로 이름을 날렸지만 그의 신작 『안개 흐르는 새 언덕』은 항일운동의 유일무이한 중심을 김일성의 빨치산 활동에만 두려는 주체사상 형성 담론에 장애가 되자 권부로부터 집중 공격을 받았다. 하지만 곧 변신하여 주체문학 형성에 앞장선 결과 김일성 일대기를 다룬 '불멸의 역사' 총서 『혁명의 려명』, 『은하수』, 『조선의 봄』 등을 창작하였다. 천세봉의 작가적 변모

는 사회주의리얼리즘에서 주체사실주의로 변신하는 북한 대표 작가의 운명을 보여주는 전형이라 할 만하다.

1960년대 말부터 1970년대 초에 걸쳐 '항일혁명문학예술'의 발굴과 '수령형상문학'에 절대적 권위가 부여되었다. 그 중심에 4·15창작단이 있다. 수령 형상화는 어느 한 작가만 전담하기 어렵다며 여러 작가가 공동 집필하는 '집체창작'을 실천하면서 김일성이 1930년대 빨치산 활동을 할 때 지었다는 촌극 「피바다」, 「한 자위단원의 운명」, 「꽃 파는 처녀」 등을 소설로 각색하였다. 이후 김일성의 생애 전체를 수십 편의 장편소설 시리즈로 창작하는 '불멸의 역사' 총서와 김정일 일대기를 그리는 '불멸의 향도' 총서를 창작하고 있다.

그러나 사람 사는 곳에 영웅 전기나 악장문학 같은 주체문학, 수령문학만 강요할 수 없는 것이 인지상정이 아닐까. 1980년대 중후반에 들어서서 사회 분위기의 전반적인 이념적 완화가 이루어지면서 민족문학사에 오를 만한 대표작이 나왔다. 이를테면, 북한 최고의 역사소설인 박태원의 『갑오농민전쟁』이라든가, 남대현의 『청춘송가』, 백남룡의 『벗』 같이 상대적으로 정치색이 덜하고 예술적 완성도가 높은 작품이 창작되어 독자의 호응을 받았다. 새로운 과학기술의 개척과 사랑을 성취하는 젊은이들의 진취적 생활을 그린 『청춘송가』나 가정법원 판사가 이혼하려는 부부를 화해시키면서 인민의 벗으로 자처한다는 『벗』을 통해 사회주의 현실의 미세한 균열을 섬세하게 그리려는 리얼리즘적 면모가 엿보인다.

3.

1990년대 이후 2010년대 현재 북에서는 '주체사실주의'를 창작방법(미학)으로 한 주체문학, '선군문학'이 중심이다. 핵심은 인민대중의 자주성에 기초한 주체의 문예관이라고 주장하지만, 실은 '수령에 대한 충실성'이 가장 중요한 지침이다. 아는 문학 창작과 향유의 유일한 기준으로 수령에 대한 충성을 강조하는 것이다. 1990년대 이후 '사회주의 현실의 틈새'를 중시한 「나의 교단」, 「쇠찌르레기」, 『영근 이삭』처럼 일반주민의 생활감정을 다룬 세태소설가 최상순, 림종상, 변창률 등이 나왔지만 그들조차 수령론에서 자유롭지 못하다. 수령에 대한 절대적 충성과 군부를 노동계급보다 우위에 놓는 '선군사상'에 기초한 '선군(先軍)혁명문학'이 제시되어 이념적 경직성이 고착되었다.

그렇다면 왜 보편적 사회주의 문학 대신 북한 특유의 주체문학을 중시하게 된 것일까? 이는 현실 사회주의권의 몰락에 따라 시효가 다한 사회주의리얼리즘 대신, 최고 지도자(수령, 장군)에 대한 충성과 '자민족제일주의'라는 주관적 의지를 강조해서 위기를 돌파하겠다는 전략의 일환이라 할 수 있다.

물론 북한문학은 구 소련과 동구, 중국 같은 사회주의 국가와 다를 바 없이 초기부터 공식적으로 사회주의리얼리즘의 자장에서 완전히 벗어났다고는 할 수 없다. 작가들은 조선문학예술총동맹의 조직적 틀 안에서 사상과 문화 진지의 전사(혁명적 군인)로 호명되어 당의 주도하에 문학으로써 노동계급에게 사회주의-주체사상과 혁명 전통을 전달하는 것을 사명으로 삼고 있다. 현실에서 작가의 의무는 계속해서 변하는 당의 기본 방침과 통치 이념의 해석을 독자 대중에게 주입시키는 것이었다. 이른바 미제와의 대결과 분단이라는 독특한 역사 상황 때문에 북한문학은 다른 사회주의 문학에 비해 예속의 정도가 월등하다. 북한 문학작품에서는 다른 나라 사회주의 문학처럼 당-국가의 지배 이념, 정책과 어긋나거나 대립된 정치적 함의를 찾기는 어렵다. 홍석중의 『황진이』(2002)처럼 미세한 균열 정도만 드물게 찾아볼 수 있을 뿐이다.

북한문학에 대한 비교문학적 이해

국민국가라는 인식틀을 넘어

김재용

북한문학을 이해하는 전통적인 방법 중의 하나는 한국이라는 국민국가 틀 속에서 접근하는 것이다. 해방 이후의 북한문학을 일제하 카프문학의 연장선상에서 이해하려고 하는 태도는 이러한 접근법의 가장 낯익은 것 중의 하나이다. 또한 한국 근대문학의 연속성 위에서 북한문학을 연구하는 것 역시 이러한 종류의 것임에 틀림없다. 해방 이후의 북한문학을 남한문학과 관련성 혹은 대조 속에서 연구하는 것 역시 이러한 접근법의 하나일 것이다. 이러한 낯익은 접근법이라는 것이 사실상 국민국가의 틀 속에서 이루어진 것임은 부인하기 어렵다. 물론 이러한 접근법을 택한 모든 것이 국민국가의 틀 속에 가두어져 있었던 것은 아니다. 소재와 대상은 그렇다 하더라도 그 시각에 있어 국민국가의 범위를 넘어선 것이 있기 때문이다. 이런 경우에도 시각은 국민국가의 틀을 벗어났다 하더라도 그 대상은 익숙한 국민국가의 범위 내로 한정되었다. 이러한 노력은 그 시각이 국민국가의 틀 속에 포획된 것이거나 혹은 그것을 넘어선 것이거나 간에 기본적으로 대상에 있어 국민국가의 범위를 넘어서지 못한 것이다. 이러한 접근법은 그 자체로 큰 의미를 가지고 있기 때문에 앞으로도 오히려 가속화되어야 할 것이다. 필자가 보기에 우리의 연구 상황은 이러한 것을 넘어설 정도로 이 방면의 연구가 축적되었다고 말하기 힘들다. 그렇기 때문에 이 방면의 연구는 한층 더 이루어져야 할 것임에 틀림없다.

하지만 북한문학을 연구하기 위해서는 국민국가의 범위를 넘어서는 비교문학적 접근이 매우 절실하다. 왜냐하면 국가 사회주의의 문학들은 국제주의적 소통을 중요시했기 때문에 그들 사이에 상관성이 그 어떤 지역의 문학보다 높기 때문이다. 모스크바의 논의가 다른 국가사회주의로 퍼지는 데에는 그렇게 많은 시간이 걸리지 않았을 뿐 아니라 그것을 큰 긍지로 받아들였던 분위기도 컸기 때문이다. 그런 점에서 북한문학의 비교문학적 접근 특히 다른 사회국가와의 비교 연구는 앞으로 매우 절실하다 할 것이다. 물론 이러한 작업은 결코 쉽지 않다. 우선 북한문학 자체에 대한 폭넓고 심도 있는 연구가 선행되어야 하고 나아가 다른 지역의 문학적 실상을 제대로 알 수 있는 통로가 필요하기 때문이다. 하지만 어설픈 시도라 하더라도 그런 방면으로 나아가 작업하는 것 자체는 절실하다.

1955년부터 1958년에 걸쳐 이루어진 북한문학 내부의 논쟁은 필자 역시 여러 번 다룬 바 있다. 북한문학의 도식성을 어떻게 극복할 수 있는가로부터 시작된 이 논쟁은 해방 이후 북한문학계에서 비교적 자유로운 정황에서 이루어진 보기 드문 일이다. 이 논쟁을 깊이 있게 이해하기 위해서 일차적으로 필요한 일은 해방 이후부터 그 시기까지의 북한문학의 전개와 그 내부의 각종 복잡한 논의와 긴장이다. 1947년부터 시작된 북한문학의 도식화와 그 반대에 대한 이해 없이 이 논의를 이해한다는 것은 거의 불가능하다고 생각한다. 다음으로 행해야 하는 것은 이 논의의 출발점이 되는 소련에서의 논쟁들에 대한 이해이다. 스탈린 비판에서부터 촉발된 소련문학계의 개방성에 대한 이해 없이 북한에서의 논쟁과 문학을 이해하기는 어렵다. 이 역시 넓은 의미에서 비교문학적 접근이라 할 것이다. 하지만 소련과 북한 간의 종적 비교만으로는 그 핵심에 도달할 수 없다. 북한의 정황을 중국·베트남과 비교하는 것이 필요하다. 중국과의 비교도 중요하지만 당시 여전히 식민주의의 유제를 완전히 극복하지 못하였던 베트남의 논의와 비교하는 것은 북한의 논의가 갖는 특성을 이해함에 있어 매우 중요한 시사점을 준다고 할 수 있다.

베트남도 거의 같은 시기에 북한과 같은 논의를 겪었다. 베트남의 경직된 사회주의리얼리즘을 거부하는 이들이 문학의 창조성을 이야기하면서 논쟁을 하다가 1958년에 들어 숙청당하는 상황까지 북한과 거의 같다고 할 수 있다. 북한문학과 베트남문학을 횡적으로 비교하는 것은 당시 북한문학의 논쟁이 갖는 이러한 특성을 아주 잘 보여준다. 베트남의 경우 도식성에 대한 논의가 많았지만 북한의 경우처럼 소련과의 긴장 문제는 거의 드러나지 않고 있다. 1950년대 중반 북한문학에서의 논쟁은 한편으로는 도식성을 둘러싼 논의이지만 다른 한편에서는 그동안 소련의 문학적 전통과 한국문학의 전통 사이의 긴장과 대립에 관한 논의였다. 소련에 점령된 이후 북한의 문학계에서 중요한 지위를 차지한 소련 출신의 문인들 및 이들과 깊은 연관을 가진 이들과 전통적으로 카프와 그 주변에서 성장한 문학인들 사이의 상반된 문학 전통에 대한 이해가 논쟁의 한 축을 이루었던 것이다. 이러한 상황은 소련의 영향은 받기는 했지만 직접 점령한 적이 없었던 베트남에서는 찾아보기 어려운 것들이다. 식민주의 상황에 놓여 있던 베트남에서도 이러한 논의는 찾아보기 어려운 것이다. 소련, 중국 심지어 베트남에서도 찾아볼 수 없는 논의가 북한문학에서 발견된다면 그것은 국가사회주의 일반의 특징이 아닌 북한문학의 특징인 것이다. 그런 특징을 일반적인 양상에 포개어 이해할 때 그 연구가 제대로 맥락을 갖춘 것이 될 것이다. 그런 점을 감안할 때 1950년대 중반 북한문학의 도식성 논쟁을 점 더 깊이 있게 이해하기 위해서는 한국 근대문학의 연장, 소련문학의 영향만을 주목하는 것으로는 한계를 가질 수밖에 없는 것이다. 비슷한 역사적 노정을 갖고 있는 것처럼 보이지만 다소 다른 베트남문학에서의 도식성에 관한 논쟁과 이로 인한 숙청의 문제에까지 우리의 시야가 넓혀질 때 비로소 북한문학에 대한 더 나은 이해가 가능할 것이다. 이것은 극히 단적인 예에 지나지 않는다. 향후 북한문학의 비교문학적 접근은 더욱 다양한 방식으로 이루어져야 할 것이다.

한국문학사를 바라보는 또 하나의 시각

『조선-한국 당대문학사』를 중심으로

이승윤

1. 제3의 시각, 『당대문학사』

남·북한문학사는 서술 주체나 방법 등에서 적지 않은 차이를 보인다. 특히 해방 이후를 대상으로 한 문학사 서술은 언어만 같을 뿐 서로 다른 민족(혹은 국가)의 문학사 서술이라고 해도 무방할 만큼 공분모를 찾기 힘들다. 해방 직후 북한에서 창작된 작품의 경우에도 남한의 문학사 서술과 북한의 문학사 서술의 입장 차이는 분명해 보인다.

지금까지 남·북한문학사 서술에 대한 비교 연구는 상당량 축적되었다.[1] 이 글은 기존의 연구 성과들을 바탕으로 제3의 시선이라 할 수 있

1 이복규, 「북한의 문학사 서술 양상」, 『국제어문』 9·10, 국제어문학회, 1989.7; 송희복, 「남북한문학사 비교연구」, 『동원논집』 2, 1989.12; 김대행, 「북한의 문학사 연구, 어디까지 왔는가」, 『문학과 비평』 가을호, 문학과비평사, 1990; 이명재, 「북한문학사의 특질과 그 비판」, 『현대문학』 505, 현대문학, 1997.1; 김재용, 「남북의 근대문학사 서술과 프로문학의 평가」, 『민족문학연구』 33, 민족문학사연구소, 2000.12; 조영복, 「남북한문학의 연속성과 통일문학사 구성을 위한 몇 가지 조건」, 『한민족문화연구』 8, 한민족문화학회, 2001.6; 홍혜미, 「북한문학

는 연변대 출판부에서 간행된 『조선-한국 당대문학사』[2]에 대해 살펴본 것이다. 『당대문학사』의 가장 큰 특징은 1945년 해방에서 1980년대까지를 대상으로 남·북한의 시와 소설, 희곡을 모두 아우르고 있다는 점이다. 또한 그 서술에서도 남북의 자료들을 폭넓게 활용하고 있다. 요컨대 제3국에서 출판된 한국문학사로서 남북의 자료를 동시에 활용하여 남·북한문학 모두를 대상으로 한 문학사란 점에서 주목되는 텍스트라 할 수 있다.[3] 이러한 체제와 서술 태도에 대한 검토는 향후 통일문학사를 기술하는 데에서도 하나의 시사점을 제공한다는 점에서 필요한 작업이라 할 수 있다.

이 글에서 대상으로 삼은 시기는 구체적으로 1945년 해방 후에서 1950년 한국전쟁까지의 시기이다. 이 시기는 북한의 여러 문학사에서 '평화적 민주건설시기'라고 호명한 시기이며, 남한의 경우에는 1945년 해방에서 1948년까지 이른바 '해방공간'을 포함하여 한국전쟁까지의 시기인 셈이다. 이 글이 해방 직후에 주목한 것은 이 시기가 『당대문학

을 이해하기 위한 시론 : 북한의 문학사 검토」, 『단산학지』 72001.12; 홍원경, 「북한문학사 서술의 문제점 : 20세기 전반기 문학사를 중심으로」, 『어문논집』 30, 중앙어문학회, 2002.12; 채미화, 「북한문학사의 전개와 전망」, 『숭실어문』 21, 숭실어문학회, 2005.6; 유문선, 「최근 북한 근대문학사 인식의 변화」, 『민족문학사연구』 35, 민족문학사연구소, 2007.12; 김종회, 「북한문학에 반영된 한국 현대사 연구」, 『한국문학논총』 49, 한국문학회, 2008.8 등

2 김병민·허휘훈·최웅권·채미화, 『조선-한국 당대문학사』, 연변대학출판사, 2000. 이하 이 글에서는 『당대문학사』로 약칭하여 부른다. 4명의 필자는 모두 현재 연변대학 조문과 교수이다. 저자 중 김병민은 김일성종합대학에서 문학준박사학위를 취득하였으며, 허휘훈은 김일성종합대학에서 객원교수를 지낸 이력을 가지고 있다. 허휘훈과 최웅권은 1990년대 중반 한양대에서 약 2년간 객원교수를 지냈다.

3 연변 조선족 자치주 내 소재한 연변대는 1949년 4월 설립된 중국 유일의 민족대학교이다. 연변 자치주는 9년제 의무교육을 실시하고 있으며 소학교, 중학교, 고급중학교, 대학교의 교육 시스템을 갖추고 있다. 중국 동북 지역 내의 조선족 중학교, 고급 중학교의 대부분 교원은 연변대 출신들이다. 1993년 중국 곤명에서 진행한 중국 최초의 '소수민족인구 국제연구토론회'에서 조선족은 56개 민족 중 문화자질이 가장 높은 것으로 평가받기도 하였다. 허명철 외, 『연변 조선족 교육의 실태조사와 대안연구』, 료녕민족출판사, 2003.

사』의 출발선이기도 하며, 이 시기에 대한 검토가 곧 북한문학의 향후 전개 과정을 살피는 데 중요한 토대가 될 수 있으리라는 판단에서였다.

『당대문학사』는 이 시기를 시대 개관과 더불어 시문학, 소설문학, 희곡문학으로 나누어 서술하고 있다. 이 글은 이 중 시 장르에 한정하여 논의를 진행한다. 주지하다시피 『조선문학통사 : 현대편』(1959), 『조선문학사(1945~1958)』(1978), 『조선문학사』 10(1994) 등 북한문학사의 경우 '평화적 민주건설시기', 곧 해방 직후를 다룰 때는 모두 소설보다 시 장르에 많은 분량을 할애하고 있다. 이 시기 시문학이 왕성하게 창작된 이유는 '해방'이라는 특수한 상황과 연결하여 설명할 수 있을 것이다. 무엇보다 시 장르는 해방의 감격과 민주개혁에 대한 희망과 결의를 표현하는 데 가장 효과적인 장르였으며, 예술적 선전성을 획득하는 데도 유용한 장르였다. 시가 비교적 문학적 소양이 부족한 사람도 쉽게 손댈 수 있는 양식이란 점도 많은 시인의 등장과 시편들의 생산을 가능하게 하였다.[4] 게다가 식민체제 아래에서는 볼 수 없었던 송가나 서정서사시, 서사시 등 새로운 양식들이 등장한 점도 이 시기의 주요한 특징 중 하나로 꼽을 수 있다.

이 글에서는 주 텍스트로 삼은 『당대문학사』 외에 중국 북경시 소재 중앙민족대 조문학부 교재로 사용하고 있는 『중국조선족문학사』[5]와 1994년 북한에서 오정애·리용서가 집필한 『조선문학사』에 대해서도 살펴볼 것이다. 『중국조선족문학사』의 경우 같은 중국 안에서 생산된

---

4 안함광, 「시문학의 일보전진을 위하여」(1948.2), 김재용·이현식 편, 『문학과 현실 : 안함광 평론선집』 4, 박이정, 1998, 140면.

5 오상순 주필, 『중국조선족문학사』, 민족출판사, 2007. 이 책은 중앙민족대 조문학부 교재로 사용되던 조성일, 권철 주필의 『중국조선족문학사』(1990)의 후속편 격인 셈이다. 2002년 북경시 정품교재(精品教材) 항목으로 인가받았으며, 이후 한국학술진흥재단과 한국재외동포재단, 중앙민족대 '211 공정'으로부터 후원을 받아 간행되었다.

또 다른 문학사란 점에서 주목할 만한 텍스트라 할 수 있다.

2. 해방 직후에 대한 인식

『당대문학사』가 취하고 있는 '해방 직후'에 대한 태도와 인식에 대해 살펴보기에 앞서 우선 이 책에서 취하고 있는 용어의 선택과 시기 구분에 대해 검토한 것이다. 『당대문학사』는 남한을 '한국'으로, 북한을 '조선'으로 지칭하며 1945년에서 1980년대까지의 남·북한문학 전체를 대상으로 서술하고 있다. 본문에서 남북의 문학을 칭할 때, '(북)조선'과 '한국'이란 호칭 외에도 '남쪽'의 문학, '북쪽'의 문학처럼 남북 어느 쪽의 용어도 아닌 중립적인 표현을 사용하고 있는 점이 홍미롭다.

남한에서 산출된 '북한문학사'의 경우 해방에서 한국전쟁까지의 시기를 지칭하는 용어로 북한문학사에서 사용하고 있는 '평화적 민주건설시기'를 변주하여 '민주건설기',[6] '민주기지 건설기',[7] '평화적 건설기'[8] 등의 용어를 사용하고 있다. 하지만 『당대문학사』의 경우는 북한의 논리나 남한의 작명법이 아닌 단순히 시기적인 분절을 나타내는 '해방 직후'라는 용어를 선택하고 있다. 이러한 용어의 사용은 이 시기 남북의 문학적 경향을 모두 아우를 수 있는 용어의 선택이 쉽지 않았거나, 시기

6 신형기·오성호, 『북한문학사』, 평민사, 2000.
7 김용직, 『북한문학사』, 일지사, 2008.
8 오성호, 『북한시의 사적 전개 과정』, 경진, 2010.

적인 구분만을 명료하게 드러내는 것이 공평한 태도라고 판단하였기 때문일 것이다.

『당대문학사』의 각 장(章)은 장르별로 소설과 시, 희곡으로 나누어져 있으며 분량이나 내용 면에서 비교적 공평하게 북한문학과 남한문학을 취급하고 있다.[9] 2차 자료를 인용할 때에도 남북의 자료를 두루 활용하고 있는데, 남측의 자료로는 주로 김재용, 김윤식, 권영민, 이재선, 김우종 등의 연구와 문학사를 참조하고 있으며,[10] 북측의 자료로는 북한에서 출판된 기존의 문학사[11]와 『조선어문』, 『조선문학』 등에 실린 한설야, 박팔양, 엄호석 등의 평문들을 주로 활용하고 있다.

문학사의 시기 구분은 1950년대에서 1980년대까지는 10년 단위로 구분하였으며, 1장의 경우만 '해방 직후의 문학'이란 표제 아래 1945년 해방 직후에서 한국전쟁 직전까지 5년여의 기간을 다루고 있다. 이러한

9 희곡의 경우 모든 시기에서 다루고 있지는 않다. 총 다섯 장 중 1장 '해방 직후의 문학'과 3장 '1960년대의 문학'에서만 희곡을 다루고 있다. 1장과 3장의 경우에도 대표적인 작가와 작품을 소개하는 수준에 머물고 있는데, 결국 『당대문학사』는 소설과 시 장르에 집중하고 있다고 할 것이다. 그렇다면 전체적인 체제를 고려할 때 희곡은 따로 떼어 독립된 『희곡사』로 구성하거나, 아니면 각 장에 일정 부분의 서술을 확보하여 전체적인 균형을 유지하는 것이 나았을 것이다.

10 김재용, 『북한문학의 역사적 이해』, 문학과지성사, 1994; 김윤식, 『한국 현대 현실주의 소설연구』, 문학과지성사, 1991; 권영민, 『한국 현대문학사 1945~1990』, 민음사, 1993; 이재선, 『현대한국소설사』, 민음사, 1991; 김우종, 『한국 현대소설사』, 성문각, 1996.
이외에 김윤식·김우종 외, 『한국 현대문학사』, 현대문학, 1995; 홍윤기, 『한국 현대시의 이해와 감상』, 한림출판사, 1991; 한국문학연구회 편, 『1950년대 남북한문학』, 평민사, 1991; 정한모, 『현대시론』, 보성문화사, 1992 등이 인용목록에 올라 있다. 이들 중 인용빈도가 가장 많은 저서는 시기적으로도 『당대문학사』와 그대로 겹치는 권영민의 『한국 현대문학사』이다.

11 사회과학원문학연구소, 『조선문학사 1959~1975』, 1977; 김려숙·변귀송·박용학, 『조선문학사』 4, 김일성종합대학출판사, 1983; 박종원·류만, 『조선문학개관』, 사회과학출판사, 1986; 오정애·리용서, 『조선문학사』 10, 사회과학출판사, 1994; 김선려·리근실·정명옥, 『조선문학사』 11, 사회과학출판사, 1994.
이외에 김홍섭, 『소설창작과 기교』, 문예출판사, 1991; 중국군사과학원 군사력사연구부, 『중국인민지원군 항미원조전사』, 군사과학출판사, 1990; 사회과학원 력사연구소, 『조선전사』 28, 과학백과사전출판사, 1981 등이 활용된다.

시기 구분은 기존에 북한의 문학사가 해방 후의 문학을 정리하면서 취하고 있는 시기 구분과는 상이한 것이다.[12] 주지하다시피 10년 단위 문학사 서술은 기존의 문학사 서술에서는 가장 익숙한 방법이기는 하나 최근에는 잘 선택하고 있지 않는 방법이다. 그 편의성에도 불구하고 10년 단위 문학사는 문학을 정치나 사회의 종속물로 전락시키거나, 기계적 반영론에 빠지게 하기 쉽다. 더욱이 이러한 시기 구분은 남북의 문학을 모두 그 대상으로 할 경우 문학의 특수성을 포착하는 어떠한 방법론이나 패러다임을 모색하기보다는 개별 작품을 일반화 속에 함몰시켜버리거나 단순 나열(병렬)의 수준에 그쳐 버리게 할 위험이 존재한다. 그럼에도 『당대문학사』가 이러한 시기 구분을 채택하고 있는 이유는 아마도 남과 북 어디에도 치우치지 않은 그 경계에 자신을 자리매김하고자 했기 때문이 아닐까 짐작해 볼 수 있다.

이러한 중립적인 태도는 '해방 직후'에 대한 인식에서도 확인할 수 있다. 해방 직후는 남·북한 모두 정치에 문학이 휩쓸릴 수밖에 없던 시기였다. 각각의 문학 단체는 정치 현실과 밀접하게 관련되었으며, 그런 와중에도 좌익과 우익 모두 '민족문학건설'이란 거창한 슬로건을 내걸고 있었다. 이때 '민족문학건설'이란 결국 새로운 국가 건설이라는 정치적인 과제에 직결된 것이 될 수밖에 없었다. 새로운 민족국가 건설을 위해 낡은 것들을 청산하고, 민중의 자기 해방을 기도하며, 그것을 당대 현실의 객관적 발전 과정의 추동력 위에서 형상화하는 것은 해방 후 남·

12 북한에서 출판된 기존의 문학사들을 토대로 해방 이후 북한문학의 전개 양상을 종합하면 대체로 ① 평화적 민주건설시기(1945.8~1950.6), ② 위대한 조국해방전쟁시기(1950.6~1953.7), ③ 전후 복구 건설과 사회주의 기초건설을 위한 투쟁시기(1953.7~1960), ④ 사회주의 전면적 건설시기(1961~1967 이후)의 네 단계로 구분하여 정리할 수 있다.

북한 문학 모두에게 공통의 과제였다. 변혁에 대한 요구는 낡은 것과 새로운 것 사이의 대립과 교체로 구체화되었지만, 그것은 남과 북으로 나뉘어 각자의 방식으로 진행될 수밖에 없었다.

『당대문학사』는 이 시기를 우선 "리념과 체제가 혼란한 사회문화적 현실을 토대로 하여 발전하였는바 분단문학의 형성기"라고 말하면서 "좌익·우익 문학의 분립, 대립의 시기"라고 정의한다. 좌익문단에 대한 설명에서는 '조선문학건설본부'에서 '북조선문학예술총동맹'에 이르는 연혁과 문학적 활동을 소개하면서, "좌익문단의 민족문학에 대한 주장은 단체에 따라 이러저러한 분기점과 차이점을 드러내기는 하였지만 총체적인 방향에서는 사회주의 사상에 기초한 새로운 민족문학 건설을 목표로 하였다"[13]고 정리한다. 『당대문학사』는 나아가 '북조선문학예술총동맹'의 주창하였던 민족문학론의 내용을 계급의식과 민족의식의 통일, 프롤레타리아 문학운동에 대한 혁신적 계승을 주장하며 진보적 민주주의 국가 수립에 이바지하는 문학이라고 파악하고 있다.

우익문단의 문학적 주장에 대해서는 "문학의 자률성을 강조하면서 문학이 정치운동에 합류되여감을 반대함과 아울러 문학의 독자적인 령역을 지적하였으며 또한 문학의 순수성에 대하여 강조하고 리념적 편향을 경계하면서 표현론적 관점에 입각하여 문학의 미적 속성을 중시하고 있다"[14]고 정리한다. 좌익문단의 민족문학에 대한 주장이 비교적 진취적이고 다방면의 내용을 포섭하고 있다고 비교적 긍정적으로 평가하고 있는 것에 반해, 우익문단에 대해서는 "문학적 실천의 방략이나 리

---

13 김병민·허휘훈·최웅권·채미화, 『조선-한국 당대문학사』, 연변대 출판부, 2000, 1~8면.
14 위의 책, 9면.

념적 지표를 제대로 제시하지 못"했다고 다소 비판적인 입장을 취하고 있다. 하지만 이러한 판단이 곧 우익문단에 대한 폄하로 이어지고 있는 것은 아니다. 오히려 우익문단이 주장했던 "문학의 자률성에 대한 강조는 문학의 속성을 옳게 리해함에 의의가 있는 것"으로 평가하고 있다.

한편 『당대문학사』는 해방 직후의 상황을 "광복에 따른 희열과 감격, 남북의 분단에 따른 고민과 비극이 뒤반죽이 된 특수한 력사현실"로 파악하면서도, 좌우의 문단 대립을 해방이란 역사적 사건에 의해 촉발된 것이라기보다는 "해방 전 프롤레타리아 문학과 부르죠아 문학 사이에 있던 론쟁의 련속"선상에서 파악하고 있다. 따라서 이 시기의 문학 작품 역시도 해방 전 문학의 계승과 발전의 양상으로 이해하고 있다. 좌익 문단의 경우 카프 해소파와 비해소파의 의견 충돌이 있기는 했어도 '해방 전 프롤레타리아 문학과의 밀접한 관련'을 보여주며, 우익문단의 경우에도 '김동리 등을 중심으로 하는 순수파 진영은 해방 전 순수파 진영의 연장'으로 볼 수 있다는 것이다. 하지만 이러한 연속성에 대한 지적이 곧 우리 문학사의 연속성을 담보한다고는 할 수 없다. 이 책의 저자들은 그러한 현상을 "주체적 력량의 취약성으로 하여 민족해방과 근대적인 사회혁명이 무산될 수밖에 없었던 조선 근대사의 숙명적인 문학적 현상"으로 파악하고 있는 것이다.

또한 『당대문학사』는 '해방 직후 특수한 력사 현상의 문학적 구현'의 첫머리에 '좌우익 문인의 상호접촉'을 표나게 내세우고 있다.

> 이러한 력사과정에 문인들은 리념의 도가니 속에 말려들지 않을 수 없었던 바 개인적인 선택에 따라 남북 류동이 있게 된 것이다. 좌익 작가들의 이북으

로의 대거 이동, 그리고 우익작가들의 이남에로의 이동과 정착은 그것이 좌익, 우익 문학의 분립과정이면서 동시에 문학적인 상호접촉을 현실적으로 가능하게 하였다 (…중략…) 또한 이 시기에는 동일한 부제의 작품들이 좌익, 우익 작가들에 의해 공동으로 창작되였는 바 역시 상호 접촉을 의미한다. 이러한 점은 좌익, 우익 작가들에게 문학 교류의 현장이 주어졌음을 시사하며 독자들에게 있어서는 좌익, 우익 작가들의 작품을 읽을 수 있는 가능성이 제공된 것으로 된다.[15]

이러한 설명과 함께 상호접촉의 근거들로 '리태준, 김기림, 정지용 등과 같은 작가들이 좌익작가들과의 접촉을 통해 전향이 이루어진 점', '구상, 강홍운 등의 작가들이 북반부에서 자기 비용납을 체험하고 이남으로 자리바꿈한 것', '좌우익 시인들의 작품을 망라한 『해방기념시집』(1945.12)의 출간', '좌우익 작가들의 작품이 서울에서 출판되고 신문, 잡지들에 게재되었다는 사실' 등을 들고 있다. 해방 직후의 문단 상황을 설명하며 무엇보다 '좌우의 상호접촉'을 강조하고 전면에 내세운 사실은, 곧 『당대문학사』가 지향하는 문학사 서술의 방향이 무엇인지를 엿보게 하는 대목이기도 하다. 그것은 제3국, '중국 내 조선족 자치주'라는 특수한 상황 하에서 남북의 '상호접촉'을 모색하고자 하는, 혹은 그것을 갈구하며 그 역할을 자임하고자 하는 의식의 다른 표현으로 읽을 수 있다.[16]

---

15 위의 책, 11~12면.

16 2006년 이화여대 한국어문학연구소에서 주최한 '한국어의 미래를 위한 제1차 토론회'에서 연변대의 '조선-한국학학원' 원장 김영수는 조선족의 당면과제는 중국의 소수정책 아래에서 "중국의 '공민'으로, 중국 내에서 가장 우수한 소수민족으로 자리매김"하는 것이라고 말한다. 나아가 "중국과 한국 양국 간의 부담거리가 아니라 양국 간의 우호관계"와 한민족으로서 "남과 북의 접촉, 화해, 통일에도 좋은 역할"을 하는 것이 조선족의 바람직한 역할이 될 것이라고

3. 해방 직후 시문학에 대한 이해

해방 직후의 시기는 남북 모두 아직 국가 건설에까지 나아가지 못하였으므로 『당대문학사』에서는 남과 북이 아니라 '좌익' 작가와 '우익' 작가로 나누어 설명하는 방식을 택하고 있다. 당시 북한은 사회주의 체제의 성립이라는 근본적인 변화를 겪게 되었고, 무상몰수 무상분배를 단행한 토지개혁(1946.3.5), 조선로동당 결성(1946.8.28), 인민공화국 수립(1948.9.9) 등 일련의 역사적 사건들이 김일성의 주도 아래 급진적으로 시행되었다. 해방의 감격과 함께 이러한 정치적 변화와 김일성의 전면적인 등장은 당시의 주요한 시적 소재로 동원되기에 이른다. 좌익문단의 시문학은 주제별로 네 항으로 나누어져 있으며, 대상으로 하고 있는 주요 작품들은 다음과 같다.

① **해방의 기쁨과 감격, 당과 조국, 수령에 대한 송가** : 박세영 「8·15」, 김순석 「산향」, 조기천 「흰 바위에 앉아서」·「두만강」, 조벽암 「환희의 날」, 김조규 「모란봉」, 리찬 「흘러라 보통강 노래처럼, 그림처럼」 등

② **민주개혁의 현실에 대한 긍정과 찬미** : 김우철 「농촌위원회의 밤」, 정문향 「푸른벌로 간다」, 리호남 「지경돌」, 김광섭 「감자현물세」, 리정구 「로동법령송」, 리찬 「그날 아침」, 김북원 「용광로 앞에서」, 조기천 「그네」, 김조규 「배움의 밤」 등

③ **항일혁명전통에 대한 시적 형상화** : 리원우 「우리는 나서자 영예로운 길로」,

말하고 있다. 김영수, 「중국의 소수민족정책과 중국 조선족의 실태 : 연변조선족을 중심으로」, 『한국어의 미래를 위한 제1차 토론회 발표집』, 이화여대 한국어문학연구소, 2006, 24~25면.

김조규 「대오는 이 밤 강을 건느다」, 채경숙 「나의 자랑」·「빛나는 혁명전통은 우리의 심장 속에서」, 김영철 「만경대의 밤」, 한명천 「북간도」, 조기천 「백두산」 등

④ **통일지향의 시적 표현** : 박세영 「그치라 요녀의 소리」, 백인준 「나는 놈들을 미워한다」, 리정구 「분노」, 안룡만 「동백꽃」, 강승한 「수양산성에서」·「한라산」, 조기천 「항쟁의 려수」 등

『당대문학사』의 이러한 분류 방식과 작가와 작품의 선택은 1994년 오정애·리용서가 쓴 『조선문학사』[17]와의 비교를 통해 그 특징을 보다 분명히 확인할 수 있다. '평화적 민주건설시기'를 다루고 있는 『조선문학사』 10권은 총론격인 '해방 후 전변된 새로운 현실과 문학'을 포함하여, 2장 시문학, 3장 소설문학, 4장 극 및 영화문학 등 총 4장으로 구성되어 있으며, 총 231쪽 분량이다. 북한에서 생산된 이 시기를 다룬 문학사 중 가장 많은 분량이며 심도 있는 논의인 셈이다. 총론을 제외하면 장르별로는 시문학이 전체의 절반가량을 차지하며, 그다음이 극문학, 소설문학이 가장 적은 분량이다. 시문학의 경우는 모두 6개의 절로 나누어져 있는데,[18] 리찬의 「김일성 장군의 노래」와 조기천의 「백두산」이 별

17 1991년 1권이 출판된 『조선문학사』는 '사회과학원문학연구소'가 원시시대에서 1980년대까지의 시기를 대상으로 총 15권으로 출판한 문학사이다. 『조선문학통사』(사회과학출판사, 1959), 『조선문학사(1945~1958)』(과학백과사전출판사, 1978)에 이어 이 연구소가 기획한 세 번째 자리에 놓이는 문학사인 셈이다. 이 중 '평화적 민주건설시기'를 다룬 문학사는 10권에 배치되어 있다.

18 『조선문학사』(1994)의 시문학에 대한 분류항은 다음과 같다. ① 해방된 조국땅에 높이 모신 민족의 태양 김일성 장군님에 대한 송가, ② 리찬의 창작과 불멸의 혁명송가 「김일성 장군의 노래」, ③ 조기천의 창작과 장편서사시 「백두산」, ④ 항일의 빛나는 혁명전통에 대한 형상화, ⑤ 건당, 건국, 건군의 벅찬 현실에 대한 시적 형상, ⑥ 남조선 혁명과 조국통일 주제작품의 창작

도의 절로 다루고 있는 점이 특기할 만하다.

『조선문학사』(1994)는 1절과 2절을 모두 김일성에 대한 송가로 구성하고 있는데 반해, 『당대문학사』는 김일성에 대한 송가에 앞서 해방의 기쁨과 감격을 노래한 시를 전면에 배치하고 있다. 김조규의 「모란봉」(1946)과 조기천의 「두만강」(1946), 「흰 바위에 앉아서」(1947)가 그것이다. 「모란봉」에 대해서는 '조선민족의 불요불굴의 민족정신과 투지', 그리고 '해방된 조국에서 조선민족의 휘황한 미래'를 노래하고 있다고 하면서 시구 하나하나를 인용하며 "모란봉을 의인화된 시적 형상으로 부각함에 있어서 독특한 수사학적 수법"을 쓰고 있음을 평가하고 있다. 조기천의 「흰 바위에 앉아서」에 대한 평가에서도 작품의 내용 뿐 아니라 "시적화자와 의인화된 시적 형상과의 진지한 대화형식을 재치있게 구사"하고 있다는 점과 "정서의 변화에 따라 시행 조직, 운렬 조성을 다양화"하고 있다는 점 등 수사학적 측면을 적극적으로 평가하고 있는데,[19] 이는 『조선문학사』와 변별되는 지점이라 할 수 있다. 수사학적 측면에 대한 강조 뿐 아니라 내용적 측면에서 이루어지는 시에 대한 접근 역시 『조선문학사』(1994)와 『당대문학사』는 뚜렷한 차이를 보여준다. 다음의 인용은 조기천의 「두만강」에 대한 각각의 문학사가 행하고 있는 해석이다.

지난날 우리 인민의 원한과 슬픔을 담아 흐르고 피로 물든 강, 조선 인민의 고난의 력사와 더불어 눈물과 한숨으로 흘러온 두만강이 오늘은 가없이 넓고 푸른 조국의 하늘을 떠받는 대해로 소리치며 위대한 수령 **김일성** 동지의 령도

19 김병민·허휘훈·최웅권·채미화, 앞의 책, 50~52면.

따라 새 조국 건설에 힘차게 떨쳐 나선 우리 인민의 장엄한 기세로 뜨겁게 감득되지 않을 수 없었다. 오랜 기간 그의 가슴 속에 쌓여있던 시정은 마침내 이 시에서 용암같이 터져 나오기 시작하였던 것이다.[20]

시인은 줄기찬 력사의 강 — 두만강의 형상을 통하여 조선 인민의 어제날의 슬픔, 해방된 오늘의 기쁨, 미래의 리상에 출렁이는 들끓는 격정을 격조높이 노래하고 있다.[21]

위의 인용에서도 확인할 수 있는 바와 같이 두 문학사의 서술상의 가장 큰 차이는 '김일성 동지의 령도'와 관련된 대목이다. 『조선문학사』에서는 '김일성 동지(장군)의 령도'와 '가르치심', '김정일 동지의 지적'이 빈번이 등장하고 있음에 반해, 『당대문학사』에서는 김일성의 연설이나 김정일의 지도비평에 대한 서술은 가급적 생략되어 있다. 1절의 경우, 마지막에 "그(김일성–인용자)는 문예사업에 대해서도 각별한 관심을 돌렸던바 여러 연설에서 자신의 문예발전에 대한 일련의 견해를 피력"하였다고 서술하고 있을 뿐이다. 이러한 모습은 『당대문학사』가 북한문학사의 논리를 추수하기보다는 가급적 객관적인 시각을 견지하려는 의도 하에 서술하고 있음을 확인할 수 있는 대목이다.

또한 『조선문학사』에서는 한식의 「우리의 태양 김일성 장군님」, 황룡의 「김일성 장군 만세」, 백인준의 「그이를 우리의 태양이라 함은」, 박세영의 「해볕에서 살리라」, 안룡만의 「김일성 장군에게 바치는 송

20 오정애·리용서, 『조선문학사』 10, 사회과학출판사, 1994, 61면.
21 김병민·허휘훈·최웅권·채미화, 앞의 책, 50면.

가」 등 김일성에 대한 송가뿐 아니라, 김영철의 「유언」, 「불길」 등 김일성 가계에 대한 칭송과 흠모를 드러낸 시도 소개하고 있음을 발견할 수 있다. 『조선문학사』에서 확인할 수 있는 김일성 장군과 '수령님의 혁명적 가정'에 대한 송가류 작품의 생산과 이에 대한 적극적인 평가는,[22] 인민들의 절대적인 신뢰와 흠모, 동경의 감정을 일반화함으로써 유일사상체제의 당위성을 확보하려는 시도로 읽힌다. 이전에 북한에서 생산된 다른 문학사와 『조선문학사』(1994)가 구별되는 지점 중에 하나가 김정일의 교시 내용들이 전면에 등장하기 시작한다는 점이다. 하지만 『당대문학사』에서는 김일성 가계에 대한 시는 물론, 김정일 동지의 연설과 지침도 등장하지 않는다.

리찬의 「김일성 장군의 노래」와 조기천의 「백두산」에 대한 평가와 위상을 비교해 보는 것도 『조선문학사』와 『당대문학사』기 보여주는 관점의 차이를 이해하는 중요한 단서가 된다. 『조선문학사』(1994)에서는 리찬의 「김일성 장군의 노래」를 별도의 장을 마련하여 적극적으로 그 의미를 부여하고 있다. 즉 리찬의 출신과 가족관계, 카프 내에서의 활동, '김일성 장군에 대한 전설적인 이야기를 듣고 생긴 끝없는 흠모와 신뢰'의 감정, 김일성과의 '력사적인' 만남과 즉흥시 낭송, 이후 송가의 창작에 이르기까지의 과정을 상세히 소개하고 있다. 주목할 수 있는 대목은 이러한 설명 중에 '불요불굴의 혁명투사 김정숙 동지'가 등장하는 장면이다. 요컨대 김정숙이 리찬에게 "「김일성 장군의 노래」의 종자를 친히 잡아주시고 가사창작전형을 료해하시였으며 수령님 따라 천만리를 헤쳐오시며 애용하시던 100여 편의 혁명가요가 수록되어 있는 『혁

22 오정애·리용서, 『조선문학사』 10, 사회과학출판사, 1994, 47~60면.

명가요집』을 보여"주었다는 것이다. 이에 흥분이 절정에 달한 리찬이 김정숙 동지가 준 귀중한 종자와 『혁명가요집』을 안고 온 정력을 쏟은 결과물이 「김일성 장군의 노래」라는 설명이다. 이전의 문학사에서는 없던 대목이기도 한데, 유일사상체제의 강화가 김일성뿐 아니라 가계에까지 확장·적용되고 있음을 확인할 수 있는 장면이다. 하지만 『당대문학사』에서 리찬의 「김일성 장군의 노래」는 김일성에 대한 여러 송가 중 하나로만 언급되어 있을 뿐, 구체적으로 창작에 이르는 맥락이나 작품에 대한 설명은 등장하지 않는다.

조기천의 「백두산」은 두 문학사에서 모두 비중 있게 다루고 있는 시편이다. 『조선문학사』(1994)에서는 '조기천의 창작과 장편 서사시 「백두산」'이란 별도의 장을 마련하고 있으며, 『당대문학사』에서는 '항일혁명전통에 대한 시적 형상화'란 장 속에서 이 작품을 구체적으로 다루고 있다. 하지만 두 작품에 접근하는 문학사의 태도는 분명하게 구분된다. 『조선문학사』(1994)의 경우 「김일성 장군의 노래」에서 그랬던 것처럼 구체적인 시 분석에 앞서 조기천이 「백두산」을 창작하기까지의 과정을 상세히 그리고 있다. 요컨대 "위대한 장군님에 대한 끝없는 흠모심"을 간직한 시인이 그에 대한 시를 쓰려는 "억제할 수 없는 충동"을 가지고 있었고, 그중에서도 "영웅적 항일 무장투쟁을 조직 전개하시어 조국의 광복을 이룩하신 민족의 태양이시며 전설적 영웅이신 경애하는 김일성 장군님의 숭고한 영상을 서사시적 화폭에 담을 창작적 열정"을 간직하고 있었다. 하지만, "위대한 수령님의 불멸의 업적과 고매한 덕성"을 어떻게 노래해할지 갈피를 못 잡고 헤매는 중에, "김일성 동지께서 친히 만나주심"으로 인해 영감을 얻고 백두산 답사에 올라 시의 초고 집필을 끝냈으며, 그 후 "위대한 수령 김일성 동지의 여러 차례의 가르치심"을 받고 비로소 「백두산」을 훌륭히 완성하였다는 것이다.[23] 「백두산」의 탄생에 대한 이러한 장황한 설명은 단순히 조기천이라는 한 시인의 시편 하나를 해명하기 위한 것이라기보다는, 김일성 장군의 혁명력사의 정당성을 역설하고 이를 통해 수령에 대한 인민의 존경과 흠모를 일반화하기 위한 것이다.

하지만 『당대문학사』에서는 「백두산」 창작에 얽힌 배경 설명은 전혀 등장하지 않는다. 단, '혁명송가인 동시에 현대적인 영웅 서사시', '당대 조선문학사에서 처음 나타난 장편 서사시'란 문학사적 평가와 함께, 예술적으로 '순차적 구성의 평면성을 극복하고 구성의 통일성과 립체성을 확보'하였으며, '성격의 전형적 의의'를 보장하고 있을 뿐 아니라, '반문, 과장, 비유, 대비, 상징 등 수사학적 수법을 재치있게 리용하여 시적형상을 두드러지게 한 점' 등을 높이 평가하고 있을 뿐이다. 『조선문학사』(1994)가 내용적 측면에서 김일성 장군의 '위대한 풍모'와 '불멸의 업적'을 강조하는데 집중하고 있다면, 『당대문학사』는 객관적인 서술과 판단에 준하여 문학사를 기술하고 있다고 할 수 있다. 물론 『조선문학사』에서도 작품의 예술적 측면을 언급하며, 성격 창조, 수사법의 활용, 병렬과 교차, 운율 등을 언급하고는 있다. 하지만 이 작품의 주된 성과는 무엇보다 "유일사상체계가 확고히 선 작품으로서 근로자들의 유일사상 교양에 힘있게 이바지"한 것이다. 곧 『조선문학사』에서 「백두산」의 평가는 사상적 측면에 집중되어 있다고 할 수 있다.

『조선문학사』가 「백두산」에 대한 상찬 일변도의 평가에 그치고 있다면, 『당대문학사』는 「백두산」에 대한 비판과 일련의 문제제기에 대

23 위의 책, 60~65면.

해서도 소개하고 있다. 「백두산」이 김일성의 긍정적 평가를 받기는 하였지만 "객관성 현실성에 충실하지 못했다든가, 영웅화와 전형화 관계가 잘 처리되지 못했다든가" 하는 논란[24]이 있었다는 사실을 적시하고 있는 것이다. 하지만 『당대문학사』는 논란에 대한 소개에서 더 나아가지 않는다. 곧 논란에 대한 시시비비를 가리거나 평가에까지 이르지는 않으며, 뚜렷하게 누구의 손을 들어주거나 그 중간자적 입장에서 새로운 입장을 내어 놓지도 않는다.

앞의 여러 사례에서도 확인할 수 있는 것과 같이 『당대문학사』는 비교적 객관적이며, 중립적으로 남북의 문학사를 고루 배려하고 안배하여 문학사를 구성하려는 태도를 취하고 있다. 하지만 중립과 객관에 대한 일종의 강박이 어떠한 판단에 이르면 불가피하게 입장 유보로 마무리되고 마는 경우가 발생하게 된다. 『당대문학사』가 뚜렷한 색깔을 가지지 못했다는 비판을 받을 수 있는 대목이기도 한데, '문학사' 역시도 '문학사가'의 세계관과 이념의 반영이라고 한다면 『당대문학사』의 이러한 모습은 분명 아쉬운 대목이라 할 수 있을 것이다. 더욱이 『당대문학사』가 간행된 2000년은 남북정상회담이 성사되고 6·15남북 공동선언이 발표되었던 해이다. 이른바 남북의 화해와 협력의 분위기가 가장 고조되었을 시대 상황을 고려하면 보다 진전된 변증법적 통합서술로 나아가지 못하고 물리적이고 병렬적인 통합서술에 그치고 만 점은 한계로 지적할 수 있다.[25]

---

24 「백두산」을 둘러싼 안함광의 문제제기와 조기천의 항의, 김일성의 지도와 관련된 일련의 상황은 김재용, 「초기 북한문학의 형성 과정과 냉전체제」, 『북한문학의 역사적 이해』, 문학과지성사, 2004, 103~107면 참조.

25 김성수 역시 『당대문학사』를 '통일된 민족문학사로 가기 위한 중요한 중간 이정표'로 평가하

4. 『중국조선족문학사』의 좌표

중국 북경시 소재 중앙민족대 조문학부 교재로 사용하고 있는 『중국조선족문학사』(2007)는 같은 중국 안에서 생산된 또 다른 문학사란 점에서 주목할 만한 텍스트라 할 수 있다. 이 문학사는 오상순[26] 주필로 되어 있으며, 그 외 주요 필자는 김동훈, 최삼룡, 장춘식 등이다. 김동훈은 중앙민족대학 중문학부 출신이며, 최삼룡은 연변대학 조문학부 출신이다. 장춘식은 중앙민족대학 조문학부 출신으로 한국의 전북대에서 문학석사와 박사학위를 받았다.

『중국조선족문학사』는 이전의 1990년판에서 취급되지 않은 부분들, 이를테면 집필 후에 발굴된 해방 전 작품들과 1987년 이후의 문학 그리고 1990년대 문학을 상당 편폭으로 다루고 있다. 또한 저자는 이 책이 이전의 교재와는 달리 "해방 후 30여 년의 문학도 긍정적인 측면뿐만 아니라 소극적이거나 부정적인 측면도 지적하면서 가급적이면 객관적이고 전면적인 평가를 주어 조선족 문학의 전체적인 파악"에 이르고자 하였다고 밝히고 있다. 실제로 '해방 직후'의 시문학에 대한 전체적인 평가에서도 "거개가 정치태도표시에 머무는 수준이었고 정치구호를 해석하고 직설적인 감정 토로에 열중하고 있다"고 지적하면서, "진실로 력사의식이 표현되고 민족의 고난의 기억, 개인의 상처 입은 기억을 재현

면서도 '기계적 병립에 불과한 형식적 통합서술'의 한계를 지적하고 있다. 김성수, 「남북한 근현대문학사의 비교와 통합방안」, 토지문화재단 편, 『한국문학사 어떻게 쓸 것인가』, 한길사, 2001, 271면.

26 오상순 : 1954년 흑룡강성 출생. 1978년 중앙민족대학 조문학부 졸업. 김일성종합대학 문학준박사(1992), 중앙민족대학 문학박사(2004). 현재 중앙민족대학 조문학부 교수.

한 것은 극소수였다"고 꼬집고 있다.

『당대문학사』가 남과 북을 모두 포섭한 통일문학사를 지향하고 있다면, 『중국조선족문학사』는 중국 내 소수민족으로서 '조선족'의 문학에 초점이 맞추어져 있다. 중국 공산당은 창건 초기부터 중국의 실정에 맞는 소수민족 정책을 모색하여 왔으며, 중국에 거주하는 우리 민족을 소수민족으로 제일 먼저 인정한 정당도 중국공산당이었다. 1928년에 소집한 중국공산당 제6차 전국대표회의에서 '민족 문제에 관한 결의'를 채택하고 "만주의 고려인을 포함하여 각 소수민족은 중국혁명에 중대한 의의가 있으며 그들의 민족 자결권을 승인한다"고 밝히고 있다. 이후 1949년 채택된 '중국인민 정치협상회의 공동강령'에는 민족 문제와 관련하여 중국 국경내의 '모든 민족은 일률로 평등'하며, '소수민족들이 집거한 지구에서 민족구역자치를 실시'하고 민족자치기관을 설립하여 자신들의 '언어문자를 발전시킬 자유와 풍속습관을 보존하거나 개혁할 자유가 있다'는 등의 내용이 망라되어 있다.[27] 이러한 중국의 소수민족 정책 아래에서 생산된 『중국조선족문학사』는, 따라서 그 출발도 "과경(跨境) 민족으로서의 조선족은 19세기 중엽 이후 조선반도 이주민들의 중국 동북지역에로의 대량적인 천입"[28]이 있던 시기로부터 시작한다.

---

27 중국 공산당이 주창한 이와 같은 '민족평등', '민족구역자치'는 중화인민공화국이 성립되면서 제도적으로 보장을 받게 되었는데 1954년 제1차 전국인민대표회의에서 민족구역 자치제도를 처음으로 '중화인민공화국헌법'에 넣었다. 그 후 몇 차례 헌법이 수정되었지만 '민족구역자치제도'는 헌법으로 계속 보장되었으며, 2001년 반포한 '중화인민공화국 민족구역자치법'에서도 '민족구역자치제도'를 '국가의 기본 정치제도'라고 명확히 규정하였다. 박광득, 「중국 공산당의 소수민족정책 연구」, 『대한정치학회보』 12집, 2004 참조.

28 오상순 주필, 앞의 책, 2면. 조선민족의 만주 땅으로의 이민은 19세기 중반부터 시작되었지만, 본격적인 이민은 경술국치 전후라고 할 수 있다. 이민 노선을 보면 함경도 사람들이 간도 쪽으로 많이 갔고, 1930~1940년대에 중국 동북의 심양 부근과 흑룡강성의 목단강 일대, 하얼빈 일대로 이민한 사람들이 많다. 통계에 의하면 광복을 맞이할 때까지 중국에 거주한 우리

총 세 편으로 나누어져 있는 『중국조선족문학사』는 1편 '이민시기의 문학'(이주~1945), 2편 정치공명시기의 문학(1945~1978), 3편 다원화시기의 문학(1979~1999)으로 되어 있다. 이 글의 관심사인 '해방 직후'[29]에 해당하는 부분은 2편 2장 1절에 배치되어 있다. 2편의 대상인 '정치공명기의 문학'이란 "8·15해방으로부터 중화인민공화국의 창건, 전대미문의 '문화대혁명'을 거쳐 개혁개방이 실시되기 전까지의 문학"을 가리킨다. 이때 '공명(共名)'이란 "해당시대에 중대하고도 통일적인 주제가 있는 경우에 있어서 지식인들이 문제를 사고하고 문제를 탐구하는 재료는 모두 시대의 주제로부터 온다. 따라서 개인의 독립성은 시대적 주제에 의해 감춰지고 만다. 이러한 상황을 '공명'이라고 부르며, "공명 상황 속에서의 문화사업과 문학창작은 모두 공명의 파생물"이 된다는 것이다. 따라서 "조선족 문단을 망라한 전반 중국문단은 사실상 중화인민공화국 창건 전후부터 줄곧 '해당 시기의 중요하고 통일적인 주제'라는 '시대적 주제'의 특징을 보여주었기 때문에" 이 시기의 문학을 '공명시기의 문학'이라 부를 수 있다는 것이다. 8·15해방 이후 조선족 상황에 대한 다음과 같은 진술은 중국 내에서 소수민족으로서 조선족에 대한 대우와 입지를 엿볼 수 있는 대목이다.

> 1945년의 8·15해방과 함께 조선족 사회는 엄청난 변화를 가져왔고 동시에 이 해방은 문단을 포함한 전반 조선족 사회의 이동, 조합, 정리의 계기가 되었

민족은 213만 명이었다고 한다. 연변조선족략사 편찬조, 『조선족략사』, 연변인민출판사, 1986 참조.

29 구체적으로 8·15해방에서 1949년 중화인민공화국 창건 전까지의 시기를 『중국조선족문학사』에서는 '해방전쟁시기' 혹은 '제3차 국내혁명전쟁시기'라고 부르고 있다.

> 다. '간민, 이민, 류민, 재만조선인' 혹은 '재중조선인'으로 불리우던 조선족은 점차 중국 공산당의 령도를 받게 되고 정치, 경제, 문화 제 분야에서 중국 국민의 대우를 받게 된다. 특히 수십 성상의 항일무장투쟁 중에서 민족의 생명력을 발휘하던 조선족은 전국해방전쟁에서도 혁혁한 공훈을 세웠고 점차 중화민족의 하나로 뿌리를 내리게 되었다. 그 와중에 조선 반도는 국토가 분단되고 민족이 분렬되는 새로운 비운을 맞게되고 중국은 장개석의 도발로 다시 제3차 국내혁명전쟁의 불길에 휩싸이게 된다. 조선족들은 민주정권설립과 토지개혁에 적극 참여하면서 다시 제3차 국내혁명전쟁에도 용약 뛰어들었다.[30]

이처럼 『중국조선족문학사』의 관심은 북조선과 남한이 아니라 중국 내 소수민족으로서 '조선족'의 역할과 그들의 문학이다. 요컨대 그들이 정한 좌표는 중화인민공화국의 '공민'이자 '소수민족으로서 조선족'의 문학과 역사이지, 중국으로 이주한 '조선인'의 문학이 아니다. 문학사 서술 자체도 통일문학사를 예비하는 것이 아닌, 중국 내 소수민족으로서 나름의 알리바이와 정체성에 대한 자리매김을 위한 것이었다. 따라서 조선족의 문학도 모국과의 관련성을 논하기 앞서 중국 문단 혹은 중국의 사회·역사와의 의미망 속에서 규정된다. 예컨대 이 시기 활발하게 작품 활동을 한 시인의 작품으로 설인(리성휘)의 「양자강가에 봄이 오면」을 소개하면서 "시인은 제3차 국내혁명전쟁의 승리를 격조높이 노래하면서 다가올 새 중국의 탄생과 찬란한 앞날에 대한 동경을 감명깊게 표현하였다"[31]고 적고 있는 것이다. 또한 설인 외에 이 시기 대표적인 작가와 작품

30 오상순 주필, 앞의 책, 188면.

31 위의 책, 195면.

들로 채택룡의 「해방」(1945), 김진의 「토지 얻은 이 기쁨 쏟아쏟아」(1948), 김례삼의 「토지집조」, 박노을의 「주구청산가」(1947), 채택룡의 「내 땅에 내 곡식」(1948), 천청송의 「농민의 노래」(1947) 등을 들고 있는데, 이들 작가는 남한문학사에서도 다루고 있지 않으며, 북한의 문학사와도 겹치지 않는다. 곧, 만주에서 활동했던 작가들 중에서도 김조규, 박팔양, 김우철, 조학래, 천청송, 김북원 등 북으로 간 작가와 안수길, 박영준, 손소희 등 남으로 간 작가들은 『중국조선족문학사』의 대상이 아니며, 해방 후에도 중국에서 활동하였던 작가들이 그 대상이 되고 있는 것이다.

한편 소위 우익 작가에 대한 소개는 전무한 가운데서도 1950년을 전후하여 조선족 시단의 중요한 성과로 당과 수령에 대한 송가를 언급하고 있는 대목은 주목할 만하다. 임효원의 「새 국기 밑에서」(1949), 김례삼의 「공산당의 붉은 깃발」(1951), 김철의 「꽃방석」(1954) 등을 그 대표적인 사례로 꼽고 있다. 그러면서 조선족 시단에서 "송가가 창출된 리유"를 "조선족들에게 있어서 간고하고도 곡절 많은 투쟁으로 얻은 조국은 너무나 귀중한 존재였고 또한 미래를 담보하는 새로운 고향이였던 것이며 모든 힘과 지혜의 원천"[32]이기 때문이라고 적고 있다. 이러한 시각은 중국 내 같은 조선족이 쓴 문학사 임에도 불구하고 『당대문학사』와 갈라서는 지점이기도 하다. 곧 『당대문학사』가 가능한 중립적인 위치에서 남북의 문학사를 소개하고 해석하려 하였다면, 『중국조선족문학사』의 경우 북한의 문학적 경향과 논리에 다가가 있음을 확인할 수 있다. 항일투쟁을 통해 얻은 조국은 남한이 아닌 '북조선'이며, '미래를 담보하는 새로운 고향', '모든 힘의 원천'도 곧 북조선을 상정하고 있는 것이다.

---

32 위의 책, 196면.

5. 남북문학사 통합서술의 과제

민족과 국가, 언어 그리고 문화적 정체성의 문제를 두고 생각할 때 해방 이후 북한의 문학사를 어떻게 서술할 것인가? '통일문학사'를 서술한다고 할 때 '통일'에 난관을 보일 수밖에 없는 지점이 해방 후 문학사에 대한 서술의 문제이다. 오히려 해방 전 문학에 대한 통합 서술의 문제는 기본적으로 공동의 지형 속에서 출발하므로 조정을 통한 합의의 과정에 이를 수 있을 것이다. 물론 용어의 사용이나 각론에 있어서는 분명한 차이가 존재하지만, 의도적인 왜곡과 오류가 아니라면 각각의 문학사가 지닌 개성 또한 문학사의 소중한 성과로 껴안을 수 있을 것이다. 문제는 1945년 이후 남·북한 문학사의 통합 서술의 문제인데, 일반적 관행대로 남한 중심의 흡수 통합이나 남과 북의 문학을 단순 병렬시키는 형식적 통합은 무의미하다. 더욱이 남한문학사와 북한문학사를 주종의 관계로 설정하고 구색 맞추기식의 삽입이나 분리 서술은 반쪽문학사를 단순히 산술적으로 합해 놓은 것에 지나지 않는다.

이른바 통일문학사는 이원구조로 양분된 채 이질화 되어가는 남북의 문학사를 극복하여 통시적 체계화를 서술하는 문학사여야 할 것이다. 남한에서 생산된 여러 문학사와는 달리 북한의 문학사는 집필체계부터 철저하게 당의 노선과 수령의 교시에 의해 집필되었다. 물론 기술의 시점에 따라 문학사적 사실에 대한 평가가 달라지거나 특정 작품이 탈락하고 복권되기도 하지만 그것 역시도 당과 수령의 지침 아래에서 이루어지는 것이다.

그렇다면 이렇듯 북한문학사에서 발견할 수 있는 철저한 배제와 추앙에 따른 작품의 선택과 평가의 결과를 어떻게 포섭하고 조정해 나갈 수 있을까? 또한 서로 다른 체제가 아닌 민족 단위의 문학사 서술을 한다고 할 때 상호 영향관계나 문학적 관습 등 이질적인 것 사이의 정체성을 어떻게 찾아서 기술할 수 있을 것인가? 이에 대한 원칙을 마련하는 것은 쉽지 않은 과제이지만 그것은 다가올 통일시대에 부응하는 동질화의 민족문학사를 위해서 필요한 과제이기도 하다. 『당대문학사』에 대한 검토는 이러한 과제를 해결하기 위한 단서를 찾기 위한 작업이었다. 문학사적 서술에 있어 다소 거칠고 소박한 감이 없지 않지만 『당대문학사』가 취하고 있는 여러 방법론적 모색은 향후 통일문학사 서술을 위해 검토할 만한 충분한 가치가 있다고 판단하였다.

이 글은 해방 직후 시문학에 한정하여 『당대문학사』와 『중국조선족문학사』의 서술 태도와 문학적 지향에 대하여 살펴보았다. 하지만 그 대상을 해방 직후 시 장르에 국한함으로써 문학사 서술의 전체적인 조망에까지는 이르지 못하였다. 또한 『중국조선족문학사』의 경우도 시기 구분과 용어의 사용 등 많은 차이점에도 불구하고 그 구체적인 분석에까지는 나아가지 못하였다. 앞으로의 과제로 남겨 놓는다.

북한시인들의 일제시기 친일행적

최 일

1. 머리말

이른바 '친일(親日)'이란 한국역사의 일정한 시공간적 범주와 관련된 개념이다. 대체적으로는 일제가 한국을 지배했던 1910년의 '경술국치'부터 1945년 8·15광복까지 36년간에 일제의 침략에 협력했거나 동조했던 사람이나 그런 행위를 친일분자 혹은 친일행적이라고 볼 수 있다. 따라서 이 글은 분단 이후 북에서 활동했던 시인들 중 일제시기 친일행적이 있었던 시인들에 대한 고찰을 진행하고자 한다.

주지하는 바와 같이 1945년 제2차 세계대전이 결속되고 광복을 맞이하여 일제의 식민통치에서 벗어났지만 곧바로 남북분단이라는 또 다른 비극적 운명에 처하게 되였다. 국토의 분단은 문학의 분단을 야기하여 월북, 월남, 납북 등 다양한 과정을 거쳐 혹자는 이데올로기적인 선택으로 혹자는 개인적인 사유에 의한 선택으로 또 혹자는 자신의 의사에 반하는 강제적인 선택에 의하여 분단된 남과 북에 정착하게 된다. 이 글에서는 1945년 광복 후 북에 정착하였거나 세월의 풍파 속에서 월북하였거나 혹은 납북당한 시인들의 일제시기 친일행적에 대하여 논하려고 한다.

현재까지의 연구에 의하면 북한의 시인들 중 친일행적이 보다 명백한 사람들로 박팔양, 이찬, 김북원, 김조규 등이고 이 밖에도 윤해영, 조학래, 김북원, 송철리. 천청송 등도 친일행적이 일정하게 확인되고 있다.

이제 아래에서 이들의 북에서의 작품활동과 그 작품들에 대하여 먼저 고찰한 다음 일제 식민치하에서 그들의 친일행각에 대하여 고찰해 보려 한다.

2. 박팔양의 경우

박팔양(朴八陽, 1905~1988)은 북한문학계에서 최고의 위치에 섰던 시인으로 광복 후 신의주에서 『평북신보(平北新報)』와 평안북도당 기관지 『正言(바른말)』잡지사에서 편집국장으로 있으면서 북한에서의 생활을 시작한다.[1]

박팔양은 1945년 10월 조선공산당에 입당하고[2] 평안북도 당위원회 기관지 『바른 말』 편집국장으로 임명되며 1946년 3월에는 조선로동당당

1 박팔양을 월북작가로 보는 견해가 적지 않지만 모두 확실한 근거가 없는 것 같다. 그래서 필자는 8·15광복 후 직접 신의주에서 사회활동에 참가했다고 하는 북의 견해를 따른다.

2 『문예상식』, 문학예술종합출판사, 1994, 218면.

중앙위원회의 기관지 『정로(正路)』의 편집국장으로 임명되었고 북조선문학예술총동맹에 가입하여 중앙위원에 선출되고 조선노동당의 기관지 『로동신문』의 부주필 등 요직을 맡게 된다. 1949년 이후에는 김일성종합대학 조선언어문학부에서 신문학강좌장을 맡고 교수생활을 하였으며 시창작도 병행하여 많은 시편을 창작했다. 6·25전쟁 기간에는 종군기자로 전선에 나가 활동한 공로로 공로메달 및 국기훈장 3급을 수여받았다. 박팔양은 1955년부터 작가동맹의 지도사업에 참여하여 1956년 10월에 열린 조선작가동맹 제2차 작가대표대회에서 서만일, 윤두헌과 함께 부위원장에 당선되었는데 그때 위원장은 한설야였고 부위원장 3명 중 박팔양의 서열이 제일 앞이었다.[3] 그러다 1967년 이후로 박팔양의 이름은 북한문단에서 자취를 감추는데 안함광의 문학사에서부터 줄곧 '카프'의 대표시인으로 평가되던 그는 1960년대 말부터 모든 문학사에서 제외되어 『해방 후 서정시 선집』[4]과 같은 차원이 높은 종합시집에 박팔양의 작품이 한 수도 수록되지 못하였다. 그러다 1981년에 발표한 장시 『헌시』가 높은 평가를 받으면서 박팔양은 다시 문단으로 복귀하였고 1988년 평양에서 병사하였다고 전해진다. 박팔양의 작품집으로 선후로 여러 차례 재판한 『박팔양 시선집』, 서정서사시 「황해의 노래」, 장편서사시 「눈보라 만리」 등 대표적인 작품이 있고 이 밖에 아동시집도 있다.

박팔양의 친일행적은 비교적 명확한데 그의 친일행적은 만주에 들어와서부터 시작된다. 박팔양이 만주에 들어간 시기는 정확하게 1937년

3 『조선문학』, 1956.11.

4 『해방 후 시선집』, 문예출판사, 1979년 10월 출판. 1946년부터 1979년까지 창작된 서정시 177수를 수록했다.

봄이다.[5] 만주에 들어온 박팔양은 처음에 『만몽일보(滿蒙日報)』사에서 편집부장으로도 있었고 그해 10월 『만선일보(滿鮮日報)』로 제호가 바뀐 후에는 사회부장을 맡았다. 이 밖에 대체적으로 1939년 말~1940년 초에 이르기까지 박팔양은 만주국협화회중앙본부(滿洲國協和會中央本部) 홍보과(弘報科)의 임원으로 활동했다. 만주국 시기 박팔양은 많은 양의 작품을 창작하지는 않았지만 창작을 계속했었다.[6]

현재까지 확인된 박팔양의 '만주국'시기 작품은 다음과 같다.

『滿洲詩人集』의 「序」와 시 「季節의 幻想」과 「사랑함」 2수, 『半島史話와 樂土滿洲』의 「序」, 『滿蒙日報』1937년 7월 28일의 수필 「봇 가는 대로」, 『滿鮮日報』 1940년 12월 19일의 「歲月이 薄如紗」, 1940년 11월 23일의 「우리가 힘써 배울 세 가지」, 1940년 1월 31일의 「閑談客說」, 1940년 6월 6~7일의 「生活과 文化」, 1940년 3월 21일의 「不老. 長生. 健康」, 1940년 5월 14일의 「讀書餘談」, 1940년 10월 26일의 「새 絶對와 眞理」, 1940년 10월 27일의 「두 性格의 魅力」, 1942년 7월 6일의 「토막생각」, '水原一夫'로 서명한 1941년 2월 14~15일의 일본어잡문 「生活明朗化への途」, 이 밖에 몇 수의 동시가 있다.

이 작품목록을 통하여 알 수 있는바 만주국시기 박팔양의 창작은 그 전 시기보다 양적으로 줄었고 질도 많이 떨어져 있다. 이제 이들 작품 중의 친일성향에 대하여 고찰하도록 하자. 먼저 두 편의 「序」를 보자.

『半島史話와 樂土滿洲』[7]의 「序」는 500자 남짓한 분량으로 박팔양은

---

5 박팔양, 「봇 가는대로」, 『滿蒙日報』, 1937.7.28.
6 최삼룡 편, 『재만조선인친일문학작품집』, 보고사, 2007.8, 「해제」 참조.
7 홍병철(洪炳哲) 편, 『半島史話와 樂土滿洲』, 新京 : 滿鮮學海社, 1942.

이 글에서 우선 만주와 한국의 문화사적인 밀접한 관련에 대하여 언급하면서 이러한 취지에서 책의 편찬자 홍병철씨의 노고를 치하였고 나중에 시국에 대한 자기의 견해를 밝히면서 '대동아전쟁' 중에서 일본의 승승장구에 대한 기대와 환호를 보내며 '대동아공영(大東亞共榮圈)'의 최종적인 성공을 확신하였고 만주와 한국은 그 '북변수호성(北邊守護城)'이라고 긍정하였다.

이 글에서 박팔양이 밝힌 만주와 한국의 관계에는 시국적인 성향이 특히 강렬하게 표출되고 있다. 박팔양은 이 글에서 '만선관계(滿鮮關係)'의 친밀성을 강조하고 있고 그 밑바탕에는 '일선동조(日鮮同祖)'라는 더욱 황당한 유론이 깔려있는바 '만선일체(滿鮮一體)'설은 곧 '내선일체(內鮮一體)', '일만친선(日滿親善)', '일만불가분리(日滿不可不離)' 등 일련의 제국주의담론에 이어져 있는 것이다.[8] 결국 박팔양의 이 서문 역시 『半島史話와 樂土滿洲』에 수록된 많은 문장들과 마찬가지로 일제의 만주지배의 합리성을 논증하기 위한 목적에 의하여 창작된 것이라고 해야 할 것이다.

『만주시인집(滿洲詩人集)』[9]의 「序」는 시국에 관련된 언급은 없고 다만 만주의 자연과 사람, 그리고 나라에 대한 사랑을 피력하고 있는바 시집에 수록된 시들이 창출된 바탕은 바로 만주에 대한 사랑이라고 밝히고 있다. 그러나 이 글 역시 만주국협화회의 고급관원으로서 박팔양의 기본적인 입장은 분명이 나타나있는바 그는 일제의 괴뢰인 만주국을 자

---

8 '일만불가분리(日滿不可分離)'설은 이미 많은 학자들에 의하여 비판을 받았는데 당년 일본제국주의 어용문인들의 유론이 어느 정도 한심하였는가를 알자면 『만주건국측면사』, 『만주국국민도덕개론』, 『만주발달사』, 『만주국사개론』, 『교육에 대한 재인식』 등 당년 일제의 어용문인들이 쓴 책들을 참조할 수 있다.

9 『滿洲詩人集』, 新京 : 吉林第1協和俱樂部文化部, 1942.

기의 나라라고 칭하고 있으며 자기의 어머니, 아내와 같은 존재로 격상시키고 있다. 박팔양은 “그럼으로 이땅 이나라의 自然과 사람을 完全히 愛撫하는 우리 肉體의 한部分이다.” “아아, 만주땅! 꿈에도 못잊는 우리 고향 우리나라가 안인가?”라고 감탄해마지 않는다.

서문에서 밝힌 바와 같이 이 시집에 수록된 박팔양의 시 2수는 짙은 친만친일(친만친일농후한 친만친일(親滿親日)) 색채로 일관되어 있다.

아츰저녁으로 다니는 나의거리는
나에게잇서 한대의 그윽한 密林이외다
沈默하며 것는 나의무거운 行進속에서
나는 五色의 꿈과 무지개를 봅니다

白雪이 大東廣場우에 瞑想을 발브며
世紀의 驚異속을 나는 移動합니다
康德會館은 正히 中世紀의 육중한 城廓
海上「빌딩」은 陸地우에 巨艦이외다

「뻐스」는 궁둥이를 뒤흔드는 양도야지떼
牧者도업시 툴툴거리며 몰려오고가고
「닉게」는 「스마-트」하게 洋裝한 아가씨
「오니지랠」香水 내음새가 물컥 몰려듭니다

大陸의 太陽이 西便하눌우에 眞紅이 될때

나는때로 超滿員「뻐스」속에 雜木처럼 佇立하야
이나라 男女同胞 體溫과重量을 堪耐하기도 합니다
窓外에는 建物들이 龍宮처럼 어른거립니다

季節을타고 靑春이 逃亡간다는것은
「센치맨탈리스트」가 아니라도 嘆息할일이지요
어느곳 壁畵에 退色아니한 丹靑이 잇스릿까만은
罪업는童心이 久遠의靑春을 꿈꿉니다

曠野를 航行하는 이 思索하는 雜木이
때로는 行者와갓치 素朴한 바위를求하고
때로는 奔放한 舞女처럼 多彩와 恍惚그리며
沈默과 饒舌속에 헛되이 季節을 送迎합니다

— 시 「季節의 幻想」(전문)

이 시는 『滿洲詩人集』에 수록되기에 앞서 『滿鮮日報』(1941.1.19)에 방랑아(放浪兒)라는 필명으로 게재되었었다.

4행 6연 24행으로 된 이 시의 앞 4연에는 시구마다 번영하는 만주국의 눈부신 정경들을 시적으로 확인하고 있다. 시인은 거리에서 五色의 꿈과 무지개를 보는바 건축물들은 룡궁처럼 일어서고 버스는 도야지무리처럼 몰려가고 몰려오고 양장한 아가씨들의 몸에서는 향수냄새가 풍기는 모습으로 가히 만주국건국10주년에 바친 박팔양의 찬가라고 할 수 있다. 여기서 "오색"이라는 시어에 주목할 필요가 있다. 일제가 만주국을 조작하면서 제정한 '국기'가 바로 노란색 바탕에 좌상변에 붉은색, 푸른색, 흰색, 검은색의 줄무니를 넣은 '오색기(五色旗)'로 붉은색은 일본인, 푸른색은 한인, 흰색은 몽골인, 검은색은 조선인을 상징한다. "오색"은 또한 일제가 만주국에서 내세운 식민지 슬로건 '오족협화(五族協和)' 즉 만주인, 일본인, 몽골인, 조선인, 러시아인의 조화와 협력을 떠올리게 하는 시어로 실제로 만주국시기 문학작품에서 "오색"은 거의 '오족협화' 를 상징하는 낱말로 사용되고 있다.

시 「사랑함」은 제목처럼 이 세상 모든 것에 대한 크나큰 사랑을 읊조리고 있다.

나는 나를 사랑하며
나의 안해와 자여들을 사랑하며
나의 부모와 형제와 자매들을 사랑하며
거기사는 어른들과 아이들을 사랑하며
나의 일본-조선과 만주를 사랑하며
동양과 서양과 나의 세계를 사랑하며

그뿐이랴 이모든것을 길르시는
하누님을 공경하고 사랑하며
그분의뜻으로 일우어지는 인류의 모든생물
사자와 호랑이와 여호와 이리와 너구리와
소, 말, 개, 닭, 그 외의모든 즘생들과
조고마한 새와 버러지들 까지도 사랑하며

그뿐이랴 푸른빗으로 자라나는 세물들과

산과 드을과 풀과 돌과 흑과 그 외에도

내눈으로 보며 또못보는 모든물건을

한업시 앗기고 사랑하면서 한세상 살고쉽다

그들이야 나를 볼아보든말든 그까짓일 상관말고

내가 사랑아니할수업는 그런-

한울갓치 바다갓치 크고 널분마음으로 살고셉다.

— 시 「사랑함」(전문)

이 시는 산문시에 가까울 정도로 리듬과 절주를 무시하고 있으며 거의 시적인 포장을 하지 않은 채 시적 화자의 생각을 직설적으로 적어내고 있다. 시적 화자가 노래하는 '세상의 모든 것' — 하느님과 자아, 고향과 만주, 한국과 일본, 인류와 자연, 동물과 식물들에 대한 사랑은 그 시대적 여건을 고려해보면 유토피아의 경지를 한참 벗어난 공상이라고 해야 할 것이다. 만보 후퇴하여 만주에 오랫동안 생활한 박팔양으로 만주에 대한 사랑을 이해할 수 있다고 쳐도 망국멸족의 위기 속에서 모든 시비(是非)를 초월한 순수한 사랑이 가능한지 의심스럽고 민족과 국가를 초월하여 한국과 일본(일제)를 동시에 사랑할 수 있는지 역시 의심스럽다.

박팔양은 水原一夫로 개명을 하였는바 이 이름으로 일본어수필 「生活明朗化への途」(생활을 명랑하게 하는 길)를 발표하는데 극히 도덕가적인 자태로 사소한 일상생활로부터 인간이 명랑하게 사는 길을 찾아야 한다며 상호지간의 친절이 바로 그것이라고 밝히고 있다. 이 "親切"은 결국 일제의 '오족협화(五族協和)'에 부응한 논리일 수밖에 없다.

이상의 고찰을 통하여 알 수 있는바 만주국시기 박팔양의 문학은 거의 친일문학으로 규정할 수 있다.

3. 이찬의 경우

시인 이찬(李燦, 1910~1974)은 광복 이후 함경남도혜산군인민위원회 부위원장에 임명되며 북한에서의 생활을 시작하게 된다. 그 후 『함남일보』편집국장을 거쳐 북조선문학예술동맹중앙위원회 서기장, 문예총 상임위원, 문학동맹 중앙상임위원으로 활동하였고 1949년에는 문화선전성(文化宣傳省) 군중문화국장을 맡았다. 이 시기 이찬의 대표작은 김일성을 찬송한 「김일성 장군의 노래」이다.

6·25전쟁 기간과 전후에도 이찬은 상당수의 작품을 창작하였고 1956년에 열린 조선작가동맹 제2차 작가대표대회에서 중앙위원, 중앙검사위원회 위원으로 선출되었고 1961년부터 조선문학예술총동맹 부위원장을 맡았으며 김정일은 이찬에게 '혁명시인'이라는 칭호를 수여하였다.[10] 이찬은 1974년 1월 병사하였고 1982년에 그의 작품 중 65편을 묶은 시집 『태양의 노래』가 출판되었다.

이찬의 친일행적에 대하여 제일 처음 지적한 사람은 임종국선생이다. 그는 『친일문학론』에서 이찬의 시 「어서 너의 기타를」(『조광』 6, 1942) 등 5수 등을 친일작품으로 열거하였다. 그 후 민족문학작가회의,

10 『문예상식』, 문학예술종합출판사, 1994, 227면.

민족문제연구소, 계간 『실천문학』, 나라와 문화를 생각하는 국회의원 모임, 민족정기를 세우는 국회의원 모임 등에서 2002년 8월 14일 「모국어의 미래를 위한 참회」 라는 제목하에 친일문학인 42명의 명단을 발표했는데 시인 12명 중 이찬도 포함되어 있다.[11] 이 12명의 시인 중 광복 후 북한에 정착하여 활동한 시인으로는 이찬이 유일하다. 여기에 밝힌 이찬의 친일 작품 목록은 다음과 같다.

1942.6 「어서 너의 키타를」, 『조광』

1943.3 「병정」, 『신시대』

1943.6~8 「세월」(희곡), 『조광』

1944.1.19 「송 출진학도」, 『매일신보』

1944.2 「송 출진학도」, 『신시대』

1944.3 「그나마 잘 죽어서」, 『동양지광』

1944.8 「보내는 사람들」(희곡), 『신시대』

1944.10 「잔사」, 『동광』

그 후 김응교가 『이찬과 한국 근대문학』에서 이찬의 희곡 「이기는 마을」(『춘추』, 1944.10)과 일본어로 발표된 시 「아이들놀이(子等の遊ひ)」(『國民文學』, 1942) 등을 지적하였다.[12]

아래 이찬의 친일시들에 대하여 살펴보도록 하자.

11 『한겨레신문』, 2002.8.14.

12 김응교, 『이찬과 한국 근대문학』, 소명출판, 2007, 104면.

戰勝의 깃발 나부끼는 다양한 하늘을 나의날의 풍선처럼 부프러 올러

놓아다오 놓아다오
내 진정 날고 오노라 날고오노라

불타는 赤道直下 무르녹는 椰子樹그늘 올리브 코코아 파나나 파인내플.
薰薰한 향기에 쌓인—

그것은 쟈바리도좋다 하와이라도좋다
그것은 滿洲라도 좋다 蘭印이라도좋다

나는 將軍도싫노라
나는 다만 지극히 너와 親할수있는 한개 애드란제—로 足하노니

깜둥이 나의女人아
어서 너의 키-타를 들어…

미친듯 情熱에뛰는손끝이여 우는듯 多感한네 種族의
참으로 참으로 그 기쁜 그 노래를

오 오래인忍苦에 허클어진 네머리칼을 쓰다듬으며 쓰다듬으며
나도 아이처럼 즐거워보인다. 이웃잔체날처럼 즐거워보련다

—「어서 너의 키—타를」(전문), 『조광』, 1942.6.

이 시에서는 시작의 "戰勝", "解放", "戰勝의 깃발" 같은 시어로 일본 제국주의자들의 남태평야전쟁에서 승리를 노래하고 있는바 일제의 침략이 남태평양의 여러 종족들을 해방시켰다는 논리를 펴고 있다.

시의 4연에서 헤아린 자바, 하와이는 바로 1942년 6월 일제에 의하여 점령된 지역이다. 그리고 '레트랑제' 즉 이방인인 자기가 보아도 이는 즐거운 일들이라고 쓰면서 깜둥이 女人을 향해 즐겁게 노래를 부르라고 하면서 자기도 이웃집 잔칫날처럼 즐기려고 했다.

「頌, 출진학도」(『신시대』 2, 1944)에서는 "다만 끓어 오르는 義血이여 불타는 감격이여" 하면서 전쟁에 나아가는 학병들의 명예감을 읊조리고 있으며 "일억의 운명을 메고 / 全東亞의 興廢를 지고 / 北邊의 끝 南溟의 하늘 대륙, 胡地로…… / 그러면 다녀오라 사랑하는 나의 형제청년반도여"(3연)에서는 전선에 나아가는 학병들의 개선(凱旋)을 축복하고 있다.

일본어로 된 시 「그나마 잘 죽어서(せめてよく(死に)」(『東洋之光』, 1944.3)에서도 "ああ 國の 命を かけての この 戰の日 / 母よ 無能の子 せめて よく死に やはらげむ 切なき / せつなき / 汝が恨(아아 나라의 운명을 건 이 전투의 날 / 어머니여 무능한 아들 이나마 잘 죽어 부드러워지나니)"라고 하면서 무능한 아들이 나라를 위해서 하는 죽음을 잘 죽었다고 했다. 여기서 "나라"는 일본임은 분명하다.

단순한 아이들의 놀이를 쓴 것 같은 시 「子供の遊び」(『國民文學』, 1944.2)의 제6연을 보면 "ああ 全ては 忍ぶ 我か戰いの道に / 旣こ この子登の 中に有り!(아아 모든 것을 참는 우리 전쟁의 길 / 이미 이 아이들 속에 있나니!)"라고 하면서 전쟁동원을 찬양하고 있다.

이찬의 이런 친일시는 광복 후 비판을 받지 않았을 뿐만 아니라 1946

년 재빨리 시세에 적응하여 김일성을 찬양하는 「김일성 장군의 노래」를 창작함으로 김일성으로부터 "이찬동무는 반동작가가 아닙니다"라는 평가를 받아내 그 후 창작과 벼슬길에서 승승장구하는 행운을 얻게 된다.[13]

4. 조학래의 경우

조학래(趙鶴來)는 생몰시기가 명확하지 않은 시인이다. 그의 수필 「事故(사고)」[14]에 의하면 그는 한때 만주국 교통부에서 운전기사로 일하였다. 그러나 그의 출신지역, 교육상황 등은 전혀 밝혀지지 않았다. 광복 후 북한에 정착하였고 1956년 10월의 조선작가동맹 제2차 작가대표대회에서 후보중앙위원, 시분과위원회 위원에 선출된다.[15]

조학래는 『滿洲詩人集』에 「驛」, 「心紋」, 「彷徨」, 「滿洲에서」 그리고 『在滿朝鮮詩人集』에 「流域」, 「거리로 가는 마음」, 「憧憬」, 「街燈」, 「春詞」 등 시편과 『만선일보』에 시 13편을 발표하였으며 「事故」 등 수필 6편을 발표하였다.

현재까지 밝혀진 조학래의 시를 보면 다수가 압록강, 두만강을 건너온 한국이주민들의 애환과 망향의식을 담은 시로 재만한국인문학사에 뚜렷한 족적을 남긴 시인으로 평가되지만 일제의 전제통치가 극에 달

13 김응교, 「이찬 시와 수령형상문학」, 『사회적 상상력과 한국시』, 소명출판, 2002, 222면.
14 『만선일보』, 1940.8.25.
15 『조선문학』, 1956.11

했던 1940년대 초에는 「滿洲에서(獻詩)」,[16] 「春風第一章」,[17] 「流域」[18]과 같이 만주국의 현실생활을 미화하고 왜곡한 시를 썼다.

> 언제든지 고웁고 아름다운
> 장미꼿송이를 안고
> 먼-동산으로
> 시들지 안즐 세월을 차저왓습니다.
>
> — 시 「滿洲에서(獻詩)」

> 意識이여 살아오라
> 精神이여 軌道에 서라
> 새歷史여 물결처오라
>
> 그 크나큰 이데- 이데-의
> 물결처럼
>
> (…중략…)
>
> 南쪽의 바닷물결은 더푸르러지고
> 密林속의 더위는 차츰 더하리니

16 『滿洲詩人集』, 36면.
17 『만선일보』, 1942.3.30.
18 『在滿朝鮮詩人集』, 147면.

사람사람들이여 모두변해야만하겟습니다 CCR

勇士들을 위하여!

이나라를 위하여!

— 시 「春風第一章」, 첫 연과 마지막 연

그 옛날에는

수많은 호우적들이 몰려와서

불상한 백성들만 애꿎이 못살게 굴었다는 이야기가 남았다.

(마을에는 불을 질러놓고 糧食을 빼앗어가고 妻子는 拉去하

고 사나히 大丈夫는 죽여버리고)

(…중략…)

끊임없이 쉬임없이 指向없이 鴨綠江푸른물이 훌러서 흘렀노라.

햇님이 솟아 솟아 歲月이 흘러 흘러

天池물이 넘쳐넘쳐 鴨綠江이 흘러갈제

商船도 올으나리고 떼목내리고

수많은 호우적의 그現實도 이야기로 變해서 流域은 豊年頌이-

豊年頌이 들려 지었다.

— 시 「流域」, 첫 연과 마지막 연

보는 바와 같이 이러한 작품들은 일제가 표방하고 있던 '낙토만주(樂土滿洲)'를 긍정하고 찬양하고 있다.

5. 윤해영의 경우

윤해영(尹海榮, 1909~?) 역시 많은 재만한국인문인들과 마찬가지로 신원이 명확하지 않다. 대체적으로 함경북도 함흥 출신이고 만주의 용정(龍井)에 이주하여 소학교 교사를 지냈고 흑룡강성 영안(寧安) 협화회에 임직했으며 작곡과 조두남과 함께 「용정의 노래(선구자의 노래)」를 만들었다. 하지만 그의 행적에 있어서 만주의 용정으로 이주한 시기, 용정에서의 경력, 영안현협화에서의 구체적인 이력 등은 밝혀지지 않고 있다.

광복 후 윤해영은 한동안 흑룡강의 목단강(牧丹江)에서 활발한 창작활동을 하였다. 1940년대 초부터 윤해영과 함께 작업했던 작곡가 김종화(한때 중국조선족들의 애창곡이었던 윤해영 작사, 「동북인민행진곡」의 작곡자)의 회상에 의하면 윤해영은 1947년에야 북한으로 돌아갔다. 김종화는 1949년에 16절지 석판인쇄로 된 북한가요집에서 윤해영의 작사로 된 「분여받은 땅」이라는 가요를 본 적 있는데 내용은 대체적으로 "장군님이 주신 땅에 밭갈이 하세" 등이었다고 했다.[19]

윤해영이 대체적으로 1930년대 말에서 1940년대 중반까지 창작활동을 하였고 현재 남아있는 작품으로 20여 수의 시와 가사가 있는데 한마디로 그의 작품에 보이는 의식성향은 무척이나 복잡하다.

윤해영이 『滿洲詩人集』에 발표한 시는 모두 4편인데 쇼와 13년(1938)에 썼다고 밝힌 「海蘭江」과 같이 "新世紀 數多한 이 地域의 歷史"를 읊조리면서 이 땅을 개척한 이주민 일세들의 피눈물의 삶을 읊은 것도 있고 시 「渤海古址」처럼 민족의 역사를 회고하면서 역사의 찬란함에 대조되

---

19 최삼룡, 『음악가 김종화』, 북경 : 민족출판사, 2004.5, 222면.

는 현실의 비애를 읊은 것도 있다. 그런가 하면 지금까지도 그 제목과 내용을 놓고 논쟁이 계속되고 있는 「용정의 노래」(한국에서는 「선구자의 노래」로 알려져 있다)와 같은 가사도 있으며 1945년 8·15해방 후 한시기 중국 조선족들 속에서 많이 애창되었던 「동북인민행진곡」과 같은 가사도 있다.

윤해영의 작품은 불과 20여 편이지만 내용과 의식성향은 무척 복잡하다. 그중 1940년대에 발표된 몇 편의 시는 노골적인 친일성향을 드러내고 있다.

시 「오랑캐고개」는 『滿洲詩人集』에 처음 수록되었는데 창작시기와 지점을 '쇼와 13년 용정에서' 라고 밝히고 있다.

시의 머리에서 화자는 먼 태고시대 만주족(滿洲族)의 시조(始祖)전설을 감개무량하게 회고한 다음 사색을 도약시켜 20년 전으로 와서 두만강을 건너고 오랑캐고개를 넘던 동년의 기억을 되새기면서 그 고개는 "아담찬 한숨의 關門이엿다"라고 하고 그다음에는 10년 전으로 와서 "그때 이 고개는 / 밀수군 절믄이들의 / 恐怖의 關門이든이"라고 하였다. 여기까지는 생활의 진실한 반영이라 할 수 있겠다.

그 아래에서 시의 흐름은 급전하면서 앞과 대조되는 오늘의 행복과 즐거움에 대한 자랑의 마음으로 앙양되어간다.

> 오날 이고개엔
> 五色旗 날부ㅅ기고
> 목도군 절믄이 들이
> 쪽으로 連한길은 널버서
> 이봄도 나의 族屬들이

무태이[20] 무태이 이고개를 넘으며

한숨도 恐怖도 다흘너간 뒤

다-만 希望의 깁분노래 불으며 불으며

노래ㅅ소리가 우렁차서

豆滿江 나루ㅅ터엔 다리가걸니고

南쪽으로 連 한 길은 널버서

무태이 무태이 이고개를 넘으리.

여기서 윤해영은 분명히 일제의 괴뢰 만주국이 건립된 다음 만주의 조선인들에게는 지난날에 없던 행복한 생활이 왔다고 자랑하고 역사적 진실은 주지하는 바와 같다.

일본군의 진압행동과 치안정책은 극히 가혹한 것이었다. 민간인이 소지한 무기는 조직 적으로 압수되고 특히 조선국경지대에서 요리용 식칼마저 10가구당 1개밖에 허가되지 않은 촌락도 있었다. 1933년 12월에는 전근대적인 보갑제가 채용되고 1935년에는 5개년계획이 전 동북지방에 실시되었다. 더구나 1936년부터는 항일게릴라군과 일반주민의 련락을 끊기 위한 집단부락정책이 실시되었다. 그것은 치안유지가 곤난한 지역의 촌락을 철거시켜 주민을 일정한 보호촌에 강제적으로 이주시키는 것으로서 보호촌의 수는 1937년 전반까지 2000을 넘었다. 이리하여 만주국에는 일본이 선전한 왕도낙토와는 정반대의 철저한 탄압정치가 벌어졌다.[21]

---

20 '무태이'는 '舞態이', '춤을 추듯이'라는 뜻의 낱말.

21 野澤豊, 박영민 역, 『아시아민족운동사』, 백산서당, 1985, 170면.

이것은 한 일본학자의 결론인데 여기로부터 우리는 윤해영이 감개무량하게 읊은 시가 재만 한국이주민들의 실제 생활을 얼마나 엄중하게 왜곡하고 일제침략자와 재만 조선인들 사이에 존재하는 첨예한 모순과 대립을 무마해보려고 얼마나 애썼는가를 보아낼 수 있다.

시 「拓土記」는 1941년 1월 14일 『만선일보』에 게재되고 후에 만주국 건국 10주년을 기념하여 출판한 대형 종합도서 『半島史話와 樂土滿洲』에 수록되었다.

> 故鄕 떠나는날 진달래 꺽어홋고
> 하롯밤 오구나니 눈이상기 싸혓구료
> 찬바람 滿洲벌판이 바로예가 거길데
>
> 사나힌 城을쌋고 婦女들은 흙을날나
> 創世記 神話처럼 새部落은 이뤄젓다
> 아들딸 代代孫孫 이땅우에 사오리
>
> 훤-히 트인들은 널고또한 기름진데
> 우린야 소를모라 거친땅을 일구느니
> 地平線 저-넘어로 봄바람은 불어온다.

이 시는 제목 그대로 만주 땅을 개척한 역사에 대한 노래이다. 일제 식민통치 시기라는 담론환경에서 이 시를 보면 친일성향은 은폐되어 있을 뿐 일제와 그 괴뢰 만주국의 '이민'정책과 '집단부락(集團部落)' 정책에 대한 찬송가였음은 분명하다.

'이민'은 시종 일제의 '대륙정책' 즉 중국침략정책의 중요한 일부분이었다. 일제는 만주침략 초기에는 국내 모순을 해결하는 하나의 조치로서 일본의 과잉인구를 한국에 보내고 한국의 파산한 농민들을 만주에 이주시키는 정책을 추진하였다. 그러다 만주국이 성립된 후 만주국을 둘러싼 복잡한 문제들에 신경이 쏠려 만주국에로의 한국이민을 방관하는 태도를 취하였다. 1937년 '7·7사변(즉 支那事變)' 이후에는 만주의 산업시설과 풍부한 물산을 이용하여 중국침략의 교두보를 건설하고 수백만 일제군대의 군량미를 제공하는 중요한 정책적 일환으로 만주국에 대량의 한국이민을 추진하게 되었다. 일제는 특히 만주에 이주하여 살고 있는 한국인들의 벼농사기술을 최대한 이용하여 벼농사를 추진하는 정책을 펼쳐 해마다 만 명 좌우의 한국인을 만주로 이주시켜 간도(間島)와 동변도(東邊道)[22]의 23개 현을 개척지로 지정하였다.[23] 1939년 6월, 일제는 滿洲土地開發株式會社를 내오고 만주지역에 750만 헥타르의 수전개간계획을 세웠다. 따라서 만주의 한국이주민 절대다수는 일제에 의하여 강제로 끌려온 사람들로 고향을 등지고 열악한 만주지역에 이주하여 일제의 가혹한 착취를 견뎌내면서 벼농사를 하게 되었다.

윤해영이 「拓土記」에서 쓰고 있는 성을 쌓고 새 부락을 만드는 사람들은 바로 이 일제의 '대륙정책'에 의하여 만주에 끌려온 이주민들이다. 또한 이들이 쌓고 있는 성(城)과 건설하고 있는 '새 부락' 역시 일제에 의하

22 '간도(間島)'는 동만(東滿)으로도 통했는데 대략 지금의 연변 즉 연길, 화룡, 안도, 훈춘, 왕청 지방을 가리키고 '동변도(東邊道)'는 대략 위'만주국'의 수도 신경 즉 지금 장춘의 동남쪽 통화지구와 요령성 동남쪽의 몇 개 현을 가리킨다.

23 『滿洲開拓年鑒』, 1942.

여 강제로 추진된 '집단부락'이다. 그러므로 윤해영의 이 시도 일제에 의하여 억지로 끌려와 인간고초란 고초를 다 겪는 개척민들의 생활에 대한 외곡이고 일제와 괴뢰 만주국에 보낸 찬송가로 평가할 수밖에 없다.

시 「樂土滿洲」는 『半島史話와 樂土滿洲』에 실린 작품으로 엄격하게 말하면 가사로 보아야 한다. '樂土滿洲'라는 제목 자체가 일제의 만주국 건국이념으로 일제는 무력으로 침략한 만주에 인간의 낙토를 건설한다는 허울 좋은 '낙토만주'의 이념을 내세웠다. '낙토만주'를 제목으로 삼았다는 자체가 이 시의 친일적 성향을 명확하게 보여주고 있다.

6. 기타 북한시인들의 경우

시인 송철리(宋鐵利)는 많이 알려진 시인은 아니지만 재만한국인문학의 연구에서는 일정한 주목을 받고 있는 시인이다. 『만선일보』 1940년 8월 28일자에 발표된 수필 「多事之秋」와 1940년 6월 27~28일자에 발표된 수필 「滿洲農民의 勤劍默」에 그는 신경(新京, 현재의 長春)특벽시 공서 행정과 농정고에 근무하였던것 같다. 광복 후 북한에 정착하여 창작활동을 하였다.

> 온성군 예술동맹이 조직되었다. 위원장은 만선일보(滿鮮日報)에 단편소설도 몇번 연재한 일이 있는 전광학(全光學), 부위원장에 만주시단에 시를 발표하던 송철리(宋鐵利), 조직부장에 심영(沈影)이 이끄는 극단에서 단역을 맡은

바 있는 최철, 그리고 나에게 엉뚱하게도 조직부장을 맡으라는 것이다.[24]

송철리는 만주국시기 『在滿朝鮮詩人集』과 『滿洲詩人集』 그리고 『만선일보』에 시 20여 편과 수필 4편을 발표하였는데 대체적으로 만주의 한국이주민들의 실향과 망향의 정서를 표현한 우수한 시편들로 재만한국인문학의 연구에서는 쉽게 간과할 수 없는 시인이다.

하지만 송철리도 1940년대 초 「庚辰元旦」[25]과 같은 시를 발표하여 "보라! / 光明에 벅찬 大地를! / 生氣에 춤추는 萬象을! / 들으라! / 千兵,새힘 / 萬馬,새일의 / 기운찬 進軍喇叭소리를! / 億兆生命의 힘찬부르지즘을!"라고 쓰면서 일제치하의 만주국의 현실에 대한 찬미와 미래에 대한 기대를 표명하면서 만주국과 일제를 위하여 헌신할 것을 호소하고 있다.

> 모두다 함께 팔뚝을 것자!
> 모두다 함께 새 스타-트에
> 나서자!
> 모두다 함께 步武를
> 갓치하자!
> 그리하야
> 庚辰이해에 새 機械를
> 故障업시 돌리는

24 이활, 「北韓, 내가 살 땅은 아니었다」, 박남수, 『적치 6년의 북한문단』, 보고사, 1999.6, 24면에서 재인용.

25 『만선일보』, 1940.1.17.

튼튼한 일꾼, 씩씩한 勇士가

되지안흐려는가?

송철리의 시 「南鵬南飛」[26] 역시 친일성향이 뚜렷한 시로 '대동아전쟁'에서 일제의 승리를 찬송하고 있다. "兄弟여! / 姉妹여! / 그 椰子樹그늘 어우러진 커-텐을 / 거더올리고 / 窓을열어 南方의 하늘을 마저드리자! / 남방의 薰風을 불러드리자! / 우리 十億의 붉은 가슴속에 / 고-히 잠자든 鵬! 大鵬1! 大鵬! / (…중략…) 날개를 폇도다 / 날개를 폇도다."

김북원(金北原, 1911~1984)은 함경북도 홍원군 태생으로 어려서부터 시 창작에 뜻을 두어 20세 전부터 작품을 발표하였다. 광복 후 함경북도 인민위원회 문학과장으로 있었고 1956년 10월에 열린 조선작가동맹 제2차 작가대표대회에서 중앙위원, 시분과 위원, 아동문학분과위원회 위원에 당선되었으며 그 뒤 시분과위원장, 작가동맹 함경남도 지부장, 문예총 강원도위원회 위원장을 지내면서 1956년에 첫 시집 『대지의 아침』을 출판하였다. 대표적인 작품으로 「나는 당의 기수다」(1956), 「당의 빛발 속에서」(1961년), 「찬가」(1962), 「황금벌」(1973) 등이 있다.

만주국 시기 김북원의 작품으로는 초기에 발표한 몇 편의 초현실주의경향의 시가 있었고 「젊은 開拓士여!」[27]과 같은 친일성향이 뚜렷한 시도 두세 편이 발견된다. 「젊은 開拓士여!」에서는 "오오- / 大陸의 理想이 竹筍처럼자란다 / 東亞의 오리지날이 뿌리는씨여든 / 薰風萬里 하늘이드노프면 / 우리는 歡喜의 이삭을거두리라 (…중략…) 오오- 젊은

26 『만선일보』, 1942.8.3.
27 『만선일보』, 1942.1.21.

開拓의 士여! / 우리의 머리우에 하늘은놉다 / 우리는 理念의 푸른 모잘 썻다 / 우리의 발알애 大陸은넓어 / 우리의 에너르기 無限에로뻣는다" 라고 쓰면서 일제의 만주침략과 개척을 찬양하고 있다.

7. 역사적 사실과 현재적 시각

주지하는 바와 같이 광복 후 북한에서는 참혹할 정도로 철저한 과거사 청산을 진행했었다. 사회 전반에 걸쳐 광복 전의 친일, 매국행적이 있는 자는 일단 적발이 되면 엄혹한 처벌을 받았다. 하지만 일부 문인들의 경우 과거사 청산에서 요행 살아남았다. 납북, 월북 등의 경로로 북한에 정착한 시인들은 절대부분 자신의 과거 친일행적에 대하여 철저하게 함구하고 있었다. 북한의 어느 시인도 이력에 친일경력을 밝힌 적이 없고 지어는 만주국시기의 행적에 대한 언급도 일절 생략하고 있다. 이러한 현상은 북한과 남한 모두 동일하다. 특히 북한의 경우 개개인에 대한 엄밀한 심사를 진행하여 과거행적을 숨길 수 있는 가능성이 거의 없었다는 점을 감안할 때 일부 문인들의 경우 어떤 필요에 의하여 조직적으로 은폐되었을 가능성도 없지 않을 같다. 이럴 경우 문학사 등 연구서들에서도 해당 문인의 과거사에 대하여 함구하고 있다.

일례로 이찬을 들 수 있다. 이찬은 가히 북한의 송가문학 대표작의 하나로 꼽을 수 있는 「김일성 장군의 노래」의 작사자로 김일성의 보호를 받았고 김정일로부터 '혁명시인'의 명예를 받을 수 있었다. 박팔양의 경우는 광복 후 곧바로 로동당에 가입하여 신문사, 대학, 작가동맹 등의 요직을 담당하였다. 1960년대 불명확한 원인으로 실각되었지만 노동개조와 같은 처벌은 면하였고 1980년대에 곧바로 명예회복을 받을 수 있었다. 따라서 이들의 친일행적에 대한 언급은 모종 '함구령'에 의하여 이루어진 것이 아닌가 짐작해볼 수 있다.

이 밖에 북한문학사의 서술 시각도 문인들의 친일행적을 덮어두는 원인이라고 보아진다. 북한문학사는 명문화된 원칙은 없지만 대체로 항일을 강조하고 친일을 무시하는 경향이 분명이 존재하고 있다. 현재까지 북한에서 출간된 친일 문제에 관련된 성과가 아직 없는 것으로 파악된다. 이는 아마도 "우리는 과거사 청산을 철저하게 하였다"는 대전제에서 비롯된 경향으로 보아진다.

문학연구의 목적이 누구를 신격화하거나 누구를 부정하고도 매장시키려는 것이 아님을 전제로 할 때 친일문학 연구는 결국 역사적 사실에 대한 규명과 확인에 있다. 역사적 사실은 그에 대한 평가와 판단에 앞서 존재적 의미를 가진다. 역사적 사실의 진위에 대한 확인이 먼저이고 평가 혹은 연구는 그 뒤에 놓여야 한다.

문인들의 친일행적도 이러한 시각으로 접근해야 마땅할 것이다. 일제의 횡포에 맞서 싸워 피를 흘리고 목숨을 바친 사람들이 수없이 존재하는 한 "그때는 어쩔 수 없었다"는 식의 변명 혹은 "내가 그때 살았으면 어떤 선택을 했을까" 하는 식의 반성은 모두 한없이 무기력할 수밖에 없다. 북한문학은 복잡한 원인으로 그 진실성의 규명에 많은 허점들이 존재하고 있음은 주지하는 사실이다. 따라서 바른 시각에 의한 사실 규명이 시급함을 새삼스레 절감하면서 미숙한 논의를 마치려 한다.

광복에서 1970년대의 북한시문학의 주제적 변화 양상

시집『해방 후 서정시 선집』을 중심으로

김경훈

북한문학에 대한 연구는 그동안 여러모로 이루어져 왔으나 이곳 조선족 학계와 한국의 경우, 시기나 방법에서 일정한 차이를 보인다. 대체로 '해금'이 이루어지지 않은 지난 세기 1980년대 이전은 물론, 1992년 중한 수교 이전까지만 해도 북한문학에 대한 연구는 이곳에서 이미 적지 않게 이루어져 있었다. 하지만 이런 연구는 대체로 중소학교(中小學校) 교재에 실린 작품이나 대학에서 교과의 한 부분으로 삼고 있던 문학사의 한 갈래에서 다루어지는 북한의 문학작품을 중심으로 이루어져 왔으며 그나마 사회주의권에서 공통적으로 갖고 있었던 혁명적 세계관과 사회주의 리얼리즘을 기초로 한 문학관에 의해 조명된 것들이어서 북한문학에 대한 객관적이고 심층적인 연구는 행해지지 않았다고 할 수 있다.

한국의 경우에도 해금 이후, 적지 않은 연구가들에 의해 북한문학에 대한 관심의 폭을 넓히고 그 연구의 깊이를 더하려는 노력이 끊임없이 이루어져 왔으나, 부분적으로 남한 특유의 정치적 시각에 의거했거나 순수문학적인 시각만으로 들여다보려고 하는 경직된 연구 자세들이 보였다. 물론 이런 한계는 북한에 대해 더 포괄적인 사회 문학적인 이해를 목적으로 전개된 연구들에 의해 많이 극복되어 가고 있다.

이 글 또한 특정한 이데올로기나 문학적 주장보다는 북한문학에 대한 인식을 좀 더 포괄적이면서도 객관적으로 갖추기 위하여 일차적으로 시문학에서 그 본질적인 측면의 변화 과정을 알아보고자 한다.

북한의 시문학 자료는 이런저런 원인으로 1990년대 이전까지는 비교적 구전한 편이지만 이후의 작품들에 대한 접근이 쉽지 않은 편이고, 또 현재의 북한문학의 성격이나 특성을 이룬 1970년대를 중심 고리로 삼았을 경우 광복 이후에서 1970년대에 발표한 시 작품을 분석하는 것은 매우 가치 있는 작업이 될 것으로 생각된다.

따라서 이 글은 해방에서 1970년대를 아우르는 대표적인 시집이라고 할 수 있는 『해방 후 서정시 선집』(문예출판사, 1979.10)을 연구 대상으로 광복에서 1970년대에 이르는 시기의 작품을 비교함으로써 현재의 북한문학의 성격이나 그 본질적 측면에서 대한 이해에 일조하고자 한다.

1. 해방 직후의 작품세계

해방 시기의 문학(1945.5~1950.6)은 북한식으로 표현하면 "평화적 건설 시기 문학"[1]이다. 이 시기는 북한이 사회주의 체제를 정립해 가는 초기 단계로, 1946년의 토지개혁을 걸쳐 중요 산업 국유화를 단행하며 문화 건설 부문에서도 "인민에게 복무하며 새 사회건설에 이바지하는 참다운 민주주의적 민족문화를 건설"[2] 할 구체적인 당의 요구가 제기된다.

이 시기 시문학의 주제는 해방의 감격을 노래(민병균, 「해방도」; 박팔양 「평양을 노래함」)하고, 사회제도의 개혁과 새 생활을 노래(김우철, 「농촌위원회의 밤」; 김광섭, 「감자현물세」), 반미, 반남한 집권층(강승한, 「한나산」), 수령 찬양(조기천, 『백두산』) 등으로 나눌 수 있겠으나[3] 시집 『해방 후 서정시 선집』의 경우, 더 주목되는 작품들은 그러한 관변적인 발언과 달리 생각해 볼 수 있는 내용들도 시사한다.

마당 가득히 우거선
강냉이잎을 흘러, 댑 싸리 잎을 흘러
기름대우 어른거리는 새로운 판자마루
열일곱 분이의 귀여운 량태머리를
어깨를, 무릎을, 달빛이 흘러

어머니에게 딸은
발그레한 봉선화처럼 비치는데
산간녀학교 신입학의 래일을,
잠못이루는 딸…

1 은종섭, 『근대현대문학사』, 김일성종합대학출판사, 1991. 3면.
2 위의 책, 226면.
3 위의 책 참조.

분아,

딸을 껴안은 어머니의 손길이 떨렸습니다.

어머니

어머니에게 안기는 딸의 어깨가 물결쳤습니다.

울긴 왜

울긴 왜… 하면서도

속으로 더 운것은, 더 운것은,

어머니는 외로운 모녀의 골수에 사무친

행랑살이 십여년을 울었습니다.

아, 지금 제땅에 제집 짓고

딸자식 공부까지 보내는

꿈같은 오늘을 울었습니다.

아늑한 행복에

깊이 잠기는 산간마을의 밤을

벌레울음 높아가고

달빛 흐르는 딸의 머리 쓰다듬으며

유난히도 밝은 달 우러러보는 어머니에겐

가없이 푸른 하늘이

환히 열린 새 세월만 같고
이런 세월을 베풀어주신
위대한 수령님께 드리는 뜨거운 감사!
용솟음치는 그 감수우엔
가을 현물세도 남먼저 바치자
녀맹일도 발벗고 나서자는
갸륵한 맹세
저절로 굳어지고 굳어지는것이였습니다.[4]

— 리찬, 「달과 딸과 어머니와」(전문), 1947.

해방 공간의 시기에 수령에 대한 노래는 그리 흔하게 볼 수 없는 내용이지만 이 작품은 계급적 해방을 가져다주어 새 세월을 살게 만들어 준 수령에 대해 뜨겁게 감사한다고 한다. 당에서 결의하여 본격적으로 수령문학이 비롯되었던 이후의 경우를 생각하면 비교적 소박하고 자각에 의한 표현이라 생각되며 본격적인 '수령문학'의 생성을 위한 기초적인 단계의 작품으로도 볼 수 있다고 할 수 있다.

흰바위에 앉아서
나는 개울물과 이야기하노라
바위엔 바위돌에 돌을 지나
구름인양 나리는 개울물
딩굴어 달리며 쫓으며

---

4 인용된 작품은 원문 그대로 표기함을 원칙으로 하였다.

무삼 이야기 그리도 기쁘뇨?

골짜기를 지나 바위를 뚫고
이곳까지 밤낮 달리였노라
어려운 앞길이 천리 또 천리
그래도 어느때나 웃어 떠들며
한갖 믿음으로 깊어 흐르겠노라

맑은 물줄기여
나도 너처럼 씩씩하리라
또 싸움의 길에 낭떠러지가 있으면
떨어져서 천야만야 창창 떨어져서
산산이 부서져야 된다면
내 서슴없이 뛰여들리라
어느때나 인민을 위해
너처럼 내 살리라
맑게
　쟁쟁하게
　　줄기차게-

흰바위에 앉아서
나는 개울물과 이야기하노라

— 조기천, 「흰바위에 앉아서」(전문), 1947.

사실 해방 공간의 북한시문학에서는 조국이라든가, 당이라든가, 수령과 같은 거창한 담론보다는 개울물과의 속삭임을 통해 그 개울물을 닮아가고자 한다는 화자의 조용하면서도 깊은 의미의 미래 지향적인 시적 사고방식이 주목되는 이 작품과 같은 경향을 지닌 창작물이 대부분이다. 아직 "천리마문학"이나 "수령문학"과 같은 거대담론이 본격적으로 북한문학의 기본 선율로 등장되지 않은 상황에서, 남북 문학과의 차이도 덜 드러난 작품이라 할 수 있다. 시가문학의 양식적 특성에서 시인 개인의 감수성과 표현의 부분이 무엇보다 중요하다고 할 때, 이 작품의 가치는 매우 소중한 것으로 받아들여질 수도 있다.

하지만 이런 작품들이 대부분이라고 해도 다음 작품을 읽어보면 역시 북한문학만의 특성을 되새기지 않을 수 없을 것이다.

1

북으로
북으로
장단역을 떠나서,
25키로
길없는 길을 뚫고
첩첩한 산을 넘어

우리는 지금
38선 패말이 섰는
황폐한 산협의 길을 뛴다

아무런 증명서 한장 없이

지금 우리들 뒤에
포승을 던질자 누구냐
쐐기에 찔리며
발톱에 피흘리며
살륙의 총소리 귀전에 들으며
쏜살처럼
38선을 넘어
25키로 지점을 통과한것이다.

아 여기가
인민의 대표로 우리를 부른
모두 그리워하던 조국의 민주기지!

2

눈앞에 삼삼한
동무들이여
인민의 태양은 바로 이 땅우에 솟아
영명히 3천리 조국을 밝히노니
자랑스러운 이곳
한없이 그리워하던 이 곳

옷고름 풀어헤치고
가슴에 고인 땀 씻으며
우리들 항상
마음속으로 부르던 혁명의 노래
오늘은 나 여기서
그냥 심장에서 용솟는 그대로
동무들 귀에 넘치도록
음계 마디마디
소리쳐 풍운에 던져보낸다

오오 푸른 하늘이여
한점의 티도 없는
자유의 새맑은 이 하늘은
우리로 하여금
한없는 자유를 노래부르게 하지 않는가!

보라 내앞에
무연히 펼쳐진 북쪽 벌판우에
대견히 머리숙인 나락들
조국의 자유인양 물결치는 밀파도 보리이랑
숨을 쉬여도
숨을 쉬여도
가슴이 터지게 풍겨오는 향기로움이여

이것이 모두다
우리의것이여라
몇천년을 눌려서만 살던
우리 농민의것이여라

3
황소 유유히 귀염받는
풀길에서 우리는
새날의 행복을 바라본다

솔문이 푸르게 섰는 동구로
조국의 부강과
자유와 광명이 찬란한
새 나라 기발이
꽃처럼 피여있는
마을로

집집의 기둥마다 벽마다
오색 테두리 단장 새로운 벽보들

가지가지
만세와
감사

리승만괴뢰정부
타도의 구호
인민공화국 수립 만세는
우리들 머리우에
프랑카드에 펄펄 날린다

이리떼 몰려드는
야만의 거리에서
한마디의 구호때문에
죽음의 고문실로
영영 끌려간 동무들이여

보이고싶어라
보여주고싶어라

솔문 가득히 지나가는
소년단의 어린 동무들
북조선 민주건설의 3년이
키워온 이들의 눈망울
슬기로운 보석의 전진이여

이들의 노래 높이 부르는
《인민공화국선포의 노래》는

내 귀에 흡사
원쑤에게 퍼붓는 벼락처럼
우렁차게 우렁차게
솔문 가득히 터져나가는구나

행복하여라
천년 조국의 자유 찾아주시고
이 나라 인민의 앞길 밝혀주시는
김일성 장군님 계심이여

우리들앞에
높이 모신
수령님의 영상 우러러뵈옵노니
아아 끝없는 영광이여
유구한 세월과 함께
유유창창할지여라

조국은 이제
그 이름 자랑스러운
조선민주주의인민공화국
금강보다 더 튼튼한
반석우에 서있음이여

— 조령출, 「북조선으로!」(전문), 1948.

이 작품은 이른바 '민주기지론'[5]에 기초한 북한식 통일의 주장을 그대로 노래한 작품으로 보인다. 이데올로기적인 사고가 작품의 바탕으로 이루고 있고 강력한 정치적 주장이 우세하기 때문에 시적 형상화나 개인적 느낌을 통한 전체적 공감대의 이끌어낸다는 것은 전혀 기대할 수 없는 사항이 되고 있다.

2. 1950년대의 작품세계

북한은 흔히 1950년대의 문학을 '조국해방전쟁시기 문학'(1950.6~1953.7)과 '전후 복구건설과 사회주의 기초건설을 위한 투쟁시기문학'(1953.7~1958.8)으로 양분하여 서술한다. 이 시기를 전쟁시기와 복구시기의 문학으로 볼 때, 전쟁시기 문학은 수많은 작가들이 종군작가로 창작활동을 벌이면서 서정시 등 기동적인 문학 양식(기타의 장르에서 단편소설, 실화문학, 단막희곡 등)의 작품들이 많이 창작되는데 물론 짧은 서정시만 각광을 받은 것은 아니고 조기천의 장시 「조선은 싸운다」 등은 중요한 작품으로 취급되기도 하였다. 이들 시작품의 기본 주제는 인민군의 영웅주의와 후방 인민들의 애국심과 불굴의 투지 노래하는 것이었다.

한편, 복구시기의 작품들은 전쟁시기보다 주제의 영역이 넓어지고,

5 민주기지론이란 북한에서 민주기지를 건설하여 나중에 한반도 전체를 해방한다는 방침으로 구체적인 발생 시점은 아직까지 쟁점으로 남아 있지만 1945년 10월 10일부터 13일에 걸쳐 진행된 서북 도 당 책임자 및 열성자 대회를 그 논의의 시초로 보고 있는 점이 설득력을 갖고 있다. 김재용, 「민주기지론과 북한문학의 시원」, 『한국학보』, 1994, 5면.

장편서사시등 서사적인 장르(기타의 장르에서 장편소설, 장막희곡)가 각광을 받기도 하였는데 주제는 복구 시기의 영웅을 찬양하고 사회주의 개조를 노래하고 미국을 규탄하는 내용으로 되어 있다.

교대고동이
저녁녘 구내를 흔드는
하늘중천에
새들이 날아퍼진다

즐거움에 겨워 깃을 치며
감돌아 멀리 사라지며
작별의 인사를 보내는듯
흰 가슴들을 높이 추켜들며-
새들은 숲으로 간다

얼마만이냐! 원쑤의 포화에
불에 탄 바다가의 숲에서
습기찬 용광로의 부서진 철탑에 의지하여
싸움속에 살아온 새들아!

다시 일어선 열풍로의
훈훈한 방부제냄새
녹쓸었던 철관에

다시 흐르는 증기소리-

아, 모든것을 다시 추켜세운 구내우로 새들이 난다
그 모진 싸움속에서도 가슴 드놀지 않던
제철공들의 무쇠의 가슴을 치며, 가슴을 흔들며-

우리 이 자리를 지켜
오늘을 맞는것처럼
평화로운 조국의 하늘가에-

어디로 가도 기쁘고 즐거운 바다와 산과 들,
그리움에 찬 보금자리를 다시 찾아 새들은 숲으로 간다.
제철공들의 그 무쇠의 가슴을 흔들며…

— 정문향, 「새들은 숲으로 간다」(전문), 1954.

시는 간접 화법에 의해 평화를 맞은 북한의 사회적 상황을 노래하고 있다. 공장의 교대 고동 소리에 놀라 새들이 하늘로 날아가는 것을 통해 용광로를 복구해낸 제철공들의 감격과 기쁨을 노래했는데 당시 북한에서 시적 발상이 참신해서 높은 평가를 받았다. 물론 보기에 따라서는 새들이 마음 놓고 숲에 갈 수 있다는 표현은 거의 폐허가 되다 시피 한 북의 상황 속에서 일종의 시적 비유나 상상이라고도 할 수 있을지도 모른다.

물론 복구 건설의 시기는 모든 것이 복구를 위한 총동원의 시기이기 때문에 그 어떤 것이라도 여기에 복족되어야 한다. 다음 작품은 그런 의미에서 우선 해석될 수 있다.

깍 깍 깍!
반가운 손님 찾아온다.
네가 나를 놀리누나
하늘은 쪽빛
해님이 금실로
아지에 수놓고
까치는 꼬리를 깝신깝신
서리꽃을 떨구누나.

찾아오긴 누가 와?
봄보리 파종
지금이 어느 땐데,
그이는 밝기도 전
퇴비싣고 먼 벌에 나갔으리
자급비료 오백톤도 넘었노라
자랑만 터졌던데.

만나면 그이는
뜨락또르 오고가는
자기네 넓은 벌을
자랑만 하고

만나면 나는
과수로 우거질 우리 산골
흰 양떼 무리져서
풀 뜯을 산발을
자랑만 하고

가을분배 끝나면
우리들의 새집은
산으로 갈가
벌로 갈가
만나면 밤낮
그 공론이지.
그이는 벌자랑
나는 신자랑
그래서 우리끼리
경쟁이 붙었단다
꿀벌아 어서 먹고
꿀 잔뜩 모아라
멀지 않아 진달래 꽃
산기슭을 덮으리
이 산골에
꽃 모자라 걱정이랴,
생산경쟁 너도 한몫

착실히 보태얀다.

분배 많이 탄 곳에
새살림 차릴 약속
그가 이기면
내가 벌로 갈것이고
내가 이기면
그가 산으로 올것이고
뜨락또르 농사짓는 벌도 좋다만
물달고 과수 향그런
정든 산골 더욱 좋아
금년생산에
내가 꼭 이겨야겠다.

깍 깍 깍!
깍 깍 깍!
네가 나를 놀리누나

깜찍한 까치새끼
내 속을 들여다보고
놀려먹지만
혹시라도 무슨 일에
잠간 들렸노라

달구지 몰고
온 얼굴에 웃음 가득
그가 나타나면
비배관리 시작한
과수원 자랑
새로 주문한
젖양 자랑
잠깨여 잉잉대는
꿀벌 바랑
달콤한 박우물 자랑
자랑 좀 하고싶어
기다리는게다

깍 깍 깍!
깍 깍 깍!
가슴하얀 까만 까치
기쁜 아침 더 기쁘게
해님이
하늘 가득 웃는구나!

— 신진순, 「아침」(전문), 1955.

일반적인 인간관계는 물론, 남녀의 사랑의 관계도 생산투쟁의 전개 속에서 형성되고 그 성과의 여하에 의해 발전되고 결실을 맺는다는 식의 “혁명적 생산자의 관계” 설정이 특징적이다. 그런데 이러한 이른바 노동계급적인 인간관계는 사회주의권에서라면 보편적이고 자연스럽기까지 한 일반적인 인간관계가 되는데 남녀 간의 사랑의 관계를 그런 식으로 설정하고 표현하기까지 하지만 이른바 거대 담론에 비교해 볼 때는 훨씬 인간적이고 휴머니즘적인 분위기를 연출하기도 한다.

이 작품과 비슷한 예의 시를 한 수 더 보기로 한다.

산기슭에 띠염띠염
새로 자리잡은 집미다
송진내 상기 가시지 않은
문을 제낀다
해살에 훨씬 앞서 문을 제낀다

자욱한 안개속
사람과 함께 소가 움직인다
시퍼런 보습날이 움직인다
오늘은 일손 바른 살구나무집
조이밭 갈러 가는 길.

귀머리 날리며 개울을 건너
처녀보잡이 정례가
바쁜 걸음 멈춘곳은
춘관로인네 보리밭머리.

농사에서 옛날법이 제일이라
고집만 부리던 령감님도
정례의 극진한 정성에 웃음지으며
보름이나 일찍 뿌린 봄보리가
줄지어 돋았다.

정례는 문득 생각났다
선참으로 이 밭을 갈아제낄 때
품앗이 동무들이 깔깔대며 하던 말
—편지가 왔다더니 기운내누나
—풍년이 들어야 좋은 사람 온단다

한마디 대꾸도 나오지 않아
자꾸만 발목에 흙이 덮이요
걸음이 안 나가던
수집은 정례

정례는 또 듣는다
파릇파릇한 새 싹들이
나직이 속삭이는 소리
—기다리라요
—기다리라요.

혹시나 누가
누가 볼세라
저도모르게 볼을 붉히며
정례는 당황해서 소를 몬다.

그러나 누가 모르랴
전선동부에 용맹 떨친
증기사수 윤모가
이윽고 돌아올 꽃다운 날엔
정례는 춘관로인네 둘째며느리.

안개가 걷히기 시작한다
논두렁 오솔길에 둥글소 앞세우고
가슴벅찬 기쁨속을
재우 밟는 종종걸음

누렇게 익은 보리밭을 지나
마을 장정들이 전선으로 가던 길
전선과 련달아 끝끝내 승리한 길
까치고개를 다시한번 바라보니
해살이 솟는다.

— 리용악, 「봄」(전문), 1954.

앞의 시(「아침」)에서처럼 "혁명적 생산자의 관계"에 의한 남녀 간의 애정을 다루고 있지만 전경에서 초점화되어 가는 자연환경과 인물의 제시와 "웃음" "편지" "속삭임" "종종걸음" 등 표현들은 상대적으로 심층적인 인간의 내면 심리에 대한 시적 표현을 시도됨으로써 시다운 작품의 맛을 살린 것으로 판단된다.

같은 시인의 다른 한 작품에서도 그러한 맛은 동네의 재미있는 이야기만큼이나 구수하면서도 개성적인 목소리로 들려오는 것 같다.

《어찌나 생광스런[6] 물이과대
모르게 당두하면 어떻게 한담
물마중도 쓰게 못하면
조합체면은 무엇이 된담》

밤도 이슥해 마을은 곤히 자는데
칠보령감만 홀로 나와 뚝에 앉았다
《물이 오면 달려가 종을 때리지》

(…중략…)

희슥희슥 동트는 새벽하늘을
이따금씩 바라보며 엽초를 또 말며

6 영광스러워 체면이 서는 듯하다는 의미와 아쉬운 때에 요긴하게 쓰게 되어 보람이 있다는 의미로 쓰이는 말이다.

몹시나 몹시나 초조한 마음
《어찌된셈일가 여태 안오니》
수로가 2천리도 넘는다는 사실을
아마도 령감님은 모르시나봐
물살이 아무리 빠르다 한들
하루에야 이 끝까지 어찌 다 올가.

— 리용악, 「덕치마을에서(2)」, 1956(【평남관개시초】 중에서)

이용악은 이 작품 외에도 「두 강물을 한곬으로」 라는 시에서 기다리던 물이 오는 상황을 총각과 처녀가 바라보면서 마음 속에 묻어두었던 말을 할 것이란 암시를 함으로써 앞의 시와 연작의 관계를 설정하며 건설 현장에 대한 깊은 관심과 함께 평범한 인간들의 개인적인 행복에 대해서도 주목하고 있어서 주목된다.

한편 조벽암은 그의 시 「서운한 종점」 에서 민족의 통일을 비교적 차분한 어조로 바라고 있었다.

헐떡이며 내닫는것은 너뿐이랴
가까이 다가올수록
벅차만지는 나의 숨결,

미역내 구수히 풍겨오고
동백 꽃 붉게 타는
남쪽바다가

그리운 내 고향은 이길따라
부산으로도 가지
려수로도 가지

기관차야!
숨죽이지 말고
그대로 가자꾸나

덜커덩 선 다음
왜 꿈쩍도 않느냐
달려오던 그 기세 어따 두고

너도 안타까우냐
들이 울어쌓는 기적소리
김빼는 소리
여기가 오늘의 종점이란다
꿈에서 깨여난 사람처럼
나는 또 짐을 내려야 하나

한발자국이라도
더 가까워진 이곳이
무척 반갑기는 하다마는

다시 천근추에 매여달리듯

홈에 돌처럼 우뚝 서

남쪽하늘을 바라본다

내 이곳에서 우선 행장을 펴

네 앞길을 닦으며

손꼽아기다리리니

하루속히 가지꾸나

너, 나와 약속한

남으로 뻗친 지향을 싣고……

— 조벽암, 「서운한 종점」(전문), 1956.

마지막 연을 매듭짓는 "남으로 뻗친 지향"이 도대체 어떤 성격의 것인지를 둘째치고라도 통일에 대한 염원을 담은 목소리가 비교적 자연스럽고 절절하게 들려오는 작품이다. 꼭 어떤 정치적 수요가 아니더라도 일단 민족적 소망을 매우 스스럼없이 시적으로 담아냈다는 데 그 의미를 찾아야 할 듯하다.

3. 1960년대의 작품세계

1960년대의 문학을 두고 북한에서는 1967년 5월까지를 "사회주의제도 확립 이후 전면적 개화기에 들어선 천리마시대의 문학"[7]이라고 한다. 사실 북한에서는 1958년 8월 생산관계에 대한 사회주의 개조가 끝나고 1960년대에 전면적인 사회주의 건설을 위한 천리마 운동이 진행되는데 시문학에서 종합시집 『천리마나라』와 『환희』가 출판되었다.

한편, 1955년 12월 28일 김일성이 당 선전·선동 일꾼들 앞에서 행한 연설 「사상사업에서 교조주의와 형식주의를 퇴치하고 주체를 확립할 데 대하여」에서 처음으로 '주체'란 말이 나온 이후 '천리마시기'에 주체사상의 문학이 확립되어 가면서 수령문학은 더욱 본격적이고 폭넓게 전개되어 간다. 하지만 이 시기까지만 하여도 문학에서의 수령 형상은 아직 절대적인 위치에서 창작된 것은 아니었다.

> 층계를 내려, 유보도를 거닐어
> 로타리를 지나 일터로 가는,
> 아침마다 되풀이하는 이 평범한 길이
> 얼마나 많은것을 생각케 하는가
>
> 굳게 손잡아흔들고 산지사방
> 활기차게 흩어지는 이웃들이며
> 끼리끼리 깔깔거리며 노래부르며

7 은종섭, 앞의 책, 5면.

흡사 명절날처럼 몰려가는 어린것들

그 어깨너머 환히 트인
드넓은 대통로로, 푸른 하늘로
온 도시와 마을들의 벅찬 소식 밀려오고
그 어느 먼 나라, 친선의 새 사절이라도 날아들 듯……
하이얀 포장, 휘늘어진 수양따라
춤추며 흐르는 대동강마냥
내 심장 깊이 물결쳐 힘있게 앞으로 이끄는
이 정열, 이 기쁨,

없어졌노라, 밤안개처럼 말가니,
크고 작은 생활의 걱정 근심은
갈수록 두터운 사랑으로, 도움으로
눈시울 뜨겁게 하는 이 시대에 그 무슨 딴 괴롬인들 있을것이랴.

굴욕과 기한의 기나긴 그 밤,
개더미우의 스산한 그 새벽만이 아니라
사람들의 마음속 그 숱한 낡은것까지
내 어린것들에게 옛이야기로 들려주어야 하는

그럴 때마다 더욱 사무쳐
백번 천번 절하곺은 당이여

은혜로운 어버이수령님이시여!
이 화창한 날에도 그 높으신 뜻 다 못받드는
받들고 더 빨리, 더 잘 못나가는 안타까움

날마다 되풀이하는 평범한 평범한 길
변변히 잠 못잔 이러한 아침에도
내 사업에 대하여, 작풍에 대하여
생각에 생각 거듭케 하노라.

— 리찬, 「생각」, 1960.

이 시는 비교적 개인적인 시각에서, 생각에서 그 느낌을 펴내려고 하는 것 같다. 총 6연에서 제5연의 "당이여 / 은혜로운 어버이수령님이시여!" 운운은 그러한 표현 때문에 수령문학에 속하는 것이 아니라 당의 문예정책에 의한 일종의 규격화된 도식에 맞추지 않을 수 없었던 사회적인 상황을 그대로 보여주고 있는 것이 아닌가 판단된다. 이 작품의 실제적인 내용은 개인적인 서정으로 되어 있기 때문이다.

설악이로다, 발밑에는 깊은 백설의 협곡
나는 사랑한다네, 북방의 산상 이런 겨울을
머리우엔 손에 잡힐듯이 구름장이 흐르고
나의 시선은 천리 눈덮인 준령을 달리여라

오, 장엄하다, 무너져내리는 흰눈의 사태

은백색가루 내여뿜는 계곡들의 눈보라
폭포수는 얼음덩이 날리며 떨어지고
굽혔다 허리 펴는 전나무의 푸른 정수리

겨울이여, 너는 북방태생 우리네 기상이여라.
산발은 백발을 추켜들어 회파람 불고
만리대공을 주름잡아 찬 기운을 들마신다
너는 칼바람을 휘몰아 땅을 얼군다.

우등불우에선 주전자물이 끓는데
털모자 귀걸이를 날리며 숫눈길 푹푹
밀림을 걸어가는 동갑들의 벌어진 어깨
불어치는 눈바람을 가슴 가득 삼키여라……

눈보라 하늘가득 날개처럼 퍼덕이며
산울림도 요란히 아름드리나무 쓰러져누으면
아지 따는 처녀들의 날래인 저 솜씨,
머리에 성에 불린 씩씩하고 불그레한 얼굴들
아— 오— 이 산 저 산 흔드는 거세찬 메아리여!

좋구말구, 이런 겨울 이런 추위가
추녀가 눈에 묻히는 이고장에 우리 태여나
어릴적부터 산에 자라 몸에 익은 날파람,

수령님 령도하시는 사회주의 내 나라 로동의 나날에
우리의 심장 대담해지고
창공에 서리발 날리는 산악의 기상이 온몸에 흘러
살결 거세고 성미 또한 굳다네
저 산과 숲 우리에겐 드넓은 평원이여라!'

강에는 언제, 밀림에선 벌목의 톱날소리
눈발을 뚫고 날으는 천리마를 나는 예서 보아라
나는 랑림사내, 여기 산판은 청춘의 무대
내 조국 만년 기둥감, 통나무풍년이
　　　　이 겨울에 온다네!

— 최진용, 「북방의 겨울」(전문), 1964.

이 시 역시 이 시기까지 개인적인 느낌과 표현이 아직은 중요시되었던 상황을 보여준다. 조국에 대한, 그 자연에 대한 사랑이 그 어떤 수령이나 당의 '은혜'나 '혜택'보다는 자연에 내재된 본래적 의미에 의해 파악되며 오히려 그 자연에 의한 사회의 수혜(내 조국 만년 기둥감, 통나무풍년이/ 이 겨울에 온다네!)가 강조됨으로써 이후의 북한시가에서 도식화되다시피 한 수직적인 '은혜 관계'와는 이색적이라고도 볼 수 있는 시적 감수성을 빚어내고 있다.

3. 1970년대의 작품세계

일찍이 1966년 10월, 조선노동당대표자회의에서 온 사회의 혁명화, 노동계급화가 제기된다. 그리고 1967년부터는 온 사회의 주체사상화가 제기되면서 1967년 5월부터 1970년 2월 사이에 문학인들에게 인간이 어떻게 혁명화되는가 하는 과정을 그리고, 혁명가로 자라나는 과정을 그리며, 민족적 형식과 사회주의적 내용을 옳게 결합시키고 제국주의 문화적 침투와 복고주의를 반대하여 투쟁하는 문제 등 일련의 새로운 과제도 제기된다.[8]

이에 따라 1970년대에 이르러 이전 시기에 시가문학에 집중적으로 나타났던 수령찬양의 작품은 소설, 희곡 등 모든 문학 장르에서 나타나며 1980년대에 들어가서는 김정일을 찬양하는 작품들도 본격적으로 창작되기 시작한다. 이러한 변화 양상은 시집 『해방 후 서정시 선집』에도 그대로 반영된다. 앞선 시기에 비교적 서정적이고 개인적인 목소리를 내던 이용악의 작품만 보더라도 이러한 변화를 쉽게 감지할 수 있을 것이다.

진주를 다듬어 천리에 깐다한들
이 길처럼이야 어찌 빛날가
조국의 광복을 만대에 이으신
김일성 동지!
그이의 가슴에서 비롯한 이 길!

8 박종원·류만, 『조선문학개관』 2, 사회과학출판사, 1986, 276면.

감사를 드리노리
우리 당의 행군로를 한곬으로 따르며
투사들이 선창한 혁명의 노래
온몸으로 부르고 또 부르며

— 리용악, 「우리 당의 행군로」, 1970, 5·6연

다른 한 시인인 리광제의 경우, 당이나 수령에 대한 찬양은 보다 혁명적으로 강화된 인간관계인 '동지'에 의해 시화(詩化)된 것으로 나타난다.

서로 같지 않은 수천수만의 이름을
서로 다른 부모들이 지어주었다
하나 당이 지어준 하나의 이름만이
우리의 심장을 통한다-동지!

어릴적 소꿉동무들이 있었다
다감한 학창시절의 친구들도 많았다
허나 우리모두가 생활의 물결우에서
한 시각에 닻을 올린것은 아니였다……

얼마나 많은 우리 사람들이
눈물의 바다를 건너, 불타는 화선을 넘어
조국과 혁명을 알게 되였고
동지라는 뜨거운 이름으로 새롭게 태여났던가

수령님의 뜻,
위대한 주체의 사상의지로
굳게 뭉친
동지!

삼가, 여기 붉은기아래
우리의 동지들이 있다,
광복의 언덕에 청춘을 묻고
혁명의 품에서 고이 잠든……

포화의 나날,
동지들이 나아갈 진격로 열어놓고도
전사는 그 길로 다시 돌아오지 못했다,
봄꽃이 웃는 고향집 작은 뜨락으로도……
사랑하는 부모처자 정든 집 두고
어찌하여 혁명의 품에서 잠들었던가
오 강토여
어찌하여 우리만이 영광을 누려야 했던가

여기에 우리의 동지들이 산다
혁명의 북소리 울리는 초소마다에
밤이슬 내리는 전호가에
우리 당의 피가 뛰는 모든곳에……

따뜻한 아랫목이 아니다
찬바람 가랑잎에 쪽잠들 때도
좋다!
동지들의 사랑이 심장을 덮혀주거늘

세월의 눈비를 맞으며
시련의 고개를 넘으며
함께 피흘렸고 함께 싸워갈
동지—그 이름 귀중히 여기라

위대한 수령 김일성 동지의 당-
영광스런 조선로동당의 혁명동지들!
또다시 준엄한 날 닥쳐온다면
살아도 죽어도 우리는 함께……

수령님 위하여
당을 위하여
충성의 한길에서만이 그 이름 빛난다
동지!

— 리광제, 「동지」(전문), 1975.

"위대한 주체의 사상의지로" "동지라는 뜨거운 이름으로 새롭게 태여날" 때만이 비로소 삶과 존재의 의미가 있다는 전형적인 북한식의 사고

방식이 직설적으로 표현되는 작품이다. 더욱이 이들 '동지'들은 "위대한 수령 김일성 동지의 당"에 의해 뭉침으로써 누구의 동지인가를 분명히 보여줌으로써 그 존재적 의미나 가치까지 노골적으로 드러내고 있는 셈이다.

시인 정화흠은 「감격의 이날」(1977)에서 "어린시절 모깃불가에서 / 아버지에게서 들은 장군님의 이야기"와 "길쌈하는 어머니곁에서 / 밤깊도록 들은 전설적인 이야기"에 흠뻑 취해 있으며 채영도는 「우리 시대의 이야기」(1977)에서 수령에 대한 흠모는 북한 국내뿐만 아니라 외국에서도 열렬하게 진행 중에 있음을 자랑한다.

이깔나무 무성한 숲을 지나면
또다시 펼쳐지는 아득한 초원……
강을 건너 또 다른 국경을 넘어
렬차는 끝없이 달리는데

오르고내리는 수많은 외국의 벗들
옛친구들마냥 우리 조선사람들의 손 잡으며 묻노라
—김일성주석께서 건강하십니까?
(…중략…)

오, 세계의 심장을 틀어잡으신
그 이름, 위대하신 김일성 동지!
그이를 모시는 무상의 영광이

어디에서 어데까지 펼쳐졌는가

위도와 경도를 넘어
렬차는 끝에서 끝을 향해 달리여라
위대한 그이의 영상이 가득찬 온 누리에
주체의 빛을 뿌리며 뿌리며……

이상으로 『해방 후 서정시 선집』을 중심으로 광복 이후에서 1970년에 이르기까지의 북한시문학의 주제적 변화 양상을 살펴보았다.

북한의 시문학은 해방 직후에서 1960년대까지 대체로 개인의 서정적 감수성과 그에 따른 개성적 표현을 위주로 하였다가 1960년대 후반에 나타나기 시작한 주체문학에 의해 수령과 당에 대한 찬양 일변도로 1970년대 이후의 문학을 장식하게 된다. 이에 따라 북한문학의 주제는 다양성을 상실하고 체제나 이데올로기만을 위한 경직되고 단일한 양상으로 고착되어 가는데 이는 문학의 내적 발전의 법칙과는 별개로 문학을 정치의 종속물이거나 정치를 위한 봉사에 그 주된 과제나 목적을 두었던 특정된 제도에 기인된 현상으로 볼 수 있다. 한편, 이러한 문학관은 사회주의리얼리즘의 관념에서도 엿볼 수 있듯이 아직 소련의 영향력에서 벗어나지 못했던 시기의 문단적 상황을 설명하기도 하며 다른 한 시각에서는 냉전의 구도에 놓인 북한의 특수한 사회적 환경에서 비롯된 것으로도 볼 수 있다.

북한문학에 대한 연구는 여러 가지 방법으로 접근할 수 있겠지만 기본적인 방향은 그 사회의 특정된 정치적 기류와 떨어져 생각할 수 없다는 점을 항상 염두에 두는 것이어야 한다. 이와 동시에, 그러한 특수한 사회적인 공간에서나마 문학의 내적 법칙에 의한 발전의 가능성은 어디까지인지를 알아보는 것 또한 중요한 목적이 되지 않을 수 없다.

이 글이 이러한 두 가지 이항 대립적인 요소를 어느 정도 변증법적으로 아우르면서 소기의 목적에 다다르고 있는지 여러 연구자들의 많은 지적을 바라마지 않는다.

'북한의 시학' 연구팀

'북한의 시학 연구팀'은 북한시학의 공동 연구를 위해 2010년 구성되었다. 연구팀은 1945년에서 2010년까지의 북한시에 대한 기초 자료를 모으고 개별 시와 시인의 작품을 분석하는 것은 물론 북한의 시학이 형성되는 과정을 미국, 일본, 중국, 러시아와의 영향 관계 안에서 살펴보는 것을 목적으로 하였다. 남북한의 분단이 남북한만의 상황과 선택의 산물이 아닌 것처럼 북한의 문학 또한 한반도를 둘러싼 국제 정세와 국제 사회주의 문학의 자장 안에서 해명될 필요가 있었다. 이를 위해 한국문학 시 연구자, 북한문학 연구자 외에도 일본문학 연구자, 중국 역사 전공자가 연구진으로 참여하였다. '북한의 시학 연구팀'은 2010년 한국연구재단 인문사회지원사업의 연구 과제로 선정되어 2010년 5월부터 2013년 4월까지 안정적인 연구 환경에서 공동 연구를 진행하였다.

연구팀은 국내 외에 산재한 북한 시, 시집, 문예지 및 신문, 잡지 수록 시와 관련 평론, 문학사 자료를 축적하는 한편 작품 분석 작업을 병행하였다. 북한문학 전문가 자문회와 일본문학, 중국문학 연구자들과 함께한 라운드테이블을 기획하여 사회주의 문학의 어제와 오늘을 집중적으로 살펴보았다. 또, 본 연구팀은 2011년 1월 우리어문학회 학술대회와 2011년 12월의 한국근대문학회 학술대회를 통해 연구 성과를 발표하고, 16편에 이르는 관련 논문을 학술지에 게재하였다. 2013년 북한의 대표 시인 50인의 시와 평론을 소개하는 2권의 시선집과 북한시 문학 대표 비평들을 골라 엮은 2권의 평론 선집, 시문학사 부분을 재구성한 1권의 시문학사와 학술적 연구 성과를 모은 연구서 『북한 시학의 형성과 사회주의 문학』을 펴내며 연구 과제를 마무리하였다.